주희

시

역주

지은이 **주희**(朱熹, 1130~1200)

자는 원회(元晦) 또는 중회(仲晦)이며, 호는 회암(晦庵), 회옹(晦翁), 운곡산인(雲谷山人), 창주병수(滄洲病叟), 둔옹(遯翁) 등이 있는데 회암으로 가장 널리 알려졌다. 복건성(福建省) 우계(尤溪)에서 출생했다. 14세 때 부친이 죽자 유언에 따라 적계(籍溪) 호헌(胡憲), 백수(白水) 유면지(劉勉之), 병산(屛山) 유자휘(劉子翬)를 사사하였으며, 24세 때 연평(延平) 이동(李侗)을 사사하면서 정자(程子)와 양시(楊時), 나종언(羅從彦)과 이동의 학맥을 잇는 정자의 사전제자(四傳弟子)가 되었다. 19세에 진사시에 급제하여 71세에 생애를 마칠 때까지 여러 관직을 거쳤으나, 약 9년 정도만 현직에 근무하였을 뿐, 그 밖의 관직은 학자에 대한 일종의 예우로서 반드시 현지에 부임할 필요가 없는 명예직이었기 때문에 학문에 전념할 수 있었다. 서원운동을 펼쳐 강서성(江西省) 남강(南康)의 관리로 근무할 때 백록동서원(白鹿洞書院) 등을 수복하기도 했다. 주요 저서로는『사서집주(四書集注)』,『주역본의(周易本義)』,『시집전(詩集傳)』,『근사록(近思錄)』,『초사집주(楚辭集注)』,『자치통감(資治通鑑)』,『이락연원록(伊洛淵源錄)』외에 다수가 있다. 이외에 그가 남긴 글은 문인들에 의해『주문공문집(朱文公文集)』과『주자어류(朱子語類)』등으로 편찬되었다.

옮긴이 **장세후**(張世厚)

경북 상주에서 태어나 영남대학교 중어중문학과를 졸업하고, 같은 대학 대학원에서 석사학위와 박사학위(《주희 시 연구》)를 취득하였다. 영남대학교 겸임교수와 경북대학교 연구초빙교수를 거쳐 지금은 경북대학교 퇴계연구소의 전임연구원으로 재직하고 있다. 2003년 대구매일신문에서 선정한 대구·경북지역 인문사회 분야의 뉴리더 10인에 포함된 바 있다.
저서로는《이미지로 읽는 한자》(연암서가, 2015),《이미지로 읽는 한자 2》(연암서가, 2016)가 있고, 역서로는《한학 연구의 길잡이(古籍導讀)》(이회문화사, 1998),《초당시(初唐詩 *The Poetry of the Early T'ang*)》(Stephen Owen, 中文出版社, 2000),《퇴계 시 풀이·1~6》(이장우 공역, 영남대학교 출판부, 2006~2011),《고문진보·전집》(황견 편, 공역, 을유문화사, 2001),《퇴계잡영》(공역, 연암서가, 2009),《唐宋八大家文抄·蘇洵》(공역, 전통문화연구회, 2012),《춘추좌전·상》(을유문화사, 2012),《춘추좌전·중》(을유문화사, 2013),《춘추좌전·하》(을유문화사, 2013),《도산잡영》(공역, 연암서가, 2013),《주자시 100선》(연암서가, 2013),《국역 송계선생문집(竦溪先生文集)》(공역, 보고사, 2015),《사기·열전 상·중·하》(연암서가, 2017)등이 있다.

朱熹 詩 譯註 제5권·제6권

초판 발행 2018년 1월 30일

지은이 주희
옮긴이 장세후
펴낸이 서길수
펴낸곳 영남대학교출판부

출판등록 1975년 9월 5일 경산 제16-1호
주소 경북 경산시 대학로 280
전화 053) 810-1801~3
FAX 053) 810-4722
홈페이지 book.yu.ac.kr

ISBN 978-89-7581-543-0 94820

값은 표지 뒷면에 있습니다.
잘못 만들어진 책은 바꾸어 드립니다.

주희 朱熹

시역주 詩譯注

5권
6권

주희 지음
장세후 옮김

영남대학교출판부

머리말

중국 문학을 전공으로 하여 공부한 지가 어언 35년째 접어들었다. 더구나 석사과정에서 시를 전공으로 논문을 제출하였으니 무려 30년 이상을 시에 매달려 온 셈이다. 석사 때 제출한 논문의 주제는 초당사걸初唐四傑 중의 하나인 왕발王勃의 시였다. 그러나 박사과정에 진학하고 나서는 초당의 시인을 가지고 계속 논문을 쓰기에는 한계가 있어 보였다. 아직 논문의 주제도 결정하지 못한 상태에서 박사과정을 수료한 시점에 당시 지도교수였던 이장우 선생님께서는 역자에게 《퇴계학보》에 연재하던 퇴계시의 역주를 함께 해보지 않겠느냐고 제안하셨다. 아울러 차제에 퇴계에게 절대적인 영향을 끼친 주희朱熹, 朱子의 시를 가지고 박사학위 논문을 준비하면 어떻겠느냐고 말씀하셨다. 달리 뾰족한 대안이 없었던 나로서는 선생님의 말씀을 수용할 수밖에 없었다.

불과 2년 만에 전공의 시대적 범위가 약 500년을 뛰어넘게 된 결정이었다. 이때부터 주희의 시에 관한 국내외의 자료를 모으기 시작하였다. 그 결과 논문을 나름대로 준비하여 1996년에 《주희 시 연구》라는 제목으로 박사학위를 제출하게 되었다. 그로부터 약 4년이 지난 시점인 2000년 가을부터는 영남대학교 중문학과에서 발간하는 《중국어문학역총》(제13집)에 주희의 시를 역주하여 연재하기 시작하였다. 이렇게 시작한 주희의 시는 보유에 해당하는 부분을 빼면 작년 봄호에서 연재가 끝이 났다. 무려 15년에 걸친 대장정이었다. 이번에 출간하게 된 이 책은 그간 연재한 것을 처음부터 다시 손을 보아 엮은 것이다.

15년은 결코 짧은 세월이 아니다. 우리의 속담으로 친다면 강산이 한 번 반 바뀔 정도의 시간이다. 그 기간 동안 연재를 하는 과정에서 많은 일이 있었다. 연재를 시작한 지 얼마 되지 않은 2002년부터 3년간은 경북대학교 퇴계연구소에서 연구초빙교수라는 직함으로 활동했다. 그 과정에서 학술진흥재단(지금의 한국연구재단)에 '주희 시 역주'라는 주제로 연구비를 타서 이미 2권까지의 책을 그 결과물로 제출한 적이 있다. 이듬해부터는 대구한의대와 전남대학교에서 공동으로 진행했던 '주자대전 번역'팀에 참여하였다. 거기서 4년간 연구원으로 종사하면서 한 일도 번역이었다. 이 기간에 역자는 다른 2명의 연구원과 함께 시 부분의 번역을 모두 마무리 지었다. 그때는 이미 3권까지는 번역이 완료된 상태였고 4권의 번역에 들어간 상태였다. 그 뒷부분에서는 권5와 권10에 이어 나머지 부분의 시를 모두 맡아서 번역을 하였다. 늘 그렇듯이 연구비를 타서 하는 작업은 '시간'을 요구하는 작업이어서 거의 《주자대전차의집보》의 주석만을 참고로 하여 기간 내에 마치도록 하는데 주력하였다. 질보다는 양에 초점을 맞춰야 했고, 공동연구원들끼리 각자 작업한 분량을 제대로 돌려 읽을 시간적 여유조차 없었다. 이런 과정에서 번역의 편차가 발생하는 것은 불가피하였다. 기존에 연재를 하면서 완성한 원고들은 분량이 너무 많다는 이유로 오히려 일부 내용을 덜어내기까지 하였다. 반면에 전역全譯 과정에서 부수적인 작업으로 먼저 주희의 대표적인 시 100수만을 뽑아서 선역본을 내기도 하였다.(《주자시 100선》, 연암서가, 2013) 돌아보면 아쉬움이 많이 남는 시간이었지만, 다행히 그 뒤에도 내가 해

오던 방식을 고수하며 계속 일관성을 유지하여 연재를 하여 무사히 역주 작업을 끝낼 수가 있었다.

주희朱熹는 1130년에 태어나서 1200년에 생을 마감하였다. 자는 원회元晦 또는 중회仲晦라고 하였으며, 호는 회암晦庵이 가장 널리 알려졌다. 우리에게는 주희라는 본명보다는 주자朱子라는 호칭으로 더 친숙하다. 이는 그의 정체성이 문학가로서보다는 철학가로서 더 확고한 지위를 차지하고 있다는 것을 보여주는 것이다. 그의 사후 얼마 되지 않아 고려조의 안향安珦이 그의 학문을 '주자학'이라는 이름으로 들여온 이래 《사서집주四書集注》와 《시집전詩集傳》, 《역학계몽易學啓蒙》 등과 같은 우리나라에서 절대적인 영향력을 발휘한 그의 저작들을 보면 이는 당연한 평가라고 할 수 있다. 우리나라에 주자학을 들여온 안향 같은 사람만 해도 주희를 흠모하여 그의 자호에서 호를 따서 회헌晦軒이라고 하지 않았는가? 그러나 주희는 문학가이자 문학평론가로서도 활발한 활동을 펼쳐 《한문고이韓文考異》와 《초사집주楚辭集注》 같은 저작을 탄생시키기도 하였다. 이와 함께 남송사대가로 꼽히는 양만리楊萬里와 육유陸游, 범성대范成大, 우무尤袤 등과 동시대를 살아가면서 그들과 활발한 교류를 하기도 하였다. 뿐만 아니라 그는 담암澹菴 호전胡銓에 의해 조정에 추천된 10인의 시인에 들 정도로 당시에 시재를 인정받기도 하였다. 사실 역자는 중국의 문인들을 어느 한 방면의 성취만 가지고 한정해서는 안 된다고 생각한다. 송대 뿐만 아니라 중국의 많은 문인들은 모두 지금의 시각으로 보면 인문학에 해당하는 문사철文史哲에 두루 뛰어난 사람들이었다. 지금의 문인(이를테면 蘇軾)이니, 도학자니(이를테면 北宋五子), 사학가니(이를테면 司馬光) 하는 것은 모두 그 사람들의 가장 뛰어난 업적 하나만을 들어서 그렇게 말할 뿐이다.

주희가 시가 방면에서 거둔 성취도 결코 수준이 낮은 편이 아니었지만 다만 그의 도학적道學的 성취에 가려서 그런 평가를 받고 있을 따름이라는 말이다.

주희의 문집인《주문공집》에는 내집 10권까지, 그리고 별집과 외집 등에 걸쳐 그가 지은 시가 수록되어 있다. 수록된 시는 내집 권1에 166수, 권2에 171수, 권3에 134수, 권4에 79수, 권5에 156수, 권6에 195수, 권7에 93수, 권8에 66수, 권9에 89수, 권10에 79수, 별집 권7에 23수, 유집에 11수, 외집에 174수 등 도합 1436수의 시가 수록되어 있다. 옛 판본에 의하면 별집까지만 시가 수록되어 있다. 여기서 말한 유집 이하는 꿔치郭齊 등이 편집한 사천교육출판사의 것을 기준으로 한 것이다. 그리고 북경대 출판부에서 간행한《전송시全宋詩》도 참고하였다.《전송시》에는 제목에서 알 수 있듯이 시만 수록하여 놓았다. 그러나 여기서는 권10까지 수록된 사詞까지도 광의의 시로 보고 모두 포함하였다. 전체적으로 보면 중복 수록된 시도 있고 또 위에서 말한 것처럼 사도 모두 수록하였다. 문집의 원주에 "이 시는 한 수로 보아야 할 것 같다"는 설명이 붙은 곳도 있고, 또한 서한書翰 등 문집의 다른 부분에 수록된 시도 있고, 구절만 전하는 것도 있다. 뿐만 아니라 수징난束景南 같은 사람은 계속적인 연구를 통하여 또한 문집에서 누락된 많은 주희의 시를 찾아내어《주희일문집고朱熹佚文輯考》(江蘇古籍出版社, 1991) 같은 책을 출간하기도 하였으므로 위의 수치는 절대적이고 또 확정된 것이라고는 할 수 없다. 수징난의 연구 결과는 이미《전송시》같은 데 모두 반영되었지만 그 뒤로도 각종 서적에서 주희의 것으로 보이는 시가 계속 발견되고 있다. 송나라 때는 서적의 보급이 보편화되어 웬만한 문인이면 문집을 남길 정도였고 1만 수에 가까운 시를 지은 육유 같은 시인도 있지만 약 1500수에 달하는 주희의 시도 전체적으로 보면 적은 편은 아니다. 특히 그의 도학 방면에서의 성취를 고려하면 더욱 그렇게 느껴진다. 이번에 출간하는 역서는 내집을 2권씩 한 책으로 묶고, 별집 이하는 마지막 권에 모두 함께 수록하였다.

주희는 《시경》과 《초사》를 비롯하여 《문선》, 진나라의 도연명陶淵明, 당나라의 위응물韋應物 등의 영향을 많이 받았다. 말하자면 고체시의 영향을 많이 받았다는 말인데, 그 때문인지 형식적으로는 동시대에 활약한 시인들에 비해 5언시의 비율이 많은 편이다. 내용적인 측면에서 주희는 서정이나 서경, 영물시 등 거의 모든 방면의 시를 두루 써내었지만 가장 장기를 발휘한 방면은 설리시說理詩라고 할 수 있다. 설리시가 차지하는 비율이 다른 방면의 시들에 비해 많은 편은 아니지만 〈관서유감觀書有感〉이나 〈춘일春日〉 같은 시는 7언절구라는 짧은 시의 형식을 빌려서 이취理趣를 유감없이 발휘하였다. 반면에 평가가 극도로 엇갈리는 〈재거감흥齋居感興〉시 같은 경우도 설리시이다. 뿐만 아니라 압운한 강의어록이라는 달갑지 않은 평가를 받는 〈훈몽訓蒙〉시 같은 경우도 넓게 보면 또한 설리시라고 할 수 있다.

송대, 특히 남송에 이르면 시는 형식적으로 더 이상 발전의 여지가 없어지게 되었고, 이런 면 때문에 문인들에게 거의 일상생활을 기록하는 일기와 가까운 역할을 겸하게 된다. 이런 경향은 생애 연구에 시들이 많이 인용되고 있는 것으로 알 수 있으며, 주희 시의 경우는 여기서 한걸음 더 나아가 사상 연구에도 많이 인용되고 있다. 최근에 우리나라에 번역 소개된 수징난의 《주자평전》(원제는 《朱子大傳》, 福建教育出版社, 1992) 같은 책을 보면 곳곳에 그의 시가 생애와 사상 등을 입증하기 위한 자료로 소개되고 있을 정도이다. 굳이 이런 예를 들지 않더라도 주희의 시가 우리나라에 끼친 영향은 막대하다. 〈무이도가武夷櫂歌〉 같은 시는 조선사회에 일종의 문화적 신드롬 현상을 일으켰을 정도였다. 퇴계의 도산구곡, 우암尤庵의 화양구곡, 한강寒岡의 무흘구곡, 훈수壎叟 지수篪叟 형제의 횡계구곡, 회헌晦軒의 죽계구곡 등 무이구곡은 이 땅의 선비들이라면 모두 한번은 꿈꿨을 유학의 이상향으로 무의식의 근저에 자리 잡게 되었다. 이런 현상을 유발시킨 모든 원천이 바로 〈무이도가〉였던 것이다. 주자학이 도입된 이래 그 학문의 텍스트가 되는 1차 자료인 《주문공집》은 우리나라 지식인들에게는 거의 바이블처럼 떠받들려졌다. 《주문공집》이 우리나라에서 《주자대전朱子大全》으로 불리는 것만 봐도 이런 현상을 알 수 있다. 그래서인지 주자의 연구가 우리나라만큼 활발한 곳이 없는 것 같다. 우암尤庵 송시열宋時烈이 주도한 주석서 《주자대전차의朱子大全箚疑》와 후대에 이를 보완하기 위해 나온 각종 주석서를 조선 말기에 이항로李恒老 등이 모아 필사한 《주자대전차의집보朱子大全箚疑輯輔》는 세계 어디에 내놓아도 손색이 없을 정도로 성취도가 높은 주석서라고 할 수 있다. 《주자대전차의집보》에 수록된 것 외에도 밀암密庵 이재李栽의 《주전집람朱全集覽》 및 기타 〈재거감흥〉이나 〈무이도가〉 등에 주해를 가하여 별도로 출간한 책도 다수 있다. 본 역주는 가능한 모든 자료를 다 모아서 반영하는데 최대한의 노력을 기울였음을 밝혀둔다.

주희의 시(내집 10권까지)는 역자가 참여한 주자대전번역연구단에서 1차로 발간한 《주자대전》(2010년)에 이미 수록되어 있다. 역자가 번역한 부분도 절반이 조금 넘는 분량을 차지하고 있지만 위에서 잠깐 언급한 것과 같이 아쉬운 부분이 많다. '시간'을 다투는 연구과제였다는 점에서 꼼꼼하고 일관적인 역주가 행하여지지 않았다. 무엇보다도 비매품 한정판으로 출판되어 일반 독자들을 만날 수가 없었다는 점이 가장 아쉬웠다. 이제 연구과제가 끝나고 10년 만에 전반적으로 다시 일관성을 가지고 그간의 오류를 바로잡고 꼼꼼히 역주를 가한 이 책을 세상에 내놓는다. 거의 8백 년을 우리나라에서 떠받든 주희의 문집 가운데 시로나마 처음 번역과 주석을 달아서 모든 사람 앞에 나오는 것이다. 나름대로 심혈을 기울여 역주에 임한다고 하였지만 언제나 그렇듯이 늘 부족함이 많이 느껴진다. 이에 대한 책임은 오롯이 역자의 몫이 될 것이다.

이 번역본이 나오기까지 도움을 주신 분이 참 많았다. 먼저 주희의 시 세계로 나를 끌어주시고 주자대전번역연구단의《주자대전》시 부분을 보시고 오역 등을 많이 지적해주신 은사이신 이장우 선생님께 가장 큰 감사의 말씀을 전한다. 연구가 끝난 지 이미 10년이 지났지만 한의대학교에서 함께 번역하느라 고민했던 이장휘, 김승호 선생의 도움도 적지 않았다. 그리고 무려 16년이나 주희 시의 역주를 연재하도록 지면을 할애해준 영남대학교 중국어중국문학과의 여러 선생님 및《중국어문학역총》편집진에게도 고마움을 전한다. 요즈음 어려운 출판 여건 속에서도 방대한 원고를 선뜻 맡아 멋진 책으로 만들어준 영남대학교출판부, 특히 부장님인 김영수 교수님과 이종백 실장께도 심심한 감사의 뜻을 전하는 바이다. 사실 이런 수익성 없는 전집류의 책은 일반 출판사가 거의 외면하는 실정을 감안해보면 정말로 뭐라 감사의 말을 하여야 할지 모르겠다. 또 하나, 무엇보다도 학자의 길을 가는 동안 묵묵히 지켜봐준 식구들에게는 이 책이 그간 가장으로서의 역할을 제대로 못한 나로서는 또 하나의 부끄러움을 씻는 조그만 역할을 하리라 믿는다.

2017년 만추에
매호동에서 장세후

차례

제5권

제6권

일러두기

1. 이 책은 주희의 문집인 《주문공집》에서 시와 사(詞)만 번역하고 주석을 달았다.
2. 저본이 된 판본은 사부총간본 《회암선생주문공문집(晦菴先生朱文公文集)》(1980, 대만상무인서관 영인)이며, 《주희집(朱熹集)》(1996, 四川教育出版社), 《전송시(全宋詩)》(1991, 北京大學出版部)와 《주자전서(朱子全書)》(2002, 上海古籍, 安徽教育出版社), 《주희시사편년전주(朱熹詩詞編年箋注)》(郭齊, 2000, 巴蜀書社) 등을 참고하여 교감하였다.
3. 시의 번역은 축자역(逐字譯)을 원칙으로 하였다.
4. 주석은 최대한 한글로 풀고 필요하다고 생각될 경우 한자를 병기하였다. 인용된 자료는 원문을 모두 달았으며, 앞뒤 연관 관계를 고려하여 인용하였다.
5. 이미 나온 주석 항목은 같은 권일 경우 시 번호만 표기하였다.[예: 1번 시의 주 2)를 보라.] 다른 권일 경우는 권까지 표기하였다.[예: 권1 2번 시의 주 3)을 보라.]

朱熹 詩 譯註

제5권

1. 拜張魏公墓下[1]

장위공의 묘소를 참배하다

衡山何巍巍[2]	형산 얼마나 우뚝한가?
湘流亦湯湯[3]	상강 또한 넘실넘실 흐르네.
我公獨何往	우리 장공 어디로 가고,
劍履在此堂[4]	칼과 신발만 사당에 남았는가.

1 장위공(張魏公)은 장준(張浚: 1097~1164)의 봉호이다. 장준의 자는 덕원(德遠)이며, 한주(漢州) 면죽(綿竹: 지금의 四川省) 사람으로, 남헌(南軒) 장식(張栻)의 부친이다. 남송 중흥 명신의 하나로 재상의 지위까지 올랐으며, 효종 때 위국공에 봉하여졌다. 주희의 문집 권95에 〈행장〉이 있다. 〈행장〉「(餘干에 이르러 임종을 앞두고 두 아들에게)『내 일찍이 국가의 재상을 지냈는데 중원을 회복하고 조종의 치욕을 다 갚지 못하였으니 선인의 무덤 곁에 돌아가 장사를 지내고 싶지 않다. 죽거든 나를 형산의 기슭에 장사지내도록 하라.』…… 장식 등이 감히 공의 뜻을 어기지 못하고 (영구를) 붙들어 보호하여 담주로 돌아갔다. 이 해 11월 신해년에 형산현 남악의 남쪽 풍림향 용당의 언덕에 장사지냈다.」(吾嘗相國家, 不能恢復中原, 盡雪祖宗之恥, 不欲歸葬先人墓左. 卽死, 葬我衡山足矣……栻等不敢違公志, 扶護還潭州. 以是歲十一月辛亥葬于衡山縣南嶽之陰豐林鄉龍塘之原) 주희는 일생 동안 두 번 호남에 간 적이 있는데, 한번은 건도(乾道) 3년(1167) 가을과 겨울 사이에 담주(潭州)로 장식을 방문한 것이고, 한번은 소희(紹熙) 5년(1194) 여름과 가을 사이의 일로 지담주형호남로안무사(知潭州荊湖南路安撫使)로 부임한 것이다. 이 시는 건도 3년에 지어진 것이다. 장준의 묘소는 형산현 남악의 남쪽에 있는데, 장식의 〈남악창수집(南嶽唱酬集)〉 서문에 의하면, 주희 일행은 이 해 겨울 11월 6일 담성(潭城)을 떠나 남악인 형산을 오른 후 같은 달 10일 남악을 떠나 남악의 아래에 이르렀다 하였으니, 주희가 장준의 묘소를 참배한 것이 바로 이때의 일이다. 《별집》 권1 〈유공보에게 주다(與劉共甫)〉 두 번째 편지에서도 「나는 지난 달 6일에야 비로소 장사를 떠날 수 있었는데 경부와 함께 위공의 묘를 배알하고 마침내 축융봉의 꼭대기에 올랐다.」(某去月六日始得離長沙, 與敬夫同行, 謁魏公墓下, 遂登祝融絶頂)라 하였다.

2 형산(衡山): 《차보》「형주 형현 서쪽에 있으며 곧 5악 가운데 하나이다. 일흔 두 봉우리와 열 개의 동굴, 열다섯 바위, 서른여덟 개의 샘, 스물다섯 시내, 아홉 개의 못과 아홉 물웅덩이, 아홉 우물이 있으며, 팔백 리를 둘러싸고 있다.」(在衡州衡縣西, 卽吾岳之一. 有七十二峯十洞, 十五巖, 三十八泉, 二十五溪, 九池, 九潭, 九井, 盤繞八百里)

3 상류(湘流): 상강(湘江)을 말하며, 호남 일대에서 가장 큰 하천이다. 《차보》에서는 「형주부 성 동쪽에 있으며, 광서 흥안현 양덕산에서 발원하여 분수령 북쪽에 이르러 상수가 된다. 또 북으로 흘러 장사의 경계로 유입된다.」(在衡州府城東, 源出廣西興安縣陽德山, 至分水嶺北流爲湘水, 又北流入長沙界)

상상(湯湯): 큰 물이 급하게 흐르는 모양. 《상서·요전(尙書·堯典)》「임금이 말하기를 『아아! 사악이여! 넘실거리는 홍수가 널리 해를 끼치고, 질펀한 물이 산을 삼키고 언덕을 잠기게 하오.』라 하였다.」(帝曰, 咨四岳, 湯湯洪水方割, 蕩蕩懷山襄陵)

4 검리(劍履): 《고이》에서는 「신 리」(履)자가 「안석 궤」(几)자로 된 판본도 있다고 하였다. 검리는 옛날에 왕이

念昔中興初[5]	옛날 중흥의 초기를 생각해 보니,
孼竪倒冠裳[6]	비천한 녀석들이 관과 옷 바꾸어 입었다네.
公時首建義[7]	공께서 당시 처음으로 의를 세우시어,
自此扶三綱[8]	이로부터 세 강령 부지하였네.
精忠貫宸極[9]	순수한 충심 북극성 꿰뚫었고,
孤憤摩穹蒼[10]	외로운 분개는 푸른 하늘 할퀴었네.
元戎二十萬[11]	이십 만 대군 이끌고,
一旦先啓行	하루 아침에 먼저 길 여셨네.
西征奠梁益[12]	서쪽으로는 양주와 익주 정벌하여 안정시키고,

가까이 두고 신임하는 대신에게 내리던 특혜를 말한다. 이 특혜를 받은 사람은 칼을 차고 신발을 신은 채로 황제를 뵐 수 있었다. 《후한서·동탁전(董卓傳)》「얼마 후 동탁을 상국으로 승진시켰는데 입조를 하여서도 종종걸음을 하지 않았으며 칼을 차고 신발을 신은 채 전각에 올랐다.」(尋進卓爲相國, 入朝不趨, 劍履上殿) 이 구절은 장준의 신분을 나타내며, 또한 장준의 유품을 두루 가리키고 있다. 《차의》「장공의 무덤 아래에 암당이 있으며, 그 가운데 남긴 검과 신발이 보존되어 있음을 말한다. 어떤 사람들은 칼과 신발이 유당에 소장되어 있다고 한다.」(謂張公墓下有菴堂, 其中藏所遺劒履, 一云劒履, 藏於幽堂也)

5 중흥(中興): 금나라가 정강(靖康)의 변(1126)을 일으켜 송나라의 수도인 변경(汴京)을 함락시키고 흠종(欽宗)을 끌고 북쪽으로 간 후 고종(高宗)이 건염(建炎) 원년(1127) 남경(臨安으로 지금의 杭州)에서 즉위하여 남송이 시작된 것을 말한다.

6 얼수(孼竪): 반란을 모반하는 사악한 소인배들을 가리킨다. 《차의》에서는 「묘부와 유정언을 가리킨다.」(指苗傅劉正彦)고 하였다. 묘부와 유정언이 군신간의 도리를 뒤엎고 임금을 범하여 난리를 일으킨 것을 말한다. 묘부와 유정언은 무장(武將)으로, 건염(建炎) 3년(1129) 봄 금나라가 쳐들어왔을 때 고종이 전당(錢塘)으로 도망간 것을 틈타 고종을 협박하여 태자에게 양위하게 한 「묘류의 변」(苗劉之變) 혹은 「명수의 변」(明受之變)이라 불리는 난을 일으켰으나 곧 장준과 한세충(韓世忠) 등에 의해서 진압되었다.

도관상(倒冠裳): 복식(服飾)이 뒤바뀐 것을 비유하는 말로, 조정 관원의 상하 등급의 질서가 문란해진 것을 가리킨다.

7 건의(建義): 《차의》「『묘유의 변』 때 공은 평강에서 병사를 일으켜 적을 토벌하였으며, 이 일은 〈행장〉에 보인다.」(苗劉之變, 公自平江起兵討賊, 事見行狀)

8 삼강(三綱): 군신(君臣)과 부자(父子), 부부(夫婦)의 도리를 말한다. 한나라 때 동중서(董仲舒)가 제기하여 봉건통치계급을 통하여 체계화되었다.

9 충(忠): 《고이》에서는 「정성 성」(誠)자로 된 판본도 있다고 하였다.

신극(宸極): 북극성을 말한다.

10 고(孤): 《고이》에서는 「충성 충」(忠)자로 된 판본도 있다고 하였다.

이상 두 구절은 모두 장준의 충성스런 의기가 하늘을 꿰뚫고 북극성까지 이르렀다는 것을 말한다.

11 원융(元戎): 큰 병거를 말한다. 《시경·소아·유월(小雅·六月)》「큰 병거 열 대가, 부대에 앞장서 가네.」(元戎十乘, 以先啓行) 주희의 주석 「원은 큰 것이고, 융은 병거이다.」(元, 大也. 戎, 戎車也) 여기서는 군대, 특히 왕의 군대[王師]를 가리키는 말로 쓰였다.

12 서정(西征): 《차의》「공은 중흥을 이루려면 반드시 관·섬에서 시작되어야 한다고 생각하여 마침내 강개한 마음으로 이의 실행을 주청하였다. 이에 공을 천섬선무처치사로 충원한다는 조칙이 내렸다.」(公素念欲致中興

南轅撫江湘[13]	남쪽으로는 강주와 상주 무마하셨네.
士心旣豫附[14]	병사들 마음으로 이미 기꺼이 따르니,
國威亦張皇[15]	나라의 위세 또한 크게 펼쳤네.
縞素哭新宮[16]	흰 상복 입고 임금의 능에서 곡하시니,
哀聲連萬方	슬픈 소리 만방에 이어졌네.
黠虜聞褫魄[17]	교활한 적들 명성 듣고 혼비백산하여,
經營久彷徨	경영하는데 오래도록 방황하였다네.

必自關陝始, 遂慷慨請行. 詔以公充川陝宣撫處置使)

진(奠): 안정시키다. 《서경·하서·우공(夏書·禹貢)》「우는 땅을 다스리시고 산에 이르면 나무를 베어 젖히고, 높은 산과 큰 강을 안정시켰다.」(禹敷土, 隨山刊木, 奠高山大川) 당나라 공영달(孔穎達)의 주석「전은 안정시키는 것이다.」(奠, 定也)

양익(梁益): 양주와 익주. 모두 지명으로 양주는 주로 지금의 섬서성 남부 일대이고, 익주는 사천성 경내에 있다. 여기서는 촉(蜀) 지방을 가리키는 말로 쓰였다.

13 남원(南轅): 《차의》「공은 오랑캐의 세력이 꺾이지 않았으며, 유예 또한 다시 중원에 의거하고 있다고 생각하고, 소흥 6년(1136) 6월 공이 병사들을 회수 상류로 이동시키니 여러 장수들이 중원을 도모하였다.」(公以虜勢未衰, 而劉豫復據中原, 紹興六年六月, 公撫師淮上部分, 諸將以圖中原)《익증》「소흥 4년(1134) 한세충이 왕유를 파견하여 올출을 찾아보고 전쟁할 날을 약속하고 아울러 장추밀이 이미 진강에 있다고 말하게 하였다. 올출이 말했다.『장추밀은 영남에 폄적되어 있는데 어떻게 여기에 이를 수 있단 말이요?』 왕유가 장준이 쓴 글을 꺼내어 그에게 보여주니 올출은 안색이 변하였고 저녁이 되자 달아나버렸다.」(紹興四年, 韓世忠遣王愈詣兀朮約戰, 且言張樞密已在鎭江. 兀朮曰, 張樞密貶嶺南, 何得乃至此. 愈出浚所下文示之, 兀朮色變, 夕遁)

강상(江湘): 강주(江州)와 상주(湘州)의 두 유역을 가리킨다. 강주는 지금의 강서성 구강(九江) 일대이며, 상수는 지금의 호남성 장사(長沙) 일대이다.

14 사심(士心): 인심(人心)과 같은 말이다.

예부(豫附): 마음속으로 기뻐하며 충심으로 기꺼이 따라 붙음을 말한다. 《한서·육가전(陸賈傳)》「장수와 재상이 화합하면 병사들이 충심으로 따를 것이며, 병사들이 충심으로 따른다면 천하에 변란이 있더라도 권력은 갈라지지 않는다.」(將相和, 則士豫附, 士豫附, 天下雖有變, 則權不分)

15 위(威): 《고이》에서는「기세 세」(勢)자로 된 판본도 있다고 하였다.

장황(張皇): 《서경·주서·강왕지고(周書·康王之誥)》「여섯 군대를 크게 떨치시어, 우리의 높은 할아버지들의 얻기 힘든 명을 깨치지 말게 하십시오.」(張皇六師, 無壞我高祖寡命) 당나라 공영달(孔穎達)의 주석「여섯 군대의 군가를 크게 펼침을 말한다.」(言當張大六師之衆)

16 호소(縞素): 흰 색의 상복을 말한다.

곡신궁(哭新宮): 새로 지은 궁실(宮室)이나 사당을 이른다. 여기서는 사당이란 뜻으로 쓰였다. 《춘추·성공(成公) 3년》「갑자일에 (宣公을 모신 사당인) 신궁에 화재가 나서 사흘간 곡했다.」(甲子, 新宮災, 三日哭) 진(晉)나라의 두예(杜預)는「삼년상이 끝나고 선공의 신주를 새로 사당에 들였으므로 신궁이라 하였다.」(三年喪畢, 宣公神主新入廟, 故謂之新宮)라 하였다. 《차의》「소흥 7년(1137) 휘종과 태후 정씨의 부고 소식이 금에서 이르니 공은 여러 대장들에게 삼군을 이끌고 애도를 표하고 상복을 할 것을 명하도록 청했다.」(紹興七年, 徽宗及太后鄭氏訃至自金, 公請命諸大將率三軍, 發哀成服) 여기서는 흠종(欽宗)이 막 죽어 종묘에 그의 신위가 새로 마련된 것을 가리킨다. 장준은 전군을 이끌고 휘종(徽宗)과 흠종을 위해 발상(發喪)을 하였다.

17 치백(褫魄): 혼백을 빼앗다.

玉帛驟往來[18]	구슬과 비단 수 차례나 나아가니,
士馬且伏藏[19]	병사와 말 또한 엎디어 숨어버렸네.
公謀適不用[20]	장공의 모의 마침 쓰이지 않아,
拱手遷南荒[21]	팔짱 끼고 황폐한 남방으로 쫓겨나셨네.
白首復來歸[22]	흰 머리에 다시 돌아오셨는데,
髮短丹心長[23]	머리는 빠졌으나 충성된 마음 더욱 길어졌네.

18 옥백(玉帛): 서옥(瑞玉)과 비단. 옛날의 제사나 회맹(會盟) 때 쓰던 진귀한 예물이었다. 나중에 인신되어 두 나라가 강화를 맺는다는 뜻으로 쓰이게 되었다. 여기서는 소흥(紹興) 8년(1138) 송나라와 금나라가 화친을 맺은 것을 말한다.

19 사마(士馬): 금나라에 맞서 대항하는 장사병을 말한다. 복장(伏藏): 《익증》「《한서》에 『묵특은 그 정예병을 숨기고 있었다.』라는 말이 나온다.」(漢書, 冒頓伏藏其精銳) 《한서》는 미상이다.
이상의 두 구절은 주화파가 득세를 하고 주전파는 압제를 당함을 읊었다.

20 공모적불용(公謀適不用): 《좌전·문공(文公) 13년》「(秦의 士會가 秦에서 돌아오자) 요조가 사회에게 말채찍을 선사하면서 말했다. 『그대는 우리 秦나라에 인물이 없다고 말하지 마시오. 나는 당신네 나라의 계책을 알고 있지만 나의 계책이 마침 쓰여지지 않고 있을 따름이오.』」(繞朝贈之以策曰, 子無謂秦無人. 謀適不用也) 《차의》「진회가 화의를 결의함에 장공이 극력 시사를 논하니 진회가 크게 노했다.」(秦檜決和議, 公力論時事, 檜大怒)

21 천남황(遷南荒): 남황은 남방의 편벽된 곳을 말한다. 장준이 진회 등의 화의에 반대하다가 영주로 귀양간 것을 말한다. 《차의》「소흥 26년(1156) 공은 관문전 대학사 및 판홍주였는데 이때 모친상을 당하여 장례의 일로 귀향하려다가 마침 별자리가 이상하여 직언을 구하였다. 공은 오랑캐들이 수년 동안 형세가 반드시 틈을 타 전쟁을 일으키려 하는데 우리는 바야흐로 안일함에 빠져 오랑캐는 믿을만하다 하고는 거기에 대해 방비하지 않는 것을 염려하였다. 이에 상소문을 올려 극언하였다. 심핵과 만사설·탕사퇴가 이르기를 적에게는 틈이 없는데 장준은 전화가 수년 내에 있을 것 같이 말한다 하고 모두들 그를 미쳤다고 비웃었다. 대간 탕붕거와 능철 등이 장준의 죄를 논하여 명부에 올리고 다른 의견을 제창하여 국시를 움직이니 다시 영주로 안치되었다.」(紹興二十六年, 公以觀文殿大學士判洪州, 時喪母將歸葬. 會星變求直言, 公慮虜數年間勢必求釁用兵, 而吾方溺於宴安, 謂虜可信, 莫爲之備. 乃上疏極言. 沈該·萬俟卨·湯思退謂敵未有釁, 而浚乃若禍在年歲間者, 皆笑其狂. 臺諫湯鵬擧·凌哲等論浚名在罪籍, 而唱異議以動國是, 復安置永州)

22 백수부래귀(白首復來歸): 소흥 말에 장준이 조정으로 돌아와 추밀사(樞密使), 재상(宰相) 등에 임명된 것을 말한다. 《차의》「소흥 31년(1161) 9월에 금의 안완량(顏完亮)이 크게 군사를 일으켜 쳐들어왔다. 11월에 시어사인 진준경이 상소하여 장준이 충성을 다하였다고 극언하자 황제가 깨닫고 이에 관직을 회복시켜 판건강부에 임명하는 조서를 내렸다.」(紹興三十一年九月, 金亮大擧入寇. 十一月侍御使陳俊卿上疏, 極言浚忠盡, 帝悟乃詔復官判建康府)

23 발단심장(髮短心長): 《좌전·소공(昭公) 3년》「제나라 후작이 거땅에서 사냥을 했는데 그때 노포별이 제후를 찾아보고 울면서 애원하며 말했다. 『저는 머리털이 이렇게 엉성하고 짧게 되었습니다. 제가 앞으로 무슨 짓을 할 수 있겠습니까?』 그러자 제나라 후작이 말했다. 『알았다. 내 돌아가 (공자 雅와 尾) 두 사람에게 말해보겠다.』 군주가 도읍으로 돌아가 두 사람에게 말하자, 공자 미는 그를 복귀시키고자 하였으나, 공자 아는 안 된다고 하고서 말했다. 『그가 늙어서 머리털이 짧아졌다고는 하나 그의 마음에는 복수심이 매우 커가고 있습니다.』」(齊侯田於莒, 盧蒲嫳見, 泣且請曰, 余髮如此種

拳拳冀感格[24]	정성껏 임금 감화시키기를 바라시어,
汲汲勤修攘[25]	바삐 닦고 물리칠 정책 부지런히 하셨네.
天命竟難諶	하늘의 명운 결국 믿기 어렵고,
人事亦靡常[26]	사람의 일 또한 일정치 않다네.
悠然謝台鼎[27]	홀연히 삼공의 지위 그만두시고,
騎龍白雲鄉[28]	용 타고서 하늘나라로 가셨네.
坐令此空山	이에 이 빈 산으로 하여금,
名與日月彰	명성 해와 달 더불어 빛나게 하였다네.
千秋定軍壘[29]	천추토록 정군산의 보루,
岌嶪遙相望[30]	까마득히 멀리 서로 바라보네.
賤子來歲陰[31]	이 몸 세밑에 오니,

種. 余奚能爲? 公曰, 諾. 吾告二子. 歸而告之, 子尾欲復之, 子雅不可曰, 彼其髮短, 而心甚長)

24 감격(感格): 감동이 전하여지다. 하늘을 감동시켜 복록과 도움을 내려줌을 말한다. 이 구절은 장준이 모함을 받아 배척을 당하기는 하였지만, 인내심을 가지고 조정에서 그의 정성에 감화되어 자신에 대한 올바른 이해를 해주기를 바란다는 것을 가리킨다.

25 수양(修攘): 내정을 다스리고 외적의 모욕을 막음을 말한다.

26 천난심~미상(天難諶~靡常): 심(諶)은 「믿는다」는 뜻. 《서경·함유일덕(咸有一德)》「아아, 하늘은 믿을 수가 없고 명은 일정치가 않구나!」(嗚呼. 天難諶, 命靡常) 당나라 공영달(孔穎達)의 주석 「그 일정치 못함 때문에 믿지 못하는 것이다.」(以其無常, 故難信)

27 태정(台鼎): 삼공(三公)의 지위를 말한다. 하늘의 별자리에 삼태성(三台星)이 있듯이 정(鼎)에는 세 발이 있기 때문에 이렇게 말한다. 한나라 채옹(蔡邕)의 〈태위 여남 이공의 비문(太尉汝南李公碑)〉「하늘에서는 삼태성 드리우고, 땅에서는 오악 세웠다네. 우리 밝은 이 이 세상에 나셨으니, 솥의 세 솥발에 응하리.」(天垂三台, 地建五岳. 降生我哲, 應鼎之足)

28 기룡백운향(騎龍白雲鄉): 백운향은 신선이 사는 곳을 말한다. 《장자·천지(天地)》「저 구름을 타고 천제의 이상향에 이릅니다.」(乘彼白雲, 至于帝鄉) 송나라 소식(蘇軾)의 〈조주에 있는 문공 한유의 사당의 비문(潮州韓文公廟碑)〉「한문공 옛날에 용 타고서 하늘나라로 가시고, 손으로 은하수 들추어 하늘의 문장(紋章) 나누었네.」(公昔騎龍白雲鄉, 手抉雲漢分天章) 용을 탄다는 말은 곧 은둔하거나 죽었음을 나타내는 말로 쓰인다.

29 정군루(定軍壘): 곧 정군산(定軍山)을 말한다. 지금의 섬서성 면현 서남쪽에 있다. 《차의》「한중부 면현에 정군산이 있는데, 제갈량의 팔진도가 그 아래에 있다. 제갈량은 항상 이곳에서 군사를 감독하였으며, 지금은 독군단이 있다.」(漢中府沔縣有定軍山, 諸葛亮八陣圖在其下. 亮常督軍於此, 今有督軍壇) 장준이 촉(蜀) 지방 사람으로 승상이 되었으므로 제갈량에 비겨 말한 것이다.

30 급업(岌嶪): 높고 크며 험준한 모양을 나타내는 의태어.

요상망(遙相望): 《익증》「장공이 이룬 공업이 제갈량과 서로 비견됨을 말하였다.」(言張公功業與諸葛亮相望)

31 천자(賤子): 주희가 자신을 가리키는 겸사(謙辭)이다.

세음(歲陰): 12지(支), 세성(歲星) 곧 목성을 가리키기도 하는데, 여기서는 세모를 가리키는 말로 쓰였다. 북주(北周) 유신(庾信)의 〈세밑에 횡문을 나서다(歲晚出橫門)〉「세월 세밑으로 바뀌고, 나그네 높이 올라 내려다봄 기뻐하네.」(年華改歲陰, 遊客喜登臨)

烈風振高岡	매서운 바람 높은 언덕 떨치네.
下馬九頓首[32]	말에서 내려 아홉 번 머리 조아리고,
撫膺淚淋浪	가슴 어루만지며 줄줄 눈물 흘린다네.
山頹今幾年[33]	산 무너진 지 지금 몇 해나 되었는가?
志士日慘傷	뜻 있는 선비들 날로 비통해 하네.
中原尙腥羶[34]	중원지방은 아직도 비린내 나는 적 치하,
人類幾豺狼[35]	사람들은 거의 오랑캐 되었네.
公還浩無期	공 돌아오기 기다리나 아득하니 기약 없고,
嗣德煒有光[36]	이은 덕만 광채 빛내네.
恭惟宋社稷	공손히 기원하노니 송나라 사직이여,
永永垂無疆	길이길이 만수무강하소서!

32 구돈수(九頓首): 《좌전·정공(定公) 4년》「(楚나라의) 신포서가 진나라로 가서 군사를 요청하였는데 …… 궁정의 담에 기대어 서서 울면서 주야로 우는 소리를 그치지 않고, 물 한 모금 마시지 않고 이레를 버텼다. 이에 진나라 애공이 〈무의편〉의 시를 노래하니 그는 아홉 번 머리를 땅에 조아리고 앉았다.」(申包胥如秦, 乞師……立依於庭墻而哭, 日夜不絶聲, 勺飮不入口七日. 秦哀公爲之賦無衣, 九頓首而坐)

33 산퇴(山頹): 위인(偉人)이 세상을 떠나는 것을 말한다. 《예기·단궁(檀弓) 상》「공자가 어느 날 일찍 일어나 한 손은 뒷짐을 지고 지팡이를 끌고 문에서 천천히 거닐면서 노래를 하였다. 『태산이 무너지는구나, 대들보가 쓰러지는구나, 철인이 시드는구나.』 …… 이리하여 공자는 이렛 동안 병들어 누웠다가 몰하였다.」(孔子蚤作, 負手曳杖, 消搖於門, 歌曰, 泰山其頹乎! 梁木其壞乎! 哲人其萎乎! 蓋寢疾七日而沒) 여기서는 주자가 장준의 죽음을 말한 것이다.

34 성전(腥羶): 오랑캐가 유목민족으로 비린내와 누린내가 나는 소와 양고기를 먹으므로 이렇게 말한 것이다. 이 구절은 중원이 여전히 금나라 병사들에게 점령을 당하였음을 말한다.

35 인류기시랑(人類幾豺狼): 중원은 아직도 금나라 사람들의 치하에 있어서 백성들이 거의 오랑캐로 변할 위험에 처해 있음을 말한다.

36 사덕(嗣德): 미덕을 이어받는다는 뜻인데, 후사를 잇는 아들을 말한다. 《차의》에서는 「남헌 장식을 가리킨다.」(指南軒)라 하였다.

2. 敬簡堂分韻得月字[1]

경간당에서 운자를 나누어 시를 짓는데「달 월」자를 얻다

煌煌定方中[2]	반짝반짝 정성 바야흐로 혼중성 되니,
農隙孟冬月[3]	농사일 바쁘지 않은 음력 시월이라네.
君侯敞齋扉[4]	군후 서재 탁 트였는데,
華榜新未揭[5]	빛나는 편액 새로 만들어 아직 걸지 않았다네.
我來適玆時	내 때 맞춰 이때에 오니,
亦有大夫茇[6]	또한 대부의 초가집도 있다네.

1 경간당(敬簡堂)은 장효상(張孝祥)이 장사(長沙)에서 관직생활을 할 때 세운 것이다. 《차의》「장사부 치소 뒤에 있는데, 송나라 장자미 안국이 지어서 연실로 삼았으며, 남헌 장식이 기문을 지었다.」(在長沙府治後, 宋張紫微安國建以爲燕室, 張南軒爲記) 장식의 기문은 《남헌집》 권12에 보인다. 송나라 축목(祝穆)의 《방여승람(方輿勝覽)》 권23 〈호남로·담주(湖南路·潭州)〉「【경간당】 부의 치소(治所)에 있다. 장자미가 세워서 연실로 삼았으며, 양쪽 벽에는 《중용》과 《대학》을 써놓았으며, 중앙에는 병풍에 전자로 〈안연문인〉 1장을 써놓았는데, 모두 장자미의 자필이다.」(在府治. 張紫微建以爲燕室, 兩壁書中庸大學, 中屛篆書顏淵問仁一章, 皆張自筆) 장효상(1132~1170)은 역양(歷陽) 사람으로 자가 안국(安國)이며, 남송의 유명한 사(詞) 작가로 당시 지담주(知潭州)였다. 당시 학자들 사이에서는 우호선생(于湖先生)이라고 불렸다. 장식과는 매우 친하였으며 주희를 흠모하여 주희가 상(湘)으로 들어올 때 특별히 사람을 교외까지 보내어 맞았다 한다.

2 황황(煌煌): 반짝반짝 빛나는 모양을 나타내는 의태어.
정방중(定方中): 정(定)은 별자리 이름으로 곧 영실성(營室星)이다. 《시경·용풍·정성 바야흐로 혼중성 되니(鄘風·定之方中)》「정성 바야흐로 혼중성 되거늘, 초궁 짓는다네.」(定之方中, 作于楚宮) 주희의 주석「정성은 북방에 있는 별이니 영실성이다. 이 별이 어두워질 때 한가운데 나타나면 하정으로 10월이니 이때 궁실을 경영하고 짓는다. 그러므로 (집을 짓는다는 뜻의) 영실성이라고 한다.」(定, 北方之宿, 營室星也. 此星昏而正中, 夏正十月也. 於是時可以營制宮室, 故謂之營室也)

3 맹동월(孟冬月): 음력 10월을 말한다.

4 군후(君侯): 《차의》「장자미를 가리키는 것 같다.」(疑指張紫微)
비(扉): 순희본(淳熙本)에는「방 방」(房)자로 되어 있다. 《고이》에도 마찬가지로 되어 있다.

5 화방(華榜): 방은 곧 방(牓)과 통하여 쓴다. 편액(扁額)의 미칭. 《집람》에서는「당의 이름이거나 기문일 것이다.」(堂號或記文)라 하였다.

6 대부발(大夫茇): 대부는 귀인(貴人)이나 현자(賢者)를 높여서 일컫는 말.「茇」은 음이 발(bá: 초가에 묵다)과 패(pèi: 흰색 꽃의 능소화)가 있는데, 이 시는 입성의「月」운으로 압운하였으므로「발」로 읽어야 한다. 《시경·소남·팥배나무(召南·甘棠)》「싱싱한 팥배나무, 자르지도 베지도 말라. 소백님 쉬신 곳이라네.」(蔽芾甘棠, 勿翦勿伐, 召伯所茇) 주희의 주석「발은 초막이다.」(茇, 草舍也) 《집람》에서는「아마 시를 지을 때 사객이 있었을 것이다.」(蓋時有使客)라 하였고, 《익증》에서는「대부는 남헌 장식을 가리킨다.」(大夫指南軒)라 하였다. 여기서는 장식의 집에 머무른 것을 말한다.

清觴不留行[7] 맑은 술잔 머물지 않고 돌고,
晤語得超越[8] 주고받는 말 초월함 얻었다네.
更看雷雨勢 다시 우레와 비의 기세 보니,
翻動龍蛇窟[9] 용과 뱀 뒤척이며 움직이는 굴이라네.
襟懷頓能輸 가슴 속 문득 실어 보낼 수 있었고,
肝膽亦已竭[10] 속 마음 또한 이미 다하였다네.
老仙來何方[11] 늙은 신선 어디서 왔는가?
湖海氣硉矹[12] 호수와 바다의 기운 호방하다네.
君侯斂袂起[13] 군후 소매 여미며 일어나시니,
顚越承屨襪[14] 떨어뜨렸다 신발과 버선 받드네.

7 불류행(不留行): 행은 곧 배행(杯行; 盃行)자리에 앉은 차례대로 술잔을 돌리는 것을 말한다. 곧 술잔이 도는 것을 잡아두지 않음을 말한다.

8 오어(晤語): 오(晤)는 만난다[見, 會]는 뜻. 오어는 만나서 이야기하는 것을 말한다. 《시경·진풍·동쪽 문 밖의 연못(陳風·東門之池)》「아름다운 좋은 아가씨와, 짝지어 얘기하고 싶네.」(彼美淑姬, 可與晤語)

9 용사(龍蛇): 필세가 구불구불하여 힘이 넘치는 모양을 나타내는데 많이 쓰인다. 당나라 이백(李白)의〈초서를 노래함(草書歌行)〉「멍멍하니 귀신도 놀라는 소리 들은 듯하고, 때때로 다만 보이느니 교룡 달리는 것뿐이라네.」(怳怳如聞神鬼驚, 時時只見蛟龍走)

10 금회~이갈(襟懷~已竭): 《익증》「남헌이 쓴 기문을 말하는 것 같다.」(疑指南軒記文)

11 노선내하방(老仙來何方): 《차의》「당시에 방외의 선비가 모임에 와서 선생이 경계한 것 같은데, 아마 사실을 적은 것일 것이다.」(疑當時有方外士來會而先生警之. 盖其實也) 《집람》에서는 누구인지 미상이라고 하였다.

12 호해기(湖海氣): 권2 151번 시 〈차장언보운(次張彦輔韻)〉의 호해사(湖海士)를 보라.
율올(硉矹): 원래의 뜻은 높다는 뜻인데 여기서는 호방(豪放)하다는 뜻으로 쓰였다. 당나라 한유(韓愈)의 〈눈 온 뒤에 최씨네 스물 여섯 째 승공(崔斯立)에게 부치다.(雪後寄崔二十六丞公)〉「몇 번이나 존엄 무릅쓰고 추천의 입 열려고 하였던가? 기상 호방하여 오를 수 없었다네.」(幾欲犯嚴出薦口, 氣象硉矹未可攀) 《집람》에서는「높은 모양」(高亢貌)이라고 하였다.

13 염메(斂袂): 소매를 여미어 정돈하다. 예를 행할 준비를 하는 것을 말하며, 엄숙함과 공경을 나타낸다.

14 승구말(承屨襪): 《사기》 권55 〈유후세가(留侯世家)〉「장량은 일찍이 한가한 틈을 타 하비의 다리 위를 천천히 산책하였는데, 한 노인이 거친 삼베옷을 걸치고 장량이 있는 곳에 이르러 일부러 신을 다리 아래로 떨어뜨리고 장량을 돌아보며 말했다.『얘야, 내려가서 신을 주워오너라!』장량은 놀라서 그를 때려주고 싶은 마음이 들었다. 그러나 그 사람이 늙었으므로 억지로 참고는 내려가서 신발을 가져왔다. 노인이『신겨라!』라 하였다. 장량은 일삼아 신을 주워왔으므로 허리를 곧추세운 채 무릎을 꿇고 앉아 신발을 신겼다.」(良嘗閒從容步游下邳圯上, 有一老父, 衣褐, 至良所, 直墮其履圯下, 顧謂良曰, 孺子, 下取履! 良鄂然, 欲毆之. 爲其老, 彊忍, 下取履. 父曰, 履我! 良業爲取履, 因長跪履之) 《사기》 권102 〈장석지전(張釋之傳)〉「왕생이라고 하는 사람은 황제와 노자의 말을 잘하는 처사이다. 일찍이 불려와서 조정에 있었는데, 삼공이며 구경이 모두 모여 서 있었다. 왕생은 노인이었는데『내 신이 벗겨졌다.』하고서는 장정위를 돌아보며 이르기를『신발 좀 신겨주게!』라 하니, 장석지가 무릎을 꿇고 신겨주었다.」(王生者, 善爲黃老言, 處士也. 嘗召居廷中, 三公九卿盡會立, 王生老人, 曰, 吾襪解, 顧謂張廷尉, 爲我結襪! 釋之跪而結之)

坐人驚創見　앉은 사람들 놀라서 비로소 보니,
引去殊卒卒[15]　물러남 특히 허둥지둥하네.
伊余不忍逝[16]　나 차마 가지 못하고,
頓首願有謁[17]　머리 조아리며 뵙기 원한다네.
人生均秉彛[18]　사람 삶 모두 떳떳한 법도 지니어,
天造豈停歇[19]　하늘의 운행 어찌 멈추고 쉬겠는가?
云何利害判[20]　어찌 이와 해 판별한다 하는가?
所較無一髮[21]　견주니 터럭 하나도 용납지 않네.
玆焉辨不早[22]　이 어찌 일찍이 말하지 않았던가?
大本將恐蹶[23]　큰 근본 곧 엎어지고 말겠네.
吾言實自箴　내 말 실로 스스로 경계함이니,
君聽未宜忽　그대 듣거든 의당 소홀히 말기를.

이 두 구절은 주인이 옷매무새를 가다듬고 공경하게 내빈을 향하여 예를 행하자 내빈들도 황망히 일어서서 답례를 하는데 신발과 버선조차 제대로 갖추어 신지 못함을 말한다.

15 인거(引去): 떠나다, 물러나다.

졸졸(卒卒): 서두는 모양. 당황하여 침착하지 못한 모양.

16 이(伊): 조사로 아무런 뜻이 없다.

17 유알(有謁): 《차의》「여쭙다는 뜻이다.」(請問之意)

18 병이(秉彛): 본디부터 가지고 있는 본성을 지킴을 말한다. 《시경·대아·백성들(大雅·烝民)》「백성들 일정한도 지니어, 아름다운 덕 좋아하네.」(民之秉彛, 好是懿德) 주희의 주석 「병은 잡는 것이고, 이는 떳떳함이다. …… 이는 곧 백성들이 가지고 있는 떳떳한 성품이므로 그 정이 이 아름다운 덕을 좋아하지 않는 자가 없는 것이다.」(秉, 執, 彛, 常也……是乃民所執之常性, 故其情無不好此美德者)

19 천조(天造): 《주역》 둔(屯)괘의 단사(彖辭)에 「하늘이 우매한 백성을 창조하는 데는 왕후(王侯)를 세웠어야 했으나 편안치가 않았다.」(天造草昧, 宜建侯而不寧)는 말이 있는데, 《정전(程傳)》에서는 「천조는 시운이다.」(天造, 時運也)라 하였고, 주희는 《본의(本義)》에서 「천운이라 말하는 것과 같다.」(猶言天運)라 하였다.

20 이해(利害): 《차의》에서는 「『해할 해』자는 『옳을 의』자의 잘못인 것 같다.」(害, 疑義字之誤)

21 소교무일발(所較無一髮): 《차의》「이는 곧 천리와 인욕의 사이에 터럭만큼도 허용하지 않는다는 뜻이다.」(此卽天理人欲間, 不容髮之意) 《집람》「이해가 나누어짐이 서로 터럭 하나도 떨어질 수 없음을 말하였다.」(言利害之分, 相去不能以一髮)

22 변부조(辨不早): 《주역》 곤괘(坤卦)의 〈문언전(文言傳)〉「그 유래한 것이 점차로 그렇게 된 것이요, 말해야 할 것을 일찍이 말하지 않은데서 말미암은 것이다.」(其所由來者漸矣, 由辯之不早辯) 《차의》「이는 그것을 끌어다가 이익과 의를 밝히는 것을 말해야 한다는 것이다.」(此引之以明利義之當辨)

23 대본(大本): 이학가들이 신봉하는 근본적인 도덕규범을 말한다. 《차의》「『병이』를 이르는 것이다.」(謂秉彛也)

장공궐(將恐蹶): 《노자》 제39장 「제후와 제왕은 하나로써 고귀하지 못하면 실족할 것이다.」(侯王無以貴高, 將恐蹶). 《맹자·공손추(公孫丑) 상》「지금 넘이지는 자와 달리는 자는 이것은 기이나, 도리어 그 마음을 동요하게 된다.」(今夫蹶者趨者, 是氣也, 而反動其心) 주희의 주석 「마치 사람이 넘어지고 달려가면 기가 오로지 여기에 있어, 도리어 그 마음을 동요하는 것과 같다.」(如人顚躓趨走, 則氣專在是而反動其心焉)

3. 登嶽麓赫曦臺聯句[1] 乾道丁亥冬九日[2]

악록의 혁희대에 올라 몇 구절씩 이어짓다 건도 정해년(1167) 겨울 9일

泛舟長沙渚[3]	장사의 물가에 배 띄우고,
振策湘山岑[4]	상산 봉우리에 채찍 떨치네.
晦翁	회옹
煙雲眇變化	안개와 구름 변화 아득하고,
宇宙窮高深	우주 높고 깊음 끝이 없네.
懷古壯士志	옛일 생각함은 장사의 뜻이요,
憂時君子心	시사(時事) 근심함은 군자의 마음이라네.
敬夫[5]	경부

1 《익증》「장사의 서남쪽에 있는데, 곧 형산 72봉이다.」(在長沙西南, 卽衡山七十二峯) 악록산(嶽麓山)은 장사부(長沙府: 지금의 長沙市) 선화현(善化縣) 상강(湘江)의 서안에 있는데, 유명한 악록서원이 그곳에 있다. 또한 영록봉(靈麓峯)이라고도 한다. 주희와 장식 일행은 담주성(潭州城)에서 형산(衡山)으로 남하하던 도중에 일찍이 여기에서 잠시 머물렀었다.

혁희대(赫曦臺): 혁희는 밝게 빛나는 모양[光明]을 말한다. 주자의 〈운곡기(雲谷記)〉「나는 일찍이 상수 서쪽 악록의 꼭대기를 『혁희대』라 명명 하였으며, 장백화 어른이 큰 글씨를 써주었는데 매우 씩씩하고 훌륭하였다.」(予嘗名湘西嶽麓之頂曰赫曦臺, 張伯和父爲大書, 甚壯偉) 권6의 〈운곡이십육영(雲谷二十六詠)〉의 제23수인 〈절정(絶頂)〉에도 이 혁희대가 나온다. 굴원(屈原)의 초사 〈이소(離騷)〉「황천의 밝은 속을 올라보니, 문득 저 옛 고향이 아래로 보이네.」(陟陞皇之赫戲兮, 忽臨睨夫舊鄕)

2 《차의》「『돼지 해』자 아래에 『버금 중』자가 빠졌다.」(亥下脫仲字) 송절본(宋浙本)의 제목 주석에는 「겨울 동」(冬)자 위에 한 글자가 비어 있다. 동구일(冬九日)은 〈기의(記疑)〉에서 「달 월」(月)자가 빠진 것 같다고 하였다.

3 장사(長沙): 《집람》「곧 옛 형초의 땅이다. 주나라 때 비로소 장사라 하였다. 춘추전국 시대 때는 검중이었으며, 진나라 때는 군, 한나라 때는 국, 진나라 때는 상주, 수나라 때는 혼주, 송나라 때는 무령군이 되었다.」(卽古荊楚. 周始名長沙. 春秋戰國時爲黔中, 秦爲郡, 漢爲國, 晉爲湘州, 隋爲潭州, 宋爲武寧軍)

4 진책(振策): 채찍을 들어 말을 달리다. 진나라 육기(陸機)의 〈낙양으로 가는 도중에 짓다(赴洛道中作)〉 제2수에 「채찍 떨치어 높은 언덕 오르고, 고삐잡고 기대어 편편한 풀 따르네.」(振策陟崇丘, 案轡遵平莽)

상산(湘山): 곧 악록산을 말한다. 악록산이 상수(湘水)에 가까이 있어서 이렇게 말하였다.

5 경부(敬夫): 장준(張浚)의 아들 장식(張栻: 1133~1180)의 자로 호는 남헌(南軒)이며, 주자와 친교가 있었다. 상세한 것은 위 1번 시. 〈拜張魏公墓下〉를 보라.

寄言塵中客[6]	속세의 나그네에게 말 부치니,
莽蒼誰能尋[7]	한꺼번에 바라보이는 곳 누가 찾을 수 있겠는가?
晦翁	회옹

6 기언진중객(寄言塵中客): 당나라 왕유(王維)의 〈우공곡(愚公谷)〉 제3수 「속세의 나그네에게 말 부치나니, 어느 곳으로 돌아가 임할 텐가?」(寄言塵世客, 何處欲歸臨)

7 망창(莽蒼): 《장자·자유롭게 노님(逍遙遊)》 「한꺼번에 보이는 곳에 가는 사람은 세 끼니만 먹고 돌아와도 아직 배가 부르다.」(適莽蒼者, 三飡而反, 腹猶果然) 당나라 성현영(成玄英)의 《남화진경주소(南華眞經注疏)》에서는 「『망창』은 교외와 들판의 색으로, 아득히 바라보이는 것이 그다지 분명하지 않는 것이다.」(莽蒼, 郊野之色, 遙望之不甚分明也) 송나라 임희일(林希逸)의 《장자구의(莊子口義)》에서는 「한 번에 바라보이는 땅」(一望之地)이라 하였다. 곧 시력이 다하여 흐릿하게 보이는 곳까지를 이르는 말이다. 「蒼」은 「푸르다」라는 뜻으로 사용되면 하평성(下平聲) 「양」(陽)운에 속하고, 「들판」(草野)이라는 뜻으로 사용되면 상성(上聲)의 「양」(養)운에 속한다. 이 시에서는 상성으로 쓰였다.

4. 登定王臺[1]

정왕의 누대에 오르다

寂寞番君後[2]	쓸쓸하도다 번군의 후예여,
光華帝子來[3]	빛나도다 천자의 아들 오셨다네.
千年與故國	천년 옛 나라 함께 하였으나,
萬事只空臺	만사 다만 빈 누대 뿐이라네.
日月東西見	해와 달 동쪽과 서쪽에 나타나고,
湖山表裏開[4]	호수와 산은 안팎으로 열려 있네.

1 명나라 이현(李賢)의 《일통지(一統志)》 권63 〈장사부·정왕대(長沙府·定王臺)〉 「장사부의 동북쪽에 있다. 한나라 장사의 정왕 유발은 곧 경제의 열 번째 아들이다. 그 나라로 간 후에 이곳에 대를 쌓아 어머니 당희의 묘를 바라보았다.」(在府城東北. 漢長沙定王發, 乃景帝第十子. 旣之國築臺于此, 以望母唐姬墓) 전하는 바에 의하면 이 대를 쌓을 때 장안에서 가져간 흙을 가지고 쌓았다고 한다. 《일통지》에는 이 시의 첫 네 구절도 함께 수록하고 있다.

원나라 방회(方回)의 《영규율수(瀛奎律髓)》 권1 〈등람류(登覽類)〉에도 이 시가 수록되어 있는데 제목 다음에 「사당이 있다.」(有廟)라는 주석을 달았다.

이 시는 정왕이 지은 누대에 올라 풍광을 보고 일어난 탄식을 빌어, 천고의 흥망성쇠라는 무한한 감개를 표현해내고 있다.

2 번군(番君): 번은 진(秦)나라 때 번양현(番陽縣)으로 지금의 강서성(江西省) 번안현이다. 《차의》 「오예이다. 장사왕에 봉하여졌다.」(吳芮也, 封長沙王) 《한서》 권34 〈오예전(吳芮傳)〉 「오예는 진나라 때 번양령이었는데, 강·호 사이에서 크게 민심을 얻어 번군이라 일컬어졌다. 천하에서 막 진나라에 반기를 들었는데 …… 항적이 죽자 임금이 (부하장수인) 매현(梅鋗)이 공로가 있고 무관으로 입성하였으므로 오예를 덕이 있다고 여기어 장사왕으로 옮기어 임상을 다스리게 하였는데, 1년 만에 죽었으며 시호를 문왕이라 하였다.」(吳芮, 秦時番陽令也, 甚得江湖間民心, 號曰番君. 天下之初叛秦也…… 項籍死, 上以鋗有功, 從入武關, 故德芮, 徙爲長沙王, 都臨湘, 一年薨, 諡曰文王)

3 광화(光華): 광채가 빛나다.

제자(帝子): 제왕의 자녀를 말한다. 이를테면 《초사·구가·상부인(九歌·湘夫人)》에서 요임금의 두 딸인 아황(娥皇)과 여영(女英)을 「제왕의 따님 내려옴이여 북쪽 물가라네.」(帝子降兮北渚)라 하였고, 당나라 왕발(王勃)은 〈등왕각(滕王閣)〉시에서 등왕각을 지은 당나라 고조(高祖)의 아들인 등왕 이원영(李元嬰)을 읊어 「누각에 있던 황제의 아들 지금 어디 있는가?」(閣中帝子今何在)라 하였다. 여기서는 정왕 유발(劉發)이 경제(景帝)의 아들이므로 이렇게 말하였다.

4 호산표리(湖山表裏): 《좌전·희공(僖公) 28년》 「자범이 말했다. 『싸워야 합니다. 싸워서 이기면 반드시 제후들을 복종시킬 수 있을 것입니다. 만약에 이기지 못하더라도 안팎으로 산과 황하가 막고 있사오니 반드시 해될 것은 없습니다.』」(子犯曰, 戰也! 戰而捷, 必得諸侯. 若其不捷, 表裏山河, 必無害也)

從知爽鳩樂[5] 상구씨의 즐거움 알게 되거들랑,
莫作雍門哀[6] 옹문의 슬픔 일으키지 말게나!

【여설】《영규율수》에서 방회는 이 시를 평하여「주문공의 시는 진사도(陳師道)와 매우 근접하였으며 이 시의 미구는 진사도라고 하더라도 또한 다만 이럴 것이다. 건도 2년(3년의 오자인 것 같다) 정해년(1167)에 문공이 장사로 장남헌을 찾아보았을 때 지은 것이다. 용사와 생각, 규격과 글자의 배치가 모두 율격의 법칙에 맞아 두보와 진사도의 문집에 섞어놓아도 될 것이다.」(朱文公詩迫近后山, 此詩尾句, 雖后山亦只如此. 乾道二年丁亥, 文公訪南軒於長沙所賦. 用事命意, 定格下字, 悉如律令, 雜老杜后山集中可也)라 하였다.

5 상구락(爽鳩樂): 상구는 곧 상구씨(爽鳩氏)로 옛 관직 이름이며, 형옥(刑獄)을 관장하였다. 전하는 바에 따르면 소호(少皞)씨 때 백성을 다스리는 것을 관장하는 다섯 관직 중의 하나였다고 한다. 《좌전·소공(昭公) 20년》「제나라 후작이 사냥에서 돌아오는 길에 안자가 천대에서 곁에서 모시고 있었다. …… 제나라 후작이 술을 마시며 즐거워하고 말하기를 『옛날부터 죽는다는 일이 없으면 얼마나 즐거울까?』라 하니 이에 안자가 대답하였다. 『…… 옛날에 상구씨가 처음으로 이 땅을 차지하고 살았었는데 …… 옛날부터 죽는 일이 없었더라면 오늘날까지의 즐거움은 다 상구씨가 향유하는 즐거움으로 군주께옵서는 바랄 일이 못 되옵니다.』」(齊侯至自田, 晏子侍於遄臺……公飮酒樂. 公曰, 古而無死, 其樂若何? 晏子對曰……昔爽鳩氏始居此地……古若無死, 爽鳩氏之樂, 非君所願也) 여기서는 나라가 오래도록 전하여 지고 천하가 영원히 보존됨을 가리켜 말하였나.

6 옹문애(雍門哀): 한나라 유향(劉向)의 《설원·선세(說苑·善說)》「옹문주가 거문고를 가지고 맹상군을 뵈었다. 맹상군이 말하였다. 『선생께서 거문고를 타시면 또한 나를 슬프게 할 수 있겠습니까?』 이에 옹문주가 말했다. 『신이 어찌 능히 족하를 슬프게 할 수 있겠습니까! …… 그러나 신이 족하를 슬프게 한 것은 한 가지입니다. 천추 만세 후에는 종묘는 반드시 희생 제사를 드리지 않을 것이고, 높은 누대는 이미 허물어졌을 것이며, 곡지는 이미 해자가 되어 있을 것이고, 분묘는 이미 평평해졌을 것입니다. 아이와 더벅머리 나무를 하는 사람들이 그 발을 주춤거리며 그 위에서 말하기를 「대체로 맹상군이 존귀한 것이 바로 이러했구나!」 할 것입니다.』 이에 맹상군은 눈물을 흐리며 고개를 떨구었다. 옹문주가 거문고를 끌어당기어 타는데 천천히 궁조과 치조의 음조로 시작하다가 우조와 각조의 음조로 올리니 맹상군은 눈물을 줄줄 흘리며 슬픔을 더하였으며, 내려가 그에게 다가가 말하기를 『선생께서 거문고를 타는 것을 들으니 나라가 망하고 고을이 망한 사람이 서 있는 것 같소이다!』라 하였다.」(雍門周以琴見孟嘗君. 孟嘗君曰, 先生鼓琴亦能令我悲乎? 周曰, 臣烏能令足下悲哉!……然臣所爲足下悲者一也, 千秋萬歲之後, 宗廟必不血食, 高臺旣已壞, 曲池旣已塹, 墳墓旣已平. 嬰兒豎子採樵者, 躑躅其足而歌其上曰, 夫以孟嘗君尊貴, 乃若是乎! 於是孟嘗君泣焉垂臉. 周引琴而鼓之, 徐動宮徵, 拂羽角. 孟嘗君涕泣增哀, 下而就之曰, 聞先生鼓琴, 立若破國亡邑之人也) 곧 나라가 망하는 것을 가리킨다.

5. 次敬夫登定王臺韻[1]

경부의 정왕의 누대에 오르다라는 시의 각운자를 써서 짓다

今朝風日好[2]	오늘 아침 풍경 좋은데,
抱病起登臺[3]	병든 몸 일으켜 누대 오르네.
山色愁無盡	산 빛 근심 다함 없고,
江波去不回[4]	강 물결은 가서 돌아오지 않네.
客懷元老草[5]	나그네 회포 원래 심란한데,
節物又疎梅[6]	제철 사물로는 성근 매화 있다네.

1 이 시는 《남악창수집》에도 나오는데 임용중(林用中: 자 擇之)이 지은 시로 되어 있으며, 제목은 〈13일 새벽에 일어나니 눈이 개었다. 전에 한 말이 효력이 있어 정왕대 시의 각운자를 써서 짓는다(十三晨起雪晴. 前言果驗, 用定王臺韻賦詩)〉이다.

2 금조풍일호(今朝風日好): 북주 유신(庾信)의 〈그림 병풍을 읊음(咏畵屛風)〉 제23수 「오늘 아침 풍경 좋고, 동산에는 향기로운 꽃 많다네.」(今朝風日好, 園苑足芳菲) 당나라 이백의 〈궁중에서 즐겁게 놀다(宮中行樂詞)〉 제8수 「오늘 아침 풍경 좋으니, 미앙궁에 들어가 놀리라.」(今朝風日好, 宜入未央遊)

3 포병기등대(抱病起登臺): 〈9월 9일(九日)〉 제1수 「중양절 맞아 홀로 잔 속의 술 마시다가, 병든 몸 일으켜 강가의 누대에 오른다네.」(重陽獨酌盃中酒, 抱病起登江上臺)

4 강파거불회(江波去不回): 당나라 두공(竇鞏)의 〈남쪽에서 놀다가 흥이 일어(南遊感興)〉 「상심하여 당시의 일 묻고자하나, 보이느니 강 물결 가서 돌아오지 않는 것 뿐.」(傷心欲問當時事, 唯見江波去不廻)

5 노초(老草): 원래는 허술함, 또는 조잡하다는 뜻인데, 여기서는 마음이 심란하다는 의미로 쓰였다. 《차의》 「시든 풀의 형상과 같음을 이른다.」(謂如衰草之狀) 《표보》 「《문집》 권48에 『看得老草』라는 말이 있는데, 《차의》에서는 『어둡고 거칠고 소략하다』는 뜻으로 풀이를 하였다. 여기에서 이른바 『노초』라는 것은 뜻이 또한 여기에 가깝다. 나그네의 정회가 심란하여 흥이 없는 정황을 말한 것이다. 『시든 풀……』한 것은 아마 그렇지 않을 것이다.」(四十八卷有看得老草之語. 箚疑以昏耗草略之意釋之. 此所謂老草者, 義亦近此. 言客中情懷, 草草無興况也. 衰草云云. 恐或未然) 《차보》 「《주자어류》에 『지금 사람의 일은 크건 작건 간에 모두 소략함이 지나치다.』는 말이 있다.」(語類, 今人事無大小, 皆老草過了) 이 말은 《주자어류》 권116 〈주자(朱子) 13·훈문인(訓門人) 4〉에 수록되어 있는데, 원문은 「今人事無小大, 皆潦草過了.」로 되어 있다. 송나라 장계유(莊季裕)의 《계륵편(鷄肋編)》 권 하 「세속의 간독 중에는 『노초』라는 말을 많이 쓰는데, 『거칠고 소략하다』는 뜻과 같다. 내가 아주 박학한 사람들에게 물었으나 모두 그것이 어디서 유래했는지를 알 수가 없었다. 나중에 《예부운략》의 『恅』자의 주석을 찾아보았더니 『초로는 심란하다는 뜻이다.』라 하였는데 아마 여기에 근본할 것이다. 전하여 쓰다가 잘못하여 『심방』을 없앴을 것이다.」(世俗簡牘中多用老草, 如云草略之義. 余問於博洽者, 皆莫能知其所出. 後因檢禮部韻略恅字注云, 憚恅, 心亂也.

且莫催歸騎[7]	잠깐 돌아가는 말 재촉하지 말게나,
憑欄更一杯	난간에 기대어 다시 한 잔 든다네.

疑本出此, 傳用之誤, 故去心耳)

6 절물(節物): 각 계절의 풍물 경색을 말한다. 진(晉)나라 육기(陸機)의 〈밝은 달은 어찌나 빛나는지라는 고시를 본떠서 짓다(擬明月何皎皎)〉에 「머뭇머뭇 제철 사물 느끼는데, 내 감은 영영 이미 오래되었다네.」(踟躕感節物, 我行永已久)

7 막최귀기(莫催歸騎): 송나라 소식의 〈순수가 떠나려 함에 소환을 나서 다서 앞 시의 각운자를 써서 짓다(循守臨行, 出小鬟, 復用前韻)〉「고개의 매화 돌아가는 말 재촉할 필요 없으니, 등자 끊어 모름지기 옛날 임하였던 곳 막으리.」(嶺梅不用催歸騎, 截鐙須防舊所臨)

6. 七日登嶽麓道中, 尋梅不獲, 至十日遇雪作此[1]

自此後係南嶽唱酬[2]

7일 악록을 오르던 도중에 매화를 찾았으나 찾지 못하였으며, 10일에 눈을 만나 이 시를 짓는다 이 뒤로는 《남악창수》에 속한다

三日山行風繞林	사흘 산행길에 바람 숲을 감싸고 도는데,
天寒歲暮客愁深[3]	하늘 차가워지고 해 저무니 나그네 시름 깊어지네.
心期已悞梅花笑	마음 속 기약 이미 어그러지니 매화 웃는데,
急雪無端更滿襟	갑작스런 눈 끝없이 다시 옷깃에 가득하네.

1 청나라 왕무횡(王懋竑)의 《주자연보》 건도(乾道) 3년(1167) 11월 조 「이달 6일 경오일에 담성에서 남악으로 갔는데 10일 갑술일에 도착하였으며, 13일에 산에 올라 16일 경진일에 내려왔고 19일 계미일에 비로소 남악을 떠났다.」(是月六日庚午, 自潭城往南嶽, 十日甲戌至, 十三日登山, 十六日庚辰下, 十九日癸未始離南嶽)

2 《차의》「선생이 남헌 장식을 방문하고 돌아올 때 남헌과 함께 남악에서 놀았는데 그때 주고받은 시가 50수이며 남헌이 서문을 지었다.」(先生訪南軒, 歸時與南軒同遊南岳, 其所唱酬五十首, 南軒作序) 주자가 남헌 및 임용중(林用中)과 함께 남악인 형산(衡山)을 유람한 것은 건도(乾道) 3년(1167) 겨울 11월 10일에 시작되어 16일까지 계속되었다. 이때 지은 시를 별도로 모아서 묶은 책이 곧 《남악창수집(南嶽唱酬集)》이며, 모두 149수의 시가 수록되어 있다. 《주문공집》에는 〈남악유산후기(南嶽遊山後記)〉(권77)가 수록되어 있으며, 장식과 헤어진 후 범백숭, 임택지와 함께 동으로 돌아오며 지은 시를 모아서 《동귀란고(東歸亂藁)》라 하였다. 《동귀란고》는 《남악창수집》처럼 별도로 전하지는 않고 서문만이 《주문공집》 권75에 수록되어 전한다.

3 천한세모(天寒歲暮): 당나라 두보의 〈흰 오리를 노래함(白鳧行)〉「옛 두둑에 남긴 이삭 이미 싹 쓸어버렸고, 하늘 차갑고 해 저무는 물결 속에 있다네.」(故畦遺穗已蕩盡, 天寒歲暮波濤中)

7. 大雪, 馬上次韻敬夫韻

큰 눈이 내리다. 말 위에서 장식이 지은 시의 각운자를 써서 짓다

仙人喬嶽頂	신선 높은 산 봉우리에서,
散髮吹參差[1]	머리 흩트리고 퉁소 분다네.
喚我二三友	내 두세 벗 불러내어,
集此西南垂[2]	이곳 서남쪽 끝에 모였다네.
列筵命洛公[3]	자리의 사람들 낙공에게 명하고,
侑坐迎江妃[4]	모시고 앉은 이들 강비 맞이하네.
道之千羽旄[5]	천 개의 털 장식 깃발 이끌고,

1 취참치(吹參差): 《초사·구가·상군(九歌·湘君)》「상군 바람이여 오지 않아, 퉁소 붊이여 누구를 생각하는가!」(望夫君兮未來, 吹參差兮誰思) 주희의 주석「참치는 퉁소이다. 《풍속통》에서 말하기를 『순임금이 퉁소를 만들었는데 그 형태가 들쭉날쭉 가지런하지 않았으며, 봉황의 날개를 본뜬 것이었다.』라 하였다.」(參差, 洞簫也. 風俗通云, 舜作簫其形參差不齊, 象鳳翼也)

2 수(垂): 「陲」자와 같은 뜻으로 쓰였다. 변경(邊境)이라는 뜻인데 여기서는 형산의 서남쪽 기슭을 가리킨다.

3 낙공(洛公): 전설상의 신선. 당나라 육구몽(陸龜蒙)의 〈초겨울에 우연히 지어 남양의 윤경에게 부치다라는 시의 각운자에 화답하다(和初冬偶作, 寄南陽潤卿韻)〉「바다 위 지금 맑고 얕아졌는지 모르겠으니, 편지 날려 보내어 낙공에게 물어봐야겠네.」(不知海上今清淺, 試與飛書問洛公)

4 유좌(侑坐): 모시고 앉다[陪坐]의 뜻. 연회에서 술을 마시고 노는 것을 말하였다.

낙공·강비(洛公·江妃): 《차의》「낙공은 낙수의 신의 전고를 쓴 것 같다. 강비는 곧 복비이다.」(洛公疑用洛神事. 江妃卽宓妃) 《익증》「조식의 〈낙신부〉에서는 복비를 낙신이라고 하였으니 둘을 한꺼번에 쓰는 것은 옳지 않은 듯하다.」(曹植賦以宓妃爲洛神, 恐不當兩用) 강비는 전설상의 신녀이다. 한나라 유향(劉向)의 《열선전(列仙傳)》 권 상 〈강비이녀(江妃二女)〉「강비라는 두 여인은 어느 곳 사람인지 모른다. 강수와 한수의 기슭으로 놀러 나왔다가 정교보를 만났는데, 그녀들이 마음에 들어 기뻐하였지만 신녀인줄은 몰랐다.」(江妃二女者, 不知何所人也. 出遊於江漢之湄, 逢鄭交甫, 見而悅之, 不知其神人也)

5 도(道): 「이끌 도」(導)자의 뜻으로 쓰였다.

우모(羽旄): 「旄」는 《고이》에서 「될 화」(化)자로 된 판본도 있다고 하였다. 우와 모는 새의 깃털과 소의 꼬리털로 모두 깃발을 장식하는데 쓰이며, 여기서는 깃발을 나타내는 말로 쓰였다. 《맹자·양혜왕(梁惠王) 하》「이제 왕께옵서 여기에서 사냥을 하게 되면 백성들은 왕의 수레와 말의 소리를 듣고 깃과 털로 장식한 깃발의 아름다움을 보게 될 것입니다.」(今王田獵於此, 百姓聞王車馬之音, 見羽旄之美) 주희의 주석「우모는 깃발의 등속이다.」(羽旄, 旌屬) 눈발이 털처럼 날림을 읊은 것이다.

投以萬璧璣[6]	만 개의 벽옥 구슬 던져대네.
繽紛一何麗	펄펄 내리니 한번 얼마나 고운지,
晻靄難具知[7]	침침하여 다 알기 어렵다네.
衆眞亦來翔[8]	뭇 신선들 또한 날아오니,
恍覺叢霄祗[9]	황홀하니 하늘 공경함 깨닫네.
茫茫雲霧合	아득한 곳에 구름과 안개 모이는데,
一一瓊瑤姿[10]	하나하나 구슬과 옥의 자태라네.
回首謝世人[11]	고개 돌려 세상 사람들과 헤어져,
千載空相思	천년토록 공연히 그리워하네.
吾衰怯雄觀	내 쇠약하여 웅장한 경치 겁내어,
未敢探此奇	감히 이 기이함 찾지 못했다네.
短衣一匹馬[12]	짧은 옷에 한 필 말로,

6 벽기(璧璣): 옥구슬을 말하며, 여기서는 싸락눈을 읊은 것이다.

7 엄애(晻靄): 「晻藹」라고도 하며 어두운 모양이다. 「晻」은 「어두울 암」(暗)자의 이체자이다. 전국시대 초나라 굴원(屈原)의 〈슬픔을 만나다(離騷)〉 「구름 무지개 깃발 날려 해 가림이여, 옥란 짤랑짤랑하고 울리네.」(揚雲霓之晻藹兮, 鳴玉鸞之啾啾) 그 주석에서 「엄애는 옹울과 같으며, 그늘을 드리운 모양이다. 엄애는 깃발이 해를 가린 모양이다. 송나라 홍흥조(洪興祖)의 《보주》에서는 말하기를 엄애는 어두운 것이라고 하였다.」(晻藹猶蓊鬱, 蔭貌也. 晻藹, 旌旗蔽日貌. 補曰, 晻藹, 暗也, 冥也)라 하였다.

8 중진(衆眞): 진(眞)은 곧 진인(眞人)을 말한다. 《차의》 「여러 신선들을 말한다.」(謂衆仙) 한나라 허신(許愼)의 《설문해자(說文解字)》 「진자는 신선들이 형태를 변모시키어 하늘에 오르는 것이다.」(眞, 仙人變形登天也)
낙공·강비·중진(洛公·江妃·衆眞): 《집람》 「모두 눈을 읊은 고사이다.」(皆詠雪故事)

9 총소(叢霄): 《집람》 「하늘을 가리켜 말하였다. 석씨가 이른바 제천과 같다.」(指天而言. 猶釋氏言諸天) 또 생황을 가리키기도 한다. 《속선전(續仙傳)》 「사원경은 신선을 만나 총소라는 생황을 불었다.」(謝元卿遇神仙, 吹叢霄之笙)

10 경요자(瓊瑤姿): 《시경·위풍·모과(衛風·木瓜)》 「나에게 목도 던져주어, 경요로 보답했다네.」(投我以木桃, 補之以瓊瑤) 주희의 주석 「요는 아름다운 옥이다.」(瑤, 美玉也) 경요자는 아름답기가 옥 같은 자태를 말한다.

11 사세인(謝世人): 송나라 구양수(歐陽脩)의 〈밤에 앉아서 거문고를 타다가 느낌이 있어 두 수를 지어 매요신(梅堯臣)에게 보낸다(夜坐彈琴有感二首呈聖兪)〉 「거문고 줄 끊어 세상 사람들 떠나니, 알아주는 이 이로부터 없어졌다네.」(絶絃謝世人, 知音從此無)

12 단의(短衣): 짧고 간편한 옷차림을 말한다. 《사기·숙손통열전(叔孫通列傳)》 「숙손통은 유자의 복장을 하였는데 한왕이 싫어하여 이에 그 복장을 바꾸어 짧은 옷을 입었다.」(叔孫通儒服, 漢王憎之, 迺變其服, 服短衣) 《사기》에 주석을 단 당나라 사마정(司馬貞)은 《색은(索隱)》에서 공문상(孔文祥)의 말을 인용하여 「짧은 옷은 일하는데 편하며 유자의 의복이 아니다.」(短衣便事, 非儒者衣服)라 하였다.

幸甚得所隨	다행히도 따를 수 있다네.
天寒飮我酒	하늘 추워져 내 술 마시는데,
酒罷賡君詩[13]	술 다 마시고는 그대 시 잇는다네.
人生易南北	사람 살다보면 남북 바뀌게 마련이니,
復此知何時	이곳에 다시 옴 어느 때쯤일지?

13 갱(賡): 잇다[續]의 뜻. 음악이나 시문 따위를 이어서 연주하거나 짓는 것을 말한다. 당나라 한유의 〈상사일에 태악에서 연회를 하는데 거문고로 《시경》을 연주하는 것을 듣고 짓다(上巳日燕太學聽彈琴詩序)〉「유우씨의 〈남풍〉을 연주하고 이어서 문왕의 〈선보〉의 가락으로 이었다.」(鼓有虞氏之南風, 賡之以文王宣父之操)

8. 風雪未已, 結策登山, 用敬夫春風樓韻[1]

바람과 눈이 채 그치지 않았는데 지팡이를 짚고 산에 오르며 장식이 지은「춘풍루」시의 각운자를 써서 짓다

披風蘭臺宮[2]　　난대궁에서 바람 맞으며,
看雨百常觀[3]　　비 높은 누관에 내림 보네.
安知此山雲　　어찌 알았으리오, 이 산의 구름,
對面隔霄漢[4]　　맞은 편 하늘과 떨어져 있음을.
群陰匝寰區[5]　　뭇 어두움 온 천지 두르더니,
密雪渺天畔　　빽빽한 눈 하늘가에 아득해졌네.

1《집람》「(춘풍루는) 장사부에 있다.」(在長沙府) 남헌 장식(張栻)의 〈남악창수집의 서문(南嶽唱酬序)〉「병자일에 잠깐 쉬었는데 그날 저녁 비가 그치지 않아 따르는 사람들이 모두 지친 기색이 있었다. 상담의 표거정 덕미가 모임에 왔는데, 또한 내가 오를 수 없다고 생각하였다. 내가 홀로 원회와 택지와 함께 지팡이를 짚고 날이 밝으면 바람과 눈을 무릅쓰고 빨리 오르기로 하였다. 한밤중에 비가 그쳤는데 일어나 보니 밝은 별이 찬란히 빛났으며 조금 있다가 새벽 해가 양곡으로 떠올랐다.」(丙子, 小憩, 其日暮雨未已, 從者皆有倦色. 湘潭彪居正德美來會, 亦意予之不能登也. 予獨與元晦擇之決策, 明當冒風雪亟登. 而夜半雨止, 起視明星爛然, 比曉日升暘谷矣)

2 피풍란대궁(披風蘭臺宮): 난대는 초나라 양왕이 놀았다는 누대의 이름. 전하기로는 지금의 호북성(湖北省) 종상현(鐘祥縣) 동쪽에 있었다 한다. 전국시대 초나라 송옥(宋玉)의 〈바람(風賦)〉「초나라 양왕이 난대의 궁전에서 놀았는데 송옥과 경차가 모셨다. 바람이 쏴아 하고 이르자 왕이 이에 옷깃을 헤치고 바람을 맞으며 말하였다.『상쾌하도다! 이 바람이여. 과인이 서인들과 함께 할 수 있는 것인가?』」(楚襄王游於蘭臺之宮, 宋玉景差侍. 有風颯然而至, 王迺披襟而當之曰, 快哉此風! 寡人所與庶人共者邪?) 여기서 난대는 그냥 바람을 맞는[臨風] 곳이란 뜻으로 빌려 썼다. 당나라 이백의 〈오왕에게 부쳐드림(寄上吳王)〉「양왕 송옥 어여삐여기어, 난대의 궁으로 들길 바랬네.」(襄王憐宋玉, 願入蘭臺宮)

3 백상관(百常觀): 상(常)은 도량형 단위로 16척을 말한다. 심(尋)이 8척이고 2심이 상이다. 백상은 1600척인데, 그냥 매우 높다는 뜻으로 쓰였다. 관은 누관(樓觀)을 말한다. 남조 제(齊)나라 사조(謝朓)의 〈아침에 내리는 비를 구경하다(觀朝雨)〉「삭풍이 나는 비 불어오더니, 쓸쓸하게 강가에 이르네. 이미 아주 높은 누관에 뿌려대더니, 다시 아홉 겹 누대에 모이네.」(朔風吹飛雨, 蕭條江上來, 旣灑百常觀, 復集九成臺) 여기서는 중국의 서도(西都) 장안에 있던 누대를 가리켜 말하였다. 한나라 장형(張衡)의 〈서경을 부체로 읊음(西京賦)〉「통천대 까마득히 우뚝 솟아 있는데, 1600척 헤아리며 홀로 특히 불쑥 솟았다네.」(通天訬以竦峙, 徑百常而莖擢)

4 격소한(隔霄漢):《익증》「눈을 내리던 어둑한 구름이 개인 것을 말한다.」(言雪陰雲晴)

5 환구(寰區): 천자의 직할지라는 뜻도 있으나, 여기서는 천하 또는 천지간이라는 뜻으로 쓰였다.

6 심안처욕단(心眼悽欲斷):《익증》「눈이 내리는 중이라

峨峨雪中山 삐죽삐죽 눈 속의 산,
心眼悽欲斷[6] 마음과 눈 쓸쓸하여 끊어지려 하네.
吾人愛奇賞 우리네 기이한 감상 사랑하여,
遞發臨河嘆[7] 번갈아 황하에 다가선 탄식 발하네.
我知沍寒極[8] 내 쩍쩍 얼어붙는 추위 극도에 달했음 알았으니,
見晛今當泮[9] 햇살 드러나 이제 풀리겠네.
不須疑吾言 내 말 의심할 필요 없으니,
第請視明旦 다만 청컨대 내일 아침 보게나.
蠟屐得鴈行[10] 밀랍 칠한 나막신 기러기 행렬 얻었는데,

오르기가 어려우므로 이렇게 말하였다.」(雪中難登故云) 눈이 내려 마음은 처량해지고 시야는 가린다는 말이다.

7 임하탄(臨河嘆): 깊은 탄식, 긴 탄식을 말한다. 《사기》 권47 〈공자세가(孔子世家)〉「공자가 이미 위나라에서 등용되지 못하자 장차 서쪽으로 가서 진나라의 조간자를 만나려고 하였다. 황하에 이르러 두명독과 순화가 피살되었다는 것을 듣고 황하에 다가서서 말하였다. 『아름답도다 황화수여, 넓고 넓도다! 내가 이 황하를 건너지 못하는 것은 운명이로다!』」(孔子既不得用於衛, 將西見趙簡子. 至於河而聞竇鳴犢·舜華之死也, 臨河而歎曰, 美哉水, 洋洋乎! 丘之不濟此, 命也夫!)

8 호한(沍寒): 너무 추워서 사물이 다 쩍쩍 얼어붙을 정도라는 말로 매우 추움을 말한다. 《좌전·소공(昭公) 4년》「얼음을 저장함에는 깊은 산 깊은 골짜기의 물이 굳게 얼어붙는 혹한시기가 되면 이때 채취하는 것입니다.」(其藏冰也, 深山窮谷, 固陰沍寒, 於是乎取之)

9 견현금당반(見晛今當泮): 「晛」은 「睍」으로 된 판본도 있다. 《시경·소아·뿔활(小雅·角弓)》「눈 펑펑 내리지만, 햇빛만 보면 녹는다네.」(雨雪瀌瀌, 見晛曰消) 주희는 「현은 해의 기운이다.」(晛, 日氣也) 〈패풍·박에 쓴 잎 있고(邶風·匏有苦葉)〉「남자가 아내 데려오려면, 얼음 풀리기 전에 해야 하리.」(士如歸妻, 迨冰未泮) 《차의》에서는 「반은 얼음이 녹는 것이다.」(泮, 氷釋也)라 하였다. 곧 날이 개어 날씨가 따뜻해짐을 말한다.

10 납극(蠟屐): 《진서(晉書)》 권49 〈완부전(阮孚傳)〉「처음에 조약은 성질이 재물을 좋아했고 완부는 나막신을 좋아하였는데, 똑같이 이러한 것이 누가 되었기 때문에 당시 사람들은 그 우열을 판단하지 못하였다. …… 어쩌다가 어떤 사람이 완부를 찾았다가 마침 스스로 나막신에 밀랍칠을 하는 것을 보게 되었는데, 스스로 탄식하며 말하기를 『평생 동안 나막신을 몇 켤레나 더 신어야 할지 모르겠다!』라고 하였는데 표정이 매우 느긋하게 보였다. 여기서 조약과의 승부는 비로소 판가름이 났다.」(初, 祖約性好財, 孚性好屐, 同是累而未判其得失……或有詣阮, 正見自蠟屐, 因自嘆曰, 未知一生當著幾量屐! 神色甚閑暢, 於是勝負始分)

11 안행·어관(鴈行·魚貫): 《시경·정풍·대숙의 사냥(鄭風·大叔于田)》「숙이 사냥을 가는데 네 필 누런 말이 끄는 수레 탔다네. 두 복마 앞에서 끌고, 두 곁말은 나란히 가네.」(叔于田, 乘乘黃, 兩服上襄, 兩驂雁行) 주희의 주석 「안행이라는 것은 참마가 복마의 뒤에 조금 처져 차례로 있어서 기러기 행렬과 같은 것이다.」(鴈行者, 驂少次服後, 如鴈行也) 《예기·왕제(王制)》「아버지의 연배에게는 그 뒤를 따라 가고, 형의 연배에게는 나란히 가되 약간 뒤처져서 걷는다.」(父之齒隨行, 兄之齒雁行) 관어는 물고기를 꿰어놓은 듯이 차서가 있음을 말한다. 《주역·박괘(剝卦)》의 밑에서 다섯 번째 음효[六五]의 효사 「물고기를 잡아 꿤으로써 궁인들의 사랑을 받는다. 이롭지 않음이 없다.」(貫魚, 以宮人寵, 无不利) 《삼국지·위지·등애전(魏志·鄧艾傳)》「(등애가 蜀나라로 들어

籃輿或魚貫[11] 대나무 수레 어쩌다 물고기 꿴 듯 늘어섰다네.

가면서) 장수와 사졸들이 모두 나무를 붙잡고 벼랑을 따라 물고기를 꿴 듯이 나아갔다.」(將士皆攀木緣崖, 魚貫而進) 왕필(王弼)은 「머리를 나란히 하고 차례대로 이어져 있는 것이 물고기를 꿴 것 같다.」(駢頭相次似貫魚也)고 하였다.

남조 송(宋)나라 포조(鮑照)의 〈계북문에서 나와서 가다라는 시체를 본떠서 짓다(代出自薊北門行)〉 「기러기 같은 행렬 돌 지름길 돌고, 물고기 꿴 듯 나는 다리 지나네.」(雁行緣石逕, 魚貫度飛梁)

남여(籃輿): 「籃轝」로도 쓰며 대나무를 엮어서 만든 가마를 말한다. 《남조의 역사·도잠의 전기(南史·陶潛傳)》 「한번은 도잠이 여산에 간 적이 있는데 왕홍이 도잠의 옛 친구인 방통지더러 중도인 율리에 술을 차려놓고 그를 맞게 했다. 도잠은 다리에 병이 있어서 문하생 하나와 두 아들에게 대로 엮은 가마를 매게 했다. (그곳에) 이르게 되자 흔쾌히 어울려 술을 마시게 되었으며 얼마 안 있어 홍이 이르렀는데 또한 거리낌이 없었다.」(潛嘗往廬山, 弘命潛故人龐通之, 齎酒具於半道栗里要之. 潛有脚疾, 使一門生二兒轝籃轝. 及之, 欣然便共飮酌, 俄頃弘至, 亦無忤也)

9. 十三日晨起霜晴, 前言果驗, 再用敬夫定王臺韻賦詩[1]

13일 새벽에 일어나 보니 서리가 갠 것이 앞의 말이 과연 효험이 있는지라 다시 장식이 지은「정왕대」시의 각운자를 써서 시를 짓는다

北渚無新夢[2]	북쪽 물가는 새 꿈 꾸지 않고,
南山有舊臺[3]	남산에는 옛 누대 있다네.
端能成獨往	끝 홀로 간 이룰 수 있으니,
未肯遽空回	기꺼이 갑자기 헛되이 돌아오려 않네.
磴滑新經雪[4]	돌 비탈길 매끄러움 막 눈 내렸음인데,
林深不見梅	숲 깊어 매화 보이지 않네.
急須乘霽色	급히 모름지기 개인 경치 틈타고자 하니,
何必散銀杯[5]	하필이면 은 술잔 흩으려는가?

1 상청(霜晴): 《차의》「『서리 상』자는『눈 설』자가 되어야 할 것 같다.」(霜疑當作雪)
전언과험(前言果驗): 《집람》「전편의『햇살 드러나 이제 풀리겠네.』이하의 구절을 가리켜 말하였다.」(指前篇見晛今當泮以下而言)《차보》「앞 시의『다만 청컨대 내일 아침 보게나.』라 한 구절을 말한다.」(指前篇第請視明旦)

2 북저무신몽(北渚無新夢): 저(渚)는 물가[水涯]라는 뜻.《차의》에서는「정왕은 한나라 경제의 아들이기 때문에《초사》의 구절을 썼다.」(定王則漢景帝之子, 故用楚辭)《초사·구가·상부인(九歌·湘夫人)》「제자 강 북쪽 물가에 내림이여, 눈으로 보니 아득하여 나 슬프게 하네.」(帝子降兮北渚, 目眇眇兮愁予)

3 남산(南山): 오악(五嶽) 중 남악(南嶽)인 형산(衡山)을 말한다.
이상 두 구절의 뜻은 전날 담주성(潭州城)에 있던 날들은 더 이상 꿈에 들지 않고 지금 심사는 다만 남악 형산에 있음을 말한다.

4 등(磴): 섬돌, 돌다리 등의 뜻이 있는데 여기서는 비탈길의 뜻으로 쓰였다.

5 산은배(散銀杯): 당나라 한유(韓愈)의〈눈을 읊어 장적에게 드림(詠雪贈張籍)〉「수레 따라 명주 띠 뒤집어지고, 말 쫓아 은 술잔 흩어지네.」(隨車翻縞帶, 逐馬散銀杯)《집람》에서는「주석에서는 은 술잔은 곧 말발굽에 끼인 눈이 발걸음에 따라 흩어지는 것이다.」(註, 銀杯乃帶馬蹄之雪, 隨踐而散)라 하였다.

10. 敬夫用熹定王臺韻賦詩, 因復次韻

경부가 나의 정왕의 시의 각운자를 써서 시를 읊어, 이에 다시 같은 각운자를 쓰다

新詩通造化[1]	새 시 조화옹에 통하니,
催出火輪來[2]	불 수레 재촉하여 올라오게 하네.
雲物低南極	구름은 남쪽 끝에 낮게 드리우고,
江山接漢臺[3]	강과 산은 한대에 닿았네.
心期千古逈	마음 속 기약 천고에 아득히 멀고,
懷抱一生開	가슴 속 회포 한 평생 열려 있네.
回首狂馳子[4]	고개 돌리고 미친 듯 달리는 이여,
紛紛政可哀	분분하니 실로 슬프기만 하다네.

1 통조화(通造化): 조화는 조물주, 또는 조화옹을 말한다. 《장자·대종사(大宗師)》「지금 한번 천지를 큰 도가니로 여기고 조화를 큰 대장장이로 생각한다면 무엇이 되건 좋지 않겠는가?」(今一以天地爲大鑪, 以造化爲大冶, 惡乎往而不可哉) 송나라 소옹(邵雍)의 〈처음과 끝을 같은 구절로 읊음(首尾吟)〉 제58수「비로소 시 조화옹에 통할 수 있음 믿으니, 요부 시 읊음 사랑하는 것 아니라네.」(始信詩能通造化, 堯夫非是愛吟詩) 김상진(金相進)의 《탁계집(濯溪集)》(이하 《탁계》)「추연은 율을 불어 봄을 되돌렸고, 명황[당현종]은 갈고를 쳐서 꽃이 피는 것을 재촉하였다. 음악이 조화를 빼앗은 것은 높다. 시 또한 악장이므로 조화에 통한다고 하였다.」(鄒衍吹律回春, 明皇羯鼓催花. 音樂之奪造化尙矣. 詩亦樂章, 故曰通造化)

2 화륜(火輪): 곧 해를 가리킨다. 《열자·탕문(列子·湯問)》「해가 처음 떠오를 때는 크기가 수레바퀴만 한데, 해가 중천에 오면 곧 대접 같아집니다.」(日初出大如車輪, 及日中則如盤盂) 당나라 한유(韓愈)의 〈무릉도원의 그림(桃源圖)〉「한밤중에 금빛 닭 꼬끼오 하고 우니, 불바퀴 같은 해 날아 올라 나그네 마음 놀라게 했네.」(夜半金鷄啁哳鳴, 火輪飛出客心驚) 《집람》「시로써 눈이 개임을 이루었으므로 조화옹에 통한다고 하였다.」(以詩成雪晴, 故曰通造化)

3 한대(漢臺): 정왕대(定王臺)를 말한다.

4 광치자(狂馳子): 진나라 도연명(陶淵明)의 〈옛 시체를 본떠서 짓다(擬古)〉 제2수「못 배워 먹은 미친 듯 달리는 자들은, 그냥 살아서 남아들 있네.」(不學狂馳子, 直在百年中)

11. 馬上口占次敬夫韻

말 위에서 읊조리는데 경부가 지은 시의 각운자를 쓰다

幾日城中歌酒昏[1]	몇 일이나 성안에서 노래와 술로 저물었던가?
今朝匹馬向烟村[2]	오늘 아침 필마로 안개 낀 마을 향하네.
迎人況有南山色[3]	사람 맞음에 하물며 남산의 경치까지 있으니,
勝處何妨倒一尊	빼어난 곳 무엇 거리끼리? 동이 술 기울임.

1 《고이》에서는 「술 주」(酒)자가 「마실 음」(飮)자로 된 판본도 있다고 하였다.

2 《고이》에서는 「연기 연」(烟)자가 「앞 전」(前)자로 된 판본도 있다고 하였다. 《남악창수집》에는 「외로울 고」(孤)자로 되어 있다.

3 영인남산색(迎人南山色): 송나라 간재(簡齋) 진여의(陳與義)의 〈수서의 주씨네 서른 세 번째 집 벽에 적다(題水西周三十三壁)〉 두 수 중 첫째 시 「푸른 산 언덕 너머로 사람 맞고 보내고, 백로는 안개 무릅쓰고 술 보내오네.」(靑山隔岸迎人去, 白鷺衝烟送酒來)

12. 馬上擧韓退之話口占[1]

말 위에서 한유의 말을 가지고 읊음

昨日風煙接混茫[2]	어제는 바람과 안개 어지러이 이어졌는데,
今朝紫翠插青蒼[3]	오늘 아침에는 자주빛과 비취빛 파란 하늘에 꽂혀 있네.
此心元自通天地	이 마음이 본래 천지에 통하니,

1 한퇴지화(韓退之話): 한퇴지는 당나라의 문인 창려(昌黎) 한유(韓愈)의 자이다. 한유는 일찍이 남악 형산에 올라 〈형악묘를 참배하고 마침내 형악의 절에 묵으면서 문루에 지어남기다(謁衡嶽廟, 遂宿嶽寺題門樓)〉라는 시를 지은 적이 있는데, 그 가운데 「내 올 때는 마침 가을비 내리는 철 당하여, 음산한 기운 어둡고 애매한데, 맑은 바람은 없었다네. 마음 속 몰래 묵묵히 기도하니 마치 감응하는 듯한데, 어찌 정직하니 능히 감응하고 통하지 않겠는가? 어느 사이 고요히 쓸어낸 듯 뭇 봉우리 나타날 새, 쳐다보니 우뚝하게 푸른 하늘 받치고 섰네. 자개봉 연달아 이어져 천주봉에 접하여 있고, 석름봉 높이 던져졌고 축융봉은 쌓여 있네. 삼엄하게 나의 혼 움직이어 말에서 내려 절하고, 소나무 잣나무 우거진 길 따라, 신령스러운 집으로 올라갔네. 분칠한 담 붉은 기둥은 광채 움직이고, 귀신스러운 물건과 그림 푸르고 붉음으로 채워놓았네. 계단에 올라서 몸 굽히고 건어 포와 술 바쳤으니, 보잘 것 없는 것으로나마 나의 충심 밝히고자 하였네.」(我來正逢秋雨節, 陰氣晦昧無淸風. 潛心默禱若有應, 豈非正直能感通. 須臾靜掃衆峯出, 我來突兀撐靑空. 紫蓋連延接天柱, 石廩登擲堆祝融. 森然魄動下馬拜, 松柏一逕趨靈宮. 粉牆丹柱動光彩, 鬼物圖畫塡靑紅. 升階傴僂薦脯酒, 欲以菲薄明其衷)라는 구절이 있다.

2 접혼망(接混茫): 우주가 아직 분화되기 이전의 시기, 구체적인 현상세계가 생겨나기 이전의 혼돈한 상태. 《장자·선성(繕性)》「옛날 사람들은 혼돈된 속에 있었으며 모든 세상 사람들과 함께 편안한 고요함을 터득하고 있었다.」(古之人, 在混芒之中, 與一世而得澹漠焉) 성현영(成玄英)의 주석 「그때는 순박한 풍속이 아직 흩어지지 않아 혼돈하고 어두운 가운데 처해 있었다.」(其時淳風未散, 故處在混沌芒昧之中) 당나라 두보(杜甫)의 〈염여퇴(灩澦堆)〉「하늘의 뜻 기울고 뒤집힘 보존하였고, 귀신의 솜씨 아득하게 이어졌네.」(天意存傾覆, 神功接混茫)

3 자취(紫翠): 당나라 두목(杜牧)의 〈이른 봄 각하에서 숙직을 서는데 소씨네 아홉째 사인 또한 내서에서 숙직을 서므로 속 마음을 네 개의 운자로 써서 지어 부치다(早春閣下寓直蕭九舍人亦直內署, 因寄書懷四韻)〉「천 개의 봉우리 자주빛과 비취빛 비스듬하고, 한 쌍 궁궐 난간에 기대어 있네.」(千峯橫紫翠, 雙闕憑闌干)
청창(靑蒼): 송나라 황정견(黃庭堅)의 〈주수(周壽)가 길주사법청을 그만두고 예부에 시험을 보러 감에 삼가 전송하다(奉送周元翁鎖吉州司法廳赴禮部試)〉「만 봉우리 서로 기대고서 푸름과 짙푸름 비벼대는데, 저녁 대청에서 흠뻑 취하여 나그네 술 뒤집어썼다네.」(萬峰相倚摩靑蒼, 暮堂醺醺客被酒)

可笑靈宮枉炷香[4]　　영궁에서 구부려
향불 피우는 것 가소롭네.

4 영궁(靈宮): 사묘(寺廟)를 말한다. 위 주석 1)의 한유의 시를 참조하기 바란다.
이상 두 구절에 대해서는 《주자어류》 권107 〈주자 4·내임병진후잡기언행·효종조(朱子四·內任丙辰後雜記言行·孝宗朝)〉에 언급이 있다. 「수창이 선생에게 물었다. 『이 마음이 본래 천지에 통하니, 영궁에서 구부려 향불 피우는 것 가소롭네.』(선생의 〈유남악시〉)라 읊으셨는데 소용왕묘에 계셨더라도 또한 감히 이렇게 말할 수 있겠습니까? 선생이 말씀하셨다. 『나는 일찍이 오성산에는 이른 적도 없다.』」(壽昌問先生, 此心元自通天地, 枉却靈宮一炷香! 先生遊南嶽詩. 若在小龍王廟, 還敢如此道否? 先生曰, 「某却不曾到吳城山)

13. 雪消溪漲, 山色尤可喜口占

눈이 녹아 시내가 불어나니 산의 경치가 더욱 기뻐할 만하여 읊조린다

頭上瓊岡出蒨青[1]	머리 위로는 옥 같은 언덕에 푸른 빛 불쑥 솟았는데,
馬邊流水漲寒汀[2]	말 곁으로 흐르는 물에 찬 물가 불어났다네.
若爲留得晶瑩住[3]	마치 찬란함 붙들어 두고자 한 것처럼,
突兀長看素錦屛[4]	우뚝하니 오래도록 흰 비단 병풍 보게 되네.

1 경강(瓊岡): 눈에 덮은 백옥 모양의 산등성이를 가리킨다.
출천청(出蒨靑): 천(蒨)은 《남악창수집》에는 「예 구」(舊)자로 되어 있다.

2 정(汀): 물가의 평지를 말한다. 이상 두 구절은 눈이 녹는 모습을 있는 그대로 서술한 것이다.

3 정영(晶瑩): 《차의》「눈 빛깔이 찬란한 것이다.」(雪色燦爛) 당나라 한유(韓愈)의 〈화산의 여자(華山女)〉「비녀 뽑고 팔찌 벗고 두른 패옥 푸니, 쌓인 금 포개진 옥 찬란하게 빛나네.」(抽釵脫釧解環珮, 堆金疊玉光晶熒)

4 돌올(突兀): 높은 모양. 여기서는 눈 덮인 높은 산봉우리를 말한다.
소금병(素錦屛): 석름봉(石廩峯)을 가리킨다. 장식의 〈남악창수집 서문〉「눈이 여러 자 두께로 쌓였으며 석름봉을 바라보니 흰 비단 병풍 같았는데, 햇볕이 숲 사이를 내려 비추니 얼음이 쨍그랑거리는 듯한 소리를 내면서 떨어졌다.」(積雪厚幾數尺, 望石廩如素錦屛, 日影下照林間, 氷墮鏘然有聲)

14. 馬跡橋[1]

마적교

下馬驅車過野橋[2]	말에서 내려 수레 몰고 들판의 다리 지나는데,
橋西一路上雲霄	다리 서쪽 한 갈래 길 구름 하늘 오르는 듯.
我來自有平生志[3]	내 옴에 스스로 평소의 뜻 지녔으니,
不用移文遠見招[4]	공문으로 멀리서 부름 받을 필요도 없었다네.

1 남악 형산의 방광사(아래 16번 시에 보인다)에서 30리 떨어진 곳에 있으며, 북으로 형양(衡陽)의 경계에 접해 있다. 장식의 〈남악창수집 서문〉「(13일에) 여러 봉우리가 옥처럼 서 있어서 마음과 눈이 갑자기 상쾌해졌다. 마침내 황심에서 식사를 하고 대나무 수레를 바꿔 탄 후마적교에서 산에 올랐다.」(諸峯玉立, 心目頓快, 遂飯黄心, 易竹輿, 繇馬跡橋登山)

2 야교(野橋): 마적교를 가리키는 것 같다.

3 「뜻 지」(志)자는 《고이》에서 「뜻 의」(意)자로 된 판본도 있다고 하였다.

4 이문(移文): 《차의》에서는 권4의 77. 〈復用前韻敬別機仲〉의 「勒移忍繼鍾山篇」의 주석을 보라고 하였다. 그러나 《차보》에서는 「이것은 부름을 받은 것이다. 〈북산이문〉의 전고를 쓴 것 같지는 않다.」(此是見招恐非用北山移文)라고 하였다. 《익증》에서는 「빌려 쓴 것이다.」(借用也)라 하였다.

15. 登山有作, 次敬夫韻[1]

산을 오르며 짓다, 경부가 지은 시의 각운자를 쓰다

晩峯雲散碧千尋[2]	저녁 봉우리에 구름 흩어지니 짙푸름 천 심이나 되는데,
落日衝飇霜氣深[3]	지는 해에 빠른 회오리바람 몰아치고 서리 기운 깊다네.
霽色登臨寒夜月	경치 개어 올라가 차가운 밤에 달 내려다보니,
行藏只此驗天心[4]	가고 멈춤 다만 여기서 하늘의 뜻 시험해본다네.

1 《차의》에서는 「이 시는 먼저 『지는 해에 빠른 회오리바람 몰아치고 서리 기운 깊다네.』라 말하였으니 의당 갈 수 없다는 것이다. 뒤에서는 『경치 개어 올라가 차가운 밤에 달 내려다보네.』라 하였으니 또 갈 수 있다는 것이다. 이는 모두 하늘의 뜻이 있는 것 같아 이렇게 말하였다.」(此詩先言落日衝飇霜氣深, 則不宜行也. 後言霽色登臨寒夜月, 則是又可行也. 是皆若有天意故云)

2 벽천심(碧千尋): 심(尋)은 길이의 도량형 단위로 여덟 자를 말한다. 송나라 왕안석(王安石)의 〈평보가 금산에서 놀다가 대각과 함께 부쳐왔는데 만나본 뒤에 각은 각운자를 써서 짓다(平甫遊金山同大覺見寄相見後次韻)〉「손 잡으니 다시 선백 머리 있음 알겠고, 구름 넘어 영취산은 짙푸름 천 심이나 된다네.」(握手更知禪伯遠, 隔雲靈鷲碧千尋)

3 충표(衝飇): 급풍(急風), 폭풍(暴風)을 말한다. 진나라 갈홍(葛洪)의 《포박자·박유(抱朴子·博喩)》「빠른 바람은 산을 기울이지만 털을 뽑는 데는 힘을 미치지 못한다.」(衝飇傾山, 而不能效力於拔毫)

4 행장(行藏): 출처(出處), 곧 나아가고 머무름을 말한다. 《논어·술이(述而)》「쓰면 나가고 버려지면 숨는다.」(用之則行, 舍之則藏)

천심(天心): 천의(天意)와 같은 뜻으로 쓰였다. 《서경·함유일덕(咸有一德)》「하늘의 뜻을 잘 받들 수 있어서 하늘의 밝은 명을 받았습니다.」(克享天心, 受天明命) 송나라 횡거(橫渠) 장재(張載)의 〈소수찬이 궁궐로 감에 전송하다(送蘇脩撰赴闕)〉「잔꾀 일삼자니 상쾌함 홀연 가을 털에 미치어, 애오라지 하늘의 뜻 말하고 침묵하는 사이에서 징험해 보려네.」(事機爽忽秋毫上, 聊驗天心語默間)

주희는 소흥(紹興) 26년(1156) 동안에서 임기가 만료되어 숭안(崇安)으로 돌아와 이 해에 형산을 오를 때까지 10여 년을 관직을 기다리며 집에 있었으므로 이렇게 읊었다. 이 구절의 뜻은 입신과 처세는 마땅히 밤의 달 같이 고결해야 한다는 것을 말하였다.

16. 方廣道中半嶺小憩, 次敬夫韻[1]

방광사로 가는 도중에 산봉우리 중간에서 조금 쉬면서 경부가 지은 시의 각운자를 써서 짓는다

不用洪崖遠拍肩[2]　　홍애 멀리 어깨
　　마주칠 필요도 없이,
相將一笑俯寒烟[3]　　서로 장차 한번 웃으며
　　차가운 안개 내려다보네.
向來活計蓬蒿底[4]　　지금까지의 살아가는 계책은
　　쑥 덤불 아래서 나는 것,

1 방광(方廣): 《차의》에서는 「석름봉에 있는 절 이름이다.」(石廩峯寺名)라 하였으며, 《차보》에서는 「영복현에 있다.」(在永福縣)고 하였다. 방광사는 남악인 형산의 서쪽 연화봉(蓮花峯) 아래에 있으며, 양(梁)나라 천감(天監) 연간에 건립되었다. 남악사절(南嶽四絶)의 하나로 꼽히며, 송나라 휘종(徽宗)이 쓴 「천하명산」(天下名山)이란 네 개의 큰 글자가 불전에 걸려 있다.

2 홍애박견(洪崖拍肩): 홍애는 전설상의 신선으로 황제(黃帝)의 신하인 영윤(伶倫)의 선호(仙號)이다. 진(晉)나라 곽박(郭璞)의 〈신선 세계에 놀다(遊仙詩)〉 셋째 시에 「왼쪽으로는 부구의 소매 당기고, 오른쪽으로는 홍애의 어깨 치네.」(左挹浮丘袂, 右拍洪崖肩) 부구 역시 신선이다.

3 부한연(俯寒烟): 당나라 이하(李賀)의 〈하늘을 꿈꾸다(夢天)〉 「아득히 제주 바라보니 아홉 점의 먼지요, 한 웅덩이 같은 바다는 술잔 속에 쏟아 부은 것 같네.」(遙望齊州九點烟, 一泓海水杯中瀉)

4 활계(活計): 원래는 생계를 가리키는 말이지만 여기서는 학문 공부라는 뜻으로 인신되어 쓰였다. 당나라 한유(韓愈)의 〈최씨네 열 여섯째 소부가 이양현위로 뽑히어 시와 편지를 보내와 30운자를 써서 답한다(崔十六少府攝伊陽, 以詩及書見投, 因酬三十韻)〉 「계책 서툴러 날로 말라 오그라들고, 살아가는 계책 호미로 평평하게 깎는 것 같이 어렵다네.」(謀拙日焦拳, 活計似鋤剗)
봉호(蓬蒿): 쑥 덤불을 말하는데 풀 무더기, 잡초를 두루 일컫는 말로 쓰인다. 《장자·소요유(逍遙遊)》 「메추라기가 웃으며 말하였다. 『저 새는 장차 어디로 가려는가? 나는 힘껏 날아올라도 몇 길이 안 되어 내려와 쑥 덤불 사이나 날아다니는데 이것도 가짓껏 나는 것이다.』」(斥鴳笑之曰, 彼且奚適也? 我騰躍而上, 不過數仞而下, 翱翔蓬蒿之間, 此亦飛之至也) 얕고 좁음을 비유하는 말로 쓰였다. 당나라 이백(李白)의 〈남릉에서 아이가 서울에 들어감에 이별함(南陵別兒童入京)〉 「하늘 우러러 크게 웃으며 문 나서니, 우리 어찌 쑥대 같은 하찮은 인간이리?」(仰天大笑出門去, 我輩豈是蓬蒿人)

浪說江湖極目天[5] 강호에서 하늘 끝까지

눈길 주었다 함부로 말하네.

5 낭설강호(浪說江湖): 낭설은 망령된 소리, 헛소리를 말한다. 《익증》「산봉우리 중간의 시계의 넓이가 다만 강호 사이 뿐만이 아니니 대체로 어느 날에나 볼 것인가 스스로 탄식하고 다만 강호의 넓음만 알뿐이라는 것을 말하였다.」(言半嶺眼界之廣, 非直江湖間, 盖自歎何日所見, 但識江湖之廣也) 극목(極目): 시력이 미치는 한도까지 멀리 바라 보다. 당나라 두보의 〈서울에서 봉선현으로 가며 마음속을 500자로 읊다(自京赴奉先縣詠懷五百字)〉「여러 갈래 물 서쪽으로 내려가는데, 시력 다하여 높고 험한 산 보네.」(羣水從西下, 極目高崒兀)

17. 道中景物甚勝, 吟賞不暇, 敬夫有詩, 因次其韻

도중에 경물이 매우 빼어났지만 읊고 감상할 여가가 없다가 경부가 시를 지어 이에 그 각운자를 써서 짓다

穿林踏雪覓鐘聲[1]	숲 뚫으며 눈 밟고 종소리 나는 곳 찾는데,
景物逢迎步步新[2]	아름다운 풍경 마주치니 걸음 걸음 새롭네.
隨處留情隨處樂[3]	곳에 따라 정 남기고 곳에 따라 즐거우니,
未妨聊作苦吟人	애오라지 괴로이 읊조리는 사람됨 꺼리지 않네.

1 종성(鐘聲): 《차의》「『소리 성』자는 『경쇠 경』자의 잘못인 것 같다.」(聲疑磬字之誤)

2 보보신(步步新): 송나라 범중엄(范仲淹)의 〈계구의 광자원에 지어 부침(寄題溪口廣慈院)〉「월중의 산수 가는 티끌도 빼어나고, 계구의 풍경 걸음걸음 새롭네.」(越中山水絶纖塵, 溪口風光步步新)

3 수처락(隨處樂): 당나라 맹호연(孟浩然)의 〈연말에 낙성의 장소부댁에서 만나다(歲除夜會樂城張少府宅)〉「나그네 가는 길 곳에 따라 즐거워, 해마다 지나감 보이지 않네.」(客行隨處樂, 不見度年年)

18. 崖邊積雪取食甚淸, 次敬夫韻

벼랑 가에서 쌓인 눈을 가져다 먹어보니 매우 맑았다. 경부가 지은 시의 각운자를 쓴다

落葉疎林射日光	잎 떨어진 성긴 숲에 햇빛 비치는데,
誰分殘雪許同嘗	누가 남은 눈 나누어 함께 맛봄 허락하겠는가?
平生願學程夫子[1]	평소에 정선생님 배우고자 하였는데,
怳憶當年洗俗腸[2]	그 해에 세속적인 마음 씻었음 어렴풋이 생각하네.

1 정부자(程夫子): 북송오자(北宋五子) 중의 한 사람인 명도(明道) 정호(程顥)를 말한다.

2 세속장(洗俗腸): 속장(俗腸)은 세속적인 마음과 같은 뜻. 송나라 정호(程顥)의 〈장소암에서 얼음을 얻어 돌로 녹여 먹으니 맛이 아주 좋았다(長嘯巖中得冰, 以石敲餐, 甚佳)〉「늙은 신선 나 속세에서 오래도록 수고했다 웃고는, 구름 같은 기름 주며 세속의 마음 씻으라 하네.」(老仙笑我塵勞久, 乞與雲膏洗俗腸)

19. 後洞山口晩賦

후동의 입구에서 저녁 때 짓다

日落千林外　무수한 숲 너머로 해 떨어지니,

烟飛紫翠深　안개 날리니 보라와 비취빛 짙네.

寒泉添壑底　차가운 샘 골짝 바닥 더하고,

積雪尙崖陰　쌓인 눈 아직도 벼랑의 그늘에 있네.

景要吾人共　경치는 우리 함께 할 것 바라고,

詩留永夜吟　시 긴 밤 읊조려 남겼네.

從敎廣長舌[1]　아무리 넓고 긴 혀라 하더라도,

莫盡此時心　이 때의 마음 다하지 못하리.

1 광장설(廣長舌): 부처의 혀를 말한다. 《아미타경(阿彌陀經)》「넓고 긴 혀의 형상을 꺼내면 삼천대천세계를 두루 다 덮는다.」(出廣長舌相, 徧覆三千大千世界) 《법화경(法華經)》「석가모니가 대신력을 보니 넓고 긴 혀를 내어 법신을 맑고 깨끗하게 하였다.」(世尊見大神力, 出廣長舌, 淸淨法身) 송나라 소식(蘇軾)의 〈동림사의 총장로께 드림(贈東林總長老)〉「시내 소리 곧 넓고 긴 혀로, 산의 경치 몸 맑고 깨끗하게 하지 않음 없다네.」(溪聲便是廣長舌, 山色無非淸淨身) 《익증》「이는 비록 아무리 긴 혀를 가지고 있다 하더라도 이때의 풍경과 아취를 다 말할 수 없다는 것을 말하였다.」(此言雖有長舌, 不能說盡此時景趣)

20. 後洞雪壓竹枝橫道

후동에서 눈이 대나무를 짓눌러 가지가 길에 쓰러지다

石灘聯騎雪垂垂	석탄의 말 나란히 하여 가는 길에 눈 펑펑 내리니,
已把南山入小詩	이미 남산 작은 시에 넣었네.
後洞今朝逢折竹	후동에서 오늘 아침 부러진 대나무를 만난다면,
却思聯騎石灘時[1]	도리어 말을 나란히 하여 석탄 지날 때 생각하겠지.

1 꿔치(郭齊)가 인용한 《주자가문시집(朱子可聞詩集)》 권5 「남산은 곧 후동으로 곧 이름을 바꾸어서 중복을 피하였는데 석탄연기는 일부러 중복시켰다. 처음과 끝을 되돌려 고리처럼 연결시켰으니 장법이 곧 그렇게 신령스럽다.」(南山, 卽後洞也, 乃更換以避重, 石灘聯騎, 則故重之. 首尾迴環, 章法便爾靈趣)

21. 方廣奉懷定叟[1]

방광사에서 정수를 그리워하다

偶來石廩峯頭寺[2]	우연히 석름봉 꼭대기의 절에 왔다가,
忽憶畵船齋裏人[3]	별안간 화선재의 사람 생각난다네.
城市山林雖一致[4]	성시와 산림 비록 일치한다지만,
不知何處是眞身[5]	어느 곳이 참된 몸인지 알지 못한다네.

1 정수(定叟): 남헌(南軒) 장식의 아우인 장진(張杓, 혹은 杓라고도 함)의 자이다. 부친인 장준의 은공으로 인하여 승봉랑(承奉郎)이 되었으며, 승진하여 단명전학사(端明殿學士)와 지건강부(知建康府)까지 올랐다.

2 석름봉(石廩峯): 형산의 봉우리 이름으로, 모양이 곳집과 닮았대서 이런 이름이 붙었다 한다. 당나라 한유(韓愈)의 〈형악묘를 참배하고 마침내 형악의 절에 묵으면서 문루에 지어남기다(謁衡嶽廟, 遂宿嶽寺題門樓)〉에「자개봉 연달아 이어져 천주봉에 접하여 있고, 석름봉 높이 던져졌고 축융봉은 쌓여 있네.」(紫蓋連延接天柱, 石廩登擲堆祝融)라는 구절이 있는데, 청나라의 고사립(顧嗣立)은《장사기(長沙記)》라는 책을 인용하여「형산은 일흔 두 봉우리인데 가장 큰 것이 다섯으로, 부용·사개·석름·천주·축융봉이 가장 높다.」(衡山七十二峯, 最大者五, 芙蓉紫蓋石廩天柱祝融爲最高)라 하였다. 《차의》에서는「임천에도 석름봉(곳집 모양의 바위)이 있는데 천 휘를 담을 수 있으며, 입을 열면 해가 풍년이 들고 거두면 해가 풍년이 든다.」(臨泉亦有石廩, 可容千斛, 開口則歲豐, 斂則歲歉)라 하였다.

3 화선재(畵船齋): 《차의》「장정수의 서재 이름인 것 같다.」(疑定叟齋名)《차보》「곧 남으로 권(3)의〈성남이십영〉중의 (제4수인)〈선재〉이다.」(卽南, 卷城南二十咏中船齋) 남은 곧 성남(城南)의 오기인 듯하다.

4 성시산림(城市山林): 당나라 한유(韓愈)의〈태전사께 드리는 편지(與太顚師書)〉에「산림의 한적함이 성곽과 다름이 없습니다. 태전사의 의논은 매우 크고 넓어 반드시 산림만을 지키고서 의리가 성곽에 이르지 못하고 스스로 수행함을 격려하여 홀로 비고 환하여 누가 없는 곳에 서 있는 것은 통달한 도가 아닙니다. 한번 오시는 수고를 하심에 가는데 편안하시면 도가 이와 같음입니다.」(山林閒適與城郭無異. 太顚師論甚宏博, 而必守山林, 義不至於城郭, 自激修行, 獨立空曠, 無累之地者, 非通道也. 勞於一來, 安於所適, 道故如是)

5 진신(眞身): 《차의》「불교용어로 환신과 상대되는 말이다.」(佛語與幻身相對)《익증》「대체로 산림이 진신이라는 말일 것이다. 정수는 바야흐로 서울에서 벼슬살이를 하고 있는 것 같다.」(蓋謂山林是眞身. 疑定叟方在京仕官)

22. 方廣聖燈, 次敬夫韻[1]

방광사의 성등. 경부가 지은 시의 각운자를 쓰다

神燈照夜惟聞說	귀신 불 밤에 빛남 말로만 들었더니,
皓月當空不用尋[2]	밝은 달 하늘에 있어 찾을 필요 없다네.
箇裏忘言眞所得[3]	그 중에 말 잊음 실로 얻은 것인데,
便應從此正人心[4]	곧 여기서부터 사람의 마음 바르게 되리라.

1 성등(聖燈): 《대명일통지(大明一統志)》 권64 〈형주부·운밀봉(荊州府·雲密峯)〉「형산에 있다. 봉 서북쪽 위에 회선단과 단곽선인의 석실이 있다. 밤이 되어 어두운 그믐날을 만나면 빛이 뛰어다니는데 속칭 선등이라 한다.」(在衡山. 峯西北上有會仙壇丹霍仙人石室. 夜遇陰晦, 有光跳曜, 俗呼仙燈) 명나라 섭자기(葉子奇)의 《초목자·잡조편(草木子·雜俎篇)》「성등은 명산 가운데 큰 곳에 왕왕 모두 있다. 세상 사람들은 주로 부처의 신이라고 돌리는데, 이를테면 미현의 아미산·성도의 성등산·간주의 천광관·형산의 성등암·광려산의 신등암·명주의 천동산·고려의 태백산과 같은 여러 곳이다. 성등이 이따금 나타나는데 대체로 산의 정영한 기운이 빛의 괴상함으로 발한 것일 따름이다.」(聖燈, 名山之大者往往皆有之. 世人多歸之佛氏之神, 如眉縣峨眉山·成都聖燈山·簡州天光觀·衡山聖燈巖·匡廬之神燈巖·明州天童山·高麗之太白山數處. 聖燈時現, 蓋山之精英之氣, 發爲光怪爾) 《차의》에서는「또 권7의 〈산북기행〉시의 제5장에도 보인다.」(又見七卷山北紀行第五章)라 하였다.

2 불용심(不用尋): 《차의》「신등을 찾을 일이 없음을 말한다.」(謂無事於尋神燈)

3 망언(忘言): 《장자·외물(外物)》「통발이라는 것은 물고기를 잡으려고 있는 것인데, 물고기를 잡고 나면 통발은 잊게 된다. 올가미라는 것은 토끼를 잡으려고 있는 것인데 토끼를 잡고 나면 올가미는 잊게 된다. 말은 생각을 전하기 위해 있는데, 생각하는 바를 알고 나면 말은 잊어버리고 만다.」(筌者所以在魚, 得魚而忘筌. 蹄者所以在兎, 得兎而忘蹄. 言者所以在意, 得意而忘言)

4 종차정인심(從此正人心): 《차의》「신등의 설은 괴이하고 망령되어 상고하지 못한다. 이제 여기서 말을 잊음을 참으로 얻은 것이라 하였으니 이는 사람의 마음의 사악하고 허망함을 바로잡을 수 있는 것이다.」(神燈之說, 怪妄無稽. 今以忘言爲眞所得, 此可以正人心之邪誕) 《익증》「『잊을 망』자는 『망령될 망』자가 되어야한다.」(忘作妄)

23. 羅漢果. 次敬夫韻[1]

나한과. 경부가 지은 시의 각운자를 쓰다

目勞足倦登喬嶽[2]	높은 남악에 오르자니 눈 피로하고 다리 지치고,
吻燥腸枯到上方[3]	입술 바짝 타고 창자 말라서야 절에 이르렀다네.
從遣山僧煮羅漢	되는대로 산의 중에게 나한과 삶게 하니,
未妨分我一盃湯[4]	내게 탕 한 잔 나누어줌 거리끼지 않으리.

1 《차의》「과일의 이름이다.」(果名) 나한과는 둥근 모양을 하고 있으며, 크기는 탁구공만 하고 녹갈색을 띠고 있다. 맛은 조금 달고 차로 끓이거나 약에 넣을 수 있다.

2 목로족권(目勞足倦): 《차의》에서 「『스스로 자』자는 『눈 목』자가 되어야 할 것 같다.」(自恐當作目)라 한 것으로 보아 목(目)자가 자(自)자로 된 판본도 있는 것 같다. 송나라 정호(程顥)의 〈겹구름에서 놀다(游重雲)〉「깊은 산 속에서 눈 피로하고 발 지쳤으나, 눈썹 낮추어 속세의 사람들 대함보다 오히려 낫겠네.」(目勞足倦深山裏, 猶勝低眉對俗人)

교악(喬嶽): 남악인 형산을 말한다. 방광사가 형산에 있으므로 이렇게 말하였다.

3 상방(上方): 불사(佛寺)에서 방장(方丈)이 거처하는 곳으로, 곧 절을 이른다. 《고금사문유취(古今事文類聚)》 전집 권35 〈산불부(山佛部)〉「상방사」라는 조목이 나오는데 「상종이 (수나라) 양제를 모시고 보산을 유람하였는데, 양제가 말하기를 『언제쯤에나 상방에 이르겠느냐?』라 하였다.」(常琮侍煬帝遊寶山, 帝曰, 幾時到上方) 당나라 위응물(韋應物)의 〈석문사(石門寺)〉 제2수 「푸른 산기슭 뚫고 내려가 평평한 언덕 내려다보다가, 푸른 짚신 신고 절까지 답파하였다네.」(行穿蒼麓瞰平岡, 踏破靑鞋到上方) 또한 천계(天界)를 이르기도 한다.

4 종견~배탕(從遣~盃湯): 《남악창수집(南嶽倡酬集)》(《南軒集》에는 권7에 수록)에 수록된 장식(張栻)의 원운시인 〈나한과를 읊음(賦羅漢果)〉에서는 「누런 열매 주렁주렁 본래부터 스스로 향기로운데, 서호의 이름 여러 지방에 알려졌다네. 우리 마을에서는 승모라 하여 내 늘 피했거늘, 진중하게나 산승이여 스스로 삶고 익힘을.」(黃實纍纍本自芳, 西湖名字著諸方. 里稱勝母吾常避, 珍重山僧自煮湯)

24. 壁間古畵精絕, 未聞有賞音者[1]

벽 사이의 옛 벽화가 꼼꼼하고 빼어난데 감상한 사람이 없었다고 한다

老木樛枝入太陰[2]	늙은 나무 휜 가지 큰 어둠에 드니,
蒼崖寒水斷追尋	푸른 벼랑 차가운 물 좇아 찾음 끊어졌네.
千年粉壁塵埃底	천년 분 바른 벽 티끌 세상에 내려왔으니,
誰識良工獨苦心[3]	훌륭한 화공 홀로 마음 고달팠음 누가 알겠는가?

1 상음(賞音): 송나라 황정견(黃庭堅)의 〈여변(余卞)이 속인과 뜻이 맞지 않아 청사의 벽에 절구 두 수를 지어 놓았는데 같은 각운자를 써서 화답한다(洪範以不合俗人題廳壁二絕句次韻和之)〉 제1수 「쓸쓸한 내 도 만세에 부치나니, 차마 당시 사람들에게 찾아서 감상하게 하겠는가?」(寂寥吾道付萬世, 忍向時人覓賞音)

2 입태음(入太陰): 당나라 두보(杜甫)의 〈장난 삼아 쌍송도가를 지음(戲爲雙松圖歌)〉 「썩은 뼈 허옇게 꺾이니 용과 범 죽은 듯하고, 검은 빛 큰 어둠에 드니 천둥 비 드리운 듯.」(白摧朽骨龍虎死, 黑入太陰雷雨垂) 청나라 구조오(仇兆鰲)의 《두시상주(杜詩詳註)》에서는 태음을 극북(極北)이라 하였고, 꿔치(郭齊)는 달[月]이라고 주석을 달았다.

3 양공독고심(良工獨苦心): 당나라 두보(杜甫)의 〈이존사의 소나무 병풍에 적다(題李尊師松樹障子歌)〉에 「이미 알았네, 신선 나그네 뜻 이미 서로 친함을, 더욱이 깨달았네, 훌륭한 화공 마음 홀로 고달픔을.」(已知仙客意相親, 更覺良工心獨苦)

25. 方廣版屋[1]

방광사의 판옥

秀木千章倒[2]	빼어난 나무 천 그루나 쓰러지고,
層甍萬瓦差[3]	높은 용마루 만 개의 기와 들쭉날쭉하네.
悄無人似玉	고요하니 옥 같은 사람 없어,
空詠小戎詩[4]	공연히「소융」시만 읊어보네.

1 판옥(版屋): 판(板)자와도 통하여 쓴다. 장식(張栻)의 〈남악창수집 원래의 서문(南嶽倡酬集原序)〉「범각(梵閣)에 올라 사방을 바라보니 서리 낀 달이 새하얗게 빛이 났으며 절은 모두가 판옥으로 되어 있었다. 노숙(불도의 수행을 마친 승려)에게 물었더니『기와를 썼더니 툭하면 얼음과 눈에 갈라터지더군요. 이때부터 고대사와 상봉사처럼 모두 그렇게 되었습니다.』라 한다.」(登閣四望, 霜月皎皎, 寺皆版屋. 問老宿云, 用瓦輒爲氷雪凍裂. 自此如高臺上封, 皆然也)

2 천장(千章): 《사기·화식열전(貨殖列傳)》「물에는 천 석의 물고기를 내는 못이 있고, 산에는 천 그루의 큰 재목이 있다.」(水居千石魚陂, 山居千章之材) 당나라의 배인(裴駰)은 주석서인《집해(集解)》에서 장은「큰 재목」(大材)이라 하였다. 장은 나중에는 큰 나무를 헤아리는 단위사로 쓰이게 되었다.

3 층맹만와치(層甍萬瓦差): 층(層)은 여기서 높다는 뜻으로 쓰였다.《문선》에 수록된 남조 양(梁)나라 강엄(江淹)의 〈잡체시·비를 괴로워함(雜體詩·苦雨)〉「물 황새는 높은 용마루에 둥지 틀고, 산 구름은 주춧돌 적시네.」(水鸛巢層甍, 山雲潤柱礎)《문선》에 주석을 단 당나라의 장선(張銑)은「층은 높다는 뜻이다. 맹은 용마루이다.」(層, 高也. 甍, 屋棟木也)라 하였다.《차의》에서는「맹은 용마루이다.《운옥》에 채소하의 신선의 거처는 짙푸른 기와가 비늘처럼 들쭉날쭉하다라는 말이 있다.」(甍, 屋棟也. 韻玉, 蔡少霞仙居碧瓦鱗差)라 하였다.

4 인사옥~소융시(人似玉~小戎詩):《시경·진풍·소융(秦風·小戎)》「우리 님 생각하니 온유하기 구슬 같은데, (오랑캐의) 판자집에 계시니 내 마음 속 어지러워지네.」(言念君子, 溫其如玉. 在其板屋, 亂我心曲) 당나라 이백(李白)의 〈원정(怨情)〉「새 사람 꽃 같은데 그래도 사랑할 만하고, 옛 사람 옥 같은데 오히려 거듭 오네.」(新人如花雖可寵, 故人似玉猶來重)《차의》「시의 제목에『판옥』이란 글자가 있기 때문에 이렇게 말하였다.」(題有板屋字故云)

26. 泉聲. 次林擇之韻[1]

샘 소리. 임용중이 지은 시의 각운자를 쓰다

空巖寒水自悲吟	빈 바위구멍의 차가운 물 절로 슬프게 읊조리는데,
遙夜何人爲賞音	아득한 밤중에 어느 사람 그 소리 감상하려는가?
此日團欒都聽得[2]	이 날 단란하게 모두 들을 수 있으니,
他時離索試追尋[3]	훗날 쓸쓸히 살게 되거든 좇아 찾아보게나.

1 임택지(林擇之): 임용중(林用中: ?~?)의 자이며, 달리 자를 경중(敬仲)이라고도 하였다. 호는 초당(草堂) 또는 동병(東屛)이라 하였으며, 복주(福州) 고전현(古田縣, 지금의 福建) 사람이다. 처음에는 임광조(林光朝)에게서 배웠으며, 나중에 주자의 문하로 들어왔는데 주자가 늘 외우(畏友)라 일컬었고 건양(建陽)의 채원정(蔡元定)과 함께 나란히 명성을 떨쳤다. 남악을 유람한 후에 주희와 함께 동쪽으로 돌아갔다.

2 단란(團欒): 《차의》「모두들 단란하게 모인 끝머리에 생멸이 없는 말을 이야기했다. 《운옥》에 보인다. ○ 단은 모인다는 뜻이다. 또한 『圞』이라고도 하는데, 음은 『란』이다. 단은 『둥글다』, 『동그랗다』는 뜻이다.」(大家團欒頭, 共說無生話. 見韻玉. ○ 團, 聚也. 又圞, 盧丸切. 團, 圞也, 圓也)

3 이삭(離索): 이군삭거(離羣索居), 헤어져 삶, 또는 쓸쓸히 삶을 말한다. 《예기·단궁(檀弓) 상》「자하가 아들을 잃고 …… 말하길……『내가 무리를 떠나 흩어져 쓸쓸히 산 지가 또한 이미 오래되었다.』」(子夏喪其子……曰,……吾離群而索居亦已久矣) 한나라 정현(鄭玄)의 주석 「『군』은 동문수학한 친구들을 말하는 것이며, 『삭』은 흩어진다는 것과 같다.」(群謂同門朋友也, 索猶散也)

27. 霜月. 次擇之韻

서리 낀 달. 임용중이 지은 시의 각운자를 쓰다

蓮花峯頂雪晴天[1]	연화봉 정상에 눈 내리다 하늘 개니,
虛閣霜淸絶縷烟	빈 누각에 서리 깨끗한데 연기 가닥 빼어나네.
明發定知花簌簌[2]	날 밝으려하니 정녕코 꽃 훨훨 떨어짐 알겠고,
如今且看竹娟娟[3]	이제 또 대나무 한들한들함 보네.

1 연화봉(蓮花峯): 형산의 한 봉우리로 여덟 봉우리가 마치 연꽃처럼 둘러섰기 때문에 이렇게 부른다. 장식의 〈남악창수집의 서문(南嶽倡酬集序)〉「날이 저물어 방광사에 닿았는데 기상이 깊고 그윽하며 여덟 봉우리가 둘러섰으니 이른바 연화봉이다.」(日暮抵方廣, 氣象深窈, 八峯環立, 所謂蓮花峯也)

2 명발(明發): 《시경·소아·조그만 매(小宛)》「새벽이 되도록 잠 못 이루며, 부모님 그리네.」(明發不寐, 有懷二人) 주희의 주석「명발은 곧 아침이 되려 하여 밝음이 열림을 이른다.」(明發, 謂將旦而光明開發也)

속속(簌簌): 바람이 매우 빨리 부는 모양, 또는 꽃잎 따위가 떨어지는 모양을 나타내는 의태어. 여기서는 후자의 뜻으로 쓰였다. 의성어로 쓰이면 샘물이 흐르는 소리로 쓰인다. 당나라 원진(元稹)의 〈연창궁의 노래(連昌宮辭)〉「게다가 담장 머리에는 천엽도 있으니, 바람 불어 꽃 떨어뜨리니 붉은 빛 훨훨 떨어지네.」(又有牆頭千葉桃, 風動落花紅簌簌)

3 연연(娟娟): 밝고 아름다운 모양. 당나라 두보(杜甫)의 〈엄정공 댁에서 함께 대나무를 읊음(嚴鄭公宅同詠竹)〉「비 한들한들 깨끗하게 씻고, 바람 가냘프게 향기 풍기네.」(雨洗娟娟淨, 風吹細細香)

28. 枯木. 次擇之韻

고목. 임용중이 지은 시의 각운자를 쓰다

百年蟠木老聱牙[1]	백년 묵은 구불구불한 나무 늙어서 들쭉날쭉한데,
偃蹇春風不肯花[2]	교만하게 봄바람에 꽃 피우려하지 않네.
人道心情頑似汝[3]	사람들 말하기를 심정 너와 같이 완고하다면,

1 반목(蟠木): 반(蟠)은 크다는 뜻과 굽었다는 뜻, 엎드렸다는 뜻이 있는데 여기서는 복합적인 뜻으로 쓰였다. 한(漢)나라 문인인 추양(鄒陽)의 〈감옥 중에서 양 효왕(梁孝王)에게 자신을 변명한 편지(獄中上書自明)〉「구부러진 나무뿌리가 울퉁불퉁하게 못생긴 대로 있다가 갑자기 만승의 천자에게 없어서는 안 될 요긴한 기물이 되는 것은 무슨 까닭입니까? 천자의 좌우에 있는 사람들이 먼저 그것을 아름답게 다듬었기 때문입니다.」(蟠木根柢, 輪囷離奇, 而爲萬乘器者, 何則? 以左右先爲之容也)
오아(聱牙): 남의 말을 듣지 아니함. 또는 문장의 어구가 평이하지 않은 모양을 말한다. 당나라 한유(韓愈)의 〈진학해(進學解)〉「(《서경》의) 〈주서〉의 〈고〉와 〈상서〉의 〈반경〉은 굴곡이 많아 읽기가 어렵고 난해하여 이해하기가 어렵습니다.」(周誥殷盤, 佶屈聱牙)
2 언건(偃蹇): 《차의》「교만한 것이다.」(驕傲也) 한나라 회남소산(淮南小山)의 〈은사를 부르다(招隱士)〉「교만하게 구불구불 잇닿아 있음이여 가지 서로 얽혔다네.」(偃蹇連蜷兮枝相繚)
불긍화(不肯花): 《차의》「《어록》에서는 『고목이 꽃을 피우면 큰 정사를 펴고 큰 쓰임을 연다.』고 하였다.」(語錄, 枯木生花, 發大機, 啓大用)

3 인도~사여(人道~似汝): 《장자·제물론(齊物論)》「육체란 본래 고목처럼 될 수도 있고, 마음도 불 꺼진 재처럼 될 수 있다.」(形固可使如槁木, 而心固可使如死灰) 《차의》『「사람 인」자는 사람의 심정을 이른다. 그 완고하기가 또한 너와 같다면 너는 나를 향해 그 완고함을 자랑할 필요가 없다. 대체로 선생이 스스로 이르기를 완고하기가 고목과 같다는 말일 것이다. 혹자는 말하기를 사람의 도를 가지고 말하건대 그 심정이 또한 고목의 완고함과 같다고 하였다.」(人謂人之心情. 其頑亦如汝若然, 則汝不須向我而誇其頑也. 盖先生自謂頑如槁木也. 或云以人道言之, 其心情亦如槁木之頑也) 《표보》「《차의》의 풀이는 그렇지 않은 것 같다. 내가 시의 뜻을 상세히 살펴보니 완고하다는 것은 아무런 반응도 없이 움직이지 않는 것을 이른다. 나무가 봄이 되어 꽃의 마음이 느끼는 대로 감응하는 것이 정리이다. 지금 고목이 교만하게 꽃을 피우지 않으니 어둡고 완고한 것이 정리가 아니다. 그러므로 사람의 심정이 어둡고 완고하여 움직이지 않는 것은 필시 고목과 비슷하다 할 것이다. 그러니 네가 꽃을 피우지 않는 것은 곧 내가 감히 취하지 않을 수 없는 것이니 들쭉날쭉하고 교만함으로 나에게 자랑할 필요는 없는 것이다. 대체로 이단의 학문의 생각을 금하여 끊고 사물을 버림의 그 완고하

不須持向我儂誇　　모름지기 가지고

나에게 자랑하지 않겠네.

여 어질지 못함이 심함을 비유한 것이다. 그래서 도리어 세속을 떠나 인연을 끊는 것을 스스로 고아한 아취라 이르는 것이다.」(篛訓似未然. 竊詳詩意, 頑者冥然不動之謂也. 木之當春而花心之隨感而應乃理之正也. 今槁木之偃蹇不花, 則冥頑而非理之正矣. 故人稱心情之冥頑不動者, 必曰似槁木. 然則汝之不花, 乃吾之所不敢不取, 不須以其聱牙偃蹇向我而誇也. 盖譬異學之禁絶思慮, 捐棄事物, 其頑而不仁甚矣. 而反以離世絶俗, 自謂高致也) 《탁계(濯溪)》에서도 「장자와 노자의 말은 사람의 마음이 응당 너와 같이 완고하다면 나는 이 말을 취하지 않을 것이고, 너는 이 말을 가지고 나에게 자랑할 필요가 없다는 것이다. 《차의》의 풀이는 그렇지 않은 것 같다.」(莊老言人之心情當頑如汝, 我則不取此言, 汝不須持此說向我而誇也. 篛疑所解恐未然)

29. 夜宿方廣, 聞長老守榮化去, 敬夫感而賦詩, 因次其韻

밤에 방광사에 묵다가 장로인 수영스님이 죽었다는 말을 듣고 경부가 느낀 바가 있어 시를 지었는데, 그 시의 각운자를 써서 짓는다

拈椎竪拂事非眞[1]	북채 쥐고 먼지떨이 세움 참된 일 아니고,
用力端須日日新[2]	힘 씀에는 진정코 모름지기 나날이 새로워져야 하네.
只麽虛空打筋斗[3]	다만 이와 같이 허공에 곤두박질만 친다면,

1 염추수불(拈椎竪拂): 불교의 수련 형식의 하나. 《차의》「추는 북채이고, 불은 먼지떨이이다. 북채를 잡고 먼지떨이를 세우는 것은 불가에서 선정(禪定)에 들어가는 법이다.」(椎, 鼓椎. 拂, 蠅拂. 拈椎竪拂, 禪家入定法也) 북채를 잡는다는 것은 목어(木魚) 따위를 치는 행동을 말하며, 먼지떨이를 세운다는 것은 불교도가 불교의 교리를 담론할 때 행하는 일종의 고유한 동작이다.

2 용력(用力): 《대학》 제5장의 보망장(補亡章) 「힘쓰기를 오래하여 하루아침에 활연히 관통함에 이르면, 모든 사물의 표리와 정조가 이르지 않음이 없을 것이요, 내 마음의 전체와 대용이 밝지 않음이 없을 것이다.」(至於用力之久而一旦豁然貫通焉, 則衆物之表裏精粗, 無不到, 而吾心之全體大用, 無不明矣)

일일신(日日新): 《대학(大學)》「탕임금의 대야의 명문에서 이르기를 『진실로 어느 날 새롭게 하였거든 나날이 새롭게 하고, 또 나날이 새롭게 하라.』 하였다.」(湯之盤銘曰, 苟日新, 日日新, 又日新)

3 타근두(打筋斗): 《항씨가설(項氏家說)》 권8 〈은어(隱語)〉「속간의 조어에는 본사와 상반되는 것이 많은데 …… 그 중에서도 『때릴 타』자의 용법은 더욱 많다. 이를테면 『포개다』, 『듣다』, 『말하다』, 『청하다』, 『헤아리다』, 『잠자다』와 같은 말에는 『타』자가 아닌 것이 없다.」(俗間助語, 多與本辭相反……其于打字用之尤多. 如打疊他聽打話打請打量打睡, 無非打字) 근두는 공중에서 몸을 뒤쳐 돌리는 놀이로, 공중제비돌기이다. 《유설(類說)》 권7 〈근두(筋斗)〉「교방의 한 아이의 근두질은 무리 가운데서도 빼어나 …… 목을 올리고 긴 대나무 꼭대기를 따라 거꾸로 섰다.」(敎坊一小兒, 筋斗絶倫……上項緣長竿上倒立) 《퇴계집(退溪集)》 권22 〈이정(李楨)에게 답함(答李剛而)〉의 별지(別紙)에 「『근두』 이 말은 끝내 이해가 안 됩니다. 일찍이 정자(正字)인 기대승에게 물었더니, 답하기를 『근두는 곧 세속에서 말하는 재주 넘는 놀이이다.』 하고, 또 『일찍이 한 중을 만났는데, 그가 말하기를 옛날 어떤 사람이 선오지를 묻고 곧 근두하여 물러갔다.』 하였으니, 혹 그런 것 같습니다.」(筋斗, 此說終未解. 嘗問奇正字大升, 答云, 筋斗, 卽俗所謂根倒之戲. 又云, 嘗見一僧, 說昔有人問禪悟旨, 卽筋斗而退, 恐或然也). 《불조역대통재(佛祖歷代通載)》

思君辜負百年身　　내 생각에 그대 백년
　　　　　　　　　몸 저버림이라네.

권14「유주 반산의 보적선사가 …… 뭇사람들에게 이르기를『내 참모습을 그릴 사람이 있는가?』라 하였다. 사람들이 모두 진영을 그려 선사에게 바쳤다. 선사는 그것들을 모두 제자에게 주었다. 보화가 나와서 말하기를『모갑이 선사님의 모습을 얻었습니다.』라 하였다. 이에 말하기를『어찌 바치지 않았느냐?』하니 노승 보화는 근두질을 하고 나갔다.」(幽州盤山寶積禪師……告衆曰, 有人貌得吾眞否? 衆皆將寫得眞呈師. 師皆打之弟子. 普化出曰, 某甲貌得師. 曰, 何不呈似? 老僧普化乃打筋斗而出)《차의》「도가에도『만 길 낭떠러지 끝에서 몸을 뒤쳐 근두질한다.』는 말이 있다. ○ 이 시의 대의는 대체로 중이 허공을 향하여 근두질하여 가는 것을 죽는다라고 하는 것이다.」(道家亦有萬丈崖頭翻筋之語. ○ 此詩大意, 盖謂僧向虛空打筋斗而去謂化去也)《익증》에서는「불서에 어떤 장로가 죽음에 임하여 여러 사람들에게 말하기를『옛사람들에게는 입화(선 채로 입적하는 것)니 좌화(앉은 채로 입적하는 것)니 하는 것이 있는데, 내 일찍이 근두하여 입적한 적이 있다. 하고는 마침내 근두하여 입적했다.』는 말이 있는데 이마도 이 말을 쓴 것 같다.」(佛書有一長老臨死謂衆曰, 古人有立化坐化者. 吾嘗筋斗而化, 遂筋斗而化. 恐用此言)

30. 蓮花峯, 次敬夫韻[1]

연화봉. 경부가 지은 시의 각운자를 써서

月曉風淸墮白蓮[2]　달 환하고 바람 맑으니
　흰 연꽃 지는데,
世間無物敢爭姸　세상에 감히 고움
　다툴 물건 없다네.
如何今夜峯頭雪　오늘 밤 봉우리
　꼭대기의 눈 어떠한가?
撩得新詩續舊篇　새 시 취하여 얻었으니
　옛 시편 이어보네.

1 《차의》「형산에 부용봉이 있는데 아마 이 봉우리일 것이다.」(衡山有芙蓉峯, 恐是此峯也) 《집람》「연화봉은 곧 형산 72봉 중의 하나이다.」(蓮花峯卽衡山七十二峯之一)

2 월효~타백련(月曉~墮白蓮): 송나라 진순유(陳舜兪)의 《여산기(廬山記)》 권2「원공은 혜영 …… 등 18인과 함께 정토의 법을 닦았는데 이로 인하여 백련사라고 부른다.」(遠公與慧永……十八人者, 同修淨土之法, 因號白蓮舍) 당나라 피일휴(皮日休)의 〈흰 연꽃(白蓮)〉「정은 없고 한 있으나 깨닫는 사람 없고, 달 밝고 바람 맑으니 곧 지려는 때라네.」(無情有恨無人覺, 月曉風淸欲墮時)

31. 奉題張敬夫春風樓[1] 建道丁亥冬至

삼가 장식의 춘풍루를 지음 건도 정해년(1237) 동지에

隆堂謹前規[2]　성한 대청 앞의 제도 삼가 따르고,
傑閣聳奇觀[3]　높은 누각은 기이한 경관 위로 솟았네.
憑欄俯江山　난간에 기대어 강과 산 굽어보니,
極目眇雲漢[4]　눈 다한 곳 까마득히 은하수까지 미치네.
主人沂上翁[5]　주인은 기수 가의 늙은이,
顧肯吟澤畔[6]　돌이보며 기꺼이 못 가에서 읊조리겠는가?
俛仰一喟然　숙였다가 쳐들며 한번 탄식 하니,
沖融無間斷[7]　온화함 가끔이나마 끊기는 일 없네.
我來抑何幸　내 옴 또한 얼마나 다행스러운가?

1 송본(宋本)과 절본(浙本)에는 이 시가 위 2. 〈경간당에서 운자를 나누어 시를 짓는데 「달 월」자를 얻다(敬簡堂分韻得月字)〉의 바로 뒤에 배열되어 있다.
2 융당(隆堂): 땅이 높고 앞이 탁 트인 대청을 말한다.
근전규(謹前規): 완전히 원래의 제도에 따름.
3 걸각(傑閣): 고각(高閣), 곧 높고 큰 누각을 말한다. 당나라 한유(韓愈)의 〈꿈에 본 내용을 기록하다(記夢)〉「높은 누대과 큰 누각 아찔하게 높은데, 하늘 바람 쌩쌩 내게 불어 지나가네.」(隆樓傑閣磊嵬高, 天風飄飄吹我過)
4 이상 네 구는 춘풍루의 아름다움을 묘사하였다.
5 주인(主人): 곧 남헌 장식을 말한다.
기상옹(沂上翁): 《차의》「아마도 누대의 이름이 춘풍이기 때문에 기수에서 목욕한다는 고사를 취하여 말한 것 같다.」(盖樓名春風, 故取浴沂事稱之) 《논어·선진(先進)》편에 공자가 제자들에게 포부를 묻자 증점(曾點)이 「늦은 봄에 봄옷이 다 이루어지면 관을 쓴 어른 대여섯 명과 동자 예닐곱 명과 함께 기수에서 목욕하고 무에서 바람을 맞으며 시를 읊조리며 돌아오고 싶습니다.」(莫春者, 春服旣成, 冠者五六人, 童子六七人, 浴乎沂, 風乎舞雩, 詠而歸)라 대답하는 부분이 나온다. 주희가 보기에 장식의 흉회가 증점과 같다는 말이다.
6 음택반(吟澤畔): 초나라 굴원(屈原)의 초사 〈어부(漁父)〉「굴원이 이미 추방되어 강과 못을 돌아다니고 늪가에서 읊조리며 가는데 안색이 초췌하고 형용이 비쩍 말랐다.」(屈原旣放, 游於江潭, 行吟澤畔, 顔色憔悴, 形容枯槁) 이 구절의 뜻은 장식이 어찌 굴원처럼 종일 시름에 잠겨 읊조리고 있겠는가 하는 표현이다.
7 충융무간단(沖融無間斷): 당나라 두보(杜甫)의 〈사마산인에게 스무 운자를 써서 지어 부침(寄司馬山人十二韻)〉「구름 바라보니 때 만나지 못함 슬프고, 해 다하니 온화한 얼굴 부럽네.」(望雲悲轗軻, 畢景羨沖融) 이는 해가 저무니 산사람의 얼굴이 온화함이 부럽게 느껴진다는 말이다. 당나라 한유의 〈청룡사에서 놀다 최대보궐에게 드림(遊靑龍寺贈崔大補闕)〉「혼 쓰러지고 눈 쓰러져 있는 곳 잊었는데, 붉은 기운 온화함 가끔이나마 끊기는 일 없네.」(魂翻眼倒忘處所, 赤氣沖融無間斷)
이상 네 구는 주인인 장식의 흉회가 높다는 것을 말하였다.
8 체(滯): 의심이 나고 어려운 것을 말한다. 《후한서·유

屢此承晤歎 자주 이렇게 즐겁게 만나니.
平生滯吝胸[8] 평소 마음 속에 막혀 유감으로 남아 있던 것,
砉若層氷泮[9] 쩍쩍 겹 얼음처럼 녹아내리듯.
繼今兩切切[10] 오늘까지 두 사람 간절히,
保合勤旦旦[11] 보전하면서 분명히 함 부지런히 하네.
萬事儘紛綸[12] 모든 일 다 넓고 크게 하고,
吾道一以貫[13] 나의 도 하나로 관철하리라.

림전 하·사해(儒林傳下·謝該)》「건안 연간에 하동 사람 악상이 《좌씨전》의 의심나고 막히는 부분의 조목을 들어 수십 곳을 물으니 사해가 모두 환하게 풀이하여 주었다.」(建安中, 河東人樂詳條左氏疑滯數十事以問, 該皆爲通解之)
린(吝): 유감, 오회(懊悔)와 같은 뜻. 《주역·계사(繫辭) 상》「뉘우치고 부끄러워한다는 것은 근심하고 기뻐하는 상이다.」(悔吝者, 憂虞之象也)
9 획약(砉若): 획연(砉然)과 같은 말. 의성어로 물건을 가르는 소리를 형용하는 말. 《장자·양생주(養生主)》「싹둑싹둑 소리가 울리며, 칼을 쓰니 썩둑썩둑 잘려나갔다.」(砉然嚮然, 奏刀騞然) 진(晉)나라의 곽상(郭象)은 「『砉』은 음이 『획』이며 가죽과 뼈가 서로 떨어지는 소리이다.」(砉音畫, 皮骨相離聲也)라 하였다. 여기서는 의성어로 쓰였다. 당나라 한유의 〈가난 귀신을 떠나보내다(送窮文)〉「휘파람을 부는 듯 우는 듯, 획획하고 한숨을 쉬는 듯 우는 듯하였다.」(若嘯若啼, 砉欻嚘嚶)
이상 네 구는 자기가 요행히 이곳에 오는 이득을 누리게 되었음을 묘사하였다.
10 절절(切切): 서로 절차탁마하며 힘쓰는 모양. 《논어·자로(子路)》「붕우간에는 간절하고 자상하게 권면하며, 형제간에는 화락하여야 한다.」(朋友切切偲偲, 兄弟怡怡) 주희가 호씨(胡氏)의 말을 인용하여 단 주석 「절절은 간곡하고 지극한 것이다.」(切切, 懇到也)
11 보합(保合): 보전(保全)과 같은 말. 《주역·건괘(乾卦)》「하늘의 도가 변화하여 각각 물건의 타고난 생명을 바로잡으니, 큰 화기를 보전하고 합치어 바로 이롭고 곧아진다.」(乾道變化, 各正性命, 保合太和, 乃利貞) 주희는 《주역본의(周易本義)》에서 「만물이 받은 것을 성이라 하고 하늘이 부여한 것을 명이라고 한다. 태화는 음양이 만나 합쳐져서 융화한 기운이다. 각정이라는 것은 처음 생겨난 것을 얻는 것이고, 보합이라는 것은 이미 생겨난 뒤에 온전히 하는 것이다.」(物所受爲性, 天所賦爲命. 太和, 陰陽會合沖和之氣也. 各正者, 得於有生之初, 保合者, 全於已生之後)
단단(旦旦): 《시경·위풍·백성(衛風·氓)》「약속하고 맹세하기를 단단히 하였으나, 그 뒤집어질 줄은 생각지 못하였네.」(信誓旦旦, 不思其反) 주희의 주석 「단단은 분명함이다.」(旦旦, 明也)
12 분륜(紛綸): 《후한서》 권113 〈일민전·정단(逸民傳·井丹)〉「정단은 자가 대춘으로 부풍 미현 사람이다. 젊어서 태학에서 수학하여 《오경》에 통달하였으며 담론하기를 좋아하였다. 그래서 서울에서는 그를 두고 말하기를 『《오경》에 넓고 박식하다네 정대춘.』이라 하였다.」(井丹字大春, 扶風郿人也. 少受業太學, 通五經, 善談論, 故京師爲之語曰, 五經紛綸井大春) 당나라 이현(李賢)의 주석 「분륜은 호박과 같다.」(紛綸猶浩博也) 《차의》에서는 후한 반고(班固)의 〈서도부(西都賦)〉를 인용하여 「한데 뒤섞인 모양」(雜揉貌)이라고 하였다.
13 오도일이관(吾道一以貫): 《논어·이인(里仁)》「공자께서는 『삼아! 내 도는 하나로 일관했느니라.』라 하였다.」(子曰, 參乎! 吾道一以貫之) 주희의 주석[集註] 「관은 통함이다. …… 대체로 지성무식이란 것은 도의 체이니 만수가 일본인 것이고, 만물이 각기 제 곳을 얻음은 도의 용이니, 일본이 만수가 되는 것이다. 이것을 가지고 보건대 일이관지의 실제를 볼 수 있을 것이다.」(貫, 通也……蓋至誠無息者, 道之體也, 萬殊之所以一本也, 萬物各得其所者, 道之用也, 一本之所以萬殊也. 以此觀之, 一以貫之之實可見矣)
이상 네 구는 학문을 향한 마음이 견고함을 읊었다.

32. 方廣睡覺, 次敬夫韻

방광사에서 자다. 경부 시의 각운자를 쓰다

風簷雪屋澹無情[1]	바람 처마 눈 덮인 집 담박하여 정이 없는 듯,
巧作寒窓靜夜聲	교묘하게 만든 차가운 창에는 밤 소리 조용하네.
倦枕覺來聽不斷	지친 잠 깨니 들림 끊이지 않아,
相看渾欲不勝淸[2]	서로 보니 도무지 맑음 이기지 못하겠네.

1 풍첨설옥(風簷雪屋): 송나라 왕안석(王安石)의 〈몽정(蒙亭)〉「여름에는 바람 불어 처마와 기둥 서늘하고, 겨울에는 눈 내려 창문과 외짝문 따뜻하네.」(夏風簷楹寒, 冬雪牕戶煗)
담무정(澹無情): 당나라 위응물(韋應物)의 〈주부인 최탁에게 답함(答崔主簿倬)〉「옛 기쁨 실로 이미 가버려, 빈 집 담박하여 정이 없는 듯.」(故驩良已徂, 空宇澹無情)

2 혼욕불승청(渾欲不勝淸): 당나라 두보의 〈봄에 바람(春望)〉「흰 머리 긁어 더욱 짧아지니, 도무지 비녀조차 이기지 못할 듯.」(白頭搔更短, 渾欲不勝簪)

33. 感尙子平事[1]

상자평의 일로 느낌이 일어

翩然遠嶽恣遊行	훨훨 먼 산을 마음껏 유람하고 다니면서,
慨想當年尙子平	슬피 그 당시 상자평 생각하네.
我亦近來知損益[2]	나 또한 요즘 들어 〈손괘〉와 〈익괘〉의 뜻 알아,
只將懲窒度餘生[3]	다만 징계와 억제로써 남은 생애 헤아려볼 따름이네.

1 상자평(尙子平): 후한 상장(向長)의 자. 상장에 대해서는 권4 28번 시의 주 2)를 보라.

2 지손익(知損益): 손익은 《주역》의 〈손괘(損卦)〉와 〈익괘(益卦)〉를 말한다. 손괘는 아래를 덜어서 위를 보태는 것이며, 익괘는 위의 것을 덜어서 아래를 보태는 것을 말한다. 《후한서·은일전·상장(逸民傳·向長)》「상장의 자는 자평인데 은거하면서 벼슬길에 나아가지 않았다. ……《주역》을 읽어 〈손〉·〈익〉괘에 이르자 탄식하여 말했다. 『내 이미 부유한 것이 가난한 것만 못하고, 귀한 것이 천한 것만 못하다는 것은 알겠으나 죽음은 삶에 비해 어떠한 지를 모를 따름이다.』 건무 중에 아들 딸이 모두 장가가고 시집을 가자 …… 마침내 마음을 풀어놓고서 행동하면서 취미를 같이 하는 북해의 금경과 함께 더불어 오악의 명산을 유람하였는데 끝내 그가 어디에 가서 일생을 마쳤는지 알지 못했다.」(向長字子平, 隱居不仕,……讀易至損益卦, 喟然歎曰, 吾已知富不如貧, 貴不如賤, 但未知死何如生耳. 建武中, 男女娶嫁旣畢,……遂肆意, 與同好北海禽慶, 俱遊五嶽名山, 竟不知所終) 「向」자는 《고사전(高士傳)》에는 「尙」으로 되어 있다.

3 징질(懲窒): 《주역·손괘(損卦)》의 상사(象辭) 「군자는 그것을 가지고 분노를 징계하고 욕심을 막는다.」(君子以懲忿窒欲) 당나라 공영달(孔穎達)의 주석 「군자는 이 손괘의 도를 본받음으로써 분노를 징계하여 그치게 하고, 정욕을 꽉 막는다.」(君子以法此損道懲止忿怒, 窒塞情欲) 송나라 여정덕(黎靖德)의 《주자어류·주역·손괘(朱子語類·易·損)》「내가 보건대 다만 분노를 억누르기를 산을 꺾듯 하고, 욕망을 억제하는 것을 골짜기를 채우듯 하기만 하면 됩니다.」(某看來, 只是懲忿如摧山, 窒慾如塡壑)

34. 殘雪未消, 次擇之韻

잔설이 녹지 않다. 임용중이 지은 시의 각운자를 쓰다

脚底悲風舞凍鴉	발 아래로는 슬픈 바람에 언 까마귀 춤추는데,
此行眞是躡蒼霞[1]	이번 행보 진실로 검푸른 놀 밟는다네.
仰頭若木敷瓊蘂[2]	고개 드니 약목 구슬 꽃술 펴니,
不是人間玉樹花[3]	인간 세상의 옥 나무에 피는 꽃 아니라네.

1 섭창하(躡蒼霞): 당나라 한유(韓愈)의 〈동방삭의 잡사를 읽고(讀東方朔雜事)〉「하루 아침에 이별하지 않고, 몸 당겨 검푸른 놀 뚫고 오르네.」(一旦不辭訣, 攝身淩蒼霞)

2 약목(若木): 《산해경·해내경(海內經)》「남해의 안 흑수와 청수의 사이에 나무가 있는데 약목이라 하며 약수가 거기서 나온다.」(南海之外, 黑水青水之間, 有木名曰若木, 若水出焉) 같은 책 〈대황북경(大荒北經)〉「대황의 한가운데에 형석산, 구음산, 형야산 등이 있다. (형야산의) 산 위에 푸른 잎에 붉은 꽃이 피는 나무가 있는데 이름을 약목이라 한다.」(大荒之中, 有衡石山, 九陰山, 洞野之山, 上有樹焉, 青葉赤華, 厥名若木) 진나라의 곽박(郭璞)의 주석「곤륜산 서쪽에서 나 서쪽 끝에 기대어 있는데, 그 꽃 빛이 땅위를 붉게 비춘다.」(生崑崙西附西極, 其華光赤下照地) 《회남자·추형훈(墜形訓)》「약목은 건목의 서쪽에서 나며, 나무에는 꽃이 열 개가 있는데 그 빛이 아래를 비춘다.」(淮南子曰, 若木在建木西, 木有十華, 其光照下) 초나라 굴원(屈原)의 《초사·이소(離騷)》「약목 나무 꺾어 해 떪이여, 애오라지 자유로이 놀면서 배회하네.」(折若木以拂日兮, 聊逍遙以相羊) 주희의 주석「약목 또한 나무 이름으로 곤륜산 서쪽 끝에 있으며 그 꽃의 빛은 아래의 땅을 밝게 비춘다.」(若木亦木名, 在崑崙西極, 其華光照下地)

3 옥수화(玉樹花): 당나라 서원여(舒元輿)의 〈백서(白序)〉「부거운 눈 송일 내리고, 옥 꽃 하늘에 어지러이 날리네.」(重雪終日, 玉花攪空) 송나라 구양수(歐陽脩)의 〈안태위의 서원에서 눈이 내림을 경하하다(晏太尉西園賀雪歌)〉「곧 서원 열고 오솔길의 발자국 쓰니, 마침 옥나무 꽃 시들어 짐 보이네.」(便開西園掃徑步, 正見玉樹花凋零)

35. 自方廣過高臺, 次敬夫韻[1]

방광사에서 고대사를 들르다. 경부가 지은 시의 각운자를 쓰다

素雪留淸壁[2]	흰 눈 맑은 벽에 남아 있고,
蒼霞對赤城[3]	푸른 놀은 적성 마주하네.
我來陰壑晩	내 응달진 골짝에 옴 늦었는데,
人說夜燈明[4]	사람들 도깨비불 밝다고 하네.
貝葉無新得[5]	불경에서 새로 얻을 것 없는데,

1 고대(高臺)는 형산의 고대사를 말한다. 장식의 〈남악창수집의 서문〉「무인일이 밝자 나서서 좁은 길을 뚫고 고대사로 들어갔다.」(戊寅明發, 穿小徑, 入高臺寺)

2 류(留): 《고이》에서「흐를 류」(流)자로 된 판본도 있다고 하였다.

3 적성(赤城): 적성산. 중국 절강성(浙江省) 천태현(天台縣)에 있는 천태산(天台山)의 별칭. 모양이 구름과 놀 같아 바라보면 성 위의 낮은 담과 같아 그렇게 부른다. 남조 진나라 손작(孫綽)의 〈천태산을 노닐며 읊은 부(遊天台山賦)〉「적성에 놀이 일어나 표를 세웠다.」(赤城霞起而建標) 송나라 소식의 〈두개에게 드림(贈杜介)〉「마침내 적성의 놀이 이루어, 까마득한 곳 날듯이 걸어 올라간다네.」(遂爲赤城遊, 飛步凌縹緲)《주희시사선주(朱熹詩詞選注)》(武夷山朱熹硏究中心)「제왕(帝王)의 궁성(宮城)이다. 남악 형산은 두형(斗衡)의 위도에 해당하며 곧 이궁(離宮)에 위치한다. 화사(火師)를 통괄하고 그 신 축융씨(祝融氏)는 적제(赤帝)이다. 축융봉 정상에는 원래 적제관(赤帝館)이 있었는데 지금은 축융전(殿)이 있으니 적성은 곧 이곳을 가리킬 것이다. 당나라 왕발(王勃)의 〈높은 누대에 올라 내려 보다(臨高臺詩)〉에「적성에 아침 해 비치고, 푸른 나무는 봄바람에 흔들리네.」(赤城映朝日, 綠樹搖春風)라는 구절이 있다.

4 야등명(夜燈明):《차의》「곧 성등이다. 위의 제6판을 보라.」(卽聖燈. 見上第六板) 곧 위 22번 시를 말한다. 《주희시사선주》에서는 신등(神燈)을 가리키며, 형산의 청옥단(靑玉壇)에는 성등(聖燈)이 있는데 전설에 의하면 신선이 이 등불을 가지고 밤에 논다고 한다고 하였다.

5 패엽(貝葉): 곧 패엽서(貝葉書)를 말하며, 불경을 가리키는 말. 당나라 유종원(柳宗元)의 〈새벽에 초스님의 사원에 이르러 불경을 읽다(晨詣超師院讀禪經)〉「이따금 패엽에 쓴 불경 가지고, 동쪽 서재로 걸어나와 읽는다네.」(閒持貝葉書, 步出東齋讀) 당나라 단성식(段成式)의《유양잡조(酉陽雜俎)》권18 〈광동식(廣動植) 3〉「패다는 마가타국에서 나는데, 길이가 5,6장이며 겨울이 지나도 시들지 않는다. 이 나무에는 세 가지 종류가 있는데, 첫째는 다라사력차패다이고, 둘째는 다리파력차패다이며, 셋째는 삼자부파력차다라리인데, 그 잎에 모두 글씨를 쓰며 부처의 말 일색으로, 그 껍질을 취하여 글씨를 쓴다. 패다는 범어로 한어로는 잎이라고 번역한다. 패다파력차라는 것은 한어로 나뭇잎이다. 서역의 경서는 이 세 가지 껍질과 잎을 사용하는데 보호를 할 수 있을 뿐만 아니라 또한 5,6백 년은 갈 수 있다.」(貝多, 出摩伽陀國, 長六七丈, 經冬不凋. 此樹有三種, 一者多羅娑力叉貝多, 二者多梨婆力叉貝多, 三者部婆力叉多羅梨, 幷書其葉, 部闍一色, 取其皮書之. 貝多是梵語, 漢翻爲葉. 貝多婆力叉者, 漢言葉樹也. 西域經書用此三種皮葉, 若能保護, 亦得五六百年)

蒲人有舊盟[6] 포땅의 사람 옛 맹약 있었다네.
咄哉寧負汝[7] 쯧쯧! 너를 저버릴지언정,
安敢負吾生[8] 어찌 감히 우리네 백성 저버릴까?

淸疑當作靑 「淸」은 「靑」이 되어야할 것 같다

6 포인유구맹(蒲人有舊盟): 진나라 왕숙(王肅)의 《공자가어·곤서(孔子家語·困誓)》「공자가 위나라로 가는 길에 포땅으로 나서게 되어 공숙씨를 만나게 되었는데, 포땅에서 위나라에 반란을 일으킬 것이라 하여 공자를 억류하였다. …… 포땅의 사람들이 두려워서 말하기를 '정말로 위나라에 가지 않는다면 우리가 그대를 보내줄 것이요.'라 하여 마침내 공자에게 다짐을 하고는 동문으로 내보내주었는데, 공자는 결국 위나라로 갔다. 자공이 말하기를 『맹세를 어겨도 됩니까?』라 하니 공자가 말하였다. 『나에게 맹세를 요구한 것은 의가 아니다.』」(孔子適衛, 路出于蒲, 會公叔氏以蒲叛衛而止之……蒲人懼曰, 苟無適衛, 吾則出子. 乃盟孔子而出之東門, 孔子遂適衛. 子貢曰, 盟可負乎? 孔子曰, 要我以盟, 非義也) 《차의》「선생은 일찍이 시를 지어 말하기를 『한가로이 먼 오악의 맹세 찾았네.』라 하였는데, 지금 이 시에서는 말을 돌려서 말하기를 『공자 역시 포땅 사람의 맹세를 저버렸다.』라 하였으니 내 감히 먼 오악의 맹세를 저버릴지언정 감히 내 평생의 일을 저버리면서 물외의 일로 마치지는 않겠다고 하였다. 이는 대체로 선생이 젊었을 때 일찍이 선가(禪家)의 학을 좋아하였으나 그것이 그릇되었음을 알았기 때문에 이와 같이 말한 것이다.」(先生嘗有詩曰, 閑尋遠嶽盟, 今於此詩爲轉語曰, 孔子亦負蒲人之盟, 則吾寧負遠嶽之盟, 而不敢負吾平生以終物外事也. 盖先生少時嘗喜禪而後覺其非, 故其言如此) 인용 시는 권7 4번 시인 〈운곡의 서천암 주인에게 부침(寄雲谷瑞泉菴主)〉이다. 《탁계》「선생은 젊었을 때 선학을 좋아하였다. 이 맹세는 마땅히 선학의 맹세로 보아야 한다. 《차의》의 먼 골짜기의 맹세는 그렇지 않은 것 같다.」(先生少時喜禪. 此盟當以禪學之盟看. 竊疑遠壑盟恐未然) 한편 《주희시사선주》에서는 승인(僧人), 즉 중이라고 하였다. 중은 부들[蒲]을 가지고 짠 둥근 자리에 앉아서 좌선을 하기 때문에 포인이라 부른다.

7 돌(咄): 꾸짖다, 질책하다. 마지막 두 구절은 부처를 저버릴지언정 백성들을 저버릴 수 없다는 것을 말하였다.

8 영부여~부오생(寧負汝~負吾生): 《집람》「《위지》에 다음과 같은 말이 있다. 조조가 동탁의 난을 피하여 몰래 숨어서 동쪽으로 돌아갔다. 옛 친구인 여백사의 집을 거치게 되었는데 여백사는 외출을 하고 다섯 아들이 손님과 주인의 예를 갖추었다. 조조는 식기의 소리를 듣고 자기를 죽이려 꾀한다 생각하여 칼로 여덟 명을 죽이고 떠났다. 얼마 후 슬피 말하기를 『내가 남을 버릴지언정 남이 나를 버리게 할 수는 없다!』라 하고는 마침내 떠났다.」(魏志. 曹操避董卓之亂, 間行東歸, 過故人呂伯奢, 伯奢出, 五子備賓主禮. 操聞食器聲, 以為圖己. 手劍殺八人而去. 既而悽愴曰, 寧我負人, 毋人負我! 遂行) 《위지》는 《삼국지·위지》를 말하는데, 본문에는 이 구절이 나오지 않고 남조 송나라 배송지(裴松之)가 주석에서 인용한 《위서(魏書)》와 《세어(世語)》, 손성(孫盛)의 《잡기(雜記)》 등의 설을 종합하여 서술한 것이다.

36. 石廩峰次敬夫韻[1]

석름봉에서, 경부가 지은 시의 각운자를 쓰다

七十二峰都插天[2]　　일흔 두 봉우리
　　　　　　　　　　　모두 하늘에 꽂혔는데,
一峰石廩舊名傳　　석름이란 한 봉우리
　　　　　　　　　　　예로부터 이름 전하네.
家家有廩高如許　　집집마다 곳집 있어
　　　　　　　　　　　이 만큼만 높다면,
大好人間快活年[3]　　인간세상 쾌활하게
　　　　　　　　　　　한 해 보냄 얼마나 좋을지.

1 석름봉은 형산의 동쪽에 있다. 명나라 이현(李賢)의 《일통지(一統志)》 권64 〈형주부·석름봉(衡州府·石廩峯)〉「형산에 있으며 형태가 곳집을 닮았다. 문이 두 개 있는데 하나가 열리면 하나는 닫힌다. 《상중기》에서는 『열리면 흉년이 들고 닫히면 풍년이 든다.』라 하였다.」(在衡山, 形如倉廩. 有二戶一開一闔. 湘中記云, 開則歲儉, 閉則歲豐) 당나라 한유는 형산을 읊은 〈형악묘를 참배하고, 마침내 형악의 절에 묵으면서 문루에 지어 남기다(謁衡嶽廟, 遂宿嶽寺題門樓)〉에서 「자개봉은 연이어 뻗쳐 천주봉까지 이어져 있고, 석름봉은 훌쩍 던져져 축융봉과 겹쳐 있네.」(紫蓋連延接天柱, 石廩騰擲堆祝融)라 하였다. 남헌(南軒) 장식(張栻)의 〈남악창수집의 서문〉「절(고대사)을 나서서 고목과 벌거벗은 등나무 속을 걸어갔는데, 응달진 낭떠러지에는 눈이 쌓였으며 두께가 거의 여러 자는 됨직하였다. 석름봉을 바라보니 마치 흰 병풍 같았다.」(出寺, 卽行古木寒藤中, 陰崖積雪, 厚幾數尺. 望石廩如素錦屛)

2 칠십이봉(七十二峰): 칠십이봉은 곧 남악(南嶽)인 형산(荊山)을 가리킨다. 형산의 봉우리가 모두 72개이기 때문에 이렇게 말하였다. 《산당사고(山堂肆考)》 권19에 인용된 《환우기(寰宇記)》「형산은 8백 리에 걸쳐 빙 둘러 있으며 72개의 봉우리와 10개의 골짜기, 15개의 바위, 38개의 샘, 25개의 시내, 9개의 연못과 9개의 못 그리고 9개의 우물이 있고, 봉우리 가운데 가장 큰 것은 5개로 축융, 자개, 부용, 석름, 천주봉이라 하며 축융봉이 가장 높다.」(衡山盤繞八百里, 有七十二峯十洞十五巖三十八泉二十五溪九池九潭九井, 而峯之最大者五, 曰祝融曰紫盖曰芙蓉曰石廩曰天柱, 惟祝融為最高) 장식의 〈말 위에서 읊조리다(馬上口占)〉「일흔 두 봉우리 모두 옥처럼 서 있는데, 우뚝하니 축융봉 높음 더욱 느껴지네.」(七十二峯俱玉立, 巍然更覺祝融尊) 장식의 이 시는 《남악창수집》에도 수록되어 있다.

3 마지막 두 구절은 《고이》에 「사람들 오래도록 풍년 들기 바란다면, 즐거운 성인 만억년인들 거리끼리오?」(教人鎭作豐年願, 樂聖何妨萬億年)라고 되어 있는 판본도 있다고 하였다.

37. 行林間幾三十里, 寒甚. 道傍有殘火溫酒, 擧白方覺有暖意, 次敬夫韻

숲 사이로 거의 삼십 리를 갔더니 추위가 심하였다. 길 가에 남은 불씨가 있어 술을 데워 잔을 들었더니 바야흐로 따뜻한 뜻이 느껴졌다. 경부가 지은 시의 각운자를 써서 짓는다

千林一路雪毰毸[1]	무수한 숲 한 갈래 길에 눈 펄펄 날리니,
吟斷飢腸第幾回	읊조림 끊이지고 배 곯은지 몇 번째런가?
溫酒正思敲石火[2]	술 데움에 마침 돌 쳐서 불 일으킴 생각나고,
偶逢寒燼得傾杯	어쩌다 찬 깜부기불 만나 술잔 기울이게 되었네.

1 배퇴(毰毸): 배퇴(培堆)라고도 한다. 배시(毰毸)와 같은 뜻으로, 나부끼는 모양과 날며 춤추는 모양이라는 뜻이 있는데, 여기서는 복합적인 의미로 쓰인 것 같다. 《차의》에서는 「배퇴는 봉황이 춤추는 것이다.」(毰毸鳳舞也)라 하였다. 송나라 왕안석(王安石)의 〈설앙(薛昻)과 바둑을 두어 매화 내기를 하고 시 한 수를 보내다.(與薛肇明奕棊賭梅詩輸一首)〉「흰 머리에 봄 찾았더니 매화 만남 반가운데, 한 그루 길에 버티어 눈 펄펄 휘날리네.」(華髮尋春喜見梅, 一株臨路雪培堆)

2 고석화(敲石火): 진나라 반악(潘岳)의 〈하양현에서 짓다(河陽縣作)〉「갑작스럽기 부싯돌에 불똥 튀는 것 같고, 언뜻 지나감 길 끊는 회오리바람 같네.」(歘如敲石火, 瞥若截道飈) 당나라 한유(韓愈)의 〈석고를 노래함(石鼓歌)〉「목동들 불 쳐서 일으키고 소떼들 뿔 갈아대니, 누가 다시 손 얹고서 어루만져 줄까?」(牧童敲火牛礪角, 誰復著手爲摩挲)

38. 林間殘雪時落, 鏘然有聲

숲 사이로 잔설이 이따금 떨어져 쨍그렁하는 소리를 내다

靑鞋布襪踏瓊瑤[1]	푸른 짚신 베 버선 아름다운 옥 밟으니,
十里晴林未覺遙[2]	십리 개인 숲이 멀게 느껴지지 않네.
忽復空枝墮殘雪[3]	느닷없이 다시 빈 가지에서 남은 눈 떨어지니,
恍疑鳴璬落叢霄[4]	황홀하여 울리는 옥 하늘에서 떨어진 것이나 아닌가 하네.

1 청혜포말(靑鞋布襪): 당나라 두보(杜甫)의 〈유소부가 그린 산수 병풍을 노래함(劉少府畫山水障歌)〉「약야계와 운문사 있는데, 내 홀로 어찌 진흙 찌끼 속에 있으리오, 푸른 짚신과 베버선 신고 여기에서 막 나서리라.」(若耶溪雲門寺, 吾獨胡爲在泥滓, 靑鞋布襪從此始) 송나라 황학(黃鶴)의 주석「남조 제(齊)나라 사조(謝朓)는 『어찌 시문을 짓는 과장(科場)을 위해 회계의 산수의 빼어남을 출몰하겠는가? 베버선, 푸른 짚신, 갈새의 깃털로 장식한 모자, 대나무 지팡이, 나의 뜻은 여기에서 출발한다.』라 하였다.」(謝玄暉曰, 胡爲翰墨場屋中, 出沒會稽山水奇秀, 布襪靑鞋鶡冠竹杖, 吾志從此始矣) 역시 두보의 〈지난 날의 놀이(昔遊)〉에「돌아가는 길 감 이미 어제의 일이니, 푸른 짚신에 굳은살 박임 어찌 사양하겠는가?」(歸徑行已昨, 豈辭靑鞋胝)라는 구절이 있는데 조(趙)씨의 주석에서는「청혜는 산행할 때 쓰는 도구이다.」(靑鞋山行之具)라 하였다.

답경요(踏瓊瑤): 당나라 한유(韓愈)의 〈왕씨네 스무째 사인께서 눈 속에 부쳐온 시에 답하다(酬王二十舍人雪中見寄)〉「오늘 아침 아름다운 옥 같은 눈에 발자국 만드노니, 봉황의 못에서 시 왔기 때문이라네.」(今朝蹋作瓊瑤跡, 爲有詩從鳳沼來)

2 십리미각요(十里未覺遙): 송나라 육유(陸游)의 〈놀러 나가 눈에 보이는 것을 적다(記出遊所見)〉「내 가는 길 애초에 부르는 편지 없었지만, 문 나서니 십리 길 멀게 느껴지지 않네.」(我行初無折簡招, 出門十里未覺遙)

3「눈 설」(雪)자는「흰 백」(白)자로 된 판본도 있다. 이 구절은《고이》에서는「별안간 얼음 가지 맑은 소리 내며 떨어짐 듣네.」(忽聽冰條墮淸響)로 된 판본도 있다고 하였다.

4 명교(鳴璬):《차의》에서는「『璬』는 음이 교이며, 패옥이다.」(璬, 吉了切, 玉珮也)이라 하였다. 명옥(鳴玉)과 같은 말이다.

장식의 〈남악창수시의 서문〉「햇빛이 아래로 숲 사이를 비추니 얼음이 떨어져 쨍그렁 소리를 내었다.」(日影下照林間, 冰墮鏘然有聲)

총소(叢霄): 하늘과 같은 뜻. 위 7번 시의 주 9)를 보라.

39. 至上封, 用擇之韻[1]

상봉사에 이르다. 임용중이 지은 시의 각운자를 쓰다

疇昔朱陵洞[2]	지난날에는 주릉동이더니,
如今白帝城[3]	오늘은 백제성이라네.
天高雲共色[4]	하늘은 높고 구름은 한 가지 색인데,
夜永月同明[5]	밤 길고 달 마찬가지로 밝다네.
萬象爭回巧[6]	온갖 모습 다투어 돌아보며 솜씨 뽐내고,
千峰盡乞盟[7]	천 개의 봉우리 모두 맹약 구하네.
登臨須我輩	올라서 내려다보며 모름지기 우리네,

1 상봉은 형산의 유명한 사찰 중 하나이며 축융봉 아래에서 멀지 않다. 위에는 뇌지(雷池)가 있으며, 절은 남천문(南天門)과 사자암(獅子巖), 망월대(望月臺), 그리고 축융봉 사이에 끼어 있다. 상봉사는 위 〈남악창수집의 서문〉에도 보이는데, 25번 시의 주 1)을 보라.

2 주릉동(朱陵洞): 수렴동(水簾洞)이라고도 하며, 곧 주릉동천(朱陵洞天)으로 도가의 36동천 중의 제3동인데, 형산을 가리키는 말이다. 당나라 이길보(李吉甫)의 《원화군현지(元和郡縣志)》「〈남악기〉에서 말하기를 『형산은 주양의 영대요, 태허의 보동이다.』라 하였고, 또한 말하기를 『적제가 그 재를 객관으로 삼았고, 축융씨가 그 남쪽을 기탁했다.』라 하였다.」(南嶽記曰, 衡山者, 朱陽之靈臺, 太虛之寶洞. 又云, 赤帝館其嶺, 祝融託其陽) 송나라 필전(畢田)의 〈주릉동 입구의 수렴동(朱陵洞口水簾)〉「골짜기 문 천 자인데 나는 물줄기 걸려 있고, 옥 부시지고 구슬 이어저 사갑게 가을 내뿜네.」(洞門千尺掛飛流, 玉碎珠聯冷噴秋) 필전은 《고금사문유취(古今事文類聚)》에는 필균(畢筠)으로 되어 있다.

3 백제성(白帝城): 옛 성의 이름. 지금의 사천성(四川省) 봉절현(奉節縣) 구당협(瞿塘峽)의 입구에 있었다. 북위 역도원(酈道元)의 《수경주·강수(水經注·江水)》의 기록에 의하면 동한공(東漢公) 공손술(公孫述)이 우물 속에서 용 같은 흰 기운에 나오는 것을 보았는데, 제왕이 날 서기로 보고 마침내 어복현(漁復縣)을 백제성으로 고쳤다고 한다. 여기서는 백설이 덮여 희게 빛나는 형산을 가리켜서 말한 것이다.

4 천고운공색(天高雲共色): 당나라 왕발(王勃)의 〈등왕각에서 지은 시의 서문(滕王閣詩序)〉「낙조는 외로운 따오기와 함께 날고, 가을 물은 긴 하늘과 같은 색이라네.」(落霞與孤鶩齊飛, 秋水共長天一色)

5 야영월동명(夜永月同明): 당나라 두보(杜甫)의 〈장강과 한수(江漢)〉「조각 구름 하늘과 함께 멀고, 긴 밤 달과 마찬가지로 외롭네.」(片雲天共遠, 永夜月同孤)

6 회교(回巧): 《차의》「눈 속에서 온갖 뭇 사물이 모습을 바꾸는 것을 가리켜 말한 것 같다.」(恐指雪中萬衆變態而言) 당나라 유종원(柳宗元)의 〈고무담 서쪽의 작은 언덕에 내하여(鈷鉧潭西小丘記)〉「모두들 희희낙락하며 교묘함을 되돌리고 재주를 드러 이 언덕 아래에 바친다.」(擧熙熙然回巧獻技, 以效兹丘之下)

7 걸맹(乞盟): 맹약에 참가하다, 대열에 들다. 뭇 봉우리들이 숲처럼 서 있는 것을 형용한다.

更約羨門生[8] 다시 선문생과 약속하리라.

8 선문생(羨門生): 옛날의 신선을 말한다. 《사기·진시황본기(秦始皇本紀)》「32년 시황제는 갈석산에 갔는데 연나라 사람 노생을 시켜 선문과 고서를 찾게 하였다.」(三十二年, 始皇之碣石, 使燕人盧生求羨門·高誓) 《사기》의 주석서인 배인(裴駰)의 《집해(集解)》에서는 위소(韋昭)의 말을 인용하여 「옛 신선」(古仙人)이라 하였다.

40. 福嚴寺回望嶽市[1]

복엄사에서 악시를 돌아보다

昨夜相携看霜月	어젯밤 서로 잡아끌며 서리 낀 달 보았었는데,
今朝誰料起寒烟	오늘 아침엔 누가 헤아렸으리, 차가운 운무 피어오를 줄?
安知明日千峰頂	어찌 알았으리오? 밝은 해 무수한 봉우리 꼭대기 있는데,
不見人間萬里天	인간 세상 만리 하늘 안 보이게 될 줄을.

1 복엄사(福嚴寺): 《호광통지(湖廣通志)》 권80 〈장사부·형산현(長沙府·衡山縣)〉 「척발봉에 있으며 옛 이름은 반야사로 또한 반야대라고도 한다. 당태종이 직접 쓴 범어 경전 50권이 있었는데 지금은 남아 있지 않다.」(在擲鉢峯, 舊名般若寺, 亦曰般若臺. 有唐太宗御書梵經五十卷, 今無存)
악시(嶽市): 형산현(衡山縣) 서쪽 남악 형산의 산기슭에 있는 지명이다. 《차보》「형산의 봉우리 이름으로 축융봉의 서쪽 30리 쯤 되는 지점에 있다.」(衡山峯名, 在祝融西三十里許)

41. 福嚴讀張湖南舊詩[1]

복암사에서 장호남의 옛 시를 읽다

樓上低回摻別袖[2]	누대 위에서 고개 숙이고 배회하며 이별의 소매 잡았는데,
山中磊落見英姿	산 속에 우뚝하게 빼어난 모습 보이네.
白雲未屬分符客[3]	흰 구름 부절 나눈 나그네의 몫 아니나,
已有經行到處詩[4]	이미 거쳐 가 이르는 곳마다 시 있다네.

1 장호남(張湖南): 송나라 장효상(張孝祥: 1132~1170)을 가리킨다. 화주(和州) 오강(烏江) 사람으로 자는 안국(安國)이며, 호는 우호거사(于湖居士)라 하였다.

2 회(回): 《남악창수집》에는 「노닐 회」(徊)자로 되어 있다.

3 미속분부객(未屬分符客): 분부는 관작을 봉하거나 내릴 때 관작을 받는 사람에게 부절의 반을 나누어 주어 신물로 삼는 것을 말한다. 분부객은 곧 관리를 가리키는 말이다. 당나라 유종원(柳宗元)의 〈호초 스님이 절구시를 보내주시어 선인산에 오르고자 하여 이에 답하여드리다(浩初上人見貽絶句欲登仙人山因以酬之)〉「신선 사는 산 부절 나눈 나그네에 들지 않으니, 공중 가로지르는 주석 지팡이 나는 대로 맡겨두리.」(仙山不屬分符客, 一任凌空錫杖飛) 이 구절의 뜻은 장효상이 관직에 얽매인 몸이어서 산수를 거닐며 즐길 수 없었음을 말한다.

이 구절은 《고이》에서 「오늘 아침 잠시 평소의 뜻 활달해지네.」(今朝暫豁平生意)로 된 판본도 있다고 하였다.

4 경행도처시(經行到處詩): 임용중(林用中)의 지은 같은 제목의 시에서는 「오늘 산속에서 겨우 읽는 일 끝났는데, 가는 곳마다 이미 소릉의 시 이었다네.」(今日山中纔讀罷, 經行已續少陵詩)라 하였다.

42. 登祝融峰用擇之韻[1]

축융봉에 올라 임용중이 지은 시의 각운자를 써서 짓다

今年緣底事[2]	올해는 무슨 일 때문에,
浪走太無端[3]	정신없이 달려 너무나도 두서 없었던가?
直以心期遠	바로 마음 속 기약 멀어서이지,
非貪眼界寬	시계 넓음 탐한 것 아니라네.
雲山於此盡	구름 덮인 산 여기서 다하고,
風袂不勝寒	바람에 날리는 소매 추위 이기지 못한다네.
孤鳥知人意	외로운 새 사람의 뜻 알고서,
茫茫去不還[4]	아득히 날아가 돌아오지 않는다네.

1 축융봉은 형산의 가장 높은 봉우리로 해발 1290m이며, 전설에 의하면 신인(神人) 축융이 죽어서 형산의 남쪽에 장사지내졌으므로 이렇게 부른다고 한다. 축융봉에는 축융전(祝融殿)과 망월대(望月臺) 등이 있다. 《익증》「형악 72봉 가운데 가장 높은 것이다. 방위가 이궁에 해당하여 화덕에 맞으므로 축융이라 하였다.」(衡嶽七十二峯之最高者. 位當离宮以配火德故曰祝融) 당나라 노재(盧載)의 〈축융봉(祝融峯)〉「오십 리의 땅 바라보면 다 보이고, 일흔 두 봉 가운데 가장 높다네.」(五十里地望皆見, 七十二峯中最高) 노재의 이 시는 《전당시》 권795에 이 두 구절만 실려 전하고 있다.
이 시는 시간이 흘러가는 것을 심히 애석해하며 이에 따라 자책도 하고 이해도 하며, 또한 유람이 끝나감에 따라 돌아가려는 마음이 절실함이 보인다.

2 저(底):「어찌 하」(何)자와 같은 뜻이다.

3 태무단(太無端): 주희의 〈극기(克己)〉시(권2의 71번 시)에「지금까지는 쓸데없는 일에 매몰되어 너무나 두서가 없었네.」(向來埋沒太無端)라는 구절이 있다.

4 망망거불환(茫茫去不還): 당나라 이백의 〈여산의 노래를 지어 시어사인 노허주에게 부침(廬山謠, 寄盧侍御虛舟)〉「높이 올라보니 하늘과 땅 사이 장관인데, 장강은 아득히 흘러 돌아오지 않는다네.」(登高壯觀天地間, 大江茫茫去不還)

43. 穹林閣讀張湖南七月十五夜詩, 詠歎久之, 因次其韻[1]

궁림각에서 장호남의 7월 보름날 밤이라는 시를 읽고 오래 동안 감탄을 하다가 이에 그 각운자를 써서 짓는다

南嶽天下鎭[2]	남악은 천하의 진산,
祝融最高峰[3]	축융봉이 가장 높은 봉우리라네.
仰干幾千仞[4]	위로는 수천 길이나 범하고,
俯入一萬重	아래로는 일만 겹이나 들어간다네.
開闢知何年[5]	개벽한 지 몇 년이나 되었던가?
上有釋梵宮[6]	위에는 부처의 절 있다네.

1 궁림각은《차보》에서는「절 이름으로 축융봉의 위에 있다.」(寺名, 在祝融峯上)라 하였다. 그러나 궁림각은 상봉사(上封寺) 안에 있는 누각의 이름이다. 이 누각의 이름은 송나라의 호인(胡寅)에 의하면 당나라 한유의 〈하남의 장원외의 제문(祭河南張員外文)〉에 나오는「구름 벽 담담하게 하늘의 숲 뽑아내네.」(雲壁潭潭, 穹林攸擢)라는 구절을 따서 붙였다. 이 시의 원운시는 장효상(張孝祥)의《우호집(于湖集)》권4에 실려 있으며, 제목은 〈상봉사에서 7월 보름 밤에(上封寺七月十五夜)〉이다.

2 진(鎭): 진산(鎭山)을 말한다. 주산(主山)이라고도 하며, 옛날 도읍이나 성시 등의 뒤쪽에 있는 큰 산을 말한다. 그곳을 진호(鎭護)하는 주산으로, 제사를 지냈다.

3 최고봉(最高峰): 송나라 호남 장효상(張孝祥)의 〈고원정에서 임황중이 지은 시의 각운자에 화답하다(高遠亭和林黃中韻)〉「처마와 서까래 빙빙 돌다 우주까지 들고, 아래로는 여악의 최고봉 엿보네.」(簷桷飛翔入太空, 下窺廬嶽最高峯)

4 기천인(幾千仞): 송나라 구양수(歐陽脩)의 〈여산은 높고(廬山高)〉「여산 높도다! 몇 천 길이나 되며, 산기슭 구불구불 몇 백 리나 되는가?」(廬山高哉幾千仞兮, 根盤幾百里)

5 개벽지하년(開闢知何年): 송나라 왕안석(王安石)의 〈도광법사가 영암사의 주지로 떠나감에 송별하다(送道光法師住持靈巖)〉「영암사 개벽한지 언제부터인가? 초목 신기하고 조수는 신선 같네.」(靈巖開闢自何年, 草木神奇鳥獸仙)

6 석범궁(釋梵宮): 범궁은 절을 가리키며, 여기서는 곧 궁림각을 말한다. 송나라 반자목(潘自牧)의《기찬연해(記纂淵海)》권85「진나라의 도안은 승려인 징에게서 학업을 배웠는데 징은 성이 백씨로 스승으로는 부처보다 뛰어난 사람이 없다고 하여 마침내 석을 성씨로 삼았다.」(晉道安受業於佛圖澄, 澄姓帛氏, 以師莫過於佛, 遂以釋爲姓) 중국에서 중을 석(釋)이라 일컫은 것은 도안에서 비롯되었다.《차의》「범은 서역의 종족 호칭인데 불서에서 나왔다. 여기서는 청정과 정언을 말한다. 또한 범패와 강융이 읊조리는 소리이다.」(梵西域種號, 出浮圖書. 此云淸淨正言. 又梵唄羌戎吟聲)

白日照雪屋[7]　밝은 해 눈 덮인 집 비추고,

清宵響霜鏞[8]　맑은 밤에 서리 맞은 큰 종소리 울리네.

極知瓌特觀　붉은 옥 특히 볼 만함 잘 알겠으니,

仙聖情所鍾[9]　신선과 성인 마음 모인 것일세.

雲根有隱訣[10]　구름 이는 곳에 숨은 비결 있으니,

讀罷凌長風　다 읽고 난 뒤 긴 바람 탄다네.

7 조설악(照雪屋): 장식의 〈남악창수집의 서문〉「저녁에 각에 돌아왔는데 위로는 개인 놀이 천리에 띠처럼 가로놓였으며, 밤에 방장에서 자니 달이 눈 덮인 집을 비추고 차가운 빛이 사람을 쏘았다.」(晩歸閣, 上觀晴霞橫帶千里, 夜宿方丈, 月照雪屋, 寒光射人)

8 용(鏞): 큰 종이다. 《시경·대아·영대(大雅·靈臺)》「종과 경틀에는 세운 나무와 가로나무 아래 위에 있고, 큰 북과 큰 종 있다네.」(虡業維樅, 賁鼓維鏞) 한나라의 정현(鄭玄)은 「큰 종이다」(大鐘也)라 하였다. 《산해경·산경·중산경(山經·中山經)》「다시 동남쪽으로 3백 리를 더 가면 풍산이다. …… 이곳에는 아홉 개의 종이 있는데 이것들은 서리가 내릴 것을 알고 운다.」(又東南三百里曰豐山……有九鐘焉, 是知霜鳴) 《산해경》의 주석을 단 진(晉)나라 곽박(郭璞)은 「서리가 내리면 종이 운다.」(霜降則鐘鳴)고 하였다.

9 선성(仙聖): 《차의》「부처를 이른다.」(謂佛也) 《차보》「신선과 부처를 가리킨다.」(指仙與佛也)

10 운근(雲根): 《차의》「운근은 돌이다. 신선과 성인의 숨겨진 비결이 돌 속에 감춰져 있는 것 같다.」(雲根石也. 疑仙聖隱訣, 藏於石中也) 당나라 가도(賈島)의 〈이응이 은거하는 곳에 지음(題李凝幽居)〉「다리 지나니 들판의 경치 나누어지고, 바위 옮기니 구름 이는 곳 움직이네.」(過橋分野色, 移石動雲根) 꿔치(郭齊)는 운근은 깊은 산의 구름이 피어나는 곳이라 하였다.
은결(隱訣): 송나라 두보의 〈지난 날(憶昔行)〉「비결과 숨은 글 모름지기 안으로 가르쳐야 하는데, 만년에 무슨 공으로 효과 바라게 하는가?」(秘訣隱文須內敎, 晩歲何功使願果) 은결은 아마 장효상이 지어남긴 시를 가리킬 것이다.

44. 晩霞

저녁놀

日落西南第幾峰[1]	해 서남쪽으로 떨어진 곳 몇 번째 봉우리인가?
斷霞千里抹殘紅[2]	끊긴 놀 천리에 남은 붉은 빛 쓰다듬네.
上方傑閣凭欄處[3]	절의 높은 누각 난간에 기대어 선 곳에,
欲盡餘暉怯晩風[4]	남은 빛 다 되어가려 하니 저녁 바람 겁나네.

1 서남제기봉(西南第幾峰): 송나라 소식의 〈황정록(黃精鹿)〉「태화 서남쪽 몇 번째 봉우리에, 꽃 지고 물 흘러 절로 몇 겹이나 되었던가?」(大華西南第幾峯, 落花流水自重重)

2 단하~말잔홍(斷霞~抹殘紅): 송나라 하경(何耕)의 〈부취교(浮翠橋)〉「이지러진 달 터진 숲에는 깨끗한 초록빛 엉겨 있고, 끊긴 놀 밝은 물은 남은 붉은 빛 쓰다듬네.」(缺月罅林凝淨綠, 斷霞明水抹殘紅)

3 상방(上方): 절을 말한다. 위 23번 시의 주 3)을 보라. 걸각(傑閣): 아주 큰 누각을 말한다. 권2 32번 시의 주 2)를 보라.

4 진여휘(盡餘暉): 여휘는 석양의 잔조(殘照)를 말한다. 《차의》「『다할 진』자 위의 빈 글자는 당본에 『하고자할 욕』자로 되어 있다.」(盡上空字唐本作欲) 조선 판본에는 「欲」자가 빠진 판본이 유행했던 것 같다.

45. 過高臺携信老詩集, 夜讀上封方丈, 次敬夫韻[1]

고대사에 들러 신로의 시집을 들고 나와 밤에 상봉사에서 읽고 경부가 지은 시의 각운자를 써서 짓는다

十年聞說信無言	십년을 들어왔다네, 신무언의 명성,
草草相逢又黯然[2]	어렵사리 서로 만났는데도 또한 무표정하다네.
借得新詩連夜讀[3]	새로운 시 빌려 얻어 밤을 이어 읽으니,
要從苦淡識淸妍	각고와 담담함에서 맑고 고움 알리라.

1 고대(高臺)는 형산의 고대사를 말한다. 위 35번 시의 주 1)을 보라.
《차의》「승가에는 무언의 공부라는 것이 있다.」(僧家有無言工夫) 《익증》「무언은 신로의 자인 것 같다.」(無言似是信老之字) 신로(信老)는 곧 신무언(信無言)으로 남송의 명승(名僧)인 종고(宗杲)의 제자이다. 소흥(紹興) 10년(1140)에 종고가 남긴 말을 모아 《대혜선사종문무고(大慧禪師宗門武庫)》라는 책을 만든 바가 있다.

2 암연(黯然): 《익증》「남조 양나라 강엄의 〈별부〉의 주석에서는 『처참하고 안색을 잃은 모양』이다.」(別賦註慘悽失色貌)

3 신시연야독(新詩連夜讀): 남헌 장식의 〈호연이 보내준 시에 감사하다(謝胡掾惠詩)〉「새 시 밤을 이어 일자니, 매화 그림자 외로운 맑음 짝하네.」(新詩連夜讀, 梅影伴孤淸)

46. 贈上封諸老[1]

상봉사의 여러 원로들에게 드리다

夜宿上封寺[2]	밤에 상봉사에 묵자니,
翛然塵慮淸[3]	초연히 속세의 근심 맑아지네.
月明殘雪裏	달은 밝은데 잔설 속에서,
泉溜隔窓聲[4]	샘 소리 똑똑 창 너머로 소리 내네.
楮衲今如許[5]	닥나무종이 기워 만든 옷 지금 어떠한가?
綈袍那復情[6]	깁 도포 어찌 다시 마음에 두겠는가?
爐紅虛室暖	난로 붉고 빈방 따뜻하니,
聊得話平生	애오라지 평생 살아온 이야기나 얻어들어 볼까.

1 상봉사는 위 39번 시의 주 1)을 보라.

2 야숙상봉사(夜宿上封寺): 당나라 위응물(韋應物)의 〈항찬에게 부치다(寄恒璨)〉「홀로 가을 풀 덮인 오솔길 찾고, 밤에는 한산사에서 묵었다네.」(獨尋秋草徑, 夜宿寒山寺)

3 소연(翛然): 세상일에 얽매이지 않고 초탈한 모양을 말한다. 《장자·큰 스승(大宗師)》「초연히 (자연을 따라) 가고 초연히 따라올 뿐이다.」(翛然而往, 翛然而來而已矣) 당나라 성현영(成玄英)은 주석[疏]을 달고 「매이지 않은」(無係) 모양이라 하였다. 곧 어떤 일에 집착하지 않는 태도를 말한다.

4 천류(泉溜): 「溜」에 대해서 《차의》에서는 「음은 『류』이고, 물이 아래로 떨어지는 것이며, 『류』자와 뜻이 통한다.」(力求切, 水下垂也, 通作霤)라 하였다. 《한서·매승전(枚乘傳)》「태산의 물방울이 바위를 뚫고, 다 닳아 빠진 두레박줄이 기둥을 끊는다.」(泰山之溜穿石, 單極之綆斷幹)

5 저납(楮衲): 곧 지납(紙衲)을 말하며, 종이를 기워 이어서 만든 승복이다. 《격치경원(格致鏡原)》 권15 〈관복(冠服) 3〉에 「《지도론》에 오비구가 말하기를 『부처는 어떤 옷을 입어야 합니까?』라 하니, 부처가 말하기를 『납의를 입어야 하느니라.』라는 말이 있다.」(智度論, 五比丘曰, 佛當著何等衣? 佛言, 應著衲衣)라 하였다. 《차의》에서는 「납은 기운 것이다. 이는 대체로 닥나무 종이를 가지고 납의를 해 입은 것을 말한다.」(衲, 補也. 此盖言以楮紙爲衲衣也)라 하였다. 송나라 소이간(蘇易簡)의 《문방사보(文房四寶)》 권4 〈지보(紙寶)〉「산에 거처하는 사람은 항상 종이로 옷을 짓는데, 대체로 석씨를 따르는 것이라 하며, 누에 입에서 나온 실로 지은 옷은 입지 않는다.」(山居者常以紙爲衣, 蓋遵釋氏云, 不衣蠶口衣者也)

6 제포(綈袍): 비단으로 만든 가볍고 따뜻한 깁 도포를 말한다. 부귀를 가리키는 말로 차용되어 쓰이다. 《사기·범저열전(范雎列傳)》「수가는 불쌍한 마음이 들어 머무르게 하고 앉아서 음식을 먹으면서 말하였다. 『범숙의 빈한함이 이와 같단 말인가?』 이에 비단 도포를 가져다 주었다.」(須賈意哀之, 留與坐飮食, 曰, 范叔一寒如此哉! 乃取其一綈袍以賜之) 당나라 고적(高適)의 〈왕씨네 여덟째와 이별하다(別王八)〉「그대에게 지기 만났음 전해주는데, 가는 날에 깁 도포 있다네.」(傳君遇知己, 行日有綈袍)

47. 自上封登祝融峰絶頂, 次敬夫韻[1]

상봉사에서 축융봉 꼭대기에 올라 경부가 지은 시의 각운자를 써서 짓다

衡嶽千仞起[2]	형악 천 길이나 솟아 있는데,
祝融一峰高	축융봉 한 봉우리 가장 높다네.
群山畏突兀[3]	뭇 산들 우뚝하고 기이함 두려워하여,
奔走如曹逃[4]	분주하기가 무리 지어 도망치는 듯.
我來雪月中	나 눈에 달 비치는 속으로 오는데,
歷覽快所遭[5]	두루 둘러보니 만나는 것마다 기쁘네.
捫天滑青壁[6]	하늘 어루만지니 푸른 벽 매끄럽고,
俯壑崩銀濤	골짜기 굽어보니 은빛 물결 무너지네.
所恨無十犗[7]	한스러운 것 큰 소 열 마리 없어,
一掣了六鼇[8]	한꺼번에 여섯 자라 끌어당기지 못함이라네.

1 축융봉에 대해서는 위 42번 시의 주 1)을 보라.

2 천인(千仞起): 옛날에는 8자[尺]를 1인(仞)이라 하였으므로, 천인은 8천 자 곧 약 242,400m나 된다. 그러나 여기서는 그냥 매우 높다는 것을 두루 말한 것이다. 당나라 낙빈왕(駱賓王)의 〈정안양이 촉땅에 들어가다(鄭安陽入蜀)〉「검문 천 길 솟아 있고, 돌길 다섯 장정이 열었다네.」(劒門千仞起, 石路五丁開)

3 돌올(突兀): 산세가 높고 험준하며 기이한 모양.

4 조도(曹逃): 무리지어 바삐 도망치다. 《좌전·소공(昭公) 12년》「주의 대신(人臣)인 원나라 벡직 교가 포학하여 군신들이 그들의 동료들을 도망가게 하였다.」(周原伯絞虐, 其輿臣使曹逃) 진나라 두예(杜預)의 주석「조는 무리이다. 무리들을 도망가게 하는 것이다.」(曹, 羣也. 使羣曹逃去)

5 소조(所遭): 곧 이르는 곳을 말한다.

6 문천활청벽(捫天滑青壁): 청벽은 하늘을 가리킨다. 《초사·구장·회오리바람을 슬퍼함(九章·悲回風)》「파란 하늘에 기대어 무지개 끌어당김이여, 잠깐 만에 하늘 어루만지네.」(據靑冥而攄虹兮遂儵忽而捫天) 주희의 주석「문은 어루만진다는 뜻이다.」(捫, 撫也)

7 십개(十犗): 《장자·외물(外物)》「임나라의 공자가 큰 낚시 바늘과 굵은 검은 줄을 만들어 오십 마리의 큰 소를 미끼로 해서 회계산에 앉아 낚싯대를 동해에다 던져 놓고 매일 낚시를 했으나 일 년이 되도록 물고기를 잡지 못했다. 그러나 조금 있다가 드디어 대어가 미끼를 물었다.」(任公子爲大鉤巨緇, 五十犗以爲餌, 蹲乎會稽, 投竿東海, 旦旦而釣, 期年不得魚. 已而大魚食之) 개에 대해서 성현영(成玄英)은「거세된 소」(犍)라 하였고, 사마표(司馬彪)는「희생으로 바치는 소」(犧牛)라 하였다.

8 일체료육오(一掣了六鼇): 체(掣)는 끌어당긴다는 뜻.

遄歸靑蓮宮[9]　　빨리 청련궁으로 돌아와,
坐對白玉毫[10]　　앉아서 흰 옥 같은 털 마주한다네.
重閣一徙倚[11]　　겹 누각 한번 배회하자니,
霜風利如刀[12]　　서릿 바람 날카롭기 칼과 같다네.
平生山水心　　평소에 산수 그리는 마음,
眞作貨食饕[13]　　진짜로 음식과 재물 탐냄과 같이 되었네.

《열자·탕문(湯問)》「그 가운데 다섯 개의 산이 있는데 첫째는 대여이고 둘째는 원교, 셋째는 방호, 넷째는 영주, 다섯째는 봉래입니다. …… 다섯 산의 뿌리는 연결되어 붙은 곳이 없었습니다. …… 하느님은 이에 우강에게 명하여 큰 자라 열 다섯 마리로 하여금 머리를 들고 그것을 이게 하였습니다. …… 용백이란 나라에 거인이 있는데 발을 들어 몇 발자국도 옮기지 않았는데 이미 다섯 산이 있는 곳에 다다라 한번 낚시를 하여 연이어 여섯 마리의 자라를 끌어 올렸습니다. …… 이에 대여와 원교의 두 산은 북극으로 흘러내려가 대해 속에 가라앉았습니다.」(其中有五山焉. 一曰岱輿, 二曰員嶠, 三曰方壺, 四曰瀛洲, 五曰蓬萊……五山之根, 無所連著 帝乃命禺彊使巨鼇十五擧首而戴之……龍伯之國, 有大人, 擧足不盈數步而暨五山之所, 一釣而連六鼇……岱輿員嶠二山. 流於北極. 沈於大海) 청나라 왕기(王琦)가 《이태백집주》 권36 〈외기(外記)〉에서 인용한 《후청록(侯鯖錄)》「이백이 개원 연간에 재상을 찾아뵈었는데 봉한 글 하나를 올렸으며 그 위에는『바다 위의 자라 낚시꾼 이백』이라 쓰여 있었다. 재상이 묻기를『선생은 창해에서 거대한 자라를 낚으면서 무엇을 가지고 낚싯바늘과 낚싯줄로 썼소?』라 하니 이백이 말했다.『풍랑이 마음을 편안하게 하고 건곤이 뜻을 크게 하니 무지개를 낚싯줄로 삼고 밝은 달을 낚싯바늘로 삼았습니다.』 재상이 말하기를『무엇을 미끼로 썼소?』하니『천하의 의리 없는 사나이들을 미끼로 썼습니다.』라 하였다. 이때 재상은 오싹해했다.」(李白開元中謁宰相, 封一板上, 題云海上釣鼇客李白. 相問曰, 先生臨滄海釣巨鼇, 以何物鉤線? 白曰. 以風浪逸其情, 乾坤縱其志, 以虹蜺爲絲, 明月爲鉤. 相曰, 何物爲餌? 曰, 以天下無義丈夫爲餌. 時相悚然)

9 천(遄): 빠르다.
청련궁(靑蓮宮): 불교의 사원을 말한다. 《차의》「《법화경》에『사람이 이 품종의 냄새를 맡으면 수시로 기뻐하고 칭찬하며 좋은 것은 사람의 입 속에서 항상 파란 연꽃 향기가 난다.』라는 말이 있다.」(法華經有人聞是品, 能隨喜讚, 善者是人口中常出靑蓮香)《법화경》 인용은 《산당사고(山堂肆考)》 권145 〈승과(勝果)〉 조에 나오는 기사이다. 《백공육첩(白孔六帖)》 권89 〈부처(佛) 18〉에 부처를「청련묘상」(靑蓮妙相) 이라 하고 또「파란 연꽃이 공경스레 책상다리를 하고, 금 짐승이 받들고 있다.」(靑蓮承趺金獸奉持)라는 말이 나온다. 송나라 소식(蘇軾)의 〈왕승지와 함께 장산을 유람하다(同王勝之游蔣山)〉「붉은 문 화극 거두어들이고, 감색 집에서는 파란 연꽃 나네.」(朱門收畫戟, 紺宇出靑蓮)

10 백옥호(白玉毫): 옥호는 불상을 말한다. 《차의》「《법화경》에『부처는 미간의 흰 털에서 서로 빛을 내는데 동방의 만 팔천 세계를 비춘다.』는 말이 있다.」(法華經, 佛放眉間白毫相光, 照東方萬八千世界)

11 일사의(一徙倚): 송나라 진여의(陳與義)의 〈홀로 서다(獨立)〉「울타리와 문 한번 배회하자니, 오늘 밤 하늘에 별 많다네.」(籬門一徙倚, 今夜天星繁)

12 이여도(利如刀): 송나라 왕안석(王安石)의 〈병신년 8월에 짓다(丙申八月作)〉「가을바람 시들게 함 날카롭기 칼과 같은데, 아득히 어두운 연기 해 높이 가지고 노네.」(秋風摧剥利如刀, 漠漠昏煙玩日高)

13 화식도(貨食饕): 《차의》「『饕』는 음이 도이며, 음식을 탐내고 좋아하는 것을『도』라 한다.」(饕他刀切, 貪嗜飮食曰饕) 당나라 유종원(柳宗元)의 〈변침벌론(辨侵伐論)〉「세 가지 여유가 있으면 그 사람을 쓴다. 첫째는 의가 여유가 있으며, 둘째는 사람의 힘에 여유가 있고,

明朝更淸澈	내일 아침 더욱 맑고 맑아진다면,
再往豈憚勞	다시 감 어찌 힘들다 꺼리겠는가?
中宵撫世故[14]	한밤중에 세속의 일 어루만지니,
劇如千蝟毛[15]	번다하기 천 마리 고슴도치 털 같네.
嬉遊亦何益	즐거운 놀이 또한 무슨 보탬 있으리오?
歲月今滔滔	세월 지금 도도하다네.
起望東北雲[16]	일어나 동북쪽 구름 바라보니,
茫然首空搔	아득하여 머리만 공연히 긁적인다네.

셋째는 재화와 음식에 여유가 있는 것이다.」(三有餘而以用其人. 一曰義有餘, 二曰人力有餘, 三曰貨食有餘) 여기서는 주로 음식을 가리켜 한 말이다.

14 세고(世故): 여러 가지 뜻이 있는데 여기서는 세사(世事)와 같은 뜻으로 쓰였다.

15 극(劇): 많다, 번다하다의 뜻으로 쓰였다. 《상군서·산지(商君書·算地)》「시속을 꼼꼼히 보지 않고 나라의 근본을 살피지 않기 때문에 그 법을 세워도 백성들이 어지러우며, 일은 많은데도 공은 적은 것이다.」(不觀時俗, 不察國本, 故其法立而民亂, 事劇而功寡) 천위모(千蝟毛): 아주 많음을 극언한 것. 송나라 진관(秦觀)의 〈차운(次韻)〉 첫째 시「영험한 벼랑 낙수 기꺼이 감 즐거운데, 시사 분분하여 고슴도치 털만큼 많네.」(靈崖濼水堪行樂, 時事紛紛劇蝟毛)

16 동북운(東北雲): 송나라 진여의(陳與義)의 〈남양시의 각운자를 쓰다(次南陽)〉「오늘 동북쪽의 구름, 볕과 기운 얼마나 아름다운가?」(今日東北雲, 景氣何佳哉) 《차의》「선생은 대체로 고향이 동북쪽에 있으므로 이 말을 쓴 것이다.」(先生盖以家鄕在東北故用此語)

48. 十五日再登祝融, 用臺字韻[1]

15일에 다시 축융봉에 올라 「대」자 운을 써서 짓다

江流圍玉帶[2]	강 줄기 옥 같은 띠 에워싸고,
天影抱瓊臺[3]	하늘 빛은 옥 같은 누대 안고 있네.
杜杖烟霄外	지팡이 짚고 안개 낀 하늘 바깥에 이르니,
中巖日月回	가운데 바위에서 해와 달 돌아온다네.
箕山藏遁許[4]	기산은 세상 피한 허유 감추었고,
吳市隱仙梅[5]	오시는 신선 매복 숨겼다네.
一笑今何在	지금 어디 있는지 한번 웃고는,
相期再擧杯	서로 기약하며 다시 술잔 든다네.

1 십오일(十五日)은 11월 15일이다.

2 옥대(玉帶): 「띠 대」(帶)자는 「지경 계」(界)자로 되어 있는 판본도 있다. 옥계(玉界)로 보면 뜻이 더 잘 통한다. 형산의 아래 위로 펼쳐진 눈 세계를 가리키는 것 같다.

3 천영(天影): 파란 하늘을 가리킨다.

경대(瓊臺): 원래의 뜻은 옥으로 장식한 누대라는 뜻. 여기서는 형산의 최고봉인 축융봉 정상에 있는 망월대(望月臺)를 가리킨다. 당나라 두보(杜甫)의 〈겨울에 금화산의 산관에 이르러 옛 습유이신 진공의 학당의 유적을 얻다(冬到金華山觀, 因得故拾遺陳公學堂遺迹)〉「부릉 오른쪽 산수 안에, 금화산 보랏빛 띠고 우뚝 솟았네. 위에는 울창한 푸른 하늘 있는데, 빛 드리우며 옥 같은 누대 안고 있네.」(涪右泉山內, 金華紫崔嵬. 上有蔚藍天, 垂光抱瓊臺) 송나라 이강(李綱)의 〈운주사에서 소동파가 지은 시의 각운자를 써서 짓다(靈洲寺次東坡韻)〉「강 빛 창망하고 산 높이 솟았는데, 짙은 남색 하늘 그림자 옥 같은 누대 안고 있네.」(江色蒼茫山聳秀, 蔚藍天影抱瓊臺)

4 기산(箕山): 하남성 등봉현(登封縣) 서남쪽에 있는 산 이름으로, 요임금 때 허유가 은거하였던 곳이라고 한다. 진나라 황보밀(皇甫謐)의 《고사전(高士傳)》 권상 〈허유(許由)〉「허유는 자가 무중이며 양성 괴리 사람이다. …… 요임금이 허유에게 천하를 양위하자 …… 받지 않고 도망을 갔다. …… 허유는 이에 중악의 영수 북쪽 기산의 아래에서 숨어 밭을 갈면서 일생을 마쳤다.」(許由字武仲, 陽城槐里人也……堯讓天下於許由……不受而逃去……由於是遁耕於中岳潁水之陽, 箕山之下終身)

5 오시~매(吳市~梅): 오시는 곧 오현(吳縣)으로 진(秦)나라 때 회계군(會稽郡)에 설치하였으며, 강소성 동남부와 절강성 서부에 위치한다. 군 소재지는 오현에 있는데 곧 지금의 강소성 소주(蘇州)이다. 매(梅)는 한나라의 때 태위(太尉) 매복(梅福)을 말한다. 한나라 구강(九江) 수춘(壽春) 사람이며 자는 자진(子眞)이다. 《한서》 권67 〈매복전〉「원시 연간에 왕망이 정권을 전횡하자 매복은 하루 아침에 처자식들을 버리고 구강으로 갔는데, 지금껏 신선이 되었다고 전하여진다. 처자들이 다 죽고 난 뒤에 회계에서 매복을 본 사람이 있었는데 성씨와 이름을 속이고 오시의 성문을 지키는 병졸이 되었다고 한다.」(至元始中, 王莽顓政, 福一朝棄妻子, 去九江, 至今傳以爲仙. 其後, 人有見福於會稽者, 變名姓, 爲吳市門卒云) 나중에는 신선을 대신 일컫는 말로 쓰이게 되었다.

49. 胡丈廣仲與范伯崇自嶽市來同登絶頂, 擧酒極談, 得聞比日講論之樂[1]

호실(胡實)과 범염덕(范念德)이 악시에서 와 함께 정상을 오르며 술을 들고 맘껏 담론을 나누다가 근자의 강론의 즐거움을 얻어듣다

我已中峰住[2]	내 이미 중봉에 머물거늘,
君從何處來[3]	그대들 어느 곳에서 오는가?
莫留巖底寺	바위 밑 절에서 머무르지 말고,
徑上月邊臺	오솔길로 달 가의 누대 오르게나.
濁酒團欒坐	탁주 벌여놓고 단란하게 앉아서,
高談次第開	고담준론 차례대로 연다네.
前賢渺安在[4]	앞선 현자들 아득히 어디에 있는가?
淸酹寄餘哀	청주 부어 남은 자손들에게 부치네.

1 〈남악창수집의 서문〉「기묘일(11월 15일)에 무이의 호실 광중과 범염덕 백숭이 모임에 와서 함께 놀았다. 선인교의 길은 돌이 나란하여 발을 곁으로 하여 들어갈 수 있었는데 앞으로는 벼랑이 불쑥 솟아 있고 아래로는 만 길이나 되는 골짜기를 굽어보고 있어 아찔하여 오래 머물 수가 없어 다시 꼭대기로 올랐다.」(己卯, 武夷胡實廣仲范念德伯崇來會同遊. 仙人橋路, 並石側足以入, 前崖挺出, 下臨萬仞之壑, 凜凜不敢久駐, 再上絶頂) 이 두 사람은 주희가 동쪽으로 돌아갈 때 함께 돌아갔다.

호광중(胡廣仲): 호실(胡實: 1136~1173)의 자. 숭안(崇安) 사람이며, 문정공(文定公) 호안국(胡安國)의 조카이자 호굉(胡宏)의 종제이다. 호남(湖南)에 거주하였으며 호상학파(湖湘學派)의 주요 인물 가운데 하나이다. 음직으로 장사랑(將仕郞)의 관직이 주어졌으나 과거는 보지 않고 강도(講道)에만 힘썼다. 주희 및 장식과 변론(辯論)을 하기도 하였으나 합치되지 않았다.

범백숭(范伯崇): 범염덕(范念德)의 자이며, 건녕부(建寧府) 건안현(建安縣: 지금의 복건성 建甌縣) 사람이고 범여규(范如圭)의 아들이다. 유면지(劉勉之)의 사위로 주희와는 동서지간이다. 관직은 길주록참(吉州錄參)을 거쳐 강동수기(江東帥機)에까지 이르렀다.

2 중봉주(中峰住): 당나라 권덕여(權德輿)의 〈천축사와 영은사 두 절의 주지에게 드림(贈天竺靈隱二寺主)〉「산승 반은 봉우리 가운데 머무르며, 맑은 원숭이 소리와 흰 구름 함께 차지한다네.」(山僧半在中峰住, 共占淸猿與白雲)

3 군종하처래(君從何處來): 당나라 고황(顧況)의 〈금귀고리와 옥 노리개의 노래(金璫玉珮歌)〉「묻노니 그대 어디에서 오는가? 황고와 직녀의 베틀 가에서 나왔다네.」(借問君從何處來, 黃姑織女機邊出)

4 전현(前賢): 《차의》「아마도 문정공 호안국과 범여규를 가리키는 것 같다.」(疑指胡文定及范如圭也) 《탁계(濯溪)》「아마 천고의 성현을 가리킬 것이다. 강론을 마친 후에 술잔을 들어 그들에게 올리려는 것이다. 《차의》의 설은 반드시 옳다고 보기 어렵다.」(恐指千古聖賢. 言講論之餘, 欲擧觴酹之也. 箚疑說未見其必是)

50. 醉下祝融峯作

취하여 축융봉에서 내려오며 짓다

我來萬里駕長風[1]	내 만리 길 달려와 　긴 바람 타니,
絶壑層雲許盪胸[2]	깊은 골짝 층층의 구름에 　가슴 시원하네.
濁酒三杯豪氣發	탁주 석 잔에 　호탕한 기운 솟아나니,
朗吟飛下祝融峯[3]	명랑하게 시 읊으며 나는 듯 　축융봉 내려오네.

1 장풍(長風): 《송서·종각전(宋書·宗慤傳)》「숙부인 종소문은 고상하여 벼슬길에 나서지 않았는데, 종각이 나이가 어릴 때 그 뜻하고 있는 바를 물으니 종각은 『긴 바람을 타고 만리 물결을 헤치고 싶습니다.』라 대답하였다.」(叔父少文高尙不仕, 慤年少, 問其所志, 慤答曰, 願乘長風破萬里浪) 당나라 이백(李白)의 〈세상을 살아가는 어려움(行路難)〉「긴 바람 큰 물결도 마침 때 있으니, 곧장 구름 돛 걸어 푸른 바다 건너네.」(長風波浪會有時, 直挂雲帆濟滄海)

2 허탕흉(許盪胸): 허(許)자는 「여차」(如此), 곧 이렇게라는 뜻. 당나라 두보의 〈동악을 바라보다(望嶽)〉「뭉게구름 피어나니 가슴 확 터지고, 깃드는 새 가물가물 눈시울이 갈라지네.」(盪胸生曾雲, 決眥入歸鳥)

3 낭음비하(朗吟飛下): 당나라 여암(呂巖: 자는 洞賓)의 〈절구(絶句)〉「세 번 악양루에 들었으나 사람들 알지 못하여, 명랑하게 읊조리며 동정호 나는 듯 지나가네.」(三入岳陽人不識, 朗吟飛過洞庭湖)

51. 十六日下山各賦一篇, 仍迭和韻

16일 하산하면서 각기 한 편씩을 짓고 아울러 돌아가며 운자에 화답하다

絶頂來還晩　　정상에서 돌아옴 늦어,
寒窓睡達明[1]　　차가운 창가에서 밝을 때까지 잠들었네.
連床眇歸思[2]　　침상 이어져 돌아갈 생각 아득한데,
三宿悵餘情[3]　　사흘을 묵으니 남은 정 슬프네.
雲合山無路　　구름 합쳐지니 산에 길 없어지고,
風回雪有聲[4]　　바람 도니 눈 소리 내네.
嶽祇珍重意[5]　　산악의 신 진중한 뜻,
只此是將迎　　다만 이것만은 장차 맞이하려네.

1 수달명(睡達明): 권2의 108번 시 〈엊저녁에는 눈이 내리는 줄 몰랐다가 새벽에 일어나 사방을 바라보니 먼 봉우리들이 모두 이미 경치가 변하여 다시 원래 시의 각운자를 써서 절구 두 수를 짓는다(昨夕不知有雪, 而晨起四望, 遠峯皆已變色, 再用元韻, 作兩絶句)〉 시에 「북풍 저녁 구름 다 불어내 평온해지고, 방 따뜻하고 화롯불 빨개 밝을 때까지 잠들었네.」(朔風吹盡暮雲平, 室暖爐紅睡達明)라는 구절이 있다.

2 연상(連床): 침상을 나란히 하여 함께 자는 것을 말한다.

3 삼숙(三宿): 《후한서·양해전(襄楷傳)》「중들은 뽕나무 아래서 사흘을 묵지 않으며 오래 동안 은혜와 사랑을 내려고 하지 않습니다.」(浮屠不三宿桑下, 不欲久生恩愛) 당나라의 이현(李賢)의 주석 「중들 가운데 뽕나무 아래서 기숙하는 자들이 사흘을 묵지 않고 옮겨가는 것은 사랑이 변하는 마음이 없음을 보여줌을 말한 것이다.」(言浮屠之人寄桑下者, 不經三宿便卽移去, 示無愛戀之心也)
남조 양(梁)나라 유효승(劉孝勝)의 〈무계는 깊고(武溪深行)〉「해 떨어지니 들판에 기운 통하고, 시선 끝닿는 곳에 남은 정 슬프네.」(日落野通氣, 目極悵餘情)

4 설유성(雪有聲): 〈남악창수집의 서문〉「경진일(16일)에 아직 늦지 않았는데 눈이 창문을 때려 소리를 내었다.」(庚辰, 未晩雪擊窗有聲)

5 악지(嶽祇): 사악(四嶽)의 신을 말한다. 당나라 한유(韓愈)의 〈원화 연간의 성덕을 노래함(元和聖德詩)〉「하천의 신은 넓고 크고, 산악의 신은 높았습니다.」(瀆鬼濛鴻, 岳祇嶪峩) 형산이 오악의 하나이기 때문에 이렇게 말하였다.

52. 和敬夫韻[1]

경부가 지은 시의 각운자로 지어 화답하다

蠟屐風煙隨處別[2]	밀랍 칠한 나막신 바람 안개 곳에 따라 이별하니,
下山人事一番新	하산 인사 한번 새롭다네.
世間不但山中好	세상살이 다만 산 속만 좋은 것 아니니,
今日方知此意眞	오늘에야 바야흐로 이 뜻 참됨 알았다네.

1 이 시는 두 번째 구절로 보아 역시 하산한 후 남헌과 주고받은 시일 것이다. 〈남악창수집의 서문〉「경진일에 30리 쯤 가서 악시에 이르러 승업사의 경절당에서 묵었다.」(庚辰……行三十里許, 抵嶽市, 宿勝業寺勁節堂) 문집 권77의 〈남악을 유람한 후에 지은 기문(南嶽遊山後記)〉에서도 또한「남악에서 주고받은 시는 경진일(16일)에 끝이 난다.」(南嶽唱酬訖於庚辰)라 하였다.

2 납극(蠟屐): 극(屐)은 등산할 때 신는 신발로, 요즘으로 치면 등산화를 말한다. 《남사·사령운(謝靈運)의 전기》「산을 찾고 고개를 오를 때면 반드시 깊고 험준한 곳까지 이르렀는데, 험한 바위 봉우리가 몇 십 겹으로 되어 있어도 끝까지 가보지 않은 곳이 없었다. 산을 올라갈 때는 항상 나무로 만든 나막신을 신었는데 산을 올라갈 때는 신발의 앞굽을 떼어 냈으며, 산을 내려올 때는 뒷굽을 떼어 냈다.」(尋山陟嶺, 必造幽峻, 巖嶂數十重, 莫不備盡. 登躡常着木屐, 上山則去其前齒, 下山去其後齒)《진나라의 역사·완부(阮孚)의 전기》「처음에 조약은 성질이 재물을 좋아했고 완부는 나막신을 좋아하였는데, 똑같이 이러한 것이 누가 되었기 때문에 당시 사람들은 그 우열을 판단하지 못하였다. …… 어쩌다가 어떤 사람이 완부를 찾아가 보았는데 마침 스스로 나막신에 밀랍 칠을 하는 것을 보게 되었는데, 스스로 탄식하며 말하기를『평생 동안 나막신을 몇 켤레나 더 신어야 할지 모르겠다!』라고 하였는데 표정이 매우 느긋하게 보였다. 여기서 조약과의 승부는 분명하게 판가름나게 되었다.」(初, 祖約性好財, 孚性好屐, 同是累而未判其得失……或有詣阮, 正見自蠟屐, 因自嘆曰, 未知一生當著幾量屐! 神色甚閑暢, 於是勝負始分) 이 구절의 뜻은 이제 등산은 끝이 나서 나막신을 버려야 할 때라는 것이다.

53. 和擇之韻

임용중이 쓴 시의 각운자에 화답하여

仰止平生舊[1]	평소 우러러 본지 오래 되었는데,
今年得得來[2]	올해에야 특별히 올 수 있었네.
擧頭天一握[3]	머리 들어보니 하늘과는 한 뼘 거리,
倚杖雪千堆	천 길 눈 쌓인 곳에서 지팡이에 의지하였다네.
講道心如渴	도를 논하는 마음 목마름 같았고,
哦詩思湧雷	시 읊조리니 생각 우레처럼 용솟음치네.
出山遺語在[4]	형산 나섬에 말 남겨 두고,
歸騎莫徘徊	말 타고 돌아감 주저함 없네.

1 앙지(仰止): 지(止)자는 별 뜻이 없는 어조사로 쓰였다. 《시경·소아·수레바퀴 굴대(小雅·車舝)》의 「높은 산 우러르고, 큰 길 가네.」(高山仰止, 景行行止)에서 나온 말이다. 앙지에는 또 향하여 가다라는 뜻도 있다. 형산을 우러러본지 오래 되었다는 말이다.

2 득득래(得得來): 당나라 한유(韓愈)의 〈남쪽 시내에 비로소 배를 띄우다(南溪始泛)〉 제2수 「올라가니 특별한 것 없고, 내려가도 또한 유유하네.」(上去無得得, 下來亦悠悠) 우육(尤焴)의 《전당시화(全唐詩話)》에서는 「득득은 당나라 사람들의 방언으로 특별히라는 뜻과 같다.」(得得, 唐人方言, 猶特地也)라 하였다. 전중련(錢仲聯)의 《한창려시계년집석(韓昌黎詩繫年集釋)》 1281쪽에서 재인용. 송나라 소식(蘇軾)의 〈성을 나서 손님을 배웅하였는데 미치지 못해 걸어서 냇가에 이르다(出城送客, 不及, 步至溪上)〉 제2수 「만나서 당당히 가니, 특별히 오는 것 무슨 방해되리오.」(會作堂堂去, 何妨得得來) 이상 두 구절은 《남악창수집》에는 「평생을 우러르던 일, 올해에야 올 수 있었다네.」(仰止平生事, 今年得到來)로 되어 있다.

3 천일악(天一握): 송나라 소식(蘇軾)의 〈다시 경산에서 놀다(再遊徑山)〉 「오경에 해 세 발이나 떴음 알겠는데, 비로소 고운 하늘과 한 뼘임을 믿겠네.」(覺來五鼓日三竿, 始信孤雲天一握) 《지전록(芝田錄)》 「흥원에는 길이 있는데 파주의 험준한 곳으로 통하며 고운의 두 뿔이라 한다. 속담에 고운의 두 뿔은 하늘과 한 뼘의 거리라 하였다. 지극히 높음을 말한다.」(興元有路, 通巴州險峻處, 謂之孤雲兩角. 諺云, 孤雲兩角, 去天一握. 言極高也) 속담의 말은 〈삼진기민요(三秦記民謠)〉에 나오는 말이며, 《소식시집(蘇軾詩集)》에서 재인용.

4 출산유어(出山遺語): 《탁계》 「선생이 여러 벗들과 집에 돌아가면 효도를 돈독히 하자고 약속한 것 같다.」(疑先生與諸友約皈家篤孝耶)

54~55. 二詩奉酬敬夫贈言, 幷以爲別[1]

두 시로써 경부가 보내온 말에 대답하고 아울러 이별을 노래함

54

我行二千里	내 이천 리 길 가서,
訪子南山陰[2]	남산의 남쪽으로 그대 찾았다네.
不憂天風寒	하늘 바람 차가움 근심하지 않았거늘,
況憚湘水深	하물며 상수 깊음 꺼렸겠는가?
辭家仲秋旦[3]	떠난 때는 8월 아침이었는데,
稅駕九月初[4]	멍에 끄른 때는 9월 초라네.
問此爲何時	묻노니 지금 어느 때인가?
嚴冬歲云徂[5]	한겨울 해 시작되었다네.

1 증언(贈言): 《순자·대략(荀子·大略)》「증자가 길을 가는데 안자가 교외에까지 따라 나와서 말하기를 『제가 듣건대 군자는 남들에게 말을 하여주고, 소인은 남들에게 재물을 준다고 합니다.』라 하였다.」(曾子行, 晏子從於郊. 曰, 嬰聞之, 君子贈人以言, 小人贈人以財) 《공자가어》 권5 〈자로초견(子路初見)〉「자로가 떠나려하면서 공자에게 작별을 고했다. 공자가 말하기를 『너에게 수레를 주랴? 너에게 말을 해주랴?』라 했더니 자로가 말하기를 『청컨대 말을 해주십시오.』라 하였다.」(子路將行, 辭於孔子. 子曰, 贈汝以車乎? 贈汝以言乎? 子路曰, 請以言)
주희의 〈남악을 유람한 후에 지은 기문(南嶽遊山後記)〉「병술일(23일)에 저주에 이르러 나와 범백숭, 임택지는 동쪽으로 돌아가는 길을 잡았으며 경부는 여기서 서쪽 장사로 돌아갔다. …… 경부가 시를 지어줌에 우리 세 사람도 각기 답하여 지어 뜻을 드러내었다.」(丙戌, 至櫧州, 熹與伯崇擇之取道東歸, 而敬夫自此西還長沙矣……敬夫以詩贈, 吾三人亦各答賦以見意)

2 남산음(南山陰): 남산은 오악(五嶽)의 가운데 하나인 남악(南嶽) 형산(衡山)을 말한다. 이하 모두 같은 뜻으로 쓰였다. 남산의 북쪽[陰]은 장사를 말하는데 장사가 형산의 북쪽에 있기 때문에 이렇게 말한다.

3 사가중추단(辭家仲秋旦): 《연보》 건도(乾道) 3년 정해년(1167년, 주희 38세)「8월에 담주로 남헌 장공 경부를 찾았다.」(八月, 訪南軒張公敬夫于潭州)

4 탈가(稅駕): 수레를 끌던 말을 수레에서 풂. 뜻이 변하여 쉼, 휴식함이란 뜻으로 쓰이게 되었다.「稅」은 이때「탈」로 읽으며,「脫」자와 같은 뜻으로 쓰인다. 해가(解駕). 여기서는 주희가 장사에 도착한 것을 가리켜 말한 것이다.

5 엄동세운조(嚴冬歲云徂): 《연보》 위와 같은 해「겨울 11월에 남헌 장공과 함께 남악 형산에 올랐다.」(冬十一月, 偕南軒張公登南嶽衡山) 조(徂)는 이르다의 뜻.

勞君步玉趾[6]　그대 수고롭혀 옥 같은 발 떼게 하여,

送我登南山　나 보내어 남산에 오르게 하였네.

南山高不極[7]　남산 높아서 끝 없었고,

雪深路漫漫　눈 깊어 길 아득하니 끝 없었다네.

泥行復幾程　진흙길은 또 몇 번이나 갔던가?

今夕宿櫧洲[8]　오늘 저녁에는 저주에서 묵는다네.

明當分背去　내일이면 헤어져 등진 채 가야하리니,

惆悵不得留　머무를 수 없음 슬퍼하네.

誦君贈我詩　그대 내게 준 시 외어보니,

三歎增綢繆[9]　여러 번 탄식하고 정의 더욱 얽히네.

厚意不敢忘　두터운 뜻 감히 잊지 못하여,

爲君商聲謳[10]　그대 위해 상성 노래하네.

6 옥지(玉趾): 《좌전·희공(僖公) 26년》「저희 나라 임금께서는 군주님께서 친히 옥보를 떼시어 저희 나라로 납시려하신다는 것을 들었습니다.」(寡君聞君親擧玉趾將辱於敝邑)

7 고불극(高不極): 남조 양(梁)나라 범운(范雲)의 〈무산 높고(巫山高)〉「무산 끝없이 높아, 밝은 해도 빛 감춘다네.」(巫山高不極, 白日隱光輝)

8 저주(櫧洲): 지금의 주주(株洲)시에 있다. 《집람》「강서성 광신부 성 서쪽에 저계가 있는데 강안에 종가시나무가 많아서 그렇게 이름을 지었다. 이곳이 저주인 것 같다. 〈동귀난고의 서문〉에는『섬 주』자가『고을 주』자로 되어 있는데 어느 것이 맞는지 모르겠다.」(江西廣信府城西有櫧溪. 岸多櫧木, 故名. 疑此是櫧洲. 東歸亂藁序, 洲作州, 未知孰是) 《주문공집·별집·유공보에게(別集·劉共甫)》「나는 지난 달 6일 비로소 장사를 떠나게 되었는데, 경부와 동행하여 상위공의 묘를 배알하고 마침내 (형산의) 축융봉 정상에 올랐다가 얼마 후 동쪽으로 돌아와 저주에 이르러 비로소 헤어지게 되었습니다.」(某去月六日始得離長沙, 與敬夫同行, 謁魏公墓下, 遂登祝融絶頂, 巳乃東歸. 至儲洲, 始分手) 주희의 〈남악을 유람한 뒤에 지은 기문(南嶽遊山後記)〉「병술일에 저주에 이르렀는데 나는 범염덕·임용중과 길을 취하여 동쪽으로 돌아왔고 경부는 이곳에서 서쪽 장사로 돌아갔다. 계미일에서 병술일까지 무릇 4일 동안 악궁에서 저주까지의 거리가 180리였다. …… 얼마 후 경부가 시를 지어주었는데 우리 세 사람 또한 각기 답하여 지어 뜻을 드러내었다.」(丙戌至櫧州, 熹與伯崇、擇之取道東歸, 而敬夫自此西還長沙矣. 自癸未至丙戌凡四日, 自嶽宮至櫧州凡百有八十里……旣而敬夫以詩贈, 吾三人亦各答賦以見意)

9 주무(綢繆): 전면(纏綿)과 같은 뜻으로 정의(情意)가 매우 두터움을 말한다.

10 상성구(商聲謳): 상성은 중국 고대의 다섯 음계[五音] 중의 하나이며, 그 소리가 처절하고 슬프다. 《예기·악기(樂記)》「기분이 장대하고 수식함이 없이 사람들에게 애정이 깊은 사람은 상성의 노래를 부름이 좋다.」(肆直而慈愛者宜歌商) 당나라 한유(韓愈)의 〈노둔한 천리마(駑驥)〉「마음 같이하는 이에게 시 지어 부치나니, 나를 위해 상성의 노래 불러주게나.」(寄詩同心子, 爲我商聲謳) 한나라 유향(劉向)의 《신서·절사(節士)》「원헌이 지팡이를 짚고서 신발을 끌고 가며 〈상송〉을 노래하였는데 노래가 되돌아와 온 천지에 가득 차니 마치 쇠

55

昔我抱氷炭[11]	지난날 내가 얼음과 숯 같은 모순 가졌을 때,
從君識乾坤[12]	그대를 좇아 건곤의 이치를 알았네.
始知太極蘊[13]	처음으로 태극의 깊은 뜻 알았느니,
要眇難名論[14]	오묘함을 말로 하기 어려웠다네.

나 돌에서 나는 소리 같았다.」(原憲曳杖拖履行, 歌商頌而反聲滿天地如出金石) 주희는《한문고이(韓文考異)》에서 주석을 달고「상성은 가을의 소리이다.」(商聲秋聲也)라 하였다.《사기·추양전(鄒陽列傳)》「영척은 수레 아래서 소를 먹였는데 환공은 그에게 나라(의 정치)를 맡겼다.」(甯戚飯牛車下, 而桓公任之以國) 응소(應劭)의 주석「제환공이 밤에 나가 손님을 맞는데 영척은 그가 먹이는 소의 뿔을 빠르게 두드리며 상성의 노래를 불렀다. ……『태어나서 요임금이 순임금에게 선양하는 것 만나지 못하였네.』」(齊桓公夜出迎客, 而甯戚疾擊其牛角商歌……生不遭堯與舜禪)《여씨춘추·이속람(離俗覽)》「영척은 소를 먹이며 수레 밑에서 살았는데 환공을 바라보고 슬퍼하며 소뿔을 두드리며 빠른 곡조의 노래를 불렀다.」(甯戚飯牛居車下, 望桓公而悲, 擊牛角疾歌)

11 포빙탄(抱氷炭): 얼음과 숯 덩어리는 서로 용납할 수 없는 것으로 대립하여 모순을 나타냄을 비유한다. 진나라 도연명(陶淵明)의〈잡시(雜詩)〉제4수「누가 당세의 선비들처럼, 얼음과 숯 온 가슴 한가득 안고 있겠는가?」(孰若當世士, 冰炭滿懷抱) 당나라 한유(韓愈)의〈영스님이 거문고 타는 것을 듣다(聽穎師彈琴)〉「영스님 그대는 실로 할 수 있으리! 얼음과 숯 내 마음에 두지 않게끔.」(穎乎爾誠能, 無以冰炭置我腸)《동아당창려집주(東雅堂昌黎集註)》에서 인용한 곽상(郭象)의《장자주(莊子註)》「기쁨과 두려움이 가슴속에서 싸워 굳어져 오장에서 이미 얼음과 숯으로 맺혀진 것이다.」(喜懼戰於胸中, 固已結氷炭於五臟矣) 남조 송(宋)나라 하승천(何承天)의 요가(鐃歌)〈꿩 새끼가 들판의 늪에서 놀다(雉子遊原澤篇)〉「공명 어찌 아름답지 않은가? 총애와 수치 또한 서로 찾는다네. 얼음과 숯 육부에 맺히고, 근심과 걱정 가슴 속에 얽힌다네.」(功名豈不美, 寵辱亦相尋. 冰炭結六府, 憂虞纏胸襟) 또 각고하여 스스로 힘쓴다는 뜻도 가지고 있다.《오월춘추·구천귀국외전(勾踐歸國外傳)》에서 나온 말.「월왕이 오나라에 원수를 갚으려고 생각한 것은 하루 아침의 일이 아니었다. 몸을 괴롭히고 마음을 수고롭히기를 밤낮을 이어서 했다. 졸리면 여뀌로 다스리고, 발이 추우면 물에 담갔으며 겨울에는 항상 얼음을 안고 있었고 여름에는 도리어 불을 잡고 있었다. 수심에 잠기고 뜻이 괴로우면 문에다 쓸개를 걸어놓고 드나들며 그것을 맛보았다.」(越王念復吳讎非一旦也. 苦身勞心, 夜以接日. 目臥則攻之以蓼, 足寒則漬之以水, 冬常抱氷, 夏還握火. 愁心苦志, 懸膽於户, 出入嘗之)

이 두 구절의 뜻은 주희가 일찍이 석로(釋老)의 학문에 들어서 머뭇거리다가 비로소 장식을 만나 유가의 학문을 알게 되었다는 겸양적인 표현이다.

12 식건곤(識乾坤): 송나라 장재(張載)의〈역설 하·계사상(易說下·繫辭上)〉「천지와 건곤은《주역》의 문호이다.」(天地乾坤, 易之門户也)《차의》「건곤의 이치를 안다는 것을 이른다.」(謂識乾坤之理)

13 시지태극온(始知太極蘊): 남헌 장식의〈시로 원회존형을 송별하다(詩送元晦尊兄)〉「초연히 태극을 만나니, 눈 아래 온전한 소 없네.」(超然會太極, 眼底無全牛)《차의보》「대체로 그 당시 서로 더불어 강론하고 깊이 뜻에 맞는 것은 바로 태극의 뜻이었다.」(盖當時相與講論而心契者, 卽太極之旨也)

14 요묘(要眇):「眇」자는《고이》에「妙」자로 되어 있는 판본도 있다고 하였다.「요묘」는 정미롭고 미묘함을 말한다.《노자》제27장에「그 스승을 귀하게 여기지 않고 그 거울을 아끼지 아니하면 지혜롭다할지라도 크게 미혹될 것이다. 이것을 일컬어 현묘한 요체라 한다.」(不貴其師, 不愛其資, 雖智大迷, 是謂要妙)

謂有寧有跡[15]	있다 하나 어찌 자취가 있을 것이며,
謂無復何存[16]	없다 하나 어찌 다시 존재하리오?
惟應酬酢處[17]	오직 술잔을 주고 받으며 응대하는 곳에서는,
特達見本根[18]	지극히 통달하여 근본 드러내야 하네.
萬化自此流[19]	온갖 조화가 여기에서 생겨나나니,
千聖同玆源	모든 성인이 이 근원을 함께 하였음이네.

15 위유녕유적(謂有寧有跡): 《집람》「태극에는 형체도 없고 방향과 처소도 없다.」(太極無形體, 無方所也)

16 위유~하존(謂有~何存): 《집람》「무극이면서도 태극이다.」(無極而太極也)

《차의》「퇴계가 이덕홍에게 대답하여 말했다. 『이는 도체의 형용이다. 비록 그것이 있다고 말은 하나 가리킬 자취가 없는 것이고, 비록 그것이 없다고 말은 하나 어찌 이와 같은 실체가 있겠는가? ○ 내 생각에 시의 본의는 대체로 만약 태극에 이것이 있다고 한다면 어찌 가리킬 만한 자취가 있을 것이며, 만약 태극에 이것이 없다고 한다면 어떤 것이 존재하면서 음양과 만물의 근저가 되겠는가 하는 것이다.』」(退溪答李德弘曰, 此形容道體. 雖曰有之而無迹可指, 雖曰無之而安有若此之實體乎? ○ 愚謂詩之本意, 盖謂若以太極爲有底物, 則寧有形迹之可指乎? 若以太極渭無底物, 則何者能存, 而爲陰陽萬物之根柢乎) 퇴계가 이덕홍에게 대답한 말은 간재(艮齋) 이덕홍의 《간재집》 권5 〈계산기선록(溪山記善錄) 상〉에 나오는 말이다.

17 수작(酬酢): 수작(酬酌)이라고도 한다. 주인이 손님에게 술을 따라주는 것을 헌(獻)이라 하며, 손님이 주인에게 답례로 따라주는 것을 작(酢), 주인이 다시 답례로 따라주는 것을 수(酬)라고 한다. 원래는 조정에서 향응하는 예법에 쓰였으나 나중에는 또한 친구들간에 교왕하고 응수(應酬)하는 것을 가리키는데 쓰이기도 하였다. 《주역·계사전(繫辭傳) 상》「도를 나타내고 덕행을 신기롭게 하기 때문에 함께 응대할 수 있어 함께 신을 도울 수 있다.」(顯道神德行, 是故可與酬酢, 可與祐神矣) 동진(東晉)의 한강백(韓康伯: 이름은 伯인데 자로 알려짐)은 「수작은 응대와 같다.」(酬酢, 猶應對也)고 주석을 달았다.

18 특달(特達): 본래 빙례(聘禮)에서 폐물을 보낼 때 규장은 다른 속백(束帛)을 보태지 않고도 단독으로 보낼 수 있었다는 말에서 나왔다. 《예기·빙의(聘義)》「규장이 특히 통하는 것은 덕이다.」(圭璋特達, 德也) 당나라 공영달(孔穎達)의 주석[疏] 「빙향의 예에는 규와 장, 벽과 종이 있다. 벽과 종은 속백을 더해야 통하였다고 할 수 있는데, 규와 장은 속백을 쓰지 않기 때문에 특달이라고 한 것이다.」(聘享之禮, 有圭璋璧琮. 璧琮則有束帛加之乃得達, 圭璋則不用束帛, 故云特達) 이로 인해 나중에는 특출하다는 뜻으로 쓰이게 되었다. 남조 송나라 유의경(劉義慶)의 《세설신어·언어(世說新語·言語)》「이 사람은 [인품이] 규장(옥으로 만든 귀중한 기물)처럼 특출하고, 번뜩이는 기지 속에 예리함이 있다.」(此子珪璋特達, 機警有鋒)

유응~본근(惟應~本根): 《차의》「태극은 비록 형체나 흔적이 없지만 가리킬 수 있으며 그것을 유행하는 것에게 보여주면 그 근본을 볼 수 있는데 태극을 이름이다. 수작은 곧 유행의 뜻인데, 태극의 동정이 서로 근거를 두고 만물을 생성하는데, 오히려 인심의 수작은 만변하는 까닭에 이른 것이다. 특달은 대살의 뜻이다.」(謂太極雖無形迹之可指, 而以其見於流行者觀之, 則可以見其根本, 謂太極也. 酬酢乃流行之意, 太極之動靜相根而生山萬物, 猶人心之酬酢萬變故云. 特達猶大煞之義)

19 만화자차류(萬化自此流): 우주의 본체는 태극이며 태극에서 만물이 변화하고 생성하기까지는 다만 하나의 음양이 점점 변화하여가는 이치[理]일 뿐이라는 것이다.

曠然遠莫禦[20]	너무나 넓고 멀어 막을 수 없고,
惕若初不煩[21]	두려워 조심하면 시작이 번거롭지 않네.
云何學力微	왜 공부가 부족하다 하는가?
未勝物欲昏[22]	물욕의 어두움 이기지 못했기 때문이라네.
涓涓始欲達[23]	졸졸 흐르는 냇물 비로소 이르려는데,
已被黃流呑[24]	마침내 누런 물결 속에 삼키어졌네.
豈知一寸膠[25]	어찌 알리오 한 치의 아교가,

20 막어(莫禦): 그치게 할 것이 없다. 한계가 없어 있지 않은 곳이 없고 포함하지 않는 것이 없다. 《주역·계사전 상》「대체로 역은 넓고도 크도다! 그것을 가지고 먼 미래를 말한다면 막히는 것이 없다.」(夫易廣矣大矣! 以言乎遠則不禦) 당나라 공영달(孔穎達)은 「어는 그치게 할 것이 없는 것을 말한다.」(禦, 謂無所止息也)

21 척약(惕若): 두려워하다, 경계하다. 《주역·건괘(乾卦)》의 밑에서 셋째 양효(九三)의 효사 「군자가 종일토록 씩씩한 모습으로 저녁까지 근심하면 위태롭기는 하나 허물은 없을 것이다.」(君子終日乾乾, 夕惕若, 厲无咎)

불번(不煩): 번잡하지 않음, 쉬움. 《상서·열명(說命) 중》 「예의가 번다하면 어지럽고, 귀신을 섬기면 어렵게 될 것이다.」(禮煩則亂, 事神則難)

22 운하~물욕혼(云何~物欲昏): 이 구절은 주희의 태극에 대한 인식이 이제 막 본격화되기 시작하였으며 아직 정점에 이르지 않았기 때문에 이렇게 말한 것이다.

23 연연(涓涓): 가는 물줄기. 주로 맑고 깨끗한 샘물을 가리킨다. 진나라 도연명의 〈돌아가자꾸나(歸去來辭)〉 「나무는 쑥쑥 잘도 자라고, 샘물은 졸졸 비로소 흐르네.」(木欣欣以向榮, 泉涓涓而始流) 여기서는 얕고 알량한 얼마간의 체득을 비유하였다.

24 황류(黃流): 원래는 황하의 물을 가리키며, 또한 더럽고 흐린 물결을 두루 가리키기도 한다.

이 두 구절은 수신(修身)과 양성(養性)이 바야흐로 조금씩 발전이 있으려던 차에 장식과 헤어지게 됨으로써 다시 각종 세속적인 인욕의 탁류 및 이단의 사설에 빠져 버리게 되었다는 표현이다.

25 「알 지」(知)자는 《고이》에 「없을 무」(無)자로 된 판본도 있다고 하였다.

촌교(寸膠): 진(晉)나라 갈홍(葛洪)의 《포박자·외편·가둔(抱朴子·外篇·嘉遯)》「한 치 아교로는 황하의 흐림을 다스리기에 부족하며, 한 자되는 물로는 소구섬의 불을 끌 수 없다.」(寸膠不能治黃河之濁, 尺水不能却蕭丘之熱) 《퇴계언행록·논지경(退溪言行錄·論持敬)》「이덕홍이 묻기를 『「한 치 갖풀」로 이 천 길이나 되는 혼탁함을 구함을 어찌 알겠습니까?』라 하니, 선생이 말씀하셨다. 『「한 치 갖풀」이라는 것은 이른바 아현의 갖풀〔阿膠〕이다. 《서경·우공(禹貢)》편에 제수는 성질이 무거워 황하를 가로질러 아현에 이르면 땅속으로 흐른다. 따라서 아현 사람들이 우물을 파서 그 물을 얻어 갖풀을 끓이는데 그 아교는 힘이 중하여 흐린 물에 던지면 맑아진다. 따라서 중원의 사람들은 아교를 차고 다니면서 흐린 곳에 던지면 맑은 물을 얻을 수 있었다. 이를테면 마음이 물욕에 의해 흐려졌는데 공경함을 지닌 즉 마음이 잠깐 만에 경계하여 깨달을 것이다. 그러므로 전대의 선비들은 공경을 「한 치의 아교」에 비유하였다.』」(德弘問, 豈知一寸膠救此千丈渾. 先生曰, 一寸膠, 卽所謂阿膠. 書經禹貢, 濟水性斤重, 橫絶黃河以流至阿縣, 則伏流地中, 故阿人穿井, 得其水煮膠, 而其膠心力重, 投濁流卽淸, 故中原人佩阿膠投濁, 而得淸. 譬如心爲物欲之渾, 持之以敬, 則心忽惺惺也. 故先儒以敬譬寸膠也) 《차의》「동파는 (〈送魯元翰少卿知衛州〉시에서) 『반짝반짝 천 길이나 맑아도, 한 자 흐린 물만 못하네.』라 하였는데, 대체로 갖풀로 경에 비하였고, 천장혼으로는 욕에 비하였다.」(東坡詩皎皎千丈淸, 不如尺水渾. 蓋以膠比敬, 千丈渾比欲)

救此千丈渾[26]　　천 길의 혼탁함 구하는 것을.
勉哉共無斁[27]　　힘쓰세, 함께 싫증내지 말고,
此語期相敦[28]　　이 말로 우리 함께 돈독함을 기약해보세.

26 이 두 구절은 장식이 이별할 즈음에 주희에게 깨우쳐준 말이 자신의 고질병을 구할 수 있다는 표현이다.

27 무역(無斁): 싫어하지 않다, 그만두지 않다. 《시경·주남·칡덩굴(周南·葛覃)》「고운 칡 베 굵은 칡 베로, 옷 지으니 싫증나지 않네.」(爲絺爲綌, 服之無斁) 주희는 「역은 싫어함이다.」(斁, 厭也)라 하였다.

28 면재~기상돈(勉哉~期相敦): 남헌 장식의 〈시로 원회 존형을 송별하다(詩送元晦尊兄)〉「힘쓰세 함께 싫증내지 말고, 옛 훌륭함 쫓는 일 아득하다네.」(勉哉共無斁, 邈矣追前脩)

56~57. 讀林擇之二詩有感 自此後係東歸亂藁[1]

임용중의 두 시를 읽고 느낌이 있다 이 뒤로는《동귀란고》에 속한다

56

筍輿隨望入寒烟[2]	대나무 수레 따라 바라보며 차가운 안개 속으로 들면서,
每誦君詩輒黯然	그대 시 외어볼 적마다 문득 암담하구려.
今夜定知連榻夢	오늘 밤 정녕코 걸상 나란히 이은 꿈 알 터이니,
一時飛墮錫山前[3]	일시에 날아 석산의 앞에 떨어진다네.

1 동귀란고(東歸亂藁): 주희 일행은 이 해 11월 24일 장식과 헤어져서 12월 20일 숭안에 도착했다.《동귀란고》는 이때 임용중, 범염덕과 함께 복건으로 돌아오면서 28일간 주고받은 시편들을 모아놓은 시집이다.《주문공집》 권75에 〈동귀란고의 서문(東歸亂藁序)〉만이 전하고 있으며,《동귀란고》의 원래 모습은 보이지 않는다. 서문에 의하면 대략 200여 수를 수습하여 엮었다고 한다.

2 순여(筍輿):《사기·장이열전(張耳列傳)》「임금(高祖)이 설공에게 부절을 지니고 그 사람(貫高)을 찾아보게 하였더니 대나무 수레에 실려 앞으로 나왔다.」(上使泄公持節問之箯輿前) 주석에서「대나무를 짜서 수레를 만든 것으로, 순여 또는 죽여라고도 한다.」(編竹木爲輿, 亦曰筍輿竹輿也)

입한연(入寒烟): 당나라 유장경(劉長卿)의 〈진시어의 외생 장단이 복주로 포대부를 알현하러 감에 송별하다. 진시어와 대부는 친분이 있다(送秦侍御外甥長篆之福州謁鮑大夫. 秦侍御與大夫有舊)〉「만리 길 민중 아득하게 가는데, 외로운 배 물 위에서 차가운 안개 속으로 드네.」(萬里閩中去渺然, 孤舟水上入寒烟)

3 석산(錫山):《차의》「장사부 선화현에 있다. 당나라의 왕석이 이곳에서 은거하였기 때문에 이렇게 부른다.」(在長沙府善化縣. 唐王錫隱於此, 故名) 여기서 석산은 장사를 대신 가리키는 것으로 주희가 장사에 갔던 것을 잊지 못한다는 표현이다.

57

竹輿傲兀聽嘔啞[4]	대나무 수레에 씩씩하게 앉아 웅얼거림 들으며,
合眼歸心已到家	눈 감으니 돌아가는 마음 이미 집에 이르렀다네.
遊子上堂慈母笑	나그네 대청에 오르면 자당께서 웃으시려나,
豈知行李尙天涯	어찌 알리오, 보따리 아직도 하늘가에 있음을.

4 오올(傲兀): 곧 올오(兀傲)와 같은 말이며, 문사가 씩씩하고도 기이함을 말한다. 당나라 한유(韓愈)의 〈최씨네 스물여섯째 입지에게 부침(寄崔二十六立之)〉「씩씩하고 기이한 분사로 시험 치는 자리에 앉았으니, 깊은 덤불 속에서 큰곰 보이는 것과 같다네.」(傲兀坐試席, 深叢見孤羆)

죽여~청구아(竹輿~聽嘔啞): 어린아이의 잘 알아들을 수 없는 소리, 또는 가락에 맞지 않는 거친 소리. 당나라 두목(杜牧)의 〈아방궁(阿房宮賦)〉「관악기며 현악기가 웅웅거리는 소리가 저자에 있는 사람들의 말소리보다 많았다.」(管絃嘔啞多於市人之言語) 당나라 백거이(白居易)의 〈비파의 노래(琵琶行)〉「산의 노래와 촌락의 피리 소리 어찌 없으리오만, 옹알옹알 조잘조잘 듣기에 난감합니다.」(豈無山歌與村笛, 嘔啞啁哳難爲聽) 송나라 증기(曾幾)의 〈오랜 비(久雨)〉「짚신 문 앞의 길 밟지 않는데, 문득 웅성거리며 대나무 수레 지나는 소리 들리네.」(芒鞋不踏門前路, 坐聽嘔啞過竹輿)

58. 馬上贈林擇之

말 위에서 임용중에게 드림

與君歸思渺悠哉	그대 더불어 돌아갈 생각 하니 아득하고도 멀구나!
馬上看山首共回	말 위에서 산 보며 고개 함께 돌리네.
認取山中奇絶處[1]	산 속의 기이하고 빼어난 곳 취할 줄만 안다면,
他年無事要重來	훗날 아무 일 없을 때 다시 오리라.

1 「메 산」(山)자는 「상수 상」(湘)자로 된 판본도 있다.

59. 梅溪陂下作[1]

매계의 비탈 아래에서 짓다

野牛浮鼻過寒溪[2] 들소 코 치켜들고
차가운 시내 건너는데,
落木蓢槮水下陂[3] 잎 진 나무 앙상하고
물은 둑 아래로 흐르네.
俗手定應摹不得[4] 속된 손 정녕코
베껴낼 수 없을진대,
無人說與范牛知[5] 범우에게 말하여
알리는 사람 없다네.

1 매계는 지명으로 상담현(湘潭縣) 동쪽에 있다. 《명일통지(明一統志)》 권40 〈호주부(湖州府)〉「매계는 안길주 동북쪽 30리 지점에 있는데, 가에 매화가 많이 자란다. 매년 어쩌다 자색 꽃이 한 가지씩 피어 자매계라고 한다. 물은 북으로 초계에 유입된다.」(梅溪在安吉州東北三十里, 上多生梅. 每歲或開紫花一枝, 故號紫梅溪. 其水北入苕溪)

2 야우부비(野牛浮鼻): 《차의》「시내가 깊어 들소가 (물 위로) 코를 치켜들고 건너는 것이다. 코를 띄운다는 뜻의 『부비』는 코를 든다는 것이다.」(溪深故野牛擧鼻而渡. 浮鼻, 擧鼻也) 송나라 황정견(黃庭堅)의 〈병에서 일어나다, 형각정에서 있었던 일을 쓰다(病起, 荊江亭卽事)〉 제1수에 「가까이 하는 사람 물 깊이 쌓이니 갈매기며 해오라기 없고, 이따금 돌아가는 소 코 쳐들고 지나가네.」(近人積水無鷗鷺, 時有歸牛浮鼻過)

3 소삼(蓢槮): 나뭇가지가 솟아오른 모양을 나타내는 의태어. 나무가 잎이 다 져서 앙상하게 보이므로 이렇게 말하였다.

4 속수(俗手): 재주가 그리 뛰어나지 못한 화공을 말한다.

5 범우(范牛): 《차의》「옛날의 유명한 화공이다.」(古之名畵工也) 《익증》「범관은 소를 잘 그렸기 때문에 이런 호를 얻었다. 대체로 들소가 물 속에서 코를 치켜들고 가는 것을 보았으므로 범관에게 알려서 모사하게 하려는 것이다.」(范寬以善畵牛, 故得此號. 盖見野牛浮鼻, 故欲使范寬知而摹之) 《사보》「아마 소를 잘 그렸기 때문에 이런 이름을 얻었을 것이다. 이를테면 (자고새를 잘 그린) 정자고 따위와 같은 것이 있다.」(疑以善畵牛, 故得此名. 如鄭鷓鴣之類) 퇴계는 「『소 우』자는 『날 생』자가 되어야 할 것 같다.」(曰牛恐當作生)고 하였다. 《차의집보》에서 재인용.

60. 寄題李東老淵乎齋[1]

이동로의 연호재에 부침

東老幽棲地[2]　동로 그윽하게 깃들어 사는 곳,
淵乎亦妙哉[3]　연호재 또한 오묘하구나!
空山無客到[4]　빈 산에는 이르는 손님 없고,
流水有花開[5]　흐르는 물에 꽃 피었다네.
句律今誰敵　구율 지금 누가 대적하리오?
詩仙舊所陪[6]　시선 옛날에 모셨었다네.
朱絃悄餘韻[7]　붉은 현 여운 가늘어지고,
綺席澹浮埃[8]　비단 자리 뜬 먼지 맑다네.

---

1 이동로(李東老): 《표보》「이름은 숙헌이며, 조군 사람이다. 강남에 띠집을 엮고 대나무 천 그루를 심고는 연호재라 하였다. 남헌 장식이 그를 위해 명문을 지어주었으며, 그가 지은 사 1권이 있다.」(名叔獻, 趙郡人. 結茅江南, 植竹千本, 名曰淵乎齋. 南軒爲作銘, 有所著詞一卷) 장식의 《남헌집(南軒集)》 권36에 〈연호재명(淵乎齋銘)〉이 있다. 송나라 진진손(陳振孫)의 《직재서록해제(直齋書錄解題)》 권21에 《이동로사(李東老詞)》 1권이 수록되어 있는데, 「이숙헌 동로가 지었다.」(李叔獻東老撰)고 하였다. 《사종(詞綜)》에는 이숙유(李叔猷)로 되어 있다.

2 유서지(幽棲地): 당나라 두보의 〈최부마의 산정에서의 연회에 모이다(崔駙馬山亭宴集)〉「소사 그윽하게 깃들어 사는 곳, 숲 사이에서 새털 밟는다네.」(蕭史幽棲地, 林間踏鳥毛)

3 연호(淵乎): 《좌전·양공(襄公) 29년》「그(季札)에게 〈패풍〉과 〈용풍〉, 〈위풍〉의 시를 노래해주었더니 말하기를 『아름답고도 깊도다! 근심하면서도 괴로워하지 않는구나.』라 하였다.」(爲之歌邶鄘衛曰, 美哉淵乎, 憂而不困者也) 진나라 두예(杜預)는 「연은 깊다는 뜻이다.」(淵, 深也)라 하였다.

4 공산무객도(空山無客到): 당나라 위응물(韋應物)의 〈전초산의 도사에게 부침(寄全椒山中道士)〉「낙엽 온 산에 가득하니, 어느 곳에서 간 자취 찾을까?」(落葉滿空山, 何處尋行迹)

5 연호~화개(淵乎~花開): 송나라 소식(蘇軾)의 〈십팔대 아라한송(十八大阿羅漢頌)〉 제구존(第九尊)「내 부처 섬기는 일 하니, 깊고도 오묘하네. 빈 산에 사람 없고, 물 흐르고 꽃 피었다네.」(我作佛事, 淵乎妙哉. 空山無人, 水流花開)

6 시선(詩仙): 《차의》「남헌 장식을 가리키는 것 같다.」(疑指南軒)《관보》「남헌은 시로 이름이 난 적이 없으므로 혹 담암 호전(胡銓)인가 한다.」(南軒未嘗以詩名, 或是澹菴歟)

7 초(悄): 소리가 점차 가늘어져 미약해짐을 말한다.

8 기석담부애(綺席澹浮埃): 「담박할 담」(澹)자는 《고이》에서 「맑을 담」(湛)자로 되어 있는 판본도 있다고 하였다. 기석은 화려한 비단 자리를 말한다. 남조 양(梁)나라 강엄(江淹)의 〈잡체시·탕혜휴(湯惠休) 스님의 이별을 한함이란 시체를 본떠서(雜體詩·休上人怨別)〉「기름 화로 깊은 화톳불 끊기고, 비단 자리에는 뜬 먼지 이네.」(膏鑪絶沈燎, 綺席生浮埃)

竟日門多掩[9]	종일토록 문 거의 가려져 있는데,
長沙歲一來[10]	장사로 해마다 한번 온다네.
端能負猿鶴[11]	정히 원숭이며 학 저버릴 수 있다면,
歸計莫徘徊	돌아가는 계책 서성이지 말게나.

9 문다엄(門多掩): 진나라 도연명의 〈돌아가자꾸나(歸去來辭)〉「날로 동산 가로지르니 흥취 생기고, 문은 달아놓았어도 늘 닫혀있다네.」(園日涉而成趣, 門雖設而常關)

10 장사세일래(長沙歲一來): 《차의》「동로가 한 해에 한 번씩 장사로 남헌을 찾는 것이 아닌가 한다.」(疑謂東老一歲一訪南軒於長沙也)

11 남조 제(齊)나라 공치규(孔稚圭)의 〈북산의 산신령이 가짜 은사 출신인 해염현령에게 보내는 공문(北山移文)〉「(은사가 떠나가서) 향기로운 풀로 기운 커튼을 친 방이 비게 됨이여, 밤 학이 원망하고, 산에 살던 도사 떠나감이여, 새벽 원숭이조차 놀라네.」(蕙帳空兮夜鶴怨, 山人去兮曉猿驚) 송나라 소식의 〈밤에 비각에서 숙직하며 왕민보에게 드림(夜直祕閣呈王敏甫)〉「큰 은자는 본래부터 꼭 어디에 숨는다고 지역이 정해진 데가 없고, 북산의 원숭이와 학은 회람하여보는 공문 어지럽히네.」(大隱本來無境界, 北山猿鶴漫移文)

61~62. 宿梅溪胡氏客館, 觀壁間題詩自警, 二絶[1]

매계의 호씨네 객관에 묵으면서 벽에 적어놓은 시를 보고 스스로 경계하노라, 절구 두 수

61

貪生莝豆不知羞[2]	목숨 탐하여 꼴과 콩 먹으면서도 부끄러움 알지 못하였고,
靦面重來躡俊遊[3]	뻔뻔스런 낯으로 다시 와서 준걸들 따라 놀았다네.
莫向清流浣衣袂	맑은 흐름 향하여 옷소매 씻지 말게나,
恐君衣袂涴清流[4]	그대 옷소매 맑은 물 더럽힐까 걱정되네.

1 호씨(胡氏): 호씨는 담암(澹菴) 호전(胡銓: 1102~1180)을 말한다. 여릉(廬陵) 사람으로 자는 방형(邦衡)이다. 추밀원편수관(樞密院編修官)으로 있을 때 대금(對金) 주화파의 우두머리인 진회(秦會)의 심기를 건드려 멀리 영남(嶺南)으로 폄적되었다가 진회가 죽고 난 뒤에야 돌아올 수 있었다. 효종(孝宗)이 즉위하자 관직에 복귀했으며, 부문각직학사봉사(敷文閣直學士奉祠)로 귀향했다. 시호는 충간(忠簡)이다.

매계의 호씨 객관은 곧 상담(湘潭)의 호씨원(胡氏園)으로 호전이 이곳에 거처한 바 있다.

2 좌두부지수(莝豆不知羞): 좌두(莝豆)는 잘게 썬 풀, 곧 꼴에다 콩을 섞은 말이나 소의 여물을 말한다. 《사기·범저열전(范雎列傳)》「수가가 범저에게 하직을 하니 …… 수가를 당하에 앉히고 좌두를 그의 앞에 차려놓고는 묵형을 받은 두 죄수를 양쪽에 앉혀 (수가로 하여금) 그것을 먹게 하였다.」(須賈辭於范雎……坐須賈於堂下, 置莝豆其前, 令兩黥徒夾而馬食之) 《차의》「담암은 일찍이 여천과 사통한 적이 있는데 그 남편이 잡아다가 콩을 섞은 꼴을 주면서 말처럼 먹게 하고는 말하기를 『먹지 않으면 죽이겠다.』라 하니 담암이 마침내 그것을 먹었다.」(澹菴嘗通黎倩, 其夫執之, 賜莝豆馬食之曰, 否者殺之. 澹菴遂食之)

3 전면(靦面): 전안(靦顏)과 같다. 뻔뻔하고 염치 없음을 말한다. 후안무치(厚顏無恥).

섭준유(躡俊遊): 송나라 육유(陸游)의 〈스스로 읊다(自詠)〉「30년 전에는 준걸들과 어울려 놀았는데, 지금은 창주에 기탁한 신세라네.」(三十年前接俊遊, 卽今身世寄滄洲) 《차보》에서는 유(遊)를 「무리」라는 뜻의 「류」(流)로 보았다. 역시 같은 사람의 〈시냇가에서 짓다(溪上作)〉「소흥 연간의 인물들 아! 누가 남았는가? 공연히 그해에 준걸들 무리와 어울렸음 기억하네.」(紹興人物嗟誰在, 空記當年接俊遊)

4 완청류(涴清流): 《차의》「『涴』은 음이 와이며, 더럽다는 뜻이다.」(涴烏臥切, 汚也)

62

十年湖海一身輕[5]	십 년을 호수와 바다 떠돌았으니 한 몸 가볍더니,
歸對黎渦却有情[6]	돌아오며 여천의 보조개 대하니 오히려 정 있다네.
世路無如人欲險	세상살이 인욕의 위험함 만한 것 없는데,
幾人到此誤平生	몇 사람이나 여기에 이르러 평생을 그르쳤던가?

5 이 구절의 「호수 호」(湖)자는 「뜰 부」(浮)자로 된 판본도 있다.

6 여와(黎渦): 송나라 나대경(羅大經)의 《학림옥로(鶴林玉露)》 권12에 「호담암은 10년간 해외에 폄적되었는데 북쪽으로 돌아오던 날 상담의 호씨네 동산에서 술을 마시며 시를 지어 말하기를 『임금님 은혜 베풀어 돌아오도록 하시어 이날 한번 취하였는데, 곁에 배 같은 빰에 얕은 보조개 있네.』라 하였다. 곁에서 모시던 기녀 여천을 이른 것이었다. 그 후에 주문공이 그것을 보고 절구를 지어 말하였다.」(胡澹庵十年貶海外, 北歸之日, 飮於湘潭胡氏園, 題詩云, 君恩許歸此一醉, 傍有梨頰生微渦, 謂侍妓黎倩也. 厥後朱文公見之, 題絶句云)라 하였고, 바로 이 시의 두 번째 시를 들었다. 송나라 소식의 〈백보홍(百步洪)〉 제2수에 「시 속에서 무슨 말을 하는지 알지는 못하겠으나, 다만 두 빰에 가벼운 보조개 생겨남 느낀다네.」(不知詩中道何語, 但覺兩頰生微渦)

63. 擇之所和生字韻語極警切, 次韻謝之, 兼呈伯崇

임용중이 화답한 「生」자를 각운자로 쓴 시의 어구가 매우 정련되고 심절하여 같은 각운자를 써서 사의를 표하고 아울러 범염덕에게 드린다

不是譏訶語太輕[1]	조롱하고 꾸짖음 말 아주 가볍지가 않았는데,
題詩只要警流情[2]	시 지음 다만 시속으로 흐르는 정 경계하고자 함이었다네.
煩君屬和增危惕[3]	그대 귀찮게 화답케 하여 위태로움과 두려움 더하였으니,
虎尾春氷寄此生[4]	호랑이 꼬리와 봄날의 얼음에 이 삶 맡겼다네.

1 기가(譏訶): 《차의》「담암을 나무라고 꾸짖은 것을 이른다.」(謂譏訶澹菴也)

2 경류정(警流情): 유정(流情)은 시속(時俗)으로 흐르는 정이라는 뜻이다. 《차의》「선생이 스스로를 이른 것이다.」(先生自謂也)

3 증위척(增危惕): 《차의》「이하는 선생이 스스로를 경계한 말이다.」(以下先生自警之辭也)

4 호미춘빙(虎尾春冰): 《상서·군아(君牙)》「마음이 근심스럽고 위태로움이 호랑이 꼬리를 밟듯, 봄날의 얼음을 건너듯하다.」(心之憂危, 若蹈虎尾, 陟于春冰) 당나라 공영달(孔穎達)은 「호랑이 꼬리를 밟으면 물릴까 두렵고, 봄날의 얼음은 꺼질까 두려운데, 위태롭고 두려움이 심한 것이다.」(虎尾畏噬, 春氷畏陷, 危懼之甚)라 하였다.

64. 再答擇之

다시 임용중에게 답하다

兢惕如君不自輕	조심하고 두려워함 그대처럼 스스로 가볍지 않은데,
世紛何處得關情	세상 어지러우니 어느 곳에서 정 걸림 있겠는가?
也應妙敬無窮意[1]	또한 경 정묘하여 뜻 끝이 없으니,
雪未消時草已生[2]	눈 채 녹지 않았을 때 풀 이미 돋아난다네.

1 「공경 경」(敬)자는 「취할 취」(取)자로 된 판본도 있다.

2 설미~이생(雪未~已生): 《퇴계집》 권16 〈기대승에게 답함(答奇高峰)〉의 별지(別紙) 「인욕의 위험함은 곧 천지를 떠받치고 해와 달을 꿰뚫을만한 기절로도 하루아침에 한 요물의 볼 위의 보조개에 꺾이고 빠지게 되니, 욕을 취하는 것이 이에 이르게 되면 호공처럼 천하의 비웃음거리가 되는 것입니다. 이처럼 두려운 것이기 때문에 주부자께서도 오히려 『호랑이 꼬리와 봄날의 얼음에 이 삶 맡겼다네.』라 하였고, 항상 『눈 채 녹지 않았을 때 풀 이미 돋아난다네.』라는 경계하는 마음을 지녔으니 우리 같은 사람들에 있어서야 어떻겠습니까?」(人慾之險, 乃有以柱天地貫日月之氣節. 一朝摧銷陷沒於一妖物頰上之微渦, 取辱至此, 爲天下姡笑如胡公者. 其可畏如此. 故朱夫子尙云, 寄一生於虎尾春氷, 而常持雪未消草已生之戒. 在我輩, 當如何哉) 《집람》 「퇴계가 기명언[고봉 기대승]에게 답한 편지에서는 이 말을 인용하여 경계하는 마음을 지니는 뜻이라고 하였는데, 이는 꼭 『들불이 미처 다 타지도 못했는데, 봄바람 부니 또 싹 돋아나네.』라 한 비유와 같다. 혹자는 이르기를 이와 같다면 윗 구절에서 『묘경』이라 한 것과는 상응하지 않게 된다. 눈을 인욕에 견주고 풀을 천리에 비유한 것으로 (주자의) 〈재거감흥시〉의 제8장에서 『양기의 덕 땅 깊은 곳에서 이미 밝았네.』라 한 뜻과 같게 본 것이다. 지금 둘 다 남겨두어 참고로 갖추어둔다.」(退溪答奇明彦書引此以爲戒持之意, 正如野火燒不盡, 春風吹又生之喩. 或云如此則與上句妙敬之云不相應當. 以雪比人欲, 以草比天理, 而與感興詩第八章, 陽德昭重泉之意同看. 今兩存之以備參考) 인용시는 당나라 백거이의 〈고원의 풀을 읊어서 얻어 송별함(賦得古原草送別)〉이다. 《차의》 「생각건대 이것을 금하여 경계하는 말로 생각한다면 윗 구절 『묘경』의 뜻과는 상응하지 않게 된다. 내 생각에는 눈을 인욕에 견주었고 풀을 천리에 비유하였다. 음기가 다한 바닥에서 양기가 이미 생겨난다는 뜻을 이른다면 〈감흥시〉 제8장 또한 대체로 이 시의 뜻이니 퇴계가 비추어 헤아림이 타당함을 잃었을 것이다.」(按若以此爲禁戒之辭, 則與上妙敬之義不相應. 竊謂以雪比人欲, 以草喩天理, 謂窮陰之底陽氣已生之意. 感興詩第八章, 蓋亦此詩之意. 退溪恐失照勘)

65. 十一月二十六日，宿萍鄉西三十餘里黃花渡口客舍，稍明潔，有宋亨伯題詩，亦頗不俗，錄而和之[1]

11월 26일 평향의 서쪽 30여 리 지점에 있는 황화 나루의 객사에서 묵었는데 조금 밝고 깨끗하였다. 그곳에는 송형백이 지은 시가 있었는데, 또한 자못 속되지 않아 적어두고 화답한다

鼎足爐邊坐[2]	솥발처럼 화로 가에 버티어 앉아서,
陶然共一樽[3]	흥겹게 한 술동이 함께 하네.
道心元自勝[4]	도심 원래 스스로 뛰어나니,
世味不須論	세상살이 맛 논할 필요 없다네.
安穩三更睡	안온하게 삼경에 잠 드니,
清明一氣存[5]	맑고 밝은 한 기운 있다네.

1 평향(萍鄉): 원주(袁州)에 있으며, 지금의 강서성(江西省) 평향시이다. 《차의》「강서 원주의 속현으로 초소왕이 강을 건너다가 여기서 부평초의 열매를 얻었으므로 이렇게 부른다.」(江西袁州屬縣, 楚昭王渡江得萍實於此, 故名)

황화도(黃花渡): 《집람》에서는 곧 평천진(萍川津)이라고 하였다.

송형백(宋亨伯)은 미상.

2 정족(鼎足): 주희와 임용중, 범염덕 세 사람이 함께 투숙하였으므로 이런 표현을 썼다.

3 도연공일준(陶然共一樽): 당나라 백거이(白居易)의 〈도잠의 시체를 본받아(效陶潛體詩)〉 제5수 「다시 억지로 한 잔 들어, 흥겨이 만 가지 근심 보내네.」(更復强一盃, 陶然遣萬累)

4 도심(道心): 이학가들이 이르는 천리(天理)에 부합하는 바다. 《상서·대우모(大禹謨)》「사람의 마음이 위태로워질수록 도를 지키려는 마음은 미약해져 간다.」(人心惟危, 道心惟微) 이에 대해 주희는 「마음이라는 것은 사람의 지각으로, 몸을 주로 하고 사물에 응하는 것이다. 형기의 사적인 것에서 생겨나는 것을 가리켜 말한다면 그것을 일러 인심이라 하고, 의리의 공적인 것에서 발한 것을 가리켜 말한다면 그것을 일러 도심이라 한다.」(心者人之知覺, 主於身而應事物者也. 指其生於形氣之私者而言, 則謂之人心. 指其發於義理之公者而言, 則謂之道心)

5 일기존(一氣存): 굴원의 《초사·멀리 나가 놈(遠遊)》「순일한 기운 크게 신비로움이여, 한밤중에 있다네.」(壹氣孔神兮, 於中夜存)

이 두 구절은 고요한 밤 홀로 있는 곳에서 외부의 물욕적인 유혹을 막아서 없애고 본성이 잘 드러나고 양심이 발현하는 현상에 대하여 말하였다. 《맹자·고자(告子)상》에서는 이때의 기운을 「야기」(夜氣) 혹은 「평단지기」

雖無康樂句[6]	비록 강락공의 시구는 없으나,
聊爾慰營魂[7]	애오라지 혼백 위로한다네.

(平旦之氣)라 하였는데, 주희는 《맹자집주》에서 「평단지기라는 것은 사물과 접하지 않았을 때의 맑고도 밝은 기운을 이른다.」(平旦之氣, 謂未與物接之時淸明之氣也)라 하였다.

6 강락구(康樂句): 강락은 남조 송나라의 사령운(謝靈運)을 말한다. 《송서(宋書)》 권67 〈사령운전(謝靈運傳)〉「사령운은 어려서부터 학문을 좋아하여 여러 가지 책을 두루 살펴보았으며 문장의 아름다움은 강좌에서 그에 아무도 미치지 못했다. 종숙인 사곤이 그를 특히 알아주고 총애하였다. 대대로 강락공에 봉하여졌으며, 식읍이 이천 호였다.」(靈運少好學, 博覽群書, 文章之美, 江左莫逮. 從叔混特知愛之. 襲封康樂公, 食邑二千戶) 나중에는 주로 문장이 뛰어난 사람을 가리키는 말로 쓰이게 되었다. 당나라 이백(李白)의 〈봄날 밤 복숭아와 오얏꽃이 만발한 동산에서 연회를 열고 지은 시를 모은 시집의 서문(春夜宴桃李園序)〉「뭇 아우들은 빼어나고 뛰어나 모두 사혜련인데, 내가 부르는 노래는 (사혜련의 종형인) 사령운에 홀로 부끄럽다.」(群季俊秀, 皆爲惠連. 吾人詠歌, 獨慚康樂)

7 영혼(營魂): 혼백(魂魄)과 같은 말. 권2 41번 시의 주 3)을 보라. 남조 송나라 사령운의 〈석문의 새 영문에 거처하는 곳에는 사면이 높은 산인데 시냇물이 감돌고 돌여울이 있으며 무성한 숲과 큰 대나무가 있다(石門新營所住四面高山廻溪石瀨茂林脩竹)〉「해 수레 탐 가까이 하여 지낼 수 있다면, 혼백 위로할 수 있겠네.」(庶持乘日車, 得以慰營魂)

66. 二十七日過毛山鋪, 壁間題詩者皆言有毛女洞在山絶頂, 問之驛吏, 云狐魅所爲耳, 因作此詩[1]

27일 모산포를 지나는데 벽 사이에 적힌 시에서 모두 말하기를 모녀동이 산 정상에 있다고 하여 역리에게 물어보았더니 사람을 홀리는 여우가 한 짓일 따름이라고 하여 이에 이 시를 짓는다

人言毛女住青冥[2]	사람들 말하기를 모녀 청명에 살면서,
散髮吹簫夜夜聲[3]	머리 헤치고 퉁소 불며 밤마다 소리 낸다고 하네.
却是郵童解端的	오히려 역참의 아이 풀이 올바른데,

1 모녀동(毛女洞): 한나라 유향(劉向)의 《열선전(列仙傳)》 권하 〈모녀(毛女)〉 「모녀는 자가 옥강이며 화음산 속에서 살았다. 사냥꾼들이 대대로 그녀를 보았는데, 몸에 털이 나 있었다. 스스로 말하기를 『(나는) 진시황의 궁녀로서 진나라가 망하자 떠돌아다니다가 산으로 들어가 난을 피했다. 도사 곡춘을 만났는데 소나무잎 먹는 법을 가르쳐주어 마침내 배고픔과 추위를 느끼지 않고 몸이 날듯이 가볍게 되었으며, 170여 살이나 되었다.』고 하였다.(毛女者, 字玉姜, 在華陰山中. 獵師世世見之. 形體生毛. 自言, 秦始皇宮人也. 秦壞, 流亡, 入山避難, 遇道士谷春, 敎食松葉, 遂不饑寒, 身輕如飛, 百七十餘年) 《강서통지(江西通志)》 권8 〈원주부(袁州府)〉 「모선산은 평향현 동쪽 23리 지점에 있으며, 옛날에 모선역이 있었다. 《방여기》에서 말하기를 『옛날에 어떤 사람이 이 산을 지나다가 온 몸에 털이 나 있는 한 사람을 만났는데 언사가 이상하였으며 그 뒤로는 다시 만나보지 못했다.』고 하였다. 주자가 이곳을 지나다가 일찍이 역졸에게 물어보니 홀리는 여우가 한 짓이라 하여 마침내 역에서 시를 지었다.」(毛仙山在萍鄉縣東二十三里, 古有毛仙驛. 方輿記云, 昔有人過此山, 逢一人遍體生毛, 言辭異常, 後不復見. 朱子過此, 嘗問驛卒, 云狐魅所爲, 遂題詩驛中) 《표보》에서는 화음산 속에 있다고 하는 것은 이곳이 아닌 것 같다고 하였고, 화음이 비록 이 땅이 아니기는 하지만 선생이 시를 지은 뜻은 평향산의 것에 따라 화음의 일을 차용한 것이라고 하였다.

2 청명(青冥): 푸르고 그윽하며 높고 먼 곳을 가리킨다. 푸른 하늘과 선경, 산령(山嶺) 곧 산봉우리 등을 가리키는데, 여기서는 둘째와 셋째 뜻이 복합적으로 쓰인 것 같다.

3 취소야야성(吹簫夜夜聲): 《열선전·모녀》 「머물던 바위 동굴 안에서 금을 타는 소리가 들렸다고 한다.」(所止巖中有鼓琴聲云)

向儂說是野狐精[4] 내게 말하기를

들 여우의 정령이라 하네.

4 야호정(野狐精): 《차의》「《전등록》에 조주에서 말하기를 『만약에 원자 한 자를 적는데 다리가 마음에 있으면 영원히 들 여우의 정령이 된다.』라 하였다.」(傳燈錄, 趙州云若記一介元字脚在心, 永劫作野狐精)

67. 次擇之韻, 聊紀秦事[1]

임용중이 지은 시의 각운자를 써서 문득 진나라의 일을 적는다

不知四海已揚湯[2]　사면의 바다 이미 펄펄 끓는 줄은 모르고,

舞殿歌臺樂未央[3]　춤추는 전각 노래하는 누대 즐거움 끝나지 않았다네.

五帝威神等牛馬[4]　다섯 임금 위엄 있는 신 소나 말과 같았고,

---

1 진시황은 상산사(湘山祠)에 이른 적이 있는데 풍랑을 만나 하마터면 돌아오지 못할 뻔하였다. 진시황이 박사들에게 「상군(湘君)은 어떤 신인가?」 하고 물으니 「요임금의 여식으로 순임금의 아내가 되었는데, 죽어서 이곳에 묻혔습니다.」라 하자 크게 노하여 상산의 나무를 모두 베게 하여 벌거숭이로 만들었다. 상군의 사당이 악주(岳州)에 있는데, 이곳은 주희가 담주(潭州)를 왕래하면서 거치는 곳이었기 때문에 진시황을 생각하여 이 시를 지은 것이다.

2 양탕(揚湯): 솥 안의 물이 끓어오르는 것의 비유로, 여기서는 백성들이 봉기하여 천하가 대란에 빠진 것을 가리킨다. 《후한서》 권102 〈동탁전(董卓傳)〉 「(동탁이) 편지를 올려서 말하였다. 『…… 신이 듣기에 들끓는 물이 끓어 넘치는 것을 그치게 하는 것에는 땔나무를 치워버리는 것 만한 것이 없다고 합니다.』」(上書曰……揚湯止沸, 莫若去薪) 주희의 부친인 주송(朱松)의 〈가을 회포(秋懷)〉 제7수 「사해 한번 넘실넘실, 펄펄 끓어오름 그치지 않네.」(四海一滔滔, 揚湯不止沸)

3 무전~낙미앙(舞殿~樂未央): 진시황이 무도하고 조정은 오로지 향락만 추구하는 것을 비유한다. 당나라 두목(杜牧)의 〈아방궁(阿房宮賦)〉 「노래하는 누대의 부드러운 노랫소리 봄볕같이 부드럽고, 춤추는 전각의 찬 옷소매는 비바람 같이 싸늘하네.」(歌臺暖響, 春光融融. 舞殿冷袖, 風雨淒淒) 앙(央)은 진(盡)과 같은 뜻이며, 낙미앙은 가무가 그치지 않는 것을 가리킨다.

4 오제~우마(五帝~牛馬): 오제는 통상 황제(黃帝)·전욱(顓頊)·제곡(帝嚳)·당요(唐堯)·우순(虞舜)으로 삼황(三皇)과 병칭되며, 고대의 현명하고 인자한 왕을 가리킨다. 《한서·교사지(郊祀志)》 「진양공은 …… 서치를 지어 백제를 제사지냈는데 그 희생으로는 유구와 황우, 저양을 각각 한 마리씩 썼다. …… 재터의 망아지는 네 필이었는데 …… 각기 그 임금의 색과 같이 하였으며, 누런 송아지와 흑양이 각기 네 마리였는데 …… 모두 생매장하였다.」(秦襄公……作西畤, 祠白帝, 其牲用駵駒黃牛羝羊各一云……畤駒四匹……各如其帝色. 黃犢羔各四……皆生瘞埋) 또 《전한기(前漢紀)》 권24에는 「진(秦) 문공은 녹치를 지어 백제에게 교사제를 올렸고 …… 진선공은 밀치를 지어 청제께 제사를 올렸으며, 나중에 진영공은 오양에 상치를 지어 황제께 제를 올렸으며 하치를 지어서는 염제를 제사지냈다.」(文公作鄜畤郊祭白上帝焉……秦宣公作密畤祠青帝, 後秦靈公於吳陽作上畤祠黃帝, 作下畤祀炎帝) 꿔치(郭齊)는 오제와 육왕을 호문(互文)으로 보았다. 이 구절은 진시황이 선왕의 도통을 소나 말 같이 보았다는 것이다.

六王子女盡嬪嬙[5] 여섯 나라 왕들의 자녀
모두 궁녀 되었다네.
仙心久已攀姑射[6] 신선 구하는 마음 오래도록
이미 고야산 올랐는데,
辨口從敎泣華陽[7] 뛰어난 말솜씨 함부로
화산 남쪽에서 흐느끼게 하였다네.
行客詎明千古意[8] 길가는 나그네 어찌
천고의 뜻 밝힐까?

5 육왕(六王): 한(韓)·조(趙)·위(魏)·연(燕)·초(楚)·제(齊)의 여섯 나라 임금을 말한다. 이 구절은 진시황이 여섯 나라 군주의 자녀를 종으로 삼아 곁에서 모시게 한 것을 말한다.

6 선심~반고야(仙心~攀姑射): 선심(仙心)은 세속을 초탈한 사상을 말한다. 《장자·소요유(逍遙遊)》「고야라는 산에 신비한 사람이 살고 있다. 살과 피부는 마치 얼음과 같고, 부드럽고 아름답기는 마치 처녀와 같다. 오곡을 먹지 않고 바람을 들이마시고 이슬을 먹는다. 구름을 타고 나는 용을 몰며 이 땅 밖에 나가서 논다.」(藐姑射之山, 有神人居焉. 肌膚若冰雪, 綽約若處子, 不食五穀, 吸風飮露, 乘雲氣, 御飛龍, 而遊乎四海之外) 여기서 고야(姑射)는 전설상의 신선의 거처인 봉래산(蓬萊山)을 말한다. 전설에 의하면 진시황이 일찍이 서복(徐福: 일설에는 徐市이라고 함)으로 하여금 동정남녀 수천 명을 데리고 바다로 들어가 이곳에서 선약을 구하게 하였다는데, 곧 이를 말한다.

7 변구~읍화양(辨口~泣華陽): 변구는 변설이 뛰어난 것이나 혹 그런 사람이란 뜻으로, 합종책(合縱策)을 써서 진나라에 대항할 것을 주장한 소진(蘇秦) 등의 유세객을 가리킨다. 남조 양(梁)나라 하손(何遜)의 〈칠소·궁실(七召·宮室)〉「말이 많으면 도를 거스르고, 말을 잘하면 참된 것을 해친다.」(多言反道, 辨口傷實) 《진병육국평화(秦并六國平話)》 권상 「소진과 장의는 뛰어난 변설을 놀려 여러 나라를 이간질하였다.」(蘇秦張儀, 馳騁辨口, 離間諸國)
화양은 지명으로 서악(西嶽)인 화산(華山)의 남쪽이란 뜻인데, 지금의 섬서성 상현(商縣)이다. 《상서·우공(禹貢)》「화산 남쪽 기슭에서부터 흑수까지가 양주이다.」(華陽黑水惟梁州) 한나라 공씨(孔氏)의 주석[傳] 「동으로는 화산의 남쪽에 기대고 서쪽으로는 흑수까지 이른다.」(東據華山之南, 西距黑水) 진나라 선태후의 아우인 미융(羋戎)을 화양군(華陽君)에 봉하였으므로 나중에는 화양을 진나라를 대신 가리키는 말로 쓰이게 되었다. 또한 《상서·무성(武成)》에 무왕(武王)이 상(商)나라를 멸한 기록이 나오는데 천하를 크게 안정시킨 후 「말은 화산의 남쪽으로 돌려보내시고, 소는 도림의 들판에 풀어놓아 천하에 다시 쓰지 않을 것임을 보이셨다.」(歸馬於華山之陽, 放牛於桃林之野, 示天下弗服)라는 말이 나오는데, 이는 천하가 통일되어 다시는 군사를 쓰지 않겠다는 말이다. 《차의》에서는 진 화양부인(華陽夫人)이 나중에 장양왕(莊襄王)이 되는 이인(異人, 나중에 子楚로 이름을 바꿈)을 태자로 삼게 해달라고 읍소하는 [泣華陽] 내용을 인용하여 주석을 달았는데, 《익증》과 《표보》에서 언급한 것처럼 사실에 부합되지 않는다. 이 구절은 소진과 장의 같은 변설이 뛰어난 종횡가들조차 진나라가 멸망할 운명을 구해내지 못하였다는 말이다.

8 행객(行客): 지나가는 과객, 여기서는 일반인들을 두루 가리킨다.
천고의(千古意): 유구한 역사적 교훈을 가리키는 말.

虛疑霞佩響琳琅[9]	헛되이 놀 같은 패옥 짤랑 소리냄 의심하네.

9 하패향임랑(霞佩響琳琅): 패(佩)는 의대(衣帶)에 매다는 장식물로, 주옥(珠玉), 용도(容刀), 세건(帨巾) 등과 같은 따위이다. 하패는 곱기가 아름다운 놀 같은 장식물을 가리킨다. 당나라 한유(韓愈)의 〈장적을 조롱하다(調張籍)〉「그대에게 바라건대 놀 같은 패옥 날려, 나와 함께 높이 날아 올랐으면.」(乞君飛霞佩, 與我高頡頏) 임랑은 패옥이 부딪치는 소리. 굴원의 《초사·구가·동황태일(九歌·東皇太一)》「장검이여 옥 손잡이 만지니, 쨍그랑 하고 아름다운 옥 운다네.」(撫長劍兮玉珥, 璆鏘鳴兮琳琅)

68~69. 雪梅二闋, 奉懷敬夫 二闋合次樂府, 以有後詩, 仍舊編附此[1]

눈 속의 매화 2결을 읊어 받들어 경부를 그리워하다 2결은 악부의 편차에 부합하나 뒤에 시가 있어서 옛날의 편차 그대로 그냥 여기에 붙여둔다

68

雲垂幕[2]	구름 천지사방에 드리우니,
陰風慘淡天花落[3]	음침한 바람 참담하고 하늘의 꽃 진다네.
天花落	하늘의 꽃 지니,
千林瓊玖	온갖 숲 아름다운 구슬로 덮였고,
一空鸞鶴	온 하늘에는 난새와 학이라네.

1 이 시의 제목은 〈억진아·매화와 눈을 읊다—장사로 가는 도중에 짓다(憶秦娥·詠梅—雪長沙道中作)〉로 되어 있는 판본도 있다. 〈억진아〉는 사패(詞牌: 사의 曲調名)의 이름으로 당나라의 이백(李白)이 최초로 지었다고 한다. 그 가운데 「秦娥夢斷秦月樓」(진아 진월루에서 꿈 끊어졌다네)라는 구절이 있기 때문에 이런 이름이 붙었으며, 달리 〈진월루(秦月樓)〉, 또는 〈벽운심(碧雲深)〉이라고도 부른다. 쌍조에 46자로 되어 있는데, 평운(平韻)과 측운(仄韻)의 두 가지 체로 나뉘며, 모두 일첩운(一疊韻)이다. 가곡(歌曲)이나 사(詞) 1수를 결(闋)이라고 한다.

악부(樂府): 사(詞)는 음악이 배합된 장단구로 구성된 가사이므로 악부(樂府) 또는 장단구로도 불리고, 달리 시여(詩餘)라고도 부른다.

《익증》「이 사는 시집의 말미에 엮어야 한다. 그런데 사체는 오로지 방탕한 데로 흐르고 기려함만을 숭상하기 때문에 사람의 마음씨를 해침에 시보다 심하다. 선생은 이 사를 지은 후로 결코 다시는 짓지 않았다. 다음 시의 제목 및 〈손경보에게 보내는 답장〉에 보인다.」(此詞當編詩集之末. 而詞體專尙流宕奇麗, 害人心術有甚於詩. 先生自此絶不復作. 見下詩題語及答孫敬甫書) 〈답손경보서〉는 《문공집》 권36에 수록되어 있는데, 위의 내용은 미상이다.

이 사는 우호(于湖) 장효상(張孝祥)의 《우호사(于湖詞)》 권1에도 수록되어 있는데, 장효상이 지은 것으로 되어 있다.

2 운수막(雲垂幕): 송나라 황정견(黃庭堅)의 〈같은 각 운자를 써서 받들어 사종(謝悰)을 보내드리다(次韻奉送公定)〉「장마 물러가니 강물 낮아지고, 진 친 구름 사방천지에서 걷혔네.」(潦退河流卑, 屯雲搴六幕) 사용(史容)은 주석에서 「《한서·예악지》에서 말하기를 『뭉게뭉게 어지러이 천지사방으로 대해 위에 떠 있다.』라 하였는데, 당나라의 안사고는 『육막은 육합(천지사방)과 같은 말이다.』라 하였다.」(前漢禮樂志云, 紛紜六幕浮大海. 師古曰, 六幕猶言六合)

3 음풍참담(陰風慘淡): 당나라 이상은(李商隱)의 〈한비(韓碑)〉「음산한 바람 천왕의 기에 참담하게 부는데, 이소(李愬)의 무공 예로부터 아조 만듦과 통하네.」(陰風慘澹天王旗, 愬武古通作牙爪)

征車渺渺穿華薄[4]	가는 수레 가물가물 꽃 더미 뚫고 가고,
路迷迷路增離索[5]	길 어렴풋하여 이별의 쓸쓸함 더해져가네.
增離索	이별의 쓸쓸함 더해지는데,
剡溪山水[6]	섬계의 산수,
碧湘樓閣[7]	상수의 누각 짙푸르다네.

069

梅花發[8]	매화 피었는데,
寒梢掛著瑤臺月[9]	차가운 나무 끝에 구슬 같은 누대의 달 걸려 있네.

4 화박(華薄): 화초와 초목이 빽빽이 난 곳을 말한다. 박(薄)은 초목이 빽빽이 나서 우거진 것을 말한다. 《회남자·숙진(俶眞)》「새는 천 길 위를 날고, 짐승은 빽빽한 숲을 달린다.」(夫鳥飛千仞之上, 獸走叢薄之中) 한나라의 고유(高誘)의 주석 「나무가 많은 것을 총이라 하고, 풀이 깊숙이 우거진 것을 박이라 한다.」(聚木曰叢, 深草曰薄) 남조 양나라 강엄(江淹)의 〈잡체시·조식의 벗에게 주다라는 시체를 본받다(雜體詩·曹植贈友)〉「빙정대 조용하고, 청지에는 꽃 더미 비치네.」(從容冰井臺, 淸池映華薄) 《문선》 당나라의 장선(張銑)의 주석 「화는 꽃이다. 초목이 빽빽이 난 것을 박이라 한다.」(華, 花也. 草木叢生曰薄)

5 노미미로(路迷迷路): 당나라 위응물(韋應物)의 〈조소사(調嘯詞)〉「동으로 바라보고 서로 바라보다 길 잃었는데, 길 잃으니 길 잃으니, 변방의 풀 끝 없고 해 진다네.」(東望西望路迷, 迷路, 迷路, 邊草無窮日暮)

이삭(離索): 이군삭거(離羣索居), 헤어져 삶, 또는 쓸쓸히 삶을 말한다. 《예기·단궁(檀弓) 상》「자하가 아들을 잃고 …… 말하길 ……『내가 무리를 떠나 흩어져 쓸쓸히 산지가 또한 이미 오래되었다.』라 하였다.」(子夏喪其子……曰,……吾離群而索居亦已久矣) 한나라의 정현(鄭玄)의 주석 『군』은 동문수학한 친구들을 말하는 것이며, 『삭』은 흩어진다는 것과 같다.」(群謂同門朋友也, 索猶散也)

6 섬계(剡溪): 왕휘지(王徽之)와 대안도(戴安道)의 고사를 말한다. 《진서·왕휘지전(晉書·王徽之傳)》「(왕휘지가) 일찍이 산음에 거처할 때 밤에 눈이 내리다가 갓 개어 달빛이 맑고 환한 것이 사방을 돌아보니 휘영청하여 홀로 술을 따루며 좌사의 〈은자를 부르다〉라는 시를 읊조리고 있는데, 갑자기 대규가 생각났다. 대규는 이때 섬땅에 있어서 즉시 밤에 작은 배를 타고 그를 찾았는데 밤이 지나 거의 도착을 하였을 무렵 문앞에 이르러서는 앞으로 나아가지 않고 돌아왔다. 사람들이 그 까닭을 물었더니 왕휘지가 말했다.『본래 흥을 타고 가서 흥이 다하여 돌아왔으니 하필이면 대안도를 봐야한단 말인가!』」(嘗居山陰, 夜雪初霽, 月色淸朗, 四望皓然, 獨酌酒詠左思招隱士詩, 忽憶戴逵. 逵時在剡, 便夜乘小船詣之, 經宿方至, 造門不前而反. 人問其故, 徽之曰, 本來乘興而行, 興盡而反, 何必見安道邪)

산수(山水): 「물 수」(水)자는 「달 월」(月)자로 되어 있는 판본도 있다.

7 벽상누각(碧湘樓閣): 《익증》「남헌이 상강 유역에 있기 때문에 이렇게 말하였다.」(南軒在湘中故云)

8 매화발(梅花發): 당나라 두보의 〈버드나무 가(柳邊)〉「다만 말하길 매화나무 피었다는데, 버드나무 새로움 어찌 알리오?」(只道梅花發, 那知柳亦新)

9 요대월(瑤臺月): 당나라 이백(李白)의 〈옛 시체(古風)〉 제2수 「두꺼비 하늘에 다가서더니, 이 구슬 같은 누대의 달 먹는다네.」(蟾蜍薄太淸, 蝕此瑤臺月) 송나라 소식(蘇軾)의 〈다시 앞 시의 각운자를 써서 짓다(再

瑤臺月　　구슬 같은 누대의 달,
和羹心事[10]　　국에 간을 맞추는 심사요,
履霜時節[11]　　이슬을 밟는 시절이라네.

野橋流水聲嗚咽[12]　　들판의 다리에 물 흐르니 소리 목 매이고,
行人立馬空愁絶　　길가는 사람 말 서니 공연히 슬픔 지극하다네.
空愁絶　　공연히 슬픔 지극하니,
爲誰凝佇　　누구를 위하여 우두커니 서 있고,
爲誰攀折[13]　　누구를 위하여 기어올라 가지 꺾을꼬?

用前韻)〉「분분하여 처음에는 의심하였네, 달이 나무에 걸려 있는가 하고, 밝고 밝게 유독히 삼성(參星)과 더불어 황혼에 걸려 있네.」(紛紛初疑月掛樹, 耿耿獨與參橫昏) 원운시의 제목은 〈11월 26일 혜주의 송풍정 아래 매화가 활짝 피었네(十一月二十六日松風亭下梅花盛開)〉이다.

10 화갱(和羹): 《서경·열명(說命)》「만약에 국의 간을 맞추려고 한다면 그대가 소금과 매실이 되어 주오.」(若作和羹, 爾惟鹽梅) 이에 대해 당나라의 공영달(孔穎達)은「소금은 짜고, 매실은 시다. 국은 반드시 짜고 신 것으로 간을 맞춘다.」(鹽, 鹹. 梅, 醋. 羹須鹹醋以和之)라 하였다. 나중에「화갱」이란 말은 주로 대신이 임금을 도와 나라를 다스린다는 비유로 쓰이게 되었다. 곧 장식이 출사를 하여 큰 임무를 맡아야함을 말한 것이다.

11 이상시절(履霜時節): 《관보》「장위공은 융흥 갑신년(1164) 8월에 죽었으며, 이 해는 정해년(1167)으로 곧 장남헌이 부친의 상기를 면한 이듬해이기 때문에 이렇게 말하였다.」(魏公以隆興甲申八月卒, 是年丁亥, 卽南軒免喪之翼年故云)

12 이 구절의「들 야」(野)자는 《고이》에서「끊어질 단」(斷)자로 된 판본도 있다고 하였다.
성오열(聲嗚咽): 후한 채염(蔡琰)의 〈호가 18박(胡笳十八拍)〉 제6박「밤에 농수의 물소리 들림이여 소리 목 매인다네.」(夜聞隴水兮聲嗚咽)

13 위수반절(爲誰攀折): 송나라 주돈유(朱敦儒)의 〈호중천(壺中天)〉「시냇가 쓸쓸한데, 아리땁구나, 누구 위해 기어올라 꺾겠는가?」(溪邊寂寞, 可憐誰爲攀折)

70. 題二闋後, 自是不復作矣

이 결을 짓고 난 후 이후로는 다시는 짓지 않기로 하다

久惡繁哇混太和[1]	오래도록 번잡하고 음란함 큰 화기에 섞임 싫어하였는데,
云何今日自吟哦	어찌하여 오늘 스스로 읊조렸던가?
世間萬事皆如此	인간 세상의 모든 일 모두 이와 같은데,
兩葉行將用斧柯[2]	떡잎에 도끼 자루 써야겠네.

1 번왜(繁哇): 왜(哇)는 음란한 소리이다. 한나라 양웅(揚雄)의 《법언(法言)》 권2 〈오자(吾子)〉「합당하고 바르면 아(雅)이고, 음란한 소리가 많으면 정풍(鄭風)이다.」(中正則雅多哇則鄭) 송나라 황정견(黃庭堅)의 〈주원옹의 무리들과 함께 청원산의 절을 유람하고 지은 장편시의 운자에 맞추어 짓다(次周元翁同曹游靑原山寺長韻)〉「잠시 또 가무 따르더니, 사죽의 현악 번잡하게 쏟아지네.」(且復歌舞隨, 絲竹寫繁哇) 이 시는 황정견의 문집에는 수록되어 있지 않고 《강서통지(江西通志)》라는 책에 수록되어 전한다. 여기서는 시가를 가리켜 한 말이다.

태화(太和): 몸과 마음의 정기, 만물의 원기라는 뜻과 음양의 조화된 기, 생생화육의 덕, 만물생성의 힘이라는 뜻이 있다. 《주역·건괘(乾卦)》의 단사(彖辭)「각각 물건의 타고난 생명을 바로잡으니 큰 화기를 보존하고 합치어 이에 이롭고 곧아진다.」(各正性命, 保合太和, 乃利貞)

2 양엽용부가(兩葉用斧柯): 《공자가어·관주(孔子家語·觀周)》「털 끝 같이 미세한 것이라도 뽑지 않으면 곧 도끼자루를 쓰게 된다.」(毫末不札, 將尋斧柯) 《사기·소진열전(蘇秦列傳)》「털 같이 작은 것도 치지 않으면 곧 도끼자루를 쓰게 된다.」(毫釐不伐, 將用斧柯) 주희의 〈남악을 유람한 후에 지은 기문(南嶽遊山後記)〉「시를 짓는 것이 본래 좋지 않은 것은 아니다. 그러나 훌륭한 사람들이 깊이 경계하고 통절히 여긴 것은 그것이 흘러서 근심을 일으키는 것일 따름이었다. …… 시는 본래 뜻을 말하는 것인데 …… 그 흐름은 곧 거의 뜻을 잃는데 이를 수도 있다.」(詩之作, 本非有不善也. 而善人之所以深懲而痛絶之者, 懼其流而生患耳……詩本言志……而其流乃幾至於喪志) 《차의》「이 말에 의하면 선생은 스스로 시작을 방탕한 데로 흘러 돌아오는 것을 잊는 폐단으로 생각하였다. 그래서 함께 유람한 제현들과 더 이상 짓지 말자고 약속을 하고서는 지금 다시 이 두 시를 지었으니, 이는 나무가 끊어지지 않고 나서 무성하게 되는 것과 같아, 반드시 힘껏 뽑아 단절시켜야 하기 때문에 곧 도끼자루를 쓰게 된다는 말을 쓴 것이다.」(據此則先生自以作詩爲流蕩忘返之弊, 故與同遊諸賢約不復作, 而今復作此兩詩, 是猶木之有綿綿而至於茂盛也. 必須用力斷絶, 故云將用斧柯) 태공망(太公望)이 지었다는 《육도(六韜)》 권1 〈문도·수토(文韜·守土)〉「두 잎사귀를 없애지 않으면 곧 도끼자루를 써야한다.」(兩葉不去, 將用斧柯) 여기서 양엽(兩葉)은 초목의 어린 잎이 갓 돋아난 것을 말한다. 곧 떡잎과 같은 뜻이다.

71. 次韻擇之聽話

임용중의 말을 듣다라는 시의 각운자를 써서 짓다

語道深慙話一場　　도 말하자니 한 바탕
　　　　　　　　　　말함 부끄러운데,
感君親切爲宣揚[1]　　그대 밀접하고 적절하게
　　　　　　　　　　펴고 올림 느껴지네.
更將充擴隨鉤索[2]　　더욱이 채우고 넓힌 것으로
　　　　　　　　　　따라서 낚고 찾는다면,
意味從今積漸長　　의미 지금부터 쌓여
　　　　　　　　　　점점 길어지리라.

1 친절(親切): 정확하고 적절함.

2 충확(充擴): 《차의》「힘껏 행하는 것을 이른다.」(謂力行) 《맹자·공손추(公孫丑) 상》「무릇 네 가지 단서가 나에게 있는 것을 다 넓혀서 채워줄 줄 안다면 마치 불이 막 타오르고 샘이 비로소 나오는 것과 같을 것이니, 만일 능히 이것을 채울 수만 있다면 사해도 보호할 수 있을 것이고, 실로 그것을 채우지 못한다면 부모를 섬기기에도 충분치 않을 것이다.」(凡有四端於我者, 知皆擴而充之矣, 若火之始然, 泉之始達. 苟能充之, 足以保四海, 苟不充之, 不足以事父母) 이는 내심의 체험 공부를 말한다.

구색(鉤索): 《차의》「치지를 이른다. 『구』는 깊은 것을 낚는 것이고, 『색』은 이치를 찾는 것이다.」(謂致知. 鉤謂鉤深, 索謂索理) 《주역·계사전(繫辭傳)》「깊숙한 것을 탐구하고 은밀한 것을 탐색하여 깊이 있는 것을 낚아내고 먼 것을 이르게 한다.」(探賾索隱, 鉤深致遠) 이는 독서와 강학의 공부를 말한다.

72~73. 次韻伯崇自警, 二首

범염덕의 스스로 경계하다하는 시의 각운자를 써서 짓다, 두 수

72

十載相期事業新　　십 년 동안 하는 일
　　새로워지길 기약하였거늘,
云何猶歎未成身[1]　　어이하여 오히려 몸
　　이루지 못했다 탄식하는가?
流光易失如翻水[2]　　흐르는 세월 쉬 잃음
　　물 엎음과 같으니,
莫是因循誤得人[3]　　구습에 얽매여 사람
　　그르치게 하는 것 아니겠는가?

73

誦君佳句極優柔[4]　　그대의 아름다운 시구
　　외니 매우 우유부단한데,

1 운하(云何): 어찌하여, 무엇 때문에.
미성신(未成身): 《예기·애공문(哀公問)》「공이 말하였다. 『감히 묻거니와 무엇을 일러 몸을 이룬다는 것인지요?』 공자가 대답하여 말하였다. 『사물의 도리에서 벗어나지 않는 것입니다.』」(公曰, 敢問何謂成身? 孔子對曰, 不過乎物) 그 덕이 이지러지지 않음을 말한 것이다. 여기서는 사업을 이루지 못한 것을 가리키는데 쓰였다.
2 여번수(如翻水): 번수는 엎질러진 물이라는 뜻으로, 다시는 회복하기 어려움을 말한다. 당나라 이백의 〈정인과 헤어지다라는 시를 본받아(代別情人)〉「엎질러진 물 주워 담기 어렵고, 흐르는 구름 다시 찾기 어렵다네.」(覆水不可收, 行雲難重尋)
3 인순(因循): 낡은 틀에 얽매여 매달리는 것을 말한다. 《한서·순리열전의 서문(循吏傳序)》「곽광(霍光)은 옛것을 따라 관직을 지켜 고친 것이 없었다.」(光因循守職, 無所改作)
4 가구(佳句): 범백숭이 지은 〈자경(自警)〉시를 말한다.
우유(優柔): 《익증》「대체로 시어가 비록 아름답다고 칭찬은 하였지만 우유부단한 병폐가 있음을 놀린 것 같다.」(盖贊其詩語之雖佳而譏其優柔之病)

未得明彊是所憂[5] 밝고 굳셈
얻지 못함 근심이라네.
若悟本來非木石[6] 본래부터 목석
아님 깨닫는다면,
保君弘毅不能休[7] 그대 넓고 굳셈
지킴 쉴 수 없다네.

5 명강(明彊): 《중용(中庸)》 제20장 「과연 이 도에 능하면 비록 어리석으나 반드시 밝아질 것이고, 비록 유약하나 반드시 강하여질 것이다.」(果能此道矣, 雖愚必明, 雖柔必彊)

6 비목석(非木石): 《진서》 권94 〈하통열전(夏統列傳)〉 「하통은 자가 중어로 회계 영흥 사람이다. …… 그 어머니가 병이 위독해져 낙양에 가서 약을 사게 되었다. …… 이때 배 안에서 산 약을 말리고 있었는데 …… 태위인 가충이 괴이하게 여겨 묻고는 …… 기녀들에게 긴 속옷을 입히고 황금과 비취빛 장식을 현란하게 하여 그가 탄 배를 세 겹으로 둘러쌌다. 하통은 전과 마찬가지로 꼿꼿하게 앉았는데 아무것도 듣지 못하는 것 같았다. 이에 가충 등이 흩어지면서 말하기를 『이 오나라 사람은 나무로 만든 사람에 돌 심장이로군.』이라 하였다.」(夏統字仲御, 會稽永興人也……其母病篤, 乃詣洛市藥……時在船中曝所市藥……太尉賈充怪而問之……使妓女之徒服袿襹, 炫金翠, 繞其船三匝. 統危坐如故, 若無所聞. 充等各散曰, 此吳兒是木人石心也) 《집람》 「본체는 허명하고 진실하여 목석 같이 완고한 것이 아니다.」(本體虛明眞實, 非如木石之寠頑) 《차의》 「생각건대 범염덕 또한 (胡銓의) 보조개의 고사를 써서 시 짓는 것을 스스로 경계하였는데, 선생은 여전히 그가 우유부단하고 강제할 수 있는 뜻이 없는 것을 병폐로 여겨 이 말을 써서 경계한 것이다.」(按伯崇亦以黎渦事, 作詩自警, 而先生猶病其因循優柔無强制之義, 故用此語以警之(按伯崇亦以黎渦事, 作詩自警, 而先生猶病其因循優柔無强制之義, 故用此語以警之) 《표보》 「내가 두 시의 뜻을 상세히 고찰해보건대, 범염덕이 아마 학문이 성취되지 않은 것을 근심하여 시를 지어 스스로 경계하였으므로, 선생이 학문을 하는 요체는 인의 본체를 인식하여 얻는데 있으며, 사람의 마음이 본래 허령함을 깨우쳐 이 생리를 갖추는데 목석과 같이 완고하게 하지 않을 수만 있다면 밝은 스승과 굳센 보조를 기다리지 않아도 스스로 인을 자신의 일로 여길 수 있고 죽을 때까지 그치지 않을 것이다. 《차의》의 주석에서 보조개의 일을 가지고 스스로 경계하였다는 것은 근거를 댈 만한 정확한 증거가 없다. 또한 『목석』 두 자에 하통의 일을 끌어다 인용한 것은 더욱 멀고 어두워 절실하지 못한 것 같다.」(竊詳二詩之意, 伯崇蓋以學未成爲憂, 作詩自警, 故先生以爲爲學之要在於識得仁體, 而若悟人心本來虛靈, 具此生利, 非如木石之頑, 則不待明師彊輔而自能以仁爲已任, 至死不已也. 箚注以黎渦事自警旣無的證可據. 又木石二字之援引夏統, 尤恐迂晦不襯)

7 홍의(弘毅): 《논어·태백(泰伯)》 「증자가 말하였다. 『선비는 도량이 넓고 뜻이 굳세지 않으면 안 된다. 책임이 무겁고 길이 멀기 때문이다.』」(曾子曰, 士不可以不弘毅, 任重而道遠) 주희의 주석 「홍은 너그럽고 넓은 것이다. 의는 강하고 참는 것이다. 넓은 도량이 아니면 중임을 감당하지 못하고, 굳센 의지가 아니면 먼 곳에 이를 수 없다.」(弘, 寬廣也. 毅, 强忍也. 非弘不能勝其重, 非毅無以致其遠)

74~77. 奉答擇之四詩, 意到卽書不及次韻[1]

삼가 임용중의 시 네 수에 답하다. 뜻이 이르는 대로 써서 같은 각운자를 써서 짓지는 못하다

74

爲閔人疲上馬行[2]	사람 지침 불쌍히 여겨 말 타고 가니,
此時消息儘分明[3]	이때의 뜻 모두 분명하다네.
更憐跣足無衣苦[4]	더욱 불쌍한 것 맨발에 옷 없는 괴로움인데,
充此直教天下平[5]	이것 확충시킬 수만 있다면 곧 천하 태평케 하리.

1 택지(擇之): 임용중(林用中: ?~?)의 자이며, 달리 자를 경중(敬仲)이라고도 하였다. 임용중에 대해서는 위 26번 시의 주 1)을 보라.

2 위민~마행(爲閔~馬行): 「閔」은 「憫」과 같은 뜻으로 쓰였다. 《집람》「선생의 이번 행보에도 또한 가마를 탔으므로 사람이 지친 것을 불쌍히 여겼기 때문이라고 하였다.」(先生此行, 亦乘人轎, 故曰爲閔人疲) 《차의》「사람이 병든 것을 불쌍히 여겼으므로 가마에서 내려 말을 탄 것을 말한다.」(言悶人之疫, 故下轎而上馬也) 《주자어류》 권128 〈본조 2·법제(本朝二·法制)〉「남도 이전에는 사대부들이 모두 그다지 가마를 사용하지 않았는데 왕안석(王安石)이나 정이(程頤) 같은 분들은 모두 사람으로 가축을 대신하지 않았다고 하였다. 조정에 출입하는 선비들은 모두 말을 탔다. 어쩌다 늙고 병이 들면 조정에서 가마를 타라는 영을 내렸지만 그래도 극구 사양을 한 뒤에 받아들였다. 남도 후에는 지금에 이르기까지 가마를 타지 않는 사람이 없다.」(南渡以前, 士大夫皆不甚用轎, 如王荊公伊川皆云不以人代畜. 朝士皆乘馬. 或有老病, 朝廷賜令乘轎, 猶力辭後受. 自南渡後至今, 則無人不乘轎矣)

3 소식(消息): 《차의》「『의사』라는 말과 같다.」(猶言意思) 송나라 육유(陸游)의 〈북쪽 창문 아래에서 자다 일어나다(北窗睡起)〉「이때의 뜻 그대는 아는가 모르는가? 천년 뒤에는 소보(巢父)와 허유(許由)도 현명하다 못하리.」(此時消息君知否, 千載巢由未足賢) 《집람》「본심의 어질고 사랑하는 이치가 물씬 드러나는 것을 이른다.」(本心仁愛之理, 藹然呈露之謂)

4 무의고(無衣苦): 남조 송나라 왕미(王微)의 〈잡시(雜詩)〉「어찌 옷 없는 괴로움 생각했으리? 다만 호백구 따뜻함만 안다네.」(詎憶無衣苦, 但知狐白溫)

5 충차~하평(充此~下平): 《차의》「이미 사람이 지쳐 피곤함을 불쌍히 여긴데다 그 사람이 맨발에 옷도 없는

75

君看灞橋風雪中[6]	그대 파교의 눈보라 속 보게나.
南來北去莽何窮[7]	남으로 오고 북으로 감 아득하여 어찌 끝이 있으리?
想應亦有還家客[8]	생각 응당 또한 집으로 돌아가는 나그네 있을진대,
便爾譏訶恐未公[9]	곧 그렇게 나무라고 꾸짖음 아마도 공평치 않을 것이네.

괴로움을 더욱 가련히 여긴 것은 차마 하지 못하는 사람의 마음이다. 이 마음을 확충시키면 곧 천하를 태평하게 한다. 대체로 《대학》의 혈구의 뜻일 것이다.」(謂旣悶人疲而更憐其人跣足無衣之苦, 是不忍人心之心. 擴充此心則直使天下平. 盖是大學絜矩之意也哉) 「혈구」에 대해서는 다음 시의 마지막 구절의 주석을 보라.

이상 두 구절에 대하여 《집람》에서는 「곧 이른바 그 은혜를 미루어 족히 사해를 보전하는 것이다.」(卽所謂推恩, 足以保四海者也)라 하였다.

6 파교풍설중(灞橋風雪中): 당나라 손광헌(孫光憲)의 《북몽쇄언(北夢瑣言)》 권7 「당나라의 정계는 시로 이름을 날렸다. 누군가 말하기를 『상국께서는 근자에 새로 지은 시가 있으신지요?』라 하니, 대답하기를 『시의 생각이 파교의 눈보라 속과 나귀 위에 있는데 이런 곳을 어떻게 얻을 수 있겠는가?』라 하였다. …… (당나라의) 당언겸(?~893?)의 〈맹호연을 생각하다〉라는 시에서 『교외에서 덜덜 떨면서 서쪽으로 갔다가 또 동쪽으로, 눈 맑게 개니 나귀 위에서 흥 무궁하다네. 시구 찾아 밝은 달 배꽃 속 헤메다보니, 봄바람 비들숩 속으로 뛰이 들어갔다네.』라 읊은 것을 보면 양양의 나귀 등에서 시를 찾던 일은 그 당시 이미 전하여졌을 것이다.」(唐鄭綮有詩名. 或曰, 相國近有新詩否? 對曰, 詩思在灞橋風雪中·驢子上, 此處何以得之?……唐彦謙憶孟浩然詩, 郊外凌兢西復東, 雪晴驢背興無窮. 句搜明月梨花內, 趣入春風柳絮中. 則襄陽驢背尋詩事, 當時已傳之矣) 송나라 황정견(黃庭堅)의 〈삼가 등신사(鄧愼思) 사승의 태강의 전사에서 상봉하다라는 시에 화답하고 아울러 부구의 정태승과 위씨 손저작에게 부치다. 20운(奉和愼思寺丞太康傳舍相逢, 并寄扶溝程太丞尉氏孫著作二十韻)〉 「파교의 눈보라 속과는 달리, 앞발 반밖에 안 되는 나귀에서 훌륭한 구절 얻었네.」(不似灞橋風雪中, 半臂騎驢得佳句)

7 남래북거(南來北去): 송나라 장효상(張孝祥)의 〈배안에서(舟中)〉 제4수 「남북으로 오고감 다만 어지러울 따름인데, 또 형산 1월 봄에 지나는구나.」(南來北去秪紛紛, 又過荊山一月春)

8 객(客): 《고이》 「『손 객(客)』자는 『즐거울 락(樂)』자로 된 판본도 있다.」

9 편이~미공(便爾~未公): 《차의》 「아마 임용중의 시에 눈보라 속에 왔다갔다 하는 사람들이 이익을 쫓아 분주함을 조롱하고 꾸짖었던 것 같다. 이 때문에 이 시에서는 저 남북으로 오가는 사람들 가운데는 우리처럼 집으로 돌아가는 사람도 있으니, 이제 이를 조롱하고 꾸짖는 것은 아마 공평하지 않을 것이라는 것을 말한다.」(疑擇之詩譏訶風雪中去來之人逐利奔走, 故此詩以爲彼南來北去之中, 亦有如我輩還家之客, 今便爾譏訶則恐未公也)

76

東頭不見西頭是　　동쪽 어귀에서는 서쪽 어귀
　　옳음 보지 못하고,
南畔唯嫌北畔非[10]　　남쪽 두둑에서는 오직
　　북쪽 두둑 그름 싫어한다네.
多謝聖門傳大學　　성인의 문하에서《대학》전함
　　정말로 고마우니,
直將絜矩露天機[11]　　곧장 혈구 가지고서
　　하늘의 기밀 드러낸다네.

77

安肆眞同鴆毒科[12]　　안일하고 방종함 실로
　　짐새의 독과 등급이 같다 한,

10 동두~북반비(東頭~北畔非): 《집람》「이는 옳고 그름이 공정하지 못하고 다만 한 개인의 사사로움만 주창함을 말한다.」(此言是非不公, 只徇一己之私)

11 혈구(絜矩): 자기의 마음을 가지고 타인의 마음을 헤아리는 것을 말한다. 《대학》에 「윗사람에게 싫었던 것으로 아랫사람을 부리지 말며, 아랫사람에게서 싫었던 것으로 윗사람을 섬기지 말며, 앞사람에게서 싫었던 것으로 뒷사람에게 가하지 말며, 뒷사람에게서 싫었던 것으로 앞사람에게 따르지 말며, 오른쪽에서 싫었던 것으로써 왼쪽에게 사귀지 말며, 왼쪽에서 싫었던 것으로써 오른쪽에 사귀지 마는 것을 일러 곱자로 재는 도라고 하는 것이다.」(所惡於上, 毋以使下. 所惡於下, 毋以事上. 所惡於前, 毋以先後. 所惡於後, 毋以從前. 所惡於右, 毋以交於左. 所惡於左, 毋以交於右. 此之謂絜矩之道)라는 말이 있는데, 주희는 「혈은 헤아리는 것이다. 구는 네모난 것을 만드는 도구이다. …… 이 때문에 군자가 반드시 마땅히 그 같은 바를 인하여 미루어 남을 헤아려서 피아의 사이로 하여금 각기 분수와 소원을 얻게 하니, 이렇게만 한다면 상하와 사방이 모두 고르고 방정하여져 천하가 태평하게 될 것이다.」(絜, 度也. 矩, 所以爲方也……是以君子必當因其所同, 推以度物, 使彼我之間各得分願, 則上下四旁均齊方正, 而天下平矣)라고 주석을 달았다.

천기(天機): 《근사록》 권12 〈경계류(警戒類)〉「명도선생이 말하기를 『천리에 어두운 사람은 즐겨 좋아하는 마음이 그의 지각을 어지럽히기 때문이다. 장자는 「즐겨 좋아하는 마음이 깊으면 천리를 아는 것이 얕은 것이다.」라고 하였는데, 이 말은 가장 옳은 말이다.』라고 하였다.」(明道先生曰, 人於天理昏者, 是只爲嗜欲亂著他. 莊子言其嗜欲深者, 其天機淺. 此言却最是) 강영(江永)은 「천기는 천리가 발동하는 기틀이다.」(天機, 天理發動之機也)라 하였다. 장자의 말은 《장자·대종사(大宗師)》편에 보인다.

12 안사(安肆): 안일하고 방종함. 《예기·표기(表記)》「군자는 정중하고 공경하면 날로 강해지고, 안일하고 방종하면 날로 구차하게 된다.」(君子莊敬日强, 安肆日偸) 당나라 공영달(孔穎達)은 「소인은 안락하게 되면 그 성정이 날로 구차해지는 것을 말한다.」(言小人安樂則

君言雖苦未傷和[13]　　그대의 말 씁쓸하기는 하지만
　　화함을 다치지는 않네.
解嘲却是生回互[14]　　조롱 해명함 오히려
　　서로 맞물려 얽히는 일로,
政恐紛紛事轉多　　정말 분분하여 일 점점
　　많아지게 될까 걱정되네.

其性情日爲苟且)라 하였다.
짐독(鴆毒): 짐은 광동성에 사는 독조(毒鳥)의 이름으로, 몸이 검고 눈은 붉으며 살무사를 잡아먹고 산다. 그 깃털이 닿은 음식을 먹으면 사람이 죽는다고 한다. 짐독은 짐새의 깃털을 술에 넣어 만든 독. 《좌전·민공(閔公) 원년》「아무 일도 않고 안일함만 추구하는 것은 짐새의 독과 같사오니 그런 것을 속에 품어서는 안 됩니다.」(宴安鴆毒, 不可懷也) 진나라 두예(杜預)의 주석「아무 일도 않고 안일함만 추구하는 것을 짐새의 독에 비유하였다.」(以宴安比之鴆毒) 《익증》에서는「임용중이 아마 《좌전》의 말을 써서 시를 지어 그 말에 너무 지나친 것이 있었을 것이다. 그러나 그 뜻을 궁구해 보면 화락함을 해치는 데까지 이르지는 않을 것이므로 꼭 변명을 하면서 살 필요는 없다고 말한 것이다.『회호』는 일이 많은 병폐이다.」(擇之蓋用左傳語爲詩, 而其言有太過者, 然究其意未至揚和, 故云不必分疎而生. 回互多事之病也)라 하였다.「揚和」는「傷和」의 오기로 보인다.

13 미상화(未傷和): 《논어·자로(子路)》「공자가 말씀하셨다.『군자는 화하되 동하지 않고, 소인은 동하되 화하지 않는다.』」(子曰, 君子和而不同, 小人同而不和)

14 해조(解嘲): 《한서》 권87 하 〈양웅전(揚雄傳)〉「혹자가 양웅은 검은 색으로 흰색을 숭상한다고 놀리자 양웅이 그 말에 대하여 해명하였는데 〈남이 조롱하는 말에 해명함(解調)〉이라 하였다.」(或謿雄以玄尚白, 而雄解之號曰解謿)
회호(回互): 서로 맞물려 얽힘. 또 완곡함이라는 뜻도 있으나 여기서는 원래의 뜻으로 쓰였다.

78. 答擇之

임용중에게 답함

長言三復儘溫純[1]　　좋은 말 여러 번 반복하니
　　모두 온화하고 순후하며,
妙處知君又日新[2]　　묘한 곳 그대 또
　　날로 새로워짐 알겠네.
我亦平生傷褊迫[3]　　나 역시 평소 편협하고
　　급박한 잘못 있지만,
期君苦口却諄諄[4]　　그대 입에 쓴 말로 도리어
　　상세히 타이름 기대하네.

1 삼복(三復): 《논어·선진(先進)》「남용이 〈백규〉라는 내용의 시를 (하루에) 세 번이나 반복하여 외우니 공자가 그 형의 딸을 그에게 시집보냈다.」(南容三復白圭, 孔子以其兄之子妻之) 백규(白圭)는 흰 옥으로 만든 규홀(圭笏)로, 《시경·대아·억(抑)》편에 나오며 그 부분이 나오는 구절은「흰 규홀의 흠은, 그래도 갈 만하지만, 말의 흠은 어찌할 수가 없다.」(白圭之玷, 尙可磨也. 斯言之玷, 不可爲也)이다.

2 우일신(又日新): 《대학》의 전(傳) 2장「탕임금의 반명에 이르기를『진실로 어느 날 새롭게 했거든 나날이 새롭게 하고, 또 나날이 새롭게 하라』라 하였다.」(湯之盤銘曰, 苟日新, 日日新, 又日新)

3 평생(平生): 시에서는 주로 평소라는 뜻으로 쓰인다.
편박(褊迫):「편」(褊)은 원래는 품이 좁은 옷을 가리키지만 편협하다는 뜻으로 쓰였다. 《시경·위풍·칡신(魏風·葛屨)》「다만 마음이 너무 좁고 급하니, 이 때문에 풍자한다네.」(惟是褊心, 是以爲刺) 주희는「편박하고 급촉한 것」(褊迫急促)이라 하였다. 《장자·산목(山木)》「빈 배가 와서 배에 부딪친다면 비록 마음이 편협한 사람이라고 하더라도 화를 내지 않을 것이다.」(有虛船來觸舟, 雖有褊心之人不怒)

4 고구(苦口): 《사기》 권55 〈유후세가(留侯世家)〉「충성스런 말은 귀에 거슬리나 행동에 이롭고, 독한 약은 입에 쓰나 병에 이롭다.」(忠言逆耳利於行, 毒藥苦口利於病) 이 말은 원래 《공자가어》에 나오는데, 공자가 한 말로 되어 있다.
순순(諄諄): 《맹자·만장(萬章) 상》「하늘이 주었다는 것은 순순연히 명한 것입니까?」(天與之者, 諄諄然命之乎?) 주희의 주석「상세히 말하는 모양이다.」(語詳之貌)

79. 次韻擇之見路傍亂草有感

임용중의 길가의 어지러운 풀을 보고 느끼다라는 시의 운자를 써서 짓다

世間無處不陽春	세상에 따뜻한 봄 아닌 곳 없는데,
道路何曾困得人	도로에서 어찌 일찍이 사람 곤궁하게 했겠는가?
若向此中生厭斁[1]	만약 이 가운데서 싫증 일어난다면,
不知何處可安身[2]	어느 곳이 몸 편안히 할만한 곳인지 알지 못하겠네.

1 염두(厭斁): 자포자기하는 것을 말한다.

2 하처가안신(何處可安身): 당나라 한산(寒山)의 〈시(詩)〉 제256수 「사나이 글자 알지 못하면, 몸 편안히 할만한 곳 없다네.」(丈夫不識字, 無處可安身)

80~81. 到袁州二首[1]

원주에 이르다. 두 수

80

馬蹄今日到袁州	말발굽 오늘에야 원주에 이르니,
山木蕭槮四面愁[2]	산의 나무들 쭉쭉 뻗었는데 온 사방 시름겹구나.
多謝晩來風力勁[3]	저녁 되어 억센 바람 불어옴 아주 고마우니,
朔雲寒日共悠悠[4]	북녘의 구름과 차가운 해 함께 유유하다네.

81

袁州刺史幾何人	원주자사 몇 명이나 되었던가?
韓李流芳獨未泯[5]	한유와 이덕유 아름다움 남기어 홀로 닳아 없어지지 않네.

1 원주(袁州): 주성(州城)은 지금의 강서성(江西省) 의춘시(宜春市)에 있다.

2 소삼(蕭槮): 나무가 긴 모양을 말한다. 상세한 것은 권2 34번 시의 주 20)을 보라.

3 만래풍력경(晩來風力勁): 《차의》「대체로 아래에 『흐린 날 개임 하늘에 물어본다』 및 『삼동의 비』라는 구절을 가지고 미루어 볼 때 선생은 이때 혹 비로 지체될까 걱정한 것 같은데 저녁이 되어 바람이 강하게 불므로 맑게 됨을 기뻐한 것이다.」(盖以下篇陰晴問天及三冬雨之句推之, 先生於是恐或滯雨而晩來風勁, 故喜其晴也)

4 이 두 구절은 겨울비로 지체하다가 저녁에 강한 바람이 불어 곧 날이 개이게 될 것을 기뻐하는 것을 읊었다.

5 한이(韓李): 《차의》「한유와 이덕유이다.」(韓退之李德裕) 《집람》「한문공(한유)은 강릉에서 원주자사로 옮겼는데 1년 만에 고을이 잘 다스려지고 교화되었다. 이덕유는 태화 연간에 원주장사로 폄적되었는데 시를 읊조리면서 아주 만족해했다.」(韓文公自江陵移刺袁州, 一年有治化. 李德裕太和間貶袁州長史, 吟詠自若)

道喪時危今日意[6]	도 없어지고 시절 위태로운 오늘날의 뜻,
九原遺恨一時新[7]	구원에 남긴 한 한꺼번에 새로워지네.

6 도상시위(道喪時危): 당나라 서현(徐鉉)의 〈난리를 피하여 동쪽으로 돌아가다가 같은 운부의 운자를 써서 황수재가 보내준 시에 화답하다(避難東歸依韻和黃秀才見寄)〉「시절 위태롭고 도 잃었는데 재주 없어, 빈손으로 서성이며 차마 돌아가지 못한다네.」(時危道喪無才術, 空手徘徊不忍歸)

7 구원유한(九原遺恨): 《사의》「『구원』은 2권 23판에 보인다. 이는 이른바 한유와 이덕유가 다시 일어날 수가 없어 더불어 돌아간다는 것이다.」(九原見二卷卄三板. 此所謂韓李不能復作而與歸也) 구원은 권2 111번 시의 주5)를 보라.

82. 十二月旦袁州道中作

12월 아침에 원주로 가는 도중에 짓다

今朝已是臘嘉平[1]	오늘 아침 이미 　선달인 가평인데,
我獨胡爲在遠行[2]	나 홀로 어찌하여 　먼 길 가고 있나?
白髮倚閭應注想[3]	백발 마을 문에 기대니 　생각 쏟아지기 마련인데,

1 납가평(臘嘉平): 《사기·진시황본기(秦始皇本紀)》「31년 12월 섣달을 가평이라고 개명하였다.」(三十一年十二月, 更名臘曰嘉平) 남조 송나라 배인(裴駰)의 《집해(集解)》에서 인용한 《태원진인모영내기(太原眞人茅盈內紀)》「시황 31년 9월 경자일에, 모영의 증조부 모몽이 화산에서 구름을 타고 용에 올라 한낮에 승천하였다. 이에 앞서 그 고을의 민요에서는『신선술 터득한 모초성, 용 타고 날아올라 하늘에 들어갔네. 가끔씩 현주에 내려와 적성에서 노는데, 세대를 이어감 모영에 있었고 황제께서 그것 배우면 섣달 아름답고 공평해(嘉平)지리라.』라 하였다. 시황이 민요를 듣고 그 까닭을 물으니 늙은이가 이는 신선의 노래라고 갖추어 대답을 하고는 장생술을 배우도록 권하였다. 이에 시황은 흔연히 신선을 추구하는 뜻이 있어 납월을『가평』으로 고쳤다.」(始皇三十一年九月庚子, 盈曾祖父濛, 乃於華山之中, 乘雲駕龍, 白日升天. 先是其邑謠歌曰, 神仙得者茅初成, 駕龍上升入泰清, 時下玄洲戲赤城, 繼世而往在我盈, 帝若學之臘嘉平. 始皇聞謠歌而問其故, 父老具對此仙人之謠歌, 勸帝求長生之術. 於是始皇欣然, 乃有尋仙之志, 因改臘曰嘉平) 당나라 사마정(司馬貞)의 《색은(索隱)》「《광아》에서는『하나라에서는 청사라 하였고, 은나라에서는 가평, 주나라에서는 대사, 또는 납이라 하였으며, 진나라는 가평이라고 개명하였다.』대체로 민요의 가사에 맞추어 은나라 때 호칭을 따른 것이다」.(廣雅曰, 夏曰淸祀, 殷曰嘉平, 周曰大蜡, 亦曰臘, 秦更曰嘉平. 蓋應歌謠之詞而改從殷號也) 송나라 소식의 〈뇌주(雷州)〉 제7수「실로 웃노니 형초의 사람들, 섣달 되어 운몽에서 납제 지낸다네.」(苦笑荊楚人, 嘉平臘雲夢)

2 아독호위(我獨胡為): 당나라 한유(韓愈)의 〈동도에서 봄을 만나다(東都遇春)〉「나 홀로 이곳에서 무엇 하는가? 앉아서 백성들과 경하한다네.」(我獨胡為哉, 坐與億兆慶)

3 의려(倚閭): 려는 이문(里門), 곧 마을의 어귀에 세워 놓은 문이다. 《자치통감(資治通鑑)》 권4 〈난왕(赧王) 중〉 32년 조에「왕손가가 민왕을 수행하다가 왕이 있는 곳을 잃어버렸다. 이에 그 어머니가 말하기를『네가 아침에 나가서 저녁 때 오면 나는 문에 기대어 바라보고, 네가 저녁 때 나가 돌아오지 않으면 나는 마을 문에 기대어 바라본다.』라 하였다.」(王孫賈從湣王, 失王之處, 其母曰, 汝朝出而晚來, 則吾倚門而望. 汝暮出而不還, 則吾倚閭而望) 《주례》에서는 스물다섯 가구[二十五家]를「려」라 한다고 하였다.

青山聯騎若爲情[4] 푸른 산 고삐 나란히 하니
마치 정이라도 있는 듯.

4 청산연기(靑山聯騎): 당나라 위응물(韋應物)의 〈저녁에 부의 관청을 나서서 독고병조와 영호사조와 함께 남쪽으로 주작가를 찾았다가 집으로 돌아오다(晩出府舍, 與獨孤兵曹令狐士曹南尋朱雀街, 歸里第)〉「낙양에서 일 맡아 함께 일하니 다행스럽고, 말 나란히 하니 바야흐로 평소의 뜻 흡족하네. 또한 넓은 길 따라 돌아오자니, 청산 해 저무는 줄 모르겠네.」(分曹幸同簡, 聯騎方愜素. 還從廣陌歸, 不覺靑山暮)

83. 同林擇之范伯崇歸自湖南, 袁州道中多奇峯秀木怪石淸泉, 請人賦一篇[1]

임용중·범염덕과 함께 호남에서 돌아오는데 원주로 가는 도중에 기이한 봉우리와 빼어난 나무, 괴이한 돌과 맑은 샘이 많아 사람에게 한 편을 읊어 달라고 청하다

我行宜春野[2]	내 의춘의 들판 가는데,
四顧多奇山	사방 둘러보니 기이한 산 많다네.
攢巒不可數[3]	봉우리 모여 헤아릴 수 없는데,
峭絶誰能攀	가파르고 끊기었으니 뉘 오를 수 있으리.
上有靑葱木	위로는 푸르게 우거진 나무 있고,
下有淸泠灣[4]	아래로는 맑고 깨끗한 물굽이 있네.
更憐灣頭石	물굽이 가의 바위 더욱 사랑스러운데,
一一神所剜[5]	하나하나 신이 깎은 것이라네.
衆目共遺棄	뭇사람들의 눈 모두 버려두어,

1 범백숭(范伯崇): 범염덕(范念德)의 자. 위 범염덕에 대해서는 위 49번 시의 주 1)을 보라.

2 의춘(宜春): 현 이름으로 지금의 의춘시 동쪽에 있다. 《차보》「원주의 속현이며, 또한 원주의 옛 명칭이기도 하다.」(袁州屬縣, 亦袁州舊號)

3 찬만(攢巒): 찬(攢)자는 《차의》에서 「『묶을 속』자와 같은 뜻이다.」(猶束也)라 하였다. 당나라 유종원(柳宗元)의 〈영주에 있는 만석정의 기문(永州萬石亭記)〉「아래에서 바라보면 높이 솟은 봉우리와 합쳐져 산과 함께 끝이 없다.」(自下而望, 則合乎攢巒, 與山無窮) 당씨(唐氏)의 주석에서는 「찬(攢)은 높이 솟을 찬(巑)」자가 되어야 한다.」(攢當作巑)라고 하였다.

4 청령만(淸泠灣): 당나라 유종원의 〈법화사의 서정을 짓다(構法華寺西亭)〉「멀리 보이는 산봉우리는 뭇 산꼭대기 끌어 모으고, 맑은 강은 맑은 굽이 안고 있네.」(遠岫攢衆頂, 澄江抱淸灣) 송나라 소식의 〈두 선우군이 시문을 보내와서 시를 지어 감사하다(二鮮于君以詩文見寄, 作詩爲謝)〉「옛 친구 영수의 끄트머리에 있으니, 시 지어 맑고 깨끗한 굽이에 던진다네.」(故人在潁尾, 投詩淸泠灣)

5 신소완(神所剜): 완(剜)은 《차의》에서 「깎는다는 뜻이다.」(削也)라 하였다. 당나라 한유의 〈배복야 상공의 가산에 21운을 써서 화답하다(和裴僕射相公假山十一韻)〉「기세 따라 별안간 탁 트이고, 동굴 있는데 신이 깎은 것 같네.」(隨勢忽開坼, 有洞若神剜)

千秋保堅頑	천추에 굳고 완강함 보존하였다네.
我獨抱孤賞	내 홀로 외로운 감상 품고 있자니,
喟然起長嘆[6]	아아! 긴 탄식 일으킨다네.

6 기장탄(起長歎): 당나라 위응물(韋應物)의 〈노유에게 부침(寄盧庾)〉「어찌 벗 생김 바람 같을까? 술 마주하고 긴 탄식 일으킨다네.」(豈如望友生, 對酒起長歎)

84. 賦歸雲洞[1]

귀운동을 읊다

人生信多患	인생 살이 실로 근심 많으니,
吾道初不窮	나의 도 처음에는 궁하지 않았다네.
云何感慨士	이르노니 어떤 감개 있는 선비,
伏死嵁巖中[2]	험한 바위에서 숨어살다가 죽었는가?
宜陽古道周[3]	의양의 옛 길의 구비,
竅石何嵌空	구멍 뚫린 돌 얼마나 깊고 비었는가?
窮幽歷肺腑[4]	그윽한 곳 다하고 폐부 거쳐서,
履坦開房櫳	탄탄한 곳 밟고 방 창살 연다네.
頗疑有畸人[5]	자못 의심스럽기는 어떤 기인,
往昔寄此宮	지난 날 이 집에 몸 맡겼던 듯.

1 귀운동은 원주(袁州)에 있다.

2 감암(嵁巖): 《차의》「『嵁』은 음이 『감』이며, 바위가 평평하지 않은 것이다.」(嵁枯含切, 巖不平也) 《장자·재유(在宥)》「현자는 큰 산이나 험준한 바위 아래에 숨어 살고, 큰 나라의 군주는 조정의 건물에서 두려움에 떤다.」(賢者伏處大山嵁巖之下, 而萬乘之君憂慄乎廟堂之上) 《사기·추양열전((鄒陽)列傳)》「선비들은 암혈 속에 엎드려 죽고자할 따름입니다.」(士伏死堀穴巖巖之中耳) 또 감(嵁)은 담(湛)과 뜻이 통하여, 감암을 깊은 바위로 보기도 한다.

3 의양(宜陽): 의춘현의 옛 이름.

도주(道周): 《시경·당풍·우뚝한 아가위(唐風·有杕之杜)》「우뚝한 아가위, 길 구비에서 자라네.」(有杕之杜, 生于道周) 주희는 주(周)를 구비[曲]라고 하였다. 《한시(韓詩)》에서는 오른쪽이라고 하였다. 《한시》의 풀이대로라면 「길 한 쪽」으로 보아야 한다.

4 폐부(肺腑): 당나라 두보(杜甫)의 〈악록산의 도림 두 절을 가다(岳麓山道林二寺行)〉「나의 폐부 한번 겹치고 한번 닫히니, 산새와 산 꽃이 나의 벗이라네.」(一重一掩吾肺腑, 山鳥山花吾友于)

5 기인(畸人): 보통 사람들의 행동과는 달라서 세속(世俗)에 잘 어울리지 못하는 사람. 《장자·대종사(大宗師)》「자공(子貢)의 물음 『감히 묻습니다, 기인(畸人)이란 무엇입니까?』 공자의 대답 『기인이라는 것은 사람들과는 잘 어울리지 못하나, 하늘의 뜻에는 부합하게 사는 사람이니라.』」(子貢曰, 敢問畸人. 子曰, 畸人者畸於人而侔於天也) 성현영(成玄英)의 주석[疏]「기라는 것은 남의 상대가 잘 되지 못함을 말한다. 수행을 잘 하지 않기 때문에 외양이 거칠며, 인간의 일상생활에도 차이가 나며, 세속에도 잘 어울리지 않는다.」(畸者, 不耦之名也. 修行無有, 而疏外形體, 乘異仁倫, 不耦於俗) 「기인」(畸人)이란 속세의 일상생활에는 서툴지만, 본성만은 정직한 사람을 말한다.

歲月詎云幾　세월 얼마나 되었는지 어찌 말하랴,
井竈無遺蹤　우물과 부엌에 남긴 자취 없다네.
我來記淸秋　내 올 때 맑은 가을로 기억하는데,
歸塗渺窮冬　돌아가는 길 까마득하여 겨울 다했다네.
興懷重幽討　회포 일어 거듭 조용히 찾아,
永嘯回長風[6]　긴 휘파람 긴 바람 돌린다네.
風回雲氣歸　바람 돌아가니 구름 기운 돌아가고,
洞口春濛濛[7]　동굴 입구에는 봄비 부슬부슬 내리네.
信美非人境[8]　실로 아름다워 사람 사는 곳 아니니,
出門吾欲東[9]　문 나서 나 동쪽으로 가려네.

6 영소(永嘯): 진나라 혜강(嵇康)의 〈깊은 번민(幽憤)〉 「길게 휘파람 불고 길게 읊조리며, 본성 기르고 수명 기른다네.」(永嘯長吟, 頤性養壽)

7 춘몽몽(春濛濛): 《시경·빈풍·동산(豳風·東山)》 「동쪽에서 돌아올 때, 보슬비 보슬보슬 내렸다네.」(我來自東, 零雨其濛) 주희는 「몽은 비가 오는 모양이다.」(濛, 雨貌)라 하였다. 진(晉)나라 도연명(陶淵明)의 〈먹장구름(停雲)〉에 「먹장구름 어둑어둑, 철 비는 주룩주룩.」(靄靄停雲, 濛濛時雨) 송나라 진여의(陳與義)의 〈해산루에 오르다(登海山樓)〉 「인간세상 길 넓기만 한데, 바닷가에는 봄비 주룩주룩.」(人間路浩浩, 海上春濛濛)

8 신미(信美): 한나라 왕찬(王粲)의 〈등루부(登樓賦)〉 「비록 실로 아름답기는 하지만 내 오를 곳 아님이여, 일찍이 어찌 조금 머무를 만했으리?」(雖信美而非吾上兮, 曾何足以少留)

9 오욕동(吾欲東): 《사기》 권92 〈회음후열전(淮陰侯列傳)〉 「왕이 말하였다. 『나 또한 동쪽으로 가고자할 따름이요. 어찌 답답하게 오래도록 이곳에 머무를 수 있겠습니까?』」(王曰, 吾亦欲東耳, 安能鬱鬱久居此乎?)

85. 人言石乳洪羊之勝不及往遊作此[1]

사람들이 석유동과 홍양동의 승경을 말하는데 미처 가서 놀지 못하고 이 시를 짓는다

人道歸雲未足誇	사람들 말하기를 귀운의 경치 자랑할 것 없고,
洪羊石乳更谽谺[2]	홍양동과 석유동 더욱 깊고 휑하다 하네.
連環入夢難紆軫[3]	고리처럼 이어져 꿈에 드니 고삐 돌리기 힘들고,
回首西風又日斜[4]	서풍에 고개 돌리니 또 해 기울었다네.

1 석유홍양(石乳洪羊): 《차의》「원주에는 석유동이 있는데 종유가 떨어져 굳어 부처 모양을 이루었다. 분의현에는 홍양동이 있는데 전하기를 갈홍과 누양이 거처한 곳이라고 한다. 『양 양』자는 『볕 양』자의 잘못일 것이다.」(袁州有石乳洞, 滴乳堅凝成佛像. 分宜縣有洪陽洞, 相傳葛洪婁陽所居. 羊疑陽字之誤) 《명일통지(明一統志)》 권57 〈원주부〉에 보인다.

2 함하(谽谺): 골짜기의 중간에 크게 구멍이 난 모습이다. 송나라 소식(蘇軾)의 〈같은 해에 급제한 손변의 산룡동에서 날씨가 개이기를 빌다라는 시에 화답하다(和孫同年卞山龍洞禱晴)〉「사다리 비었는데도 여전히 절벽 깎아지른 듯하고, 내려다보니 골짝 뻥 뚫려 있음에 놀라네.」(梯空尙巉絶, 俯視驚谽谺)

3 연환(連環): 권3 103번 시의 주 5)를 보라.
우진(紆軫): 《차의》「고삐를 돌린다는 말과 같다.」(猶言紆轡也)

4 회수~우일사(回首~又日斜): 당나라 두보의 〈날이 갬을 기뻐하다(喜晴)〉「돌아보니 갈 곳 희끄무레함이 부끄러운데, 고개 돌리니 밝은 해 비스듬히 지네.」(顧慚昧所適, 回首白日斜) 또한 같은 사람의 〈우임금의 사당(禹廟)〉「우임금의 사당 빈 숲에 있는데, 가을바람 해 비스듬하게 지게 하네.」(禹廟空山裏, 秋風落日斜)

86~87. 分宜晚泊. 江亭望南山之勝, 絶江往遊將還, 而舟子不至, 擇之刺船徑渡呼之, 予伯崇佇立以俟, 因得二絶[1]

분의에서 저녁에 묵다. 강가의 정자에서 남산의 빼어난 경치를 바라보다가 강을 건너 놀러갔다가 돌아오려 하였지만 사공이 이르지 않아 임용중이 배를 저어 빨리 건너 부르니 나와 범염덕이 우두커니 서서 기다리다가, 이 때문에 절구 두 수를 얻다

86

寒水粼粼受晚風[2]	차가운 물 말갛게 저녁바람 받아들이는데,
輕舠來往思無窮	가벼운 거룻배 왔다갔다 생각 끝이 없다네.
何妨也向溪南去	또한 시내 남쪽으로 감 무엇 거리끼리오?
徙倚空林暮靄中	부질없이 빈 숲의 저녁 안개 속에 기대어 서 있다네.

1 분의(分宜): 《차의》「원주부의 속현인데, 본래는 옛 의춘이었으나 (의춘의) 땅을 갈라서 설치하였기 때문에 이렇게 부른다.」(袁州屬縣, 本故宜春地坼置故名) 곧 「의춘현을 나누다」의 뜻이다. 《익증》「원주 동쪽 80리 지점에 있다. 강이 있는데 평향에서 발원하여 성 서북쪽을 경유하여 수강이 되며, 아래로 분의를 경유하여 임강의 경계에 들었다가 장강으로 합류한다.」(在袁州東八十里, 有江發源萍鄉, 經城西北爲秀江, 下經分宜, 入臨江境, 合章江)

절강(絶江): 《차의》「가로질러 건너는 것을 절이라 한다.」(橫渡曰絶)

척선(刺船): 배의 노를 젓는 것을 말한다. 《장자·어부(漁父)》「이에 배를 노저어 갔다.」(乃刺船而去)

2 인린(粼粼): 《시경·당풍·잔잔한 물결(唐風·揚之水)》「잔잔한 물결 속에, 흰 돌 반짝반짝 보이네.」(揚之水, 白石粼粼) 주희의 주석 「물이 맑아 돌이 보이는 모양이다.」(水淸石見之貌) 《집람》에서는 「물이 벼랑과 돌 사이에서 생겨나는 것이다.」(水生崖石間)라 하였다.

87

一棹翩然喚不回	한 노 나는 듯하여 불러도 돌아오지 않아,
兩笻江畔久徘徊	두 지팡이 강 가에서 오래도록 배회하네.
早知君有如神技[3]	그대 귀신 같은 재주 있음 일찍이 알았더라면,
同下中流亦快哉	함께 강 가운데로 내려옴 또한 얼마나 가뿐했겠는가?

3 조지~신기(早知~神技): 《장자·달생(達生)》「안연이 중니에게 물었다.『제가 일찍이 상심이라는 연못을 건넜는데 사공이 배를 모는 솜씨가 귀신 같았습니다.』」(顔淵問仲尼曰, 吾嘗濟乎觴深之淵, 津人操舟若神)《차의》「만약 나로 하여금 그대의 기술이 신과 같음을 일찍 알도록 했었더라면 함께 배를 저어 빨리 건널 수가 있었을 터인데 대체로 이와 같이 할 수가 없었음을 한스러워함을 이른 것이다.」(謂若使我早知君技如神, 則可與刺船徑渡, 盖恨其不能如是也) 당나라 두보의 〈번민을 다스리다(撥悶)〉「장년삼로(사공의 이름) 멀리서 그대 불쌍히 여겨, 막 노 젓기 시작하는데 신기 가졌다네.」(長年三老遙憐汝, 捩柂開頭捷有神)

88. 新喻西境[1]

신유의 서쪽

北嶺蒼茫雨欲來　　북쪽 산머리 어둑어둑
　　비 오려는데,
南山騰踯翠成堆[2]　　남쪽 산 훌쩍 솟아
　　비취빛 더미 이루었네.
穉杉繞麓千旗卷　　어린 삼나무 산기슭 두름
　　갖은 깃발 만 듯한데,
野水涵空一鑑開　　들판의 물 하늘 머금고
　　거울 하나 열렸네.
客路情懷元倥傯[3]　　나그네 길 마음
　　본래 바쁜 법인데,
今晨遊眺却徘徊　　오늘 아침은 노닐고 둘러보며
　　오히려 배회하네.
自然觸目成佳句　　자연스레 눈길 닿는 대로
　　좋은 싯귀 이루어지니,

1 신유(新喻): 강서성(江西省) 임강부(臨江府)에 속한 현으로 역의 이름이다. 지금의 강서성 신여(新餘)이다. 《차의》「역 이름으로 강서 임강부의 속현이다.」(驛名, 江西臨江府屬縣) 《익증》「분의에서 동쪽으로 약 수십 리를 간다.」(自分宜東行約數十里)

2 등척(騰踯): 당나라 한유(韓愈)의 〈형악묘를 참배하고 마침내 형악의 절에 묵으면서 문루에 지어남기다(謁衡嶽廟, 遂宿嶽寺題門樓)〉「자개봉 연달아 이어져 천주봉에 접하여 있고, 석름봉 높이 던져졌고 축융봉은 쌓여 있네.」(紫蓋連延接天柱, 石廩騰踯堆祝融) 《운회(韻會)》「척(踯)은 척(蹢)자와도 통하여 쓴다.」《한문공집(韓文公集)》에는「登擲」으로 되어 있다.
퇴(堆): 《차의》「흙이 모인 것이다.」(聚土也)

3 공총(倥傯): 《차의》「곤고와 같은 뜻이다. 또 일이 많아서 짬을 낼 겨를이 없는 것이다.」(困苦也. 又事多不暇給也)

雲錦無勞更剪裁[4] 구름 비단 다시 잘라
마름질할 수고 않겠네.

4 운금(雲錦): 송나라 소식(蘇軾)의 〈조주에 있는 한문공의 사당의 비문(潮州韓文公廟碑)〉「직녀 구름 수놓은 비단 하의 짜주자, 홀연히 바람 타고 천제의 곁으로 왔다네.」(天孫爲織雲錦裳, 飄然乘風來帝旁) 《남사(南史)》 권59 〈강엄전(江淹傳)〉「강엄은 젊어서 문장으로 이름이 드러났는데 만년에 재사가 조금 쇠퇴해졌다. 말하기를 선성태수가 되었을 때 그만두고 돌아오다가 선령사의 물가에 정박을 하였다. 밤 꿈에 스스로를 장협(張協)이라고 하는 한 사람이 나타나 이르기를 『전에 비단 한 필을 보냈는데 이제는 돌려받았으면 한다.』라 하였다. 강엄은 품속을 뒤져 여러 자를 꺼내 그에게 주었더니 이 사람이 크게 화를 내면서 말하기를 『어찌하여 모두 잘라 토막을 낼 수 있느냐?』라 하며 구지를 돌아보고 말하였다. 『남은 이 여러 자는 벌써 소용이 없어졌으니 그대에게 주겠다.』 이때부터 강엄의 문장은 곤경에 처하게 되었다.」(淹少以文章顯, 晚節才思微退, 云爲宣城太守時罷歸, 始泊禪靈寺渚, 夜夢一人自稱張景陽, 謂曰, 前以一匹錦相寄, 今可見還. 淹探懷中得數尺與之, 此人大恚曰, 那得割截都盡. 顧見丘遲謂曰, 餘此數尺旣無所用, 以遺君. 自爾淹文章躓矣)

89. 道間厭苦泥淖, 思亟還家安坐講習, 用擇之韻, 呈二賢友[1]

길에서 진흙으로 고생을 하여 빨리 집으로 돌아가 편안히 앉아 강습하고 싶은 생각이 나서 택지의 각운자를 써서 지어 두 훌륭한 친구에게 드림

客路泥塗正所憂	나그네 길 진흙탕이라 정말 근심스러운데,
可堪雲物更油油[2]	구름 더욱이 두둥실 떠다님 견딜 만하네.
向來結友輕千里[3]	지난번에는 친구 사귀느라 천리를 가벼이 여겼는데,
此去還家且一丘[4]	이번에는 집으로 돌아감 겨우 언덕 하나라네.
妙處自應從我得	오묘한 진리 내 스스로 속에서 얻어지리니,
躬行肯使歎吾猶[5]	몸소 실천함 어찌 내 남과 같음 탄식하게 하는가?

1 뇨(淖): 진흙. 《좌전·성공(成公) 16년》「이에 공을 안고 진흙에서 빠져나가게 하였다.」(乃掀公以出於淖) 이현우(二賢友): 《차의》「임용중과 범염덕이다.」(擇之伯崇也)

2 유유(油油): 《한서·사마상여열전(司馬相如列傳)》「내 하늘 같은 덕으로 만물을 덮으니, 구름 둥실둥실 흘러가네.」(自我天覆, 雲之油油) 당나라의 배인(裴駰)은 《집해(集解)》에서 「유유는 구름이 가는 모양이다.」(油油, 雲行貌)라 하였다.

3 결우경천리(結友輕千里): 송나라 소식의 〈양선 서환과 함께 배를 띄우고 놀다가 임자와 양자를 각운자로 얻어 짓다(與梁先舒煥泛舟得臨釀字)〉 첫째 시「옛 친구 천리 길 가벼이 여겨, 발이 부르트도록 와서 찾아준나네.」(故人輕千里, 足蠒來相尋)

4 차일구(且一丘): 《차의》「임용중과 범염덕이 사는 곳이 담계와 가까우므로 말한 것 같다.」(疑擇之伯崇所居近潭溪故云)

5 궁행~오유(躬行~吾猶): 《논어·술이(述而)》「공자께

兩賢定許相提挈　　두 분이 잡고
이끌어주기로 함 허락하였으니,
厚意何勝雜佩酬[6]　　두터운 뜻 여러 가지 패옥으로
보답함보다 낫겠는가?

서 말씀하셨다. 『문은 내 남과 같지 않겠는가만, 군자(의 도)를 몸소 실천함은 내 아직 얻은 것이 없다.』(子曰, 文章吾猶人也, 躬行君子, 則吾未之有得) 주희의 《논어집주》의 주석 「남과 같다는 것은 남보다 낫지는 못하나 그래도 남에게 미칠 수는 있다는 것이요, 얻은 것이 있지 못하다 함은 전혀 얻음이 없다는 말씀이다. 모두 스스로 겸양하신 말씀이나, 언행의 난이와 완급을 족히 볼 수 있으니, 사람들이 그 실행을 힘쓰게 하려고 하신 것이다.」(猶人, 言不能過人而尙可以及人. 未之有得, 則全未有得, 皆自謙之辭, 而足以見言行之難易緩急, 欲人之勉其實也)

6 잡패수(雜佩酬): 「佩」는 「珮」와 통하여 쓴다. 《시경·정풍·닭이 우네요(鄭風·女曰鷄鳴)》 「그대 오심 안다면, 여러 가지 패옥으로 보답하리다.」(知子之來之, 雜佩以贈之) 모씨(毛氏)의 주석 「여러 가지 패옥이란 형·황·거·충아 따위이다.」(雜佩者, 珩璜琚衝牙之類) 당나라 유종원(柳宗元)의 〈누수재가 개원사에서 우거하며 이른 가을 달밤에 병중에 부쳐온 시에 답하다(酬婁秀才寓居開元寺, 早秋月夜病中見寄)〉 「한 쌍 금 두터이 맡김 어긋났고, 여러 가지 패옥 거두어 보답하기 어렵네.」(謬委雙金重, 難徵雜佩酬) 이 구절은 아름다운 시로 화답한다는 말이다.

90. 再和油字韻[1]

다시「기름 유」자 운을 써서 화답하다

楚山黃落正離憂[2]	초산에 누런 잎 떨어지고 바로 근심 만났는데,
喜見寒杉卷碧油[3]	차가운 삼나무 푸른 기름 말아 올리는듯함 기쁘게 보네.
倦客今年眞白髮	고달픈 나그네 올해 진짜 백발 되었는데,
羽人何日定丹丘[4]	깃 달린 신선 어느 날에나 단구에 정착하려는가?
奇兵捷出吾當避	기이한 병사들 민첩하게 나오니 내 마땅히 피해야 하나,

1 바로 위 임용중이 지어 보낸 시와 같은 각운자를 다시 써서 지은 것이다.

2 초산(楚山):《익증》「악록을 가리킨다.」(指嶽麓)
황락(黃落): 낙엽이 지는 것을 말한다. 송나라 황정견의 〈희효에게 드림(贈希孝)〉「대나무 지팡이 차갑게 푸릇푸릇한데, 초목 누렇게 잎 진 후라네.」(竹杖寒蒼蒼, 草木黃落後)
이우(離憂): 이(離)자는「걸릴 리」(罹)자의 뜻으로 통하여 쓰인다.《초사·산귀(山鬼)》「바람 쏴쏴 붊이여 나무는 우수수, 공자 생각함이여 헛되이 근심만 만났다네.」(風颯颯兮木蕭蕭, 思公子兮徒離憂)《익증》「이는 남헌과 헤어졌기 때문에 말하였다.」(此別南軒故云)

3 권벽유(卷碧油): 당나라 심전기(沈佺期)의 〈환주의 관아에서 산속의 물가 정자로 옮겨 살면서 소사군께 드리다(從驩州廨宅移住山間水亭贈蘇使君)〉「산의 잣나무 파란 일산 펼치고, 강가의 파초는 푸른 기름 말아올리네.」(山柏張靑蓋, 江蕉卷碧油)《익증》「벽유는 본래 장막을 일컬음이다.」(碧油本帳幙之稱)《차보》「차가운 삼나무가 장막을 만 것 같음을 보고 기뻐한 것이다.」(見寒杉之似卷幙而喜之也)

4 우인·정(羽人·定):《고이》에서는「신시」(新詩)와「기」(寄)로 되어 있는 판본도 있다고 하였다.
단구(丹丘): 굴원의《초사·먼 곳으로 나아가 놀다(遠遊)》「이에 날개 달린 신선 단구로 나아감이여, 죽지 않는 고을에서 머물려하네.」(仍羽人於丹丘兮, 留不死之舊鄕) 한나라 왕일(王逸)의 주석「단구는 밤낮으로 항상 밝게 빛나는 곳이다.」(丹丘, 晝夜常明也) 동진(東晉) 손작(孫綽)의 〈천태산에서 노닐다(遊天台山賦)〉「이에 날개 달린 신선 단구에서 죽지 않는 복된 뜰 찾네.」(仍羽人於丹丘, 尋不死之福庭)

狹路爭先子不猶	좁은 길에서 선두 다툼 그대들 머뭇거리지 않네.
箇裏竟能無一語[5]	그 속에 마침내 한 마디 없을 수 있겠는가?
應慙二鳥起相酬[6]	두 새 일어나 서로 답함 부끄러우리.

5 기병~일어(奇兵~一語): 《차의》「시 작가들은 작시를 전쟁에다 비교를 하므로 기이한 병사가 빨리 나온다고 말하였다. ○『자유』의『유』는 시는 서로 같은 것이 없다는 말로 쓰였으며 장자[張載]의『서로 배울 필요가 없다』는 뜻으로 쓰인 것 같다. 대체로 내가 기이한 병사가 빨리 나옴을 피하고 그대들은 좁은 길에서 선두다툼을 배우지 말라고 말한 것은 피차간에 뜻이 한 마디도 (맞는 것이) 없는 것이다.」(詩家以作詩相較比之戰爭, 故云奇兵捷出. ○ 子猶之猶, 疑用詩無相猶之語, 而取張子不要相學之意, 盖曰吾避奇兵之捷出, 子不學狹路之爭先, 彼此意無一語也)

6 이조기상수(二鳥起相酬): 당나라 한유(韓愈)의 〈한 쌍의 새(雙鳥)〉「또한 삼천 년을 당하여, 다시 울면서 서로 답하리.」(還當三千秋, 更起鳴相酬) 《별본한문고이》의 제목 주석「주문공은 공은 한유 자신과 맹교라고 생각하였다.」(朱文公謂公爲己與孟郊)

91. 次韻擇之懷張敬夫[1]

임용중의 장경부를 그리워하다라는 시의 각운자를 써서

往時聯騎向衡山　　지난 날 말 나란히 하고
　　형산 향하였는데,
同賦新詩各據鞍[2]　　함께 새 시 짓느라
　　함께 안장에 기대었었다네.
此夜相思一杯酒　　이날 밤 그리움에
　　한 잔 술 기울이는데,
回頭猶記雪漫漫　　고개 돌려보니 아직도
　　눈 펄펄 날림 생각나네.

1 이 시의 제목은 〈임용중의 신유로 가는 도중에 말을 타다라는 시의 각운자를 써서 지어 받들어 남헌을 그리워하다(次擇之新喩道中跨馬奉懷南軒)〉로 된 판본도 있다.

2 거안(據鞍): 《후한서》 권24 〈마원전(馬援傳)〉 「마원이 자청하여 말하였다. 『신은 아직도 갑옷을 입고 말을 탈 수 있습니다.』 임금이 시험해 보라하니 마원은 안장에 의거하여 뒤돌아보며 쓸모가 있음을 보여주었다.」(援自請曰, 臣尙能被甲上馬. 帝令試之. 援據鞍顧眄, 以示可用) 여기서는 말의 안장에 종이를 대고 시를 짓는 것을 말한다. 송나라 소철(蘇轍)의 〈자첨[蘇軾]의 특별히 고안에 와서 서로 이별함에 먼저 지와 괄 원에게 부치나라는 시의 각운자를 써서 짓고 또한 매와 태, 과, 둔에게도 부치다(次韻子瞻特來高安相別先寄遲适遠, 却寄邁迨過遯)〉 「노형께서 늙은 나귀 타고 하루 천리 길 가면서, 안장에 기대어 시 지음 물 뒤집는 것 같네.」(老兄騎騾日百里, 據鞍作詩若翻水)

92. 別韻賦一篇

다른 운자로 한 편을 읊다

踏雪凌霜眼界新　　눈 밟고 서리 지나니
　　시계 새롭고,
擧鞭遙指玉嶙峋[1]　　채찍 들어 아득히
　　옥 올망졸망함 가리키네.
回頭此日成千里　　고개 돌려보니 이날
　　천리나 되는데,
橫槊思君少一人[2]　　창 비껴들고 그대 생각하니
　　한 사람이 적다네.

1 인순(嶙峋): 작은 산의 모양을 형용하는 말. 당나라 한유(韓愈)의 〈혜스님을 송별하다(送惠師)〉「마침내 천태산에 올라 바라보니, 뭇 골짜기들 모두 올망졸망하다네.」(遂登天台望, 衆壑皆嶙峋) 여기서는 먼 산이 눈에 덮인 것을 형용하는 말로 쓰였다.

2 횡삭(橫槊): 《자치통감》 권132 〈송기(宋紀) 14〉「원영조(垣榮祖)가 말했다.『옛날 조공 부자는 말에 오르면 창을 비껴 들었고, 말에서 내려서는 담론하고 시를 읊었다.』」(榮祖曰, 昔曹公父子上馬橫槊, 下馬談詠) 송나라 소식(蘇軾)의 〈전적벽부(前赤壁賦)〉에「술을 거르고 강에 다가서고, 창을 비껴들고 시를 지었다.」(釃酒臨江, 橫槊賦詩) 《차의》「《운회》에서는『矟』은『槊』이라고도 한다. 모 가운데 길이가 1장 8척 되는 것을 삭이라고 한다.」(韻會, 矟或作槊, 矛丈八者謂矟)

93. 宿新喩驛夜聞風鐸[1]

신유역에 묵으면서 밤에 풍경소리를 듣다

倦枕攲眠到五更[2]	지친 베개 맡에 기댄 채 잠들어 오경 되었는데,
却嫌風鐸久悲鳴	풍경 소리 오래도록 슬피 울림 오히려 싫어한다네.
恍疑絺綌南隣夜[3]	정신 황홀하여 칡옷 입으니 남쪽의 밤인 듯한데,
寒鐵丁東客夢驚[4]	차가운 쇳소리 땡그렁 나그네 잠 깨우네.

1 풍탁(風鐸): 탁(鐸)은 큰 방울[大鈴]을 말한다. 《개원유사(開元遺事)》「당나라의 기왕은 대나무 숲 안에다 집을 지어놓았는데, 부서진 옥 조각들을 달아놓아 밤마다 서로 부딪치는 소리를 들으면 곧 바람이 분다는 것을 알았는데 점풍탁이라고 불렀다.」(唐岐王宮於竹林內, 懸碎玉片, 每夜聞相觸之聲, 卽知有風, 號占風鐸) 《고금사문유취(古今事文類聚)》 전집 권3의 것을 재인용.

2 기면(攲眠): 몸을 잔뜩 웅크리어 구부리고 기대어 자는 것을 말한다.

도오경(到五更): 〈오랑캐의 피리곡조 18가락(胡笳十八拍)〉 제12수「돌아와 뒤척이다보니 오경 되었는데, 일어나 북두성 보니 하늘 아직 밝지 않았다네.」(歸來展轉到五更, 起看北斗天未明)

3 치격남린(絺綌南隣): 치격은 갈포(葛布)를 말하는데 여름옷[夏服]을 지을 수 있다. 《시경·주남·칡덩굴(周南·葛覃)》「고운 칡베 거친 칡베 짜서, 옷 해 입으니 싫증나지 않네.」(爲絺爲綌, 服之無斁) 주희의 주석「고운 것을 치라 하고, 거친 것을 격이라 한다.」(精曰絺, 麤曰綌) 당나라 두보(杜甫)의 〈흥을 보내다(遣興)〉 첫째 시「어찌 남쪽 이웃 나그네 알겠는가? 9월에도 아직 갈포 베옷 입고 있다네.」(焉知南隣客, 九月猶絺綌) 여기서는 작자가 묵는 객사가 허름하고 추운 것을 형용한 것이다.

4 한철정동(寒鐵丁東): 정동은 의성어로, 물방울이나 금속끼리 부딪치는 것을 형용할 때 많이 쓰인다. 《차의》「한철은 풍탁을 가리킨다. 정동은 풍탁의 소리이다. 당나라 시인의 시에『구리 항아리에 물방울 퐁당하고 소리 내네.』라는 구절이 있다.」(寒鐵指鐸也. 丁東, 鐸聲. 唐詩銅壺水滴聲丁東) 송나라 진관(秦觀)의 〈수족헌(睡足軒)〉 첫째 시「가장 인간세상에서 아름답고 빼어난 곳에, 꿈자리 사나운데 바람에 쇳소리 땡그렁 울리네.」(最是人間佳絶處, 夢殘風鐵響丁東) 성농은 능농(登東)이라고도 한다. 송나라 유자휘(劉子翬)의 〈변경에서 있었던 일을 적다(汴京紀事)〉「구름 같은 은하수 훤하게 쓸었는데, 땡그렁 차가운 쇳소리 맑은 하늘에 울리네.」(河漢如雲掃泬寥, 登東寒鐵響淸宵)

94. 題野人家

농부의 집에 적다

茆簷竹落野人家[1]	띠집 처마에 대나무 울타리 친 농부의 집,
只麽悠悠閱歲華[2]	다만 이렇게 유유히 세월 지나간다네.
田父把犁寒雨足	농부 쟁기 잡으니 차가운 비 밭 갈기에 충분하고,
牧兒吹笛晩風斜[3]	목동 아이 피리 부니 저녁 바람 비끼네.

1 묘(茆): 《차보》「옛날의 『띠 모』자이다.」(古茅字)
죽락(竹落): 락(落)은 이락(籬落), 곧 울타리를 말한다. 죽락은 죽리(竹籬)와 같은 말로, 곧 대나무를 심어 울타리로 삼은 것을 말한다. 《익증》에서는 「『낙』은 『리』(離)이다.」라 하였는데, 아마 리(籬)의 잘못인 것 같다.
2 지마(只麽): 지차(只此), 또는 지여차(只如此)라는 말과 같다. 다만 이렇게.
세화(歲華): 세시(歲時), 연화(年華)나 같은 말이며, 세월, 광음이라는 뜻이다.
3 취적만풍사(吹笛晩風斜): 송나라 장회천(張澮川)의 〈한식(寒食)〉「강가의 성에서 피리 부니 저녁바람 비껴 불고, 성곽에는 사람 적은데 까마귀만 어지러이 지저귀네.」(江城吹笛晩風斜, 城郭人稀噪亂鴉)

95. 題萬安野館[1]

만안의 들에 있는 객관에 적다

身似孤雲去復還	몸 외로운 구름 같이 갔다가 다시 돌아오고,
投裝猶記此窓間	행장 던져두고 오히려 이 창문 사이에서 적네.
只應烟雨蒼茫外	다만 응당 안개비 푸르스럼한 저 비깥에는,
卽是當時萬疊山	곧 그때의 만 겹 산 있으리라.

1 만안(萬安): 《차의》「강서 길안부의 속현이다.」(江西吉安府屬縣) 《명일통지》 권56에 수록되어 있다. 《차보》「이것은 마을의 이름인 것 같다. 길안의 만안은 신유와 수백 리나 떨어져 있어서 이번 여행의 경유지가 아닌 것 같다.」(此疑鄕名. 吉之萬安距新喩數百里, 非此行所經也) 꿔치(郭齊)는 역 이름으로 신유의 동쪽 원강(袁江)의 가에 있다고 하였다.

96. 萬安遇長沙便欲附書不果

만안에서 장사 사람을 만나 편지를 부치려했지만 이루지 못하다

長沙一別兩悠悠[1]　　장사에서 한번 헤어져
　　양쪽이 아득해졌는데,
夢想淸湘帶橘洲[2]　　꿈에서 맑은 상강
　　귤주 띠고 있음 생각하네.
欲寄行人數行字　　행인에게 글자
　　몇 줄 부치려 하나,
行人不作置書郵[3]　　행인 역의 편지 배달꾼
　　되지 않는다네.

1 장사(長沙): 남헌(南軒) 장식(張栻)의 거처가 있는 곳. 곧 장식을 가리켜 한 말.
일별량유유(一別兩悠悠): 당나라 백거이(白居易)의 〈3년의 이별(三年別)〉「한번 헤어진 지 오래되어 이미 3년이나 되었는데, 서로 바라고 그리워하니 하늘의 달 밝다네.」(悠悠一別已三年, 相望相思明月天)

2 귤주(橘洲): 《일통지》 권64 〈장사부(長沙府)〉「선화현 서쪽 4리 지점에 있는데 좋은 귤이 많으므로 이렇게 부른다. 상강에는 섬이 네 개 있는데, 귤주와 직주, 서주, 소백주라 한다.」(在善化縣西四里, 上多美橘, 故名. 湘江中有洲四, 曰橘洲, 曰直洲, 曰誓洲, 曰白小洲) 상덕부(常德府)에도 귤주가 있는데, 역시 《일통지》에 의하면「용양현 서북쪽 50리 지점에 있으며, 본명이 범주이고 길이가 50리로 곧 오나라 때 이형이 귤을 심은 곳이다.」(在龍陽縣西北五十里, 本名汎洲, 長二十里, 卽吳李衡種橘之所)라 하였다. 여기서는 물론 장사의 귤주를 말하며, 또한 장식을 그리워하는 것을 말한다.

3 치서우(置書郵): 「置」는 「致」가 되어야 한다. 남조 송나라 유의경(劉義慶)의 《세설신어·임탄(任誕)》「은선(殷羨)이 예장태수가 되어 임지로 떠날 때 도성 사람들이 그가 가는 편에 백여 통이나 되는 편지를 부쳤는데, 석두라는 곳에 이르러 그 편지들을 모조리 강물 속에 던져버리고서 빌며 말하기를『가라앉을 것은 저절로 가라앉고 뜰 것은 저절로 뜨게 하소서. 은홍교는 편지나 전하는 배달부가 될 수 없으니.』라 하였다.」(殷洪喬作豫章郡, 臨去, 都下人因附百許函書. 旣至石頭, 悉擲水中, 因祝曰, 沉者自沉, 浮者自浮, 殷洪喬不能作致書郵) 《차의》에서는 《운회》를 인용하여 「『우』는 경계에서 편지를 보내는 곳 또는 역이다.」(郵境上行書舍, 又驛) 당나라 두보의 〈만추에 장사의 채씨네 다섯째 시어께서 은씨네 여섯째 참군이 예주로 어버이를 뵈러감에 송별연을 베풀어 마시다(晩秋, 長沙蔡五侍御飮筵送殷六參軍歸澧州覲省)〉「수레바퀴 뽑아 던지며 마시던 일 달가이 따르며, 역의 편지 배달꾼 되려하지 않네.」(甘從投轄飮, 不作置書郵)

97. 不見梅再用來字韻[1]

매화가 보이지 않아 다시「올 래」자 운을 써서 짓다

舊歲將除新歲來[2]	묵은 해 지려하고 새해 오려는데,
梅花長是雪碚堆[3]	매화에 오래도록 눈발 펄펄 날리네.
如何此日三州路[4]	어찌하여 이날 세 고을의 길에는,
不見寒葩一樹開[5]	차가운 꽃 한 그루도 피어 있음 보이지 않는가?
野水風煙迷慘澹	들의 물에 이는 바람과 안개 흐릿하여 참담하고,
故園霜月想徘徊	옛 동산의 서리 낀 달 생각하며 배회하네.
夜窓却恐勞幽夢	밤의 창 오히려 그윽한 꿈 수고롭힐까 걱정되어,
速把新詩取次裁[6]	빨리 새 시 잡고 되는대로 다듬는다네.

1 이 시는 위 88번 시인 〈新喩西境〉 시의 각운자를 써서 지었다.

2 구세·신세(舊歲·新歲): 송나라 소식의 〈해를 보내다(別歲)〉「묵은 해 보냄 탄식하지 말게나, 가다보면 새해와도 헤어진다네.」(勿嗟舊歲別, 行與新歲辭)

3 배퇴(碚堆) 위 37번 시의 주 1)을 보라.

4 삼주(三州): 원나라 방회(方回)의 《영규율수(瀛奎律髓)》에서는 담주(潭州)와 형주(衡州), 그리고 원주(袁州, 臨江軍)라 하였다.

5 한파(寒葩): 추운 날에 피우는 꽃. 여기서는 곧 매화를 가리킨다.

6 취차(取次): 초초(草草)와 같은 뜻이다. 성급하게, 되는대로. 송나라 육유(陸游)의 〈가을 더위에 밤에 일어나다(秋暑夜興)〉「아이 불러 촛불 들고 등나무 종이 펴게 하여, 맑은 시 한 수 황망하게 이루네.」(呼童持燭開藤紙, 一首淸詩取次成)

98. 賦水仙花[1]

수선화를 읊다

隆冬凋百卉[2]	한겨울이라 온갖 꽃 다 시들었는데,
江梅厲孤芳[3]	강매만 엄숙하게 외로이 피어 있네.
如何蓬艾底[4]	어찌하여 쑥대 아래에도,

1 수선화는 물이 없으면 안 되기 때문에 수선화라 부른다. 수선화는 낮은 습지에서 떨기지어 나고[叢生] 뿌리가 마늘을 닮았기 때문에 육조 때는 아산(雅蒜)이라 불렀다. 겉은 옅은 적색이며, 겨울에 초록색을 띤 두터운 잎이 난다. 초봄에는 잎 가운데서 줄기가 하나 나서 꽃을 여러 개 피우는데, 큰 것은 비녀 끝만 하고 흰색을 띠고 있으며, 술잔과 같이 둥글다. 안에서 노란 꽃심을 떠받치고 있기 때문에 금잔은대(金盞銀臺)라고도 부른다. 천엽수선(千葉水仙)이란 것도 있는데, 꽃잎이 말리고 주름져 있으며, 아래쪽은 가벼운 노란색이고 위쪽은 옅은 흰색이다. 천엽수선을 사람들이 중시하여 진짜 수선이라고 생각하며, 달리 옥영롱(玉玲瓏)이라고도 한다. 여기서 읊은 것은 천엽수선인 것 같다. 송나라 양만리(楊萬里)의 〈천엽수선화(千葉水仙花)〉의 서문과 시 「세상에서는 수선화를 금잔은대라고 하는데 이는 아마 잎이 하나인 것은 그 가운데 진짜 술잔이 하나 있으며 짙은 노란색에 금색이기 때문일 것이다. 천엽수선은 그 가운데 꽃잎이 말리고 주름이 져 있으며 하나의 꽃잎이 아래는 가볍고 위쪽은 옅은 흰 색이다. …… 천엽이 진짜 수선이라고 한다. …… 반질반질한 옥 가볍게 주물러 금비녀 둘렀는데, 거위 누렇게 가벼이 물들여도 흰 깁 남아 있다네.」(世以水仙爲金琖銀臺, 蓋單葉者其中眞有一酒琖, 深黃而金色. 至千葉水仙, 其中花片捲皺密蹙, 一片之中, 下輕黃而上淡白……千葉者乃眞水仙云. …… 薄揉肪玉圍金鈿, 淺染鵞黃剩素紗) 송나라 황정견의 〈왕충도가 수선화 50가지를 보냈는데 흔연히 맘에 들어 이 때문에 지어 읊는다(王充道送水仙花五十枝, 欣然會心, 爲之作詠)〉「향기 머금고 몸 희어 성 기울일 만한데, 역화(瑒花)는 아우요 매화가 형이라네.」(含香體素欲傾城, 山礬是弟梅是兄)

2 융동조백훼(隆冬凋百卉): 융동은 한겨울이라는 뜻. 송나라 곽인(郭印)의 수선화(水仙花) 제2수 「한겨울에 온갖 꽃 남으려는 듯한데, 홀로 얼음 같은 자태 마주하니 시름 풀리지 않네.」(隆冬百卉若爲留, 獨對冰姿不解愁)

3 강매(江梅): 송나라 범성대(范成大)의 《범촌매보(范村梅譜)》「강매는 씨를 남기며 야생하여 심거나 접을 붙이지 않으며 또한 직각매라고도 하고 혹자는 야매라고도 한다. 무릇 산속이나 물가의 거칠고 차가우며 맑고 빼어난 정취는 모두 이 매화이다. 꽃은 조금 작고 성글게 야위었으며 운치와 향기가 가장 맑으며 열매는 작고 단단하다.」(江梅, 遺核野生, 不經栽接者. 又名直脚梅, 或謂之野梅. 凡山間水濱荒寒淸絶之趣, 皆此本也. 花稍小而疎瘦, 有韻香最淸, 實小而硬)
려고방(厲孤芳): 려(厲)는 떨쳐 일어나다, 들날리다의 뜻. 강매 혼자 오만해 보일 정도로 꼿꼿이 서 있으므로 이렇게 말하였다. 송나라 황정견의 〈옛 시체로 두 수를 지어 소자첨에게 올리다(古詩二首上蘇子瞻)〉 첫째 시 「강매 좋은 열매 있는데, 뿌리 도리의 마당에 맡겼네. …… 외로운 향기 희고 깨끗함 꺼리어, 차가운 눈만 공연히 절로 향기 풍기네.」(江梅有佳實, 託根桃李場…… 孤芳忌皎潔, 冰雪空自香)

4 봉애(蓬艾): 쑥대와 약쑥으로, 풀떨기를 두루 가리켜 말한 것이다. 《묵자·기치(墨子·旗幟)》「쑥대와 약쑥이 쌓여 있어야 한다.」(蓬艾有積)

亦有春風香	또한 봄바람에 향기 풍기는가?
紛敷翠羽帔[5]	줄기 많은데 깃털 망토 푸르고,
溫艶白玉相[6]	따뜻하고 조용함은 흰 구슬의 자질일세.
黃冠表獨立[7]	도사의 황관 빼어나게 홀로 서 있고,
淡然水仙粧	수선의 화장은 담담하기만 하네.
弱植愧蘭蓀[8]	약한 뿌리 난초와 창포 부끄럽게 하고,
高操摧氷霜	높은 지조는 얼음과 서리 꺾는다네.
湘君謝遺褋[9]	상군 속옷 주는 것 사절하고,
漢水羞捐璫[10]	한수는 귀고리 줌을 부끄러이 여기네.

5 분부(紛敷): 분피(紛披)와 같은 뜻으로 많은 모양을 나타냄.

우피(羽帔): 깃털로 만든 어깨를 덮는 망토. 신선의 복색이다. 수선화 가지의 형태를 묘사한 것이다.

6 백옥상(白玉相): 《시경·대아·백유나무 떨기(大雅·棫樸)》「무늬 새기고 쪼는 데는 쇠와 구슬의 바탕을 따르네.」(追琢其章, 金玉其相) 주희의 주석「상은 바탕이다.」(相, 質也) 수선화의 흰 꽃을 가리킨다.

7 황관(黃冠): 황관은 원래 농부[野夫]들이 쓰는 관이었다. 《예기·교특생(郊特牲)》「누른 옷이니 누런 관을 쓰고 제사를 지내는 것은 (일이 없을 때) 쉬는 농부들이다. 농부들은 누런 관을 쓰니, 누런 관이라는 것은 풀로 만든 복장을 말한다.」(黃衣黃冠而祭, 息田夫也. 野夫黃冠, 黃冠草服也) 이후로는 들판이나 산에 은거하는 도사들이 쓰는 관을 지칭하는 말로 쓰이게 되었다. 송나라 소식의 〈도사인 이종고(李宗固)에게 드림(贈李道士)〉「예로부터 대대로 누른 관 쓰게 하였으니, 베 양말에 짚신 신고 구름 같은 물에서 장난쳤다네.」(故敎世世作黃冠, 布襪靑鞋弄雲水) 여기서는 수선화의 꽃심이 노란 것을 가리켜 말하였다.

표독립(表獨立): 《초사·구가·산귀(九歌·山鬼)》「산 위에 빼어나게 홀로 서 있음이여, 구름은 뭉게뭉게 아래에 있도다.」(表獨立兮山之上, 雲容容兮而在下)

8 약식괴난손(弱植愧蘭蓀): 약식(弱植)은 권1 156번 시의 주 6)을 보라. 손은 향초의 이름으로 창포(菖蒲)를 말한다. 송나라 오인걸(吳仁傑)의 《이소초목소(離騷草木疏)》 권1 〈손전(蓀荃)〉「도은거가 말하기를 낙간계 곁에 계손이라는 것이 있는데 뿌리의 형태 및 기색이 돌 위의 창포와 매우 흡사하나 잎은 마치 부들과 같은데 척추가 없고 속인들은 이를 석창포라 잘못 부르고 있다. 시에서 읊어 주로 난손이라 한 것이 바로 이것을 이른다.」(陶隱居乃云, 樂閒溪側有名溪蓀者, 根形氣色極似石上菖蒲, 而葉正如蒲無脊, 俗人誤呼此為石菖蒲. 詩詠多云蘭蓀正謂此也) 《초사·구가·상군(九歌·湘君)》「벽려로 만든 짧은 옷 혜초로 묶고, 창포 돛대여 난초 깃발 세웠다네.」(薜荔拍兮蕙綢, 蓀橈兮蘭旌) 주희의 주석「손은 향초이다.」(蓀香草也) 《익증》「수선화가 한겨울에도 홀로 서 있어 난초와 창포를 부끄럽게 하는 것이다.」(水仙隆冬獨立, 使蘭蓀有羞愧也)

9 상군유접(湘君遺褋): 《초사·구가·상부인(九歌·湘夫人)》「내 옷소매를 강물 속에 버리고, 짧은 옷은 풍포에 버리네.」(損余袂兮江中, 遺余褋兮澧浦) 《운회》에서는「남초에서는 선의를 접이라 한다.」(南楚謂禪衣曰褋)고 하였다.

10 한수연당(漢水捐璫): 삼국시대 위나라 조식(曹植)의 〈낙신부(洛神賦)〉「작은 정으로 사랑 나타내지 못함이여, 강남에서 난 밝은 구슬 귀고리 주고 싶네.」(無微情以效愛兮, 獻江南之明璫) 한나라 유향(劉向)의 《열선전(列仙傳)》 권상 〈강비이녀(江妃二女)〉「강비라는 두 여인은 어느 곳 사람인지 모른다. 한수 기슭에 놀러 나왔

嗟彼世俗人	쯧쯧, 저 속세의 인간들,
欲火焚衷腸[12]	정욕의 불길 충정을 불태우네.
徒知慕佳冶[13]	한갓 아름다움 흠모할 줄만 알뿐,
詎識懷貞剛	어찌 곧고 굳셈 품을 줄 알리오?
凄涼柏舟誓[13]	처량하구나 〈백주〉의 맹세여,
惻愴終風章[14]	슬프구나 〈종풍〉장이여.
卓然有遺烈	우뚝하니 충렬 남아 있으니,
千載不可忘	천 년토록 잊을 수 없네.

다가 정교보를 만났다. …… 마침내 손수 패옥을 풀어 정교보에게 주었다. 정교보는 기뻐하면서 그것을 받아 가슴 한 가운데 품었다. 수십 걸음을 급히 간 뒤에 패옥을 살펴보았더니 가슴이 빈 채 패옥은 없었으며, 두 여인을 돌아보았더니 금세 보이지 않았다.」(江妃二女者, 不知何所人也. 出遊於江漢之湄, 逢鄭交甫……遂手解佩與交甫. 交甫悅受而懷之中, 當心趨去數十步, 視佩空懷無佩, 顧二女忽然不見) 《관보》「이는 아마 신녀가 패물을 벗어준 일인 것 같다.」(此恐是神女解珮之事) 권6의 〈봄 눈. 한유의 운자를 써서 팽응지와 함께 짓다(春雪用韓昌黎韻同彭應之作)〉에 「신녀 패옥 줌 부끄러워 하네.」(神女羞捐佩)라는 구절이 있다.

11 욕화(欲火): 《차의》「마음 속의 욕심의 불꽃을 말한다.」(謂欲心之火於中者) 《장자·재유(在宥)》「뜨거워지면 불길 같이 타오르고, 차가워지면 얼음처럼 꽁꽁 뭉친다.」(其熱焦火, 其寒凝冰) 《집람》「욕랑이라는 말과 같다.」(猶言欲浪)

12 가야(佳冶): 「冶」는 「妖」와 같은 뜻. 《순자·비상(非相)》「아름다워 예쁘고 요염하지 않음이 없다.」(莫不美麗姚冶) 《사기·이사열전(李斯列傳)》「세상의 풍속에 따라 고상하게 변화하는 아름답게 꾸민 얌전하고 고운 조나라의 여인도 대왕의 곁에 설 수 없을 것입니다.」(隨俗雅化佳冶窈窕趙女不立於側也)

13 백주(柏舟): 《시경·패풍(邶風)》의 편명. 《차의》「공강이 지었다.」(共姜所作) 주희의 《시집전(詩集傳)》「구설에 이르기를 『위나라 세자 공백이 일찍 죽자, 그의 아내 공강이 절개를 지키려 하였는데, 부모들이 그의 뜻을 빼앗아 개가시키려 하였다. 그러므로 공강이 이를 지어 스스로 맹세했다.』라 하였다.」(舊說以爲衛世子共伯, 蚤死, 其妻共姜, 守義, 父母欲奪而嫁之. 故共姜作此以自誓)

14 종풍(終風): 역시 〈패풍(邶風)〉의 편명. 《차의》「장강이 지었다.」(莊姜所作) 《시집전》「장공의 사람됨이 광탕하고 난폭하였는데, 장강이 차마 손가락질하여 말할 수 없었다. …… 장공은 폭만하여 떳떳함이 없었는데, 장강은 올바름과 고요함을 스스로 지켰다.」(莊公之爲人, 狂蕩暴疾, 莊姜不忍斥言之……莊公暴慢無常, 而莊姜正靜自守)

이 두 구절은 수선화가 공강과 장강 같이 슬프고 원망을 가지고 있으면서도 부덕(婦德)을 잃지 않는 듯하다는 것을 읊었다.

99. 淸江道中見梅[1]

청강으로 가는 도중에 매화를 보다

今日淸江路	오늘 청강 가는 길에,
寒梅第一枝[2]	한매 첫 번째 가지 피었네.
不愁風嫋嫋[3]	바람에 산들산들 흔들림 시름겹지 않으나,
正奈雪垂垂[4]	마침 눈 펄펄 내림 어찌하겠는가?
暖熱惟須酒[5]	따뜻하게 데우는 데는 오로지 술 필요하고,
平章却要詩[6]	품평하는 데는 오히려 시 필요하다네.
他年千里夢	먼 훗날 천리의 꿈,
誰與寄相思	누구 더불어 그리워함 부칠까?

1 청강(淸江): 《차의》「임안의 속현이다.」(臨安屬縣) 《익증》「청강은 물 이름인데 그대로 현의 이름으로 삼았다. 임강은 군의 소재지이다.」(淸江水名, 因以爲縣名. 臨江軍治所) 임강군(臨江軍)의 치소(治所)로 지금의 강서성 장수시(樟樹市)이다.
원나라 방회(方回)의 《영규율수(瀛奎律髓)》 권20 〈매화류(梅花類)〉「주문공이 건도 3년 정해년(1167)에 장남헌을 방문하고 돌아와서 12월에 강서에서 지은 시이다. 서방에서는 《전방비조》를 발간하였는데 수미를 잘라내고는 가운데 4구를 유신의 시라 하였으니 심히 잘못 되었다.」(朱文公乾道三年丁亥訪南軒歸, 十二月江西詩也. 書坊刋全芳備俎, 節去首尾, 以中四句爲庾信詩, 誤甚)

2 한매제일지(寒梅第一枝): 송나라 왕정규(王庭珪)의 〈갈덕유 주부와 헤어지다(別葛德裕主簿)〉「멀리서 헤어진 뒤 봄바람 불 때 가까웠음 알고는, 먼저 한매 첫째 가지 부쳤다네.」(懸知別後東風近, 先寄寒梅第一枝)

3 풍뇨뇨(風嫋嫋): 요뇨(嫋嫋)는 가늘고 약한 모양. 여기서는 곧 나무가 바람을 이기지 못하고 흔들리는 모양을 말한다. 굴원(屈原)의 〈초사·구가·상부인(九歌·湘夫人)〉「가을 바람 하늘하늘함이여, 동정호의 물결에 나뭇잎 지는도다.」(嫋嫋兮秋風, 洞庭波兮木葉下)

4 정내(正耐): 내(奈)는 곧 내(耐)와 같은 뜻으로 쓰였다. 이 두 자는 서로 통용한다.
설수수(雪垂垂): 당나라 두보의 〈배적이 촉주의 동정에 올라 나그네를 송별하다가 조매를 만나 그리워하여 부쳐온 시에 화답하다(和裴廸登蜀州東亭送客逢早梅相憶見寄)〉「강가의 한 나무는 푸른 빛 드리워 발하고, 아침 저녁으로 사람 절로 백발 되게끔 재촉하네.」(江邊一樹垂青發, 朝夕催人自白頭)

5 난열유수주(煖熱惟須酒): 당나라 원진(元稹)의 〈고악상의곡(苦樂相倚曲)〉「그로 인해 서로 영원히 헤어지는 일 없었고, 오히려 반년 거짓으로 따뜻하게 데우게 되었네.」(未有因由相決絶, 猶得半年佯暖熱) 송나라 황정견(黃庭堅)의 〈숙원회의 적조방이란 시의 각운자를 써서 치천에게 드림(次韻答叔原會寂照房呈稚川)〉「술 차려 놓고 서로 따뜻하게 덥히고, 겨울에 탕 마심 마음에 흡족하네.」(置酒相暖熱, 愜於冬飮湯)

6 평장(平章): 《차의》「품제라는 말과 같다.」(猶言品題) 품평하다. 당나라 유우석(劉禹錫)의 〈백거이와 함께 원진의 깊은 봄이란 시에 화답하다(同樂天和微之深春)〉 제15수「서로 쫓아 함께 짝하여 놀았고, 귀하고 값비싼 수레 평가했다네.」(追逐同游伴, 平章貴價車) 여기서는 매화를 품평하는 것을 말한다.

100. 臨江買舟[1]

임강에서 배를 사다

征驂聊駐近江樓	수레 말 문득 강가 누대 가까이 매어두고,
南市津頭問買舟[2]	남쪽 저자 나루에서 배를 사려고 물어보네.
共說明朝乘雪水[3]	모두들 내일 아침 함께 눈 녹은 물을 배타고 가자하니,
長歌一日到洪州[4]	긴 노래 하루면 홍주에 이르리.

1 임강(臨江): 강서성(江西省)의 임강부(臨江府: 지금의 淸江縣 서쪽의 임강)를 말한다. 한나라 때는 예장군(豫章郡)에 속하였으며, 수나라 때는 홍주(洪州)에 속하였다가 송나라 때 군(軍)이 되었다. 《익증》「청강은 곧 공강으로, 아래로 임강군 동쪽을 거쳐 북으로 남창의 등왕각을 흘러서 거쳐 아래로 영려로 들어가며, 또한 장강이라고도 한다. 선생은 임강에 이르러 배를 샀는데 뭍에서 객사를 정해 자고 강으로 가는 것이다.」(淸江卽贛江, 下流經臨江軍東, 北流過南昌滕王閣下入影蠡, 亦曰章江. 先生至臨江買舟, 舍陸江行也)

2 남시~매주(南市~買舟): 당나라 두보의 〈봄물이 나다(春水生)〉 제2수 「남쪽저자 나루 어귀에 팔 배 있는데, 바로 살 돈 없어 울타리 곁에 매두었다네.」(南市津頭有船賣, 無錢即買繫籬傍)

3 설수(雪水): 《익증》「설수는 눈 녹은 물이 생겨나는 것이다.」(雪水, 雪消水生也)

4 홍주(洪州): 남창(南昌)을 말하며, 융흥부(隆興府)의 옛 이름으로, 유명한 등왕각(滕王閣)이 있는 곳이다. 행정소재지는 지금의 남창시이다. 《익증》「임강의 동쪽 순풍성에서 북으로 홍주까지는 수로로 약 2백 4, 50리 쯤 된다.」(自臨江東循豐城北至洪州, 水路約二百四五十里)

101. 薌林[1]

임강에서 배를 사다

東皐濺寒水[2]	동쪽 언덕에 차가운 물 흩뿌리고,
西崦饒淸陰[3]	서쪽 기슭에는 맑은 그늘 많다네.
南埭奎璧麗[4]	남쪽 방죽에 규벽 아름답고,
北垞靜且深[5]	북쪽 언덕은 조용하고 또 깊다네.
入門流綠波	문 들어서니 녹색 물결 흐르는데,
竹樹何箾槮[6]	대나무는 얼마나 빽빽이 우거졌는지!

1 향림(薌林)은 송나라 상자인(向子諲: 1086~1153)의 장원(莊園) 이름이다. 상자인은 자가 백공(伯恭)이며, 호가 향림거사(薌林居士)이다. 개봉(開封) 사람인데 임강(臨江)에 우거하였으며, 벼슬은 호부시랑까지 올랐으나 금나라와의 화친에 반대하여 진회(秦檜)의 비위를 거슬러 벼슬을 그만 두었다. 주희가 그의 문집에 써준 서문인 〈상향림문집후서(向薌林文集後序)〉가 《문집》 권76에 수록되어 있다. 송나라 양만리(楊萬里)는 〈향림오십영(薌林五十詠)〉을 지었는데 《조천속집(朝天續集)》에 수록되어 있다.

2 동고(東皐): 물가의 양지바른 언덕. 전원이나 들녘을 나타내기도 한다.

3 서엄(西崦): 엄(崦)은 곧 엄자산(崦嵫山)을 말하며 해가 지는 곳이다. 《초사·슬픔을 만나다(離騷)》「내 희화에게 명하여 해 천천히 지게 함이여, 엄자산 바라보며 가까이 가지 못하게 하네.」(吾令羲和弭節兮, 望崦嵫而勿迫) 주희의 주석 「엄자는 해가 들어가는 산이다.」(崦嵫, 日所入之山也) 《차의》「『崦』은 상성과 평성의 『엄』이 있다. 엄자는 산 이름인데 해가 지는 곳이다. 두보에게는 〈적곡 서엄의 인가〉라는 시가 있으며, 소식에게도 『서엄의 인가가 가장 즐거우리.』라는 구절이 있다.」(衣檢衣廉二切. 崦嵫山名日所入. 杜子美有赤谷西崦人家詩, 東坡詩亦云, 西崦人家應最樂) 소식 시의 제목은 〈신성으로 가는 도중에(新城道中)〉이며 두 수 중 첫째 시에 나오는 구절이다.

4 남태(南埭): 《차의》「『埭』의 음은 태이며, 물을 막아 방죽을 만든 것이다.」(埭, 待戴切, 壅水爲堰也)
규벽려(奎璧麗): 「구슬 벽」(璧)자는 「벽 벽」(壁)자로 되어 있는 판본도 있다. 《차의》「상자인은 매번 조정에 들어와 임금을 뵐 때마다 돌아가기를 구하였는데, 임금이 그 뜻을 높이 사서 친히 『향림』이란 두 자를 써서 규벽에 내려주었다. 아마도 천자의 친필을 이르는 것 같다.」(向公每入覲求歸, 上高之, 親書薌林二字以賜奎璧, 盖謂宸翰也) 앞쪽의 말은 《송명신언행록(宋名臣言行錄)》〈별집(別集) 상〉 권11에 나오는 말이다. 《익증》에서는 「규벽은 별 이름으로 문서를 관장한다.」(奎璧, 星名, 掌文書)라 하였다.

5 북타(北垞): 당나라 왕유(王維)의 〈남쪽 언덕(南垞)〉에 「가벼운 배 남쪽 언덕으로 가고, 북쪽 언덕은 물 아득하여 나아가기 어렵네.」(輕舟南垞去 北垞淼難卽) 《차의》「『垞』는 음이 타이며, 또 답이라는 음도 있는데, 언덕의 이름이다.」(屯加切, 又音沓, 丘名)

6 삭삼(箾槮): 쌍성연면어(雙聲聯綿語)로 높고 긴[高長] 모양을 나타내는 의태어.

積石象雲壑	돌 쌓아놓은 것 구름 골짜기 모양내고,
高堂杳沈沈[7]	높은 대청은 아득하여 조용하다네.
左通雲水區	왼쪽으로는 구름과 물 경계 통하고,
右徑梅杏林	오른쪽은 매화와 살구나무 숲 오솔길이라네.
沼沚共回薄[8]	늪과 물가 한데 빙빙 감겨 돌고,
觀臺鬱差參	누관과 누대는 빽빽하니 들쭉날쭉하네.
紛吾千里遊	내 천리 유람 기뻐하였는데,
發軔南山岑	남산 봉우리에서 수레 떠났다네.
過門得佳賞[9]	문 지나니 아름다운 감상 얻어,
慰此夙昔心	이 옛날부터 품은 마음 위로해주네,
면懷企疏翁[10]	멀리 소옹 바라는 뜻 품어,
歲晩投冠簪	만년에는 갓과 비녀 벗어 던졌다네.
婆娑此澗谷[11]	이 시내 골짝에서 너울너울 춤추니,

7 고당묘침침(高堂杳沈沈): 권4의 5번 시 〈조군택이 거문고를 들고 술을 싣고 찾아와 운자를 나누어 시를 지었는데 「거문고 금」자를 얻었다(趙君澤携琴載酒見訪, 分韻得琴字)〉에 「산성 밤 되니 쓸쓸하고 조용하며, 빈 집 아득히 멀어 잠잠하네.」(山城夜寥闃, 虛堂杳沈沈)라는 구절이 있다. 묘침침(杳沈沈)은 해당 주석을 보라.

8 지(沚): 물 가운데 있는 조그만 육지를 말한다. 《시경·진풍·겸가(秦風·蒹葭)》「물결 따라 내려가 따르려 하나, 완연히 물의 모래섬에 있다네.」(遡游從之, 宛在水中漬) 주희는 「작은 모래섬을 지라 한다.」(小渚曰沚)고 하였다. 회박(回薄): 순환하여 맞부딪치며 변화가 무상함. 또 빙빙 휘감음이란 뜻이 있다.

9 가(佳): 「嘉」로 된 판본도 있다.

10 면(納): 《차의》「『면』은 《운회》에서 『緬』자와 통하여 쓰며 멀다는 뜻이라고 하였다.」(納, 韻會緬通, 遠也) 기소옹(企疏翁): 《차의》「『疏』는 당본에 『踈』로 되어 있다. 『기소』는 향림의 별호가 아닌가 한다. 《문집》의 서문에서 『중년에 몸이 물러나 강호의 가에 스스로 놓이기를 바랐다.』 하였고, 이 시에서도 『만년에는 갓과 비녀 벗어 던졌다네.』라 한 구절이 있으니, 아마도 향림이 두 소씨를 바라고 그리워하여 자호로 삼은 것 같다.」(疏, 唐本作踈 企疏, 疑薌林之別號也. 文集序云, 中年乞身以自放於江湖之上. 此詩亦有歲晩投冠簪之句, 蓋薌林希慕二疏而自號也) 이소는 한나라 때 소광(疏廣)과 소수(疏受)를 말한다. 《한서》〈소광전(疏廣傳)〉에 「소광이 태부로 옮기고, 소광의 형의 아들인 수는 …… 소부에 배수되었다. …… 소광이 수에게 일러 말했다. 『내가 듣기에 「스스로 만족할 줄을 알면 욕되지 않으며, 또한 그칠 줄을 알면 위태롭지가 않다.」고 했고, 또한 「공이 이루어지면 물러나는 것이 하늘의 도이다.」라고 했다.』 …… 소광은 마침내 (조카인 수와 함께) 병이 위독함을 아뢰고 소장을 올려 벼슬에서 물러날 것을 청하였다.」(廣徙爲太傅, 廣兄子受……拜受爲少傅.……廣謂受曰. 吾聞, 知足不辱, 知止不殆. 功遂身退, 天之道也.……廣遂稱篤, 上疏乞骸骨)」라는 말이 있다.

11 파사(婆娑): 너울너울 춤추는 모양, 또는 어른어른하는 모양. 《회남자(淮南子)》「달에는 너울너울 춤추는 것이 있는데, 곧 산과 내의 그림자이다.」(月中有物婆娑者, 乃山河影也) 《금수만화곡(錦繡萬花谷)》이라는 유서(類書)에서 재인용. 《시경·진풍·동쪽 문의 흰 느릅나무

俯仰成古今　숙였다 쳐드는 사이에 예와 지금이 되었네.
嗣德世有人[12]　덕 이음에 대대로 사람 있으니,
聞道我所欽[13]　도 들음 내 흠모하는 바라네.
相見無雜語[14]　만나봄에 잡스런 말 없고,
晤言寫胸襟[15]　말 나눔에 흉금 쏟아내네.
懷舊復惆悵[16]　옛일 생각하니 다시 슬퍼져,
命酒聊同斟　술 내오라 명하여 애오라지 함께 따른다네.
飮罷我當去　술자리 파하여 내 떠나야 하리니,
握手淸江潯　맑은 강가에서 손 잡는다네.

冠簪, 一作華簪　「관잠」은 「화잠」이라 되어 있는 판본도 있다

(陳風·東門之枌)》「자중씨네 딸, 그 나무 아래서 나폴나폴 춤추네.(子仲之子, 婆娑其下) 《모시전(毛詩傳)》「파사는 춤추는 것이다.」(婆娑, 舞也) 초나라 송옥(宋玉)의 〈신녀부(神女賦)〉「이미 그윽하고 조용하게 정숙함이여, 또한 인간세상에서 너울너울 춤춘다네.」(旣姽嫿於幽靜兮, 又婆娑乎人間) 《문선》에 주석을 단 당나라의 이선(李善)은 「반산」(盤姍)과 같다고 하였고, 유량(劉良)은 「방일한 모양」(放逸貌)이라고 하였다. 「盤姍」은 「婆娑」와 같은 뜻이다.

12 사덕(嗣德): 《차의》「이는 아마 향림의 아들인 상어(向語)를 가리킬 것이다. 상어의 자는 백원이다.」(此蓋指薌林之子語也. 語字伯元) 어(語)는 오(浯)자의 오자이다. 《주문공집》 권76 〈상향림문집후서(向薌林文集後序)〉「또 그 후 20여 년 지나 공의 막내아들 대부공(大夫公)이 바로 공의 문집 30권을 나[熹]에게 부탁하여 공을 위해 서문을 짓도록 하였다. …… 대부의 이름은 모(某)인데, 젊은 시절 공의 명령으로 남양 호문정공의 문하에서 수학하였다.」(又後二十余年, 而公之季子大夫公乃以公之文集三十卷者屬熹, 使爲之序…… 大夫名某, 少以公命受學南陽胡文定公之門) 《주문공집》 권84에는 또한 〈상백원의 유계의 발문(跋向伯元遺戒)〉도 실려 있다.

13 문도(聞道): 《논어·이인(里人)》「공자께서 말씀하셨다. 『아침에 도를 들으면 저녁에 죽어도 좋다.』」(子曰, 朝聞道, 夕死可矣)

14 상견무잡어(相見無雜語): 진나라 도연명의 〈전원으로 돌아와 살다(歸園田居)〉「만나보면 잡스런 말 없고, 다만 뽕이며 삼 자란 것만 이야기하네.」(相見無雜言, 但道桑麻長) 송나라 황정견(黃庭堅)의 〈삼가 나무형(羅茂衡)의 종이를 보내줌에 감사하다라는 장구에 답하다(奉答茂衡惠紙長句)〉「나후 만나보면 잡스런 말 없고, 오로지 위산의 구절 있는지 없는지만 묻는다네.」(羅侯相見無雜語, 苦問潙山有無句)

15 오언(晤言): 오(晤)는 만난다[見, 會]는 뜻. 오어는 만나서 이야기하는 것을 말한다. 《시경·진풍·동쪽 문 밖의 연못(陳馮·東門之池)》「아름다운 좋은 아가씨와, 짝지어 얘기하고 싶네.」(彼美淑姬, 可與晤語)

16 회구복추창(懷舊復惆悵): 당나라 위응물(韋應物)의 〈서울의 친구를 남겨두고 헤어지다(留別洛京親友)〉「어찌 옛 오두막 그립지 않겠는가? 슬피 그대와 작별한다네.」(豈不懷舊廬, 惆悵與子辭)

102~103. 過樟木鎭晩晴, 二首[1]

장목진을 지나는데 저녁에 개다, 두 수

102

朝晴遣我看薌林[2] 아침에 개어 나더러
향림 보게 하더니,
頃刻浮雲萬里陰 잠깐 만에 뜬 구름
만 리에 어둑하네.
拂袖凌風三十里[3] 소매 펄럭이며 바람 뚫고
삼십 리를 갔더니,
依然寒日照長吟 여전히 차가운 해
비치어 길게 읊조리네.

103

飛雲極目疑梅嶺[4] 나는 구름 눈길 다한 곳
매령인 듯한데,
落日回頭夢橘洲[5] 지는 해에 고개 돌리며
귤주를 꿈꾸네.

1 장목진(樟木鎭)은 곧 장수진(樟樹鎭)으로, 지금의 청강현(淸江縣)에 있다.

2 견(遣): 「하여금 사」(使)자와 같은 뜻으로, 사역동사로 쓰였다.

3 불수릉풍(拂袖凌風): 당나라 두보의 〈누차 장재주가 강에 배를 띄워 노는 것을 모셨는데 여자 악공이 여러 배에 있으므로 장난삼아 아름다운 곡조를 짓다(數陪章梓州泛江有女樂在諸舫戲為艷曲)〉「옥 소매 바람 타고 나란한데, 금 항아리는 물결 한쪽으로 숨겼다네.」(玉袖凌風並, 金壺隱浪偏)

4 매령(梅嶺): 숭안현(崇安縣) 개요향(開耀鄕)에 있으며, 주희의 고향이다. 상세한 것은 권2 106번 시의 주석 1)을 보라.

5 귤주(橘洲): 위 96번 시의 주 2)를 보라.

從此不愁東路永[6] 이제부터 동쪽 길
　깊 근심하지 않으리니,
祇應西望轉悠悠 다만 서쪽 바라보면
　점점 더 아득해 지겠지.

6 동로영(東路永): 당나라 교연(皎然)의 〈왕거사가 월지방으로 놀러감에 송별하다(送王居士遊越)〉「한번 푹 노는 것 사랑하여, 한가로이 동쪽 길 멂 찾는다네.」(愛作爛熳遊, 閑尋東路永)

104. 赤岡頭望遠山作[1]

적강산 어귀에서 먼 산을 바라보며 짓다

曉起淸江弄小舟	새벽 같이 일어나 청강에서 작은 배 젓는데,
晩風吹過赤岡頭[2]	저녁에 바람 불어 적강의 어귀 지나네.
遠峰自作脩眉斂[3]	먼 봉우리 절로 일어나 긴 눈썹 거두는데,
萬里那知客子愁	만 리 먼 곳에서 어찌 나그네 시름 알겠는가?

1 《강서통지(江西通志)》「적강은 풍성현의 서북쪽 50리 경계에 있으며 신건과 접하였다. 강가의 벽처럼 서 있는 흙과 돌이 모두 붉다.」(赤岡在豐城縣西北五十里界, 接新建. 瀕江壁立土石皆赤)

2 만풍취과(晩風吹過): 송나라 진여의(陳與義)의 〈성 위에서 저녁에 생각에 잠기다(城上晩思)〉「수도 없는 버들꽃은 강가 가득 날리는데, 저녁에 바람 불어 동정호 스치네.」(無數柳花飛滿岸, 晩風吹過洞庭湖)

3 수미렴(脩眉斂): 수미는 긴 눈썹이란 뜻인데, 먼 산을 비유한다. 당나라 한유(韓愈)의 〈남산시(南山詩)〉「하늘에 긴 눈썹 떠 있는데, 짙은 녹색 새로운 성취 그려내네.」(天空浮脩眉, 濃綠畫新就) 주희의 《고이》「손씨가 말하였다. 『먼 산이 긴 눈썹처럼 비스듬한 것을 말한다.』 《비연외전》에서는 『조비연의 동생은 이름이 합덕인데 눈썹이 얇아서 호를 원산대라 하였다.』라 하였다.」(孫曰, 言遠山橫如脩眉也. 外傳, 趙飛燕妹名合德, 爲薄眉, 號遠山黛) 송나라 소식의 사 〈남가자(南柯子)〉「산은 노래와 함께 눈썹 거두고, 물결은 취한 눈과 함께 흐른다.」(山與歌眉斂, 波同醉眼流)

105. 次韻擇之發臨江

임용중의 임강을 나서다라는 시의 각운자를 써서 짓다

千里烟波一葉舟	천리 안개 물결에 일엽편주,
三年已是兩經由	3년 만에 이미 두 번 지나간다네.
今宵又過豐城縣[1]	오늘 밤에 또 풍성현 지나는데,
依舊長江直北流[2]	변함없이 긴 강은 곧장 북쪽으로 흐른다네.

1 풍성현(豐城縣): 곧 지금의 강서성(江西省) 풍성현이다. 장수현(樟樹縣)과는 백여 리 떨어져 있다.

2 장강(長江): 실제로는 감강(贛江)을 가리킨다. 북쪽으로 흘러 장강에 유입되므로 이렇게 말한 것이다.

106. 次韻擇之漫成

임용중의 되는대로 짓다 라는 시의 각운자를 써서 짓다

落日晴江更遠山[1]	개인 강에 해 지니 산 더욱 멀어지고,
遠山猶在有無間	먼 산은 있는 듯 없는 듯 놓여 있네.
不須極目傷懷抱	구태여 눈길 다하는 곳 보느라 회포 상하랴,
且看漁船近往還[2]	잠깐 가까이 고기잡이배 왕래하는 것 보네.

船, 一本作舠　「선」은 「도」로 되어 있는 판본도 있다

1 낙일청강(落日晴江): 당나라 유방평(劉方平)의 〈연을 따다(採蓮曲)〉 「개인 강 속으로 해 떨어지니, 형지방의 노래에 초나라 허리 아름답네.」(落日晴江裏, 荊歌豔楚腰)

2 낙일~왕환(落日~往還): 《표보》 「《삼연집》의 만록에서는 이 시를 논하여 말하기를 『곧 《시경·제풍》의 「멀리 있는 사람은 생각 마라.」라 한 뜻이다』라 하였다.」(三淵集漫錄論此詩曰, 卽齊風無思遠人之意) 인용된 《시경》의 구절은 〈제풍·큰 밭(甫田)〉이다.

107. 竹節灘[1]

죽절탄

船下淸江竹節灘	배 아래는 청강의 죽절탄인데,
長烟漠漠水漫漫[2]	긴 운무 막막하고 물은 질펀하다네.
人家斷岸斜陽好[3]	인가 끊어진 절벽에 비낀 햇볕 좋은데,
客子中流薄暮寒	나그네 물결 가운데서 저녁 무렵에 추위 느끼네.

1 죽절탄은 강서성 장수현(樟樹: 곧 淸江) 경내의 감강(贛江) 가에 있다.

2 막막(漠漠): 연무(煙霧)가 널리 퍼져 있는 모양을 말한다.
만만(漫漫): 길고 멀게 끝없이 펼쳐진 모양.

3 단안(斷岸): 강가의 절벽을 말한다. 남조 송나라 포조(鮑照)의 〈무성부(蕪城賦)〉「험악하기는 끊어진 절벽 같고, 우거지기는 긴 구름 같네.」(崒若斷岸, 矗以長雲) 송나라 소식의 〈후적벽부(後赤壁賦)〉「강 물결 소리 내고 흐르고, 끊어진 절벽은 천 자나 되네.」(江流有聲, 斷岸千尺)

108. 舟中晚賦

배 안에서 저녁 때 읊다

長風一萬里[1]	긴 바람 일만 리에 불어,
披豁暮雲空[2]	탁 트이고 맑아 저녁 구름 없네.
極浦三年夢[3]	아득히 먼 물가의 삼 년 전 꿈,
扁舟二子同[4]	조각배에 두 사람 함께 하였었다네.
離離浮遠樹[5]	빽빽하게 멀리 나무 떠 있고,
杳杳沒孤鴻[6]	가물가물 외로운 기러기 잠긴다네.
若問明朝事[7]	만약 내일 아침 일 묻는다면,
西山晻靄中[8]	서산의 아지랑이 침침한 곳에 있으리.

1 장풍일만리(長風一萬里): 당나라 이백의 〈관산의 달(關山月)〉「긴 바람 몇 만 리나, 옥문관에 불어 닥치네.」(長風幾萬里, 吹度玉門關)

2 피활(披豁): 탁 트이고 밝다. 송나라 소식(蘇軾)의 〈능허대(凌虛臺)〉「무너졌다 올랐다 가서 그윽이 감상하니, 탁 트이고 밝음 하늘이 아낌 드러내네.」(崩騰赴幽賞, 披豁露天慳)

3 극포(極浦): 아득히 먼 물가를 말하는데, 여기서는 풍성(豐城)을 가리킨다.

삼년몽(三年夢): 3년 전에 이곳에 왔었던 기억이 생생하다는 말. 융흥 2년(1163) 융흥부에 이르러 장준의 빈소에 조문하고 마침내 장식과 함께 배를 타고 풍성에 이른 것을 말한다.

4 이자동(二子同): 《차의》「이는 모두 범염덕과 임용중을 가리킨다.」(此皆指伯崇擇之也)

5 이리부원수(離離浮遠樹): 이리(離離)는 초목이 무성한 모양. 당나라 백거이(白居易)의 〈옛 언덕의 풀을 읊어 송별하다(賦得古原草送別)〉「빽빽이 우거진 들판의 풀, 한 해에 한 번씩 시들었다 피었다 한다네.」(離離原上草, 一歲一枯榮)

6 묘묘(杳杳): 깊고 멀어 어둑한 모양. 송나라 소식의 사(詞) 〈수조가두·쾌재정(水調歌頭·快哉亭)〉「비스듬히 강남의 안개비 베고 누웠는데, 가물가물 외로운 기러기 잠긴다네.」(欹枕江南煙雨, 杳杳沒孤鴻)

7 약문명조사(若問明朝事): 송나라 육유(陸游)의 〈봄이 늦어 여러 가지 흥이 일다(春晚雜興)〉 제5수「내일 아침 일일랑 묻지 말게나, 집 잊고 곧 집 나설 것이니.」(莫問明朝事, 忘家即出家)

8 서산(西山): 강서성 신건현(新建縣) 서쪽 30리 지점에 있으며, 곧 옛 산원산(散原山)으로 도가에서는 제12동천으로 삼는다.

엄애중(晻靄中): 《차의》「수목이 무성한 모양이다.」(樹木茂盛之貌) 송나라 왕안석(王安石)의 〈정림에서 도원에게 보이다(定林示道原)〉「까마득한 침침한 안개 속에, 백옥대 있으리라.」(迢迢晻靄中, 疑有白玉臺)

109. 次韻擇之將近豐城有作[1]

임용중의 풍성에 가까워지려 하여 짓다라는 시의 각운자를 쓰다

老矣身如萬斛舟[2]	늙었어라, 몸 만 휘의 배 같은데,
長風破浪若爲收[3]	긴 바람 부서지는 물결 거두어 들이는 듯.
江山若有逢迎意	강산에 맞아들이는 뜻 있다면,
到處何妨爲少留	어느 곳인들 잠시 머무름 어찌 거리끼겠는가?

1 풍성(豐城): 《집람》「풍성은 현 이름으로 홍주에 속하였다. 곧 뇌환이 보검을 파낸 곳이다.」(豐城, 縣名, 屬洪州. 卽雷煥掘寶劍處) 지금의 강서성 풍성시(豐城市)이다.

2 만곡주(萬斛舟): 곡(斛)은 곧 10말[斗]이다. 만곡주는 만 곡을 실을 수 있는 큰 배를 말한다. 《십국춘추(十國春秋)》 권95 〈민(閩) 6·서인(徐寅)〉「한 길이나 한 자의 물에 앞에는 보로 막고 뒤에는 방죽을 쌓는다면 어찌 능히 만 휘의 배를 띄울 수 있겠는가?」(丈尺之水, 前陂後堰, 安能容萬斛之舟乎) 당나라 두보의 〈기주가 10절구(夔州歌十絶句)〉 제7수「촉땅의 삼과 오땅의 소금 예로부터 유통하였는데, 만 휘 싣는 배 바람처럼 달리네.」(蜀麻吳鹽自古通, 萬斛之舟行若風) 같은 사람의 〈세 운자를 써서 세 편을 짓다(三韻三篇)〉 제2수「거침없는 만휘 싣는 배, 그림자 흰 무지개 들어올리는 것 같네.」(蕩蕩萬斛船, 影若揚白虹)

3 장풍파랑(長風波浪): 《송서(宋書)》 권76 〈종각전(宗慤傳)〉「종각은 자가 원간으로 남양 사람이다. 숙부인 종병은 고상하여 출사하지 않았는데, 종각이 소년일 때 종병이 그의 뜻을 묻자 종각은『긴 바람을 타고 만 리의 물결을 부셨으면 합니다.』라 하였다.」(宗慤字元幹, 南陽人也. 叔父炳高尚不仕. 慤年少時炳問其志, 慤曰, 願乘長風破萬里浪) 당나라 이백(李白)의 〈인생살이의 어려움(行路難)〉 첫째 시「긴 바람 부서지는 물결 만남 때 있으니, 곧장 구름 돛 걸고 창해 건넌다네.」(長風破浪會有時, 直挂雲帆濟滄海)

110. 過豐城作

풍성을 지나며 짓다

渺渺豐城縣　　풍성현 아득하여 가물가물한데,
回頭憶舊遊[1]　　고개 돌려 옛 놀이 생각하네.
晴江羅遠樹[2]　　맑게 갠 강에는 먼 곳의 나무 펼쳐져 있고,
宿莽亂中洲[3]　　숙망 모래섬 가운데 어지럽네.
寶劍今鱗甲[4]　　보검 녹슬어 이제 비늘 껍질 되었지만,
神光尙斗牛[5]　　신비스런 광채 아직도 두우간에 있다네.

1 회두억구유(回頭憶舊遊): 당나라 백거이의 〈풍각로[馮宿]가 있는 곳에서 엄낭중[嚴休復]에게 화답하여 보낸 시를 보고 이에 장난삼아 절구를 지어 드리다(馮閣老處見與嚴郎中酬和詩因戲贈絶句)〉「언뜻 하늘에 오니 응당 맑고 깨끗하여, 고개 돌려 고향 산 돌아볼 필요 없다네. 옛 놀던 곳 있더라도 그대 생각지 말게나, 세속의 마음 일으키면 인간세계로 떨어진다네.」(乍來天上宜清淨, 不用回頭望故山. 縱有舊遊君莫憶, 塵心起卽墮人間)

2 청강·원수(晴江·遠樹): 송나라 양만리의 〈중량의 늦봄에 있었던 일을 그대로 적다라는 시에 화답하다(和仲良春晚即事)〉 제5수「갠 강 밝은 곳에서 움직이는데, 먼 곳의 나무 보아하니 가지런하네.」(晴江明處動, 遠樹看來齊)

3 숙망(宿莽): 겨울을 지나도록 죽지 않는 풀. 굴원(屈原)의 《초사》〈슬픔을 만나다(離騷)〉「아침에 비산의 목란을 꺾음이여, 저녁에는 모래톱의 숙망을 캐는도다.」(朝搴阰之木蘭兮, 夕攬洲之宿莽) 주희의 주석「풀이 겨울에 나서 죽지 않는 것을 초나라 사람들은 숙망이라고 한다.」(草冬生不死者, 楚人名曰宿莽)

4 보검금린갑(寶劍今鱗甲): 인갑(鱗甲)은 쇠 따위가 녹이 슬어 물고기 비늘 모양을 하고 있음을 말한다. 당나라 위응물(韋應物)의 〈옛 칼의 노래(古劍行)〉「침침하게 푸른 칼등 물고기 미늘 가득하고, 교룡은 다리 없어지고 뱀 꼬리는 잘렸다네.」(沉沉青脊鱗甲滿, 蛟龍無足蛇尾斷)

5 보검~두우(寶劍~斗牛): 인갑(鱗甲)은 물고기의 비늘을 말하는데, 금속 등이 녹스는 것을 비유하였다. 《진서(晉書)》 권36 〈장화전(張華傳)〉「오나라가 아직 멸망당하지 않았을 때 북두와 견우성 사이에 항상 자줏빛 기운이 있었다. …… 장화는 예장 사람 뇌환이 성상(星象)에 통달하였다는 소리를 들었는데 …… 뇌환이 말했다.『보검의 정기가 위로 하늘을 꿰고 있습니다.』…… 장화가 이에 묻기를『어느 군에 있소?』라 하니 뇌환이 말하였다.『예장의 풍성에 있습니다.』…… 장화는 크게 기뻐하며 즉시 뇌환을 풍성령으로 보하였다. 뇌환이 현에 도착하여 감옥의 터를 파서 땅으로 네 길여를 내려가자 석함을 하나 얻었는데 빛의 기운이 비상하였고 그 안에는 칼 한 쌍이 들어 있었으며 아울러 제목이 새겨져 있었는데, 하나는 용천이라 하였고 하나는 태아라 하였다. 그날 저녁 북두와 견우성 사이의 기운은 더 이상 보이지 않게 되었다. …… 뇌환은 심부름꾼을 보내어 검 한 자루와 흙을 장화에게 보내고 하나는 남겨 놓고 스스로 찼다. …… 뇌환이 말하기를『본조에 곧 난

他年還記得　　　훗날에 또한 기억하게 되리라,
此夜一扁舟　　　오늘 밤 이 한 조각배.

이 일어나 장공께서는 화를 입을 것입니다. 이 검은 서군의 묘 나무에 걸어놓아야 합니다. 신령스럽고 기이한 물건은 끝내 변화하여 사라지고 영원히 사람을 위하여 쓰여지지 않습니다.』라 하였다. 장화는 검을 얻고 보물처럼 사랑하여 항상 왼쪽 곁에 두었다. …… 말하기를 『이것은 간장이다. 막야는 왜 다시 이르지 않는가? 그렇기는 하나 하늘이 신기한 물건을 냄에는 끝내 합당한 것이 있을 것이다.』라 하였다. …… 장화가 사형을 당하자 검이 있는 곳을 잃어버렸다. 뇌환이 죽자 아들인 뇌화가 주의 종사가 되어 검을 차고 연평진을 지나게 되었는데, 검이 홀연히 허리에서 뛰어나와 물에 떨어졌다. 사람을 시켜 물에 들어가 가져오게 하였는데, 검은 보이지 않고 다만 각각 길이가 여러 길이나 되는 용 두 마리가 똬리를 틀고 얽히어 문장을 이루고 있는 것만이 보일 뿐이어서 물에 들어간 사람은 두려워서 돌아왔다.」(吳之未滅也, 斗牛之間常有紫氣……華聞豫章人雷煥妙達緯象……煥曰, 寶劍之精, 上徹於天耳.……華因問曰, 在何郡? 煥曰, 在豫章豐城.……華大喜, 卽補煥爲豐城令. 煥到縣, 掘獄屋基, 入地四丈餘, 得一石函, 光氣非常, 中有雙劍, 並刻題, 一曰龍泉, 一曰太阿. 其夕, 斗牛間氣不復見焉……煥遣使送一劍幷土與華, 留一自佩……煥曰, 本朝將亂, 張公當受其禍. 此劍當繫徐君墓樹耳. 靈異之物, 終當化去, 不永爲人服也. 華得劍, 寶愛之, 常置坐側……曰乃干將也, 莫邪何復不至, 雖然, 天生神物, 終當合耳.……華誅, 失劍所在. 煥卒, 子華爲州從事, 持劍行經延平津, 劍忽於腰間躍出墮水. 使人沒水取之, 不見劍, 但見兩龍各長數丈, 蟠縈有文章, 沒者懼而反) 당나라 왕발(王勃)의 〈등왕각 시의 서문(滕王閣序)〉「물건의 정화는 천연적인 보물이니 용천검의 칼빛이 우성과 두성의 자리를 쏘았다.」(物華天寶, 龍光射牛斗之墟)

111. 舟中見新月, 伯崇擇之二友皆已醉臥, 以此戲之

배 안에 새 달이 보이는데 범염덕과 임용중 두 친구는 모두 이미 취하여 누워 있으므로 이에 놀리다

舟中見新月	배 안에 새 달 보이는데,
烟浪不勝寒	안개 물결 추위 이겨내지 못하네.
與問醉眠客[1]	취하여 자는 객에게 물어보니,
豈知行路難	가는 길 어려움 어찌 알리오?
殘陽猶水面	남은 빛 아직 수면에 비치고,
孤鴈更雲端	외로운 기러기 다시 구름 끝에 있네.
篷底今宵意	배 바닥에서 오늘 저녁 뜻,
天邊芳歲闌	하늘 가에 꽃다운 한 해 저무네.

1 취면객(醉眠客): 당나라 옹도(雍陶)의 〈가을 객관의 비 내리는 밤(秋館雨夜)〉「장안의 취하여 잠든 나그네, 새 기러기 옴 어찌 알리오?」(長安醉眠客, 豈知新鴈来)

112~113. 次韻擇之舟中有作, 二首

임용중의 배 안에서 짓다라는 시의 각운자를 쓰다, 두 수

112

一江烟水浩漫漫[1]	온 강의 연무 낀 물 　넓어서 끝이 없고,
昨夜扁舟寄此間	어젯밤 조각배 　이 사이에 내맡겼다네.
共向船頭望南北	함께 뱃머리로 가서 　남쪽과 북쪽 바라보았더니,
不知何處是家山[2]	어느 곳이 고향 산하인지 　알지 못하겠네.

113

一席三人抵項眠[3]	한 자리에 세 사람 　이마 붙이고 잠들었는데,

1 연수호만만(烟水浩漫漫): 당나라 모융(牟融)의 〈여호를 지나다(過蠡湖)〉「동호의 안개 낀 물결 넓어서 끝이 없고, 상강의 포구에는 가을 소리 밤중에 차가이 드네.」(東湖煙水浩漫漫, 湘浦秋聲入夜寒)

2 하처시가산(何處是家山): 당나라 최호(崔顥)의 〈황학루(黃鶴樓)〉「날은 저무는데 고향은 어디 있는가? 안개 물결 강 위에서 사람 근심하게 하네.」(日暮鄉關何處是, 烟波江上使人愁)

3 저항(抵項): 「목 항」(項)자는 「정수리 정」(頂)자로 된 판본도 있다. 당나라 한유(韓愈)의 〈하남의 장원외에게 바치는 제문(祭河南張員外文)〉「밤을 지키는 종들은 이마를 맞대고 발을 교차하여 자고 있다.」(守隸防夫, 觝頂交蹠) 주석「『觝』의 음은 저이고, 닿는다는 뜻이다. 정수리를 서로 맞대는 것이다. 『抵』라고도 한다.」(觝丁禮切, 觸也, 以頂相觝觸, 或作抵) 주희의 《한문고이(韓文考異)》에서는 「『정수리 정』자는 『목 항』자로 된 판본도 있으나 틀렸다.」(頂或作項, 非是)라 하였다. 이 구절은 곧 서로가 체온을 빌려 몸을 따뜻하게 하기 위한 동작이다.

心知蓬外水如天[4]	마음 속으로 배 바깥 물 하늘과 같음 알았다네.
起來却怪天如水	일어나 오히려 하늘 물과 같음 괴이하게 여기니,
月落烏啼浦樹邊[5]	달은 지고 까마귀 포구의 나무 가에서 운다네.

4 수여천(水如天): 당나라 조하(趙嘏)의 〈강가 누대에서의 옛 감회(江樓舊感)〉「홀로 강가 누대에 오르니 생각 아득한데, 달 빛 물과 같고 물은 하늘과 같네.」(獨上江樓思渺然, 月光如水水如天)

5 월락오제(月落烏啼): 당나라 장계(張繼)의 〈풍교에서 밤에 숙박하다(楓橋夜泊)〉「달 지고 까마귀 울며 서리 하늘에 가득한데, 강가 단풍 고기잡이 불 시름겨워 잠드는 곳에 비치네.」(月落烏啼霜滿天, 江楓漁火對愁眠)

114~115. 自東湖至列岫得二小詩[1]

동호에서 열수에 이르러 작은 시 두 수를 얻다

114

孺子高風何處尋[2]　　서치의 높은 풍도
　　어느 곳에서 찾을까?

東湖臺觀水雲深[3]　　동호의 누대와 누관
　　물과 구름 깊다네.

生芻一束人如玉[4]　　싱싱한 꼴 한 다발
　　사람 옥과 같으니,

1 동호(東湖): 지금의 강서성(江西省) 남창시(南昌市)에 있다. 《차의》「남창부 성 동남쪽 모퉁이에 있으며 둘레가 5리로 대강과 통한다. 호수 안의 작은 모래섬에는 서치의 글이 있다.」(在南昌府城東南隅, 周五里, 通大江, 湖中小洲有徐穉祠) 송나라 증공(曾鞏)의 〈서치(徐穉)를 모신 사당의 기문(徐孺子祠堂記)〉「장수의 북쪽은 남창성을 통과하며 서쪽으로 백사를 거치고 그 서쪽에는 서치의 무덤이 있다. 또 북쪽으로 남당을 거치는데 그 동쪽은 동호이고, 호수 남쪽의 작은 모래섬 위에 서치의 집이 있는데 유자대라 부른다.」(章水北逕南昌城, 西歷白社, 其西有徐孺子墓, 又北歷南塘, 其東爲東湖, 湖南小洲上有孺子宅, 號孺子臺)

열수(列岫): 《차의》「정자의 이름이다. 남창부의 성 북쪽에 있으며, 앞쪽으로는 서산을 마주하고 있다. 사조(謝朓: 자는 玄暉)의 시『창 사이로 먼 산굴 줄지어 있네.』라는 구절에서 따와 명명하였다.」(亭名. 南昌府城北, 前對西山. 取謝玄暉詩, 窓間列遠岫之句名之) 인용된 사조 시의 제목은 〈군내의 높은 서재에서 한가로이 앉아 여법조에게 답하다(郡內高齋閑坐答呂法曹)〉이며, 인용 시구의 창간(窓間)은 창중(窓中)으로 되어 있다.

2 유자(孺子): 후한 서치(徐穉: 97~168)의 자. 예장 남창 사람이다. 집이 가난하여 몸소 농사를 짓고 살았으며, 조정에서 여러 차례 불렀으나 나가지 않았다. 《후한서》 권53에 전기가 수록되어 있다. 《자치통감》 권54 〈한기·환제(漢紀·桓帝)〉 연희(延熹) 2년 조의 기사에 「진번이 예장태수가 되자 예의를 갖추어 관서의 공조들을 청했는데, 서치(徐穉)는 면직이 되지 않자 이미 아뢰고는 물러났다. 진번은 성격이 바르고 엄격해서 빈객들을 접대하는 일이 없었는데, 서치가 올 때만은 특별히 걸상 하나를 설치해 놓았다가 그가 가면 매달아두었다.」(陳蕃爲豫章太守, 以禮請署功曹, 穉不之免, 旣謁而退. 蕃性方峻, 不接賓客, 唯穉來特設一榻, 去則縣之)라는 고사가 있다. 당나라 왕발(王勃)의 〈등왕각 시의 서문(滕王閣序)〉「인물 걸출함은 땅이 영험해서이니, 서치는 진번의 걸상 내려놓게 했다네.」(人傑地靈, 徐孺下陳蕃之榻)

하처심(何處尋): 당나라 두보의 〈촉나라의 승상(蜀相)〉「승상의 사당 어디에서 찾을까? 금관성 밖 측백나무 빽빽한 곳이라네.」(丞相祠堂何處尋, 錦官城外柏森森)

3 수운심(水雲深): 당나라 유장경(劉長卿)의 〈신안으로 감에 양시랑과 헤어지다(赴新安別梁侍郎)〉「신안 그대 묻지 마오, 이 길 물과 구름 깊다오.」(新安君莫問, 此路水雲深)

4 생추~여옥(生芻~如玉): 《후한서·서치전(徐穉傳)》

此日凄涼萬古心　　이날 만고의 마음
처량하기만 하네.

115

昨日來時萬里陰[5]　　어제 올 때는
만 리 흐리더니,
長江雪後玉千岑[6]　　장강에 눈 온 뒤
천 봉우리 옥과 같네.
蒼茫不盡登臨意[7]　　아득하니 올라가 내려보는 맘
다 하지 못하는데,
重對晴天豁晩襟　　거듭 갠 하늘 대하니
저녁 흉금 활달하네.

「곽임종이 모친상을 당했을 때 서치가 조문을 갔는데 여막 앞에 싱싱한 풀 한 묶음을 두고는 가버렸다. 모두들 기이하게 생각하고 그 까닭을 알지 못했다. 곽임종이 말하기를『이는 필시 남주의 덕이 높은 선비 서치일 것이다. 《시경》에서 말하지 않았느냐? 「싱싱한 꼴 한 다발 먹이는데, 그 사람 옥과 같네.」라고. 나는 그것을 감당할 만한 덕이 없다.』라 하였다.」(及林宗有母憂, 稚往弔之, 置生芻一束於廬前而去. 衆怪, 不知其故. 林宗曰, 此必南州高士徐孺子也. 詩不云乎, 生芻一束, 其人如玉. 吾無德以堪之) 당나라 이현(李賢)의 주석 「〈소아·흰 망아지〉의 시이다.」(小雅白駒詩) 이에 대해 주희는 《시집전(詩集傳)》에서 「현자가 기필코 떠나려 하여 만류할 수가 없었다. 이에 그 흰 망아지를 타고 빈 골짜기로 들어감에 생꼴을 묶어서 말을 먹이니, 그 사람의 덕이 옥과 같이 아름답다고 탄식하였으니, 이미 아득하여 친히 할 수가 없는 것이다.」(賢者必去而不可留矣. 於是歎其乘白駒入空谷, 束生芻以秣之, 而其人之德美如玉也. 蓋已邈乎其不可親矣)라 하였다. 송나라 황정견(黃庭堅)의 〈서치의 사당(徐孺子祠堂)〉「교목의 은자 3묘의 집, 싱싱한 꼴 한 다발 누구와 논하였던가?」(喬木幽人三畝宅, 生芻一束向誰論)

5 이 시는 《남악창수집》에는 임용중의 시로 되어 있으며, 이 구절의 만리음(萬里陰)은 만리림(萬里林)으로 되어 있다.

6 잠(岑): 작고 높은 산을 말한다. 산봉우리.

7 등림(登臨): 유람(遊覽)과 같은 뜻이다.

116~117. 列岫望西山最正, 殆無毫髮遺恨, 滕王秋屛皆不及也, 因作此詩, 二首[1]

열수에서 서산을 바라보니 가장 정면이어서 거의 터럭만큼의 유감도 없었으니 등왕각과 추병각도 모두 이에는 미치지 못한다. 이에 이 시를 짓는다, 두 수

116

城中望西山[2]	성 안에서 서산 바라보면서,
拄頰空朝暮[3]	공연히 아침 저녁으로 뺨 괴고 있다네.
不到列岫亭	열수의 정자에 이르지 못하였으니,
詎知親切處	가깝고 절실한 곳 어찌 알겠는가?

117

東西水平分	동서로 물 평평하게 나누이고,
南北山中判	남북으로 산 한 가운데 잘렸네.
妙處毫髮間	오묘한 곳 터럭 사이라도,
商略無遺算[4]	대략 헤아림 남은 셈 없네.

1 서산(西山): 《차의》「남창부 성 서쪽 대강 바깥 30리 지점에 있다.」(在南昌府城西, 大江之外三十里) 《집람》「서산은 남창의 서산인 것 같다.」(西山疑是南昌西山) 추병(秋屛): 《차의》「추병각은 남창부 성 북쪽에 있다.」(秋屛閣在南昌府城北)

2 성중망서산(城中望西山): 송나라 육유(陸游)의 〈우문사군의 산행이란 시의 각운자를 써서 짓다(次韻宇文使君山行)〉「성 안에서 서산 바라보니, 상쾌한 기운 실로 이르는 듯하네.」(城中望西山, 爽氣固可致)

3 주협(拄頰): 주(拄)는 괸다는 뜻. 《진서·왕휘지전(王徽之傳)》「왕휘지의 자는 자유인데 …… 거기장군 환충의 기병참군이 되었다. 환충이 일찍이 왕휘지에게 말하기를『그대가 부중에 있은 지도 오래 되었으니 이제 당연히 같이 해야 할 일을 생각해야 하지 않겠습니까?』라 했다. 왕휘지는 처음에는 아무 대꾸도 않은 채 높은 곳을 직시하다가 홀을 가지고 뺨을 괴면서 말하기를『서산에 아침이 되니 상쾌한 공기가 밀려오는구나.』라 하였다.」(徽之字子猷……爲車騎桓冲騎兵參軍……冲嘗謂王徽之曰, 卿在府日久, 比當相料理. 徽之初不酬答, 直高視, 以手版柱頰云, 西山朝來致有爽氣耳) 여기에 쓰인 주(柱)는 동사로 쓰이면 받친다는 뜻으로 역시 주(拄)와 뜻이 같다.

4 상략(商略): 상량(商量)과 같은 뜻이다. 《차의》「고하를 평론함을 이른다.」(謂評論高下也)

118. 晩飮列岫

저녁에 열수정에서 술을 마시다

危亭披豁對蒼霞　　아찔한 정자 탁 트이고 맑아
　　푸른 놀 마주하였는데,
策杖重來日未斜[1]　　지팡이 짚고 다시 오니
　　해 아직 기울지 않았네.
滿目江山一尊酒[2]　　눈 가득 강과 산 드는 데서
　　한잔 술 드니,
哦詩莫遣太雄誇[3]　　시 읊조림에 너무
　　씩씩한 자랑 보내지 말게나.

1 일미사(日未斜): 송나라 육유의 〈무오년 중양절날에(戊午重九)〉「병든 뒤 기쁜 일 적음 스스로 가련히 여기는데, 조금 취하여 돌아오니 해 기울지 않았다네.」(自憐病後歡悰薄, 小醉歸來日未斜)

2 강산일준주(江山一尊酒): 「尊」은 「바리 준」(樽)자와 같은 뜻이다. 송나라 여본중(呂本中)의 〈겨울날 주심명박사를 찾다(冬日訪朱深明博士)〉 제2수 「만리 강산에 한 바리 술 하니, 주인 옛날 없고 또한 지금도 없다네.」(萬里江山一尊酒, 主人無古亦無今)

3 웅과(雄誇): 송나라 왕안석(王安石)의 〈같은 각운자를 써서 송기에게 답하다(次韻酬宋玘)〉「멀리서 그대에게 보답하고자 하니 강하고 떠들썩함 부끄럽고, 시속 따라 씩씩한 과장 싫어함은 항상 알고 있다네.」(遠欲報君羞强聒, 老知隨俗厭雄誇) 이 구절은 겸사(謙辭)로 주희 자신은 재주가 없어 두 벗에 미칠 수 없을 것이라는 표현이다.

119. 觀上藍賢老所藏張魏公手帖, 次王嘉叟韻[1]

상람사에서 현로스님이 소장하고 있는 장위공의 수첩을 보고 왕가수가 지은 시의 각운자를 써서 짓다

火風吹散旱天雲[2]　　불 바람 가문 하늘의
　　　　　　　　　　　구름 불어서 흩어버리니,
膚寸空餘翰墨新[3]　　짧디짧은 새로 지으신 글만
　　　　　　　　　　　공연히 남아 있네.

1 상람(上藍): 《차의》「가람의 부도가 있는 곳이다.」(伽藍浮屠所居) 《표보》「상람은 절 이름으로 균주에 있다. 선생은 〈유공보에게 보낸 편지〉에서 『상람사에서 묵었는데 밤새도록 잠을 못잤다.』라 하였는데 바로 이 시이다. 편지는 〈별집〉(권1)에 보인다.」(上藍寺名, 在筠州. 先生與劉共父書, 宿上藍寺通夕不眠, 卽此詩也. 書見別集) 이곳의 「詩」자는 「時」자의 오자인 것 같다. 상람사는 융흥(隆興)의 명찰(名刹) 중 하나인데, 영초(令超)에 의해 창건되었으며 영초가 원래 균주의 상람산(上藍山)에 머물렀기 때문에 이런 이름을 붙였다.

현로(賢老): 《차의》「곧 요현이다. 권81에 〈장위공이 요현에게 써준 불호의 발문〉이 있다.」(卽了覽. 八十一卷跋張魏公爲了賢書佛號) 이 발문을 지어준 해는 건도(乾道) 정해년(1167)이다.

왕가수(王嘉叟): 왕거(王秬)의 자이다. 왕거에 대해서는 권1 151번 시의 주 1)을 보라.

2 화풍~천운(火風~天運): 당나라 이백의 〈하씨네 종형제 중 일곱 번째인 판관 창호에게 드리다(贈何七判官昌浩)〉「마음 긴 바람 따라 가버리고, 만 리에 구름 불어서 흩뜨리네.」(心隨長風去, 吹散萬里雲) 당나라 한유(韓愈)의 〈풍백에게 송사하다(訟風伯)〉「아! 이 가뭄이여, 그 누구 때문인가? 내 그 단서 앎이여, 풍백의 허물이라네. …… 구름 겹겹이 있음이여 불어서 흩뜨리고, 기운 장차 모이려 함이여 불어서 떨어지게 하였네.」(維茲之旱兮, 其誰之由? 我知其端兮, 風伯是尤……雲屛屛兮吹使醨之, 氣將交兮吹使離之) 《차의》「이 시로 보건대 위공이 바야흐로 실지를 회복하려는 사업을 영위하려 함에 소인배들에게 참소와 비방을 당하여 쫓겨나 성취하지 못하고 죽은 것이다. 구름이 바람에 날려 흩어져 만물을 윤택하게 하는 공을 이루지 못한 것과 같다. 다음 구절의 『부촌』 두 자도 또한 이를 이어서 한 말일 것이다.」(按此詩, 以魏公方營恢復之業, 而爲羣小讒謗斥逐, 未就而歿. 猶雲之爲風所吹散而不能成澤物之功也. 下句膚寸二字, 亦恐承此爲言也)

3 부촌(膚寸): 옛날의 도량형 단위. 손가락 하나의 넓이를 촌이라 하고, 4촌을 부라 한다. 여기서는 비가 오기 전에 점차 모여드는 구름 기운을 가리키는 말로 쓰였다. 《공양전·희공(公羊傳·僖公) 31년》「물 기운이 돌의 결을 헤치고 나와서 조각조각 구름이 되었다가 한 손바닥 한 손마디 차이도 없이 완전하게 합쳐져 하루 아침이 다 되기도 전에 온 천하를 두루 적셔주는 것은 오로지 태산의 산신령의 영험일 뿐이다.」(觸石而出, 膚寸而合, 不崇朝而徧雨于天下者, 唯泰山耳) 한나라의 하휴(何休)는 주석을 달고「손을 옆으로 눕힌 것을 부라 하고, 손가락으로 재는 것을 촌이라 한다.」(側手爲膚, 按指爲寸)라 하였다.

拭淚相看渺今古[4] 눈물 닦고 예와 지금
아득함 보니,
堂堂那復有斯人[5] 당당하도다! 어찌 다시
이런 사람 있으리오!

4 식루상간(拭淚相看): 당나라 유종원(柳宗元)의 〈단씨네 종형제 중 아홉째인 수재 처가 여형주의 필적을 보다(段九秀才處見呂衡州書迹)〉「소매 속에 언뜻 세 줄 글자 보이는데, 눈물 닦고 보니 옛 친구의 글이라네.」(袖中忽見三行字, 拭淚相看是故人)

5 당당(堂堂): 《논어·자장(子張)》「증자가 말하였다. 『당당하도다! 자장이여. 그러나 인을 함께 하기는 어렵구나.』」(曾子曰, 堂堂乎張也, 難與並爲仁矣)
나부유사인(那復有斯人): 당나라 한유(韓愈)의 〈풍숙에게 보내는 답장(答馮宿書)〉「아아! 다시는 이런 사람이 없을 것이다. 군자는 소인의 벌벌 떨며 그 행동을 바꾸는 일을 하지 않는다.」(嗚呼! 不復有斯人也. 君子不爲小人之恂恂而易其行)

120. 次韻伯崇登滕王閣感舊, 蓋聞往時延閣公拜疏於此云[1]

범염덕의 등왕각에 올라 옛 감회를 느끼다라는 시의 각운자를 써서 짓다. 대개 지난 날 연각공이 이곳에서 소장을 올렸음을 들었다 하다

金闕銀臺夢想中[2]　　금 궁궐이며 은 누대
　　　　　　　　　　　꿈 속에서나 그리는데,
樓前拜舞皁囊空[3]　　누대 앞에서 절하고 춤추니
　　　　　　　　　　　검은 주머니 비었다네.

1 등왕각(滕王閣): 《차의》「남창부 서쪽 장강 문 성 위에 있으며, 서로 대강을 굽어보고 있다. 당나라 고조의 아들 이원영이 홍주도독으로 있을 때 누각이 완성되었는데, 등왕에 봉해지고 난 뒤에 명명하였으므로 그 이름을 따라 누각을 불렀다.」(在南昌府西章江門城上, 西臨大江. 唐高祖子元嬰都督洪州時逮閣成, 命至封爲滕王, 因名其閣) 당나라 때 염백서(閻伯嶼)가 홍주(洪州) 도독으로 부임하여 등왕각에서 중양절에 연회를 열었을 때 지은 왕발(王勃)의 등왕각 시와 서문이 유명하다.
연각공(延閣公): 《차의》「송나라 때 임금들의 어서를 소장한 곳을 연각이라 하였는데, 용도각이니 천장이니 하는 것이 이것이다. 범염덕의 아버지 범여규가 비각에 제수되었는데, 비각은 곧 어서를 소장하는 곳이기 때문에 이렇게 말하였다.」(宋時列聖御書所藏, 謂之延閣. 如龍圖閣天章, 是也. 伯崇父如圭當除秘閣, 秘閣卽御書所藏, 故云) 《관보》「한나라 때 도화와 서적이 있는 곳은 석과와 천록, 연각, 광내였는데, 이것이 비각이 연각으로 불린 까닭이다. 송나라 때의 제도인 용도, 천장과는 구별이 있고, 어서를 소장하는 것도 다르니 《차의》의 주석과는 조금 차이가 있는 것 같다.」(漢時圖籍所在石渠天祿延閣廣內, 此秘閣之所以稱延閣也. 與宋制龍圖天章之別, 藏御書者有異, 箚註恐少差)
배소(拜疏): 상소(上疏)와 같은 뜻. 《차의》「진회는 화의를 주장하였는데 오랑캐의 사신이 지나치게 예의에 어긋나고 거만하여 의론이 거의 따를 수가 없었다. 이에 범여규가 같은 성의 사람 10여 명과 싸워야 한다는 상소를 올리기로 합의하였는데, 아마 이 일을 가리키는 것 같다.」(秦檜主和議, 虜使至悖傲, 所議多不可從, 如圭與同省十餘人, 合議拜疏爭之, 疑之此事)

2 금궐은대(金闕銀臺): 금을 부어 만든 성궐(城闕)과 은으로 장식한 누대. 황궁을 비유하는 말로 쓰이며, 여기서는 조정을 가리킨다. 당나라 이백(李白)의 〈높은 언덕에 올라 먼 곳을 바라보다(登高丘而望遠)〉「은 누대와 금 궁궐 꿈과 같은데, 진시황이며 한무제 공연히 서로 기다리네.」(銀臺金闕如夢中, 秦皇漢武空相待)

3 배무(拜舞): 절을 하고 춤을 춤. 조정에서 신하가 천자를 뵙는 예절. 보통 재배무도(再拜舞蹈)의 예를 행하였다. 《차의》「《송조고사》에서는 뭇 신하들이 천자를 뵈올 때는 반드시 배무의 예를 행하였다 하였다. 연각공이 이곳에서 상소를 올렸는데, 임금의 앞에 있는 것

十年殄瘁無窮恨[4]	십 년을 고난에 허덕였으나 한 끝이 없고,
歎息今人少古風	한숨지음 지금 사람들 옛 풍도 없음이라네.

같이 하여 또한 배무의 예를 올린 것 같다는 말이다.」(宋朝故事, 羣臣見上必拜舞. 疑延閣公拜疏於此, 如在君前, 亦拜舞也) 범여규가 상소를 할 때 멀리 경성(京城)을 바라보며 절을 올린 것을 가리킨다. 송나라 장효상(張孝祥)의 〈중흥비를 읽고(讀中興碑)〉「누대 앞에서 절하고 춤추니 기이한 빌미 일어나고, 중흥의 공 속죄하지 않았다네.」(樓前拜舞作奇祟, 中興之功不贖罪)
조낭(皁囊): 옛날에는 상소를 올릴 때 기밀을 유지하기 위해 검은 주머니 안에 넣어서 올린 것을 말한다. 권2 171번 시의 주석 1)을 보라. 이 구절은 표장이 이미 올라가 조정에 받아들여졌음을 말한다.

4 진췌(殄瘁): 《시경·대아·우러러봄(小雅·瞻卬)》「어진 사람 없으니, 온나라가 고난에 허덕이네.」(人之云亡, 邦國殄瘁) 주희는 「선인으로 하여금 보필하게 함이 없으니 나라가 끊기고 병듦이 당연하다.」(無善人以輔之, 則國之殄瘁宜也)라 하였다.

121. 觀西山懷嶽麓, 以爲莫能相上下也, 聊賦此云[1]

서산을 바라보며 악록을 생각해보니 우열을 가릴 수 없을 것 같아 문득 이 시를 짓는다

風月平生意	바람과 달은 평소에 품어온 뜻,
江湖自在身[2]	강과 호수 절로 이 몸에 있네.
年華供轉徙[3]	세월은 옮기어 가는데,
眼界得淸新	시계 맑고 새로워졌네.
試問西山雨	서산의 비 물어보나니,
何如湘水春[4]	상강의 봄 어떠한가?
悠然一長嘯[5]	한가로이 한번 길게 휘파람 불어보니,
妙絶兩無倫[6]	절묘하기 이 둘에 짝할 것 없겠네.

1 악록(嶽麓): 《탁계》「산 이름으로 장사현에 있으며, 소수와 상수, 멱수와 나수가 모두 근방에 있다.」(山名, 在長沙縣, 瀟湘汨氵+羅皆在傍近)

2 강호자재신(江湖自在身): 당나라 은요번(殷堯藩)의 〈유엄스님께 드림(贈惟儼師)〉「환한 문채 푸른 봄 비추는데, 한번 채찍질하니 강호 절로 이 몸에 있네.」(煥然文采照靑春, 一策江湖自在身)

3 연화(年華): 연세(年歲), 시광(時光). 곧 세월과 같은 뜻. 전사(轉徙): 천이(遷移). 옮기어 가다. 송나라 진사도(陳師道)의 〈가을 회포(秋懷)〉 제4수「백년 세월 보내다가, 병들어 한가해졌다네.」(百年供轉徙, 因病得夷猶) 이 구절은 행적이 정처 없음을 말하였다.

4 상수춘(湘水春): 당나라 두보의 〈담주를 떠나다(發潭州)〉「밤에는 장사의 술에 취하고, 새벽에는 상수의 봄 속을 가네.」(夜醉長沙酒, 曉行湘水春)

5 유연(悠然): 《고이》에서는「그럴 연」(然)자는「멀 유」(悠)자로 되어 있는 판본도 있다고 하였다.

6 량(兩): 서산(西山)과 상수(湘水)를 가리킨다.

122. 進賢道中[1]

진현으로 가는 도중에

往辭湘水曲[2]	지난 날 상수의 물굽이 하직하고,
今過豫章城[3]	지금은 예장성 지난다네.
改歲無多日[4]	해 바뀜 몇 일 안 남았고,
到家才幾程	집까지는 겨우 몇 노정이라네.
晝憐春意迫	낮에는 봄 오려는 뜻 가까워짐 아리땁고,
夜喜月華清[5]	밤에는 달빛 맑음 기쁘다네.
此去無淹軌[6]	이번 가는데 수레 머무름 없었고,
前塗似掌平	앞에 놓인 길 손바닥처럼 평평하다네.

1 진현(進賢): 《차의》「남창의 속현이다.」(南昌屬縣) 《집람》에서는 예장(豫章)에 속한다고 하였다. 예장은 한나라 때의 명칭이며, 수나라 때 홍주(洪州)로 바뀌었다가 당나라 천보(天寶) 초에 다시 예장으로 고쳤다. 남당(南唐)에 이르러 남창으로 고쳤다. 지금의 강서성(江西省) 진현현(進賢縣)이다.

2 상수곡(湘水曲): 당나라 이교(李嶠)의 〈귤(橘)〉「원컨대 상수의 물굽이 하직하고, 상림원에서 길이 우거졌으면.」(願辭湘水曲, 長茂上林園)

3 예장성(豫章城): 《익증》「곧 남창이다. 여기서 요신을 거쳐 건양으로 간다.」(卽南昌, 自此經饒信趍建陽也) 융흥부성(隆興府城)을 가리킨다. 성은 옛 예장의 치소(행정소재지)이다. 당나라 한유의 〈석두역에 있는 시의 각운자를 써서 강서의 왕씨네 열 번째 중승각로에게 부치다(次石頭驛, 寄江西王十中丞閣老)〉「높은데 의지하여 고개 돌려보고, 예장성 한번 바라보네.」(憑高試迴首, 一望豫章城)

4 개세무다일(改歲無多日): 《시경·빈풍·7월(豳風·七月)》「10월에는 …… 아, 우리 처자들아, 해 바뀌게 되었으니, 이 집에 들어와 거처할지어다.」(十月……嗟我婦子, 曰爲改歲, 入此室處) 10월은 주력으로 12월이다. 이번 길에는 12월에 이곳을 지났음을 알 수 있다. 송나라 당경(唐庚)의 〈강유안의 겨울날 객사에서라는 시의 각운자를 써서 짓다(次韻强幼安冬日旅舍)〉「남은 해 몇 일 없는데, 이 몸은 아직도 나그네라네.」(殘歲無多日, 此身猶旅人)

5 월화청(月華清): 권1의 146번 시인 〈전사에 묵으며 달을 보다(宿傳舍見月)〉에도「빈 대청 차가운 밤에 달꽃 맑은데, 홀로 묵자니 쓸쓸하여 꿈 이루지 못하네.」(空堂寒夜月華淸, 獨宿凄凉夢不成)라는 구절이 있다.

6 엄궤(淹軌): 엄철(淹轍)과 같은 말. 도로에서 오래 지체하다.

123. 野望

들에서 바라보다

登高立馬瞰晴川[1]	높은 곳 올라 말 세우고 개인 내 내려다보니,
四面平林接瞑烟[2]	사방의 평원 숲 어둑한 연무에 닿아 있네.
東望不堪頻極目[3]	동쪽 바라보니 자주 눈길 디함 감당치 못하겠고,
歸心已度鳥飛前[4]	돌아가는 마음 이미 새 나르는 앞 지났다네.

1 감청천(瞰晴川): 감(瞰)은 높은 곳에 올라가 내려다보는 것을 말한다. 청천(晴天)은 햇빛이 내려쬐는 내를 말한다.

2 평림(平林): 평원에 펼쳐져 있는 숲을 말한다. 《시경·소아·수레 굴대빗장(小雅·車舝)》「무성한 나무숲에, 꿩들 모여 있네.」(依彼平林, 有集維鷮)

3 동망(東望): 이 시를 쓴 곳은 강서(江西) 지역인데 복건성(福建省)은 강동에 있으므로 이렇게 말하였다.

4 조비전(鳥飛前): 송나라 구양수의 〈노정역(勞停驛)〉「나그네 내일 떠날 일 근심하는데, 놀란 듯한 여울 새 나는 길 앞에 있네.」(行客愁明發, 驚灘鳥道前)

124~128. 次韻擇之進賢道中漫成. 五首

임용중의 진현으로 가는 도중에 되는대로 짓다라는 시의 각운자를 써서 짓다, 다섯 수

124

白酒頻斟當啜茶　　백주 자주 기울이면
차 마셔야 하는데,
何妨一醉野人家　　농부의 집에서 한번 취해봄
무엇 거리끼겠는가?
據鞍又向岡頭望　　안장에 기대어 또
언덕 끄트머리 바라보니,
落日天風鴈字斜[1]　　해는 지고 하늘엔 바람 부는데
기러기 행렬 비스듬하다네.

125

笑指斜陽天外山　　웃으며 해 하늘
바깥 산으로 기울어짐 가리키니,
無端長作翠眉攢[2]　　까닭 없이 오래도록 비취빛
눈썹 찌푸림 일어나네.
豈知男子桑蓬志[3]　　남자의 뽕나무 활과 쑥대 화살
쏘는 뜻 어찌 알겠는가?

1 안자(鴈字): 《차의》「안행과 같은 뜻이다.」(猶鴈行也) 《익증》「그 형상이 『글월 문』자와 같다.」(其狀如文字)

2 무단(無端): 무인(無因)과 같은 뜻.

취미찬(翠眉攢): 눈썹을 찌푸리는 것을 말하며, 심정이 편치 않음을 가리키는 말로 쓰였다. 당나라 이상은(李商隱)의 〈모란(牡丹)〉「갑자기 붉은 얼굴 웃게 하고, 아울러 눈썹 찌푸림 펴게 하네.」(儻令紅臉笑, 兼解翠眉攢)

3 남자상봉지(男子桑蓬志): 《예기·내칙(內則)》「국군의 세자가 출생하면 …… 활 쏘는 사람이 뽕나무 활과 쑥대 화살로 하늘과 땅 사방을 향하여 여섯 번을 쏜다.」

萬里東西不作難　　만 리 동서로 섬
어렵지 않다네.

126

夜宿林岡月滿川[4]　　밤 되어 숲의 언덕에 묵으니
달 내에 가득한데,
歸期屈指正茫然[5]　　돌아갈 기한 손 꼽아보니
정말 아득하다네.
也知地脈無贏縮[6]　　또한 지맥 펴졌다
줄어졌다 못함 아니,
只把陰晴更問天[7]　　다만 흐리고 맑음
다시 하늘에 물어볼 뿐이라네.

(國君世子生……射人以桑弧蓬矢, 六射天地四方) 한나라 정현(鄭玄)의 주「뽕나무 활과 쑥대 화살은 아주 먼 옛날을 근본으로 삼은 것이다. 천지사방은 남자가 해야 할 일이 있는 곳이다.」(桑弧蓬矢, 本大古也. 天地四方, 男子所有事也) 원대한 일을 하기를 바라는 것이다.

4 야숙~월만천(夜宿~月滿川): 송나라 유반(劉攽)의 〈새로 호숫가를 열어 숨은 구슬을 기다렸으나 나오지 않아 우연히 써서 손신로를 놀리다(新開湖上待潛珠不出偶書戲孫莘老)〉 제2수「인어 의지하여 미묘한 편지 전하려 했는데, 밤 오래되어 서늘한 달빛만 온 내에 가득하네.」(欲憑泉客傳微信, 夜久凉風月滿川)

5 귀기굴지(歸期屈指): 송나라 장뢰(張耒)의 〈돌아갈 기일이 가까워짐을 알고자 하다. 천계에게 드림(欲知歸期近. 呈天啓)〉「돌아갈 기일이 가까워짐을 알고자 하여, 손가락 꼽으니 손에도 차지 않네.」(欲知歸期近, 屈指不滿手)

6 지맥무영축(地脈無贏縮): 지맥은 지세(地勢)와 같은 뜻. 진(晉)나라 갈홍(葛洪)의 《신선전·호공(壺公)》「비장방(費長房)은 신선술이 있어서 지맥을 줄일 수가 있었는데, 천리에 있는 것이 눈앞에 완연하였으나 놓으면 다시 옛날처럼 펴졌다.」(房有神術, 能縮地脈, 千里存在目前宛然, 放之, 復舒如舊也) 영축(贏縮)은 곧 영휴(盈虧)와 같은 뜻인데, 인신되어 장단(長短)·다과(多寡) 등의 뜻으로 많이 쓰인다. 여기서는 사동용법(使動用法)으로 쓰였다. 한나라 동방삭(東方朔)의 〈객이 힐난하는 말에 답하다(答客難)〉「《좌전》에서는 말하기를『하늘은 사람이 추위를 미워한다하여 겨울을 없애지 아니하고, 땅은 사람이 험함을 미워한다하여 그 광대함을 포기하지 않으며 …… 하늘에는 일정한 법도가 있고 땅에는 일정한 형상이 있습니다.』라 하였습니다.」(傳曰, 天不為人之惡寒而輟其冬, 地不為人之惡險而輟其廣……天有常度, 地有常形)

7 음청갱문천(陰晴更問天): 《익증》「돌아갈 일정이 아득하여 땅을 줄여서 빨리 돌아갈 수는 없겠지만 비바람이 막는 일만 없다면 출발을 할 수 있을 것이므로 이렇게 말했을 따름이라는 것을 이른다.」(謂歸期茫然, 雖不能縮地而速歸, 若無風雨之阻, 可以作行, 故云耳)

127

誰作窓間擁鼻聲[8]　누가 창문 사이로 콧소리 내는가?
更哦樂府短歌行[9]　다시금 《악부》의 〈단가행〉 읊조려보네.
從敎永夜淸無寐[10]　함부로 긴 밤 맑아 잠 못 이루게 하여,
只恐晨鷄不肯鳴[11]　다만 새벽닭 울지 않으려 할까 걱정되네.

128

日暮重岡上　날 저물어 다시 언덕 오르니,
人勞馬亦飢　사람 피로하고 말 또한 주렸다네.
不妨隨野雀　거리끼지 않으리, 들판의 참새 따라,
容易宿寒枝[12]　차가운 가지에 쉬 깃듦.

8 옹비성(擁鼻聲): 《진서(晉書)》 권79 〈사안전(謝安傳)〉 「사안은 자가 안석이다. …… 본래부터 낙양의 서생들의 창법에 능하였는데 콧병이 있어서 소리가 탁하였다. 명류들이 그가 읊조리는 것을 좋아하였으나 그에 미칠 수가 없어서 더러는 코를 가리고 흉내를 내기도 하였다.」(謝安字安石……本能爲洛下書生詠, 有鼻疾, 故其音濁, 名流愛其詠而弗能及, 或手掩鼻以斅之也) 같은 내용이 《세설신어》〈아량(雅量)〉에도 나온다. 송나라 장공상(張公庠)의 〈늦봄에 도중에서(晩春途中)〉 「한 해의 봄 일 또 헛되이 되어, 코 막고 반쯤 취한 가운데 작게 읊조리네.」(一年春事又成空, 擁鼻微吟半醉中) 송나라 주고(朱槹: 주희의 숙부)의 〈영상의 벽 사이에 있는 각운자를 써서 짓다(次嶺上壁間韻)〉 「봄바람에 한번 노 저어 돌아옴 이른데, 누가 창문 사이로 콧소리 내는가?」(春風一棹歸來早, 誰作窓間擁鼻聲)

9 악부(樂府): 《문헌통고(文獻通考)》 권128 〈악고1·역대악제(樂考一·歷代樂制)〉 「한무제는 교사의 예를 정하여 이에 악부를 세웠다.」(武帝定郊祀之禮, 乃立樂府) 그 주석에서 「악부라는 명칭은 여기에서 비롯되었다.」(樂府之名始此)라 하였다. 《차의》 「효혜제 6년에 악부로 하여금 소관을 갖추게 하였다 하였으니 이에 앞서 이미 악부라는 명칭이 있었다.」(孝惠六年, 使樂府令備其簫管, 是前此已有樂府之名矣)
단가행(短歌行): 《차의》 「고악부의 편명이다.」(古樂府篇名) 《악부·상화가평조곡(相和歌平調曲)》의 악곡 이름이다. 그 곡조가 짧고 촉급해서 붙은 이름이다. 이 곡은 주로 연회 때 불려지는 곡목이다.

10 영야청무매(永夜淸無寐): 송나라 이복(李復)의 〈운수가 두성의 만찬에 불러 마침내 동헌에서 자고 함께 오대사를 유람하고자 하여 시를 짓고 그 각운자에 화답하다(芸叟召杜城晩飯, 遂宿於東軒, 欲同遊五臺寺有詩, 因和其韻)〉 「동헌에 밤 깊으니 맑아서 잠 못 이루는데, 산의 비 처음 잎에서 들리네.」(東軒夜久淸無寐, 山雨初從葉上聞)

11 신계불긍명(晨鷄不肯鳴): 진나라 도연명(陶淵明)의 〈술을 마시며(飮酒)〉 제16수 「베옷 걸치고 긴 밤 지켜도, 새벽닭은 울려하지 않는다네.」(披褐守長夜, 晨鷄不肯鳴)

129. 次韻擇之夜宿進賢客舍

임용중의 밤에 진현의 객사에서 묵다라는 시의 각운자를 써서 짓다

白日照寒野[1]　　밝은 해 차가운 들판 비추는데,
면然千里平[2]　　멀리 천리 평평하다네.
馳暉一以沒[3]　　달리는 빛 한번 이미 지니,
浩蕩驚飈生　　호탕하게 놀라는 듯한 회오리바람 이네.
露彩林表見　　이슬 빛 숲 밖으로 드러나고,
月華波上明[4]　　달빛은 물결 위에서 밝다네.
同行魯狂士[5]　　함께 가던 노나라 미치광이 선비,

1 백일조한야(白日照寒野): 당나라 유종원(柳宗元)의 〈감우(感遇)〉 제2수 「떠오르는 해 차가운 들 비추는데, 까마귀 떼 이에 쑥대와 명아주 위로 날아오르네.」(旭日照寒野, 鸒斯起蒿萊)

2 면연천리평(緜然千里平): 「緜然」은 면연(緬然)과 같은 뜻. 아득히 먼 모양이다. 송나라 육유(陸游)의 〈큰 둑(大堤)〉 「해 저물녘에 큰 둑길 가는데, 아득하게 천리 평평하다네.」(日晚大堤行, 莽然千里平)

3 치휘(馳暉): 하늘을 내달리는 햇빛. 해와 같은 뜻. 남조 제(齊)나라 사조(謝朓)의 〈잠시 도읍을 내려가게하여 밤에 신림을 떠나 경읍에 이르러 서부의 동료들에게 드림(暫使下都夜發新林至京邑贈西府同僚)〉 「내닫는 빛 다가갈 수 없으니, 하물며 두 고을을 떼어놓겠는가?」(馳暉不可接, 何況隔兩鄉) 당나라의 이선(李善)의 주석 「치휘는 해이다.」(馳暉, 日也) 송나라 진여의(陳與義)의 〈하지굉·손신도·장거산과 함께 시내 가에 모여 「散·髮·巖·岫」를 운자로 삼아 작은 시 네 수를 읊다(與夏志宏孫信道張巨山同集澗邊以散髮巖岫為韻賦四小詩)〉 「달리는 빛 어느덧 서쪽으로 지고, 숲의 빛 서로 비추어 발하네.」(馳暉忽西沒, 林光相映發)

4 노채·월화(露彩·月華): 오색 영롱한 이슬방울과 달빛. 남조 양나라 강엄(江淹)의 〈휴스님이 이별을 한하다(休上人怨別)〉 「이슬 광채 바야흐로 두루 고운데, 달빛 비로소 배회하네.」(露彩方泛艶, 月華始徘徊)

5 동행(同行): 「갈 행」(行)자는 《고이》에서 「배 주」(舟)자로 된 판본도 있다고 하였다.

노광사(魯狂士): 《맹자·진심(盡心) 하》 「만장이 물었다 『…… 공자는 진나라에 계시면서 어찌하여 노나라의 광사들을 생각하였습니까?』 맹자가 말하였다. 『공자는 「중도의 인물을 얻어 함께하지 못할 바에야 반드시 광견을 함께 할 것인저! 광자는 진취적이요, 견자는 하지 않는 것이 있다.」라 하셨다. 공자께서 어찌 중도의 인물을 얻고자하지 않았겠는가? 꼭 얻을 수는 없었기 때문에 그 다음을 생각하신 것이다.』 『감히 묻겠습니다만 어찌하여야 광이라 이를 수 있습니까?』 『금장과 증석·목피 같은 자가 공자께서 이른바 광이란 것이다.』 『어찌하여 광이라 이릅니까?』 『그 뜻이 높고 커서 말하기를 「옛사람이여! 옛사람이여!」 하되, 평소에 그의 행실

忽發商歌聲[6] 별안간 상성의 노래 부르네.
洗耳金石奏[7] 금석 연주함에 귀 씻으니,
信知塵累輕 실로 속세에 걸림 가벼움 알겠네.

을 살펴보면 행실이 말을 가리지 못하는 사람이기 때문이다.』」(萬章問曰……孔子在陳, 何思魯之狂士? 孟子曰, 孔子不得中道而與之, 必也狂獧乎! 狂者進取, 獧者有所不爲也. 孔子豈不欲中道哉? 不可必得, 故思其次也. 敢問何如斯可謂狂矣? 曰, 如琴張·曾晳·牧皮者, 孔子之所謂狂矣. 何以謂之狂也? 曰, 其志嘐嘐然, 曰, 古之人, 古之人. 夷考其行, 而不掩焉者也) 한나라의 정현(鄭玄)은 「광은 큰 도로 나아가 취하면서 그 바른 것은 얻지 못하는 것이다.」(狂者, 進取大道而不得其正者也) 여기서는 임용중을 가리켜 말한 것이다.

6 상가성(商歌聲): 권1 2번 시의 주 30)을 보라.

7 금석(金石): 종경(鐘磬) 같은 악기를 가리킨다. 나아가 팔음(八音)의 악기를 두루 일컫는 말로 쓰인다. 악기라는 뜻.

홀발~금석주(忽發~金石奏): 원헌(原憲)의 고사를 썼다. 위 54번 시의 주 9)를 보라.

130. 次韻擇之潤陂有作[1]

임용중의 윤피에서 짓다라는 시의 각운자를 써서 짓다

我行欲安適[2]	내 가는 길 어디로 가려는가?
莽莽窮山陂	아득하게 산과 비탈 다 한다네.
晨裝遠林表	새벽에 먼 숲 밖에서 짐 꾸려,
午憩通川湄	낮에는 내와 통하는 물가에서 쉰다네.
曠望想慈親	환히 바라며 자애로운 어버이 생각하니,
行役嗟吾兒	여행 길 당신 아들 걱정하시겠지.
喟然陟屺歎[3]	아아! 민둥산에 올라 탄식하자니,
歸心浩無涯[4]	돌아가려는 마음 넓어서 끝이 없다네.
曉霜徒御寒[5]	새벽 서리에 마부 추워하고,
暮雨朋儔悲	저녁 비에 벗들 슬퍼한다네.
前期諒非遠[6]	앞의 기약 실로 멀지 않으니,
無爲苦愁思[7]	괴롭고 슬픈 생각 하지 마세나.

1 윤피(潤陂): 《일통지》에 의하면 진현현(進賢縣) 동쪽 70리 여간현(餘干縣) 서남쪽 60리 지점에 있다고 하였다.

2 아행욕안적(我行欲安適): 주자의 부친인 위재(韋齋) 주송(朱松)의 〈석동령을 건너다(度石楝嶺)〉「내 가는 길 어디로 가려는가? 말 채찍질하여 산 울타리 건너네.」(我行欲安適, 策馬踰山樊)

3 척기(陟屺): 《시경·위풍·민둥산에 올라(魏風·陟岵)》「민둥산에 올라 어머니 계신 곳 바라보나니, 어머니 말씀 떠오르네. 『아아, 내 막둥이 전장에 나가 밤낮으로 잠잘 틈도 없을 테지.』」(陟彼屺兮, 瞻望母兮. 母曰, 嗟予季行役, 夙夜無寐) 당나라의 공영달의 주석「이는 또 어머니를 생각하는 경계인데, 민둥산에 올라 바라보는 것이다.」(此又思母之戒, 而登屺山而望也)

4 귀심호무애(歸心浩無涯): 당나라 장호(張祜)의 〈운양의 집을 생각하다(憶雲陽宅)〉「애오라지 마땅히 잘 때나 깰 때나, 돌아가려는 생각 넓어 끝이 없다네.」(聊當因寤寐, 歸思浩無涯)

5 도어(徒御): 수레를 끌고 말을 부리는 사람. 《시경·소아·탄탄한 수레(小雅·車攻)》「보졸과 마부 놀라지 않고, 임금님의 푸줏간 가득 차네.」(徒御不驚, 大庖不盈) 주희의 주석「도는 보졸이다. 어는 수레를 모는 사람이다.」(徒, 步卒也. 御, 車御也)

6 전기량비원(前期諒非遠): 송나라 범조우(范祖禹)의 〈성도가 서울에 들어감에 전송하고 아울러 기상자진에게 드림(送徒入京兼呈紀常子進)〉「앞의 기약 멀지 않음 알아, 함께 모여 여러 벗들 기다리네.」(前期知非遠, 同集待諸友)

7 고수사(苦愁思): 당나라 이백의 〈유야랑. 영화사에서 심양의 여러 관리들에게 부치다(流夜郎. 永華寺寄潯陽羣官)〉「천명 걸림 있으니, 어찌 괴롭고 슬픈 생각 하겠는가?」(天命有所懸, 安得苦愁思)

131. 過潤陂日晴, 意可喜, 至暮復雨, 伯崇有詩, 因次其韻

윤피를 지나다가 날이 개어 기뻐할 만했는데 저녁이 되자 다시 비가 내렸다. 범염덕이 시를 지어 이에 같은 각운자를 써서 짓는다

客裏歲云暮[1]	나그네로 한 해 저물어가니,
我心殊未平	내 마음 특히 평정되지 않네.
悠悠惜往日	아득하게 지난 날 아쉬워하고,
鬱鬱懷平生	울적하게 평생의 뜻 품어보네.
況復久陰雨	하물며 다시 오래도록 음침한 비 내리니,
喜茲霜曉明	이곳 서리 새벽에 밝음 기뻤다네.
那知不終日	어찌 알았으리오, 하루도 다하지 않아,
又作瀟瀟聲[2]	또 쏴쏴 하는 소리 나게 될 줄을.
坐厭泥塗辱[3]	문득 진흙길 욕됨 싫어져서,
空嗟鴻鴈輕[4]	공연히 기러기 가벼움 부러워해 보네.

1 세운모(歲云暮): 「云」자는 별 의미 없이 쓰인 조사. 《시경·소아·작아지는 빛(小明)》「언제나 돌아가려나? 한 해도 저물어 가는데.」(曷云其還, 歲聿云莫)

2 소소(瀟瀟): 《시경·정풍·비바람(鄭風·風雨)》「비바람은 쏴쏴, 닭은 꼬끼오 하고 우네.」(風雨瀟瀟, 雞鳴膠膠) 주희는「소소는 비바람이 치는 소리이다.」(瀟瀟, 風雨之聲)라고 주석을 달았다.

3 이도욕(泥塗辱): 《좌전·양공(襄公) 30년》「조맹이 그 현의 대부가 누구인지 묻고 …… 말하였다.『그대를 제대로 쓰지 못하고 그대로 하여금 욕되이 진흙탕 길에 오래 내버려두었으니 이는 이 조무의 죄입니다.』」(趙孟問其縣大夫……曰, 不能由吾子, 使吾子辱在泥塗久矣, 武之罪也)

4 공차(空嗟): 《차의》「차는 탄식하다의 뜻이다. 부러워하는 뜻이다.」(嗟歎, 羡意)

132. 山行兩日至金步, 復見平川行夷路, 計程七日可到家矣[1]

이틀 동안 산길을 가서 금보에 이르고 보니 다시 평탄하고 너른 길이 보여 이레면 집에 이르리라 일정을 셈해보다

行穿側徑度荒山	옆길 뚫고 가서 황량한 산 넘고,
又踏深泥過野田	또 깊은 진흙 밟고 들판의 밭 지나네.
路轉忽然開遠望	길 돌아드니 별안간 멀리 바라봄 열려,
眼明復此見平川[2]	눈 밝아져 다시 이곳 평평하게 펼쳐진 곳 보이네.
江烟浦樹悲重疊[3]	강의 운무 포구의 나무 겹겹이 포개짐 슬프나,
楚水閩山喜接連	초땅의 물 민땅의 산 붙어서 이어짐 기쁘네.

1 금보(金步): 《익증》「금보는 지명이다. 물가를 보라 하며, 오나라와 초나라 사이에서는 『포』를 『보』라 하였다.」(金步地名. 水際曰步, 吳楚間謂浦爲步)

2 노전~견평천(路轉~見平川): 평천(平川)은 광활하고 평탄하게 펼쳐진 육지. 한나라 양웅(揚雄)의 〈유주목잠(幽州牧箴)〉「넓고 광대한 평탄한 땅, 기주와 이별한다네.」(蕩蕩平川, 惟冀之別) 《고문원(古文苑)》에 주석을 단 송나라 장초(章樵)는「지세가 평평하면 내와 뭍이 모두 평평하다.」(地勢平則川陸皆平)라 하였다. 훤하게 너른 앞길이나 평탄한 도로를 가리키는데도 쓰인다.
이 연은 당나라 두보의 〈행재소에 이름을 기뻐하다(喜達行在所)〉의「안개 낀 나무 가다보니 서로 끌어당기고, 화산의 연봉 바라보니 어쩌다 열리기도 하네.」(霧樹行相引, 蓮峰望或開)라는 구절과 분위기가 흡사하다.

3 비중첩(悲重疊): 《고이》에서는「까마득히 이어짐 슬프고」(傷綿邈)로 되어 있는 판본도 있다고 하였다.

稅駕有期心轉迫[4] 멍에 풂 기한 있으니
마음 급박해지는데,
稜稜瘦馬不勝鞭[5] 비쩍 마른 말 채찍
이기지 못한다네.

4 탈가(稅駕): 멍에를 풀다, 곧 수레를 세움을 말한다. 쉬다, 휴식하다. 위 54번 시의 주 4)에 이미 나왔다. 《사기·이사열전(李斯列傳)》「이사가 말하였다. 『…… 만물은 극에 달하면 쇠퇴하게 되니 내 멍에를 풀 곳을 알지 못하겠도다.』」(李斯曰……物極則衰, 吾未知所稅駕也) 당나라 사마정(司馬貞)의 《색은(索隱)》「『탈가』는 멍에를 끄르다는 뜻의 『해가』와 같다. 휴식한다는 말이다.」(稅駕猶解駕. 言休息也)
이 구절은 《고이》에서는 「자친의 문에 다가가려 하니 마음 절박해지네.」(欲近親闈心轉切)로 된 판본도 있다고 하였다. 집 문 앞에 다 와가니 마음이 조급해짐을 말한다.

5 능릉(稜稜): 말이 비쩍 마른 모양을 나타내는 의태어. 《차의》「능은 모난 것이다. 또 『棱』이라고도 한다. 송나라 신기질(辛棄疾)의 사에 『말라서 비쩍비쩍하게.』라는 구절이 있다.」(稜, 觚也. 亦作棱. ○ 稼軒詞, 瘦稜稜地) 신기질의 사는 〈최고루·객 중에 바둑에 진 자가 있어 대신 매화를 읊다(最高樓·客有敗棋者代賦梅)〉이다.

133. 次韻擇之金步喜見大江有作[1]

임용중의 금보에서 기쁘게 대강을 보고 짓다라는 시의 각운자를 써서 짓다

江頭四望遠峰稠　　강 어귀에서 사방 바라보니
멀리 보이는 봉우리 조밀하고,

江水中間自在流[2]　　강물은 그 사이로
자유롭게 흐르네.

竝岸東行三百里[3]　　언덕 곁 따라 동쪽으로
삼백 리나 가는데,

水源窮處卽吾州[4]　　물의 근원 다하는 곳
곧 나의 고을이라네.

此江發源分水嶺[5], 故前詩有楚水閩山喜接連之句[6]

이 강은 분수령에서 발원하기 때문에 앞 시에「초땅의 물 민땅의 산 붙어서 이어짐 기쁘네.」라는 구절이 있다

1 대강(大江): 여간계(餘干溪)를 가리키며 곧 신강(信江)을 말한다. 주희의 자주(自註)에서 말한 분수령에서 발원한 강이다. 《차의》「이는 모두 파강의 근원이다. 휘주와 신주의 경계에서 상요·익양 등의 강이 되는데 요주의 경계를 거쳐 팽려로 들어간다.」(此皆鄱江源, 自徽信之境爲上饒弋陽等江, 過饒州界入彭蠡)

2 강수~자재류(江水~自在流): 당나라 두보의 〈배를 풀어놓다(放船)〉「강물 흐름 아주 자유로운데, 앉아 있음 편안하니 흥 길다네.」(江流大自在, 坐穩興悠哉)

3 방(竝): 《집람》「『竝』은 음이 방이며, 곁이라는 뜻이다.」(竝, 并浪反, 傍也)

4 수원궁처(水源窮處): 송나라 왕안석(王安石)의 〈장자야의 죽림사라는 시의 각운자를 써서 짓다(次韻張子野竹林寺)〉「시냇물 비스듬히 흘러 돌길 깊은데, 수원 다한 곳에 빽빽한 숲 있다네.」(澗水橫斜石路深, 水源窮處有叢林)

오주(吾州): 곧 건녕부(建寧府)를 말한다.

5 분수령(分水嶺): 《명일통지》 권76 〈건녕부(建寧府)〉「【분수령】숭안현 서북쪽 석웅리에 있다. 두 개의 하천이 그 아래에서 발원하는데, 하나는 강서의 경계로 들고 하나는 복건의 경계로 든다. 분수령에는 암석에 전각이 있다.」(分水嶺. 在崇安縣西北石雄里. 二水發源其下, 一入江西界, 一入福建界. 嶺有銘鐫于巖石)

6 바로 위의 시 여섯 번째 구절을 말한다.

134. 次韻擇之餘干道中[1]

임용중의 여간으로 가는 도중에라는 시의 각운자를 쓰다

寒盡春生草又青[2]	추위 다하고 봄 되어 풀 또한 푸르니,
化工消息幾曾停[3]	조화옹의 솜씨 자라고 쉬게 함 어찌 몇 번이나 멈추었던가?
因君一詠陵陂麥[4]	그대로 인해 언덕 비탈의 보리 한번 읊어보니,
恍憶儂家老圃亭[5]	흡사 우리 집 노포정 생각나게 하는 듯.

亭下予家種麥處也 정자의 아래는 우리집에서 보리를 심어놓은 곳이다

1 여간(餘干): 현 이름으로 옛 성은 지금의 여간현 서북쪽에 있다. 《차의》「강서 요주의 속현이다.」(江西饒州屬縣) 《익증》「주의 남쪽 백여 리 지점에 있다. 진현 동쪽에서 여기까지는 백여 리이다.」(在州南百餘里, 自進賢東至此百餘里)

2 한진춘생(寒盡春生): 당나라 두보의 〈겨울이 끝나갈 무렵 일이 있어 동도의 호성에 갔다가 맹운경을 만났으며 다시 유호의 집으로 돌아가 밤새도록 연회를 벌이며 마시다가 헤어져 취하여 노래한다(冬末以事之東都湖城, 遇孟雲卿, 復歸劉顥宅, 宿宴飮散, 因爲醉歌)〉「장안의 거리에는 하늘 열리고 땅 갈라졌는데, 낙양의 전각에는 추위 다하고 봄기운 생겨났다네.」(天開地裂長安陌, 寒盡春生洛陽殿)

초우청(草又青): 당나라 호증(胡曾)의 〈화정(華亭)〉「육기는 서쪽의 낙양성에서 죽었는데, 오나라 봄바람에 풀은 또 푸르다네.」(陸機西沒洛陽城, 吳國春風草又青)

3 화공(化工): 조물자, 또는 자연의 만물을 창조해내는 솜씨를 말한다. 한나라 가의(賈誼)의 〈복조부(鵩鳥賦)〉「또한 천지를 도가니로 삼음이여, 조화 빼어나도다.」(且夫天地爲鑪兮, 造化爲工)

소식(消息): 소장(消長)과 영허(盈虛), 성쇠(盛衰) 등 자연의 변화를 말한다. 《주역·풍괘(豐卦)》「천지도 차고 비며, 때에 따라 자라기도 하고 사라지기도 하거늘 하물며 사람이겠는가?」(天地盈虛, 與時消息, 而况於人乎?)

기증정(幾曾停): 《차의》「『몇 기』자는 『어찌 기』자의 잘못인 것 같다.」(幾疑豈字之誤)

4 능피맥(陵陂麥): 《장자·외물(外物)》「유가의 무리는 《시경》이나 《예》에 의거하여 무덤을 파헤친다. …… 《시경》에도 실로 『푸릇푸릇한 보리 무덤가에 무성하고, 살아서 남에게 베풀어준 일이 없는 자가, 죽어서 어찌 구슬을 물고 있는가?』라는 구절이 있습니다.」(儒以詩禮發冢……詩固有之曰, 靑靑之麥, 生於陵陵, 生不佈施, 死何含珠爲?) 당나라 두보(杜甫)의 〈날씨가 갬을 기뻐하다(喜晴)〉「언덕 비탈의 보리 푸르게 빛나고, 복숭아와 오얏꽃은 아리땁다네.」(靑熒陵陂麥, 窈窕桃李花)

5 황(恍): 방불(仿佛)과 같은 뜻.

농(儂): 아(我)와 같은 뜻.

135. 安仁曉行[1]

안인을 새벽에 가다

夙駕安仁道[2]　　새벽 일찍 안인의 길 가는 멍에 지우고,
行行得自娛　　가고 가니 절로 즐거워지네.
荒山圍野闊　　거친 산 들판에 넓게 에워싸이고,
遠樹出林孤　　먼 곳의 나무 숲으로 외로이 솟았네.
景晦長煙合　　볕 어두우니 운무 길게 합쳐지고,
天寒碧草枯　　하늘 추우니 푸른 풀 시드네.
歸心懷往路　　돌아가는 마음 지난 길 품으니,
極目向平蕪[3]　　눈 다한 곳 여전히 잡초 우거진 평원이라네.

1 안인은 현 이름으로, 옛 성은 지금의 강서성 안인현 동남쪽에 있다. 《차의》「요주의 속현이다.」(饒州屬縣)

2 숙가(夙駕): 새벽 일찍 수레에 멍에를 지워 길을 나서는 것을 말한다.

3 향(向): 「오히려 상」(尙)자로 된 판본도 있는데, 시의 뜻으로 보건대 더 적절한 것 같다.

평무(平蕪): 초목이 우거진 평평하고 너른 들판을 말한다. 남조 양나라 강엄(江淹)의 〈고향부(故鄉賦)〉「끝없는 어두움 바다 두르고, 우거진 평원은 하늘 띠고 있다네.」(窮陰匝海, 平蕪帶天) 당나라 왕유(王維)의 〈벗이 산의 집으로 돌아감에 송별하나(送友人歸山家)〉 제2수 「평원에 초록빛 우거짐이여 천리 아득하고, 슬프도다 님 생각한다네.」(平蕪綠兮千里眇, 惆愴兮思君) 당나라 두보의 〈속마음을 보내다(遣懷)〉「기운 올라 취대에 올라, 옛날 생각하여 잡초 우거진 평원 본다네.」(氣酣登吹臺, 懷古視平蕪)

136. 十七日早霜晴觀日出霧中, 喜而成詩[1]

17일 새벽에 서리가 개고 안개 속에서 해가 떠오름을 보고 기뻐서 시를 이루다

斜月夜窓白	달 비끼니 밤 창문 밝고,
肅霜朝氣清[2]	된 서리에 아침 기운 맑다네.
長塗披素錦[3]	긴 길에 흰 비단 펼쳐져 있고,
寒霧湧金鉦[4]	차가운 안개는 금빛 징에서 샘솟네.
已作三冬雨	이미 겨울 석 달 비 내렸으니,
何妨十日晴[5]	열흘 개임 무엇 거리끼겠는가?
天公且相念	하느님께서는 또 생각하시어,
莫遣暮雲生	저녁 구름 일게 하지 마소서.

1 12월 17일에 지은 시이다.

2 조기청(朝氣淸): 당나라 백거이의 〈북정에 눕다(北亭臥)〉 「나무 푸르니 저녁에 음기 합하여지고, 못 서늘하니 아침기운 맑다네.」(樹綠晚陰合, 池涼朝氣淸)

3 피소금(披素錦): 《차의》에서는 「서리가 개고 해가 비침을 이른다.」(謂霜晴而日照也)

4 용금정(湧金鉦): 「정」(鉦)은 징[鐃]이다. 해를 비유하는 말로 쓰였다. 송나라 소식(蘇軾)의 〈신성으로 가는 도중에(新城道中)〉 제1수 「고갯마루의 맑은 구름은 모자를 벗은 것 같고, 나무 꼭지에 처음 솟은 해 징을 걸어둔 듯하네.」(嶺上晴雲披絮帽, 樹頭初日掛銅鉦) 역시 소식의 〈해의 비유(日喩)〉 「나면서부터 봉사인 사람은 해를 모른다. 눈이 있는 사람에게 물으면 어떤 사람이 말하기를 『해의 형상은 구리 쟁반과 같다.』고 일러준다.」(生而眇者不識日. 問之有目者, 或告之曰, 日之狀如銅盤) 송나라 소철(蘇轍)의 〈황루부(黃樓賦)〉 「금 징은 푸른 산봉우리 위로 솟아오르고, 음산한 기운 그 때문에 사라졌다네.」(金鉦湧於青嶂, 陰氛爲之辟易)

5 십일청(十日晴): 송나라 진여의(陳與義)의 〈대광으로 가는 도중에라는 절구에 화답하다(和大光道中絕句)〉 「이미 하느님이 내린 열흘 동안 갠 날 써버려, 오늘 아침 가랑비 물결 생김 보내네.」(已費天公十日晴, 今朝小雨送潮生)

137. 再用前韻

다시 앞 시의 각운자를 쓰다

久陰冬竟暖	오래도록 흐리더니 겨울 마침내 따뜻해지고,
欲霽氣先淸[1]	날씨 개려니 기운 먼저 맑아지네.
田舍占煙火	농가에서는 연기와 불 점치며,
軍家候鼓鉦[2]	군대에서는 징 칠 때 기다리네.
風霜千里肅	바람과 서리 천리에 매섭더니,
天地一朝晴	하늘과 땅 하루 아침에 개네.
明日知何日	내일 무슨 날인가?
陽春又發生	따뜻한 봄 또 피어난다네.

1 기선청(氣先淸): 송나라 장뢰(張耒)의 〈밤에 앉아 있다(夜坐)〉「뜰과 지게문에 사람 없고 가을 달 밝은데, 밤에 서리 내리려하니 기운 먼저 맑아진다네.」(庭戶無人秋月明, 夜霜欲落氣先淸)

2 후(候): 《차의》에서 「『제후 후』자는 『물을 후』자가 되어야 한다.」(侯, 當作候)라 한 것으로 보아 「侯」로 된 판본도 있는 것 같다.

전사~고정(田舍~鼓鉦): 《예기·월령·맹춘지월(月令·孟春之月)》「이달에는 하늘의 기운은 아래로 내려오고 땅의 기운은 위로 올라간다. 하늘과 땅의 기운이 화동하여 초목의 싹이 나기 시작하면 왕명으로 농사를 선포하고 전준(田畯)에게 명하여 동교에 머물게 한다. …… 이달에는 전쟁을 일으켜서는 안 된다. 전쟁을 일으키면 반드시 하늘의 재앙을 받을 것이다. 전쟁을 일으키지 않으며, 우리 쪽에서 시작해서는 안 된다.」(是月也, 天氣下降, 地氣上騰, 天地和同, 草木萌動. 王命布農事. 命田舍東郊……是月也, 不可以稱兵, 稱兵必天殃. 兵戎不起, 不可從我始) 한나라 정현(鄭玄)의 주석 「전은 전준으로, 농사를 주관하는 관직이다. 동교에 머문다는 것은 때의 기운에 알맞게 거처하며 그 일을 명하는 것이다.」(田謂田畯, 主農之官. 舍東郊, 順時氣而居, 以命其事也)

138. 次韻擇之過丫頭巖[1]

임용중의 아두암을 지나다라는 시의 각운자를 써서 짓다

四面晴岡紫石崖　　사방의 개인 언덕의
　　자줏빛 돌 벼랑,
如何渾作白皚皚[2]　　어찌하여 온통 희게
　　반짝반짝 빛나는가?
須知暖入陰泉溜[3]　　모름지기 따뜻함 들면
　　응달의 샘물 똑똑 떨어짐 아니,
不是寒封積雪堆　　추위가 쌓인 눈 무더기
　　봉한 것 아니리라.

1 《차의》「『丫』는 음이 『아』이며, 사물 가운데 갈래가 있는 것이다.」(丫么加切, 物之岐頭者) 아두암은 바로 다음 시에서 읊은 장암(章巖)을 가리킨다.

2 애애(皚皚): 서리와 눈 같이 흰 모양을 나타내는 의태어이다. 한나라 탁문군(卓文君)의 〈흰 머리(白頭吟)〉「희기는 산 위의 눈과 같고, 밝기는 구름 사이의 달과 같네.」(皚如山上雪, 皎若雲間月) 당나라 두보(杜甫)의 〈저녁에 개다(晩晴)〉「벼랑 가라앉고 골짜기 잠기어 희게 반짝반짝 빛나고, 강의 돌은 터지고 깨졌으며 파란 단풍나무 꺾였다네.」(崖沉谷沒白皚皚, 江石缺裂靑楓摧)

3 류(溜): 위 46번 시의 주 4)를 보라.
난입음천류(暖入陰泉溜): 《주자어류(朱子語類)》 권2 〈이기 하·천지 하(理氣下·天地下)〉「큰 눈은 풍년이 들 징조라는 것이다. 눈이 왔는데도 풍년이 들지 않으면 아마 응결되어 양기가 땅에 있어 명년에 만물을 생장시키는 것을 발달시킨다.」(大雪爲豐年之兆者, 雪非豐年, 蓋爲凝結得陽氣在地, 來年發達生長萬物)

139. 章巖[1]

장암

豁爾天開宇[2]　훤하게 하늘 집 열어놓았는데,
呀然夜不扃[3]　쩍하니 밤에도 문 닫지 않는다네.
閑雲任棲宿　한가로운 구름 맘대로 깃들어 살고,
密雨斷飄零[4]　빽빽한 비 단속적으로 날리며 떨어진다네.
破屋僧常住　부서진 집에 중 늘 거주하고,
高軒客屢經[5]　높은 수레 타고 손님 자주 거처가네.
古今題寫處　예와 지금 시 적어 놓은 곳,
一半蘚文青[6]　반은 이끼무늬 파랗다네.

1 《차보》「연산현 장산에 있다.」(在鉛山縣章山) 《산서통지(山西通志)》에 의하면 장암은 연산현 북쪽 40리 지점에 있으며, 일명 두기(斗起)라고도 한다고 하였다. 남송 소정(紹定)연간에 오흥(吳興) 사람 장겸형(章謙亨)이 연산현령이 되어 선정을 베풀어 연산현의 사람들이 그를 잊지 않으려고 바위에 이름을 새겨놓은 데서 이런 명칭이 유래하였다고 한다.

2 활이(豁爾): 이(爾)는 부사형 어미로 연(然)과 같다. 천개우(天開宇): 개우(開宇)는 막힌 곳을 뚫는다는 뜻이다. 「천개우」는 하늘이 만든 곳이라는 뜻이다.

3 하연(呀然): 당나라 한유(韓愈)의 〈연희성의 기분(燕喜亭記)〉「솟은 것은 불쑥 언덕을 이루었고, 꺼진 것은 입을 쩍 벌리고 골짜기를 이루었다.」(出者, 突然成丘, 陷者, 呀然成谷) 주희는 《한문고이(韓文考異)》의 주석에서 「하는 입을 벌린 모양이다.」(呀, 張口皃)라 하였다. 야불경(夜不扃): 경(扃)은 여기서는 동사로 쓰였다. 송나라 임포(林逋)의 〈시광(詩狂)〉「꼭대기 추운데 일찍이 올랐었고, 한가한 문 밤에도 닫지 않았다네.」(絶頂寒曽上, 閑門夜不扃)

4 표령(飄零): 바람결에 나부끼어 떨어지는 것을 말한다. 진나라 도연명의 〈방참군에게 답하다(答龎參軍)〉 제5수「지금 만나는데, 싸락눈 휘날리네.」(今也遇之, 霰雪飄零)

5 고헌(高軒): 높은 헌차(軒車). 남의 수레를 높여서 부르거나 고관이라는 뜻으로 쓰인다. 당나라 위장(韋莊)의 〈시름(愁)〉「묻노니 높은 수레 탄 나그네여, 어느 곳이 취한 고을인가?」(借問高軒客, 何鄉是醉鄉)

6 선문(蘚文): 문(文)은 「무늬 문」(紋)자의 뜻으로 쓰였다. 당나라 한유의 〈석정을 여러 구절씩 이어 읊은 시(石鼎聯句詩)〉의 유사복(劉師服)이 읊은 구절「솥 바깥에는 마른 이끼(처럼 갈라진) 무늬 있고, 솥 안에는 몰래 놀란 듯한 물결 있다네.」(外苞乾蘚文, 中有暗浪驚)

140. 次韻擇之章巖

임용중의 장암시의 각운자를 써서 짓다

驅馬倦長道[1]	말 몰자니 먼 길에 지쳐,
投鞭憩此巖	채찍 던지고 이 바위서 쉬네.
來應六鼇戴[2]	와서 맞이함 여섯 자라 이고 있음이요,
跡是五丁劖[3]	자취는 다섯 장정이 뚫은 것이라네.
泉脈流青潤	샘물 줄기 푸른 윤기 띠고 흐르고,
林稍擁碧巉[4]	숲 끝은 짙푸른 높은 산 안고 있네.
老禪深閉戶	늙은 스님 깊숙이 문 닫고 있고,
客子且征衫	나그네 잠시 길 가는 옷깃 쉰다네.

1 권장도(倦長道): 송나라 구양수(歐陽脩)의 〈차엽현을 가다(行次葉縣)〉「가는 수레 긴 길에 지쳤는데, 고향에는 높은 나무 있다네.」(征車倦長道, 故國有喬木)

2 육오대(六鼇戴): 여섯 마리의 자라가 이고 있다는 전설상의 다섯 신산(神山)을 말한다. 위 47번 시의 주 8)을 보라. 여기서는 장암을 둘러싸고 있는 산들을 가리켜 말한 것이다.

3 오정참(五丁劖): 참은 뚫는다는 뜻이다. 《연감유함(淵鑑類函)》 권435 〈수부 7·우 2(獸部七·牛二)〉에서는 《촉왕본기(蜀王本記)》라는 책을 인용하여 이렇게 말했다. 「(진혜왕은 촉나라를 치고자 하여 이에 돌로 소 다섯 마리를 깎아 그 뒤에다 금을 두었다. 촉나라 사람들은 이를 보고 소가 금똥을 눌 수 있다고 생각하였다. 소 아래에는 양성된 병사들이 있었는데 『이 소는 하늘의 소이다. 금똥을 눌 수 있다.』라 하니, 촉나라 왕은 그럴듯하게 여겼다. 즉시 병사 천 명을 보내고 다섯 역사를 보내어 길을 내게 하여 세 마리를 성도로 들였다. 진나라가 통하는 길을 얻은 것은 돌 소의 힘이었다. 나중에 승상 장의 등을 보내어 돌 소의 길을 따라 촉나라를 쳤다.」(秦惠王欲伐蜀, 乃刻五石牛, 置金其後. 蜀人見之以爲牛能大便金. 牛下有養卒以爲此天牛也, 能便金. 蜀王以爲然, 卽發卒千人, 使五丁力士拖牛成道, 致三枚於成都. 秦得道通, 石牛力也. 後遣丞相張儀等, 隨石牛道伐蜀)

4 참(巉): 《차의》「음은 『참』이며, 참은 바위가 높은 것이다. 또한 『漸』이라고도 한다.」(鋤含切, 巉巖高也. 亦作漸) 《시경·소아·가파른 높은 바위(小雅·漸漸之石)》「가파르고 험한 바위, 높기도 하네.」(漸漸之石, 維其高矣) 주희는「참참은 높고 험준한 모양이다.」(漸漸, 高峻之貌也)라 하였다.

141~142. 鉛山立春, 六言二首[1]

연산에서의 입춘, 육언으로 두 수를 짓다

141

雪擁山腰洞口[2]	눈 산 허리의 동굴 입구 안고 있고,
春廻楚尾吳頭[3]	봄 초땅의 꼬리와 오땅의 머리에 돌아왔네.
欲問閩天何處[4]	민땅의 하늘 어느 곳인가 물으려하니,
明朝嶺水南流[5]	내일 아침 분수령의 물 남으로 흐르겠지.

142

行盡風林雪徑	바람부는 숲 눈 오솔길 다 하니,
依然水館山村[6]	물가 집과 산의 마을 여전하다네.
却是春風有脚[7]	오히려 봄바람 다리라도 있는 듯,

1 연산(鉛山): 신주(信州)의 속현(지금의 江西 信州縣). 옛 성은 지금의 연산현 남쪽에 있다. 산에서 구리와 납이 나므로 산의 이름을 연산이라 하였다. 복건성 숭안현과 경계를 이룬다. 《차보》에서는 「이곳에서 숭안의 선생의 거처까지는 8,90리이다.」(自此南至崇安先生之居八九十里)라 하였다.

2 동구산요(洞口山腰): 북주(北周) 유신(庾信)의 〈고목(枯樹賦)〉「동굴 입구 가로질러 비스듬히 누워 있고, 산허리에서 조아리고 반은 꺾여 있네.」(橫洞口而欹卧, 頓山腰而半折)

3 초미오두(楚尾吳頭): 연산이 옛날 초나라와 오나라의 경계에 있음을 말한다. 《차의》「초땅의 꼬리와 오땅의 머리를 이른다.」(謂楚地之尾, 吳地之頭也) 지금의 강서성에 속하는 예장(豫章) 일대를 가리키는 말로도 쓰인다. 《방여승람(方輿勝覽)》에 「예장의 땅은 초나라의 꼬리와 오나라의 머리이다.」(豫章之地爲楚尾吳頭)라는 말이 있다. 《패문운부》에서 재인용. 송나라 황정견의 사(詞) 〈알금문(謁金門)〉「산 또 물, 오나라 머리와 초나라 꼬리를 다 가네.」(山又水, 行盡吳頭楚尾)

4 민천(閩天): 곧 복건(福建)을 이르는 말. 건녕(建寧)은 옛날에 민(閩)에 속한 땅이었기 때문에 이렇게 말하였다.

5 영수남류(嶺水南流): 《집람》「분수령의 물 한 갈래는 남으로 복건의 경계에 유입된다.」(分水嶺水一支南流入福建界)

6 수관(水館): 곧 수사(水榭)를 말한다. 물가나 물 위에 지은 정자를 말한다.

7 춘풍유각(春風有脚): 당나라 송경(宋璟)의 고사이다. 오대(五代) 촉(蜀)나라 왕인유(王仁裕)의 《개원천보유사(開元天寶遺事)》 권4 「송경은 백성을 사랑하고 사물을 아껴 조야에서 훌륭하다 하였고, 사람들은 모두 송경은 『발 달린 따뜻한 봄이다.』라고 하였는데, 이는 이

今朝先到柴門	오늘 아침 삽짝문에 먼저 이르렀다네.

르는 곳마다 따뜻한 봄처럼 사물을 따뜻하게 함을 이르는 것이다.」(宋璟愛民恤物, 朝野歸美, 人咸謂璟為有脚陽春, 言所至之處如陽春煦物也) 권4 73번 시의 주 9) 「백리춘」(百里春)을 참조하기 바란다. 송나라 이팽(李彭)의 〈문잠이 지은 입춘이라는 시의 각운자를 써서 짓다(次韻文潛立春)〉 제3수 「따뜻한 봄에 발 달린 이 지금은 누구런가? 비로소 전조의 귀한 늙은 몸 깨닫네.」(陽春有脚今誰是, 始覺前朝貴老身)

143~145. 次二友石井之作, 三首[1]

두 벗의 석정에서 지은 시의 각운자를 써서 짓다, 세 수

143

一竇陰風萬斛泉[2] 한 구멍 음침한 바람
만곡천에 부는데,
新秋曾此弄淸漣[3] 새 가을 일찍이 이곳에서
맑고 잔잔히 일었다네.
人言湛碧深無底[4] 사람들 말하기를 맑고
푸르러 깊이 바닥 없고,
只恐潛通小有天[5] 다만 걱정됨 몰래
소유천과 통하는 것이라네.

1 이우(二友): 임용중(林用中: 자 擇之)과 범염덕(范念德: 자는 伯崇)이다.
석정(石井): 《일통지(一統志)》 권51 〈광신부·석정(廣信府·石井)〉「연산현 북쪽 4리 지점에 있으며 우물 위에 돌 무늬가 은은히 일어나 있다. 상감 조각이 아래로 드리웠는데 마치 연꽃이 거꾸로 자라는 것 같다. 그 물이 맑고 감미롭다. 수백 무나 되는 밭에 물을 대주는데, 처음에는 옥동천이라 하였으며 또한 벽옥천, 자제천이라고도 한다. 송나라 홍추가 지은 기문이 있다.」(在鉛山縣北四里, 井上石文隱起, 錯鏤垂下如蓮花倒生, 其水淸泠甘美, 漑田數百畝, 始名玉洞泉, 又名碧玉泉慈濟泉, 宋洪芻有記)
2 두(竇): 공혈(孔穴) 곧 구멍이라는 뜻.
만곡천(萬斛泉): 샘 이름으로 《복건통지(福建通志)》(권7)에 의하면 영화현(寧化縣) 북쪽에 있다고 하였다.
3 농청련(弄淸漣): 송나라 주돈이(周敦頤)의 〈연꽃을 사랑함에 대하여(愛蓮說)〉「연꽃은 진흙에서 나왔으나 더러워지지 않고 맑고 잔잔한 물결에 씻겼으나 요염하지 않다.」(蓮之出於淤泥而不染, 濯淸漣而不夭)
4 심무저(深無底): 당나라 장구령(張九齡)의 〈영천(靈泉)〉「영천 맑기 그지없고, 그 깊이는 바닥이 없다네.」(靈泉有泚, 其深無底)
5 잠통소유천(潛通小有天): 송나라 장군방(張君房)의 《운급칠첨(雲笈七籤)》 권27 〈동천복지(洞天福地)〉「제일 왕옥산동은 둘레가 만 리이며 소유청허지천이라 부른다. 낙양과 하양의 두 경계에 있으며 왕옥현과는 60리 떨어져 있고, 서성에 속하며 왕군이 다스린다.」(第一王屋山洞, 周廻萬里, 號曰小有淸虛之天. 在洛陽河陽兩界, 去王屋縣六十里, 屬西城, 王君治之) 《태평어람(太平御覽)》 권40 〈지부 5(地部五)〉에도 나오는데, 여기서는 《모군내전(茅君內傳)》이란 책을 인용하여 말했다. 당나라 두보(杜甫)의 〈진주에서 지은 여러 시(秦州雜詩)〉 열넷째 시「만고로 전해오는 구지의 구멍, 몰래 소유천과 통한다네.」(萬古仇池穴, 潛通小有天)

144

聯騎君登泉上亭　말 나란히 하고 그대들과
　샘 위의 정자 오르니,
黃塵雙眼想增明[6]　누런 먼지에 두 눈
　밝음 더했으면 하네.
籃輿獨向溪南路[7]　대나무 수레 홀로
　시내 남쪽의 길 향하니,
惆悵不成同隊行[8]　행렬 이루어 가게 되지
　못함 슬프다네.

145

泉嵌側畔一川明　샘 깊은 곁 두둑에
　내 하나 밝은데,
水石縈廻更有情　물과 바위 엉키어 도니
　더욱 정이 있는 듯.
聞說近來疏葺好[9]　듣자니 근래 들어 틔우고
　이음 다 마쳤다니,

6 쌍안상증명(雙眼想增明): 당나라 한유의 〈성남에서 여러 구절씩 이어 쓴 시(城南聯句)〉「아득한 봉우리는 한 치 짙푸름 내고, 먼 눈은 한 쌍 밝음 더하였네.」(遙岑出寸碧, 遠目增雙明)

7 남여(籃輿): 남여는 「籃轝」라고도 하며 대나무를 엮어서 만든 가마를 말한다. 《남조의 역사·도잠의 전기(南史·陶潛傳)》「한번은 도잠이 여산에 간 적이 있는데 왕홍이 도잠의 옛 친구인 방통지더러 중도인 율리에 술을 차려놓고 그를 맞게 했다. 도잠은 다리에 병이 있어서 문하생 하나와 두 아들에게 대로 엮은 가마를 매게 했다. (그곳에) 이르게 되자 흔쾌히 어울려 술을 마시게 되었으며 얼마 안 있어 홍이 이르렀는데 또한 거리낌이 없었다.」(潛嘗往廬山, 弘命潛故人龐通之, 齎酒具於半道栗里要之. 潛有脚疾, 使一門生二兒擧籃轝. 及之, 欣然便共飮酌, 俄頃弘至, 亦無忤也.)

8 동대행(同隊行): 당나라 한유(韓愈)의 〈아들 부가 장안성 남쪽에서 독서함에 부침(符讀書城南)〉「조금 자라함께 모여 놀았을 적엔, 떼 지어 헤엄치며 노는 물고기와 다름없었다네.」(少長聚嬉戲, 不殊同隊魚)

9 소즙(疏葺): 《차의》「소는 틔우는 것이다. 《서경》에 『우임금은 구하를 틔웠다.』라는 말이 있다. 지붕을 덮는 것을 즙이라고 한다. 또한 수리한다는 뜻도 있다.」(疏, 分也. 書禹疏九河. 覆蓋, 曰葺. 亦補治也) 《좌전·양공(襄公) 31년》「저희 나라는 맹주국으로써 (영빈관의) 지붕을 완전하게 하고 담을 쌓아서 빈객들을 접대하고 있습니다.」(以敝邑之爲盟主, 繕完、葺牆, 以待賓客)

想應仍是舊溪聲[10]　　생각건대 응당
옛 시내 소리 나리라.

10 구계성(舊溪聲): 송나라 병산(屛山) 유자휘(劉子翬)의 〈남계(南溪)〉「오직 옛 시내 소리 날테니, 만고에 흘러 떠나지 않으리.」(惟有舊溪聲, 萬古流不去)

146~147. 次韻擇之鉛山道中, 二首

임용중의 연산으로 가는 도중에 짓다라는 시의 각운자를 써서 짓다, 두 수

146

幾月高堂闕問安[1]	몇 달이나 고당에 문안을 못 드렸던가?
歸塗不管上天難[2]	돌아가는 길 하늘에 오르는 어려움 상관치 않네.
誦君兩疊思親句	그대의 두 수 어버이 생각하는 시구 외어보니,
也信從來取友端[3]	또한 예로부터 벗을 취함에 단정해야한다는 말 믿기네.

147

行盡江湘萬疊山	장강과 상수 다 하였는데도 만 겹의 산이니,
家山猶在有無間	고향 산천 아직도 있는 듯 없는 듯하네.

1 고당(高堂): 모친. 여기서는 주희의 모친인 축씨(祝氏)부인을 가리킨다.
궐(闕): 결(缺)자와 같은 뜻으로 쓰였다.

2 상천난(上天難): 당나라 이백(李白)의 〈촉으로 가는 길 험난하구나(蜀道難)〉「아이쿠나! 아찔하고도 높구나. 촉으로 가는 길 험난하여, 푸른 하늘 오르는 것보다 어렵네.」(噫吁戲, 危乎高哉, 蜀道之難, 難於上靑天)

3 취우단(取友端): 《맹자·이루(離婁) 하》「윤공 타는 단정한 사람이다. 벗을 취함에는 반드시 단정해야할 것이다.」(夫尹公之他, 端人也, 其取友必端矣) 송나라 진여의(陳與義)의 〈즉석에서 거듭 짓고 또한 다시 놀 것을 약속하다(卽席重賦且約再遊)〉「한 늙은 병사 얻어 마실 만하나, 지금부터 벗 취함 모름지기 단정한 사람이어야 하리.」(得一老兵雖可飮, 從今取友要須端)

明朝漸喜登閩嶺	내일 아침에는 민땅의 고개 오름 점차 기뻐지리니,
澗水分流響佩環[4]	시냇물 갈라져 흐르는 소리 옥 찬 듯 울리리.

4 패환(佩環): 당나라 상건(常建)의 〈옛 일을 되새김(古意)〉「자나 깨나 신녀 보이는데, 금빛 비단에 패옥 소리 울린다네.」(寤寐見神女, 金紗鳴珮環) 송나라 육유(陸游)의 〈운문의 시냇가를 홀로 걷다(雲門溪上獨步)〉「샘 소리 패옥 찬 듯 어두운 골짝에서 울리고, 밝은 달은 구슬과 벽옥처럼 성긴 숲에 흩어지네.」(泉響珮環鳴闇壑, 月明珠璧散疎林)

148. 次韻擇之發紫溪有作[1]

임용중의 자계를 떠나며 짓다라는 시의 각운자를 써서 짓다

明日振衣千仞岡[2]	내일 천 길 언덕에서 옷깃 떨칠 것이니,
夜分起看月和霜[3]	한밤중에 일어나 달 서리와 어울림 보네.
久知行路難如此[4]	가는 길 이렇게 어려움 오래 전부터 알았으니,
不用悲歌淚滿裳[5]	슬픈 노래 눈물 옷 가득 적실 필요 없다네.

1 자계(紫溪)는 지금의 자계진(紫溪鎭)으로 감(贛)과 민(閩) 지역이 교차하는 경계에 있는 분수령(分水嶺) 북쪽에 있다.

2 진의천인강(振衣千仞岡): 진(晉)나라 좌사(左思)의 〈역사를 소재로 읊음(詠史詩)〉 제5수 「천 길 언덕에서 옷깃 떨치고, 만리 흐르는 물에 발 씻는다네.」(振衣千仞岡, 濯足萬里流) 권1 124번 시도 이 시의 구절 「濯足萬里流」를 따다가 제목으로 삼았다.

3 월화상(月和霜): 송나라 양만리(楊萬里)의 〈달을 읊은 시의 각운자를 써서 짓다(次霜月韻)〉 「막 보니 서리가 달인데, 달 서리와 어울림 아울러 사랑스럽네.」(初看霜是月, 併愛月和霜)

4 행로난여차(行路難如此): 당나라 두보의 〈봄날 재주에서 누대에 오르다(春日梓州登樓)〉 「가는 길 이렇게 어려운데, 누대에 올라 바라보니 흐릿해지려 하네.」(行路難如此, 登樓望欲迷) 송나라 곽무천(郭茂倩)의 《악부시집(樂府詩集)》의 권70과 71의 〈잡곡가사(雜曲歌辭)〉에 〈행로난〉이 수록되어 있는데, 인생살이의 어려움을 노래한 시들이다.

5 누만상(淚滿裳): 당나라 위응물(韋應物)의 〈광릉을 떠나 상가형을 붙잡고 아울러 상장사께 부치다(發廣陵留上家兄兼寄上長沙)〉 「절하고 말하니 붙잡아둘 수 없어, 목소리 막히고 눈물은 아랫도리에 한가득.」(拜言不得留, 聲結淚滿裳)

149. 次韻別林澤之[1]

같은 각운자를 써서 임용중과 헤어지다

暫時相別不須悲	잠시 동안 서로 헤어진다고 슬퍼할 필요 없으리니,
楚調凄凉政爾爲[2]	초나라 곡조 처량함 딱 그대 위해서이리.
幾曲淸溪足相送[3]	맑은 시내 몇 구비면 보내드리기 충분할까?
一天明月豈曾離	온 하늘의 밝은 달 어찌 일찍이 헤어졌으리.
上堂嘉慶多爲問[4]	대청에 올라 어버이께 문안 올림에 많이 물음 받았을 것이고,
緣道風光少賦詩	길 따라 선 풍광들 조금씩 시로 읊었었지.

1 《익증》「임용중은 여기에서 그의 거처로 돌아갔기 때문에 시를 지어 이별한 것이다. 임용중은 복주 사람이다.」(林自此歸其居, 故詩以別之. 林福州人)

2 초조(楚調): 초나라 지방의 곡조로 음조가 슬프고 처절하여 주로 송별을 할 때 많이 쓰인다. 당나라 백거이(白居易)의 〈취하여 정수재와 이별함(醉別程秀才)〉「오나라의 현악 초나라의 곡조 소수와 상수에서 타니, 나를 위해 은근히 한 잔 술 보내주게나.」(吳弦楚調瀟湘弄, 爲我殷勤送一杯)

3 청계기곡(淸溪幾曲): 송나라 왕안석(王安石)의 〈북산을 떠나 평보에게 부침(離北山寄平甫)〉「맑은 시내 몇 구비나 봄바람 좋은가? 이미 돌아갈 때 술 싣고 가기로 약속했다네.」(淸溪幾曲春風好, 已約歸時載酒行)

4 상당가경(上堂嘉慶): 옛날 사람들은 어버이를 찾아뵙고 문안을 드리는 것을 「배가경」(拜嘉慶)이라 하였다. 남조 송(宋)나라 안연지(顏延之)의 〈추호를 읊음(秋胡詩)〉「대청에 올라 어버이 뵙고 절 올리려, 집으로 들어가 어디로 가야되는지 묻네.」(上堂拜嘉慶, 入室問何之) 《문선》에 주석를 단 당나라 여향(呂向)은 「어머니를 뵙기 때문에 『배가경』이라 하였다.」(見母故云拜嘉慶)라 하였다. 당나라 왕유(王維)의 〈휴가로 옛 집에 돌아감에 심부름하는 사람 편에 소식을 전하다(休假還舊業便使)〉「대청에 올라 어머니께 절 마치고, 돌아보니 인척과 같다네.」(上堂嘉慶畢, 顧與姻親齒)

更謝同袍二三子[5]	더욱이 옷 함께 입은 두세 벗에 고마워,
夜來幽夢滿春池[6]	밤 되니 그윽한 꿈 봄 못에 가득하네.

5 동포(同袍): 옷을 함께 입는 사람, 곧 친구를 말한다. 《시경·진풍·옷이 없음(秦風·無衣)》「어찌 옷이 없겠는가만, 당신과 두루마기 함께 입겠소.」(豈曰無衣 與子同袍) 주희는「포는 솜옷이다.」(袍, 襺也)라고 주석을 달았다.

6 유몽만춘지(幽夢滿春池): 《차의》「사령운이『못 가에는 봄풀 돋아나네.』라는 것을 꿈꾼 일을 전고로 쓴 것 같다.」(疑用謝靈運夢池塘生春草之事) 남조 양(梁)나라 종영(鍾嶸)의《시품·중품·송나라의 법조참군 사혜련(詩品·中品·宋法曹參軍謝惠連)》에 인용된《사씨가록(謝氏家錄)》「사령운은 사혜련을 마주 대할 때마다 번번이 훌륭한 시어를 얻었다. 훗날 영가현의 서쪽 별채에서 시어를 구상하였는데 종일토록 이루지를 못했다. 졸면서 정신이 오락가락하는 사이에 문득 사혜련을 보았는데 그 즉시『못 가에선 봄풀이 돋아나고』라는 구절을 지어낼 수 있었다. 그런 까닭에 늘 말하기를『이 말은 신의 도움이 있어서 지은 것이지 내가 지은 말이 아니다.』라 하였다.」(康樂每對惠連, 輒得家語. 後在永嘉西堂, 思詩竟日不就. 寤寐間, 忽見惠連, 卽成池塘生春草. 故常云, 此語有神助, 非吾語也) 이 고사는《남사·사혜련전(南史·謝惠連傳)》에도 나온다.

150~151. 次韻別范伯崇, 二首 東歸亂葉止此

같은 각운자를 써서 범염덕과 헤어지다. 두 수 《동귀란고》는 여기까지이다

150

平生罪我只春秋[1]　　평생토록 나 죄주는 것
　　　　　　　　　　　오직 《춘추》이니,
更作囂囂萬里遊[2]　　다시 기꺼이 만 리
　　　　　　　　　　　유람하였다네.
賴有吾人肯相伴[3]　　이 사람 기꺼이
　　　　　　　　　　　서로 짝함 힘입어,
群譏衆詆不能憂[4]　　뭇 조롱과 수많은 비난도
　　　　　　　　　　　근심하지 않을 수 있었다네.

---

1 죄아춘추(罪我春秋): 《차의》「선생이 책을 지어 가르침을 스스로 이른 것이다.」(先生自謂著書垂敎也) 《맹자·등문공(滕文公) 하》「《춘추》는 천자가 하는 일이다. 이 때문에 공자께서 말씀하시기를 『나를 알아주는 것도 오직 《춘추》이며 나를 죄주는 것도 오직 《춘추》이다.』라 하였다.」(春秋, 天子之事也, 是故孔子曰, 知我者其惟春秋乎! 罪我者其惟春秋乎!)

2 효효(囂囂): 《맹자·만장(萬章) 상》「탕왕이 사람을 시켜 폐백을 가지고 가서 이윤(伊尹)을 초빙하셨는데, 효효연히 말하기를 『내 어찌 탕왕의 빙문하는 폐백을 쓰리오, 내 어찌 견무의 가운데 처하여 이대로 요순의 도만 즐기는 것만 하겠는가?』라 하였다.」(湯使人以幣聘之, 囂囂然曰, 我何以湯之聘幣爲哉? 我豈若處畎畝之中, 由是以樂堯舜之道哉?) 주희는「효효는 욕심이 없이 스스로 만족해하는 모양이다.」(無欲自得之貌)라고 주석을 달았다.「囂囂」라는 말은 《맹자·진심(盡心) 상》편에도 나온다.

3 오인(吾人): 이 사람이라는 뜻. 《춘추곡량전·선공(春秋穀梁傳·宣公) 15년》「밖으로 부도한 자들을 평정하였는데 이 사람이 그것을 간직하고 이끌었다.」(外平不道, 以吾人之存焉道之也) 진(晋)나라 범녕(范甯)은「오인은 대부 귀보를 이른다.」(吾人謂大夫歸父)라 하였다. 약간 칭찬하고 높이는 어기를 띤다.

4 군기중저(群譏衆詆): 《탁계》「선생이 장사로 갈 때 꾸짖고 나무라는 사람이 있었던 것 같다.」(先生長沙之行疑當時有譏詆者)

151

累月追隨今別離	여러 달 좇아 따랐는데 이제 이별하게 되니,
人生離合豈無時	사람 살아가는데 헤어지고 만남 어찌 때가 없으리?
願言更勵堅高志[5]	원컨대 높이고 굳게 하는 뜻 더욱 힘 쓰고,
力索窮探慰所思[6]	힘껏 구하고 끝까지 찾아 그리워하는 이 위로하게나.

5 견고(堅高): 《논어·자한(子罕)》「안연이 아아! 하며 탄식하여 말하였다. 『우러러볼수록 더 높아지고, 뚫으려 할수록 더욱 단단해지는구나. 보면 앞에 계시는데 어느덧 뒤에 계시는도다.』」(顏淵喟然歎曰, 仰之彌高, 鑽之彌堅. 瞻之在前, 忽焉在後) 주희는 이 말에 대하여「우러를수록 높아진다는 것은 미칠 수 없다는 것이다. 뚫을수록 단단해진다는 것은 들어갈 수 없는 것이다.」(仰彌高, 不可及. 鑽彌堅, 不可入)라 하였다. 이 구절은 범염덕에게 안연과 같은 자세로 학문에 임하라고 격려하는 것이다.

6 위소사(慰所思): 당나라 두보의 〈고씨네 서른 다섯 번째 서기를 전송하다(送高三十五書記)〉「이번 길 특히 이미 이르렀을 테니, 족히 그리운 이 위로할 만하네.」(此行旣特達, 足以慰所思)

152~153. 有懷南軒老兄, 呈伯崇·擇之二友, 二首

남헌형을 그리워하며 범염덕·임용중 두 벗에게 바친다. 두 수

152

憶昔秋風裏	지난날 생각해보니 가을 바람 속에,
尋盟湘水傍[1]	상수가에서 맹약 다졌었지.
勝遊朝挽袂	아침엔 소매 끌어당겨 명승지 유람하였고,
妙語夜連牀[2]	밤에는 침상 나란히 하고 오묘한 말 나누었었지,
別去多遺恨	떠나갈 때는 많은 한 남았으나,
歸來識大方[3]	돌아와서는 큰 도 알았다네.
惟應微密處	생각건대 미묘한 부분,
猶欲細商量	더욱 자세히 의논하고 싶소.

153

積雨芳菲暗	오랜 비에 꽃향기 은은하고,
新晴始豁然	날 새로 개이니 비로소 확 트였다네.

1 심맹(尋盟): 옛 우호를 계속하여 이어 다지고 닦는다는 뜻이다. 《좌전·은공(隱公) 3년》「겨울에 제나라와 정나라가 석문에서 맹약을 맺었는데, 노의 맹약을 굳게 한 것이다.」(冬, 齊､鄭盟于石門, 尋盧之盟也)

2 야연상(夜連牀): 송나라 황정견(黃庭堅)의 〈왕랑을 전송하다(送王郎)〉「침상 나란히 붙이고 밤새 얘기하다보니 닭이 새벽 알리는데, 책 주머니 바닥 없어 이야기 끝나지 않았네.」(連牀夜語雞戒曉, 書囊無底談未了)

3 대방(大方): 《장자·추수(秋水)》「하백이 북해에 이르러 …… 북해의 신인 약을 올려다보고 한숨을 지으며 말했다. 『…… 내가 만약 그대의 문 앞에 이르지 않았다면 위태롭게 되었을 것입니다. 내 오래도록 큰 도를 터득한 사람들의 비웃음을 샀을 테니까요.』(河伯至於北海……望洋向若而歎曰……吾非至於子之門, 則殆矣. 吾長見笑於大方之家) 사마표(司馬彪)의 《석문(釋文)》에서는 대방(大方)을 「대도」(大道)라 하였다. 《차의》에서는 「대방은 논한 바 태극의 뜻과 같다.」(大方如所論太極之旨)라 하였다.

園林媚幽獨[4]	동산 숲 그윽하고 외로움 아름답고,
窓戶愜清姸	창과 방문 맑고 고움 흡족하네.
晤語心何遠[5]	주고받은 말 마음 얼마나 원대하였던가?
謂日與擇之講論	날마다 임용중과 강론한 것을 이른다
書題意未宣	편지 적은 뜻 펴지 못했다네.
謂數收伯崇近書	자주 범염덕이 근자에 보낸 편지를 받았음을 이른다
懸知今夜月[6]	멀리서도 오늘 밤 달 아니,
同夢舞雩邊[7]	함께 무우 가에서 꿈 꾸었었다네.

4 미유독(媚幽獨): 당나라 이백의 〈심양의 자극궁에서 가을이 느껴워서 짓다(尋陽紫極宮感秋作)〉「고요히 앉아 만물의 변화를 관찰하여 보니, 넓고 커 그윽하게 혼자서 반할 만하네.」(靜坐觀衆妙, 浩然媚幽獨)

5 오어(晤語): 오(晤)는 우(遇) 또는 대(對)와 뜻이 통한다. 마주 대하고 이야기하다, 서로 터놓고 이야기하다. 상세한 것은 권1 34번 시의 주 9)를 보라.

6 금야월(今夜月): 당나라 백거이의 〈나그네살이의 달(客中月)〉「모르겠네, 오늘 밤 달 뜨면, 또 뉘 집의 나그네 되어있을지.」(不知今夜月, 又作誰家客)

7 무우변(舞雩邊): 《차의》「아마 장남헌의 춘풍루를 가리킬 것이다.」(蓋指南軒春風樓也) 춘풍(春風)과 무우(舞雩)는 모두 《논어·선진(先進)》편의 「늦은 봄 삼월에 봄나들이 옷을 지어 입고서, 어른 대여섯과, 어린 아이 예닐곱을 데리고서 기수 가에서 목욕을 하고서 무우단 곁에서 바람을 쐬면서, 노래를 읊조리며 돌아오는 것입니다.」(莫春者, 春服旣成, 冠者五六人, 童子六七人, 浴乎沂, 風乎舞雩, 詠而歸)라는 말에서 나왔다.

154. 九日登天湖, 以菊花須插滿頭歸分韻賦詩, 得歸字[1]

9월 9일 천호산에 올라 「국화수삽만두귀」라는 구절로 운자를 나누어 시를 짓는데 「돌아갈 귀」 운자를 얻다

去歲瀟湘重九時[2]	지난 해 소수와 상수에서 중양절 맞을 때는,
滿城寒雨客思歸[3]	온 성에 차가운 비 몰아쳐 나그네 돌아갈 것 생각했었다네.
故山此日還佳節	고향산천에 이 날 아름다운 절기 돌아오니,
黃菊淸罇更晩暉	누런 국화 맑은 술잔에 저녁 해까지 빛나네.
短髮無多休落帽[4]	머리숱 짧아지고 많지 않으나 모자 떨어뜨리지 마오,

1 천호(天湖): 복건성 건양현(建陽縣) 숭태리(崇泰里: 지금의 莒口鄕)에 있는 산 이름. 《탁계》「축부인은 건양현 숭태리 천호의 북쪽에 장사 지냈는데 곧 이곳이 아닌가 한다. 또한 권6의 제10판에도 보인다.」(祝夫人葬建陽縣崇泰里天湖之陽, 疑卽此地. 又見六卷十板)
국화~두귀(菊花~頭歸): 당나라 두목(杜牧)의 〈음력 9월 9일 중양절에 제안에서 높은 곳에 오르다(九日齊安登高)〉라는 시에 나오는 구절이다. 이 구절이 나오는 연은 다음과 같다. 「속세에서는 입 벌리고 웃는 모습 만나기 어려우니, 국화 모름지기 온 머리 가득 꽂고 돌아가리라.」(塵世難逢開口笑, 菊花須插滿頭歸)

2 거세(去歲): 건도 3년 정해년(1167)으로, 호남성으로 남헌 장식을 찾았던 해이다.
소상(瀟湘): 소수와 상강. 모두 호남성(湖南省)에 있으며, 여기서는 호남성을 가리키는 말로 차용하였다. 소수는 영주(永州)에 이르러 상수와 합쳐지는데 소수와 상수가 합쳐지는 곳을 소상이라 한다.

3 만성한우(滿城寒雨): 송나라 여본중(呂本中)의 〈반빈의 늙은이가 일찍이 「온 성에 비바람 몰아치는데 중양절 다가오고」라는 시구를 얻었는데 문장의 묘함이 이곳에 이르러 극에 달하였다. ……(潘邠老嘗得詩云滿城風雨近重陽, 文章之妙至此極矣……)〉「훗날 아름다운 경치 알아주는 이 없으리니, 온 성에 비바람 몰아치는데 중양절 다가왔다네.」(他日無人識佳景, 滿城風雨近重陽)

4 단발~낙모(短髮~落帽): 《진서·환온전(晉書·桓溫傳)》

長風不斷且吹衣　　긴 바람 끊이지 않고
또 옷에 불어오네.
相看下視人寰小[5]　　아래로 내려다보니 사람들
사는 세상 작기만 하여,
祇合從今老翠微[6]　　다만 지금부터 늘
푸른 산만 마음에 맞네.

「맹가는 자가 만년으로 …… 뒤에 정서장군(征西將軍) 환온의 참모가 되었는데, 환온이 그를 매우 중시하였다. 9월 9일에 환온이 용산에 올라가서 연회를 베풀었는데, 막료들이 다 모였다. 이때 막료들은 모두 군복을 착용하였는데, 바람이 불어와서 맹가의 모자를 떨어지게 하였으나 맹가가 그것을 알아차리지 못하였다. 환온이 좌우 사람들에게 아무 말도 말게 하고서 그 행동만 살펴보았다. 맹가가 한참 뒤에 변소에 갔는데, 환온이 그 떨어졌던 모자를 주워오게 하고는, 손성으로 하여금 글을 지어 맹가를 조롱하게 할 셈으로 맹가가 원래 앉아 있던 곳에다가 부착하게 하였다. 맹가가 돌아와서 그것을 보고는 곧 그 글에 응답하는 글을 지었는데 매우 아름다웠다. 그래서 온 좌석에 있던 사람들이 모두 감탄하였다.」(孟嘉字萬年……後爲征西桓溫參軍, 溫甚重之. 九月九日, 溫燕龍山, 僚佐畢集. 時佐吏并著戎服, 有風至, 吹嘉帽墮落, 嘉不知覺. 溫使左右勿言, 欲觀其擧止. 嘉良久如厠, 溫令取還之, 命孫盛作文嘲嘉, 著嘉坐處. 嘉還見, 卽答之, 其文甚美, 四坐嗟歎) 이 뒤부터 「모자를 떨어뜨린다」는 말이 곧 중양절에 높은 곳에 올라간다는 뜻의 전고(典故)가 되었다. 당나라 두보(杜甫)의 〈9월 9일 남전의 최씨네 장원에서(九日藍田崔氏莊)〉「다 빠지고 짧은 머리라서 모자 바람에 날릴까 부끄러워, 웃으면서 곁에 있는 사람에게 모자 바르게 해달라고 청하네.」(羞將短髮還吹帽, 笑倩傍人爲正冠)

5 인환(人寰): 인간세상을 말한다. 당나라 백거이의 〈영응대에 올라 북쪽을 바라보다(登靈應臺北望)〉「높은 곳에서 내려다보니 인간세상 작은 줄 비로소 알겠고, 먼 곳 마주하니 바야흐로 풍경 비었음 알겠네.」(臨高始見人寰小, 對遠方知色界空)

6 취미(翠微): 공자가 지었다는 설이 있는 중국에서 가장 오래된 글자 사전인《이아(爾雅)》에서는「(산이) 정상까지 미치지 못한 것을『취미』라 한다.」(未及上, 翠微)라 하였다. 진나라 곽박(郭璞)은 주석[疏]을 달고「풀이하여 말하기를 정상에 미치지 못한 것이라 하였다. 산비탈의 곁에 있는 곳을 취미라 한다. 일설에는 산기운이 푸른 옥색을 띠고 있기 때문에 취미라 한다고 하였다.」(釋曰, 未及頂上. 在陂陀之處, 名翠微. 一說山氣青縹色, 故曰翠微)라 하였다. 당나라 두보의 〈정씨의 동쪽 정자를 다시 소재로 삼아서(重題鄭氏東亭)〉「화려한 정자는 산비탈로 들어가고, 가을날 맑은 빛 어지러이 비치네.」(華亭入翠微, 秋日亂清暉) 두목 위 주 1)에 인용한 시「강에는 가을 그림자 잠겨 있고 기러기 막 나는데, 손님 더불어 술병 지나고 산등성이 오른다네.」(江涵秋影鴈初飛, 與客攜壺上翠微)
원래「취미」라는 말은「푸른 기운이 희미하게 감도는 것」이라는 뜻인데, 산 턱에 오르면 이러한 기운이 감돌기 때문에「산 턱」을 이렇게도 표현한다.

155. 歸報德再用前韻

보덕으로 돌아가 다시 앞 시의 각운자를 써서 짓다

幾枝藤竹醉相攜[1] 등나무와 대나무 지팡이 몇 개나
취하여 지니었던가?
何處千峰頂上歸 어느 곳에서 수많은 봉우리
정상으로 돌아가는가?
正好臨風眺平埜[2] 바람 맞으며 평평한 들판
바라보기에 딱 좋아,
却須入谷避斜暉 오히려 골짝으로 들어가
비낀 햇빛 피한다네.
酒邊泉溜寒侵骨 술 가의 샘물 방울
차갑게 뼈에 스미고,
坐上嵐光翠染衣[3] 자리 위의 이내 빛 비취빛으로
옷 물들이네.
踏月過橋驚易晚[4] 달빛 밟고 다리 지나자니
쉬 늦어짐에 놀라고,

1 등죽(藤竹): 등나무와 대나무는 모두 지팡이의 재료로 쓰이기 때문에 여기서는 지팡이라는 뜻으로 차용된 것 같다.

2 평야(平埜): 「埜」자는 「들 야」(野)자의 고자이다. 「들 야」(埜)자는 「가시나무 초」(楚)자로 된 판본도 있다. 평초는 넓게 펼쳐진 들판, 곧 평야와 같은 뜻이며, 멀리 바라보이는 가지런한 나무숲이라는 뜻도 있다. 《전당시(全唐詩)》 권295 해가(奚賈)의 시에 「지는 해 너른 들판으로 내려가고, 외로운 연무 동정호에서 피어나네.」(落日下平楚, 孤煙生洞庭)라는 구절이 있는데, 《시식(詩式)》에 보인다고 하였다. 《차의》에서는 전기(錢起)의 시로 인용하였다. 남조 제(齊)나라 사조(謝朓)의 〈선성군 안에서 올라 바라보다(宣城郡內登望)〉「차가운 성 한번 바라보니, 넓게 펼쳐진 들판 마침 푸르다네.」(寒城一以眺, 平楚正蒼然)

3 취염의(翠染衣): 송나라 장뢰(張耒)의 〈집 동쪽(屋東)〉「시냇물 소리 밤에 불어 차갑게 베개까지 통하고, 산 풍경 아침에 개어 푸르게 옷 물들이네.」(溪聲夜漲寒通枕, 山色朝晴翠染衣)

4 이만(易晚): 원나라 방회(方回)는 《영규율수(瀛奎律

林坰回首更依微[5] 숲가 들판에서 고개 돌리니
더욱 어렴풋하네.

髓)》에서 「易晩」은 「已晩」이 되어야 한다고 하면서 9월 9일 중양절에 높은 곳에 올랐다가 돌아오면서 지은 시로 보았다. 반면에 청나라 기윤(紀昀)은 「곧 늦어지려하다」(將晩也)는 뜻으로 보아 고칠 필요가 없다고 하였다.

5 임경(林坰): 교외의 들판을 말한다. 《문선》 진림(陳琳)의 〈조홍과 위문제에게 보내는 편지(爲曹洪與魏文帝)〉 「천리마인 녹기가 교외의 들판에서 귀를 늘어뜨리고 있습니다.」(夫綠驥垂耳於林坰) 당나라 이선(李善)은 《이아(爾雅)》를 인용하여 「들 밖을 임이라 하고, 숲 밖을 경이라 한다.」(野外謂之林, 林外謂之坰)고 주석을 달았다.

의미(依微): 미세하다, 약하다는 뜻과 어렴풋하다는 뜻이 있는데, 여기서는 후자의 뜻으로 쓰였다.

156. 雪中與林擇之祝弟登劉園之宴坐巖, 有懷南嶽舊遊, 賦此呈擇之屬和, 幷寄敬夫兄[1]

눈 속에 임용중·축강국과 함께 유씨네 장원의 연좌암에 올라 남악에서의 옛 놀이를 그리워하며 이 시를 지어 임용중에게 주어 화답할 것을 촉구하고 아울러 경부형에게 부친다

風雪集歲晏[2]	바람과 눈 세밑에 모여와,
掩關聊自休	빗장 걸고 애오라지 혼자 쉰다네.
今辰展遐眺[3]	오늘은 먼 조망 펼치어,
倚此寒巖幽	이곳 차가운 바위에 그윽이 기대네.
同雲暗空室[4]	검은 구름 추운 방 어둑하게 하고,
皓彩迷林丘	흰 빛 숲과 언덕 흐릿하게 하네.

1 축제(祝弟): 주희의 외사촌인 축강국(祝康國)을 가리킨다. 《차의》에서는 축목(祝穆)이라고 하였다.
유원(劉園): 병산(屛山) 유씨(劉氏)의 장원을 말한다. 《집람》에서는 유평보(劉平甫)를 가리키는 것 같다고 하였다. 유평보는 병산 유자휘의 아들인 유평(劉玶: 1138~1185)의 자이다. 《주자어류》 권117 「어느 날 순필과 함께 병산에서 놀다가 돌아오는 길에 산원이 매우 아름답다고 말씀하셨다. 이에 말씀하시기를 『동산이 아름답기는 하지만 사람의 뜻은 거칠어지는구나!』라 하였다.」(日同舜弼遊屛山歸, 因說山園甚佳. 曰, 園雖佳, 而人之志則荒矣!)
장식이 이 시에 차운한 시가 그의 문집인 《남헌집》 권2에 〈원회와 택지의 눈 속에 생각이 나다라는 시의 운자를 써서 짓다(次韻元晦擇之雪中見懷)〉라는 제목으로 수록되어 있다.
2 풍설집세안(風雪集歲晏): 당나라 위응물의 〈풍저에게 드림(贈馮著)〉 「세밑 곧 이르려 하는데, 보잘것없는 털옷이나마 아직 준비하지 않았다네. 애처롭고 슬프도다! 나그네 마음, 바람과 눈 관문 동쪽에서 불어오네.」(歲晏乃云至, 微褐還未充. 慘悽遊子情, 風雪自關東)
3 전하조(展遐眺): 권3의 11 〈삼가 장식의 성남이십영시와 같은 각운자를 쓰다·권운정(奉同張敬夫城南二十詠·卷雲亭)〉에도 「시원하게 별안간 걷히어 열리니, 그대 위해 먼 조망 펼쳐준다네.」(浩蕩忽搴開, 爲君展遐眺)라는 구절이 있다.
4 동운(同雲): 같은 색의 구름이 온 하늘을 덮고 있는 것, 곧 구름이 온 하늘을 덮어 금방이라도 눈이나 비가 내릴 듯한 기세를 말한다. 《시경·소아·실로 남산은(小雅·信南山)》 「하늘에 한 가지색 먹구름 끼더니, 눈 펑펑 쏟아지네.」(上天同雲, 雨雪雰雰) 주희는 「동운은 구름이 한 가지 색을 띠고 있는 것으로 큰 눈이 올 징조가 이러하다.」(同雲, 雲一色也. 將雪之候如此)라 하였다.
공실(空室): 빈 방이라는 뜻도 있지만 여기서는 불을 때지 않아 추운 방을 말한다. 당나라 한유(韓愈)의 〈사자연시(謝自然詩)〉 「하루 아침에 추운 방에 앉아 있었더니, 운무 그 사이에서 피어났다네.」(一朝坐空室, 雲霧生其間)

崩奔小澗歇[5]　물결 솟구치던 작은 시내 마르고,
飛舞增綢繆　날고 춤춤 더욱 얽히네.
仰看鸞鶴翔[6]　우러러 보니 난새와 학 날고,
俯視江漢流　굽어 보니 장강과 한수 흐르네.
乾坤有奇變　하늘과 땅에 기이한 변화 일더니,
澒洞驚兩眸[7]　잇달아 이어진 듯 두 눈동자 놀라게 하네.
三酌不自溫　석 잔을 마셔도 절로 따뜻해지지 않아,
倚杖空冥搜[8]　지팡이 의지하여 헛되이 그윽한 곳 찾네.
悲歌動華薄[9]　슬픈 노래 눈꽃 숲 움직이고,
璀璨忽滿裘　찬란하게 어느덧 갖옷에 가득 달라붙었네.
向來一杯酒　지난번에는 한 잔 술로,
浩蕩千里遊[10]　호탕하게 천리 유람하였었다네.
亦復有玆賞[11]　또한 다시 이번에 감상해보고,
微言寄淸酬　하찮은 말 맑은 보답으로 부치네.
解携今幾許　잡은 손 푼 지 지금 그 얼마런가?

5 붕분(崩奔): 물결이 제방에 부딪혀 솟구침.

6 난학상(鸞鶴翔): 《차의》「눈이 회오리바람에 흩어져 날리며 춤추는 형상이다.」(雪之飄散飛舞之狀)

7 홍동(澒洞): 혼란스런 모양. 《회남자·정신훈(精神訓)》「옛날 아직 하늘과 땅이 없었을 때에는 모습만 있을 뿐 형체는 없었다. 깊숙하고 컴컴했으며 흐릿하고 어렴풋했으며 뒤죽박죽이어서 그 문을 알지 못했다.」(古未有天地之時, 惟像無形. 窈窈冥冥, 芒芠漠閔, 澒濛鴻洞, 莫知其門) 당나라 두보의 〈서울에서 봉선현으로 가면서 오백 자로 속마음을 읊다(自京赴奉先縣詠懷五百字)〉「남산과 가지런한 근심의 실마리는, 잇달고 잇달아서 걷잡을 수 없다네.」(憂端齊終南, 澒洞不可掇) 혼란스러워 서로 통하여 이어져 있는 듯이 보이는 모양이라는 뜻.

8 명수(冥搜): 동진(東晉) 손작(孫綽)의 〈천태산에서 놀다(遊天台賦)〉의 서문「대저 멀리 기탁하여 그윽한 곳을 찾고 신에 통한다고 독실히 믿는 사람이 아니라면 어찌 기꺼이 아득히 생각하고 그것을 보존하려하겠는가?」(非夫遠寄冥搜, 篤信通神者, 何肯遙想而存之) 당나라 두보(杜甫)의 〈여러 분들과 자은사의 탑에 오르다(同諸公登慈恩寺塔)〉「바야흐로 알았다네, 불교의 힘 족히 그윽한 곳 찾음 쫓을 수 있음을.」(方知象敎力, 足可追冥搜)

9 화박(華薄): 《차의》「화는 눈꽃을 가리켜 말하였다. 박은 숲이 우거진 것이다.」(華指雪華而言. 薄爲林薄)

10 향래~천리유(向來~千里遊): 지난 해 남악 형산에서의 놀이를 말한다.

11 자상(玆賞): 《집람》「《남악창수집》에 〈눈을 만나다〉라는 시 여러 수가 있다.」(南嶽唱酬有遇雪諸作) 〈우설〉시는 《남악창수집》에 〈7일 악록을 떠나 도중에 매화를 찾았으나 얻지 못하였으며 10일에 눈을 만나 이 시를 짓는다(七日發嶽麓, 道中尋梅不獲, 至十日遇雪賦此)〉로 되어 있고, 주희를 비롯하여 장식, 임용중이 시를 지었다.

光景逝不留[12]	세월 흘러가 머물지 않는다네.
懷人眇山嶽[13]	사람 그리워하나 작은 산 큰 산 아득한데,
省己紛愆尤[14]	내 몸 살펴보니 단점과 허물 분분하네.
對此奇絶境	이 기이하고 빼어난 경계 마주하고 보니,
一懽生百憂	한번 기쁜듯하다가 온갖 근심 생겨나네.
茫然發孤詠[15]	아득히 외로운 노래 읊자니,
遠思誰能收	먼 생각 누가 거둘 수 있을까?

12 광경서불류(光景逝不留): 광경(光景)은 광음(光陰)과 같은 뜻으로 세월을 말한다. 삼국 위나라 조식(曹植)의 〈왕찬에게 드림(贈王粲)〉「슬픈 바람 내 곁에서 우는데, 희화는 가서 머물지 않는다네.」(悲風鳴我側, 羲和逝不留) 희화(羲和)는 해 수레를 몬다는 전설상의 인물로 역시 세월을 나타낸다.

13 회인(懷人): 《집람》「남헌 장식을 가리켜 말한다.」(指南軒而言)

14 건우(愆尤): 허물, 과실. 한나라 장형(張衡)의 〈동경부(東京賦)〉「끝내 풍간(諷諫)에 보탬 없고, 마침 단점과 허물 빛나네.」(卒無補於風規, 祇以昭其愆尤) 당나라 이선(李善)의 《문선》 주석「건은 단점이고, 우는 허물이다.」(愆, 短也. 尤, 過也)

15 발고영(發孤詠): 송나라 구양수의 〈비개교에서 달을 감상하다(飛蓋橋翫月)〉「내 이때에, 신속하게 외로운 읊조림 발한다네.」(而我於此時, 翛然發孤詠)

朱熹 詩 譯註

제6권

1. 和人遊西巖[1]

벗과 함께 서암에서 노닐다

平生壯志浩無窮	평소의 씩씩한 뜻 넓어서 끝이 없고,
老寄寒泉亂石中	늙은 몸 차가운 샘 어지러운 바위에 기탁하였네.
閑去披襟弄淸泚[2]	한가로이 가서 옷깃 열어젖히고 맑은 물 튀기며 놀고,
靜來合眼聽玲瓏[3]	조용하게 와서 눈 감고 영롱한 소리 듣는다네.
不知澗寺晴時雨[4]	시내의 절 맑게 개인 때 비 내리는 것 모르겠는데,
何似溪亭落處風[5]	계정 물 떨어져 이는 바람과 얼마나 비슷한가?

1 서암(西巖): 건녕부(建寧府) 숭안현(崇安縣) 오부리(五夫里) 선주산(仙州山)에 있다. 위에는 영풍사(永豐寺)와 밀암(密庵)이 있으며, 곁에는 관천정(觀泉亭)이 있는데 시냇물이 감돌고 폭포수가 흘러내린다.
이 시는 앞의 네 구절은 벗[人]을, 뒤의 네 구절은 주희 자신에 대하여 읊었다.

2 청체(淸泚): 맑은 샘물을 말한다. 《차의》「물이 맑은 것이다.」(水淸也) 남조 송나라 사조(謝朓)의 〈비로소 상서성을 나서다(始出尙書省)〉「고을 소원해지고 거칠어져 가는데, 차가운 시내 절로 맑다네.」(邑里向疎蕪, 寒流自淸泚) 《문선》에 주석을 단 여향(呂向)은 「청체는 가을에 시냇물이 흐르는 모습이다.」(淸泚, 秋水流貌也)라 하였다.

3 영롱(玲瓏): 《차의》「《운회》에서 옥 소리라 하였으며, 바람소리라고도 한다고 하였다.」(韻會, 玉聲也, 一曰風聲)

4 사(寺): 《고이》에서는 「나무 수」(樹)자로 되어 있는 판본도 있다고 하였다. 여기서 절은 곧 영풍사를 가리키는 것 같다.
청시우(晴時雨): 《차의》「시냇물이 바위에 물을 뿌리는 것이 맑게 개었을 때의 비라는 것을 이른다.」(謂澗水洒石是晴時雨也)

5 낙처풍(落處風): 《차의》「시내가 높아 물이 떨어지는 곳에서 바람이 생기는 것을 이른다.」(謂溪高水落處風氣生也)

吟罷君詩自瀟灑[6]	그대 시 다 읊조리고 나니 절로 상쾌해 지니,
此心端不限西東[7]	이 마음 과연 동서에 한하지 않네.

6 파(罷): 순희본(淳熙本)에는 「끊어질 단」(斷)자로 된 판본도 있다고 하였다.

7 불한동서(不限東西): 《익증》「심기가 서로 통함을 이른다.」(謂心期相通)

2. 次知郡章丈遊山之韻[1]

지군이신 장장의 「산에서 놀다」라는 시의 각운자를 써서 짓다

前峰鸞鶴去無蹤[2]	앞 봉우리의 난새와 학 떠나서 자취 없는데,
邂逅荒尋得故宮[3]	거칠어진 곳 찾아 옛 궁전 해후하게 되었다네.
但覺風烟隨意好	다만 바람과 운무 뜻대로 좋음만 느끼는데,
便驚塵土轉頭空[4]	흙먼지 고개 돌리니 공허해짐에 놀라네.
提壺命駕幽期遠[5]	술병 들고 멍에 지우나 그윽한 기약 멀기만 하고,

1 《익증》「포성은 건양의 이웃한 읍으로 장씨는 읍의 저명한 성씨이며 대대로 이름난 관리들이 많았다.」(浦城, 建陽隣邑, 章氏爲邑著姓, 世多名宦) 《집람》「장장은 누구인지 모르겠다. 혹 시랑 장정이 아닌가 한다.」(章丈未知爲誰. 或疑是章侍郎禎)

2 난학거무종(鸞鶴去無蹤): 《차의》「신선이 난새와 학을 타고 떠난 것을 이른다.」(謂仙人乘鸞鶴去也) 당나라 최호(崔顥)의 〈황학루(黃鶴樓)〉「누런 학 한번 가더니 다시 돌아오지 않고, 이곳에는 다만 황학루만 남아 있네.」(黃鶴一去不復返, 此地空餘黃鶴樓)

3 해후(邂逅): 기약하지 않았는데 뜻밖에 만난 것을 말한다. 《시경·정풍·들판의 덩굴풀(鄭風·野有蔓草)》「뜻밖에 서로 만나니, 내 소원대로 들어맞았네.」(邂逅相遇, 適我願兮) 주희의 주석「해후는 기약을 하지 않았는데 만나게 되는 것이다.」(邂逅, 不期而會也)

황심득고궁(荒尋得故宮): 《차의》「신선이 살던 옛 궁전이 황폐해졌으므로 거칠어진 곳을 찾았다고 하였다.」(謂仙人故宮荒蕪, 故謂之荒尋)

4 전두공(轉頭空): 당나라 백거이(白居易)의 〈자신을 읊다(自詠)〉「백년 손 따라 지나가고, 만사는 고개 돌리니 공허해지네.」(百年隨手過, 萬事轉頭空)

5 제호(提壺): 호(壺)는 여기서 술병을 말한다. 진(晉)나라 유령(劉伶)의 〈술의 덕을 칭송함(酒德頌)〉「멈추면 술잔을 잡고 잔을 집으며, 움직였다 하면 술통을 끌어당기고 술병을 차고 오로지 술 마시는 것만을 일삼았다.」(止則操卮執觚, 動則挈榼提壺, 唯酒是務)

명가(命駕): 《좌전·애공(哀公) 11년》「물러나서는 말에 멍에를 지우라 하여 떠났다.」(退, 命駕而行)

授簡哦詩妙處同[6] 편지 주어 시 읊게 하니
묘한 곳 같다네.
安得西山一丸藥[7] 어찌하면 서산의
환약 한 알 얻어서,
共隨簫鼓向雲中[8] 함께 따라 피리 불고 북 치며
구름 속 향하겠는가?

6 수간(授簡): 간찰(簡札), 곧 편지를 주는 것을 말한다. 남조 송나라 사혜련(謝惠連)의 〈눈(雪賦)〉「양왕이 기뻐하지 않고 토원에서 놀면서 …… 사마대부에게 편지를 주면서 말하였다. 『……과인을 위해 지어보거라.』」(梁王不悅, 遊于兔園……授簡於司馬大夫, 曰……為寡人賦之)爾雅曰簡謂之畢也郭璞曰今簡札也)《이아·기물을 풀이함(爾雅·釋器)》「대나무 통을 필이라 한다.」(簡謂之畢)《이아》에 주석을 단 진(晉)나라 곽박(郭璞)은 「지금의 간찰이다.」(今簡札也)라 하였다.

7 서산환약(西山丸藥): 삼국시대 위(魏)나라 문제(文帝) 조비(曹丕)의 〈버들가지를 꺾음을 노래함(折楊柳行)〉「서산 또한 얼마나 높은가? 높고 높아 아주 끝이 없다네. 위에 신선 동자 둘 있는데, 마시지도 않고 먹지도 않는다네. 내게 알약 하나 주는데, 다섯 가지 색깔 내며 빛난다네.」(西山亦何高, 高高殊無極. 上有兩仙僮, 不飲亦不食. 與我一丸藥, 光耀有五色) 이로부터 선약(仙藥)을 서산약이라고 부르게 되었다.

8 소고(簫鼓): 《차의》「또한 신선의 일이다.」(亦神仙事)

3~5. 題周氏溪園, 三首[1]

주씨의 계원을 제목삼아 짓다. 세 수

3

循澗闢芳園　　시내 따라 아름다운 동산 열려 있는데,
結亭對虛壁　　정자 지어 빈 벽 마주하고 있네.
澄潭俯幽鑒　　맑은 못 그윽한 거울 굽어보고,
空翠仰寒滴[2]　　하늘의 비취빛 차가운 물방울 우러러보네.
士人心事遠　　주인 마음 쓰는 일 원대하여,
妙寄塵壤隔[3]　　기묘한 기탁 속세와는 뚝 떨어졌다네.
豈爲功名期　　어찌 공명 기약하고자,
而忘此泉石　　이 천석을 잊겠는가?
　溪亭　　계정

4

危亭竹栢間　　아찔한 정자 대나무와 잣나무 사이에 있는데,
悄蒨日幽絶[4]　　빽빽하고 아름다워 날로 그윽하고 빼어나네.

1 《고이》에서는 「어떤 판본에는 뒤의 한 수가 없다.」(一無後一首)라 하였다. 순희본에는 세 번째 시에 「해당정」(海棠亭)이란 제목을 붙였다.

《익증》 「주씨는 《남헌집》에 주공보의 계원의 세 정자를 읊은 시가 있는데 이는 곧 그 사람이다.」(周氏, 南軒集有賦周功父溪園三咏, 此卽其人也) 장식의 시는 《남헌집》 권5에 수록되어 있으며 제목은 〈주공보의 계원 삼정을 제목으로 삼아 지어 부치다(寄題周功父溪園三詠)〉이다.

주공보는 주사무(周嗣武)의 자로 민(閩)땅 건녕(建寧) 포성(浦城) 사람이다. 내외의 관직을 두루 거쳐 권호부시랑(權戶部侍郎)으로 치사하였으며 졸년이 57세이다. 장식(張栻)·왕염(王炎)과 친분이 있었으며 호광총령(湖廣總領)으로 있을 때 두 사람이 그의 계원삼정에 시를 지어준 적이 있다.

2 공취(空翠): 녹색을 띤 나뭇잎을 말한다.

3 묘기(妙寄): 송나라 소식의 〈병이 든 가운데 밤중에 주박사의 시를 읽다(病中夜讀朱博士詩)〉 「옛 말 절묘하게 기탁한 곳 많아, 자랑할 수 없음 알겠네.」(古語多妙寄, 可識不可誇)

4 초천(悄蒨): 「峭蒨」이라고도 하며, 초목이 무성하고 아름다운 모양, 또는 선명한 모양. 《문선》 진나라 좌사

朔風一以厲[5]	삭풍 한결 같이 모질어도,
愛此枝上雪	이곳 가지 위의 눈 사랑한다네.
仰悲玄景駛[6]	우러러 겨울 해 빨리 달림 슬퍼하고,
俯歎群芳歇[7]	숙이어 뭇 꽃들 짐 탄식하네.
不用此時來	이때 올 필요 없으니,
那知歲寒節[8]	어찌 해 추워진 후의 절개 알겠는가?
雪亭	설정

5

手種籬間樹	손수 울타리 사이의 나무 심어,
枝繁不忍删	가지 번성해도 차마 자르지 못하네.
新亭最佳處[9]	새 정자 가장 아름다운 곳,
勝日共歡顏	좋은 날 함께 얼굴 기뻐한다네.
景晏春紅淺	해 저무니 봄의 붉은 빛 옅어지고,
雨餘寒翠潸[10]	비온 뒤에는 차가운 비취빛 흩어지네.

(左思)의 〈은자를 부름(招隱詩)〉「빽빽하고 아름다운 사이로, 대나무며 잣나무 그 참모습을 얻었네.」(悄蒨青葱間, 竹栢得其眞) 주희의 〈북산 기행시(北山紀行)〉「구불구불 산문의 길에, 긴 대나무 빽빽하게 늘어섰네.」(逶迤山門路, 悄蒨脩篁列)

5 삭풍일이려(朔風一以厲): 주희의 부친인 위재(韋齋) 주송(朱松)의 〈파초(芭蕉)〉「서릿바람 한결 같이 모질어, 낭자하게 흐트러지니 마음 슬프다네.」(霜風一以厲, 狼籍坐惆悵)

6 현경사(玄景駛): 《차의》「현경은 겨울 해이다. 사는 말이 빨리 달리는 것이다.」(玄景, 冬日. 駛, 馬行疾也) 현은 오행(五行)의 수(水)에 해당하고 계절로는 겨울이기 때문에 이렇게 말하였다.

7 군방헐(羣芳歇): 당나라 이백의 〈가을의 사색(秋思)〉「앉아서 뭇 꽃들 짐 슬퍼하자니, 맑은 이슬 불어난 꽃에 떨어지네.」(坐愁羣芳歇, 白露凋華滋)

8 세한(歲寒): 《논어·자한(子罕)》「해가 차가워진 뒤에야 소나무와 잣나무가 늦게 시듦을 안다.」(歲寒然後知松柏之後凋也)

9 최가(最佳): 순희본에는「임절」(臨絶)로 되어 있다. 그렇게 되면 이 구절은「새 정자 절경 굽어보고 있는 곳」으로 해석된다.

10 경안~취산(景晏~翠潸): 순희본에는「비취빛 소매 가벼운 추위에 얇고, 붉게 단장한 꽃 비 띠고 흩어지네.」(翠袖輕寒薄, 紅粧帶雨潸)로 되어 있다.

한취산(寒翠潸): 《차의》「산은 눈물을 흘리는 모양이다. 겨울에 추워진 뒤의 푸른 자취가 눈물 같다는 것을 이른다.」(潸, 涕流貌. 謂寒翠之跡如涕也)

光風回巧笑[11] 비갠 뒤의 따뜻한 바람 귀여운 웃음 되돌리고,
桃李任漫山[12] 복사꽃 오얏꽃 되는대로 온 산에 질펀하네.

嫣然亭[13] 언연정

11 회교소(回巧笑): 양나라 간문제(簡文帝)의 〈연꽃을 따다(採蓮賦)〉「흰 팔 드니, 붉은 소매 길고, 귀여운 웃음 되돌리니, 밝은 귀고리 떨어지네.」(素腕舉, 紅袖長, 迴巧笑, 墮明璫)

12 도리만산(桃李漫山): 송나라 소식(蘇軾)의 〈정혜원의 동쪽에 우거하자니 온갖 꽃이 산에 가득히 피었으며 그 가운데는 해당화 한 그루가 있었는데 토착민들은 귀한 줄을 몰랐다(寓居定惠院之東, 雜花滿山, 有海棠一株, 土人不知貴也)〉「싱긋이 대나무 울타리 사이에서 한번 웃는데, 복사꽃 오얏꽃 온 산에 질펀하니 모두 거칠고 속되다네.」(嫣然一笑竹籬間, 桃李漫山總麤俗) 곧 이 정자의 이름을 소동파의 이 시에서 따왔음을 알 수 있다. 위 주석 1)에 나온 장식의 시「무슨 마음으로 복사꽃과 오얏꽃에 견주는가? 다만 봄빛에 답하려 하네.」(何心較桃李, 只擬答春光)

13 언연(嫣然): 바로 위의 주석에서 인용한 소동파의 시를 보라.

6. 寄林擇之[1]

임택지에게 부치다

故人千里寄書來	옛 벗 천리 먼 곳에서 편지 부쳐 와,
三復塵襟頓豁開[2]	세 번을 다시 읽었더니 속세의 마음 어느덧 활짝 열렸다네.
勸我從容深燕養[3]	나더러 조용히 깊이 편안하게 보양하라 권하고,
莫將佔畢苦沈埋[4]	눈 앞의 책에만 실로 깊이 빠지지 말라 하네.
杖藜此日應同趣	청려장 짚고 이날 홍취 같이 하리니,
揮麈何時得共陪[5]	주미 흔들며 어느 날에나 함께 놀 수 있으려나?

1 임택지(林擇之): 임용중(林用中: ?~?)의 자. 임용중에 대해서는 권5 26번 시의 주 1)을 보라.

2 삼복(三復): 여러 번 반복해서 하는 것을 말한다. 《논어·선진(先進)》「남용이 (《시경》의) 〈백규〉를 세 번 반복해 외우니 공자가 그 형님의 딸을 그에게 시집보냈다.」(南容三復白圭, 孔子以其兄之子妻之)

3 연양(燕養): 《의례·기석(儀禮·旣夕)》편에 「공양을 잘하고 조석과 석식으로 별미를 드린다.」(燕養饋羞)는 말이 나오는데 한나라의 정현(鄭玄)은 「연양은 평상시에 쓰이는 공양이다.」(燕養平常所用供養也)라 하였다. 여기서는 그냥 보양한다는 정도의 뜻으로 쓰였다.

4 점필(佔畢): 《예기·학기(學記)》「지금의 교육은 눈앞의 책만 읽고 의문만 많이 제기한다.」(今之敎者, 呻其佔畢, 多其訊) 한나라 정현의 주석 「신은 읊조리는 것이다. 점은 보는 것이다. 책을 필이라 한다.」(呻, 吟也. 佔, 視也. 簡謂之畢也)

침매(沈埋): 당나라 두보(杜甫)의 〈비부의 소씨네 열 번째 낭중께 드림(贈比部蕭郎中十兄)〉「구름 낀 하늘 넓디넓은데, 해와 달 푹 빠져 내닫네.」(漂蕩雲天濶, 沈埋日月奔)

5 휘주(揮麈): 치미추(雉尾帚) 등과 같은 짐승의 꼬리로 만든 먼지떨이인 주미(麈尾)를 흔드는 것을 말한다. 진나라 사람들이 청담을 나눌 때 주미를 흔들며 이야기를 도왔으므로, 청담 또는 담론을 가리키는 말로 쓰이게 되었다.

珍重相期俱努力[6]	진중하여 서로 기약하여 함께 노력하세나,
自慙殊未竭淵才[7]	특히 안연의 재주 다할 수 없음 스스로 부끄럽다네.

6 노력(努力): 한나라 이릉(李陵)이 소무(蘇武)에게 지어주었다는 시[與蘇武詩]「노력하여 밝은 덕 높이어, 흰머리 기약하세나.」(努力崇明德, 皓首以為期) 고악부(古樂府) 〈장가행(長歌行)〉「젊어서 한창때 노력하지 않으면, 늙어서 한갓 슬퍼질 뿐이라네.」(少壯不努力, 老大徒傷悲)

7 갈연재(竭淵才): 《논어·자한(子罕)》「안연이 아아! 하며 탄식하여 말하였다.『우러를수록 높아만 지고 뚫으려할수록 단단해지기만 하는구나. 쳐다보면 앞에 있다가 어느덧 뒤에 계신다. ……그만 두고자 해도 그만 둘 수가 없어 이미 나의 재주를 다하니 내 앞에 우뚝 서 있는 듯하다.』」(顏淵喟然歎曰, 仰之彌高, 鑽之彌堅. 瞻之在前, 忽焉在後……欲罷不能, 既竭吾才, 如有所立卓爾)

7~9. 送林擇之還鄉赴選, 三首[1]

임택지가 과거를 보러 고향에 돌아감에 전송하다. 세 수

7

靑驪去路欲駸駸[2]	검푸른 말 길 떠나니 빨리 내닫고자 하여,
回首猶須話此心	고개 돌리고 오히려 모름지기 이 마음 말하리.
一別便成三數月	한번 헤어지면 금방 여러 달 되리니,
有疑誰講過誰箴	의심나면 누가 이야기해주고 잘못 있으면 누가 권계하리?

8

門外槐花似欲黃[3]	문 밖의 홰나무 꽃 누렇게 피려 하는데,
高堂應望促歸裝[4]	고당께선 돌아올 행장 재촉할 것 바라리.

1 《차보》「고향으로 돌아감은 임용중이 복주 고전 사람이기 때문이다.」(還鄕, 用中福州古田人)
부선(赴選): 과거시험을 보러가는 것을 말한다. 여기서는 향시(鄕試)를 가리킬 것이다.

2 청려(靑驪): 털빛이 검푸른 말을 말한다. 려(驪)는 짙은 흑색의 털을 가진 말을 말한다. 초나라 송옥(宋玉)의 《초사·혼을 부름(招魂)》「검푸른 말로 사마 연결함이여, 천승의 수레에 나란하다네.」(靑驪結駟兮, 齊千乘) 주희는「순흑색이 려이다.」(純黑爲驪)라 하였다.
침침(駸駸): 말이 빨리 달리는 모양. 《시경·소아·사모(小雅·四牡)》「저 사마 몰고서, 쏜살 같이 빨리 달리네.」(駕彼四駱, 載驟駸駸)

3 괴화황(槐花黃): 《당재자전(唐才子傳)》 권7 「당나라 사람들은 매년 8월에 응시를 하는데 속담에서 말하기를 『홰나무 꽃 노래지면 거자들은 바빠진다』라 하였다.」(唐人應試每在八月. 諺曰, 槐花黃, 擧子忙)

4 고당(高堂): 《차의》「임택지의 어머니를 이른다.」(謂擇之母)

箇中自有超然處　그 가운데 초연한 곳
　분명히 있을 것이니,
肯學兒曹一例忙[5]　기꺼이 아이들과 마찬가지로
　황망함 배우려 하리.

9

今朝握手送君歸　오늘 아침 손 잡고
　그대 돌려 보내는데,
馬上薰風拂面吹　말 위로 향기로운 바람
　얼굴로 불어오네.
不用丁寧防曲學[6]　부디 잘못된 학문
　미연에 방지하여,
寒窓久矣共心期　추운 창가에서 오래도록
　함께 마음속으로 기약한 것 저버리지 말게나.

5 아조일례망(兒曹一例忙): 《차의》「임택지가 비록 과거를 보러 가면서 그 마음은 절로 (합격과 불합격이라는 결과의) 득실에 초연할 수 있지만 반드시 소년들과 마찬가지로 바쁜 것은 배우지 않으려 할 것이니, 곧 홰나무가 노랗게 되면 거자는 바빠진다는 망자와 같은 뜻이다.」(擇之謂雖赴擧, 然其心自能超然於得失之際, 必不肯學少年之一例忙迫也. 卽槐花黃擧子忙之忙)

6 정녕(丁寧): 《차보》「펴서 부탁한다는 뜻으로 『叮嚀』이라고도 한다.」(申囑之意, 或作叮嚀)

방곡학(防曲學): 곡학은 곧 곡학아세(曲學阿世)를 말한다. 《사기·유림열전(儒林列傳)》「원고(轅固: 三家詩 중 齊詩를 전한 사람)가 부름을 받음에 설땅 사람인 공손홍 또한 부름을 받았는데 곁눈질로 원고를 보았다. 원고가 말하기를 『공손선생이여, 바른 학문에 힘을 써서 말할 것이며, 자신을 왜곡시키는 학문으로 세상에 아첨함이 없도록 하오.』라 했다.」(固之徵也, 薛人公孫弘亦徵, 側目以視固. 固曰, 公孫子, 務正學而言, 無曲學而阿世)

10. 題林擇之欣木亭[1]

임택지의 흔목정을 제목 삼아 짓다

危亭俯淸川	아찔한 정자 맑은 시내 굽어보는데,
登覽自晨暮	올라 둘러보자니 아침에서 저녁되었네.
佳哉陽春節[2]	아름답구나, 따뜻한 봄철이여,
看此隔溪樹	이것 시내 건너 나무에서 본다네.
連林爭秀發[3]	이어진 숲에서는 다투어 빼어남 발하여,
生意各呈露	살려는 뜻 제각기 드러낸다네.
大化本無言[4]	큰 변화는 본래 말이 없으니,
此心誰與晤	이 마음 누구와 더불어 이야기할까?
眞驩水菽外[5]	참된 기쁨 콩 씹어 먹고 물 마시는 외에,
一笑和樂孺[6]	함께 웃으며 화락하고 사모한다네.
聊復共徜徉	애오라지 다시 함께 이리저리 거닐면서,
殊形乃同趣	몸은 달라도 이에 의취 같이한다네.

1 《차의》「흔목정은 시의 뜻으로 보건대 나무가 흔연히 꽃을 피우려는 뜻에서 취한 것 같다.」(欣木亭, 以詩意觀之, 似取木欣欣而向榮之意)

2 양춘(陽春): 《태평어람(太平御覽)》 권19 〈시서부(時序部) 4·춘(春) 중〉「양 원제의 《찬요》에서는 『봄은 또한 발생·방춘·청춘·양춘·삼춘·구춘이라고도 한다.』라 하였다.」(梁元帝纂要曰, 春亦曰發生芳春靑春陽春三春九春)

3 연림(連林): 진나라 도연명의 〈술을 마시며(飮酒)〉 제8수「수풀에 가까이 있을 때는 사람들 깨닫지 못하다가, 나무 홀로 있게 되면 모두들 이에 뛰어나다 하네.」(連林人不覺, 獨樹衆乃奇)

4 대화(大化): 우주(宇宙), 대자연(大自然)을 가리키는 말.

5 수숙(水菽): 콩과 물로 악식(惡食)이라는 뜻. 가난한 중에도 부모를 잘 섬기는 즐거움이라는 뜻의 숙수환(菽水歡)을 말한다. 《예기·단궁(檀弓) 하》에 나옴. 권2 29번 시의 주 9)를 보라.

6 화락유(和樂孺): 《시경·소아·상체(常棣)》「형제가 함께해야, 화락하고 사모할 수 있는 거라네.」(兄弟旣具, 和樂且孺) 주희의 주석 『『具』는 모두 함께라는 뜻이다. 『孺』는 어린아이가 부모를 그리워하는 것이다.」(具, 俱也. 孺, 小兒之慕父母也)

11~12. 擇之誦所賦擬進呂子進元宵詩, 因用元韻, 二首[1]

택지가 여자진에게 주려고 지은 정월대보름 밤의 시를 외우기에 원운을 써서 짓다. 두 수

11

何處元宵好	어느 곳의 정월 대보름밤이 좋을까?
山房入定僧[2]	산방의 선정(禪定)에 든 중이라네.
往來衣上月[3]	옷 위로 달 왕래하고,
明暗佛前燈[4]	부처 앞의 등불 밝았다 어두웠다 하네.
實際徒勞說[5]	실제 헛수고한 말이니,

1 여자진(呂子進): 여희순(呂希純)의 자. 수주(壽州) 사람으로 경사(京師)로 옮겨 살았으며, 여공저(呂公著)의 셋째 아들이면서 여희적(呂希績)의 아우이다. 졸년은 60세이다. 과거에 급제하여 태상박사(太常博士)가 되었으며 철종 때는 중서사인(中書舍人)에 임명되었다. 원나라 방회(方回)의 《영규율수(瀛奎律髓)》 권16 〈절서류(節序類)〉에 이 시의 두 번째 시가 수록되어 있는데 다음과 같은 주석이 달려 있다. 「지금 생각건대 호문정공 안국이 선화 7년(1125) 을사일에 〈원석시(元夕詩)〉를 읊었다. …… 문정공의 원주에서는 『중서사인 여자진은 〈원석〉 시 열 수를 읊었다.』 …… 문공이 임택지에게 화답한 앞 시는 곧 여자진의 열 번째 시의 운자이다.』라 하였다.」(今按胡文定公安國宣和七年乙已賦元夕詩……文定元註云, 舍人吕子晋賦元夕十詩……文公所和林擇之前首, 即吕子晋第十首韻也) 범조우(范祖禹)도 이 시의 운자를 써서 지은 시가 있다.

2 입정승(入定僧): 《금수만화곡(錦繡萬花谷)》 전집(前集) 권28 〈불조(佛祖)〉「지황선사는 암자에서 20년을 거처하였다. …… 원책선사가 말하였다. 『너는 선정(禪定)에 들면 마음이 있느냐? 마음이 없느냐?』 …… 지황선사가 말하였다. 『저는 선정에 들면 유무의 마음이 보이지 않습니다.』」(智隍禪師菴居二十年……元策禪師曰, 汝入定有心邪無心邪?……隍曰, 我入定時, 不見有無之心)

3 의상월(衣上月): 당나라 두보(杜甫)의 〈냇물에 배를 띄우다(泛溪)〉「옷 위로 새 달 보이고, 서리 밟으며 옛 두둑 오른다네.」(衣上見新月, 霜中登故畦)

4 불전등(佛前燈): 당나라 유우석(劉禹錫)의 〈백낙천의 재계하는 달에 밤새 도량을 마주하다가 우연히 마음속을 읊음이란 시에 화답하다(和樂天齋戒月滿夜對道場偶懷詠)〉「책상 위에는 향 연기 오르는데 패엽(불경) 펼쳐져 있고, 부처 앞에는 등불의 불꽃 연꽃 투과하네.」(案上香烟鋪貝葉, 佛前燈焰透蓮花)

5 실제(實際): 당나라 양숙(梁肅)의 〈천태법문의·지관통례(天台法門議·止觀統例)〉「대체로 지관이란 무엇을 하는 것인가? 만법의 이치를 이끌어 실제를 회복하는 것이다. 실제란 무엇인가? 성의 근본이다.」(夫止觀何為也? 導萬法之理而復於實際者也. 實際者何也? 性之本也)

空華詎可憑[6] 공중의 빛 어찌 기댈 수 있겠는가?
還教知此意 또한 이 뜻 알게 하니,
妙用一時興[7] 묘한 쓰임 한꺼번에 인다네.

12

何處元宵好 어느 곳의 정월 대보름밤이 좋을까?
寒龕獨寐人 찬 감실에서 홀로 잠자는 사람이라네.
月窓同皎皎[8] 창에 비치는 달은 한가지로 밝은데,
燈鏡自塵塵[9] 등에 비친 거울 티끌마다 나름의 세계 있다네.
靜鑒通天地 맑은 거울은 천지와 통하고,
潛思妙鬼神 깊은 생각은 귀신처럼 신묘하다네.
却憐迷路子 가엽구나, 저 길 잃은 자들,
狂走鬧城闉[10] 야단스레 시끌벅적한 성문 쏘다닌다네.

6 공화(空華): 《차의》「불가의 비유하는 말로, 공중의 광화를 이른다.」(佛家比喩語. 謂空中之光華)

7 묘용(妙用): 송나라 증조(曽慥)의 《유설(類說)》 권34 〈척언·만정승(摭言·蔓定僧)〉「진각이 과거시험에 떨어져 실의하여 안탕산을 유람하다 멀리 보니 …… 덩굴풀이 한 중이 앉아서 선정에 든 것을 칭칭 감고 있었다. …… 갑자기 하품을 하고 기지개를 펴면서 말하기를『…… 일체의 법문은 본래 문이 없고, 일체의 묘한 쓰임은 본래 쓰임이 없다.』라 하였다. ……후인들이 그 바위를 설법암이라 하였다.」(陳覺場屋失意遊鴈蕩山遠視……蔓草纏遶一僧坐入定……忽欠伸開目曰……一切法門本來無門, 一切妙用本來無用……後人呼其岩為説法岩)

8 월창동교교(月窓同皎皎): 한나라 매승(枚乘)의 〈잡시(雜詩)〉 제5수「누대 위의 아리따운 아가씨, 창문에 희디흰 얼굴 보이네.」(盈盈樓上女, 皎皎當窓牖) 당나라 두보(杜甫)의 〈저녁에 돌아오다(暮歸)〉「나그네 문으로 들어가니 밝은 달 교교한데, 누구네 집에서 다듬이질하는데 바람 쓸쓸하다네.」(客子入門月皎皎, 誰家擣練風凄凄)

9 진진(塵塵): 곧 불교(佛敎)에서 말하는 진진찰찰(塵塵刹刹)이다. 원만하고 융통한 평등세계를 말한다. 티끌 하나에 불토(佛土)가 있고 불토에 또 티끌이 있어 이것이 끝없이 거듭 반복되어 평등에 장애가 없다는 말. 《화엄경(華嚴經)》에 나오는 말.

10 성인(城闉): 《시경·정풍·동문을 나서니(鄭風·出其東門)》「성문 밖을 나서니, 여자들이 삘기와 같네.」(出其闉闍, 有女如荼) 주희의 주석「인은 곡성이고, 도는 성의 축대이다.」(闉, 曲城也. 闍, 城臺也)

13~14. 次韻擇之梧竹二首, 幷呈季通[1]

택지가 노래한 오동과 대나무 두 수와 같은 각운자를 써서 짓고 아울러 계통에게도 드림

13

竹塢深深處	대나무 둑 깊디깊은 곳에,
檀欒遶舍青[2]	아름답게 집 푸름으로 두르고 있네.
暑風成慘淡	더운 바람 참담하게 되는데,
寒月助淸泠	차가운 달은 맑고 깨끗함 돕네.
客去空塵榻[3]	나그네 떠나 먼지 앉은 걸상 비었더니,
詩來拓采櫺[4]	시 부쳐오니 격자창 밀어 젖힌다네.
此君同一笑[5]	이 군자 한 가지로 웃으니,
午夢頓能醒	낮 꿈 갑자기 깨운다네.

1 계통(季通): 서산(西山) 채원정(1135~1198)의 자. 채원정에 대해 상세한 것은 권4 24번 시의 주 1)을 보라. 이때 임용중은 영국부(寧國府)의 원역(遠役)이 있었고, 채원정은 주희의 강사(講舍)에 있었다.

2 단란(檀欒): 대나무가 아름다운 모습을 나타내는 의태어. 남조 송나라 사조(謝朓)의 〈왕저작의 팔공산시에 화답하다(和王著作八公山詩)〉「아득히 바라보니 여러 나무 서 있고, 아름답게 긴 대나무 그늘 드리웠네.」(阡眠起雜樹, 檀欒蔭修竹) 당나라 여연제(呂延濟)의 주석「단란은 대나무가 아름다운 모습이다.」(檀欒, 竹美貌) 송나라 증공(曾鞏)의 〈택보를 불러 죽정에서 한담하다(招擇甫竹亭閒話)〉「아름다운 손님 있기에 걸상 내릴 만하고, 또한 맑은 이야기로 아름다운 대나무 마주하네.」(賴有佳賓堪下榻, 且將淸話對檀欒)
《고이》에서는「단은 어떤 판본에는『둥글 단』자로 되어 있다.」(檀, 一作團)라 하였다.
요사청(遶舍青): 송나라 유자휘(劉子翬)의 〈산의 집(山館)〉「봄 숲 푸름으로 집 두르고 있는데, 문과 집 종일 조용하네.」(春林遶舍青, 門館終日靜)

3 객거공진탑(客去空塵榻): 당나라 모융(牟融)의 〈느낌이 있어(有感)〉「손님 없으니 먼지 낀 걸상 비었고, 초가집에는 한가로이 문 닫혀 있네.」(無客空塵榻, 閒門閉草廬)

4 척채령(拓采櫺): 《차의》「《운회》에서는 척은 손으로 물건을 미는 것이라고 하였다. 령은 난간 아래에 횡으로 격자창을 만드는 것이다. 지금 사람들이 말하는 창령 또한 이것이다.」(韻會, 拓, 手推物也. 櫺, 欄楯下, 爲橫櫺也. 今人言窓櫺, 亦是也)

5 차군(此君): 《진서·왕휘지전(晉書·王徽之傳)》「(왕휘지가) 일찍이 빈집에 임시로 거처했었던 적이 있는데, 즉시 대나무를 심으라 했다. 누가 그 까닭을 묻자 휘지는 다만 휘파람을 불면서 대나무를 가리키고는 말했다.『어찌 하루라도 이 군자가 없을 수 있겠는가!』」([徽之]嘗寄居空宅中, 便令種竹. 或問其故, 徽之但嘯詠, 指竹曰, 何可一日無此君邪) 이 말로 인하여 나중에는「차군」으로 대나무를 대신 일컫게 되었다.
동일소(同一笑): 송나라 소식의 〈석실선생의 대나무 그림에 대한 찬(石室先生畫竹贊)〉「선생 한가로이 거처하

14

永日長梧下	하루 종일 오동나무 아래서 지내노니,
淸陰小院幽	맑은 그늘 속에 작은 뜰 그윽하구나.
自憐風嫋嫋[6]	바람은 하늘하늘 절로 사랑스럽고,
客賦雨瀏瀏[7]	나그네 비 맑디맑게 노래하였다네.
作別今千里	헤어져 이제 천리 밖에 있으니,
相思欲九秋[8]	그리움에 구년은 지난 듯.
更憐同社友[9]	더욱이 안 된 것은 같은 시단의 친구,
復此誤淹留	다시 이렇게 잘못 오래 머무름이라네.

면서, 홀로 웃음 그치지 않네. 웃는 것 문안하니, 나 틀렸다고 웃는다네. …… 선생 또 웃는데, 웃는 것 웃는다네. 웃고 웃던 끝에, 대나무로 묘함 발하네. 대나무 또한 바람 얻으니, 몸 구부려 웃는다네.」(先生閒居, 獨笑不已. 問安所笑, 笑我非爾……先生又笑, 笑所笑者. 笑笑之餘, 以竹發妙. 竹亦得風, 夭然而笑)

6 요뇨(嫋嫋): 《초사·구가·상부인(九歌·湘夫人)》「하늘하늘 가을바람, 동정호의 물결에 나뭇잎 떨어지네.」(嫋嫋兮秋風, 洞庭波兮木葉下) 주희는 요뇨를「길고 약한 모양」(長弱貌)라 하였고, 한나라 왕일(王逸)은「가을바람이 나무를 흔드는 모습이다.」(秋風搖木貌也)라 하였다.

7 유류(瀏瀏): 《차의》「물이 맑은 모양이다.」(水淸貌)

8 구추(九秋): 깊은 가을 9월이라는 뜻도 있고, 9년이라는 뜻도 있는데 여기서는 후자의 뜻으로 쓰였다. 여러 해라는 뜻으로 쓰였다.

9 동사우(同社友): 《익증》「채계통을 가리킨다.」(指李通)

15~17. 擇之寄示深卿唱和烏石南湖佳句, 輒次元韻, 三首[1]

임택지가 심경이 오석산의 남호를 읊은 시에 창화한 아름다운 구절을 부쳐와 보여주었기에 문득 원래 시의 각운자를 써서 짓는다. 세 수

15

未識南湖景[2]	남호의 경치 알지 못하나,
遙欣二子遊	멀리서도 두 사람 노닒 기뻐하네.
賞心幷勝日[3]	마음 맞는 벗 좋은 날 함께 하여,
妙語逼淸秋	묘한 말 맑은 가을 핍진하게 표현하였다네.
賸欲携書卷	그대들 시 두루마리 몹시 지니고 싶어,
相將買釣舟[4]	서로 낚시 배 사려한다네.
微吟歸去晩[5]	낮게 읊조리며 돌아감 늦는데,
杜若滿汀洲[6]	두약 물가 모래섬에 가득 찼겠네.

1 심경(深卿): 곧 이영(李詠)이다. 민현(閩縣) 사람으로 주희의 문하에서 수학하였다. 건도(乾道) 8년(1172)에 진사가 되었으며, 순희 연간에는 지동안현(知同安縣)이 되었다. 문집 권45에 주희가 답한 편지가 있다.

조석(鳥石): 후관현(侯官縣)에 있는 산 이름이며, 남호는 그곳의 경치 중의 하나이다. 《차보》에서는 복주(福州) 성내의 세 선산(仙山) 중의 하나라고 하였다.

2 미식남호경(未識南湖景): 당나라 두보의 〈정광문을 모시고 하장군의 산림에서 놀다(陪鄭廣文遊何將軍山林)〉「남당의 길 모르는데, 지금 다섯 번째 다리는 안다네.」(不識南塘路, 今知第五橋)

3 상심(賞心): 남조 송나라 사령운(謝靈運)의 〈위나라 태자의 업중집에 있는 시의 서문을 본따다(擬魏太子鄴中集詩序)〉「천하에 길일과 아름다운 경치, 기쁜 마음, 즐거운 일의 네 가지를 함께 하기는 어렵다.」(天下良辰, 美景, 賞心, 樂事, 四者難幷) 이 네 가지를 사미(四美)라고 한다.

4 매조주(買釣舟): 송나라 소식의 〈울고대(鬱孤臺)〉「다만 담비 갖옷만 있으면 되지, 오히려 낚시 배 사려고 한다네.」(祗有貂裘在, 猶堪買釣舟)

5 귀거만(歸去晩): 송나라 소옹(邵雍)의 〈남원으로 장씨 형제를 찾은 김에 머물러 묵다(訪南園張氏昆仲因而留宿)〉「술 마시는 것 탐하여 돌아가는 것 늦고, 수정궁 안 안개 놀에서 묵네.」(貪飮不知歸去晩, 水精宮裏宿煙霞)

6 두약만정주(杜若滿汀洲): 두약은 향초이다. 정(汀)은

16

平湖渺空闊　　평평한 호수 아득하니 공활한데,
積水暮生寒　　쌓인 물에서 저녁에 한기 나네.
但見綠千頃　　다만 보이느니 녹색 천 이랑 뿐,
不知深幾竿　　몇 길이나 되는지 깊이 알지 못하네.
人間元迫隘[7]　　인간세상 원래 박절하고 좁으며,
世路足艱難　　세상살이 어려울 만하네.
若了滄洲趣[8]　　창주의 즐거움 깨닫기만 한다면,
無勞正眼看[9]　　진리 비추어 볼 수 있는 눈 수고롭게 할 필요 없으리.

17

年來年去爲誰忙　　해 왔다가 해 가니
　　누구 위해 바쁜가?

물가의 평지이고, 주(洲)는 물가에 모래가 밀려와 쌓여서 이루어진 섬이다. 《초사·구가·상부인(九歌·湘夫人)》 「물가 모래섬에서 두약 땀이며, 이것 먼 곳에 있는 사람[상부인의 시녀]에게 보내려 한다네.」(搴汀洲兮杜若, 將以遺兮遠者) 주희의 주석 「정은 평평한 것이다.」(汀, 平也) 남조 송나라 사조(謝朓)의 〈자리에서 보이는 한 기물을 읊음(詠坐上所見一物)〉 「평평한 모래섬 두약이 덮고 있고, 그윽한 물가 강의 천궁이 빼앗았네.」(汀洲蔽杜若, 幽渚奪江蘺)

7 박애(迫隘): 박액(迫阨)과도 통하여 쓰며, 협박 핍박하다는 뜻. 한나라 사마상여의 〈대인(大人賦)〉 「세속 절박하고 좁음 슬퍼함이여, 가볍게 떠나 멀리 노닌다네.」(悲世俗之廹隘兮, 朅輕擧而遠游)

8 창주(滄洲): 원래의 의미는 물가의 지역이란 뜻. 또 바다 가운데 있다는 전설상의 열 섬[十洲] 가운데 첫 번째 섬이라고도 하는데, 주로 은자의 거처라는 뜻으로 많이 쓰인다. 상세한 것은 권1 53번 시의 주 14)를 보라.

9 정안간(正眼看): 정안(正眼)은 곧 정법안(正法眼)을 말하는데, 불교 용어로 더할 나위 없이 높은 진리를 말한다. 《차의》 「불가에 정법안장이란 말이 있다.」(佛家有政法眼藏之語) 정법안장은 《경덕전등록(景德傳燈錄)》의 〈마가가섭(摩訶迦葉)〉에 나온다. 《익증》 「창주의 즐거움을 깨달아 알기만 하면 박애와 간난은 진리를 비추는 눈인 정안으로 볼 수고를 않아도 된다는 말이다.」(言了然識得滄洲之極, 則迫隘艱難, 無勞正眼之看) 《주문공집》 별집 권7 〈임택지에게(林擇之)〉 「심경의 시에 『저자의 은자 숨기에 부끄럽고, 창주에 배 띄울 겨를 없다네』라는 구절이 있는데, 이 두 구절은 곧 움츠러들어 머뭇거리는 뜻으로 마땅히 이교의 학문으로 용맹하게 떨쳐나갈 수 없다는 것일 것이다.」(深卿詩市廛差可隱, 未暇泛滄洲, 此兩句便是箇因循猶豫底意思, 宜其不能勇猛自奮於異學之中也) 주희의 부친인 위재(韋齋) 주송(朱松)의 〈강소명에게 부침(寄江少明)〉 「뜻 높은 마음 아이들 깨닫게 하지 않고, 만사 하필이면 정법안으로 봐야 하겠는가?」(高情未許羣兒覺, 萬事何須正眼看)

三伏炎蒸忽變凉[10]　　삼복의 찌는 듯한 더위
　　별안간 서늘하게 변했다네.
閱歲謾勞心悁悁[11]　　세밑에 부질없이 애쓰자니
　　마음만 근심스럽고,
懷人空得鬢蒼蒼　　사람 그리워하니 공연히
　　귀밑머리만 희끗희끗해졌다네,
詩篇眼界何終極　　시편과 시계야
　　어찌 끝이 있으랴만,
道學心期未遽央[12]　　도학 마음으로 기약함
　　아직 정중앙에 이르지 않았다네.
安得追尋二三子[13]　　어찌하면 그대들
　　뒤늦게라도 찾아,
舞雩風月共徜徉[14]　　서낭당의 바람과 달
　　함께 즐기며 거닐 수 있을까?

10 삼복(三伏): 《사기·진본기(秦本紀)》에 「유월초복」(六月初伏)이라는 말이 나오는데, 《사기》의 주석서인 장수절(張守節)의 《정의(正義)》에서는 「6월 삼복의 절기는 진덕공이 만든 데서 시작되었으므로 초복이라고 한다. 복이라는 것은 한더위를 숨어 엎드려 피하는 것이다. 사철은 대사를 하는데 모두 상생을 한다. …… 입추에는 금으로 화를 대신하기 때문에 경일이 되면 반드시 엎드린다. 경은 금에 해당하기 때문에 복이라고 하는 것이다.」(六月三伏之節起秦德公為之, 故云初伏. 伏者隱伏避盛暑也. 四時代謝, 皆以相生……立秋, 以金代火, 故至庚日必伏. 庚者金, 故曰伏也) 하지 후 셋째 경일이 초복이고, 넷째 경일이 중복, 입추 후 첫째 경일이 말복이다.

11 노심연연(勞心悁悁): 연연은 읍읍(悒悒) 또는 초초(悄悄)와도 같으며, 근심하는 모양. 《시경·진풍·못둑(陳風·澤陂)》「자나 깨나 하염없이, 마음속 근심스럽다네.」(寤寐無為, 中心悁悁) 주희의 주석 「연연은 읍읍과 같다」(悁悁, 猶悒悒也) 한나라 유향(劉向)의 〈현자를 안타까워하다(惜賢)〉「마음 수고롭히니 슬프기만 하여, 눈물만 줄줄 흐르네.」(勞心悁悁, 涕滂沲兮)

12 미거앙(未遽央): 앙은 한가운데라는 뜻이다. 《시경·소아·뜰의 화톳불(庭燎)》「밤 얼마나 되었는가? 밤 아직 한밤중 되지 않았다네.」(夜如何其, 夜未央) 당나라 공영달(孔穎達)의 주석[疏] 「(鄭玄의) 《정의》에서는 『미앙이라는 것은 앞의 한도에 아직 이르지 못하였다는 말이다.』라 하였다. 그래서 《전》에서 『야미앙은 밤이 아직 그 한가운데가 아니라는 말과 같다』고 하였다.」(正義曰, 未央者, 前限未到之辭. 故箋云, 夜未央猶言夜未渠央也) 진(晋)나라 도연명의 〈이것저것 읊다(雜詩)〉 제3수 「된서리 들풀에 맺히고, 마르고 야윔 아직도 끝나지 않았다네.」(嚴霜結野草, 枯悴未遽央)

13 이삼자(二三子): 이인칭의 복수(複數)를 나타내는 말. 《논어》에 그 용례가 많이 보이며 주로 제자들을 지칭할 때 쓰는 말이다.

14 무우풍월(舞雩風月): 《논어·선진(先進)》편의 무우풍영(舞雩風詠)의 고사를 갖다 쓴 것이다. 자세한 것은 권2 10번 시의 주 7)을 보라.

18~19. 小詩奉送擇之仁友赴漕臺之招. 後篇喜趙公之得士而不敢致私怨焉. 然別懷, 黯然不能成章, 亦足以見區區也. 二首[1]

보잘것 없는 시로 삼가 훌륭한 벗인 택지가 조대의 부름에 나아감을 전송하다. 뒤의 시는 조공이 선비를 얻음을 기뻐하며 감히 사적인 유감을 드러내지 않았다. 그러나 이별하는 마음에 슬피 시를 이룰 수가 없어 또한 구구함만 드러낼 만하다. 두 수

18

之子論交久[2]	이 사람 사귄 지 오래되어,
深衷兩自知	깊은 마음 둘 다 절로 안다네.
提携方有賴	잡고 이끎 바야흐로 힘입음 있었는데,
離索遽成悲	무리 떠나 쓸쓸하게 되니 갑작스레 슬퍼지네.
聖處應無數[3]	뜻 통하는 곳 응당 수 없어야 하리니,
書來肯見私[4]	편지 보내와 기꺼이 사심 보이리.

1 조대(漕臺): 복건전운사사(福建轉運使司)를 말한다.
조공(趙公): 조여우(趙汝愚: 1140~1196)를 말한다. 조여우는 송나라의 종실로 한왕(漢王) 조원좌(趙元佐)의 7세손이다. 자는 자직(子直)이며, 요주(饒州) 여간현(餘干縣: 지금의 江西省)에 살았다. 건도(乾道) 연간에 진사가 되었으며, 내외직을 두루 거쳐 벼슬이 재상에 이르렀다. 경원당금(慶元黨禁)의 우두머리로 지목되어 폄적지에서 죽었다. 주희와는 교분이 두터웠으며, 이때는 집영전수찬(集英殿修撰), 지복주(知福州), 복건로안무사(福建路按撫使)로 있었다.
치사원(致私怨): 《차의》「사적인 유감을 드러낸다는 말은 한문공[韓愈]의 〈온처사를 전송하는 글〉에 보인다. 대체로 오중윤의 부름을 받아 떠나게 되어 좇아 노니는 즐거움을 잃게 하였으므로 이른 것이다.」(致私怨見韓文送溫處士序, 盖溫被烏重胤招去, 使失遊從之樂故云)

2 논교(論交): 친교를 맺다. 친구로 사귐. 당나라 고적(高適)의 〈전 위현 이채 소부를 전송함(送前衛縣李寀少府)〉「이별 원망함 천 리 밖에서 스스로 놀라는데, 사귄 지 오히려 십 년이나 되었다네.」(怨別自驚千里外, 論交却憶十年時)

3 수(數): 순희본에는 두(斁)로 되어 있다.

4 성처~견사(聖處~見私): 《차의》「『성처』는 (《시경·소아·정월(正月)》)의 『모두 내가 성인이라 하네』라 할 때의 『성』자이다. 당나라 오중윤이 편지로 처사 석홍을 청

臨分莫惆悵　헤어질 즈음에 슬퍼하지 말고,
努力共心期　노력하기 함께 마음속 기약하세.

19

珍重東臺老[5]　진중하신 동대의 어르신,
英聲舊所聞　영명한 명성 알려진 지 오래네.
能懷吐哺意[6]　토포악발의 뜻 능히 품으셨으니,
豈但枉書勤　어찌 다만 헛된 글만 부지런히 쓰실까?
得士看如許　선비 얻으심 어떻게 보시는지,
持心定不群　마음 가짐 정녕 뭇 무리와 다르시리.
願言推此志　원컨대 이 뜻 미루시어,
清濁見朋分[7]　맑고 흐림 같이 나누어지리.

하자 전송하는 사람들이 축원하기를『선생으로 하여금 대부에게 이익을 도모하여 사사로이 그 몸을 편하게 도모하지 말지어다.』라고 하였다.」(聖處是具曰予聖之聖. 唐烏重胤以書請處士石洪, 送者祝曰, 使先生無圖利於丈夫, 而私便其身圖)《표보》「《문곡수첨》에서 말하기를 운서의 훈에서『성』은 통한다는 뜻이라고 하였다. 시의 뜻이 그렇다면 사리를 연구하고 궁구하여 통하여 아는 곳이 있으면 반드시 편지를 많이 보내어 기꺼이 생각을 보여주고 서로 알리라는 뜻이 아니겠는가? 운서에서는『사』자를 해석하여 근심이 있는 것이라고 하였다. 또한 시의 제목에서도『뒤의 시는 조공이 선비를 얻음을 기뻐하며 감히 사적인 유감을 드러내지 않았다.』라 하였으니 석홍의 일로 이 시를 해석하는 것은 시의 뜻과 가깝지 않은 것 같다.」(文谷手籤曰, 韻書訓聖爲通. 恐詩意如曰, 研窮事理, 通解處必多書來肯見念及而相告耶? 韻書釋私曰, 有所恤念也. 且詩題云, 後篇喜趙公之得士而不敢致私怨, 則以石洪事釋此詩, 恐不相襯也) 처사 석홍의 일은 당나라 한유의 〈석처사를 전송하는 글(送石處士序)〉에 보인다.

5 동대로(東臺老):《차의》「조공을 가리킨다.」(指趙公)《표보》「당나라 때는 급사중을 동대사인이라고 하였다. 조공이 급사중을 겸하여 민땅을 통수하였으므로 동대로라고 한 것이다.」(唐時以給事中爲東臺舍人. 趙公由兼給事中帥閩, 故曰東臺老)

6 토포(吐哺): 포(哺)는 음식이 입속에 있는 것이다.《사기·노주공세가(魯周公世家)》「(주공이) 그의 아들 백금(伯禽)에게 훈계하면서『나는 한번 머리를 감으면서도 세 번이나 움켜쥐었고, 한번 식사하는데 세 번씩이나 뱉어내면서 나아가 선비를 맞이하였으면서도 오히려 천하의 현인을 잃을까 걱정하였다.』라 하였다.」(戒伯禽曰……我一沐三捉髮, 一飯三吐哺, 起以待士, 猶恐失天下之賢人) 능력 있는 이를 찾기 위하여 정성을 다하는 모습을 나타내는 말.

7 청탁견붕분(清濁見朋分): 붕(朋)은 여기서 비(比)자의 뜻으로 쓰였다.《차의》「조대로 하여금 청탁을 구분하게 하고자 하는 것을 이른다.」(謂欲令漕臺區別清濁也)

20. 擇之賢友歸途, 左顧示以四明酬唱, 煥爛盈編, 三復咏嘆, 想見聚遊之樂, 輒用黃山卽事之韻, 賦呈擇之兼懷子重老兄順之賢友[1]

훌륭한 벗 택지가 돌아오는 길에 왕림하여 사명산에서 주고 받은 시를 보여주는데 찬란하고 알찬 시편인지라 세 번을 거듭 읊고 탄복하였으며, 함께 모여 즐기는 모습을 상상하여 문득 황산의 풍경을 읊은 시의 각운자를 써서 택지에게 드리고 아울러 자중형과 순지를 그리워하다

十年身臥白雲堆[2]	십년이나 흰 구름 포개진 곳에 누워,
已分黃塵斷往回	속세와는 이미 헤어져 왕래 끊었다네.

1 사명(四明): 지금의 절강성(浙江省) 영파(寧波) 서남쪽에 있는 산 이름으로 당나라의 시인인 하지장(賀知章)이 이 산에 은거하면서 호를 사명광객(四明狂客)이라 하였다. 민중(閩中)의 복주(福州)에도 같은 이름의 산이 있으나 여기서는 전자를 말한다. 주희는 순희(淳熙) 2년(1175) 절중(浙中)에 가서 놀면서 여조겸(呂祖謙)을 방문한 적이 있는데 임용중과는 중도에서 만나자고 약속을 했었다. 나중에 여조겸이 민(閩)땅으로 들어오면서 이 약속은 실행에 옮겨지지 못하였으며 결국 임용중이 혼자 절중으로 가게 되었다. 이 시는 임용중이 절중에서 돌아오는 길에 숭안으로 주희를 방문하였을 때 지은 것이다.

자중(子重): 석돈(石𡼏: 1128~1182)의 자. 호는 극재(克齋)이며 임해(臨海) 사람이다. 소흥(紹興) 15년(1145) 진사가 되었으며 지남강군(知南康軍)을 지냈다. 주희와 교분이 있었으며 그가 논한 인(仁)의 요체를 칭찬한 적이 있다. 《주문공집》 권76에 그를 위해 지어준 〈극재의 기문(克齋記)〉이 실려 있다.

순지(順之): 허승(許升)의 자이다. 허승지(許升之)라고도 하며 호는 존재(存齋)로 동안(同安) 사람이다. 주희가 동안주부로 있을 때 13세였는데 종유하였다. 주희가 동안주부에서 물러나자 또 건양(建陽)에서 종유하였다. 그를 위해 지어준 〈자서(字序)〉(권75), 〈존재기(存齋記)〉(권77), 제문(권87)이 문집에 보인다.

좌고(左顧): 왕림(枉臨)이란 말과 같다. 상대방의 방문을 높여서 이르는 말.

2 백운(白雲): 은거함을 나타내는 말. 자세한 것은 권1 17번 시의 주 3)을 보라.

不是幽人遺俗去[3] 그윽한 은자 세속을 버리고
떠나지 않았더라면,

肯尋流水渡關來 기꺼이 흐르는 물 찾아
관문 지나 찾아왔겠는가?

三秋風月從頭說[4] 가을의 풍월
처음부터 이야기하시니,

千里湖山覿面開 천리 밖에 펼쳐진 산수
눈앞에 열림 본다네.

久欲過逢須一快[5] 오래도록 지나는 것에 모름지기 한번
흔쾌히 만나고자 하였는데,

豈知勞結倍難裁[6] 어찌 알았으리오, 근심 맺혀
마름질하기 배나 어렵게 될 줄을.

3 유속(遺俗): 《후한서·채옹전(蔡邕傳)》「호로가 이에 미간에 웃음을 머금고 금을 당기더니 노래하였다. 『……우주 뛰어넘어 세속 버림이여, 아득히 훨훨 홀로 간다네.』」(胡老乃揚衡含笑, 援琴而歌. 歌曰……踔宇宙而遺俗兮, 眇翩翩而獨征)

4 삼추(三秋): 《시경·왕풍·칡을 캐다(王風·采葛)》「쑥 캐러 가서 하루를 못 보니 세 가을이나 된 듯.」(彼采蕭兮. 一日不見, 如三秋兮) 바로 뒷 구절이 삼세(三歲)라는 말이 나오므로 여기서 삼추는 세 번의 가을에 해당하는 9개월을 말하는 것 같다. 이 구절에서는 그냥 가을 석 달을 가리켜서 말하였다.

5 과봉(過逢): 당나라 한유(韓愈)의 〈당나라 고 조산대부 상서고부낭중 정군의 묘지명(唐故朝散大夫尚書庫部郎中鄭君墓誌銘)〉「들르는 사람들과 생을 불고 쟁을 타며 술을 마시고 춤을 추며 농담하고 취하여 고함을 지르며 밤낮을 계속하여도 싫증을 내지 않았고 돈을 다 써도 더 이상 돌아보며 묻지 않았다.」(與其所過逢吹笙彈箏, 飮酒舞歌, 詼調醉呼, 連日夜不厭, 費盡不復顧問)

6 노결(勞結): 삼국시대 위나라 문제 조비(曹丕)의 〈오질에게 보내는 편지(與吳質書)〉「비록 편지의 왕래가 드물다 해도 그 근심이 맺히는 것은 풀기에 충분치 못합니다.」(雖書疏往返, 未足解其勞結) 당나라 유량(劉良)은 「결은 근심스런 마음이 맺히는 것이다.」(結, 謂憂心之結)라고 하였다.

21. 夜聞擇之誦師曾題畫絶句, 遐想高致, 偶成小詩[1]

밤에 택지가 사증의 그림을 제목삼아 지은 절구를 외는 것을 듣고 아득히 고상한 운치가 생각나 우연히 작은 시를 짓다

一幅瀟湘不易求	한 폭 소수와 상수 그림 구하기 쉽지 않은데,
新詩誰遣送閑愁	새 시 누가 보내어 한가한 시름 보내게 하는가?
遙知水遠天長外	아득히 알겠네, 물 멀고 하늘 긴 바깥에,
更有離騷極目秋	다시 슬픔 당하여 시선 다하는 곳 있음을.

1 사증(師曾): 꿔치(郭齊)는 「『증』은 『노』가 되어야 할 것 같다. 임사로를 가리킨다.」(曾疑當作魯. 指林師魯)라 하였다. 《익증》「사증은 성이 임이고 호는 운곡이며, 고전 사람이다.」(師曾, 姓林, 號芸谷, 古田人) 자는 노산(魯山)이며, 주희가 지어준 제문이 《별집》 권7에 보인다.

22~23. 次林擴之開善避暑韻, 二首[1]

임확지가 지은 「개선에서 피서하다」라는 시의 각운자를 써서 짓다. 두 수

22

炎官虐焰遍山村[2]	불의 신 모진 더위 온 산촌에 뻗쳐서,
也到蕭蕭柳下門[3]	또한 서늘하고 맑은 버들 문 아래에까지 미쳤네.
水玉秋菰那可得[4]	물속의 옥이며 가을 고미(菰米) 어떻게 얻을 수 있겠는가?
羨君行處午陰繁	그대 간 곳 한낮에도 그늘 빽빽함 부럽다네.

23

山齋幾日旱塵昏	산사 몇 일이나 가문 먼지 속에 저물었는가?

1 임확지(林擴之): 임윤중(林允中)의 자이며, 임택지의 아우로 고전(古田) 사람이다. 주희가 지어준 자서(字序)가 《주문공집》 권75에 보인다.
개선(開善): 절 이름으로 주자가 사사했던 승려인 도겸(道謙)이 거처하는 곳이다. 주희가 살던 오부리(五夫里)에 있다.

2 염관(炎官): 신화상의 화신(火神). 당나라 한유(韓愈)의 〈청룡사에서 놀면서 지어 최태보궐께 드림(遊靑龍寺贈崔太補闕)〉「빛 반짝이니 귀신 보이는 것 같고, 번쩍번쩍 불의 신 불 우산 펼친 것 같네.」(光華閃壁見神鬼, 赫赫炎官張火傘)

3 소소(蕭蕭): 여러 가지 뜻이 있는데 여기서는 서늘하고 맑은 모양을 나타내는 의태어로 쓰였다.

4 수옥추고(水玉秋菰): 고(菰)는 줄을 말한다. 볏과의 여러 해 살이 풀. 열매를 조호(彫胡)라고 한다. 당나라 두보(杜甫)의 〈더위(熱)〉 첫째 시「차가운 물속의 옥 되기 구하고, 서늘한 가을철의 고미 되기 바라네.」(乞爲寒水玉, 願作冷秋菰)

欲拂朱絃已憚煩[5]	거문고 타고자 하나 이미 번거로움 꺼려하네.
凉意感君持寄我	시원한 뜻 그대 느낌 지니고 내게 부쳐오니,
雨聲花思滿胸存[6]	비 소리 꽃소식이 내 가슴에 가득 있다네.

5 주현(朱絃): 실을 누여 현을 만들고 붉게 물들이는 것을 말한다. 《예기·악기(禮記·樂記)》 「〈청묘〉의 시가 연주될 때 바닥에 실 구멍이 있어 기가 통한다.」(淸廟之瑟朱弦而疏越) 한나라 정현(鄭玄)의 주석 「주현은 붉은 현을 누이는 것이다. 누이면 소리가 탁하여진다.」(朱絃, 練朱絃. 練則聲濁)

6 사·흉(思·胸): 《고이》에서는 「기운 기」(氣)자와 「생각 사」(思)자로 된 판본도 있다고 하였다. 《고이》 대로라면 「비 소리 꽃 기운이 생각 가득 남아 있네.」로 해석된다.

24~28. 送林熙之詩, 五首[1]

임희지를 전송하다. 다섯 수

24

君行往返一千里	그대 가는 길 천 리를 왕복하면서,
過我屏山山下村	나 사는 병산 산 아래 마을 들렀다네.
濁酒寒燈靜相對[2]	탁주에 차가운 등불 조용하게 마주 대하며,
論心直欲到忘言[3]	마음 논하자니 곧장 말까지 잊겠네.

25

仁體難明君所疑[4]	인애의 본뜻 밝히기 어렵다 그대 의심한 바인데,
欲求直截轉支離[5]	곧고 명쾌함 추구하고자 한다면 분산되어 흩어지게 된다네.

1 임희지(林熙之): 임대춘(林大春)의 자. 호는 조재(慥齋)이며 고전(古田) 사람으로, 주희의 문인이다.

2 탁주한등(濁酒寒燈): 송나라 이강(李綱)의 〈섣달 그믐밤(除夜)〉「억지로 탁주잔 기울이며 홀로 근심함 위로하고, 앉아서 차가운 등불 마주하니 더욱 쓸쓸하네.」(强傾濁酒慰愁獨, 坐對寒燈尤寂寥)

3 논심(論心): 《순자·비상(荀子·非相)》「형상을 보고 점치는 것은 마음을 논함만 못하고, 마음을 논하는 것은 학술을 택함만 못하다.」(相形不如論心, 論心不如擇術)

망언(忘言): 진나라 도연명의 〈술을 마시며(飮酒)〉 제5수「이 가운데 참뜻 있어, 설명하려 하니 이미 말 잊었네.」(此中有眞意, 欲辨已忘言)

4 인제(仁體): 인애의 본뜻[本旨]. 인의 실질을 체득하는 것을 말한다. 《여씨춘추·장공(呂氏春秋·長攻)》「굶주리고 있는데도 먹이지 않는다면 인의 실질을 체득한 것이 아닐 것이오.」(飢而不食, 非仁體也)

5 직절(直截): 간단하고 명백한 것을 이른다.

지리(支離): 지리멸렬(支離滅裂). 곧 여지없이 흩어져

聖言妙縕無窮意[6] 성인의 말씀 오묘한 도리
뜻 끝이 없으니,
涵泳從容只自知[7] 조용히 침잠하기만 하면
절로 알게 된다네.

26

天理生生本不窮[8] 천리는 끊임없이 생기는 것
본래 끝이 없으니,
要從知覺驗流通 지각으로부터 막힘 없이 흘러
통함 체험하여야 하네.
若知體用元無間[9] 만약 체와 용 원래
틈이 없다는 것 알면,

갈피를 잡을 수 없다는 말. 《장자·인간세(人間世)》「지리소라는 사람은 턱이 배꼽에 가려지고 어깨는 정수리보다 높았으며, 상투는 하늘을 가리키고 내장이 위로 올라갔으며, 두 넓적다리가 옆구리에 닿아 있다.」(支離疏者, 頤隱於臍, 肩高於頂, 會撮指天, 五管在上, 兩髀為脅) 진나라 곽상(郭象)의 주석「지리는 완전치 못한 모양이다.」(支離, 不全貌)

《주자어류》 권4 〈성리(性理) 1〉「맹자가 사람의 성이 같다고 본 것은 절로 명쾌하게 이해한 것이지만 오히려 여기에 대해서는 깊이 살피지 못하였다.」(恐孟子見得人性同處, 自是分曉直截, 卻於這些子未甚察)

6 온(縕): 온(蘊)자와 같은 뜻으로 쓰였으며, 오묘한 도리를 말한다. 순희본에는 이 글자가「물 모일 축」(滀)자로 되어 있고, 《고이》에서는「쌓을 축」(蓄)자로 된 판본도 있다고 하였다.

7 함영(涵泳): 깊이 침잠하여 체득하는 것을 말한다. 《주자어류》 권5 〈성리(性理) 2〉「또한 그 속에서 푹 젖어 완상하고 탐색하여 오래되면 절로 드러나게 마련이다.」(且涵泳玩索, 久之當自有見)

지(只): 《고이》에서는「합할 합」(合)자로 되어 있는 판본도 있다고 하였다.

8 생생(生生): 《주역·계사(繫辭)》「생하고 또 생하는 것을 역이라고 한다.」(生生之謂易) 당나라 공영달(孔穎達)의 주석[疏]「생생은 끊이지 않는다는 말이다. 음양이 전변하여 나중에 생겨난 것이 앞에 생겨난 것의 다음에 오게 되는데 이렇게 만물이 항상 생겨나는 것을 역이라고 한다.」(生生不絶之辭. 陰陽變轉, 後生次於前生, 是萬物恒生謂之易也)

9 체용(體用): 본체와 작용. 체는 근본적이고 내재된 것이며, 용은 체의 표현 및 그 산물이며 외재적인 것이다. 《주자어류》 권6 〈성리(性理) 3〉「공자가 인을 말한 것은 대부분 체를 말한 것이고, 맹자가 인을 말한 것은 대부분 용을 말한 것이다. 예를 들면『자기의 사사로움을 이겨 예로 돌아간다』,『측은해 하는 마음』 같은 것들이다.」(孔子說仁, 多說體; 孟子說仁, 多說用. 如克己復禮, 惻隱之心之類)

이 구절은 《고이》에서「체와 용에 진짜로 틈 없음 밝힌다면」(若明體用眞無間)으로 되어 있는 판본도 있다고 하였다.

始笑前來說異同　　비로소 전래의 설이
원래 틀리다는 것 웃을 수 있네.

27

十年燈火與君同[10]　　십 년 동안 등불 밝히고
그대와 함께 하였는데,
誰道年來西復東　　누가 근년 들어 서쪽으로 갔다가
다시 동쪽으로 갔다고 하는가?
不學世情雲雨手[11]　　세태 구름과 비
손 뒤집듯 함 배우지 말고,
從敎人事馬牛風[12]　　사람의 일 소와 말
바람난 듯 맡겨두네.

28

古鏡重磨要古方[13]　　옛 거울 거듭 닦는 데는
옛 방법 필요하니,

10 십년등화(十年燈火): 공부를 많이 한 것을 말한다. 송나라 황정견(黃庭堅)의 〈맷돌을 보내고 골짜기 입구의 차싹을 뽑아 내리심에 감사하다(謝送碾賜壑源揀芽)〉「10년간 등불 밝히고 책 읽음 휘젓고, 내 흉중의 책으로 향기 전하게 하네.」(搜攪十年燈火讀, 令我胷中書傳香)

11 운우수(雲雨手): 당나라 두보(杜甫)의 〈가난한 사귐(貧交行)〉「손바닥 뒤집으면 구름 되고 손바닥 엎으면 비가 되니, 어지럽고 경박한 세상 어찌 꼭 헤아려야 하리.」(翻手作雲覆手雨, 紛紛輕薄何須數)

12 마우풍(馬牛風): 소와 말이 암수를 유혹하여 서로 쫓는 것을 풍(風)이라 한다. 《상서·비서(費誓)》「말과 소가 바람이 났다.」(馬牛其風) 《좌전·희공(僖公) 4년》「임금님은 북해에 살고 있고 과인은 남해에 살고 있으니 바람난 말이나 소라 할지라도 서로 미치지 못할 것입니다.」(君處北海, 寡人處南海, 唯是風馬牛不相及也)

13 고경~고방(古鏡~古方): 고경은 천명지성(天命之性)을 가리키고, 고방은 성현의 학문을 가리킨다. 《차의》「옛 거울은 마음을 가리키고, 옛 방법은 경을 가리킨다.」(古鏡指心, 古方指敬) 《주자어류》 권14 〈대학(大學) 1〉「이를테면 거울 같은 것으로 본래는 밝은 물건이었는데, 먼지로 인하여 흐려졌기 때문에 비출 수 없게 된 것이다. 모름지기 묵은 때를 닦아낸 연후에야 거울은 밝음을 회복하게 되는 것이다.」(譬如鏡焉, 本是箇明底物, 緣爲塵昏, 故不能照. 須是磨去塵垢, 然後鏡復明也) 또 같은 책 권41 〈논어 23〉「자신의 사사로움이 이미 억제되었다면 하늘의 이치는 저절로 회복된다. 비유컨대 먼지와 때가 이미 제거되었다면 거울이 저절로 밝은 것과 같다.」(己私旣克, 天理自復. 譬如塵垢旣去, 則鏡自明)

眼明偏與日爭光[14]	눈 밝으면 오로지 해와 빛 다툰다네.
明明直照吾家路[15]	밝음 밝히어 우리 집 길 곧장 비추고 있으니,
莫指幷州作故鄕[16]	병주 가리키어 고향으로 삼지 말게나.

14 안명(眼明): 《차의》「안은 거울이다.」(眼, 鏡也)

15 오가로(吾家路): 《차의》「나의 도를 이른다.」(謂吾道也)

16 병주고향(幷州故鄕): 옛날의 주 이름으로, 우임금이 치수를 완성하고 중국의 전역을 9주로 나누었는데 그 중의 하나이다. 그 땅은 대략 지금의 하북성(河北省) 보정(保定)에서 산서성(山西省) 태원(太原) 일대에 걸쳐 있다. 당나라 가도(賈島)의 〈상건을 건너다(渡桑乾)〉「병주에서 나그네살이한지 이미 십 년인데, 돌아가려는 마음 밤낮으로 함양 그리워한다네. 뜻밖에 다시 상건의 물 건너자니, 도리어 병주 바라보며 고향이라 한다네.」(客舍幷州已十霜, 歸心日夜憶咸陽. 無端更渡桑乾水, 却望幷州是故鄕) 《차의》「대체로 오래도록 물욕에 가리워져 흐려졌으나 지금은 다행히 본체의 밝음을 회복하였으니 모름지기 다시는 전날의 흐린 것을 본체로 생각하지 말라는 것을 차용하여 비유하였다. 《장자》에 『어려서 (고향을) 잃어 돌아갈 줄을 모른다』는 말이 있는데 또한 이런 뜻이다.」(盖借喩以爲人久爲物欲所昏, 而今幸復本體之明, 須勿復以前日之昏爲本體也. 莊子有弱喪而不知歸之語亦此意) 《장자》에서 인용한 말은 〈제물론(齊物論)〉에 보인다.

29. 春雪. 用韓昌黎韻, 同彭應之作[1]

봄눈. 한창려 시의 각운자를 써서 팽응지와 함께 짓다

旣有陽春曲	이미 〈양춘〉의 곡조 있었다면,
那無白雪謠[2]	어찌 〈백설〉의 노래 없겠는가?
連天飛不斷	하늘까지 이어져 날림 끊임없는데,
著地煖還銷[3]	땅에 닿자 따뜻하여 또한 녹아버리네.
未掩高人戶[4]	고상한 사람 외짝문 덮지 못하고,
難齊衲子腰[5]	중의 허리와 가지런하기도 어렵네.
稍開銀世界	조금씩 은빛 세계 열리고,
漸長玉枝條	옥 나뭇가지 점점 자란다네.
興盡愁煙艇[6]	흥취 다하였으니 안개 속 배 근심스럽고,
行迷認野橋[7]	가다가 아는 들의 다리도 헷갈린다네.

1 창려(昌黎): 당나라 한유(韓愈)를 말한다. 〈춘설(春雪)〉은 《한창려집》 권9에 수록되어 있다. 팽응지(彭應之)는 미상.

2 양춘·백설(陽春·白雪): 〈양춘〉과 〈백설〉은 옛날의 격조가 높았던 악곡 이름. 권4 75번 시의 주 14)를 보라.

3 착지난환소(著地煖還銷): 한유의 원운시 「꽃떨기 떨며 가볍게 일더니, 땅에 떨어져서는 따뜻하여 곧장 녹아버린다네.」(拂花輕尙起, 落地煖初銷)

4 미엄고인호(未掩高人戶): 후한 원안(袁安)의 고사를 썼다. 상세한 것은 권3 85번 시의 주 4)를 보라.

5 난세납사요(難齊衲子腰): 납(衲)은 승복이라는 뜻이며, 납자는 곧 중을 이르는 말. 송나라 소식의 〈탑 앞의 오래된 노송나무(塔前古檜)〉 「뜰의 눈 허리까지 차도 파묻혀 죽지 않았는데, 지금은 두 마리 창룡 되었다네.」(庭雪到腰埋不死, 如今化作兩蒼龍) 송나라 정연(程縯)의 주석 「이조의 이름은 혜가로 불법을 구하려고 밤에 뜰 한가운데 서 있었는데 눈이 허리까지 쌓였다.」(二祖名惠可, 以求佛法, 夜立中庭, 雪齊于腰) 청나라 소장형(邵長蘅)이 주석에서 인용한 《전등록(傳燈錄)》에서는 「신광이라는 중이 달마대사가 소림사에 머물러 있다는 말을 듣고 즉시 가서 그날 새벽부터 저녁까지 모셨다. 밤에 하늘에서 큰 눈이 내렸는데 신광은 꼿꼿이 서서 꼼짝도 하지 않았다. 날이 밝아오자 쌓인 눈이 무릎을 넘었으며 대사가 마침내 이름을 혜가로 바꾸어주었다.」(有僧神光, 聞達摩大士住止少林, 乃往彼晨夕參承. 夜, 天大雨雪, 光堅立不動. 遲明, 積雪過膝, 師遂與易名慧可)라 하였다.

6 흥진수연정(興盡愁烟艇): 왕휘지(王徽之)와 대안도(戴安道)의 고사를 썼다. 자세한 것은 권3 87번 시의 주 14)를 보라.

7 행미인야교(行迷認野橋): 파교(灞橋)의 고사를 썼다. 자세한 것은 권4 16번 시의 주 7)을 보라.

酒腸渾欲凍　　술 마신 속 온통 얼 것만 같은데,
吟筆爲誰搖　　읊조리며 붓 누구 위해 휘두르는가?
殘臘成三白[8]　　섣달 세 번이나 희게 되었으니,
餘寒又一朝　　남은 추위 또 하루 몰아치네.
香隨梅蘂落　　향기 매화 꽃술 따라 떨어지고,
輕伴柳花飄[9]　　가벼워 버드나무 꽃과 함께 나부끼네.
神女羞捐佩[10]　　신녀 부끄러이 패옥 버리고,
鮫人敢獻綃[11]　　교인 감히 명주 바친다네.
東皇應好事[12]　　동황 좋은 일에 응하여,

8 삼백(三白): 눈이 세 차례 온 것을 말한다. 송나라 축목(祝穆)의 《고금사문유취(古今事文類聚)》 전집 권4 「정월에 세 번 흰 눈이 오면 농부들은 껄껄 웃는다. 서북인들의 속담에 『보리가 잘 익으려면 흰 눈을 세 번은 보아야 한다』는 것이 있다.」(正月三白, 田公笑嚇嚇. 西北人諺曰, 要宜麥, 見三白) 《조야첨재(朝野僉載)》라는 책에서 인용하였다고 하였다.

9 유화표(柳花飄): 남조 송나라 유의경의 《세설신어·언어(世說新語·言語)》 「사태부(謝太傅, 이름은 安)가 춥고 눈이 내리는 날, 안방에 모여서, 집안 아이들과 글의 뜻을 강론하였다. 그때 마침 눈이 갑자기 쏟아지자, 공이 즐거워하면서 『백설이 분분함이 꼭 무엇과 같은고?』라고 물었다. 형의 아들인 호아(胡兒: 본명은 朗)는 『공중에 소금을 뿌린 것과 견줄 수 있을런지요?』라고 말하였고, 형의 딸(이름은 道蘊)은 『버들솜이 바람에 따라서 나부끼는 것 같지 않은지요?』라고 말하니, 공이 크게 웃으며 기뻐하였는데, 곧 공의 큰형님 무혁의 딸이요, 좌장군인 왕응지의 처였다.」(謝太傅寒雪日內集, 與兒女講論文義. 俄而雪驟, 公欣然曰, 白雪紛紛何所似? 兄子胡兒曰, 撒鹽空中差可擬. 兄女曰, 未若柳絮因風起. 公大笑樂. 卽公大兄無奕女, 左將軍王凝之妻也)

10 신녀연패(神女捐佩): 《연감유함(淵鑑類函)》 권38 「《한시외전》에서 말하였다. 정교보가 한고를 지나다가 두 여인을 만났는데 예쁜 복장에 구슬 두 개를 차고 있었다. 정교보가 그들에게 말하기를 『원컨대 그대들이 차고 있는 것을 청합니다.』라 하자 두 여인은 패옥을 풀어 정교보에게 주었고 그것을 품었다. 10보를 떠나자 그것을 찾아보니 없어졌다. 두 여인을 돌아보니 또한 곧 없어졌다.」(韓詩外傳曰, 鄭交甫過漢皐, 遇二女, 妖服佩兩珠. 交甫與之言曰, 願請子之珮. 二女解珮與交甫而懷之. 去十步, 探之則亡矣. 回顧二女, 亦即亡矣) 《초사·구가·상군(九歌·湘君)》 「내 패옥 강물에 버림이여, 내 패옥 예포에 버린다네.」(捐余玦兮江中, 遺余佩兮醴浦)

11 교인감헌초(鮫人敢獻綃): 교인은 전설이 나오는 사람. 초(綃)는 교인이 짰다고 하는 생사. 진나라 장화(張華)의 《박물지(博物志)》 「남해의 밖에 교인이 있는데 물고기처럼 물에서 살며 베 짜기를 그치지 않으며, 그 눈물은 구슬이 된다고 한다.」(南海外有鮫人, 水居如魚, 不廢織績, 其眼能泣珠) 《태평어람》 권803에 인용된 《박물지》에서는 「교인은 물에서 나오면 사람의 집에 머무는데 여러 날 동안 비단을 판다. 떠날 즈음에는 집주인에게 그릇을 하나 청하여 눈물을 흘려 구슬이 되면 소반에 가득 채워 주인에게 준다.」(鮫人從水出, 寓人家, 積日賣絹. 將去, 從主人索一器, 泣而成珠, 滿盤以與主人)라 하였다.

12 동황(東皇): 《상서위(尙書緯)》 「봄은 동황이고 또한 청제이다.」(春爲東皇, 又爲靑帝) 봄은 오행(五行)의 목(木)에 해당하고, 목은 방위로는 동쪽, 색으로는 청에 해당하기 때문에 이렇게 부른다. 《초사·구가(九歌)》에 〈동황태일(東皇太一)〉편이 있다.

避舍亦相饒[13]　　피하여 물러나 또한 서로 양보한다네.

13 피사(避舍): 옛날에 행군을 할 때 하룻밤 묵는 것을 1사(一舍)라고 하는데, 《좌전·장공(莊公) 3년》에 「무릇 군대가 하루를 묵는 것을 사라 한다」(凡師一宿爲舍)라는 말이 있다. 그리고 행군은 매일 30리를 하기 때문에 30리 또한 1사라고 한다. 《좌전·희공(僖公) 23년》「(晉文公이 楚子에게) 대답하여 말했다. 『임금님 덕택에 진나라로 돌아갈 수 있다면 진나라와 초나라가 군사를 다스려 중원에서 만난다면 임금님을 피해 90리를 물러나겠소.』」(對曰, 若以君之靈, 得反晉國. 晉、楚治兵, 遇于中原, 其辟君三舍) 여기서는 그냥 물러나는 것을 말한다.

30. 次彭應之餐雪韻

팽응지의 눈을 먹다라는 시의 각운자를 써서 짓다

雪水瀹淸茗[1]	눈 녹은 물로 맑은 차 끓이며,
自謂絶世淸	스스로 말하기를 세상에 둘도 없이 맑다하네.
終然犯煙火[2]	끝내 연기와 불 범하니,
況復勞煎烹	하물며 다시 수고로이 달이고 끓이겠는가?
豈知午霽餘	어찌 알았으리오, 낮에 갠 뒤에,
探此竹外楹	이곳 대나무 바깥의 기둥 찾게 될 줄을.
柘漿發甘和[3]	사탕수수 즙 달고 부드러운 맛내고,
寶盌凝寒晶	보배로운 사발에는 차고 맑은 기운 엉겨 있네.
心胸旣淸凉	흉금 이미 맑고 서늘하고,
齒頰亦鏘鳴	이와 뺨에서는 또한 쨍그렁 소리 울린다네.
呑腥期永謝[4]	비린 음식 삼킴 영원히 떠날 것 기약하고,

1 설수약청명(雪水瀹淸茗): 「맑을 청」(淸)자는 순희본에는 「봄 춘」(春)자로 되어 있다.
송나라 축목의 《고금사문유취》 권4 〈천도부·눈(天道部·雪)〉 「【눈 녹인 물로 차를 끓이다】 도곡 학사가 당태위의 가기를 샀다. 눈이 내리자 도곡이 눈 녹은 물을 갖다 단차를 끓였다. 기생에게 이르기를 『당씨네 집에서는 이런 건 모를 거야.』라 하니 기생이 말하였다. 『저들 거친 인간들이 이런 걸 어찌 알겠어요? 다만 금박 장식한 따뜻한 휘장 안에서 천천히 술잔을 기울이며 나지막이 노래나 하고 양고아주나 마시는데 능할 뿐이지요.』 도곡이 이에 잠잠해지더니 그 말을 부끄러워하였다.」(雪水烹茶. 陶穀學士買得党太尉家妓. 遇雪, 陶取雪水烹團茶. 謂妓曰, 党家應不識此. 妓曰, 彼麤人安有此. 但能于銷金暖帳中, 淺斟低唱, 喫羊羔兒酒. 陶默然慙其言)

2 연화(煙火): 《열자·양주(列子·楊朱)》 「집뜰에는 손님들이 날마다 백 명은 있었고, 푸주와 부엌 밑에는 연기와 불이 끊이지 않았으며, 집의 대청에는 음악이 끊이지 않았다.」(賓客在庭者日百住, 庖廚之下, 不絶煙火, 堂廡之上, 不絶聲樂)

3 자장(柘漿): 자(柘)는 자(蔗)자와 통하여 쓰며, 사탕수수를 말한다. 여기서는 사탕수수의 즙을 말한다. 권3 120번 시의 주 4)를 보라.

4 탄성(呑腥): 송나라 조형(晁逈)의 《법장쇄금록(法藏碎金録)》 권3 「많이 죽여서 멋대로 입과 배를 채우는 것을 신선들은 썩은 것을 쪼고 비린 것을 삼킨다고 한다.」(多殺以恣充口腹者, 神仙之人目之為啄腐呑腥)

飮玉希長生[5]　　옥 마시며 오래 살기 바란다네.

5 음옥(飮玉): 당나라 노홍일(盧鴻一)의 〈숭산의 열 가지 뜻·초당(嵩山十志·草堂)〉「금서(불경) 읽음이여 옥술 마신다네.」(讀金書兮飮玉漿)

장생(長生): 《노자(老子)》 제59장「이를 일러 뿌리 깊고 단단한 길, 오래 살고 오래 보는 길이라고 한다.」(是謂深根固柢, 長生久視之道) 《장자·재유(在宥)》「(廣成子가 말하였다.) 반드시 고요하게 하고 맑게 하여 그대의 육체를 지치지 않게 하고 그대의 정신이 흔들리지 않게 하면 곧 장수를 할 수 있을 것이오.」(必靜必淸, 无勞汝形, 无搖汝精, 乃可以長生)

《어비역대통감집람(御批歷代通鑑輯覽)》 권16 〈세종효무황제(世宗孝武皇帝)〉「승로반은 높이가 20장이며 크기는 일곱 아름으로 구리로 만들었으며 위에는 신선의 손바닥이 있어서 이슬을 받는데, 옥가루와 섞어서 마시면 장생을 할 수 있다고 한다.」(盤高二十丈, 大七圍, 以銅為之, 上有仙人掌, 以承露, 和玉屑飮之, 可長生云)

《태평어람(太平御覽)》 권76「곤륜산과 봉래산에는 새와 짐승이 옥정천을 마시는데 모두 장수하여 죽지 않는다.」(崑崙及蓬萊, 其上鳥獸, 飮玉井泉, 皆長生不死也) 출전을 《포박자(包朴子)》라 밝혀놓았는데 현행본 《포박자》에는 보이지 않는다.

31. 次彭應之魚樂亭韻

팽응지의 어락정 시의 각운자를 써서 짓다

亭前活水破輕氷	어락정 앞 살아 있는 물
	살얼음 깨뜨리니,
漸見遊鯈傍石稜[1]	점차 노는 피라미
	바위 모서리에 있음 보이네.
老子自知魚樂處[2]	늙은이 절로 물고기
	즐거워하는 곳 알았으니,
不須莊惠與同登[3]	꼭 장자와 혜시
	함께 거론할 필요 없다네.

1 조(鯈): 피라미를 말한다. 《익증》「음은 조이다. 《운회》에서는 『백조어는 모양이 좁고 길며 버드나무 가지 같다. 그냥 조(條)라고도 한다.』라 하였다.」(音條. 韻會, 白鯈魚, 形狹而長, 若柳條. 或作條也)

2 노자(老子): 《차의》「선생이 스스로를 이른 것이다.」(先生自謂)

3 장혜(莊惠): 장주(莊周)와 혜시(惠施)를 함께 이르는 말. 《장자·추수(秋水)》「장자가 혜자와 더불어 호수(濠水)의 봇둑을 거닐고 있었다. 장자가 『피라미가 나와서 유유히 헤엄치고 있으니, 이는 고기의 즐거움이다.』라 하자, 혜자가 말했다. 『그대는 고기가 아닌데 어찌 고기가 즐거울 것임을 아는가?』 장자가 말했다. 『그대는 내가 아닌데 어찌 내가 고기가 즐거워 할 것임을 모르리라는 것을 아는가?』…… 장자가 말했다. 『…… 나는 호수 가에서 물고기와 일체가 되었으므로 그것을 아는 것이다.』」(莊子與惠子游于濠梁之上, 莊子曰, 鯈魚出游從容, 是魚之樂也. 惠子曰, 子非魚, 安知魚之樂. 莊子曰, 子非我安知我不知魚之樂.……莊子曰,……我知之濠上也) 당나라 백거이(白居易)의 〈못가에서 흥을 기탁하다(池上寓興)〉「봇둑에서 장주와 혜시 함부로 서로 다투었지만, 꼭 인정이 물정을 알 것은 없다네.」(濠梁莊惠謾相爭, 未必人情知物情)

32. 與劉德明祝濟之胡子寬晚步偶成[1]

유덕명, 축제지, 호자관과 함께 저녁 산보를 하다가 우연히 짓게 되다

雨罷寒逾勁[2]	비 그치니 추위 더욱 굳세어지고,
霜威正凜然	서리의 위세 바야흐로 오싹하다네.
不知荒逕濕[3]	거친 오솔길 젖은 줄 모르고,
行到野橋邊	들의 다리 가로 걸음 옮긴다네.
曠望情何極	널리 바라보니 정 어찌 끝이 있으리오?
徘徊意莫傳	서성이며 뜻 전하지 못한다네.
清波涵衆影	맑은 물결 뭇 사물의 그림자 담그고,
日落暗晴川[4]	해 지니 비갠 시내 어둑해지네.

1 축제지(祝濟之): 주희의 외사촌인 축강국(祝康國)의 자이다. 상세한 것은 권2 13번 시의 주 1)을 보라.
유덕명(劉德明): 《주문공집》 권39 〈허순지에게 답함(答許順之) 4〉에 「범백숭은 학문이 크게 진보하였고, 유덕명도 대략 이치를 아니 모두 기쁜 일입니다.」(范伯崇學大進, 劉德明者亦稍識理趣, 皆可喜耳)라 하여 범백숭과 함께 언급되어 있으나 자세한 것은 미상.
호자관(胡子寬): 미상이나 역시 주희를 종유한 학자인 것 같다.

2 파(罷): 《고이》에서는 「그칠 헐」(歇)자로 된 판본도 있다고 하였다.

3 황경(荒逕): 진나라 도연명의 〈돌아가자꾸나(歸去來辭)〉 「세 갈래 오솔길 거칠어져 가는데 소나무와 국화는 아직 그대로 있다네.」(三逕就荒, 松菊猶存)

4 암청천(暗晴川): 《고이》에서는 「배징선」(倍澄鮮)자로 된 판본도 있다고 하였다. 《고이》에서 말한 대로라면 이 구절은 「해 지니 배는 더 맑고 곱네.」로 해석된다.

33~37. 劉德明彥集祝弟以夏雲多奇峰爲韻賦詩, 戲成五絶[1]

유덕명, 언집, 축씨 아우와 「하운다기봉」이란 구절을 가지고 운자를 삼아 시를 지어 장난삼아 다섯 절구를 이루다

33

出山幾何時	산 나선지 그 얼마인가?
歸來便長夏	돌아오니 곧 긴 여름이라네.
端居心不怡	평소 거처하자니 마음 기쁘지 않아,
散策長林下	긴 숲 아래 산책한다네.

34

爲客厭城市[2]	나그네 살이에 성과 저자 싫어하여,
還家辭世紛	집으로 돌아와 세상 어지러움 끊었다네.
朝昏何所見	아침 저녁으로 무엇 보이는가?
但有四山雲[3]	다만 사방 산의 구름 뿐이라네.

1 언집(彥集)은 유자상(劉子翔)의 자. 유자상은 건안 사람으로 유온(劉韞)의 아들이며, 주희의 매서(妹婿)이다. 하운다기봉(夏雲多奇峯)은 진나라 도연명(陶淵明)의 〈사철(四時)〉이란 시의 두 번째 구절이다. 그 구절이 있는 연은 「봄 물 사방의 못에 가득하고, 여름 구름은 기이한 봉우리에 많이 걸려 있네.」(春水滿四澤, 夏雲多奇峯)이다. 그 구절의 글자를 나누어 운자로 삼아 지은 시가 많다. 그러나 이 시는 도연명이 지은 것이 아니라 의작(擬作)으로 보는 견해가 많다.

2 염성시(厭城市): 송나라 이약수(李若水)의 〈고자장의 촌에 거처하다라는 시의 각운자를 써서 짓다(次韻高子文村居)〉 「그윽한 은자 성과 저자 싫어하여, 집 지어 소나무와 벽라 가까이 하네.」(幽人厭城市, 結屋近松蘿)

3 사산운(四山雲): 남조 양(梁)나라 도홍경(陶弘景)의 〈임금님[齊 高帝]이 산 속에 무엇이 있느냐고 물으시어 시를 지어 답하다(詔問山中何所有賦詩而答)〉 「산 속에 무엇이 있는가? 재 위에 흰 구름 많다네.」(山中何所有, 嶺上多白雲)

35

閉門事幽討[4]	문 닫고 명승고적 찾아다님 일삼자니,
歲月忽已多	세월 홀연히 이미 많이 흘렀다네.
客來無可問	손님 와도 물을 것 없어,
與君共絃歌[5]	그대 더불어 함께 현악에 맞춰 노래한다네.

36

干時本已懶[6]	시세에 영합함 본래부터 벌써 게을렀고,
胸次況亡奇	흉중에 하물며 기이함 없음이겠는가?
若問中林趣	숲속의 홍취 물어본다면,
婆娑祗自知[7]	너울너울 춤추는 것 절로 알리라.

37

炎蒸不可奈	찌는 듯한 무더위 어찌할 수 없는데,
雲氣滿前峰	구름 기운 앞산의 봉우리에 가득하네.
向夕風吹盡	저녁 무렵 바람 다 부니,
微聞遠寺鐘[8]	먼 절의 종소리 가늘게 들리네.

4 유토(幽討): 명승고적을 찾아다니는 것을 말한다. 당나라 이백의 〈이백에게 드림(贈李白)〉「이후님은 금마문(金馬門)의 선비신데, 몸 빼서 명승고적 찾아다니는 것 일삼으시네.」(李侯金閨彥, 脫身事幽討)

5 현가(絃歌): 음악과 노래로써 다스리는 것으로, 태평성세의 다스림을 말한다. 《논어·양화(陽貨)》「공자가 무성에 가셨는데, 악기와 노래 소리를 들으셨다.」(子之武成, 聞絃歌之聲)

6 간시(干時): 시세(時勢)에 영합함을 말한다.

7 파사(婆娑): 너울너울 춤추는 모양, 또는 어른어른하는 모양. 남조 양나라 때 유준(劉峻: 孝標)이 지었다고 하는 《유원(類苑)》「달에는 너울너울 춤추는 것이 있는데, 곧 산과 내의 그림자이다.」(月中有物婆娑者, 乃山河影也) 《시경·진풍·동쪽 문의 흰 느릅나무(陳風·東門之枌)》「자중씨네 딸, 그 나무 아래서 너울너울 춤추네.」(子仲之子, 婆娑其下) 《모시의 주석(毛詩傳)》에서는「파사는 춤추는 것이다.」(婆娑, 舞也)라 하였다.

8 향석~원사종(向夕~遠寺鐘): 당나라 노륜(盧綸)의 〈종제인 근과 함께 낙방한 후 관문을 나서며 이별하다(與從弟瑾同下第後出關言別)〉 제2수「외로운 마을 나무 빛 비온 후에 어둑하고, 먼 절의 종소리는 석양 띠고 있네.」(孤村樹色昏殘雨, 遠寺鐘聲帶夕陽)

38~39. 仙洲新亭 熹名以晝寒, 紫微張公爲書其額, 判院劉丈乃出新句, 輒次高韻. 二首[1]

선주산의 새 정자를 내가 주학이라 명명하고 자미 장공이 그 편액을 썼으며 판원이신 유 어르신께서 이에 새 시구를 지으니 문득 격조 높은 운자에 만주어 짓는다. 두 수

38

聞說藤蘿外	듣자니 등나무 바깥쪽,
神龍舊所蟠	신룡 옛날부터 서린 곳이라네.
擘開千丈峽	천 길 골짜기 쪼개어 여니,
寫盡一襟寒	물 다 쏟아내어 온 흉금 차갑다네.
賞寄三杯酒	완상함 석 잔 술에 맡기고,
歸投六尺竿[2]	돌아와 여섯 자 낚싯대 던진다네.
若無詩律好	만약 시의 음률 좋지 못하였다면,
淸絶不成歡	아름답고 절묘함 기쁨 이루지 못하였으리.

1 선주산은 숭안현(崇安縣) 개요향(開耀鄕) 오부리(五夫里)에 있다. 《차의》「선생의 〈밀암에서 노닌 기행문〉(이하 〈유밀암기〉)에 『주한정에 올랐다』는 말이 있으니 당연히 밀암 근처에 있을 것이다. 혹자는 말하기를 연평성 동쪽에 산이 있는데 두 하천 사이에 끼어 있으며 속칭 선주라고 한다고 하였다.」(先生遊密庵記, 有登晝寒亭之語, 當在密庵近處. 或云, 延平城東有山, 介于二水之間, 俗號仙洲) 〈유밀암기〉는 《주문공집》 권84에 수록되어 있다.

주한(晝寒): 밀암(密庵) 근처에 있는 정자 이름. 이 정자 이름은 이백의 시에서 따왔다. 이백의 시는 아래 주 소설(素雪) 조목을 보라. 송나라 여조겸(呂祖謙)의 〈민땅으로 들어간 기행문(入閩錄)〉「(淳熙 2년, 1175년 4월) 초4일. …… 시내를 백여 보 두르면 주한정이 폭포를 마주하고 있다.」(初四日……繞澗百餘步, 晝寒亭面瀑布)

자미장공(紫微張公): 장효상(張孝祥: 1132~1170)을 말한다. 자는 안국이고 호는 우호이다. 장효상에 대해서는 권5 2번 시의 주 1)을 보라.

판원유장(判院劉丈): 《익증》에서는 덕경(德慶: 劉如愚의 자)이라 하였고, 꿔치(郭齊)는 유온(劉韞)이라 하였다. 유온이 맞는 것 같다.

2 간(竿): 순희본과 송민(宋閩), 절(浙)본에는 「홑 단」(單)자로 되어 있다.

39

悄蒨非人境	빽빽이 우거져 사람 사는 경계 아니고,
寒蟬夏已稠	쓰르라미 소리 여름 이미 한창이라네.
陽崖驚素雪[3]	양지바른 벼랑에 흰 눈 놀란 듯하고,
午扇怯淸秋[4]	한낮의 부채 맑은 가을 겁낸다네.
共說新亭好	모두들 새 정자 좋다고 하니,
眞堪妙墨留	실로 절묘한 묵적 남겨놓으셨네.
賞心元不厭	즐기는 마음 원래 싫증내지 않으셨으니,
仙夢肯來遊[5]	신선 꿈속에서 기꺼이 와서 노시리.

時已聞安國之訃

이때 이미 안국의 부음을 들었다

3 소설(素雪): 당나라 이백의 〈왕옥산인 위만이 왕옥산으로 돌아감에 전송하다(送王屋山人魏萬還王屋)〉「절벽에서 흰 눈 같은 물 뿜어내니, 어렴풋이 낮 추위 생기네.」(噴壁洒素雪, 空濛生晝寒)

4 이상 두 구절은 밀암의 폭포를 형용한 것이다.

5 선몽(仙夢): 《차의》「안국이 이미 죽었기 때문에 이렇게 말하였다.」(安國已死故云)

40. 次韻晝寒

주한정 시의 각운자를 써서 짓다

行穿危磴盡[1]	위태로운 돌 비탈길 다 뚫고 나가니,
林表見孤亭[2]	숲 가에 외로운 정자 보이네.
澗瀉千尋白	시내는 천 길 흰 물 쏟아내고,
峰回四面青	봉우리는 사면 푸르게 두르고 있네.
塵襟元落落	세속적 흉금 원래 드문드문 성기고,
風腋自泠泠[3]	겨드랑이의 바람 절로 사뿐사뿐 인다네.
一醉今何許	한번 취하여 지금 얼마나 되었는가?
無心賦獨醒[4]	무심결에 홀로 깨었음 읊어본다네.

1 위등(危磴): 등(磴)은 「墱」이라고도 하며 돌 비탈길을 말한다. 당나라 노홍일(盧洪一)의 〈기선등(期仙磴)〉「응달진 골짜기에 부슬부슬 기 무지개에 오르고, 돌 비탈길 구불구불 하늘 뚫고 오르네.」(霏微陰壑兮氣騰虹, 迤邐危磴兮上凌空)

2 심(尋): 원래는 8척(尺)짜리 줄자를 말하는데, 여기서는 그냥 길[丈]이라 해석하였다.

3 풍액(風腋): 《장자·소요유(逍遙遊)》「저 열자는 바람을 타고 다니는데 가뿐하고 좋으며 보름이 지난 뒤에야 돌아온다.」(夫列子御風而行, 泠然善也, 旬有五日而後反) 당나라 노동(盧仝)의 〈붓을 갈겨 간의대부 맹간이 새 차를 보내 준 데에 대해 감사함(走筆謝孟諫議新茶)〉「일곱째 잔은 마실 것도 없이, 또한 오로지 느껴진다네, 두 겨드랑이에 맑은 바람 솔솔 일어남이.」(七碗喫不得, 也唯覺兩腋習習清風生)

4 독성(獨醒): 굴원(屈原)의 〈어부사(漁父辭)〉「온 세상이 모두 흐릿한데 나 홀로 말갛고, 뭇사람들이 모두 취하였는데 나 홀로 깨어 있다네.」(擧世皆濁我獨清, 衆人皆醉我獨醒)

41. 次判院丈晝寒亭韻, 有懷平父[1]

판원 어르신이 지은 주한정 시의 각운자를 써서 짓고 평보를 그리워하다

把酒懷人處[2]	술잔 잡고 사람 그리는 곳에서,
幽尋記往時	그윽이 지난 때 기억하여 찾네.
新亭勞指顧	새 정자 지을 때는 자주 도움 받았었는데,
勝踐闕追隨[3]	쾌적한 유람 좇을 수 없게 되었네.
爲報層櫩山[4]	층진 처마 산을 보답하고자,
莫憂浮柱攲[5]	뜬 기둥 기울어짐 근심하지 말게나.
惟應舊飛雪[6]	다만 나르는 폭포 응하여,
想象合心知	마음속으로 알아줌 부합함 상상해보네.

1 평보(平父): 병산 유자휘의 아들인 유평(劉玶: 1138~1185)의 자. 유평에 대해서는 권1 2번 시의 주 13)을 보라.

2 파주회인처(把酒懷人處): 송나라 고사득(高斯得)의 〈대석병의 편지를 보다라는 시의 각운자를 써서 짓다(次韻戴石屛見簡)〉 제2수「아득히 술잔 잡고 사람 그리워하는 곳, 바로 누대에 올라 멀리 바라보는 때라네.」(遙憐把酒懷人處, 止是登樓望遠時)

3 승천(勝踐): 승유와 같은 뜻. 쾌적한 유람. 당나라 양형(楊炯)의 〈뭇 관리들이 양은거를 찾다라는 시의 서문(群官尋楊隱居詩序)〉「인생의 쾌적한 유람 다하고, 숲과 들의 기이한 흥취 얻는다네.」(極人生之勝踐, 得林野之奇趣)

4 층염(層櫩): 《차의》「(櫩은) 음이 염이며, 집의 처마이다.」(音閻, 屋櫩也)

5 부주(浮柱): 한나라 양웅(揚雄)의 〈단 샘물(甘泉賦)〉「물 위에 뜬 다리 기둥 나는 듯한 서까래 듦이여, 신 맑고 깨끗하게 기울 부지한다네.」(炕浮柱之飛榱兮, 神莫莫而扶傾) 당나라 두보의 〈수함(水檻)〉「높은 언덕 골짜기 이룸 숭상하니, 뜬 기둥 기울어짐 어찌 마음 아파하겠는가?」(高岸尙爲谷, 何傷浮柱攲)

6 구비설(舊飛雪): 《차의》「선생이 평보와 함께 이 정자에서 일찍이 놀 때 눈발이 날리는 승경이 있었던 것 같다.」(疑先生與平父曾遊此亭時有飛雪之勝) 《차보》「폭포를 가리켜 말하였다.」(指瀑布而言)

42. 次判院丈淸湍之什[1]

판원 어르신의 청단정 시의 각운자를 써서 짓다

明滅靑羅帶[2] 푸른 비단 띠 깜빡이고,
周遭碧玉環[3] 짙푸른 옥 가락지 두루 만난다네.
孤亭感陳迹[4] 외로운 정자에 묵은 자취 느껴지고,
茂樹喜重攀 빽빽한 나무 다시 기어오름 기쁘네.
爽氣琴尊外[5] 거문고와 술잔 바깥에 공기 상쾌하고,

1 청단(淸湍): 정자 이름으로 선주산(仙洲山)에 있는 밀암(密庵) 앞에 있으며 소흥(紹興) 연간에 승려인 도겸(道謙)이 지었다. 아래 47번 시의 주 1)을 보면 이 정자의 이름은 진나라 왕희지의 〈난정기〉에서 따와서 지었음을 알 수 있다. 주희는 일찍이 이곳에서 도겸으로부터 선학(禪學)을 배운 적이 있는데, 이 시는 이때 다시 와서 옛 감회를 읊은 것이다. 송나라 여조겸(呂祖謙)의 〈민땅으로 들어간 기행문(入閩錄)〉「(淳熙 2년, 1175년 4월) 초4일. …… 밀암 앞으로 수십 보를 가면 청단정이 있는데 고목이 사방으로 둘러싸고 천석이 매우 아름답다.」(初四日……菴前數十步淸湍亭, 古木四合, 泉石甚勝) 《차의》「청단은 〈유밀암기〉에 『돌아오는 길에 청단정에서 술을 마셨다』라는 말이 있는데 정자의 이름이다. 밀암 근처에 있는 것 같다.」(淸湍, 遊密庵記有歸飮淸湍之語, 亭名也. 疑在密庵近處) 《차보》「선생의 정자 이름으로 한무구의 시가 있다.」(先生亭名, 韓无咎有詩) 한무구는 한원길(韓元吉: 1118~1187)의 자. 한원길의 시는 《남간갑을고(南澗甲乙稿)》 권1에 수록되어 있으며, 제목은 〈주원회의 청단정(朱元晦淸湍亭)〉이다.

2 청라대(靑羅帶): 당나라 한유(韓愈)의 〈계주의 엄대부를 송별하다(送桂州嚴大夫)〉「강은 푸른 비단 띠 되고, 산은 푸른 옥 비녀 같다네.」(江作靑羅帶, 山如碧玉篸) 송나라 장효상(張孝祥)의 사(辭) 〈수조가두·계림집구(水調歌頭·桂林集句)〉「강산 아름답고 푸른 비단 띠 짙푸른 옥비녀 평평한 모래 곱다네.」(江山好, 靑羅帶, 碧玉篸, 平沙細)

3 주조(周遭): 《차의》「조(遭)는 두른다는 뜻과 같다.」(遭, 猶匝也) 당나라 유우석(劉禹錫)의 〈석두성(石頭城)〉「산은 옛 고향 두루 에워싸고 있고, 조수는 빈 성 두드리고 쓸쓸하게 돌아간다네.」(山圍故國周遭在, 潮打空城寂寞回)
벽옥환(碧玉環): 당나라 유우석(劉禹錫)의 〈울지 낭중이 남쪽으로 옮겼다가 다시 낙성 동쪽의 옛 거처에 이르다라는 시작을 보여주므로 이에 화답하다(尉遲郎中見示自南遷牽復却至洛城東舊居之作, 因以和之)〉「대나무는 하늘 피리의 청상의 음악 머금고, 물은 뜰에 있는 대의 푸른 옥 가락지 두르네.」(竹含天籟淸商樂, 水繞庭臺碧玉環)

4 진적(陳迹): 진(晉)나라 왕희지(王羲之)의 〈난정에서 지은 시를 모은 문집의 서문(蘭亭集序)〉「숙이었다 쳐들었다 하는 순간에 이미 묵은 자취가 된다.」(俛仰之間, 已爲陳迹)

5 상기(爽氣): 《진서·왕휘지전(王徽之傳)》「왕휘지의 자는 자유인데 …… 거기장군 환충의 기병참군이 되었다. 환충이 일찍이 왕휘지에게 말하기를 『그대가 부중에 있은 지도 오래 되었으니 이제 당연히 같이 해야 할 일을 생각하지 않아야겠소.』라 했다. 왕휘지는 처음에

泉聲枕簟間	베개와 자리 사이로 샘 소리 들리네.
詩成無寫處	시 다 지었으나 쓸 곳 없어,
絶壁蘚痕斑	절벽에 이끼 자국 얼룩덜룩하다네.

는 아무 대꾸도 않은 채 높은 곳을 직시하다가 홀을 가지고 빰을 괴면서 말하기를 『서산에 아침이 되니 상쾌한 공기가 밀려오는구나.』라 하였다.」(徽之字子猷……爲車騎桓冲騎兵參軍……冲嘗謂王徽之曰, 卿在府日久, 比當相料理. 徽之初不酬答, 直高視, 以手版柱頰云, 西山朝來致有爽氣耳)

43. 遊密菴分韻賦詩, 得還字[1]

밀암에서 노닐며 운자를 나누어 시를 짓는데 「돌아올 환」자를 얻다

我行得佳友[2]	내 가는 길에 훌륭한 벗 얻어,
勝日尋名山	좋은 날 명산 찾는다네.
春山旣姸秀[3]	봄 산 곱고 아름다운데다가,
淸溪亦潺湲[4]	맑은 내 또한 잔잔하게 흐른다네.
行行造禪扉[5]	가고 가서 선방의 문에 이르러,
小憩腰脚頑[6]	뻣뻣한 허리와 다리 조금 쉰다네.
窮探意未已	끝까지 찾는 뜻 아직 끝나지 않아,
理策重躋攀[7]	지팡이 짚고 다시 잡고 오른다네.

1 밀암은 선주산에 있으며 보덕암(報德庵)이라고도 한다. 숭안의 오부리에 있으며, 송나라 호인(胡寅)이 명명하였다. 다 합하여 편액을 천석암(泉石庵)이라고 하였다. 승려 도겸이 설법을 행하던 곳으로, 앞쪽에 있는 주한정과 청단정은 모두 도겸에 의해 세워졌다. 주희가 초년에 도겸을 사사하면서 불학을 배우면서 이곳과 오부리를 왕래하였다. 송나라 여조겸(呂祖謙)의 〈민땅으로 들어간 기행문(入閩錄)〉「(淳熙 2년, 1175년 4월) 초4일. 밀암에서 놀다. 오부리와는 7리 떨어져 있으며 암자는 곧 승려인 도겸의 오두막으로 증대부의 상이 그곳에 모셔져 있다.」(初四日. 游密菴. 距五夫七里, 菴乃僧道謙所廬, 曾大父遺像在焉) 《익증》「밀암은 승사로 또한 주한정 근처에 있다. 선생의 〈밀암에서 놀며〉가 아래에 보인다.」(密庵僧舍, 亦在晝寒近處. 先生遊密庵記見下) 〈유밀암기〉는 《주문공집》 권84에 보인다. 《차보》「선주산에 있다. (《주문공집》) 권33의 〈여백공에게 보내는 편지〉에 『이 암자는 원래 우승의 별장으로 지은 것입니다.』라는 말이 있다.」(在仙洲山. 三十三卷與呂伯恭書, 此庵元只作左承庄屋)

2 득가우(得佳友): 송나라 남헌(南軒) 장식(張栻)의 〈원회, 택지와 함께 남악을 유람하다가 도중에 눈을 만나 마상에서 짓다(同元晦擇之遊嶽, 道遇大雪, 馬上作)〉「하물며 훌륭한 벗 얻어, 말 나누며 서로 쫓고 따름이겠는가?」(況復得佳友, 晤言相追隨)

3 연수(姸秀): 아름답고 수려하다.

4 잔원(潺湲): 물이 천천히 흐르는 모양을 나타내는 의태어. 《초사·구가·상부인(九歌·湘夫人)》「정신 황홀하여 멀리 바라보고, 물 잔잔하게 흐름 살핀다네.」(荒忽兮遠望, 觀流水兮潺湲)

5 선비(禪扉): 암자의 문. 여기서는 부분으로 전체를 가리키는 말로 쓰였으며 곧 밀암을 가리킨다.

6 요각완(腰脚頑): 송나라 소식(蘇軾)의 〈장천각을 전송하면서 「메 산」자 운으로 짓다.(送張天覺得山字)〉「나 또한 늙고 병들어, 눈 흐릿하고 허리와 다리 뻣뻣하다네.」(我亦老且病, 眼花腰脚頑)

7 이책(理策): 지팡이를 짚다. 주희의 부친인 위재(韋齋) 주송(朱松)의 〈오잠으로 가는 도중에(於潛道中)〉「산길 울퉁불퉁 돌 많음 싫어하여, 지팡이 짚고 위태로

入谷翳蒙密	골짝 들어서니 일산처럼 빽빽이 덮여 있고,
俯澗隨泓灣	시내 굽어보니 깊은 물굽이 따른다네.
誰將百尺綃[8]	누가 백 자나 되는 명주실타래,
掛此長林間	이 긴 숲에 걸어 놓았는가?
雄聲殷地厚[9]	웅장한 소리 깊은 땅에서 우르릉거리고,
洪源瀉天慳[10]	큰 근원 하늘에서 드물게 쏟아낸다네.
偉哉奇特觀	크구나, 기이하고 특이한 풍경,
償此一日閑	오늘 하루 한가로움 보상받았다네.
所恨境過淸[11]	유감스러운 것 경계 너무 맑아,
悄愴暮當還	슬퍼하며 저녁에 돌아가야 하는 것이라네.
顧步三嘆息	걸음 돌아보며 세 번 탄식하니,
人生何苦艱	인생 얼마나 괴롭고 어려운가?

이 기운 길 부지하네.」(山行厭犖确, 理策扶攲危)

제반(躋攀): 당나라 두보(杜甫)의 〈새벽에 일어나다(早起)〉「한 언덕 구불구불한 길 갖고 있어, 느린 걸음으로 잡고 오른다네.」(一丘藏曲折, 緩步有躋攀)

8 백척초(百尺綃): 폭포를 가리킨다.

9 은(殷): 진(震)과 같은 뜻이다. 《시경·소남·우레 우르릉(召南·殷其雷)》「우레 우르릉하고, 남산의 남쪽에서 울린다네.」(殷其靁, 在南山之陽) 주희의 주석「은은 우레가 치는 소리이다.」(殷, 雷聲也)

지후(地厚): 《익증》「시에서는 땅의 두께가 두터운 것을 이른다.」(詩謂地盖厚)

10 천간(天慳): 간(慳)은「아낄 린」(吝, 또는 悋)자의 뜻으로 쓰였다. 송나라 소식(蘇軾)의 〈무저천에서 눈을 바라는 기도를 하고 성을 나와 마상에서 지어 서요부에게 보내드림(祈雪霧猪泉出城馬上有作贈舒堯文)〉「원컨대 그대 호탕한 싯구 지어내어, 하늘에서 드문 것 비웃게나.」(願君發豪句, 嘲詼破天慳)

11 경과청(境過淸): 당나라 유종원(柳宗元)의 〈소구 서쪽의 소석담에 이르러 적다(至小丘西小石潭記)〉「심신을 처량하게 하고 뼈에 한기가 들게 하고 슬픔이 깊게 만든다. 이는 그 환경이 지나치게 맑아 오래도록 머무를 수 없기 때문이다.」(凄神寒骨, 悄愴幽邃. 以其境過淸, 不可久居)

44. 遊密菴分韻賦詩得絶字

밀암에서 노닐며 운자를 나누어 시를 짓는데 「끊을 절」자를 얻다

閩鄕饒奇山[1]	민 땅 기이한 산 넉넉하고,
仙洲故稱傑	선주는 예로부터 뛰어나다 하네.
巍然一峰高	우뚝하니 한 봉우리 높아,
復與衆山絶[2]	다시 뭇 산보다 빼어나네.
傳聞極目處	전하기로는 눈길 다하는 곳에,
天水遠明滅	하늘과 물 멀리서 깜빡인다 하네.
萬里倏往還	만리 길 잠깐만에 오가며,
三光下羅列[3]	일월성 세 빛이 아래로 늘어서 있네.
我來發孤興	내 오니 외로운 흥 발하여,
竟欲躋嵽嵲[4]	마침내 저 높은 산 오르고 싶네.

1 요기산(饒奇山): 당나라 윤무(尹懋)의 〈장승상과 조시어를 모시고 옹호에서 놀다(陪張丞相趙侍御游㴩湖)〉 제2수 「강가에 기이한 산 많은데, 봉우리 구름과 물 사이에 펼쳐져 있네.」(江上饒奇山, 巘羅雲水間)

2 중산절(衆山絶): 당나라 장구령(張九齡)의 〈임저루에 오르다(登臨沮樓)〉 「본래 뭇산들보다 빼어난데 하물며 아름다운 경치 어울림이겠는가?」(本與衆山絶, 况玆韶景和)

3 삼광(三光): 《예기·향음주의(鄕飮酒義)》 「삼빈을 세워서 삼광을 본뜨는 것이 옛날의 제도와 의례이다. 이를 경으로 하는 것이 천지이고, 이를 기로 하는 것이 일월이며, 이를 참으로 하는 것이 광이니 정교의 근본이다.」(立三賓以象三光. 古之制禮也, 經之以天地, 紀之以日月, 參之以三光, 政教之本也) 한나라 반고(班固)의 《백호통의(白虎通義)》 권상 〈봉공후(封公侯)〉 「하늘의 도는 삼을 갖추지 않은 것이 없으니, 하늘에는 삼광은 해와 달·별이 있고, 땅에는 형체의 높고 낮음·평평함이 있고, 사람에게는 높이는 임금과 스승·아비가 있다.」(天道莫不成於三, 天有三光日月星, 地有三形高下平, 人有三尊君父師) 일월성(日月星)의 삼진(三辰)을 말한다. 당나라 이백의 〈비룡인(飛龍引)〉 「하늘에 뒤져 늙어 세 빛 시들고, 아래로 요지 내려다보니 서왕모 보이는데, 누에나방 같은 눈썹 쓸쓸하기가 가을서리 같다네.」(後天而老凋三光, 下視瑶池見王母, 蛾眉蕭颯如秋霜)

4 절얼(嵽嵲): 산이 높은 모양을 나타내는 첩운(疊韻) 연면(聯緜) 의태어. 얼(嵲)자는 예(霓)자와 통하여 쓴다. 한나라 반고의 〈서경부(西京賦)〉 「산 등성이에 높은 터 맡기고, 곧장 까마득히 높이 자리 잡았다네.」(託喬基於山岡, 直墆霓以高居) 당나라 한유(韓愈)의 〈풍릉행(豐陵行)〉 「다리 건너 언덕 내려가니 북과 피리 울어대고, 가파른 산 올라 마침내 현궁의 길 달린다네.」(逾梁下坂笳鼓咽, 嵽嵲遂走玄宮閭)

病骨竟支離[5]	병든 몸이라 마침내 신체 온전치 못하니,
何當攀去轍	어찌 떠나는 수레에 오를 수 있으리오?

5 병골~지리(病骨~支離): 송나라 소식의 〈왕정국이 마상에서 부쳐온 시의 각운자를 써서 짓다(次韻王定國馬上見寄)〉 「어젯밤 서리바람 겹옷 속으로 들더니, 새벽되어 병든 몸 더욱 온전치 못하네.」(昨夜霜風入裌衣, 曉來病骨更支離)

45. 次韻宿密菴

밀암에서 놀다라는 시의 각운자를 써서 짓다

忽作經宵別　　갑자기 밤 지나자 이별하게 되어,
胸奇莫與陳　　마음속 기이함 더불어 이야기 못한다네.
暮歸誇得句　　저녁에 돌아오며 싯구 얻음 자랑하고,
寒苦頓生春[1]　　빈한한 생활 갑자기 봄 생기 돈다네.
道義知無斁　　도의 싫증 없음 알겠고,
文章自有眞　　문장은 절로 참됨 있다네.
它年應共說　　훗날 함께 이야기하리니,
此日自由身[2]　　이날은 자유로운 몸이었다고.

1 돈생춘(頓生春): 송나라 범순인(范純仁)의 〈강동운사인 한자문이 부쳐온 시에 화답하다(和江東運使韓子文見寄)〉「밝은 구슬 밤 비춤 놀라고, 차가운 골짝에 갑자기 봄 생기 도네.」(明珠驚照夜, 寒谷頓生春)

2 차일자유신(此日自由身): 당나라 백거이의 〈더위를 괴로워하다(苦熱)〉「비로소 부끄러운 것 이날 맞아, 자유로운 몸 된 것이라네.」(始慙當此日, 得作自由身)

46. 遊密菴[1]

밀암에서 놀다

弱齡慕丘壑[2]	약관의 나이에 언덕이며 골짜기 흠모하여,
玆山屢遊盤[3]	이 산에서 누차 놀며 즐겼다네.
朝隮靑冥外[4]	아침으론 푸른 하늘 오르고,
暮陟浮雲端[5]	저녁에는 뜬 구름 끝자락 올랐다네.
晴嵐染襟裾[6]	갠 날 이내 옷자락 물들이고,
水石淸肺肝	물과 바위는 마음 깨끗하게 씻어준다네.
俯仰未云已	한번 숙였다 쳐듦 끝나지도 않았는데,
歲月如飛翰	세월 나는 새 같다네.
中年塵霧牽[7]	중년에 세속의 일에 끌리어,

1 이 시는 원(元)나라 유리(劉履)가 편한 《풍아익(風雅翼)》 권14에도 수록되어 있는데 제목이 〈가암에서 놀다(遊家菴)〉로 되어 있다.

2 약령(弱齡): 남자의 나이 20세를 말한다. 《예기·곡례(曲禮) 상》「20살을 약이라고 하는데 관례를 올린다.」(二十曰弱, 冠)

구학(丘壑): 《한서·서전(敍傳) 상》「저[班固]는 말합니다. 『한 골짜기에서 고기를 낚는 것은 천하의 만물이 그 뜻을 침범하지 않고, 한 언덕에 물러나 쉬는 것은 천하라도 그 즐거움을 바꿀 수 없습니다.』」(班固曰, 漁釣於一壑, 則萬物不奸其志, 棲遲於一丘, 則天下不亦其樂)

남조 송나라 유의경(劉義慶)의 《세설신어·인물들을 품평함(品藻)》「명제가 사곤에게 물었다. 『그대 스스로 말한다면 유량과는 어떻다고 보는가?』 답하여 말했다. 『종묘에서 예복을 단정히 입고 백관을 법도에 맞게 부리는 것은 신이 유량보다 못하나 언덕이나 골짜기에서 마음먹은 대로하는 것은 제 스스로 더 낫다고 생각합니다.』」(明帝問謝鯤, 君自謂何如庾良? 答曰, 端委廟堂, 使百僚準則, 臣不如良, 一丘一壑, 自謂過之)

3 유반(遊盤): 유락(遊樂)과 같은 뜻이다. 놀며 즐김. 당나라 위응물(韋應物)의 〈용문에서 다시 노닐며 옛 벗들을 그리워하다(再遊龍門懷舊侶)〉「까마득하구나 그대들이여, 이곳에서 누차 즐거이 노닐었건만.」(邈矣二三子, 玆焉屢遊盤)

4 제(隮): 제(躋)자로 된 판본도 있다. 뜻은 같다.

청명(靑冥): 하늘을 말한다. 《초사·구장·회오리바람을 슬퍼함(悲回風)》「푸른 하늘에 의지하여 무지개 폄이여, 마침내 순식간에 하늘 어루만진다네.」(據靑冥而攄虹兮, 遂儵忽而捫天)

5 부운단(浮雲端): 당나라 두보의 〈집을 짓다(營屋)〉「몰래 쌓인 물 안까지 통하고, 높이 뜬구름 끝자락까지 드네.」(陰通積水內, 高入浮雲端)

6 청람(晴嵐): 맑게 갠 날 산속에서 이는 이내나 안개.

7 진무(塵務): 남조 송나라 유의경(劉義慶)의 《세설신어·현원(世說新語·賢媛)》「왕강주의 부인이 사알에게 말하였다. 『어찌하여 도무지 더 이상 진전이 없는 것이

引脰空長歎[8]	목 빼고 헛되이 길게 탄식하였다네.
曠歲一登歷[9]	밝은 세월에 한번 두루 유람하니,
心期殊未闌	마음속 기약 특히 아직 끝나지 않았다네.
矧此親友集	하물며 이곳에 친한 벗 모이니,
笑談有餘歡	웃으며 이야기 함 매우 즐겁다네.
結架迫彎碕[10]	굽은 물가 가까이 시렁 엮어,
徙倚臨奔湍	옮기어 기대 달리는 여울 굽어보네.
共惜前古秘	함께 지난 옛 비밀 안타깝게 여겨,
今爲後來觀	이제 나중에 올 사람에게 보여준다네.
落景麗雲木	떨어지는 해 구름 걸린 나무에서 아름답고,
回風馥秋蘭[11]	회오리바람은 가을 난초 향기 풍기네.
林昏景益佳	숲 어둑하니 경치 더욱 아름다워,
悵然撫歸鞍	슬피 돌아가는 말안장 어루만지네.
諒哉故山好	실로 고향의 산 좋으니,
莫遣玆盟寒[12]	이 맹약 끝나게 하지 말기를.

냐? 세속의 일에 마음을 쏟기 때문이냐? 타고난 재능에 한계가 있기 때문이냐?」(王江州夫人語謝遏曰, 汝何以都不復進? 爲是塵務經心, 天分有限?)

8 두(脰): 《차의》「목이다.」(項也)

9 등력(登歷): 산천을 두루 유람하다.

10 만기(彎碕): 《차의》「만은 활을 들고 화살을 거는 것이다. 또한 『灣』과 같은 뜻으로 물굽이이다. 기는 굽은 언덕이다.」(彎, 持弓關矢也. 又灣, 水曲也. 碕, 曲岸也) 《한서·양웅전(揚雄傳)》「험한 바위 찾으니 굽은 물가 늘어섰고, 다가가 이무기 찾는다네.」(探巖排碕, 薄索蛟螭) 당나라 안사고(顔師古)의 주석 「기는 굽은 언덕이다.」(碕, 曲岸也)

11 회풍·추란(回風·秋蘭): 《초사·구가·소사명(九歌·少司命)》「가을 난초 푸릇푸릇, 녹색 잎에 자색 줄기라네. …… 들어가서도 말 없고 나와서도 말없이, 회오리바람 타고 구름 깃발 탄다네.」(秋蘭兮靑靑, 綠葉兮紫莖…… 入不言兮出不辭, 乘回風兮載雲旗)

12 맹한(盟寒): 한(寒)은 맹약을 끝내는 것을 말한다. 《좌전·애공(哀公) 12년》「이제 그대가 반드시 맹약을 굳게 해야 한다 하시는데, 맹약을 굳게 할 수가 있다면 또한 그만 둘 수도 있습니다.」(今吾子曰, 必尋盟, 若可尋也, 亦可寒也) 진(晉)나라 두예(杜預)의 주석 「한은 그치는 것이다.」(寒, 歇也) 당나라 공영달의 주석 「지난날의 것을 다시 되돌려 뜨겁게 할 수 있다면 또한 그만 두어서 차갑게 할 수도 있다.」(若可重溫使熱, 亦可歇之使寒) 송나라 황정견(黃庭堅)의 〈자소(子韶)의 송자현에 가서 (그 현의 현령인) 추영년(鄒永年)과 함께 남극정에서 밤새 이야기하다라는 시의 각운자를 써서 짓다(次韻向和卿行松滋縣與鄒天錫夜語南極亭)〉 제2수 「비바람 맞아가며 일곱 고을을 달렸으나, 아직 흰 갈매기와 맺은 맹세 끝나지 않았네.」(衝風衝雨走七縣, 唯有白鷗盟未寒) 같은 사람의 〈삼가 자첨[蘇軾]과 같은 각운자를 써서 지어 정국에게 부치다(奉同子瞻寄定國)〉「늙은 천리마 마음 비록 있으나, 흰 갈매기와의 맹약 이미 끝나버렸다네.」(老驥心雖在, 白鷗盟已寒)

47. 游晝寒, 以茂林脩竹, 清流激湍, 分韻賦詩, 得竹字[1]

주한정에서 놀면서 「무림수죽, 청류격단」이란 구절을 가지고 운자를 나누어 시를 읊는데 「대 죽」자를 얻었다

仙洲幾千仞	선주산 몇 천 길은 되는데,
下有雲一谷	아래로는 구름 온 골짜기에 있다네.
道人何年來[2]	도인 어느 해에 와서,
借地結茅屋[3]	땅 빌려 초가집 지었던가?
想應厭塵網[4]	생각건대 속세의 그물 싫어하리,

1 주한정에 대하여서는 위 38번 시의 주 1)을 보라.
무림~격단(茂林~激湍): 진(晉)나라 왕희지(王羲之)의 〈난정에서 지은 시를 모은 문집의 서문(蘭亭集序)〉「이 곳에는 높은 산과 큰 고개, 무성한 숲이며 긴 대나무가 있고, 또 맑은 물과 부딪치며 흐르는 여울물이 좌우를 비추며 띠처럼 둘러 있다.」(此地有崇山峻嶺, 茂林修竹, 又有清流激湍, 映帶左右)《차보》「주한정에서 논 일은 〈유밀암기(遊密庵記)〉에 의하면 신축년(1181)에 남강으로 돌아온 뒤에 있는데, 이 시의 편차를 가지고 고찰해보면 그보다 앞에 있어야 한다. 또한 운자를 나누어 시를 지은 일도 〈유밀암기〉와는 상략이 있는데, 권8의 4판에 밀암에 〈밀암에서 놀면서 운자를 나누어 시를 짓는데 「맑을 청」자를 얻다(遊密庵分韻賦詩得清字)〉라는 시가 있으니 이때의 일인 것 같다. 다만 이 시에서 읊은 것은 거의 〈유밀암기〉 및 권34의 〈여백공에게 보낸 편지〉 중의 말과 은연중에 합치되니 의심스럽다.」(遊晝寒事, 按密庵記, 在辛丑南康歸後, 而此詩以編次攷之, 當在其前. 且分韻亦與記有詳畧, 而八卷四板有遊密庵得清字詩, 似是當時事. 但此詩所咏, 多與遊記及卅四卷呂伯恭書中語暗合爲可疑) 〈유밀암기〉에 의하면 이때 같이 논 사람은 주희와 동년배인 유언집(劉彥集), 경보(敬父), 평보(平父), 황덕원(黃德遠), 방백휴(方伯休), 진언충(陳彥忠) 등 8명과 배행했던 주희의 아들인 숙(塾)과 재(在), 언집(彥集)의 아들 근(瑾), 평보(平父)의 자질(子姪)인 학아(學雅), 학문(學文), 학고(學古), 학박(學博), 학구(學裘) 등 8명으로 모두 16명이었다. 〈유밀암기〉에서는 「崇山峻嶺, 茂林脩竹, 清流激湍, 映帶左右」을 가지고 운자를 나누어 시를 지었다고 하였는데, 이 시의 제목에서 8개의 운자만 언급하였으며, 이는 동년배들이 나눈 운자만을 언급한 것이다.

2 도인(道人): 도겸(道謙)을 말한다. 《가태보등록(嘉泰普燈錄)》 권18과 권21에 의하면 도겸이 선주산으로 돌아와 법당을 열고 설법을 시작한 해는 소흥(紹興) 9년(1139)이다.

3 결모옥(結茅屋): 당나라 두보의 〈현도단가를 지어 원일인에게 부치다(玄都壇歌寄元逸人)〉「옛 친구 지금 자오곡에 사는데, 홀로 그늘진 벼랑에 초가집 지었다네.」(故人今居子午谷, 獨在陰崖結茅屋)

4 진망(塵網): 속세를 말한다. 진(晉)나라 도연명(陶淵明)의 〈전원으로 돌아가다(歸園田居)〉 첫 번째 시 「잘못 속세의 그물로 떨어져, 한번 떠난 지 30년이나 되었네.」(誤落塵網中, 一去三十年)

寄此媚幽獨[5]	이 아름다움 그윽하고 외로운 곳에 부쳤다네.
架亭俯清湍[6]	정자 엮어 맑은 여울 굽어보고,
開徑玩飛瀑[7]	오솔길 열어 나는 폭포 감상한다네.
交游得名勝[8]	교유 명류 인사 얻어,
還往有篇牘	왕래하며 글과 편지 남겼다네.
杖屨或鼎來[9]	지팡이 짚고 어쩌다 오면,
共此巖下宿	함께 이곳 바위 아래 묵었다네.
夜燈照奇語	밤의 등불 기이한 말 비추고,
曉策散游目[10]	새벽에 지팡이 짚고 눈 돌려 보았다네.
茗椀共甘寒	차 사발에 달고 찬 맛 함께 하였다네.
蘭皐薦清馥[11]	난초 언덕에 맑은 향기 드린다네.
至今壁間字	지금 벽 사이의 글자,
來者必三讀	오는 사람 반드시 세 번을 읽는다네.
再拜仰高山[12]	두 번 절하고 높은 산 우러르니,
㦼然心神肅[13]	깜짝 놀라 마음과 정신 엄숙해졌다네.
我生雖已後	내 태어남 비록 이미 늦었지만,

5 미유독(媚幽獨): 권2 12번 시의 주 5)를 보라.

6 가정부청단(架亭俯清湍): 청단정에서 내려다보는 것을 말하는 것 같다.

7 개경(開徑): 진나라 도연명의 〈전원으로 돌아와 살다(歸園田居)〉 제6수 「본디 마음 실로 이러하니, 오솔길 열어 세 도움 되는 벗 바라네.」(素心正如此, 開徑望三益)

8 교유득명승(交游得名勝): 명승은 여기서 명류(名流)와 같은 뜻으로 쓰였다. 도겸과 교왕이 밀접했던 여본중(呂本中), 장얼(張嵲), 증개(曾開), 장준(張浚: 張栻의 부친), 유자우(劉子羽), 유자휘(劉子翬), 호헌(胡憲), 유면지(劉勉之: 이상 세 사람은 주희의 스승), 주송(朱松: 주희의 부친) 등을 가리킨다.

9 정래(鼎來): 《한서》에 보이며, 부사로 쓰여 바야흐로라는 뜻이다. 권2 151번 시의 주 4)를 보라.

10 유목(游目): 《초사·슬픔을 만나다(離騷)》 「갑자기 뒤돌아 사방 둘러봄이여, 장차 사방의 끝까지 구경하려 한다네.」(忽反顧以游目兮, 將往觀乎四荒) 진나라 도연명의 〈사천에서 놀다(遊斜川)〉 「먼 못쪽으로 눈을 돌려서, 아득히 증구 바라본다네.」(迥澤散游目, 緬然睇曾丘)

11 난고(蘭皐): 《초사·슬픔을 만나다(離騷)》 「난초 핀 언덕에 내 말 걸림이여, 산초 언덕 달리며 또 그곳에서 쉬리로다.」(步余馬於蘭皐兮, 馳椒丘且焉止息)

12 앙고산(仰高山): 《시경·소아·수레 굴대빗장(車舝)》 「높은 산 우러르고, 큰 길 간다네.」(高山仰止, 景行行止)

13 쌍연(㦼然): 「㦼」은 「雙」자와도 통용하여 쓰며, 두렵다[懼]는 뜻이다. 꿔치(郭齊)는 「懼」자로 보았다. 당나라 백거이(白居易)의 〈사람을 위하여 재상께 편지를 올리다(爲人上宰相書)〉 「길을 가면 두려움에 송연하고, 거처하면 근심스럽습니다.」(行則㦼然, 居則惕然)

久此寄齋粥[14]	오래도록 이곳에서 중의 죽 기식하였다네.
孤興屢呻吟	외로운 흥 누차 신음하였는데,
群遊幾追逐	무리지어 놂 몇 번이나 뒤쫓았던가?
十年落塵土	10년이나 속세에 떨어져서도,
尙幸不遠復[15]	그나마 다행스레 멀지 않아 되돌아왔다네.
新凉有佳期[16]	새 서늘함 아름다운 기약 있으니,
幾日戒征軸[17]	몇 일이나 떠나는 수레 경계했던가?
宵興出門去	한밤에 일어나 문밖으로 나가니,
急雨遍原陸	갑작스런 비 온 들판에 두루 내리네.
入谷尙輕埃	골짜기에 들었을 때는 여전히 먼지 가벼이 날렸는데,
解裝已銀竹[18]	행장 푸니 이미 은색 대나무 되었다네.
虛空一瞻望	빈 하늘 한번 바라보니,
遠思翻蹙恧[19]	먼 생각 도리어 움츠려 드네.
袒跣亟躋攀[20]	바지 걷고 맨발로 급히 기어오르니,
冠巾如膏沐[21]	갓과 두건 마치 기름 바르고 머리 감은 것 같네.

14 재죽(齋粥): 중들이 먹는 죽을 말한다. 송나라 소식의 〈27일에 양평에서 사곡에 이르러 남산의 반룡사에서 묵다(二十七日, 自陽平至斜谷, 宿於南山中蟠龍寺)〉「판각에서 홀로 자니 나그네 잠자리 놀라고, 목어 새벽에 움직이니 중의 죽 뒤따르네.」(板閣獨眠驚旅枕, 木魚曉動隨僧粥)

15 불원복(不遠復): 《주역·복괘(復卦)》 밑에서 첫째 양효[初九]의 효사「멀지 않아서 되돌아온다. 후회하는 일이 없을 것이다. 크게 좋으리라.」(不遠復, 无祇悔, 元吉)

16 가기(佳期): 《초사·구가·상부인(九歌·湘夫人)》「백번에 올라 눈 달려 바라보며, 아름다운 사람과 기약하고 저녁에 장막 펴네.」(登白薠兮騁望, 與佳期兮夕張)

17 계정축(戒征軸): 남조 송나라 사조(謝脁)의 〈저작랑이신 왕융의 팔공산 시에 화답하다(和王著作融八公山)〉「호탕하게 친지와 이별하고, 훨훨 가는 수레 경계한다네.」(浩蕩別親知, 連翩戒征軸)

18 은죽(銀竹): 은백색의 대나무. 장대비를 말한다. 당나라 이백(李白)의 〈하호에 묵다(宿鰕湖)〉「흰 비 차가운 산에 비치니, 빽빽하기가 은색 대나무 같네.」(白雨映寒山, 森森似銀竹) 〈유밀암기〉「저녁 무렵 큰비를 무릅쓰고 큰 시내를 건너 주한정에 올라 폭포를 보니 매우 장관이었다.」(向夕, 冒大雨, 涉重澗, 登晝寒亭, 觀瀑布壯甚)

19 축뉵(蹙恧): 당나라 유종원(柳宗元)의 〈살무사를 용서하다(宥蝮蛇文)〉「그 목은 잔뜩 움츠리고, 그 기는 모습은 꿈틀거린다.」(其頸蹙恧, 其腹次且)

20 단선(袒跣): 적족(赤足), 곧 맨발.

21 고목(膏沐): 《시경·위풍·내 님(衛風·伯兮)》「어찌 기름 바르고 머리 감지 못할까마는, 누구를 위해 화장할꼬?」(豈無膏沐, 誰適爲容)

雲泉增舊觀	구름과 샘 옛 경치 더하고,
怒響震寒木	성난 소리 차가운 나무 뒤흔든다네.
深尋得新賞[22]	깊이 찾아 새로운 감상 얻었는데,
一簣今再覆[23]	한 삼태기 이제 다시 엎는다네.
同來況才彥	동행한 이들 하물며 재주 있는 선비들인데,
行酒屢更僕[24]	술 도니 여러 번 사람 바꾼다네.
從容出妙句	조용히 절묘한 구절 지어내니,
珠貝爛盈匊[25]	진주조개 빛나게 가득 움키고 있네.
後生更亹亹[26]	후생들 더욱 부지런하니,
俊語非碌碌[27]	뛰어난 말 녹록치 않네.
吾纓不復洗	내 갓끈 다시는 씻지 못하고,

22 심심득신상(深尋得新賞): 〈유밀암기〉「이튿날 나는 다시 언집, 평보와 더불어 야학정에서부터 걸어 내려와 시내 가를 찾아 수석이 아름다운 곳을 서너 군데 발견하여 정자를 짓기로 계획하고 둘러보았다. 그런데 진역취(자는 深父)가 뒤따라 와서 그곳을 보고 기꺼이 공역을 돕기로 허락하여 마침내 다시 주한정에 올라갔다.」(明日, 仲晦父復與彥集, 平父步自野鶴亭, 下尋澗底, 得水石佳處三四, 規築亭以臨之. 而陳力就深父繼至, 見之欣然許相其役, 遂復登晝寒)

23 일궤재복(一簣再覆): 《논어·자한(子罕)》「공자께서 말씀하셨다. 『비유하자면 산을 만드는데 마지막 흙 한 삼태기를 못 이루고서 중지하는 것도 내 자신이 중지하는 것과 같으며, 비유하자면 평지에 흙 한 삼태기를 처음 붓는 것이라 하더라도 나아감은 내 자신이 나아가는 것과 같다.』」(子曰, 譬如爲山, 未成一簣, 止, 吾止也. 譬如平地, 雖覆一簣, 進, 吾往也)

24 경복(更僕): 《예기·선비의 행실(儒行)》「애공이 물었다. 『감히 선비의 행실에 대해 묻겠소.』 공자가 대답하여 말하였다. 갑자기 이를 헤아리자면 그 일을 마칠 수 없고, 이를 다 헤아리자니 오래 걸려 사람을 바꾼다고 해도 다 헤아릴 수 없겠지요.」(哀公曰, 敢問儒行? 孔子對曰, 遽數之不能終其物, 悉數之乃留. 更僕未可終也) 원나라 진호(陳澔)의 주석「복은 손님을 안내하고 예식을 돕는 신하이다. 오래되면 지치고 피로하여 그 복을 바꾼다해도 또한 다 말할 수 없는 것이다.」(僕, 臣之擯相者. 久則疲倦, 雖代其僕, 亦未可得盡言之也)

25 영국(盈匊): 국(匊)은 국(掬)과 같으며 두 손으로 움키는 것을 말한다. 《시경·당풍·산초(唐風·椒聊)》「산초나무 열매, 알알이 열어 두 줌이 넘겠네.」(椒聊之實, 蕃衍盈匊) 주희의 주석「두 손을 국이라 한다.」(兩手曰匊)

26 후생(後生): 《논어·자한(子罕)》「후생을 두려워할 만하니 앞으로 올 사람이 지금(의 나)보다 못하리라는 것을 어찌 알겠는가?」(子曰, 後生可畏, 焉知來者之不如今也?)

미미(亹亹): 《주역·계사(繫辭)》「천하의 근면성을 이루는 것은 시귀보다 더 큰 것이 없다.」(成天下之亹亹者, 莫大乎蓍龜)

27 녹록(碌碌): 《후한서·문원열전(文苑列傳) 하·예형전(禰衡傳)》「오직 노국의 공융 및 홍농의 양수하고만 친하였다. 늘 말하기를 『공문거는 큰 아이고 양덕조는 작은 아이야. 나머지는 녹록하여 셀 수도 없어.』라고 하였다.」(唯善魯國孔融及弘農楊脩. 常稱曰, 大兒孔文擧, 小兒楊德祖. 餘子碌碌, 莫足數也)

已失塵萬斛[28]	이미 잃어 먼지 만 휘는 되겠네.
所恨老無奇	유감스러운 것 늙어 기이한 것 없어,
千毫眞浪禿[29]	많은 붓만 실로 헛되이 닳게 한 것이라네.

28 영세진만곡(纓洗塵萬斛): 《맹자·이루(離婁) 상》「어린 아이가 노래하였다. 『창랑의 물이 맑으면 나의 갓끈을 빨 만하고, 창랑의 물이 흐리면 나의 발을 씻을 만하다.』 이에 공자가 말씀하였다. 『제군들은 들어보라. 「물이 맑으면 이에 갓끈을 빨고, 물이 흐리면 이에 발을 씻는다」하였으니 이는 물이 스스로 그렇게 결정하는 것이다.』」(有孺子歌曰, 滄浪之水清兮, 可以濯我纓, 滄浪之水濁兮, 可以濯我足. 孔子曰, 小子聽之. 清斯濯纓, 濁斯濯足矣. 自取之也) 이 말은 굴원의 초사 〈어부사(漁夫辭)〉에도 나온다. 남조 제나라 공치규(孔稚圭)의 〈북산이문(北山移文)〉「지난날에는 비녀를 벗어던지고 바닷가로 은둔했다는 말을 들었는데, 지금은 난초 옷을 벗고 속세의 갓끈에 매여 있는 것을 보겠구나.」(昔聞投簪逸海岸, 今見解蘭縛塵纓) 곡(斛)은 우리 말로 휘라고 하여 열 말[斗]이다.

29 천호독(千毫禿): 송나라 소식(蘇軾)의 〈기오헌(寄傲軒)〉「선생 영명하던 나이에, 한꺼번에 천 개나 되는 붓 쓸어 뭉툭하게 하였네.」(先生英妙年, 一掃千兎禿) 여러 가지 표현을 제대로 다 발휘하지 못한 것을 말한다.

48. 聞季通德明諸友入山, 以詩迎之, 仍請先往觀瀑布[1]

계통과 덕명 등 여러 벗이 산에 들어가 시를 지어와 부른다는 말을 듣고 이에 먼저 폭포를 가서 볼 것을 권하다

勝友南窓底[2]	훌륭한 벗들 남쪽 창문 밑에서,
看書老歲華	책 보면서 늘 세월 보내네.
不因寒瀑響	차가운 폭포 소리 때문이 아니라면,
肯到野僧家[3]	들 중의 집에 기꺼이 오려할까?
古徑開能久	옛 오솔길 오래도록 열어둘 수 있으니,
新亭去豈賒[4]	새 정자로 떠남 어찌 더디 하겠는가?
躋攀那可緩	기어오름 어찌 느리게 할 수 있으리,
寂寞有雄夸	적막한 곳에도 웅장한 자랑 있다네.

1 계통(季通): 서산(西山) 채원정(1135~1198)의 자. 채원정에 대해 상세한 것은 권4 24번 시의 주 1)을 보라. 덕명(德明): 《주문공집》에는 요덕명(廖德明)과 유덕명(劉德明)의 두 덕명이 나오는데, 여기서는 본권의 위에서 언급한 유덕명을 가리키는 것 같다.

2 승우(勝友): 친한 친구를 이르는 말이나 여기서는 주희가 학생들을 공대(恭待)하여 가리키는 말로 쓰였다.

3 야승(野僧): 주희 자신을 가리킨다. 주희는 이때 숭안에 있는 오부리에 거처하며 늘 선주산에 들어가 있으면서 이렇게 자처하였다.

4 신정(新亭): 새로 지은 주한정을 말한다. 위 38~39. 〈선주산의 새 정자를 내가 주학이라 명명하고 자미 장공이 그 편액을 썼으며 판원이신 유 어르신께서 이에 새 시구를 지으니 문득 격조 높은 운자에 만주어 짓는다(仙洲新亭 熹名以晝寒, 紫微張公爲書其額, 判院劉丈乃出新句, 輒次高韻)〉 시를 참조할 것.

49. 次觀瀑布韻

폭포를 구경하다라는 시의 각운자를 써서 짓다

快瀉蒼崖一道泉[1]	푸른 벼랑에서 한 줄기 샘 시원하게 쏟아내리고,
白龍飛下鬱藍天[2]	흰 용 울창하고 푸른 하늘에서 날아 내려오네.
空山有此眞奇觀	빈 산에 이런 실로 기이한 광경 있어,
倚杖來看思凜然	지팡이 짚고 와서 보니 생각 오싹하다네.

1 일도천(一道泉): 송나라 소식(蘇軾)의 〈왕정국이 소장하고 있는 운무 낀 가의 포개어진 봉우리 그림에 적다(書王定國所藏煙江疊嶂圖)〉「다만 보이느니 양쪽 벼랑의 푸릇푸릇 어둑하게 깎아지른 골짜기, 그 가운데 백 줄기 날아온 샘이라네.」(但見兩崖蒼蒼暗絶谷, 中有百道飛來泉)

2 백룡비(白龍飛): 백룡은 폭포를 가리킨다. 송나라 소식의 〈개선의 수옥정(開先漱玉亭)〉「푸른 옥 골짜기 갈라 열었더니, 두 마리 흰 용 날아 나오네.」(擘開靑玉峽, 飛出兩白龍)

울람천(鬱藍天): 람(藍)자는 「바구니 람」(籃)자로 되어 있는 판본도 있다. 당나라 두보(杜甫)의 〈겨울에 금화산관에 이르러 고 습유 진공의 학당 유적을 찾다(冬到金華山觀, 因得故拾遺陳公學堂遺跡)〉「위로는 울창하고 푸른 하늘 있는데, 빛 드리우고 구슬 같은 누대 안고 있네.」(上有蔚藍天, 垂光抱瓊臺)

50. 和季通晝寒韻

계통의 주한정 시의 각운자를 써서 화답하다

萬壑爭流處[1]	갖은 골짜기 다투어 흐르는 곳에,
千年樹石幽[2]	천년토록 나무와 돌 그윽하다네.
危亭因我作	높은 정자 나 때문에 지어졌고,
勝日爲君留	좋은 날 그대 위해 남겨두었다네.
酒笑紅裙醉[3]	술은 붉은 치마에 취함 우습고,
詩慙雜佩酬[4]	시는 여러 가지 패옥 같이 보답함 부끄럽다네.
尙嫌心境窄	아직도 마음의 경지 좁은 것 싫어하여,
更約九垓游[5]	다시 구천 노닐 것 약속한다네.

1 만학쟁류처(萬壑爭流處): 「흐를 류」(流)자는 《고이》에 「늘어놓을 진」(陳)자로 되어 있는 판본도 있다고 하였다. 《진서·고개지전(顧愷之傳)》 「사람이 회계의 산천의 형상을 묻자 고개지가 대답하였다. 『천 개의 바위가 빼어남을 다투고 만 개의 골짜기가 흐름을 다투지요.』」(人問以會稽山川之狀. 愷之云, 千巖競秀, 萬壑爭流) 송나라 소식의 〈곽희의 가을 산 평평하고 멂(郭熙秋山平遠)〉 제2수 「만 개의 골짜기 흐름 다투는 곳 보려면, 훗날 끝내 고호두 번거롭게 해야 하리.」(要看萬壑爭流處, 他日終煩顧虎頭)

2 수(樹): 《고이》에서는 「물러날 사」(謝)자로 되어 있는 판본도 있다고 하였다.

3 홍군취(紅裙醉): 당나라 한유의 〈취하여 장비서 적(籍)에게 주다(醉贈張秘書)〉 「장안의 여러 부잣집 자식들, 밥상 위에 가지가지 좋은 양념 넣은 반찬들 늘어놓았네. 옛날 문자에 나오는 격식 갖춘 음주법은 하나도 알지 못하면서, 오직 붉은 치마 입은 계집아이들에게만 취하네.」(長安衆富兒, 飯饌羅羶葷. 不解文字飮, 猶能醉紅裙)

4 잡패(雜佩): 각종 패물을 말한다. 《시경·정풍·닭이 우네요(鄭風·女曰雞鳴)》 「그대 오시는 것 알면, 갖가지 패물 드리리이다.」(知子之來之, 雜佩以贈之)

5 구해(九垓): 구천과 같은 말. 《회남자·응도훈(應道訓)》 「약사가 노오에게 말했다. 『나와 더불어 저멀리 구천(九天)의 바깥까지 노닙시다.』」(若士謂盧敖曰, 吾與汗漫游於九垓之外) 또한 권4 51번 시의 주 32)를 참조하기 바란다.

51. 次韻謁忠顯劉公墓下[1]

충현 유공의 무덤을 알현하다라는 시의 각운자를 써서 짓다

理亂由來今古同	치세와 난세의 원인 예나 지금이나 같으니,
覆車那肯戒前蹤[2]	수레 엎어졌는데도 어찌 기꺼이 앞의 자취 경계 삼으려 하지 않는가?
紛紛誤國人無數[3]	분분하게 나라 그르친 사람 수도 없이 많으니,
不昧丹心獨此公[4]	어두워지지 않는 붉은 마음 이 분 유공 뿐이라네.

1 충현유공(忠顯劉公): 유겹(劉韐: 1067~1127)을 말한다. 자는 중언(仲偃) 또는 잠곤(潛袞)이라 하였으며 숭안 사람으로, 주희의 스승인 유자우(劉子羽)와 유자휘(劉子翬)의 부친이다. 정강(靖康)의 난 때 절개를 지켜 충현이란 시호를 받았으며 위국공(魏國公)에 추봉되었다. 《송사(宋史)》 권446에 전기가 수록되어 있다. 그의 묘는 오부리(五夫里) 공진산(拱辰山) 남쪽에 있다. 《송사·유겹전》「(靖康 2년) 사신으로 금나라 진영에 파견되었는데, 금나라 사람이 복야인 한정으로 하여금 절에 묵게 명하였다. 한정이 말하였다. 『…… 군중에서는 다른 성을 세우려 의논하고 있는데 그대를 내 대신 세우려 하니 헛되이 죽기보다 이참에 북쪽으로 가서 부귀를 취함만 못하오.』 유겹이 하늘을 우러러 크게 외치며 말하였다. 『이렇단 말이지!』 돌아가는 편지에서 말하기를 『…… 대체로 정녀는 두 지아비를 섬기지 않고 충신은 두 임금을 섬기지 않는다. 하물며 임금께서 신하가 욕될까 근심하는데 임금께서 신하의 죽음을 욕되이 여겨 따르는 것을 바르게 여기는 것은 첩부의 도이니 이것이 내가 반드시 죽어야 할 까닭이다.』라 하고는 친하고 믿을 만한 사람에게 편지를 지니고 가서 여러 아들에게 알리라고 하였다. 그리고는 곧 목욕을 한 후 옷을 갈아입고 잔에 술을 따라 놓고 목을 매었다. 금[燕]나라에서는 그 충성스러움에 감탄하여 절의 서쪽 언덕 위에 묻어주었다.」(遣使金營, 金人命僕射韓正館之僧舍. 正曰……軍中議立異姓, 欲以君爲正代, 與其徒死, 不若北去取富貴. 韐仰天大呼曰, 有是乎. 歸書片紙曰……夫貞女不事二夫, 忠臣不事兩君. 况主憂臣辱, 主辱臣死, 以順爲正者, 妾婦之道, 此余所以必死也. 使親信持歸報諸子. 卽沐浴更衣, 酌巵酒而縊. 燕歎其忠, 瘞之寺西岡上)

2 복거~전종(覆車~前蹤): 《한서·가의전(賈誼傳)》「속담에서 말하기를 『앞의 수레가 뒤집히면 뒤의 수레의 교훈이 된다』고 하였습니다.」(鄙諺曰, 前車覆, 後車誡) 북송이 앞 왕조가 망한 교훈을 받아들이지 않았기 때문에 망한 것을 말한다.

3 오(誤): 《고이》에서는 「미혹할 미」(迷)자로 되어 있는 판본도 있다고 하였다.

4 매(昧): 민멸되어 없어진다는 뜻.
차(此): 《고이》에서는 「나 아」(我)자로 되어 있는 판본도 있다고 하였으며, 순희본도 마찬가지이다.

52~53. 次季通晝寒亭韻, 二首

계통의 주한정 시 각운자를 써서 짓다. 두 수

52

不信高懷與世殊	높은 회포 세상과 다름 믿지 못하겠으니,
清游試問與誰俱	맑은 놀이 묻건대 누구와 함께 하려는가?
相將靜聽潺湲水[1]	차츰 나아가며 조용히 졸졸 흐르는 물소리 들으며,
洗滌塵襟肯自汚	속세의 흉금 깨끗이 씻었거늘 스스로 더럽히려 하겠는가?

53

山行前後有光輝	산길 가는데 앞뒤로 광휘 빛나고,
撲撲浮嵐翠染衣[2]	물씬물씬 다가오는 이내 푸르게 옷 물들이네.
直到仙洲奇絶處	곧장 선주산 비할 데 없이 기묘한 곳에 이르니,
晝寒亭下玉龍飛[3]	주한정 아래에 옥룡 난다네.

1 상장(相將): 행장(行將), 침심(侵尋)과 같은 뜻으로 차츰차츰 앞으로 나아감을 말한다.
2 박박(撲撲): 박박은 왕성한 모양을 나타내는 의태어. 《차의》「떠다니는 이내가 사람에게 다가가는 것이다.」(浮嵐薄人也)
3 옥룡(玉龍): 《사고전서》본에는 백룡(白龍)으로 되어 있다. 《익증》「폭포를 가리킨다.」(指瀑布) 송나라 장원(張元)의 〈눈(雪)〉「싸움에서 물러난 옥룡이 3백만 마리요, 패잔병의 갑옷 조각이 온 하늘에서 날리는 것 같네.」(戰退玉龍三百萬, 敗鱗殘甲滿空飛)

54. 飮淸湍亭石上小醉再登晝寒[1]

청단정의 바위위에서 술을 마시다가 조금 취하여 다시 주한정에 오르다

水邊今日共傳杯	물가에 모여 오늘 함께 술잔 돌리니,
多謝殷勤數子來	은근히 여러 사람 옴에 아주 고맙네.
三伏炎蒸那有此[2]	삼복의 찌는 더위 어디 이곳에 있으랴?
百年懷抱頓能開	백년 회포 잠깐 만에 열 수 있다네.
雲山合匝還生霧[3]	구름 낀 산 합하여 돌더니 다시 안개 피어오르고,
雪澗崩騰怒吼雷	눈 녹은 시내 무너졌다 솟아오르니 우레 노한 듯 소리내네.
却恨蒼屛遮遠目[4]	오히려 푸른 병풍 먼 시야 가림 유감스러워,

1 〈유밀암기〉「마침 비가 오다 잠시 개니 햇살이 찬란하여 더욱 웅장하고 아름답게 느껴졌다. 돌아와 청단정에서 술을 마셨다.」(曾雨小霽, 日光璀璨, 尤覺雄麗. 歸飮淸湍)

2 삼복염증(三伏炎蒸): 당나라 두보의 〈또 이 시를 지어 위왕을 받들다(又作此奉衛王)〉「하늘과 땅 맑고 흐림이 다시 높고 낮으니, 삼복의 찌는 더위 정녕 있을까 없을까?」(二儀淸濁還高下, 三伏炎蒸定有無)

3 합잡(合匝): 빙 두른 모양을 나타내는 의태어. 남조 송나라 포조(鮑照)의 〈백저무가를 본떠서 짓다(代白紵舞歌詞)〉 제2수「상아 장식 침상 구슬 자리 무소가죽 갑옷 누르고, 조각 병풍 끈 휘장 빙 두르고 폈네.」(象牀瑤席鎭犀渠, 雕屛合匝組帷舒)

4 원목(遠目): 당나라 이백의 〈저녁에 개다. 두릉에서 누대에 올라 위요에게 부치다(夕霽. 杜陵登樓寄韋繇)〉「누대에 올라 시야 먼 곳까지 보내고, 험함에 엎드려 뭇 봉우리들 살핀다네.」(登樓送遠目, 伏檻觀羣峯)

凌風直欲跨蓬萊[5]　　바람 타고 곧장
봉래산 타넘고 싶네.

5 과봉래(跨蓬萊): 송나라 왕안석(王安石)의 〈진시황(秦始皇)〉「가서 봉래 타넘고, 바다 구릉으로 삼으려 했다네.」(逝將跨蓬萊, 以海為丘陵)

55~56. 次淸湍亭韻, 二首

청단정에 있는 시의 각운자에 맞추어서. 두 수

55

上下靑山今白頭　　아래 위가 다 청산인데
　　지금 백두의 이 늙은이,
穿雲入塢未能休　　구름 뚫고 마을에 들어가
　　쉴 수가 없네.
因君去覓仙洲路　　그대 따라 선주의
　　산길 찾아갔지만,
却嘆周南獨滯留[1]　　오히려 주남땅에 홀로
　　오래도록 머무름 탄식하네.

56

仄徑穿林欲造天[2]　　기울어진 오솔길로 숲 뚫고
　　하늘까지 오르고 싶으나,
未妨停策聽涓涓[3]　　지팡이 멈추고 졸졸
　　물소리 듣는 것도 좋으리.

1 주남독체류(周南獨滯留): 한(漢)나라의 첫 봉선제(封禪祭)가 태산(泰山)에서 거행될 때 태사(太史)였던 사마담(司馬談)이 홀로 참석치 못하고 지금의 낙양(洛陽)인 주남(周南)에 머물러 아무런 공로도 세우지 못함을 이른다. 《사기·태사공자서(太史公自序)》「천자가 비로소 한나라 왕실의 봉선제를 세웠는데 태사공은 홀로 주남에 남아 함께 종사할 수가 없었다.」(天子始建漢家之封, 而太史公留滯周南, 不得與從事) 《사기》의 주석서인 송나라 배인(裴駰)의 《집해(集解)》「옛 주남은 지금의 낙양이다.」(古之周南, 今之洛陽)

2 림(林): 《사고전서》본에는 「구름 운」(雲)자로 되어 있다.

3 정책(停策): 남조 송나라 사령운(謝靈運)의 〈남산에서 북산으로 가다가 호중을 지나며 바라보다(於南山往北山經湖中瞻眺)〉「배 버리고 멀리 물가 바라보며, 지팡이 멈추고 무성한 소나무에 기대네.」(舍舟眺迴渚, 停策倚茂松)
연연(涓涓): 《차의》「물소리이다.」(水聲)

知君便有刀頭意[4]	그대 곧 돌아갈 생각 있는 듯하니,
莫忘仙洲澗底泉	부디 선주산 시내바닥 샘물 잊지 말게나.

4 도두의(刀頭意): 돌아간다는 뜻으로 쓰인다. 「도두」(刀頭)는 칼 끝, 또는 칼의 본체를 말하는데 고리[環]가 있다. 「環」은 「還」과 음이 같으므로 그렇게 쓰인다. 〈고절구(古絶句)〉 「다듬잇돌과 발음이 같은 지아비는 지금 어디 있는가? 메 산자 위에 또 메 산자니 집 나갔다네. 큰 칼끝의 고리 어찌 당하리오? 깨진 거울 같은 반달 하늘에 있다네.」(藁砧今何在, 山上復有山. 何當大刀頭, 破鏡飛上天) 주석 「대도두는 칼 끝의 고리이다.」(大刀頭, 刀上環也) 《차의》 「대체로 계통이 돌아갈 뜻이 있어서 선주산을 잊지 말라는 말로 면려한 것일 것이다.」(盖謂季通有還意, 勉之以莫忘仙洲也)

57. 立春大雪邀劉圭甫諸兄游天湖[1]

입춘에 큰 눈이 내려 유규보 등 여러 사람을 불러 천호에서 놀다

同雲被四野[2]	같은 색 구름 사방의 들판 덮고,
寒氣慘悲凉[3]	차가운 기운 슬프고 쌀쌀하네.
回風一以定[4]	회오리바람 한번 멎더니,
密雪來飄揚	빽빽한 눈 밀려와서 날아오르네.
時當冬候窮	때는 겨울 절기 궁한 때이고,
開歲五日彊	새해 된 지 겨우 닷새라네.
蓬巷無與適[5]	쑥대 엮은 집 누추한 거리 함께할 곳 없어,
陟此瓊臺岡	이곳 구슬 같은 높은 곳 오른다네.
賓友既追隨	손님과 벗 이미 좇아 따르고,
兒童亦携將	아이들 또한 손잡고 함께 하네.
攀躋得冢頂[6]	기어 올라 산꼭대기에 이르니,

1 이 시의 제목이 순희본에는 〈立春日大雪邀圭父充父平父季通登天湖〉로 되어 있어 유충보(劉琉의 자)·유평보(劉玶의 자, 두 사람 모두 劉韞의 아들)와 채계통도 함께 했음을 알 수 있다.

유규보(劉圭甫): 유규(劉珪)의 자로, 이미 권2 161번 시에 보인다.

천호(天湖): 오부리 선정산(仙亭山) 아래에 있다.

2 동운(同雲): 같은 색의 구름이 온 하늘을 덮고 있는 것, 곧 구름이 온 하늘을 덮어 금방이라도 눈이나 비가 내릴 듯한 기세를 말한다. 《시경·소아·실로 남산은(小雅·信南山)》「하늘에 한 가지색 먹구름 끼더니, 눈 펑펑 쏟아지네.」(上天同雲, 雨雪雰雰) 주희의 주석 「동운은 구름이 한 가지 색을 띠고 있는 것으로 곧 눈이 올 징조가 이러하다.」(同雲, 雲一色也. 將雪之候如此)

3 한기참비량(寒氣慘悲凉): 같은 구절이 마찬가지로 눈을 읊은 권2 55번 시 〈받들어 황수가 눈을 읊어 지은 시에 수답하다(奉酬子厚詠雪之作)〉에도 있다.

4 회풍(回風): 당나라 두보의 〈눈을 맞다(對雪)〉「어지러운 구름 저녁 무렵에 낮게 내려오더니, 갑작스런 눈 회오리바람에 춤추네.」(亂雲低薄暮, 急雪舞迴風)

5 봉항(蓬巷): 봉옥(蓬屋)과 누항(陋巷)을 말한다. 누추하고 보잘 것 없는 집을 가리킨다.

무여적(無與適): 당나라 두보의 〈백수현에 있는 최소부의 높은 서재. 60구절로 짓다(白水縣崔少府高齋三十韻)〉「손님 남쪽 고을에서 왔는데, 호탕하여 함께 갈 곳 없다네.」(客從南縣來, 浩蕩無與適)

6 총정(冢頂): 산정(山頂)을 총(冢)이라 한다. 당나라 한유(韓愈)의 〈남산(南山詩)〉「험준한 산꼭대기에 오르니, 갑자기 날다람쥐 섞여 번쩍거리네.」(崢嶸躋冢頂, 倏閃雜鼯鼬)

徙倚聊彷徨[7]　　왔다갔다 애오라지 방황한다네.
俯視千里空[8]　　천리 하늘 내려다보고,
仰看萬鶴翔　　수많은 학 빙빙 돎 우러러보네.
遠迷亂峰翠　　먼 곳은 푸른 봉우리 어지럽고,
近失平林蒼　　가까운 곳은 푸른 숲 평평해졌다네.
偃薄瑩神骨[9]　　쓰러져 두 다리 뻗으니 정신과 육신 밝아지고,
咀嚥淸肝腸[10]　　입에 넣고 삼키니 간장 맑아지네.
朗詠招隱作[11]　　〈초은〉시 맑게 낭송하고,
悲吟黃竹章[12]　　〈황죽〉장 슬피 읊조린다네.
古人不可見[13]　　옛 사람 볼 수 없으니,
來者誰能量　　올 사람 누가 헤아릴 수 있겠는가?
且復記玆日　　또한 다시 이 날 적어놓았으니,
他年亦難忘　　훗날에도 또한 잊기 어려우리라.

---

7 사의방황(徙倚彷徨): 사의(徙倚)는 배회(徘徊)와 같은 뜻. 《초사·운명을 슬퍼함(哀時命)》「그러나 숨어서 근심해도 이르지 못함이여, 이리저리 왔다갔다하며 방황하네.」(然隱憫而不達兮, 獨徙倚而彷徨)

8 리(里): 순희본에는「지경 계」(界)자로 되어 있다.

9 언박(偃薄): 《차의》「쓰러져서 두 다리를 뻗는다는 뜻일 것이다.」(盖偃息盤薄之意)

10 저연(咀嚥): 《차의》「저는 입 속에 넣고 맛을 보는 것이다. 연은 삼키는 것이다.」(咀, 含味也. 嚥, 呑也) 당나라 한유의 〈진학해(進學解)〉「농욱에 무젖으며 영화를 삼키고 씹으며 문장을 지어 그 집이 책에 가득하다.」(沈浸醲郁, 含英咀華, 作為文章, 其書滿家)

11 초은(招隱): 숨어사는 선비를 초청한다는 뜻이다. 한나라 때의 회남왕(淮南王) 유안(劉安)이 이러한 제목으로 지은 초사체(楚辭體)의 작품이 있고, 뒤에 진(晉)나라 때 좌사(左思)와 육기(陸機) 등도 이를 제목으로 삼아 시를 지었다. 《진서·왕휘지전(王徽之傳)》「(왕휘지가) 일찍이 산음에 거처할 때 밤에 눈이 내리다가 갓 개어 달빛이 맑고 환한 것이 사방을 돌아보니 휘영청하여 홀로 술을 따르며 좌사의 〈은자를 부르다〉라는 시를 읊조렸다.」(嘗居山陰, 夜雪初霽, 月色淸朗, 四望晧然, 獨酌酒詠左思招隱士詩

12 황죽장(黃竹章): 《목천자전(穆天子傳)》 권5「천자가 황□실의 언덕에서 놀고 …… 평택에서 사냥할 것을 점쳤다. …… 날은 대한 때였고 북풍에 눈이 내려 얼어죽는 사람이 생기니 천자가 시 3장을 지어 백성들을 불쌍히 여기어 말하였다.『내 황죽으로 가고, □원이 추위 닫는다네.』」(天子遊黃□室之丘……筮獵苹澤……日中大寒, 北風雨雪, 有凍人, 天子作詩三章以哀民, 曰, 我徂黃竹, □員閟寒)

13 고인불가견(古人不可見): 당나라 두보의 〈비서감인 강하의 이공 옹에게 드림(贈祕書監江夏李公邕)〉「옛 사람 볼 수 없으니, 전배들은 또 누가 잇나?」(古人不可見, 前輩復誰繼)

58~59. 次圭父游將軍巖, 二首[1]

규보의 장군암에서 놀다라는 시의 각운자를 써서 짓다. 두 수

58

極目危岑杳靄間[2]	눈길 다하는 곳에 높은 봉우리 아득한 아지랑이 사이에 있는데,
誰將層棟壓巑岏[3]	누가 층진 집으로 높은 산봉우리 누르겠는가?
瘦笻上上莫辭遠[4]	지팡이 짚고 높은 곳 오르며 멀다고 사양하지 말게나,
絶境行行得細觀[5]	빼어난 곳 가고 가면 자세히 볼 수 있다네.
眢井尙餘茅絰處[6]	마른 우물에는 아직도 띠로 끈 만든 곳 남아 있다네.

1 장군암(將軍巖): 역시 오부리에 있다. 《팔민통지(八閩通志)》에 보인다. 《차의》「건녕부 구령현 서쪽 숭안리에 서장군암이 있는데 전하기로 일찍이 서장군이 이곳에 군사를 주둔시켰다고 한다. 혹 이것을 가리키는 것이 아닐까 한다.」(建寧府甌寧縣西崇安里有徐將軍巖, 相傳嘗有徐將軍駐兵于此, 恐或此地也)

2 묘애간(杳靄間): 병산 유자휘(劉子翬)의 〈장군암을 제목으로 삼아 짓다(題將軍巖)〉「지난 날 험한 곳에 깃들어 살던 사람 어디에 있나? 누대 마치 아득한 아지랑이 사이에 있는 것 같네.」(昔年棲險人何在, 髣髴樓臺杳靄間)

3 찬완(巑岏): 《차의》「위쪽이 날카로운 모양이다. 또한 높다는 뜻이다.」(上銳貌又高也) 한나라 유향(劉向)의 《초사·구탄·괴로움을 근심하다(九嘆·憂苦)》「높고 험한 산봉우리에 오래도록 서서, 남쪽 초나라 서울 영땅 바라보고 엿보네.」(登巑岏以長企兮, 望南郢而窺之) 한나라 왕일(王逸)은 「찬완은 (끝이 뾰족하여) 날카로운 산이다.」(巑岏, 銳山也)라고 하였다.

4 수공(瘦笻): 손 지팡이. 당나라 가도(賈島)의 〈연수리의 정사에 우거하다(延壽里精舍寓居)〉「한 켤레 나막신 신고 누구 쫓는가? 오로지 푸른 대나무 지팡이 찾는다네.」(雙履與誰逐, 一尋靑瘦笻)

5 절경(絶境): 외부의 세상과는 단절된 곳. 진나라 도연명의 〈도화원기(桃花源記)〉「스스로 말하기를 『선조들이 진나라 때의 난을 피하여 처자식과 마을 사람들을 데리고, 이 바깥세상과 단절된 곳에 와서 다시는 나가지 않아 마침내 외부 사람들과 왕래가 끊기게 되었습니다.』라 하였다.」(自云先世避秦時亂, 率妻子邑人, 來此絶境, 不復出焉, 遂與外人間隔)

6 완정모질(眢井茅絰): 우물에 물이 없는 것을 완(眢)이라고 한다. 《좌전·선공(宣公) 12년》「겨울에 초자가 소

考槃無復碩人寬[7]　　고반에는 더 이상
　　너그러운 대인 없고,
倦來拂石支拳睡[8]　　지쳐서 바위의 먼저 털어
　　손 머리 받치고 잠들어,

나라를 쳤는데 송나라 화초가 채나라 사람들을 가지고 소나라를 구원하였다. 소나라 사람이 웅상선료와 공자 병을 사로잡았다. 왕이 말하기를『죽이지 말라 우리가 물러나겠다.』라 하였다. 소나라 사람은 그들을 죽였다. 왕이 노하여 소나라를 에워쌌다. 이에 소나라는 무너졌다. 신공무신이 말하였다.『군사들이 많이 추워합니다.』왕이 삼군을 순시하고 무마하고 격려하니 삼군의 군사들이 모두 솜옷을 입은 것 같았다. 마침내 소나라로 진격하였다. 환무사가 사마인 묘에게 말하고 신숙전을 불렀다. 숙전이 말하였다.『누룩이 있는가?』말하기를『없는데.』라 하였다.『산국궁은 있는가?』말하기를『없는데.』라 하였다.『습한 병이 생기면 어떻게 하는가?』말하기를『마른 우물을 보면 거기서 구한다네.』『띠로 띠를 만들어 놓고 우물에서 울고 있으면 날세.』다음날 소나라는 궤멸되었다. 신숙이 그 우물을 보니 띠로 만든 띠가 있어서 불러 구출해냈다.」(冬, 楚子伐蕭, 宋華椒以蔡人救蕭. 蕭人囚熊相宜僚及公子丙. 王曰, 勿殺, 吾退. 蕭人殺之. 王怒, 遂圍蕭. 蕭潰. 申公巫臣曰, 師人多寒. 王巡三軍, 拊而勉之, 三軍之士皆如挾纊. 遂傅於蕭. 還無社與司馬卯言, 號申叔展. 叔展曰, 有麥麴乎? 曰, 無. 有山鞠窮乎? 曰, 無. 河魚腹疾奈何? 曰, 目於眢井而拯之. 若爲茅絰, 哭井則己. 明日, 蕭潰. 申叔視其井, 則茅絰存焉, 號而出之) 진(晉)나라 두예(杜預)의 주석「환무사는 소나라 대부이고, 신숙전은 초나라 대부였지만 환무사가 평소에 신숙전을 알았기 때문에 그를 부른 것이다. 누룩은 습한 것을 막을 수 있다. 아마도 환무사로 하여금 진흙물 속으로 도망가도록 하려고 했지만, 군대에서는 바른 말을 감히 하지 못하고 은어(隱語)로 말을 했기 때문에 환무사는 그 의미를 이해하지 못해서『없다』라고 하였다. 신숙전이 다시『산국궁이 있느냐?』고 물었다. 국은 음이 궁인데, 국궁도 습한 것을 막을 수 있다. 환무사는 아직까지도 그 의미를 이해하지 못했기 때문에, 신숙전이 또 물어도『습한 것을 막는 약이 없다』하고 하였다.『장차 황하의 물고기가 위장에 질병이 생기면 어떻게 합니까?』라고 묻자, 환무사는 (그때야 말의 의미를 알아차리고는) 우물에 들어가려고 하였다. 그러므로『신숙전에게 텅 비고 못 쓰는 우물을 보면 자신을 구원해 달라.』고 했던 것이다.『眢』은 음이 완이다. 신숙전은 또 환무사에게 띠 풀을 엮어서 우물을 표시하고 반드시 울도록 한 것은 응당 그것으로 증표를 삼고자 했던 것이다. 그 이튿날 신숙전은 소나라의 못 쓰는 우물을 본 즉, 띠로 엮어 끈을 만들어서 우물에 표시되어 있었다. 이에 우물에서 소리내어 울고 그를 꺼냈다.」(還無社, 蕭大夫. 申叔展, 楚大夫. 無社素識叔展, 故呼之也. 麥麯, 所以禦濕也. 盖欲使無社逃泥水中, 軍中不敢正言, 故謬語無社不解其意, 故答曰無. 叔展又問有山鞠窮乎. 鞠, 音芎. 鞠窮, 亦可以禦濕也. 無社復不解其意, 叔展又問, 旣無禦濕藥. 將有河魚腹疾奈何? 無社意解, 欲入井, 故使叔展視虛廢井, 而求拯己. 眢, 烏丸切. 叔展又敎無社結茅以表井, 須哭, 乃應以爲信. 明日, 叔展視蕭之廢井, 則結茅爲絰以表井焉. 乃哭井而出之)

7 고반석인관(考槃碩人寬):《시경·위풍·고반(衛風·考槃)》「악기를 두드리며 물가에 있으니, 대인의 마음 너그러움이여!」(考槃在澗, 碩人之寬) 주희의 주석「고는 이루는 것이다. 반은 반환의 뜻이다. 은거하는 집을 이룸을 말한 것이다. 진씨는 말하기를『고는 두드림이요, 반은 기물 이름으로, 기물을 두드려 노래의 박자를 맞추는 것이니, 동이를 두드리고 질장구를 쳐서 즐거움을 삼는 것과 같다.』라 하였다. 두 설 중 어느 것이 옳은지 알지 못하겠다. …… 시인이 현자가 간곡의 사이에서 은거하면서 석대하고 관광하여 근심하는 뜻이 없어서 비록 홀로 자고 깨어 말을 하나, 오히려 스스로 이 낙을 잊지 않겠다고 맹세함을 찬미한 것이다.」(考, 成也. 槃, 盤桓之意, 言成其隱處之室也. 陳氏曰, 考, 扣也, 槃, 器名, 葢扣之以節歌, 如鼓盆拊缶之爲樂也. 二說未知孰是……詩人美賢者隱處澗谷之間, 而碩大寬廣, 無戚戚之意, 雖獨寐而寤言, 猶自誓其不忘此樂也)

8 지권(支拳): 당나라 한유의〈수선사의 방을 제목으로

萬壑吟風午夢闌[9] 온갖 골짜기 바람 읊은
낮잠 때문에 늦어졌다네.

59

陳迹眞成俯仰間[10] 묵은 자취 실로 고개
숙였다 드는 사이에 이루어지니,
回頭猶認碧巑岏 고개 돌리어 오히려
푸르고 가파른 산 안다네.
更煩地主殷勤意[11] 다시 땅 주인
은근한 뜻 번거롭게 하여,
得盡雲山表裏觀[12] 구름 덮인 산 안팎
다 구경하게 되었네.
景晏共愁歸路遠 해 저무니 모두들
돌아가는 길 멂 시름하고,
年侵獨負酒盃寬[13] 해 흉년 들어 홀로
술잔 넉넉히 채움 저버리네.

하여 시를 짓다(題秀禪師房)〉「잠깐 한 손 주먹으로 턱 지탱하고 눕고, 또한 낚싯대 잡고 저녁 모래사장으로 내려가네.」(暫拳一手支頤卧, 還把漁竿下晚沙)

9 오몽란(午夢闌): 《집람》「《운서》에서 란은 늦었다는 뜻이고, 가린다는 뜻이고, 다되다는 뜻이라고 하였다.」(韻書. 闌, 晚也, 遮也, 盡也)

10 진적~앙간(陳迹~仰間): 진나라 왕희지(王羲之)의 〈난정에서 지은 시를 모은 문집의 서문(蘭亭集序)〉「얼마 전까지만 해도 기뻐하던 일이 고개를 한번 숙이었다 쳐들었다 하는 순간에 이미 묵은 자취가 되어버리고 마니 더더욱 이 때문에 감회를 불러 일으키지 않을 수 없다.」(向之所欣, 俛仰之間, 已爲陳迹, 尤不能不以之興懷) 일부는 이미 위 42번 시의 주 4)에 인용되었다.

11 지주(地主): 《차의》「규보는 당시 고을원이었다.」(圭甫其時爲邑宰) 《관보》「《차의》의 아래 지부의 주석에서는 언집보라 하였는데 여기에서는 규보 운운하였으니 틀린 것 같다.」(竊疑於下知府註云彥集父, 此段圭甫云云, 恐誤) 《차보》「시의 뜻으로 보건대 옳은 것 같다. 규보는 주수였으므로 이 놀이를 하게 되었다.」(據詩意恐是. 圭甫因主守作此遊)

12 운산표리관(雲山表裏觀): 남조 송나라 포조(鮑照)의 〈배릉에서 경현을 오르다(從拜陵登京峴)〉「말 쉬고 언딕 따라 올라, 지검에서 구름 낀 봉우리 바라보네. 안팎에서 땅 험함 살펴보고, 오르락내리락 하면서 하늘 모습 궁구하네.」(息鞍循隴上, 支劒望雲峰. 表裏觀地嶮, 昇降究天容)

13 연침~배관(年侵~盃寬): 《곡량전·양공(穀梁傳·襄公) 24년》「오곡이 익지 않는 것을 일러 대침이라고 한다.」

明朝覓句酬珠玉[14]	내일 아침 싯구 찾아 주옥 같은 글에 답하리니,
剩喜詩情却未闌	시정 즐거움 남겨두어도 오히려 끝나지 않았네.

(五穀不升謂之大侵) 당나라 두보(杜甫)의 〈번민을 보내다. 장난삼아 노씨네 열 아홉째 조장에게 드림(遣悶, 戲呈路十九曹長)〉「만년에 시 짓는 격률 꼼꼼해지니, 뉘 집으로 술잔 넉넉해지도록 마시러 갔던가?」(晩節漸於詩律細, 誰家數去酒杯寬)

14 주옥(珠玉): 당나라 이백(李白)의 〈첩은 박명하여(妾薄命詩)〉「뱉은 침이 저 높은 하늘에서 떨어지는 듯, 바람 따라서 주옥이 생겨나는 듯하네.」(咳唾落九天, 隨風生珠玉)

60. 圭父約爲金斗之遊, 次韻獻疑, 聊發一笑[1]

규보가 금두의 놀이를 약속하였는데 같은 운자를 써서 의문을 제기하였다가 애오라지 한바탕 웃음만 터뜨리다

幾日春風未破寒	몇 일 봄바람에도 추위 아직 풀리지 않았는데,
遠峰晴露玉巑岏[2]	먼 봉우리 개이니 이슬 옥처럼 날카롭구나.
不成蠟屐携筇去[3]	밀랍 칠한 나막신 지팡이 짚고 떠남 이루지 못하고,
且復鉤窓拄頰觀[4]	또 다시 갈고리 창에서 뺨 괴고 구경한다네.

1 금두는 곧 금두원(金斗源) 폭포이다. 《팔민통지(八閩通志)》 권6에 의하면 금두원 폭포는 숭안현(崇安縣) 개요향(開耀鄉) 종정리(從政里)에 있다.
헌의(獻疑): 의문을 제기하다. 《차의》「낙구(율시의 미련)에 의문을 제기한 것이 헌의의 뜻이다. 대체로 선생의 뜻은 천천히 얼음이 녹기를 기다리려는 것이다.」(獻疑落句是獻疑之意. 盖先生之意, 欲徐待凍解也)

2 찬완(巑岏): 첩운 연면 의태어로, 산이 높고 뾰족한 모양을 나타낸다. 혹은 높이 솟은 모양이나 날카로운 모습을 나타내기도 한다.

3 납극(蠟屐): 극(屐)은 나막신으로 등산을 할 때 신었다. 《진사·완부전(阮孚傳)》「처음에 조약은 성질이 재물을 좋아했고 완부는 나막신을 좋아하였는데, 똑같이 이러한 것이 누가 되었기 때문에 당시 사람들은 그 우열을 판단하지 못하였다. …… 어쩌다가 어떤 사람이 완부를 찾아가 보았는데 마침 스스로 나막신에 밀랍 칠을 하는 것을 보게 되었는데, 스스로 탄식하며 말하기를 『평생 동안 나막신을 몇 켤레나 더 신어야 할지 모르겠다!』라고 하였는데 표정이 매우 느긋하게 보였다. 여기서 조약과의 승부는 비로소 판가름나게 되었다.」(初, 祖約性好財, 孚性好屐, 同是累而未判其得失……或有詣阮, 正見自蠟屐, 因自嘆曰, 未知一生當著幾量屐! 神色甚閑暢, 於是勝負始分)

4 구창(鉤窓): 안쪽에는 버팀목이 있고 바깥쪽에는 갈고리 모양의 빗장이 있는 격자 무늬의 창문을 말한다. 《차의》「문미 사이를 거는 창을 말한다.」(謂掛窓於楣間也)
주협관(拄頰觀): 주(拄)는 괸다는 뜻. 《진사·왕휘지전(王徽之傳)》「왕휘지의 자는 자유인데 …… 거기장군 환충의 기병참군이 되었다. 환충이 일찍이 왕휘지에게 말하기를 『그대가 부중에 있은 지도 오래 되었으니 이제 당연히 같이 해야 할 일을 생각하지 않아야겠소.』라 했다. 왕휘지는 처음에는 아무 대꾸도 않은 채 높은 곳을 직시하다가 홀을 가지고 뺨을 괴면서 말하기를 『서산에 아침이 되니 상쾌한 공기가 밀려오는구나.』라 하였다.」(徽之字子猷……爲車騎桓冲騎兵參軍……冲嘗謂

聞道追遊當作意[5]	듣건대 좇아 유람함 뜻 있다 하여,
故應期日尙能寬	기일 맞춤 아직도 여유 부릴 수 있네.
陰崖凍合無垂練[6]	응달진 벼랑에 얼음 얼어붙어 흰 깁 드리우지 않아,
却恐詩翁興易闌	오히려 두렵다네, 시 짓는 늙은이 흥 쉽게 다할까.

王徽之曰, 卿在府日久, 比當相料理. 徽之初不酬答, 直高視, 以手版柱頰云, 西山朝來致有爽氣耳) 여기에 쓰인 주(柱)는 동사로 쓰이면 받친다는 뜻으로 역시 주(拄)와 뜻이 같다.

5 추유(追遊): 명승지를 찾아 유람하다. 여기서는 금두원폭포를 찾아 유람하는 것을 말한다.

6 수련(垂練): 련(練)은 누인 명주인데, 강이나 폭포 같은 것을 형용하는 말로 많이 쓰인다. 수련(垂練)은 벼랑에 걸린 폭포를 가리켜 말하였다. 당나라 한유(韓愈)의 <가을 비를 몇 구절씩 이어서 지음(秋雨聯句)>「처마에 흰 깁 같은 낙숫물 곧게 드리웠는데, 시냇물 불어 맑은 상강처럼 크게 되었다네.」(簷垂白練直, 渠漲清湘大) 당나라 두우(杜佑)의 <두성 교외의 거처에서 왕처사가 산을 뚫어 샘물을 끌어낸 기문(杜城郊居王處士鑿山引泉記)>「벼랑에 걸린 폭포는 흰 깁 같은 물 드리우고 흔들리면서 개인 하늘을 끌어당기고 있었다.」(懸布垂練, 搖曳晴空) 여기서는 폭포의 물이 얼어붙어 떨어지지 않음을 말하였다.

61. 次彦集經營別墅之作[1]

언집이 별서를 경영하면서 지은 시의 각운자를 써서 짓다

回北成南指顧間[2]　　북향 되돌려 남향 이루고
　　돌아보던 사이 가리키자니,

要令華敞對巑岏　　화려하고 높아
　　삐죽삐죽한 산 짝하게 하려는 듯.

家山信有千巖擁[3]　　가산당 실로
　　천 봉우리 껴안고 있으니,

家山堂見武夷諸峰[4] 가산당에서는 무이산의 여러 봉우리가 보인다

雲月何妨兩處觀[5]　　구름과 달 어찌 거리끼랴
　　두 곳에서 구경하는 것.

傑閣已資隣築勝　　빼어난 누각 이미
　　이웃한 건축물 빼어남 바탕 되었고,

熹近蒙知府掇賜舊第樓居[6] 나는 근자에 지부께서 내려주신 옛 집의 누거를 물려받았다

---

1 언집(彦集)은 유자상(劉子翔)의 자. 유자상은 건안 사람으로 유온(劉韞)의 아들이며, 주희의 매서(妹婿)이다. 권2 110번 시에 보인다.
이때 유온은 숭안현 남쪽에 은거하고 있었으며, 오부리에 있는 옛 기치를 이미 주희에게 주었다. 유상은 바야흐로 오부리에 새 별서를 지어서 수시로 돌아옴에 편리하게 했다.

2 회북성남(回北城南): 《차의》「언집의 집이 처음에는 북향이었지만 지금은 남향으로 고쳤으므로 이렇게 말하였을 것이다.」(疑彦集之屋, 初則向北而今改向南故云)

3 신(信): 《고이》에서는 「곱 배」(倍)자로 된 판본도 있다고 하였다.

4 가산당(家山堂): 유온의 숭안현 남쪽에 있는 집 이름. 권3 57번 시에 가산당을 읊은 시가 있으니 참조 바란다.

5 양처(兩處): 《차의》「남쪽과 북쪽을 이른다.」(謂南北) 《차보》「가산당과 (유자상의) 별서를 가리킨다.」(指家山及別墅)

6 지부(知府): 유온을 가리킨다. 유온은 일찍이 두 고을을 맡아 다스린 적이 있다. 《차의》「언집의 부친이다.」(彦集父)

新基還見繚墻寬　　새 터에서는 또한
담장 두름 넓음 보인다네.
老仙鶴骨殊蕭爽[7]　　늙은 신선 학 같은 뼈대
특히 맑고 시원한데,
歸興從今豈易闌　　돌아가는 흥 이제부터
어찌 쉽게 끝나겠는가?

7 학골(鶴骨): 《차의》「선골이라는 말과 같다.」(猶言仙骨) 소상(蕭爽): 맑고 깨끗하며 한적함, 또는 맑고 깨끗하다. 여기서는 후자의 뜻에 더 가까운 것 같다.

62. 彦集圭父擇之同飮白雲精舍, 以醉酒飽德爲韻, 熹分得飽字, 醉中走筆奉呈[1]

언집·규보·택지와 함께 백운정사에서 술을 마시는데, 「취주포덕」을 가지고 각운자로 삼았는데 나는 「포」자를 나누어 얻어 취중에 지어 삼가 드리다

奔趨名利場[2]	명리의 마당을 좇아 치달리니,
禍福急相絞[3]	화와 복 급박하게 마구 얽히네.
夜窓一反側[4]	밤에 창문 아래서 한번 뒤척이자니,
膚垢紛兩爪[5]	몸의 때가 양 손 손톱에 가득 끼었네.

1 언집(彦集)은 바로 위의 시에 보인다.

규보(圭父): 유상(劉瑺)의 자로 유자우(劉子羽)의 둘째 아들이다. 권2에 보인다.

택지(擇之): 임용중(林用中)의 자. 권5 26번 시에 보인다.

백운정사(白雲精舍): 정사(精舍)는 원래 「정결하게 닦는 집」이란 뜻으로 도사나 승려들이 도를 닦는 도량(道場) 또는 불사(佛舍)를 가리키는 말로 사용하였으나, 뒤에는 유학자들이 독서 강독을 하는 학사(學舍), 서재라는 뜻으로도 쓰이게 되었다. 송나라 고승(高承)의 《사물의 기원을 밝혀 기록함(事物紀原)》「한나라 명제가 정사를 세우고 올라가서 거처하였다.」(漢明帝立精舍以處攝摩騰) 주석 「지금 사람들은 불사를 정사라고 하는데, 곧 선비들이 교수를 하는 곳을 말하는 것인지 모르겠다.」(今人以佛舍爲精舍, 不知乃儒者敎授之所) 백운정사는 《복건통지》 권4 정화현(政和縣) 황웅산(黃熊山) 조에 의하면 「(황웅산은) 현의 치소 북북쪽에 있으며 현의 주산이다. …… 위에는 백운정사가 있고 아래에는 운근서원(雲根書院)이 있는데 송나라 때 (주희의 부친인) 주송(朱松)이 강학하던 곳이다.」라 하였다.

취주포덕(醉酒飽德): 《시경·대아·기취(旣醉)》편의 모씨의 서(序) 「술에 취하고 덕을 충분히 보유하여 사람들이 사군자의 행실이 있었다.」(醉酒飽德, 人有士君子之行焉)

2 분추명리장(奔趨名利場): 권4 〈삼가 경인 형이 이별할 때 지어준 시에 답함(奉答景仁老兄贈別之句)〉에 「야단스레 명리의 경계 좋아하여 좇아 달리니, 호탕한 그 기세 마치 회오리바람 이는 것과 같네.」(奔趨嗜欲名利境, 浩蕩勢若飄風旋)라는 구절이 있다.

3 교(絞): 《차의》「매이는 것이다, 급박한 것이다.」(縛也, 急也)

4 반측(反側): 이리저리 뒤척이는 것을 말한다. 《시경·주남·관저(周南·關雎)》「아득하고 아득하여, 이리저리 구르며 뒤척인다네.」(悠哉悠哉, 輾轉反側) 주희의 주석 「반은 전(輾)을 지나는 것이고, 측은 전(轉)을 멈추는 것인데, 모두 누워 있는데도 자리를 편안히 여기지 않는다는 뜻이다.」(反者, 輾之過, 側者, 轉之留, 皆臥不安席之意)

5 부구분량과(膚垢紛兩爪): 당나라 유종원(柳宗元)의 〈경조윤 허맹용에게 부친 편지(寄許京兆孟容書)〉「한번 살갗을 긁었더니 더러운 때가 손톱에 가득했습니다.」(一搔皮膚塵垢滿爪) 과실을 비유하는 말이다.

豈如親朋集[6]　어찌 친구들 한자리에 모임만 같으리?
晩食聊一飽[7]　때늦은 식사로도 애오라지 배부르다네.
心期共悠悠　흉회는 한가지로 아득한데,
文字各稍稍[8]　문자는 제각기 차차 이루어져가네.
華燭旣屢更　촛불 밝힌 지 이미 여러 시간 지났는데,
詩腸亦頻攪　시를 생각하는 마음 또한 분주하다네.
寒更儘渠深[9]　추운 밤 갑자기 완전히 깊어지는데,
孤諷寧至卯[10]　외로이 읊조림 어찌 묘시까지 이르리.

6 여(如): 원래 「알 지」(知)자로 되어 있었는데 송(宋) 민본(閩本)과 절본(浙本)에 의하여 고쳤다.

7 만식(晩食): 때 늦은 식사를 말한다. 《전국책·제책(戰國策·齊策)》「안촉이 벼슬을 내놓고 떠나면서 말했다. ……『때늦은 식사는 고기를 먹는 것에 비할 만하고, 편안히 걷는 것은 수레를 타는 것에 비견할 수 있으며, 죄가 없는 것은 귀한 것에 비할 수 있고 맑고 조용하며 곧고 바르게 살며 스스로 즐기고자 합니다.』」(顔斶辭去曰,……晩食以當肉, 安步以當車, 無罪以當貴, 淸靜貞正以自虞) 시장이 반찬이라는 뜻과 같으며, 나중에는 욕심이 없고 깨끗함[淡泊]을 달게 여긴다는 뜻의 비유어로 쓰이게 되었다.

8 초초(稍稍): 점점, 차차로. 《사기·항우본기(項羽本紀)》「한왕(곧 유방)은 한가로이 그를 좇아 그의 사졸들을 차츰차츰 거두어들였다.」(漢王閒往從之, 稍稍收其士卒) 당나라 한유(韓愈)의 〈멀리 나가 놂. 몇 구절씩 이어서 지음(遠遊聯句)〉「바깥의 근심은 시원하게 사라졌는데, 마음속 근심은 차츰차츰 낫는다네.」(外患蕭蕭去, 中悒稍稍瘳)

9 진거심(儘渠深): 「渠」는 「거」(遽)자와도 통하며, 미치다의 뜻이다. 권1 7번 시의 주 35)의 「미거앙」(未渠央)의 뜻과 같다.

10 고풍녕지묘(孤諷寧至卯): 당나라 한유(韓愈)의 〈맹교에게 답함(答孟郊)〉「아침 식사는 걸핏하면 한낮이 되어야 하고, 한밤중에는 시 읊느라 늘 묘시까지 이른다네.」(朝餐動及午, 夜諷恒至卯)

63. 次柳圭甫和人梅花韻[1]

유규보의 남이 지은 매화시에 화답하다라는 시의 각운자를 써서 짓다

意行欲遍江村路[2]	마음 내키는 대로 강가 마을 길 두루 가보고자 하니,
恰到詩人斷魂處[3]	마치 시인 혼 끊어진 곳 이른 것 같네.
梅花未肯笑春風	매화 봄 바람에 웃으려 하지 않고,
蔓草何須怨零露[4]	덩굴 풀 어찌 모름지기 이슬 내림 원망하겠는가?
歸來四壁無餘聲[5]	돌아오니 사방의 벽 남은 소리 없고,

1 순희본(淳熙本)에는 「규보」(圭甫) 아래에 「평보」(平甫) 두 자가 더 있다.

2 의행(意行): 마음 먹은 대로, 발걸음 닿는 대로 가는 것을 말한다. 당나라 유우석(劉禹錫)의 〈오랑캐의 노래(蠻子歌)〉「허리춤에 도끼 차고 높은 산 오르는데, 내키는 대로 가 늘 가던 옛 길 없다네.」(腰斧上高山, 意行無舊路)

3 단혼(斷魂): 송나라 임포(林逋)의 〈산에 있는 동산의 작은 매화(山園小梅)〉「하얀 새 내려와 먼저 엿보려 하고, 예쁜 나비는 혼 합쳐지고 끊어짐 아는 듯.」(霜禽欲下先偸眼, 粉蝶如知合斷魂) 송나라 소식(蘇軾)의 〈정월 20일 기정에 갔는데 고을 사람 반씨와 고씨, 곽씨의 세 사람이 나를 여왕성 동쪽의 선장원에서 송별하다(正月二十日往岐亭, 郡人潘古郭三人, 送余於女王城東禪莊院)〉「지난 해 오늘 관산의 길에는, 가랑비에 매화 마침 혼 끊어졌다네.」(去年今日關山路, 細雨梅花正斷魂) 같은 사람의 〈11월 26일 송풍정 아래에 매화가 활짝 피었다(十一月二十六日, 松風亭下梅花盛開)〉「춘풍령 고개 위에 회남촌에서, 옛날에 매화꽃 보고서 일찍이 넋을 잃은 적이 있었네.」(春風嶺上淮南村, 昔年梅花曾斷魂)

4 만초원령로(蔓草怨零露): 《시경·정풍·들판의 덩굴풀(鄭風·野有蔓草)》「들판에 덩굴풀 있는데, 이슬 많이 내린다네.」(野有蔓草, 零露漙兮) 소서(小序) 「〈야유만초〉는 때를 만날 것을 생각한 것이다.」(野有蔓草, 思遇時也)

5 귀래사벽(歸來四壁): 송나라 소식의 〈8월 10일 밤에 달을 보노라니 자유와 최도 현량이 생각나다(八月十日夜看月, 有懷子由并崔度賢良)〉「돌아오니 사방 벽에 풀벌레 소리 나는데, 왕강 오래도록 술 마심만 못하네.」(歸來四壁草蟲鳴, 不如王江長飮酒) 이 구절은 돌아와도 집에는 사방 벽만 있을 뿐이고 벼슬을 하고싶은 마음은 없다는 것을 말한다.

俯檻祗有寒塘青　　헌함 숙여보니 다만
차가운 못 푸르다네.
美人邂逅一笑粲[6]　　미인 한번 해후하니
한번 웃음 찬란하고,
倒影的皪疎枝橫　　거꾸로 비친 그림자 또렷하게
성긴 가지 거꾸로 놓여 있네.
寸心久矣遺紛雜　　한 치 마음 오래 되었구나
어지럽고 번잡함 버린 지가,
不但老禪齋夏臘[7]　　다만 늙은 중 여름 섣달
재계함 아니라네.

6 미인~소찬(美人~素粲): 당나라 유종원이 지었다는 《용성록(龍城錄)》 권상(卷上) 「수나라 개황 연간에 조사웅이 나부산으로 옮겨가는데, 하루는 날이 차고 해가 저물어 취했다 깨었다 하는 중에 종들과 수레를 소나무 숲 사이의 술집에 쉬게 하였다. 곁의 집에 한 여자가 보였는데 옅은 화장과 흰옷을 입고 나와서 조사웅을 맞이하였다. 때는 이미 저물어 어둡고 잔설이 달빛을 받아 희미하게 빛났다. 조사웅은 기뻐하면서 그와 얘기를 나누었는데 다만 아름다운 향기가 사람에게서 스며 나오고 말이 매우 맑다는 것을 깨달았을 뿐이었다. 이에 그와 함께 술집의 문을 두드려 몇 잔을 얻어 함께 마셨다. 조금 있자니 푸른 옷을 입은 한 동자가 와서 웃고 노래하며 춤을 추는데 또한 가까이 할만 했다. 조금 있다가 취해서 잠이 들고 조사웅도 또한 정신이 몽롱해져 다만 바람이 차갑게 스며드는 것만 느낄 수 있었다. 오래 있으니 마침 동쪽이 이미 훤하게 밝아 조사웅이 일어나 보니 곧 매화나무 아래에 있었다. 위에서는 푸른 비가 쏴아쏴아 내리고 있었고 돌아보니 달은 지고 삼성이 비껴 있어서 슬픈 느낌만 들 뿐이었다.」(隋開皇中, 趙師雄遷羅浮, 一日天寒日暮, 在醉醒間, 因憩僕車於松林間酒肆. 傍舍, 見一女子淡粧素服, 出迓師雄. 時已昏黑, 殘雪對月色微明, 師雄喜之, 與之語, 但覺芳香襲人, 語言極淸, 因與之扣酒家門得數盃, 相與吟. 少頃, 有一綠衣童來笑歌戲舞, 亦自可親. 頃醉寢, 師雄亦懵然, 但覺風寒相襲. 久之, 時東方已白, 師雄起視, 乃在梅花樹下, 上有翠雨啾嘈, 相顧月落參橫, 但惆悵而爾)

7 노선제하랍(老禪齊夏臘): 여름의 섣달. 중이 출가한 햇수를 가리킬 때 쓴다. 중은 7월 15일을 섣달로 여기고 16일은 새해 첫날로 여기는데, 출가한 후에는 하랍을 가지고 연세를 헤아린다. 《차의》 「《원각경》에서 『첫 경하는 석 달을 편안히 선가에서 거처하는 것이다.』라고 했다. 이른바 결하라는 것은 여름에 대소변을 제외하면 나머지는 가부좌를 틀고 앉아 있는 것이다. 다만 삼 개월을 하는데, 앞을 개라 하고, 뒤를 성이라 하며, 이는 입는 것과 먹는 것을 대주기 때문이다. 들어가는 것을 결하이고, 나오는 것을 해하이다. 『좌하』니 『좌랍』이라고 하는 것은, 랍은 겨울의 의미로 받아들이는 것이 아니라 새로운 것과 옛것을 서로 이어져 있는 것을 말한다. 《엄주집》에 나온다.」(圓覺經, 若經夏, 首三月安居禪家. 所謂結夏者, 夏中除大小便, 餘則跏趺而坐. 但結三月者, 前爲開, 後爲成, 供身衣食故也. 入則爲結夏, 出則爲解夏. 其云坐夏坐臘. 臘不是冬月義接也. 謂新故之相接. 出弇州集)

此時悢悢欲何言[8] 　이때 슬프고 슬프니
무슨 말 하려하겠는가?
本根落落幾難合[9] 　뿌리 고고하여
거의 합치되기 어렵네.
走遍諸君詩卷中 　제군의 시권 속으로
두루 들어가 보니,
西湖東閣病還同[10] 　서호의 동쪽 누각
병으로 돌아옴 같다네.
劃然長笑驚夢破[11] 　시원하게 한번 길게 웃으니
꿈 다 깨고,
碧雲散盡山叢叢[12] 　짙푸른 구름 다 흩이지니
산 빽빽하다네.

平父有「攀條嚼蘂繞千回, 日暮碧雲驚四合」之句故云
평보의 시에 「가지 기어올라 꽃잎 먹음 천 번은 되고, 해 저무니 짙푸른 구름 놀라 사방에서 모여드네.」라는 구절이 있으므로 말하였다

8 양량(悢悢): 매우 슬퍼하는 모양.

9 근(根): 《고이》에서는 「원할 원」(願)자로 된 판본도 있다고 하였다.
낙락(落落): 형용이 고고하여 남과 합치되기 어려운 것을 말한다.

10 서호동각(西湖東閣): 《차의》 「서호는 임포가 거처한 곳으로, 매화를 즐겨 심었다.」(西湖林逋所居, 好種梅) 당나라 두보의 〈배적이 촉주의 동정에 올라 나그네를 전송하다가 일찍 꽃을 피운 매화를 만나 생각이 나서 부쳐온 시에 화답하다(和裴迪登蜀州東亭送客逢早梅相憶見寄)〉 「동각의 관가에 심은 매화 시흥 건드리는데, 또한 하손 양주에 있는 것 같다네.」(東閣官梅動詩興, 還如何遜在揚州)

11 획연장소(劃然長笑): 소(笑)는 순희본에는 「휘파람 불 소」(嘯)자로 되어 있다. 송나라 소식의 〈나중에 지은 적벽(後赤壁賦)〉 「휘익—하고 길게 휘파람 부니 초목이 모두 진동하네.」(劃然長嘯, 草木震動)

12 벽운(碧雲): 남조 양(梁)나라 강엄(江淹)의 〈휴스님이 이별을 유감스러워하다(休上人怨別)〉 「날 저무니 짙푸른 구름 모여드는데, 이름다운 이 바로 아직도 오지 않았네.」(日暮碧雲合, 佳人殊未來) 이 구절은 유규보가 지은 시의 뜻을 반어적으로 표현한 것이다. 근심스런 구름이 흩어져서 안빈낙도를 행하며 그 즐거움에 자득하는 것이다.

64. 奉酬圭父末利之作[1]

삼가 규보의 말리를 읊은 시에 답하다

玉蘂琅玕樹[2]	옥 같은 꽃술의 낭간수,
天香知見熏[3]	천상의 향기 스미어 듦 알겠네.
露寒清透骨	이슬 차가우니 맑게 뼈까지 스미고,
風定遠含芬	바람 멎으니 멀리 향기 머금네.
爽致銷繁暑	상쾌한 운치 번거로운 더위 잠그고,
高情謝曉雲[4]	높은 정은 새벽 구름 사양하네.
遙憐河朔飮[5]	아득히 하삭에서 술 마심 가여우니,
那得醉時聞	어찌 취했을 때 맡을 수 있겠는가?

1 말리(末利)는 말리(茉莉)이라고도 한다. 말리(末利)는 권2 23번 시를 보라.

2 낭간수(琅玕樹): 신화와 전설에 나오는 선수(仙樹)로 열매가 구슬 같다고 한다. 《산해경·해내서경(山海經·海內西經)》「복상수가 있는데, 그 위에는 머리 셋 달린 사람이 있어서 낭간수를 몰래 지키고 있다.」(服常樹, 其上有三頭人, 伺琅玕樹)

3 지견훈(知見薰): 송나라 황정견(黃庭堅)의 〈가천석이 향초를 보내주면서 시를 구하기에 내 「병사 삼엄한 화극 지키고, 연침에는 맑은 향기 엉기어 있네」의 10자로 시를 지어 보답하다(賈天錫惠寶薰乞詩, 予以兵衛森畫戟, 燕寢凝清香十字, 作詩報之)〉 제10수 「당연히 진짜 부귀 생각할지니, 절로 향기나 향기 맡을 줄 아네.」(當念真富貴, 自薰知見香) 송나라 임연(任淵)의 주석 「불서에 『해탈하면 향기를 맡을 줄 알게 된다.』라는 말이 있다.」(佛書有解脫知見香之語)

4 사효운(謝曉雲): 송나라 소식의 사(詞) 〈서강월·매화(西江月·梅花)〉 「높은 정 이미 새벽 구름 쫓아 비었는데, 말리화 더불어 함께 꿈꾸지 않네.」(高情已逐曉雲空, 不與梨花同夢)

5 하삭음(河朔飮): 하삭은 원래 황하 이북 지역을 이르는 말. 하삭음은 여름에 피서하면서 술을 마시는 것을 말한다. 후한 말기에 유송(劉松)이 원소의 자제들과 삼복더위에 하삭에서 술을 마시며 피서한 일에서 유래하였다. 송나라 축목(祝穆)의 《고금사문유취(古今事文類聚)》 전집 권9 《천시·여름(天時·夏)》 「하삭에서의 여름 음주. 원소는 하삭에 있을 때 매번 여름만 되면 거나하게 술을 마시며 말하기를 『한때의 더위를 피한다』라 하였으므로 하삭음이라 부른다.」(河朔夏飮. 袁紹在河朔, 每至夏, 大飮云, 避一時之暑, 故號為河朔飮) 남조 양(梁)나라 하손(何遜)의 〈더위를 괴로워하다(苦熱)〉 「실로 하삭에서의 술 마심은 없고, 헛되이 임치의 땀만 흐르네.」(實無河朔飮, 空有臨淄汗)

65. 奉酬圭父白蓮之作

삼가 규보의 백련을 읊은 시에 답하다

忽傳夔府句[1]　별안간 기부의 싯귀 전하면서,
幷送遠公蓮[2]　아울러 원공의 연꽃 보냈다네.
翠蓋臨風逈[3]　푸른 덮개 바람 맞으니 멀고,
冰華浥露鮮　얼음 꽃 이슬에 젖어 곱네.
舞衣淸縞袂[4]　춤추는 옷 명주 소매 맑고,
倒景爛珠躔[5]　거꾸로 비친 그림자 별자리 찬란하네.
想象芙蓉闕[6]　부용 궁궐 생각해보니,

1 기부구(夔府句): 두보의 싯귀를 가리킨다. 당나라 때는 기주(夔州)를 설치하였는데, 부서(府署)는 봉절(奉節)에 있었다. 두보는 기주에 2년간 머물면서 많은 시를 남겼다. 《차의》「두보의 시에 〈기부에서 속마음을 40운자로 써내다〉가 있다.」(杜詩有夔府書懷四十韻) 〈기부서회〉는 대력(大曆) 원년(766)에 지었다.

2 원공련(遠公蓮): 진(晉)나라의 고승(高僧) 혜원(慧遠)은 여산(廬山)의 동림사(東林寺)에서 거처하였는데 세상 사람들이 원공(遠公)이라 불렀다. 혜원은 일찍이 연못을 파고 흰 연꽃[白蓮]을 심었으며, 10여 명의 승려와 명사들을 모아 백련사(白蓮社)를 결성하였다. 진나라 때 무명씨의 《백련사고현전(白蓮社高賢傳)》에 보인다. 송나라 진순유(陳舜俞)의 《여산기(廬山記)》 권2「원공과 …… 18사람은 함께 정토의 불법을 닦았기 때문에 백련사라 불렀다.」(遠公與……十八人者, 同修淨土之法, 因號白蓮社) 송나라 간재(簡齋) 진여의(陳與義)의 〈천녕과 영경·건명·금란 네 늙은이를 남겨두고 헤어지다(留別天寧永慶乾明金鑾四老)〉「빼어난 일 원공의 백련이요, 깊은 마음은 난잔의 토란이라네.」(勝事遠公蓮, 深心嬾殘芋)

3 취개(翠蓋): 일산처럼 생긴 식물의 줄기와 잎. 송나라 조수고(曹修古)의 〈못둑(池上)〉「가인 남쪽 두렁에 있고, 푸른 일산은 봄바람에 서 있네.」(佳人南陌上, 翠蓋立春風) 이 시는 《송시기사(宋詩記事)》와 《고금사문유취》 등에 수록되어 있는데 모두 출전을 《청상잡기(青箱雜記)》라 밝혔고, 제목이 〈연꽃(荷花)〉으로 되어 있는 것도 있다.

4 무의(舞衣): 남조 양(梁)나라 주초(朱超)의 〈마음이 같은 연꽃(同心荷花)〉「색은 노래하는 사람 얼굴 빼앗고, 향기는 춤추는 옷 바람에 어지럽네.」(色奪歌人臉, 香亂舞衣風)

호메(縞袂): 일부를 가지고 전체를 가리키는 말로 흰옷을 가리킨다. 여기서는 색이 흰 꽃을 말한다. 송나라 소식의 〈전국박 부부가 남경에서 부쳐온 시의 각운자를 써서 짓다(次韻田國博部夫南京見寄)〉 제2수「불 차갑게 식으니 엿 묽고 살구 죽 빽빽한데, 푸른 치마 흰 명주 소매 밭 두둑으로 음식 보낸나네.」(火冷餳稀杏粥稠, 青裙縞袂餉田頭)

5 주전(珠躔): 《차의》「별자리의 궤도를 가리키는 것 같다.」(疑指星躔)

6 부용궐(芙蓉闕): 전설상의 선경으로 부용성(芙蓉城)이라고도 한다. 당나라 왕유(王維)의 〈임금님께서 백관

冥冥絶世緣[7] 아득히 세상의 인연 끊었다네.

에게 앵도를 내리다(勅賜百官櫻桃)〉「부용궐 아래 천관 모여 있는데, 임금님 궁전에서 붉은 앵두 상란관에 내네.」(芙蓉闕下會千官, 紫禁朱櫻出上蘭)

7 절세연(絶世緣): 당나라 위응물(韋應物)의 〈간적관의 폭포를 찾다(尋簡寂觀瀑布)〉「오히려 호죽 몸에 누가 되고, 돌아가는 사람에게 세상의 인연 끊고자 한다네.」(猶將虎竹為身累, 欲付歸人絶世緣)

66. 次圭父觀魚韻

규보의 물고기를 구경하다라는 시의 각운자를 써서 짓다

平生三伏斷追遊[1]	평생토록 삼복에는 좇아 노님 끊었는데,
誰喚來穿澗樹幽	누가 시내 그윽한 나무 뚫고 와서 부르는가?
初訝網橫天影破[2]	처음에는 어망 가로 던져 하늘 그림자 흩어짐 놀랐는데,
忽驚人蹴浪花浮[3]	별안간 사람 물결 발로 참에 놀란다네.
鳴榔不用齊吳榜[4]	뱃전 두드림 오나라 노 함께 들 필요도 없고,

1 평생삼복(平生三伏): 진나라 정효(程曉)의 〈복날(伏日)〉「평생토록 삼복날에, 도로에 다니는 수레 없었다네.」(平生三伏時, 道路無行車) 이 시는 제목이 〈더운 날의 손님을 놀리다(嘲熱客)〉로 된 책도 있다.

2 망횡(網橫): 그물을 던지는 것을 말한다. 그물은 주로 배의 중간에서 던지기 때문에 이렇게 말하였다. 당나라 한유(韓愈)의 〈봄을 느낌(感春)〉 제4수「내 강가의 사람보다 못함 유감스러우니, 긴 그물 가로 던져 자줏빛 물고기 덮는다네.」(我恨不如江頭人, 長網橫江遮紫鱗)

3 낭화(浪花): 물결을 말한다. 물결이 햇빛 등에 비치어 꽃처럼 아름답게 빛을 내는 것을 말한다. 당나라 두보의 〈도솔사를 바라보다(望兜率寺)〉「펄펄 구름 기운 무겁고, 번쩍번쩍 물결 뒤집어지네.」(霏霏雲氣重, 閃閃浪花飜) 같은 사람의 〈낭수의 노래(閬水歌)〉「마침 해가 물결 부수어 냄 아름다운데, 다시 봄 오면 모래 가 따라 돌아가리.」(正憐日破浪花出, 更復春從沙際歸)

4 명랑(鳴榔): 랑(榔)은「桹」이라고도 한다. 《차의》「낭은 선판이다. 선판을 울려서 물고기를 몬다.」(榔, 船板. 鳴榔以驅魚) 《문선》 진(晉)나라 반악(潘岳)의 〈서정부(西征賦)〉「선판을 두드려서 큰 소리를 낸다.」(鳴桹厲響) 당나라 이선(李善)의 주석「《설문》에서는『낭은 큰 나무이다.』라 하였다. 긴 나무를 가지고 배를 두드려 소리를 내는 것이다. 앞에서는 촘촘한 그물을 끌고 뒤에서는 긴 나무 막대기로 소리를 내는 것을 말하는데 물고기를 놀라게 해서 그물에 들어가게 하는 것이다.」(說文曰, 桹, 高木也. 以長木叩船為聲. 言曳纖經於前, 鳴長桹於後, 所以驚魚令入網也) 송나라 황정견(黃庭堅)의 〈신음재에서 자다 일어나 다섯 수를 지어 세필에게 드림(呻吟齋睡起五首呈世弼)〉「강남의 한바탕 꿈, 베개 높이 하고 누워 선판 두드리는 소리 듣네.」(江南一枕夢, 高卧聽鳴桹)

제오방(齊吳榜): 《초사·구장·강을 건넘(九章·涉江)》「선

鼓枻何須學楚謳[5] 노 두드림 하필이면
초나라 노래 배워야 하리.
便有金盤堆白雪[6] 곧 금 쟁반에
흰 눈 같은 물고기 쌓였지만,
却憐清泚向東流[7] 오히려 맑은 물
동으로 흐름 사랑스럽다네.

창 달린 작은 배에 올라 내 원수 거슬러 오름이여, 오나라 노 들어 물결 친다네.」(乘舲船余上沅兮, 齊吳榜而擊汰) 주희의 주석 「제는 동시에 함께 드는 것이다. 오는 오나라이다. 방은 노이다.」(齊, 同時並擧也. 吳謂吳國, 榜, 櫂也)

5 고예~초구(鼓枻~楚謳): 《초사·어부사(漁父辭)》「어부가 빙그레 웃더니 노를 두드리면서 떠나며 노래하였다. 『창랑의 물 맑음이여, 나의 갓끈 씻을 만하고, 창랑의 물 흐림이여, 나의 발 씻을 만하네.』」(漁夫莞爾而笑, 鼓枻而去, 乃歌曰, 滄浪之水清兮, 可以濯我纓. 滄浪之水濁兮, 可以濯我足)

6 금반퇴백설(金盤堆白雪): 백설(白雪)은 물고기 살을 말한다. 당나라 두보(杜甫)의 〈물고기를 때려잡음을 구경하다(觀打魚歌)〉「요리사 좌우로 서릿발 같은 칼 휘두르니, 회 금 쟁반에 날아 흰 눈처럼 높이 쌓였네.」(饔子左右揮霜刀, 膾飛金盤白雪高)

7 각련~향동류(却憐~向東流): 송나라 정호(程顥)의 〈봄날 강가에서(春日江上)〉「교룡 물결에서 일어남 두렵지 않고, 오히려 맑은 물 동쪽으로 흐름 사랑스럽네.」(不畏蛟螭起波浪, 却憐清泚向東流)

67. 奉同黃子厚賦白芙蓉呈劉彥集平父[1]

삼가 황자후와 함께 흰 연꽃을 읊어 유언집과 평보에게 드림

湛湛曲池水[2]	맑고 깨끗한 굽은 연못 물에,
曉含風露淸	새벽에 맑은 바람과 이슬 머금고 있네.
田田綠羅蓋[3]	빽빽하게 녹색 일산 펼치고,
粲粲白玉英[4]	반짝반짝 흰 옥 같은 꽃 빛나네.
澹然絶世姿	담박하게 세속의 자태 끊고,
不與穠艷幷[5]	농염함 함께 하지 않는다네.
俯鑒氷雪影	숙여보니 얼음과 눈 같은 그림자 비추는데,
詎懷兒女情[6]	어찌 아녀자 같은 정 품으리.
山中徒淹留[7]	산 속에 한갓 오래 머물 뿐,
堂下空目成[8]	대청 아래 눈 맞출 것 없네.
獨有忘機客[9]	홀로 기심 잊은 나그네 있어,

1 황자후(黃子厚): 황수(黃銖)의 자. 황수에 대해서는 권1 2번 시의 주 11)을 보라.

2 잠잠곡지(湛湛曲池): 잠잠(湛湛)은 물이 맑고 깨끗함을 나타내는 의태어. 진나라 육기(陸機)의 〈군자는 그리는 이 있네(君子有所思行)〉「굽은 못 어찌나 맑고 맑은지, 개인 내 우거진 수풀 끼고 있네.」(曲池何湛湛, 晴川帶華薄)

3 전전(田田): 연잎이 무성하고 빽빽하게 서로 이어진 모양. 《악부시집·상화가사·강남(相和歌辭·江南)》「강 남쪽 연꽃 딸만한데, 연잎 얼마나 빽빽하던지.」(江南可採蓮, 蓮葉何田田)

4 찬찬(粲粲): 선명한 모양을 나타내는 의태어.

5 이 구절은 연꽃이 다른 꽃들과 아름다움을 다투지 않는다는 것을 말하였다.

6 아녀정(兒女情): 《익증》「당나라 사람의 연꽃을 읊은 시에서 규방의 정을 많이 말하였기 때문에 이렇게 말하였다.」(唐人永蓮詞多說閨情故云)

7 엄류(淹留): 오래도록 머무는 것. 체류(滯留)와 같은 뜻이다.

8 당하공목성(堂下空目成): 《초사·구가·소사명(九歌·少司命)》「가을 난초와 미무, 대청 아래 빽빽이 났네. …… 대청 가득 미인 있는데, 홀연히 홀로 나와 눈 맞추네.」(穐蘭兮麋蕪, 羅生兮堂下……滿堂兮美人, 忽獨與余兮目成)《차의》「이 시에서 산중에 오래 머무는 것은 계수나무를 가리키는 것 같고, 대청 아래에서 눈을 맞춘다는 것은 난초를 가리키는 것 같다.」(此詩, 山中淹留, 恐指桂樹. 堂下目成, 恐指蘭草)

9 망기객(忘機客): 기(機)는 기심(機心), 곧 잔꾀를 말한

相看兩無營[10] 서로 보면서도 둘 다 현혹하지 않는다네.

다. 《열자·황제(黃帝)》「바닷가에 사는 사람 중에 갈매기를 좋아하는 사람이 있었다. 매일 아침 바닷가로 나가서 갈매기를 좇으면서 놀았는데 이르는 갈매기가 백 마리도 훨씬 넘었다. 그 아버지가 말했다.『내가 듣자하니 갈매기들이 모두 너를 따라 논다고 한다. 네가 한 마리 잡아오면 내가 가지고 놀고 싶다.』다음날 바닷가로 나가니 갈매기들은 춤추며 내려오지 않았다.」(海上之人, 有好漚鳥者. 每旦之海上, 從漚鳥游, 漚鳥之至者, 百位而不止. 其父曰, 吾聞漚鳥皆從汝游. 汝取來, 吾玩之. 明日之海上, 漚鳥舞而不下也) 당나라 이상은(李商隱)의〈태창잠(太倉箴)〉「바다 늙은이 잔꾀 없을 때는 갈매기 날지 않았는데, 바다 늙은이 생각 바꾸자 갈매기 곧 날아가 버렸다네.」(海翁無機, 鷗故不飛, 海翁易慮, 鷗乃飛去) 당나라 유종원(柳宗元)의〈선실(禪室)〉「산의 꽃 그윽한 외짝문에 떨어지는데, 그 안에 잔꾀 잊은 손님 있다네.」(山花落幽戶, 中有忘機客) 궈치(郭齊)는 망기객을 황수라 하였다.

10 영(營): 앵(瞀)자와 통하여, 현혹시키다, 미혹하다의 뜻으로 쓰였다. 궈치는 추구하는 것이 없다고 하였는데, 나름대로 뜻이 통한다.

68. 觀洪遵雙陸譜有感呈劉平甫范仲宣二兄[1]

홍준의《쌍륙보》를 보고 느낀 점이 있어 지어 유평보와 범중선 두 형에게 드리다

近從新譜識梟盧[2]	근래에 새 보록에서 효와 로 알게 되었는데,
擬喚安陽舊博徒[3]	안양 옛 노름꾼들 부르려는 듯하네.
只恐分陰閑過了	다만 걱정 되는 것 짧은 시간 한가로이 보내는 것 같아,
更教人詬牧猪奴	다시 사람으로 하여금 돼지 치는 종 꾸짖게 하네.

1 홍준(洪遵1120~1174): 파양(鄱陽) 사람으로, 자는 경엄(景嚴)이며 호는 소은(小隱)이다. 홍괄(洪适)의 아우이다. 소흥 12년에 사과(詞科)에 급제한 후 자정전학사(資政殿學士)까지 올랐으며, 시호는 문안(文安)이다.
쌍륙보(雙六譜): 쌍륙은 고대의 노름의 일종으로 인도에서 전래되어 남북조 이후에 성행되었다. 밑에 판을 깔고 상방이 16개의 빨래 방망이 같이 생긴 말을 자기 쪽으로 향하게 세워놓고 주사위를 던져 나온 숫자만큼 말을 움직여 먼저 상대방에게 도착하면 이기는 놀이이다.《쌍륙보(雙六譜)》는 소흥 21년에 지어졌다.
범중선(范仲宣):《익증》「중선은 범염조의 자로 범여규의 아들이다.」(仲宣念祖字, 如圭子) 꿔치(郭齊)는 범선(范瑄)으로 주희의 문인이라고 하였다.
이 시의 내용은 범중선과 유평보에게 도박에 대해 훈계하는 내용으로,《주문공집》권40 〈유평보에게 답함〉에도 언급되어 있다.

2 효로(梟盧): 효로는 박색(博塞)의 노름에서 쓰이는 용어. 효는 육박(六博)의 노름패를 말한다. 다섯 나무를 효, 로(盧: 개) 꿩(雉), 송아지(犢)의 형태로 만들어 효가 많이 나온 사람이 이기게 되는 노름이다. 또 로(盧)는 모두 검은 색이 나온 것을 가리키기도 하며, 모(牟)로 된 판본도 있다. 시대에 따라 놀이의 도구나 방법이 조금씩 달랐던 것 같다.《초사·혼을 부름(招魂)》에「효가 되어 배로 이기니, 오백을 외치네.」(成梟而牟, 呼五白些)라는 말이 있다. 주희는「배로 이기는 것을 모라고 한다. 오백은 박치(簙齒: 노름의 기구)이다. 자기의 패가 이미 효가 되어서 배로 이겼으므로 오백을 외친다.」라 하였다. 당나라 두보의 〈오늘 저녁(今夕行)〉「기세 좋게 큰 소리로『오백』하고 소리치지만, 웃통 벗고 맨발로 돌아다녀도 효나 로 같은 패 나올 것 같지 않네.」(憑陵大叫呼五白, 袒跣不肯成梟盧)

3 안양구박도(安陽舊博徒):《사기·원앙열전(袁盎列傳)》「낙양의 맹극이 들렀을 때 원앙이 그를 잘 대해주니 안릉의 부자가 원앙에게 말하였다.『극맹은 노름이나하는 무리인데 어째서 스스로 그들과 통교하십니까?』」(洛陽劇孟過, 袁盎善待之. 安陵富人謂盎曰, 劇孟博徒, 何自通之)

陶桓公嘗語人曰,[4] 大禹聖者, 乃惜寸陰, 至於衆人, 當惜分陰, 豈可逸游荒醉, 生無益於時, 死無聞於後, 是自棄也. 諸參佐或以談戲廢事者, 乃命取其酒器蒲博之具, 悉投之江, 吏將則加鞭撲曰, 摴蒲者, 牧猪奴戲耳. 君子當正其衣冠, 攝其威儀, 何有蓬頭跣足自謂宏達耶

도환공이 일찍이 사람들에게 말하기를「대우는 성자인데도 촌음을 아껴 썼으니 중인들은 마땅히 분음을 아껴 써야 할 것인데, 어찌 한가로이 놀고 방탕하게 취하여 살아서는 당시에 도움이 되지 못하고 죽어서는 이름이 알려지지 않아서야 되겠는가? 이것은 자포자기이다.」라고 하였다. 여러 참모들이 혹 농지거리나 하면서 일을 팽개친 자도 있었는데 이에 그 술그릇과 도박기구들을 갖다가 모두 강에 던져버리게 하였다. 관리와 장수들에게는 채찍질을 하며「노름을 하는 사람들은 돼지 치는 노복일 따름이다. 군자라면 의관을 바르게 하고 위엄있는 태도를 가져야지 어찌 쑥대머리와 맨발로 다니면서 스스로 재주와 크게 통달한 사람이라고 하겠는가!」라고 하였다.

4 도환공(陶桓公): 진나라 도간(陶侃: 259~334)의 시호이다. 도간은 심양(潯陽) 사람으로 자가 사행(士行)이다. 어릴 때 고아에 가난하였지만 공을 쌓아 자사까지 이르렀다. 나중에는 소준(蘇峻)의 반란을 진압하는데 공을 세워 장사공(長沙公)에 봉하여졌다. 《진서》 권66에 전기가 있으며, 유명한 시인 도연명(陶淵明)은 그의 증손자이다.

69~71. 次劉彥集木犀韻, 三首[1]

유언집이 지은 목서 시의 각운자에 맞추어 짓다. 세 수

69

衆芳搖落九秋期[2]
모든 꽃 시들어
가을철에 떨어지는데,

橫出天香第一枝[3]
천상의 향기 첫째 가는 가지에서
비스듬히 풍기네.

莫似寒梅太孤絶
한매처럼 너무 외따로
떨어져 있게 하지 말고,

更交遙夜笛中吹[4]
다시 기나긴 밤으로 하여금
피리 함께 불게 하라.

---

1 목서(木犀): 《차의》「계수나무는 일명 목서라고도 한다. 붉은 꽃을 피우는 것은 단계라고 하며, 누런 꽃을 피우는 것은 열매를 맺을 수 있다. 바위와 산봉우리 사이에 떨기져 나며 가지와 잎은 겨울이나 여름이나 항상 푸르다.」(桂樹, 一名木犀花. 紅者謂丹桂, 花黃者能着子. 叢生巖嶺間, 枝葉冬夏常靑) 송나라 상자연(向子諲)의 사(詞) 〈생사자(生査子)〉「내 계수나무 사랑하나니, 뭇 꽃들 헤아릴 바 아니라네.」(我愛木中犀, 不是凡花數)

2 중방요락(衆芳搖落): 요락은 말라서 떨어짐, 시듦을 말한다. 송나라 임포(林逋)의 〈산의 동산의 작은 매화(山園小梅)〉「뭇 꽃들 시들어 지는데 홀로 예쁘게 피어, 바람의 정 독차자하여 작은 동산 향하네.」(衆芳搖落獨暄姸, 占盡風情向小園)

3 천향(天香): 당나라 낙빈왕(駱賓王)의 〈영은사(靈隱寺)〉「계수나무 달빛 속에 지는데, 천상의 향기 구름 바깥에 나부끼네.」(桂子月中落, 天香雲外飄)
일지(一枝): 송나라 축목(祝穆)의 《고금사문유취(古今事文類聚)》 권28 화훼부(花卉部)「진나라 극선이 무제에게 말하였다. 『신의 대책은 천하에서 제일로 계수나무 숲의 한 가지와 같습니다.』」(晉郤詵對武帝曰, 臣對策為天下第一, 猶桂林一枝)《차보》「『횡출일지』는 《전등록》에서 나왔다. 선생이 차용한 것 같다. 권46의 1판 《차의》에 보인다.」(橫出一枝, 出傳燈錄. 先生盖借用, 見四十六卷一板箚疑)《차의》에 인용된 부분은 송나라의 중[釋] 보제(普濟)의 《오등회원(五燈會元)》 권1에 나오는 것으로 그 내용은 다음과 같다.「(4祖인 道信이) 하루는 여러 사람들에게 말하였다. 『내가 무덕 연간에 여산을 노닐면서 꼭대기에 올라 파두산을 바라보았는데 일산 같은 자줏빛 구름이 보였으며 그 아래에는 흰 기운이 있었는데 여섯 갈래로 비스듬히 나누어졌으니 너희들은 알겠느냐? 여러 사람이 모두 잠자코 있었는데 홍인(弘忍)이 말하였다. 『화상이 죽은 후에 한 갈래 불법이 비스듬히 나온 것 아니겠습니까?』」(一日告衆曰, 吾武德中游廬山登絶頂望破頭山, 見紫雲如蓋, 下有白氣, 橫分六道, 汝等會否? 衆皆黙然. 忍曰, 莫是和尚化後, 橫出一枝佛法否) 이 말은 《전등록(傳燈錄)》 등에도 나온다.

4 경교요야적(更交遙夜笛): 당나라 이백(李白)의 〈청계에서 한밤중에 피리소리를 듣다(靑溪半夜聞笛)〉「강적

70

仙衣纔試鬱金黃[5]	신선의 옷 비로소 누런 울금향에 물들려 하니,
便覺秋風滿院芳	가을 바람에 온 뜰안 향기로 가득 참 느껴지네.
定觀極知先透徹[6]	코끝에 머무는 듯 이미 뚫고 지나감 잘 알리니,
通心豈是故迎將[7]	마음 통함 어찌 일부러 맞으려 하겠는가?

71

秋到寒巖桂樹叢	가을 차가운 바위의 계수나무 떨기에 이르러,
小山吟罷思悲翁[8]	회남 소산의 〈초은조〉 다 읊고나니 비옹 생각난다네.

소리 매화 끌어당기고, 오계의 농수 맑다네.」(羌笛梅花引, 吳溪隴水淸) 《차의》「『사귈 교』자는 『가르칠 교』자와 뜻이 통한다.」(交與敎通) 사역의 의미로 쓰였다.

5 선의~울금황(仙衣~鬱金黃): 선의는 계수나무의 별칭. 《익증》「울금은 풀이름이다. 뿌리는 누런 색을 물들일 수 있는데, 목서화의 꽃이 누렇기 때문에 이렇게 말하였다.」(鬱金草名. 根可染黃, 木犀花黃故云)

6 정관(定觀): 송나라 소식(蘇軾)의 〈양차공의 혜초에 짓다(題楊次公蕙)〉「어찌 미세한 향기 일어난다 하는가? 코끝으로 봄 이미 먼저 통하였다네.」(云何起微馥, 鼻觀已先通) 조차공(趙次公)의 주석 「불가에서는 코끝의 흰 빛을 보는 것을 비관이라고 한다.」(佛家言, 觀鼻端白, 謂之鼻觀) 《차의》「이것 또한 향기가 코를 통해 지나가는 것을 가리켜 말하였을 것이다.」(此亦恐指香氣透鼻而言) 《익증》「불가에서는 향기를 맡아 법도를 깨닫는 것을 비관이라고 한다. 이는 향기가 마음과 코를 통과하면 마음을 쓸 것도 없이 장차 맞아 스스로 통한다는 것을 말한다.」(佛家以聞香悟法爲鼻觀. 此言香徹心鼻, 不待用心, 將迎而自通之)

7 통심(通心): 당나라 이상은(李商隱)의 〈무제(無題)〉「몸에는 고운 봉황 나는 한 쌍의 날개 없지만, 마음에는 신령스런 무소 한 점 통함 있다네.」(身無彩鳳雙飛翼, 心有靈犀一點通) 《차의》「꽃 이름이 목서이므로 마음이 통한다는 말을 쓴 것 같다.」(疑以花名木犀, 故用通心語)

8 소산~비옹(小山~悲翁): 《초사》 회남소산(淮南小山)의 〈은사를 부르다(招隱士)〉「계수나무 떨기 져 남이여 산 그윽하다네, 쓰러져 구불구불 이어짐이여 가지 서로 얽혔다네.」(桂樹叢生兮山之幽, 偃蹇連蜷兮枝相繚) 《차의》「사비옹은 한나라 악부의 곡 이름이다.」(思悲翁漢樂府曲名)

不妨更作淹留計　　다시 오래도록
머무를 계획 세워,
占取人間十里風[9]　　인간세상 십리에
향기 퍼뜨림 무방하리.

9 점취~이풍(占取~里風):《익증》「향기가 10리까지　풍기는 것이다.」(香聞十里)

72~73. 寄謝劉彦集菖蒲之貺, 二首

유언집이 창포를 보내준데 감사하여 부치다. 두 수

72

君家蘭杜久萋萋[1] 그대 집 난초와 두약 오래도록 빽빽이 우거졌고,
近養菖蒲綠未齊 근자에는 창포도 길러 푸르게 들쭉날쭉하네.
乞與幽人伴岑寂[2] 청컨대 은자와 함께 조용히 함께하니,
小窓風露日低迷[3] 작은 창에 바람 불고 이슬 내리는데 해는 어둑어둑 저무네.

73

泉淸石瘦碧纖長[4] 샘 맑고 돌 말랐으며 푸른 잎 가늘고 긴데,
秋露懸珠炯夜光 가을 이슬 구슬처럼 매달려 반짝이며 밤에 빛낸다네.

1 난두(蘭杜): 난초와 두약(杜若). 두약은 약초 이름이다.

2 유인(幽人): 은자를 말한다. 여기서는 주희 자신을 가리켜 말하였다.

잠적(岑寂): 적막(寂寞)과 같은 뜻. 쓸쓸하다. 주희의 부친인 위재 주송(朱松)의 〈5언으로 여러 가지 흥을 읊다(五言雜興)〉 「책 펴고 함께 이야기 나누고, 향 연기 적막함 함께 하네.」(開卷與晤言, 炷香伴岑寂)

3 저미(低迷): 희미하여 어렴풋한 모양. 당나라 이하(李賀)의 〈느낌이 있어 읊다(感諷)〉 제3수 「황혼녘 오솔길 어렴풋하고, 푸른 상수리나무 길 산들산들하네.」(低迷黃昏徑, 裊裊靑櫟道)

4 석수(石瘦): 돌이 섬세하고 삐죽삐죽한 것을 말한다. 송나라 소식(蘇軾)의 〈모령 방위와 함께 서보리사에서 놀다(與毛令方尉游西菩提寺)〉 「길 산허리로 접어들어 옮길만하지 못한데, 물 맑고 돌 삐죽하니 기이하다 할 만하네.」(路轉山腰未足移, 水淸石瘦便能奇)

箇裏無窮閑造化[5] 그 가운데 한가로운 조화
끝이 없으니,
別來誰與共平章[6] 헤어진 이래 누구 더불어
함께 품평하겠는가?

5 조화(造化): 자연의 창조(創造)와 화육(化育)을 말한다.

6 평장(平章): 품제(品題), 품평과 같은 말. 권5 99번 시의 주 6)을 보라.

74~77. 公濟惠山蔬四種幷以佳篇來貺, 因次其韻[1]

공제가 산나물 네 가지와 함께 아름다운 시를 보내왔기에 그 시의 각운자를 써서 지음

74 蕈	산갓
靈草生何許[2]	신령스러운 풀 어디에서 나는가?
風泉古澗傍[3]	풍천정의 오래된 시냇가일세.
搴裳勤采擷[4]	아랫도리 걷고서 부지런히 따서,
枝筋嚏芳香[5]	가지와 줄기 아름다운 향기에 재채기 나네.
冷入玄根閟[6]	찬 기운 들면 검은 뿌리 닫혔다가,
春歸翠穎長[7]	봄 돌아오면 파란 끝 길게 자라네.
遙知拈起處	아련히 알겠네, 집어든 곳에,
全體露眞常[8]	온몸에 참됨 늘 깃듦 드러남을.

1 공제(公濟): 오즙(吳楫)의 자로 숭안(崇安) 사람이다. 소흥(紹興) 말에 향시에 응시하였으니 떨어져 향리로 물러나 독서에 전념하였다. 이욱(李郁)·주희 등과 학문을 강론하여 밝혔는데, 특히 선학(禪學)을 좋아하였다. 만년에 특은이 내려 임계주부(臨桂主簿)에 임명되기도 하였다.

2 생하허(生何許): 하허(何許)는 위치를 모를 때 사용하는 의문사이다. 진나라 도연명의 〈산해경을 읽고(讀山海經)〉 제4수 「단목 어디에서 나는가? 곧 밀산 남쪽이라네.」(丹木生何許, 迺在密山陽)

3 풍천(風泉): 오즙의 정자 이름이다.

4 채힐(采擷): 《차의》 「힐은 따서 가지는 것이다.」(擷, 採取也)

5 체(嚏): 《차의》 「뇌와 코의 기운이 막혔을 때는 재채기를 하면 통한다.」(腦鼻中氣壅塞, 噴嚏則通) 방(芳): 《고이》 「분(芬)으로 된 판본도 있다.」 뜻은 같다.

6 현근(玄根): 식물의 깊은 뿌리를 말한다.

7 취영(翠穎): 취(翠)는 《고이》에서 「수(秀)로 된 판본도 있다.」고 하였다. 남조 송(宋)나라 하승천(何承天)의 〈향기로운 나무(芳樹篇)〉 「푸른 이삭 겨울 이삭 깔보고, 붉은 꽃은 봄에 핌 맞이하네.」(翠穎陵冬秀, 紅葩迎春開)

8 전체로진상(全體露眞常): 진(眞)은 원래 「그 기」(其)자로 되어 있었으나 송 민본(閩本)과 절본(浙本)에 의하여 바로 잡았다. 진상은 진실이 늘 머무른다는 뜻. 《차의》 「불교 용어로 무릇 성스런 마음이 다하면 몸에 진상이 드러난다. 또 말하기를 때도 없고 물듦도 없으면 곧 진상이다.」(佛語, 凡聖情盡, 體露眞常. 又云無垢無染卽眞常)

75 芹	미나리
晩食寧論肉[9]	늦은 식사 어찌 고기 논하리?
知君薄世榮[10]	그대 세상의 영화 엷게 보심 알겠네.
瓊田何日種[11]	경전초 언제 심었던가?
玉本一時生[12]	옥 같은 뿌리 한꺼번에 나네.
白鶴今休誤[13]	백학 지금 그릇됨 쉼은,
靑泥舊得名[14]	청니 옛날에 이름 얻었기 때문이라네.
收單還炙背[15]	단출한 것 거두어 또한 등 쬐는데,
北闕儻關情	북쪽 궁궐에 혹 마음 걸려 있다네.

時公濟試禮部 이때 공제는 예부에서 시험을 쳤다

9 만식녕론육(晩食寧論肉): 권3 66번 시의 주59) 만취당육(晩炊當肉)을 보라.

10 박세영(薄世榮): 당나라 위응물(韋應物)의 〈은거(幽居)〉「스스로 노둔함 편안히 여기리니, 누가 세상의 영화 엷게 본다 하는가?」(自當安蹇劣, 誰謂薄世榮)

11 경전(瓊田): 한나라 동방삭(東方朔)이 지었다고 하는《해내십주기(海內十洲記)》「조주는 동해 가까이에 있다. …… 진시황이 사자를 보내어 풀을 가져오게 하여 북곽의 귀곡선생에게 물었더니, 귀곡선생이 말하였다.『이 풀은 동해 조주에 있는 죽지 않는 풀인데 경전 속에서 납니다.』」(祖洲近在東海之中……秦始皇遣使者齎草以問北郭鬼谷先生, 鬼谷先生云, 此草是東海祖洲上有不死之草, 生瓊田中)

12 옥본(玉本): 권3 50번 시의 주 36)을 보라.

13 백학(白鶴): 당나라 두보의 〈한가한 날 작은 동산에서 병을 흩으려고 가을 채소를 심으려 하여 밭가는 소를 독려하고 아울러 눈에 보이는 대로 적다(暇日小園散病, 將種秋菜, 督勒耕牛, 兼書觸目)〉「날아온 두 마리 학, 저녁 때 진흙 속의 미나리 쪼네. 수컷 왼쪽으로 깃촉 드리우고, 손상되어 이미 힘줄 드러났다네.」((飛來兩白鶴, 暮啄泥中芹. 雄者左翮垂, 損傷已露筋)

14 청니(靑泥): 당나라 두보의 〈최씨의 동산초당(崔氏東山草堂)〉「쟁반에는 백아곡의 조 벗겨 놓았고, 밥에는 청니방의 미나리 삶아놓았네.」(盤剝白鴉谷口栗, 飯煮靑泥坊底芹)

15 수단(收單):「홑 단」(單)자는《고이》에서「공 공」(功)자로 된 판본도 있다고 하였다.《익증》「단은 유단이다. 밥을 먹을 때 소리 내는 것을 없애는 것이다. 수단은 아마 먹는 것을 마친 것을 이를 것이다.」(單, 油單. 食時排哭者. 收單盖謂食訖也)

자배(炙背):《열자·양주편(楊朱篇)》「옛날 송나라에 농부가 있었는데 …… 햇볕을 쬐면서 …… 그 아내를 돌아보며 말했다.『햇볕을 쪼이면서도 그 따사로움을 아는 사람이 없소. 이것을 임금님께 알려드리면 후한 상을 내리실 것이오.』이에 그 마을의 부자가 그에게 말하였다.『옛날 사람 중에 콩나물과 수삼, 미나리와 개구리밥을 맛있다고 생각하여 고을의 귀한 신분의 사람에게 추어올리며 말했습니다. 고을의 귀한 신분의 사람이 그것을 가져다 맛을 보니 입을 쏘고 배를 아프게 하였답니다. 이에 여러 사람들이 웃고 그를 원망하였습니다.』」(昔者, 宋國有田父……曝於日……顧於其妻曰, 負日之暄, 人莫知者. 以獻吾君, 將有重賞. 里之富室告之曰, 昔人有美戎菽. 甘枲莖芹萍者, 對鄕豪稱之. 鄕豪取而嘗之, 蜇於口, 慘於服, 衆哂而怨之) 삼국시대 위나라 혜강(嵆康)의 〈산도와 교유를 끊으면서 보내는 편지(與山巨源絶交書)〉「농부 중에 등에 볕을 쪼이는 것을 좋아하

76 筍 죽순

新笋因君寄	햇 죽순 그대 부쳐오니,
康廬入夢中[16]	여산 꿈 속에 드네.
丹元餘故宅[17]	단원 옛 집 남겨,
翠竹尙餘風	푸른 대나무 남은 기풍 숭상한다네.
日日來威鳳[18]	날마다 위의 있는 봉황 날아오고,
年年饌籜龍[19]	해마다 죽순 먹는다네.
猶嫌有兼味[20]	오히려 여러 가지 맛 갖춤 싫어하니,
不似一源功[21]	공로 한 가지 근원 아닌 듯하네.

廬山簡寂觀, 道士陸脩靜之所居.[22] 從遠法師蓮社之遊,[23] 賜號丹元先生.

고 미나리를 맛있게 생각하는 사람이 있었는데, 그것들을 지극히 높은 분들에게 바치려고 하였습니다. 비록 구구한 뜻은 있지만 또한 거리가 먼 것입니다.」(野人有快炙背而美芹子者, 欲獻之至尊. 雖有區區之意, 亦已疏矣) 송나라 축목(祝穆)의 《사문유취(事文類取)》에 「헌근」(獻芹)이란 조가 있는데 역시 같은 뜻이다.

16 강려(康廬): 여산의 별칭.

17 여고택(餘故宅): 당나라 이백의 〈술을 마주하고 하지장을 그리워하다(對酒憶賀監)〉 제2수 「사람은 가고 옛 집만 남았는데, 부질없이 연꽃만 피었다네.」(人亡餘故宅, 空有荷花生)

18 위봉(威鳳): 《한서·선제기(宣帝紀)》 「남군에서 백호와 위봉을 잡아 보물로 삼았다.」(南郡獲白虎威鳳爲寶) 복건(服虔)은 「위봉은 새 이름이다.」(威鳳, 鳥名也)라 하였고, 진작(晉灼)은 「봉황 가운데 위엄 있는 자태를 가진 것이다. 《상서》의 『봉황이 왔는데 위의가 있었다.』라 한 것과 같은 뜻이다.」(鳳之有威儀者也, 與尙書鳳皇來儀同意)라 하였다. 안사고는 진작의 설이 옳다고 하였다. 《시경·대아·권아(卷阿)》의 모씨의 주석[毛傳] 「봉황의 성질은 오동나무가 아니면 깃들지를 않고 대나무 열매가 아니면 먹지를 않는다.」(鳳凰之性, 非梧桐不棲, 非竹實不食)

19 찬탁룡(饌籜龍): 탁(籜)은 《고이》에서 「엎드릴 복」(伏)자로 되어 있는 판본도 있다고 하였다. 탁룡은 죽순을 말한다. 당나라 노동(盧仝)의 〈남자가 손자를 안고 있음에 부침(寄男抱孫)〉 「죽순 바로 원통함 말하는 것이니, 죽여서 네 입에 넣지 말라.」(籜龍正稱寃, 莫殺入汝口)

20 겸미(兼味): 여러 가지 반찬을 말한다. 당나라 두보의 〈손님이 이르다(客至)〉 「쟁반에 반찬이라고는 시장 멀어 여러 가지 반찬 없고, 동이 술은 집 가난하여 다만 묵은 막걸리 뿐이라네.」(盤飧市遠無兼味, 尊酒家貧只舊醅)

21 일원공(一源功): 《음부경(陰符經)》 하편 「이로움의 한 가지 근원을 끊는다.」(絶利一源) 《차의》 「여기서는 여러 가지 반찬이 없으므로 이렇게 말하였다.」(此則有兼味故云)

22 육수정(陸脩靜: 406~477): 남조 송나라 오흥(吳興) 동천(東遷: 지금의 浙江 오흥 동쪽) 사람으로, 자는 원덕(元德)이다. 일찌감치 집을 떠나 도를 닦았으며, 나중에 여산에 은거하며 교법(敎法)에 정진하였다. 태시(泰始) 3년(407) 명을 받들어 건강으로 가서 각종 서적을 수집하였고, 7년에는 이를 바탕으로 《삼동경서목록(三洞經書目錄)》을 지었다. 시호는 간적선생(簡寂先生)이다.

觀有甛苦笋, 今者所惠, 乃甛笋也

여산 간적관은 도사 육수정이 사는 곳이다. 혜원법사가 연사에서 놀고 단원선생이란 호를 내려주었다. 간적관에는 달고 쓴 죽순이 있는데 지금 보내온 것은 단 죽순이다

77 蕨[24]	고사리
西山採蕨人[25]	서산에서 고사리 캐던 사람,
蓬首尙傾國[26]	쑥대머리에도 오히려 나라 기울였다네.
懷哉遠莫致	그립구나, 멀어서 미치지 못하고,
引脰氣已塞	목 빼니 기운 이미 막혔다네.
頃筐忽墮前[27]	기울어진 광주리 홀연히 앞에 떨어지니,
此意豈易得[28]	이 뜻 어찌 쉽게 얻으리오.
良遇不可遲	좋은 만남 더디 할 수 없으니,
枯筇有餘力	마른 지팡이에 힘 남아도네.

23 원법사(遠法師): 혜원(慧遠)을 말한다. 위 65번 시의 주 2)를 보라.

24 궐(蕨): 《차의》「이 시의 뜻은 상세하지 않은 것이 많다.」(此詩義多未詳)

25 서산채궐인(西山採蕨人): 서산은 곧 수양산을 말한다. 서산인은 곧 백이와 숙제를 말한다. 고죽군(孤竹君)의 두 아들인 백이와 숙제(叔齊)가 주 무왕(周武王)이 은(殷)나라를 정벌하는 것이 불의라고 충고하다가 무왕이 들어주지 않자 수양산에 들어가 고사리를 캐먹으며 〈수양가(首陽歌)〉를 지어 불렀다. 《사기·백이의 전기(伯夷列傳)》에 수록되어 있으며, 〈수양가〉에는 다음과 같은 구절이 있다. 「저 서쪽 수양산에 오름이여, 그 산의 고사리를 캐는도다.」(登彼西山兮, 采其薇矣)

26 봉수상경국(蓬首尙傾國): 《표보》「이 구절은 별다른 뜻이 없는 것 같다. 바로 오공제를 가리켜 한 말 같다. 장백행이 편찬한 《도남원위》에서는 『공제는 어려서부터 재주가 웅대하여 공명을 세울 수 있다고 하였다. 소흥 말에 향시를 쳤는데 낙제하자 마침내 임학에서 맹세를 주관하여 벼슬에 나갈 마음을 끊었다.』라 하였다. 대개 고결하고 뜻있는 선비이기 때문에 선생이 그가 고사리를 먹는 일 때문에 백이와 숙제의 일을 보내고 또한 세상을 피하여 보배를 품음이 미인 같고 머리는 날리는 쑥대 같은데도 오히려 나라를 기울일 자태가 있음을 말하였다.」(此恐無別意. 似是直指公濟而言. 張伯行所編道南源委云, 公濟幼自雄其才謂功名可立. 取紹興末試鄉省不第, 遂主盟林壑絶心仕進, 盖高潔有志之士, 故先生因其餉蕨而贈以夷齊之事, 且言其遯世懷寶如美人首如飛蓬, 而猶有傾國之姿也)

27 경광(頃筐): 《시경·주남·도꼬마리(周南·卷耳)》「도꼬마리 캐고 또 캐도, 기운 바구니에도 차지 않네.」(采采卷耳, 不盈頃筐) 주희의 주석「경은 기운 것이고, 광은 대그릇이다.」(頃, 欹也, 筐, 竹器)

28 기이득(豈易得): 당나라 한유의 〈우책을 보내면서 지어준 글(送區册序)〉「이와 같은 사람을 어찌 쉽게 구하겠는가?」(如斯人者, 豈易得哉)

78. 題吳公濟風泉亭

오공제의 풍천정을 제목으로 삼아 짓다

澗谷居永久　시내 골짜기에 산 지 오래 되었는데,
高情未云酬[1]　높은 정 갚지 못하였네.
玆焉發天秘　이곳에 하늘의 신비 발하여,
始造寒巖幽　비로소 차가운 바위 그윽하게 되었다네.
上有茂樹陰　위로는 우거진 나무 그늘 있고,
下有清泉流　아래로는 맑은 샘물 흐름 있다네.
結亭倚蒼峭　정자 지어 푸르고 가파른 절벽에 의지하고,
鑿磴窮嵌丘[2]　돌 비탈길 뚫어 깊은 언덕까지 다하네.
翠壁自屛立　푸른 벽 절로 병풍처럼 서 있고,
青蘚亦環周[3]　파란 이끼 또한 빙 둘렀다네.
朅來憩永夏[4]　떠나와 긴 여름에 쉬니,
凜若臨清秋　차갑기가 맑은 가을 다가온 듯하네.
仰空韻笙竽[5]　하늘 우러르니 생황 운치 있고,

1 운(云): 별다른 의미가 없는 조사로 쓰였다.

2 창초·감구(蒼峭·嵌丘): 당나라 위응물(韋應物)의 〈서산에서 놀다(遊西山)〉「붓 휘둘러 푸른 절벽 적고, 말에서 내려 깊은 언덕 두루 지나네.」(揮翰題蒼峭, 下馬歷嵌丘)

3 청선역환주(青蘚亦環周): 당나라 유종원(柳宗元)의 〈석거의 기문(石渠記)〉「그 아래로 바위를 넘어가면 돌 웅덩이가 있는데 창포가 덮고 있고 파란 이끼가 빙 두르고 있다.」(其下踰石而往, 有石泓, 昌蒲被之, 青蘚環周)

4 걸래(朅來): 가고 오다는 뜻인데, 여기서 래(來)자는 별 의미가 없는 조사로 쓰였다. 떠나오다, 또는 떠나다의 뜻이다. 송옥(宋玉)의 《초사·구변(九辯)》「수레 이미 떠났음이여 돌아가는데, 뵐 수 없음이여 마음 아프고 슬프다네.」(車既駕兮朅而歸, 不得見兮心傷悲) 당나라 한유(韓愈)의 〈기산 아래에서(岐山下)〉「내 기산 아래 떠나왔더니, 해 지는 가로 기러기 놀라네.」(朅來岐山下, 日暮邊鴻驚) 축충(祝充)의 주석「걸은 떠난다는 뜻이다. 《한서》에『수레를 되돌려 떠난다』는 말이 있다.」(朅, 去也. 前漢, 回車朅來) 《한서》에 인용된 구절은 사마상여(司馬相如列傳)의 〈대인부(大人賦)〉이다.

5 운생우(韻笙竽): 당나라 한유의 〈사자연시(謝自然詩)〉「생황의 울림이, 어둑어둑한 하늘에서 오는 것 같네.」(如聆笙竽韻, 來自冥冥天)

俯檻鏘琳璆[6]	헌함 굽어보니 옥구슬 소리 짤랑대네.
幽聽一以會	그윽이 하나로 모이는 소리 들으니,
悠然與神謀[7]	아득히 정신과 함께 꾀하네.
遐哉超世心	멀구나, 세상 초탈한 마음이여,
暇日聊娛憂[8]	한가한 날 애오라지 근심 즐긴다네.
笑問車馬客[9]	수레며 말 탄 손님들에게 묻노니,
誰能淹此留	누가 이곳에 오래 머물 수 있으리.

6 장림구(鏘琳璆): 굴원(屈原)의 《초사·구가·동황태일(九歌·東皇太一)》「긴 칼 칼자루 어루만짐이여 옥 소리 나는데, 쨍그렁 울림이여 임랑 소리 난다네.」(撫長劍兮玉珥璆, 鏘鳴兮琳琅) 주희의 주석「구와 장은 모두 옥 소리이다. …… 임랑은 아름다운 옥의 이름인데 몸에 차는 옥을 말한다.」(璆鏘, 皆玉聲……琳琅, 美玉名, 謂佩玉也)《예기·옥조(玉藻)》「옛날의 군자는 반드시 옥을 찼다. …… 나아감에 읍하는 듯하고, 물러감에 허리를 드는 듯하다. 그런 뒤라야 옥이 쨍그렁 하며 울린다.」(古之君子必佩玉……進則揖之, 退則揚之, 然後玉鏘鳴也) 주희의 〈백록동부(白鹿洞賦)〉「시냇물 바위에 부딪쳐, 쨍그렁 아름다운 옥 소리 울리네.」(澗水觸石, 鏘鳴璆兮)

이상 두 구절은 위의 것은 바람[風]을 읊고 아래의 것은 샘물[泉]을 읊은 것으로 오즙의 풍천정에 맞추었다.

7 유연여신모(悠然與神謀): 당나라 유종원(柳宗元)의 〈고무담 서쪽의 작은 언덕에 관한 기문(鈷鉧潭西小丘記)「아득히 텅 빈 경계는 정신에 부합하고, 깊숙이 조용한 경계는 마음과 부합한다.」(悠然而虛者與神謀, 淵然而靜者與心謀)

8 오우(娛憂): 근심을 풀다, 또는 기분전환을 해서 근심을 날려버린다는 뜻이다.《초사·구장·미인을 그리워함(九章·思美人)》「내 장차 생각 크게 하고 마음 즐겁게 함이여, 강하를 따라 근심을 풀어보리라.」(吾將蕩志而愉樂兮, 遵江夏以娛憂)

9 거마객(車馬客): 남조 송나라 포조(鮑照)의 〈문에 수레와 말 탄 나그네 있고 시를 본떠서 짓다(代門有車馬客行)〉「문에 수레와 말 탄 나그네 있는데, 나그네에게 묻기를 어느 고을 선비인가 하네.」(門有車馬客, 問客何鄉士)

79. 再題吳公濟風泉亭

다시 오공제의 풍천정을 제목삼아 짓다

華林翠磵響風泉	꽃핀 숲 푸른 시내에 바람과 샘소리 울리니,
竟日閑來石上眠[1]	종일토록 한가로이 와서 바위 위에서 잔다네.
更結危亭俯幽聽	게다가 아찔한 정자 얽어 몸 구부려 그윽이 들으면,
未妨長作地行仙[2]	오래도록 땅 위 다니는 신선 됨도 무방하리.

1 한래석상면(閑來石上眠): 송나라의 승 청순(僧清順)의 〈숲 아래(林下)〉「한가로이 바위 위에서 잠드니, 낙엽 얼마인지를 모르겠네.」(閒來石上眠, 落葉不知數) 송나라 중 혜홍(釋惠洪)의 《냉재야화(冷齋夜話)》 권6에서 재인용.

2 지행선(地行仙): 지선(地仙)이라고도 하며, 원래는 불경에 기록된 일종의 장수하는 신선을 가리켰지만, 후세에는 나이가 많거나 은일 한적하게 살아가는 사람을 비유할 때 많이 사용하였다. 《능엄경(楞嚴經)》 권8「사람이 미치지 못하는 곳에는 열 종류의 신선이 있다. 아난아 저 뭇 중생들은 흔들림 없이 먹고 쉬지 않지만 먹는 방법을 원만히 이루어 지행선이라 부른다.」(人不及處, 有十種仙. 阿難, 彼諸衆生, 堅固服餌, 而不休息, 食道圓成, 名地行仙) 또 인간 세상에 있는 신선을 말한다. 남조 진나라 갈홍(葛洪)의 《포박자·신선을 논함(論仙)》「《신선의 경전》에 이르기를『상급의 도사는 형체를 들어 하늘을 탈 수 있는데「하늘의 신선」이라 하고, 중급의 도사는 이름난 산에서 노니는데「땅의 신선」이라 하며, 하급의 도사는 몸이 죽은 뒤에 해탈을 하는데「주검으로 해탈을 한 신선」이라고 한다.』라 하였다.」(按仙經云, 上士擧形昇虛, 謂之天仙, 中士遊於名山, 謂之地仙, 下士先死後脫, 謂之尸解仙) 송나라 초기의 은사(隱士)인 위야(魏野)의 〈구상공의 생신이 되어 지어 부침(寇相公生辰, 因有寄獻)〉「하늘나라 잘 떠나 장수며 재상도 마다하고, 평지로 돌아와서 땅에 사는 신선이 되었네.」(好去上天辭將相, 歸來平地作地仙)

80. 奉和公濟兄留周賓之句[1] 丙申九日

삼가 공제 형이 주빈에게 남긴 구절에 화답하다 병신년 9월 9일

端居感時序	한가로이 지내자니 세월 느껴져,
駕言誰適從[2]	멍에 매고 마침 누구 따를까?
聊携二三子	애오라지 두세 사람 손 잡고,
杖屨此日同	지팡이 짚고 이날 함께 한다네.
悠哉素心人[3]	한적하구나, 마음 소박한 이,
宴坐空巖中	빈 바위 가운데 편안히 앉는다네.
眞成三秋別[4]	정말 삼추의 이별 이루어지니,
夢想情何窮	꿈속 생각 정 어찌 끝나리.
行行陟崇岡	가고 또 가서 높은 언덕 올라,
引脰希高風	목 빼고 높은 풍치 바란다네.
忽然兩相値	별안간 둘 서로 만나니,
俯仰迷西東[5]	잠깐 만에 동서 헷갈리네.

1 주빈(周賓): 성은 서(徐)이고 이름은 대로(大老)이며, 주자와는 내외종간이다. 《주문공집》 권78 〈백장산기(百丈山記)〉에 보인다.

2 가언(駕言): 수레에 멍에를 지우다. 길 떠날 채비를 하는 것. 언(言)은 별다른 뜻이 없는 조사로 쓰였다. 《시경·패풍·천림(邶風·泉林)》「수레 타고 나가 놀아, 내 근심 푼다네.」(駕言出遊, 以寫我憂) 진나라 육기(陸機)의 〈승명전에서 지어 육사룡에게 주다(於承明作與士龍)〉「세상 끌다 세상의 그물에 걸리어, 멍에 지우고 멀리 험한 길 가네.」(牽世嬰時網, 駕言遠徂征)

수적종(誰適從): 《사기·진세가(晉世家)》「한 나라에 공이 셋이니 나는 누구를 따라야겠는가?」(一國三公, 吾誰適從)

3 소심인(素心人): 심지가 깨끗하여 세정에는 담박한 사람. 진나라 도연명(陶淵明)의 〈거처를 옮기다(移居)〉 첫째 시「듣자니 소박한 사람 많다하여, 즐겁게 아침저녁으로 자주 만나고자 해서라네.」(聞多素心人, 樂與數晨夕)

4 삼추(三秋): 가을 석 달을 말하며, 여기서는 그냥 가을이라는 뜻으로 쓰였다.

5 부앙미서동(俯仰迷西東): 부앙(俯仰)은 고개를 한번 쳐들었다 숙였다 하는 짧은 시간을 말한다. 당나라 한유(韓愈)의 〈악양루에서 두사직과 헤어지다(岳陽樓別竇司直)〉「은하수는 모두 잠기어 헤엄치는 듯한데, 잠깐 만에 아래 위 헷갈리네.」(星河盡涵泳, 俯仰迷下上) 이상 두 구절은 산의 주인과 의외로 상봉하다보니 너무나 놀라 기쁜 나머지 길도 분간 못하겠다는 표현이다.

鱣堂偶休閒[6] 강당 마침 한적하여,
鷄黍聊從容[7] 닭 잡고 기장 밥 지으니 애오라지 느긋하다네.
不辭腰脚勞 허리며 다리 수고로움 아랑곳 않고,
共上西南峰 함께 서남쪽 봉우리 오른다네.
佩萸笑長旁[8] 수유 잡고 비장방 웃으며,
把菊追陶公[9] 국화 잡고 도공 쫓는다네.

6 전당(鱣堂): 강학하는 곳, 곧 강당을 말한다. 《후한서·양진전(楊震傳)》「양진은 자가 백기로 홍농 화음 사람이다. …… 나중에 황새가 입에 전어 세 마리를 물고 강당 앞에 날아와 머무르자, 온 강당 사람들이 모두 전어를 취하여 바치며 말하였다.『이 뱀 같은 전어는 경대부 직무를 담당할 징조입니다. 숫자가 3이라는 것은 삼대에 오를 것을 나타냅니다. 선생은 이로부터 높이 승진하게 될 것입니다.』라고 하였다.」(楊震字伯起, 弘農華陰人也……後有冠雀銜三鱣魚, 飛集講堂前, 都講取魚進曰, 蛇鱣者, 卿大夫服之象也. 數三者, 法三台也. 先生自此升矣) 여기서는 경서를 강학하는 곳을 일러 말하였다.

7 계서(鷄黍): 《논어·미자(微子)》「자로가 따라가다가 뒤로 처지게 되었는데 지팡이를 짚고 대바구니를 맨 사람을 만나 …… 두 손을 모으고 서 있었더니, 자로를 머물러 자게하고 닭을 잡고 기장밥을 지어 먹도록 하였다.」(子路從而後, 遇丈人以杖荷蓧……拱而立, 止子路宿, 殺雞爲黍而食之) 《후한의 역사》 권81 〈독실한 행동을 한 사람들의 전기·범식전(獨行傳·范式傳)〉「범식은 자가 거경으로 산양 금향 사람이다. …… 여남의 장소와 친구가 되었는데, 장소는 자가 원백이었다. 두 사람 모두 고향으로 돌아갈 것을 고하였다. 범식이 장소에게 말하기를『2년 뒤에 들러 그대의 어르신께 절하고 그대의 자식들도 만나 보리라.』라 하였다. 이에 함께 기일을 정하였다. 나중에 기일이 다 되어가자 장소는 어머니에게 모두 말씀드리고는 음식을 차려놓고 기다릴 것을 청했다. 어머니가『헤어진 지가 2년이나 되었고 천리 밖에서 약속을 하였는데 너는 어째서 그렇게 확실히 믿는 것이냐?』라 하자 대답하였다.『범식은 믿을 만한 선비이니 필시 약속을 어기지 않을 것입니다.』이에 어머니가 말했다.『그렇다면 마땅히 너를 위해 술을 담아야겠다.』그 날이 되자 범식이 과연 이르렀으며 대청에 올라 절을 하고 술을 마시다가 즐거움이 다하자 헤어졌다.」(范式字巨卿, 山陽金鄉人也, …… 與汝南張劭爲友. 劭字元伯. 二人並告歸鄉里. 式謂元伯曰, 後二年當還, 將過拜尊親, 見孺子焉. 乃共尅期日. 後期方至, 元伯具以白母, 請設饌以候之. 母曰, 二年之別, 千里結言, 爾何相信之審邪? 對曰, 巨卿信士, 必不乖違. 母曰, 若然, 當爲爾醞酒. 至其日, 巨卿果到, 升堂拜飮, 盡歡而別)

8 패유소장방(佩萸笑長旁): 남조 양(梁)나라 오균(吳均)의 《속제해기(續齊諧記)》「여남 사람 환경은 비장방을 따라다니며 몇 년 동안이나 배웠다. 비장방이 말하기를『9월 9일에 자네 집에 화재가 날 것이니 급히 가보게. 집안 사람들에게 각각 붉은 주머니를 만들어 거기에 수유를 담아 팔뚝에 매게 하고, 높은 곳에 올라가서 국화주를 마시면 이 화를 면할 수 있을 걸세.』라고 하였다. 환경은 그 말대로 온 집안 사람을 데리고 산에 올랐다. 저녁에 돌아오니 닭과 개, 소, 양들이 한꺼번에 급사한 것이 보였다. 비장방이 그 소식을 듣고,『이것들은 나를 대신할 만하구나.』하고 말하였다. 요즘 사람들이 9일에 높은 곳에 올라가서 술을 마시고, 부인네들은 산수유가 든 주머니를 차는 것은 대체로 여기서 비롯된 것이다.」(汝南桓景隨費長房遊學累年. 費長房曰, 九月九日汝家中當有災, 宜急去. 令家人各作絳囊盛茱萸繫臂, 登高飮菊花酒此禍可除. 景如言, 齊家登山. 夕還, 見鷄犬牛羊暴死. 長房聞之曰, 此可代也. 今世九日登高飮酒, 婦人帶茱萸囊, 蓋始於此)

9 파국추도공(把菊追陶公): 남조 진(晉)나라 손성(孫盛)의 《진양추(晉陽秋)》「도연명이 구월 구일 중양절에 술이 없어 집 가에 나가서 국화 무더기 가운데 앉아 국화

遐觀衆山逈[10]	멀리 보니 뭇 산들 아득하고,
一酌千慮融	한 잔 술에 천 가지 근심 녹는다네.
興罷復來歸	흥 다하여 다시 돌아오니,
杳靄秋堂空[11]	아스라이 가을 집 비었다네.
窺樽訖餘瀝[12]	술통 엿보다 남은 것 다 걸러,
倚閣聞疎鍾[13]	문설주에 기대니 드문 종소리 들리네,
主人意未闌	주인의 뜻 아직 끝나지 않았으니,
驪駒勿怱怱[14]	검은 말아 허둥대지 말라.

를 한 줌 가득 따가지고 있었다. 한참 있자니 흰옷을 입은 사람이 이르는 것이 바라보였는데, 곧 강주자사인 왕홍이 술을 보낸 것이었으며 이에 즉시 혼자 마시다가 취하고 난 뒤에야 돌아갔다.」(陶潛九月九日無酒, 出宅邊菊叢中坐, 摘菊花盈把. 久之, 望見白衣人至, 乃江州刺史王弘送酒, 卽便獨酌, 醉而後歸)《진양추》는 지금은 이미 산일되고 없다. 여기서는 송나라 소식 시(〈같은 해에 급제한 소영(邵迎)이 장난삼아 가수재에게 지어준 시에 화답하다(和邵同年戲贈賈秀才)〉)의 왕십붕(王十朋) 주를 재인용. 진나라 도연명 〈음주〉의 다섯째 시. 「동쪽 울타리 아래서 국화를 따노라니, 문득 남산이 눈에 보이네.」(採菊東籬下, 忽然見南山)

10 중산형(衆山逈): 당나라 유종원(柳宗元)의 〈아침에 사스님을 데리고 우지에 이르다(旦攜謝山人至愚池)〉 「놀 흩어지니 뭇 산들 멀고, 하늘 높으니 기러기 자주 우네.」(霞散衆山逈, 天高數鴈鳴)

11 묘애(杳靄): 깊고 그윽한 모양. 「杳藹」라고도 한다.

12 여력(餘瀝): 역(瀝)은 술을 거르는 것을 말한다. 《사기·골계열전(滑稽列傳)》「(순우곤이 말하였다.) 『어버이께 귀한 손님이 있어 앞에서 모시고 …… 술을 대접하며 남은 술을 거르고 술잔을 받들어 수를 빌며 자주 일어나면 두 말을 못 마셔 문득 취하고 맙니다.』」(親有嚴客……侍酒於前, 時賜餘瀝, 奉觴上壽, 數起, 飮不過二斗徑醉矣)

13 문소종(聞疎鐘): 당나라 이백의 〈저녁 때 두릉이 개어 누대에 올라 위요에게 부치다(夕霽杜陵登樓寄韋繇)〉「그대 생각 긴 밤까지 이르는데, 오래도록 드문 종소리 즐긴다네.」(思君達永夜, 長樂聞疎鐘)

14 여구(驪驅): 려(驪)는 짙은 흑색의 털을 가진 말을 말한다. 위 7번 시의 주 2)를 보라. 일시(逸詩)에 〈여구(驪駒)〉편이 있는데 주로 이별할 때 부르는 시였다. 《한서·유림전·왕식전(儒林傳·王式傳)》「스승님께 듣자하니 (떠나는) 손님은 〈여구〉편을 노래한다 합니다.」(式曰, 聞之於師, 客歌驪駒) 복건(服虔)의 주석 「일시의 편명이다. 《대대예기》에 보이며 손님이 떠나려 할 때 부른다.」(逸詩篇名也, 見大戴禮. 客欲去歌之) 문영(文穎)의 주석 「그 가사에서는 말하기를 『검은 말 문에 있는데, 마부도 함께 있다네. 검은 말 길에 있는데, 마부 가지런히 수레 몬다네.』라 하였다.」(其辭云, 驪駒在門, 僕夫具存. 驪駒在路, 僕夫整駕也)

81~85. 寄吳公濟兼簡李伯諫. 五首[1]

오공제에게 부치고 아울러 이백간에게 띄움, 다섯 수

81

客子歸來春未深[2]	나그네 돌아왔으나 봄 아직 깊지 않아,
秖應寒雨罷登臨[3]	다만 차가운 비에 응하여 올라 내려다봄 그만두었네.
閑窓竟日焚香坐[4]	한가로운 창에서 종일토록 향 태우며 앉아,
一段孤明見此心	일단의 외로운 밝음에 이 마음 보이네.

82

三徑莓苔晝掩關[5]	세 오솔길에 이끼 끼고 낮에도 문 닫혔으니,

1 이백간(李伯諫): 이종사(李宗思)의 자. 건안 사람으로 융흥(隆興) 원년(1163)에 진사가 되었다. 처음에는 불학을 좋아하여 주희와 변론하다가 건도 6년(1170)에 비로소 주희를 만나보고 불학을 버리고 종유하였다. 《주문공집》에 주희가 그에게 지어준 글이 수록되어 있는데 권75에 〈이백간을 전송하면서 지어준 글(送李伯諫序)〉이 있고, 권77에 〈기주교수청기(蘄州教授廳記)〉가 있다.

2 객자(客子): 《고이》에서는 「투불」(投紱)로 되어 있는 판본도 있다고 하였다. 투불은 인끈을 풀어 던진다는 뜻으로 벼슬을 그만 둠을 말한다.

3 응·파(應·罷): 《고이》에서는 「인」(因)과 「권」(倦)으로 된 판본도 있다고 하였다. 그러면 이 구절은 「다만 차가운 비 때문에 올라가 내려다봄 지쳤다네」가 된다.

4 분향좌(焚香坐): 《차의》 「소강절은 낙양에서 살면서 안락와를 지어 책을 읽고, 그 아래서 편안히 기거하며 아침에는 홀로 향을 태우고 홀로 앉아 있었다.」(邵康節居洛陽, 爲安樂窩讀書, 燕居其下, 朝則焚香獨坐) 송나라 구양수(歐陽脩)의 〈사계의 보석원에 지어 부침(寄題沙溪寶錫院)〉 「들판의 중 홀로 생 없는 즐거움 얻어, 종일토록 향 피우고 결가좌 하고 있네.」(野僧獨得無生樂, 終日焚香坐結跏)

5 삼경(三徑): 경(徑)은 「逕」자와도 통하여 쓰며, 삼경은 은자의 거처를 말한다. 권2 47번 시의 주 4)를 보라.

君來問道却空還　　그대 와서 도 물었으나
　　오히려 헛되이 돌아가네.
從今蠟屐應無恙[6]　　지금부터 밀랍 칠한 나막신
　　걱정 없으리니,
有興何妨再入山　　흥 나면 다시
　　산에 듦 무엇 거리끼리오.

83

盤翁別去久無書[7]　　반옹 헤어져 떠난 후
　　오래도록 편지 없어,
可復因循自作疎　　다시 머뭇거리며
　　절로 소원하게 되지 않겠는가?
珍重寄聲煩問訊[8]　　진중하게나, 소리 부쳐
　　번거롭게 소식 묻는 일,
箇中消息定何如　　그 가운데 소식
　　정녕 어떠한지?

매태(莓苔): 이끼. 진(晉)나라 손작(孫綽)의 〈천태산에서 놀다(遊天台山賦)〉「이끼 낀 미끄러운 돌 밟고, 깎아지른 절벽 같은 취병 친다.」(踐莓苔之滑石, 搏壁立之翠屏)
관(關): 문이 닫혀 있는 것을 말한다. 진나라 도연명의 〈돌아가자꾸나(歸去來辭)〉「뜰의 세 오솔길에는 풀 우거졌어도, 소나무, 국화는 그대로라네. …… 날로 동산 가로지르니 흥취 생기고, 문은 달아놓았어도 늘 닫혀있다네.」(三徑就荒, 松菊猶存……園日涉而成趣, 門雖設而常關) 당나라 이중(李中)의 〈진릉에서 관직을 그만두고 우거하며 운자에 의거하여 진열 수재가 부쳐온 시에 화답하다(晉陵罷任寓居, 依韻和陳銳秀才見寄)〉「세 오솔길 문 닫으니 이끼 파랗고, 수레와 말 타고 누가 누추한 골목 사이 오는가?」(掩門三徑莓苔綠, 車馬誰來陋巷間)
6 종(從): 《고이》에서는「다만 지」(只)자로 된 판본도 있다고 하였다.
납극(蠟屐): 위 60번 시의 주 3)을 보라
7 반옹(盤翁): 《익증》「백간을 가리킨다.」(指伯諫) 《관보》「부자득을 가리키는 것 같다. 부자득이 반곡에 살았으므로 이른 것이다.」(似指傅自得. 傅居盤谷故云) 《첨》「제목으로 고찰해보건대 이백간을 가리키는 것 같다. 부자득과는 상관이 없는 것 같다.」(以題考之, 恐李伯諫. 似與傅無徵) 《차보》「백간의 호일 것이다.」(疑伯諫號) 종합적으로 판단해 보건대 부자득과는 상관이 없는 것 같으며, 이백간을 가리키는 것이 맞는 것 같다.
8 성(聲): 《고이》에서는「소리 음」(音)자로 된 판본도 있다고 하였다. 소식이라는 뜻이다.

84

繁絃急篥盛流傳[9] 번다한 현 촉급한 피리
성하게 유행하여 전하는데,
淸廟遺音久絶絃[10] 〈청묘〉의 남은 음
줄 끊어진지 오래 되었다네.
欲識寥寥千古意 넓고 넓은 천고의 뜻
알고자 한다면,
莫將新語勘塵編[11] 새 소리로 옛 책
교감하지 말게나.

謂鹽官中庸[12] 염관의 중용을 이른다

85

憶昔殊方久滯淫[13] 생각해보니 지난 날 방법 달라
오래도록 지체하였더니,
年深歸路始駸駸[14] 세월 깊어 돌아오는 길
비로소 아주 빠르다네.

9 청묘유음(淸廟遺音): 권2 158번 시의 주 1) 청묘슬(淸廟瑟)을 보라.

10 감(勘): 《차의》「교감하는 것이다.」(校也)

11 염관중용(鹽官中庸): 《차의》「공제와 백간을 이를 것이다. 공들 중에 염관을 지낸 자로 새로 《중용》의 주설을 지은 사람이 있을 것이다.」(疑公濟伯諫云. 公中有爲鹽官者, 新作中庸註說」《표보》「염관은 임안부의 속현이다.」(鹽官臨安府屬縣) 《관보》「권43의 2판에 〈이백간에게 답한 편지〉가 있는데, 염관 강의라는 말이 있다. 참고해보라.」(四十三卷二板, 答李伯諫書, 有鹽官講義之語, 參看)

12 구체음(久滯淫): 체음은 오랫동안 머무른다는 뜻이다. 한나라 왕찬(王粲)의 〈일곱 가지 슬픔(七哀詩)〉「형초의 오랑캐 땅 내 고향 아니니, 어찌 오래 머물러 있으리.」(荊蠻非吾鄕, 何爲久滯淫) 당나라 한유(韓愈)의 〈맹생(孟生詩)〉「이미 얻었으면 되돌려 생각하고, 오래도록 머물러 지체되지 않게 하라.」(旣獲則思返, 無爲久滯淫)

13 구체음(久滯淫): 체음은 오랫동안 머무른다는 뜻이다. 한나라 왕찬(王粲)의 〈일곱 가지 슬픔(七哀詩)〉「형초의 오랑캐 땅 내 고향 아니니, 어찌 오래 머물러 있으리.」(荊蠻非吾鄕, 何爲久滯淫) 당나라 한유(韓愈)의 〈맹생(孟生詩)〉「이미 얻었으면 되돌려 생각하고, 오래도록 머물러 지체되지 않게 하라.」(旣獲則思返, 無爲久滯淫)

14 심(深): 《고이》에서는「올 래」(來)자로 된 판본도 있다고 하였다.

傍人欲問簞瓢樂[15]	곁의 사람 물으려 하네, 단표의 즐거움,
理義誰知悅我心[16]	이의 뜻 누가 알아 내 마음 기쁘게 하리?

이상 두 구절은 주희 자신이 일찍이 석로의 학문에 출입했던 일을 가리키며, 현신설법으로 오공제와 이백간 두 사람을 경계하는 것이다.

15 욕(欲): 《고이》에서는 「같을 약」(若)자로 된 판본도 있다고 하였다. 가정을 나타내는 부사어로 「만약~한다면」이라는 뜻이 된다.

단표락(簞瓢樂): 《논어·옹야(雍也)》 「한 대나무 그릇의 밥과 한 표주박의 마실 것으로 누추한 골목에 있는 것을 남들은 그 근심을 견디어 내지 못하는데 안회는 그 즐거움을 바꾸지 않는다.」(一簞食, 一瓢飮, 在陋巷, 人不堪其憂, 回也不改其樂) 청렴하게 곤궁을 견디어 냄을 비유하는 말이다.

16 열아심(悅我心): 《맹자·고자(告子) 상》 「이치와 옳은 뜻이 내 마음을 기쁘게 함은 가축의 고기가 내 입을 즐겁게 해 줌과 같다.」(理義之悅我心, 猶芻豢之悅我口)

86~87. 公濟和詩見閔耽書, 勉以教外之樂, 以詩請問, 二首[1]

공제가 화답한 시에 내가 힘써 책을 아주 좋아하니 가르침 밖의 즐거움으로 면려한다는 말을 보고 시로 가르침을 청하다. 두 수

86

至理無言絶淺深[2]	지극한 이치란 말이 없어도 깊이를 넘어선 것,
塵塵刹刹不相侵[3]	사물 하나하나에 깃들면서 서로 침범하지 않는다네.
如云教外傳眞的[4]	가르침 바깥에서 참된 요체 전한다고 한다면,
却是瞿曇有兩心[5]	오히려 부처 두 가지 마음 가진다네.

1 《차의》「견민탐서는 공제가 선학에 빠진 것이며, 선생이 책을 몹시 좋아하는 것을 마음 아파하는 것으로 화답한 시에서 그렇게 이른 것이다.」(見閔耽書, 公濟溺於禪學, 閔先生耽書, 和詩有所云)
첫째 시는 성현의 말은 부처의 사상과 하나의 공통점도 없으며, 불교에는 또한 교외(教外)의 즐거움이 없다는 것을 말하였다. 둘째 시는 오공제에게 부처의 사상으로 인을 추구하는 심성의 수양을 어지럽히지 말 것이며, 진정한 인생의 즐거움은 성현의 학문 중에 있다는 것을 말하였다.

2 지리무언(至理無言): 《차보》「《전등록》. 현각대사의 마음을 보는 10가지 방법의 여덟 번째에 그 뜻을 설명하는 것은 그러나 지극한 이치여서 말이 없다. 글과 말을 빌려 그 뜻을 설명한다고 하였다.」(傳燈錄. 玄覺大師觀心十門, 第八簡, 其詮旨者, 然而至理無言, 假文言以明其旨) 송(宋)나라의 중 보제(普濟)의 《오등회원(五燈會元)》(권2)에도 보인다.

3 진진찰찰(塵塵刹刹): 《화엄경(華嚴經)》에 나오는 말로, 원융평등(圓融平等)한 세계를 이름. 위 12번 시의 주 9)를 보라.

4 진적(眞的): 진체(眞諦)라는 말과 같다. 진실한 도리.

5 구담(瞿曇): 석가모니(釋迦牟尼)의 성(姓). 주로 부처를 대신 이르는 말로 쓰인다. 《요사·예지(遼史·禮志) 6》「싯달타 태자라는 사람은 서역 정범의 왕자로 성은 구담씨이고 이름은 석가모니이며, 각성하여 부처라고 부른다.」(悉達太子者, 西域淨梵王子, 姓瞿曇氏, 名釋迦牟尼, 以其覺性, 稱之曰佛)

87

未必瞿曇有兩心[6]	반드시 부처 두 가지 마음 가지지는 않았을 것이니,
莫將此意攪儒林[7]	이 뜻 가지고서 유림 흔들지 말게나.
欲知陋巷憂時樂[8]	누추한 골목 근심할 때의 즐거움 알고 싶으면,
只向韋編絶處尋[9]	다만 가죽 끈 떨어진 곳에서 찾아보게나.

6 유양심(有兩心): 《차의》「가르침은 온 마음으로 진실을 가르치는 것이고 또한 한 마음이기 때문에 이렇게 말하였다.」(敎是一心傳眞的, 又是一心故云)

7 유림(儒林): 《익증》「《사기》에 〈유림전〉이 있다.」(史記有儒林傳)

8 우시락(憂時樂): 안회(顔回)의 일을 말한다. 의 위 85번 시의 주 15)를 보라.

9 지향~처심(只向~處尋): 위편(韋編)은 죽간을 묶는 가죽 끈, 혹은 가죽 끈을 말하며, 곧 가죽 끈으로 묶은 죽간이 세 번 끊어졌음을 가리키는 위편삼절(韋編三絶)을 말한다. 《사기·공자세가(孔子世家)》「공자는 만년에 《주역》을 좋아하여 〈단〉·〈계〉·〈상〉·〈설괘〉·〈문언〉의 차서를 정하였다. 《주역》을 읽어 가죽 끈이 세 번이나 끊어졌다.」(孔子晩而喜易, 序彖·繫·象·說卦·文言. 讀易, 韋編三絶) 《차의》「〈문언전〉에 『잠겨 있는 용이니 쓰지 말라는 것은 무엇을 이르는 것입니까?』 공자가 말씀하셨다. 『용의 덕을 가지고 있으면서 숨어사는 사람이다. 세상을 따라 뜻을 바꾸어 이름을 내지 않고 세상에 숨어 살면서도 걱정이 없으며, 옳은 사람으로 보아주지 않아도 걱정이 없고 즐거우면 행하고 근심스러우면 피하여 확실히 그의 뜻을 빼낼 수 없는 것이 잠긴 용이다.』라는 말이 있는데, 선생은 아마 이 뜻을 썼을 것이다.」(文言傳, 潛龍勿用何謂也? 子曰, 龍德而隱者也. 不易乎世. 不成乎名. 遯世無悶不見是而无悶, 樂則行之, 憂則違之, 確乎其不可拔潛龍也. 先生盖用此意) 위(韋)는 일설에 의하면 간독을 가로(緯)로 엮은 것을 나타낸다고도 하였다.

88~89. 伯謙和詩云, 邪色哇聲方漫漫, 是中正氣愈駸駸. 予謂此乃聖人從心之妙. 三歎成詩, 重以問彼, 二首[1]

백간이 화답한 시에서 「간사한 얼굴빛 음란한 목소리 바야흐로 철철 넘치는데, 이 가운데 올바른 기운 더욱 빨리 내달리네.」라 하였다. 내 이것은 곧 성인의 마음 먹은대로 하는 묘함이라 하였다. 세 번 탄식하다가 시를 지어 거듭 그것을 묻는다. 두 수

88

任從耳畔姸聲過[2]	귓가에 고운 소리 지나가든 말든,
特地胸中順氣萌[3]	특히 가슴 속에서 순조로운 기운 싹트네.
箇裏詎容思勉得	그 가운데 어찌 부지런히 힘써 얻음 용납할까?
羨君一躍了平生[4]	그대 한번 도약하여 평생 깨우침 부럽다네.

1 《익증》「『哇』는 음이 왜이다. 음탕한 소리이다.」(哇, 音娃. 婬聲也) 《한서·왕망전(王莽傳)》「어지러운 빛에 음탕한 소리를 냈으며, 남은 것으로 윤위(정통이 아닌 왕위)에 올랐다.」(紫色䵷聲, 餘分閏位)

2 간성(姦聲): 《예기·악기(樂記)》「간사한 소리와 어지러운 색은 총명함을 남기지 않는다.」(姦聲亂色, 不留聰明)

3 순기맹(順氣萌): 《예기·악기(樂記)》「사악한 음성이 가끔 사람을 감동시키면 이에 응해서 역기가 발동하고, 역기가 상을 이루어 음락이 일어난다. 올바른 음성이 사람을 감동시키면 순한 기가 발동하여 순한 기가 상을 이루어 화락이 일어난다.」(姦聲感人, 而逆氣應之, 逆氣成象, 而淫樂興焉. 正聲感人, 而順氣應之. 順氣成象, 而和樂興焉)

4 일약(一躍): 《차의》「뛰어오른다는 뜻이다.」(躍出之意)

89

闕里當年語從心[5] 궐리에서는 그 당시
마음 먹은 대로 한다 하였는데,
至今蹤跡尙難尋 지금까지 그 자취
여전히 찾기 힘들다네.
況君直至無心處[6] 하물며 그대 곧장
마음이 없는 곳 이르렀으니,
肯向人前話淺深[7] 기꺼이 남들 앞에서
얕고 깊음 말하리.

5 궐리(闕里): 《차의》「노나라의 현 곡부에는 궐리가 있는데 공자가 살던 곳이다.」(魯縣曲阜有闕里, 孔子所居) 여기서는 공자를 대신 일컫는 말로 쓰였다.

종심(從心): 《논어·위정(爲政)》「일흔 살에는 마음먹은 대로 해도 법도를 벗어나는 일이 없었다.」(七十而從心所欲不踰矩)

6 무심(無心): 《차의》「정자가 말하였다. 『천지는 그 마음이 만물에 미쳐도 마음이 없다.』 선생의 뜻은 성인의 마음대로 하는 것을 아직도 찾기 어렵다는 것이다. 지금 백간은 이미 마음이 없는 곳까지 이르렀는데, 이는 대개 너무 높고 묘한 것을 기롱한 것일 것이다.」(程子曰, 天地以其心普萬物而無心. 先生之意, 以爲聖人從心尙難尋. 今伯諫已到無心處. 盖譏其太高妙也)

7 화천심(話淺深): 《차의》「백간은 선학에 탐닉하였다. 선학은 차례로 올라감에 말미암지 않고 갑자기 깨닫는 것을 주로 한다. 선생의 이 시는 미루어 허락하는 듯하지만 사실은 기롱하는 것이다.」(伯諫溺於禪學. 禪學以不由階梯, 頓然覺悟爲主. 先生此詩似推許而實則譏之也)

90. 游百丈山, 以徙倚弄雲泉分韻賦詩, 得雲字[1]

백장산에서 「徙倚弄雲泉」이란 시구를 운자로 나누어 시를 지음에 「雲」자를 얻다

執熱倦煩跼[2]	뜨거운 것 쥠에 움츠림 번거로워 하여,
駕言起宵分[3]	수레 타고 한밤중에 길 나섰다네.
隨川踏曉月[4]	시내 따라 새벽 달을 밟고,
度嶺披朝雲	재 건너며 아침구름 헤치네.
攀緣白石梯	흰 돌사다리를 잡고 기어오르며,
拂拭蒼蘚紋	푸른 이끼 무늬 털어내네.
噴薄驚快覿[5]	소용돌이치며 출렁이니 보기에 놀란 듯 빠르고,
琮琤喜先聞[6]	옥 부딪치는 소리 먼저 들림 즐겁네.
奇哉此精廬[7]	기이하구나, 이 학당,
眇然隔塵氛	아득히 티끌 세상과 떨어졌다네.

1 《차의》「〈백장산기〉가 78권에 보인다.」(百丈山記見七十八卷)
사의농운천(徙倚弄雲泉): 송나라 소식의 〈동서암에서 놀다(遊東西巖)〉의 12번째 구절이다.

2 집열권번국(執熱倦煩跼): 집열은 손으로 뜨거운 것을 쥐는 것이다. 《시경·대아·상유(桑柔)》「누군들 뜨거운 것 쥐면, 가서 손 씻지 않겠는가?」(誰能執熱, 逝不以濯) 《차의》「권국은 펴지 못하는 것이다.」(踡跼, 不伸也)

3 가언(駕言): 위 80번 시의 주 2)를 보라.
소분(霄分): 야반(夜半)과 같은 뜻. 곧 한 밤중을 말한다.

4 천(川): 순희본에는「바람 풍」(風)자로 되어 있다.
답효월(踏曉月): 송나라 소식의 〈조덕린의 진전도를 전송하다라는 시에 화답하다(和趙德麟送陳傳道)〉「그대 가며 새벽 달 밟으니, 성긴 나무에 한 치 은 걸려 있네.」(君行踏曉月, 踈木挂寸銀)

5 분박(噴薄): 물이 소용돌이치며 출렁거리는 것을 말한다. 당나라 이백의 〈왕옥산인 위만이 왕옥산으로 돌아감에 전송하다(送王屋山人魏萬還王屋)〉「으르렁거리는 70여울, 물과 돌 서로 소용돌이치며 출렁거리네.」(咆哮七十灘, 水石相噴薄)

6 종쟁(琮琤): 물소리를 나타내는 쌍성연면 의성어. 당나라 한유(韓愈)의 〈성남에서 여러 구절씩 이어 지음(城南聯句)〉「대나무 그림자 옥 잘게 부서지는 것 같고, 샘 소리는 옥이 쨍그렁거리는 것 같네.」(竹影金瑣碎, 泉音玉琮琤)

7 정려(精廬): 곧 정사(精舍)와 같다. 《후한서·채현전(蔡玄傳)》「정려가 갑자기 세워졌다.」(精廬暫建) 당나라 이현(李賢)의 주석「정려는 강독하는 집이다.」(精廬, 講讀之舍)

諸公肯同來	여러분들 함께 오려하니,
定非俗子群	정녕 세속의 무리 아닐세.
永日坐清樾[8]	종일 맑은 나무그늘에 앉아,
短章策奇勳[9]	짧은 글에 빼어난 공훈을 적네.
慨然念疇昔	슬프도다 지난 일을 생각하니,
聯裾已荒墳[10]	손잡고 놀던 친구들은 이미 황천에 묻혔네.
中路忘磬折[11]	중도에서 허리 굽혀 절하는 것 잊고,
寸心謾絲棼[12]	한 치 마음은 부질없이 산란하네.
惟應泉石願	오직 자연의 바람에 응하여,
三生有餘薰[13]	삼세에 향기 넘쳤으면 좋겠네.
兹游獲重尋	이 놀이 다시 찾을 수 있기를,
十載心氤氳[14]	두고두고 마음에 새기리.

8 좌청월(坐清樾): 월은 나무 그늘이다. 송나라 축목(祝穆)의 《고금사문유취(古今事文類聚)》 별집 권28에서 인용한 《회남자(淮南子)》「땀으로 씻고 줄줄 흘리며 숨이 헐떡거려 목구멍에 닿는다. 이때가 되어 그늘 아래서 쉬면 기쁘다.」(盥汗交流, 喘息薄喉. 當此之時, 得休樾下, 則脱然而喜矣) 주석에서는 「초나라 사람의 나무는 위는 크고 뿌리는 작으며 수레 덮개의 형상처럼 그늘을 이루는데 그늘이 많음을 이른다.」(楚人樹, 上大本小, 如車蓋狀, 為樾, 言多蔭也) 현존 《회남자》에는 이 말이 보이지 않다. 당나라 한유(韓愈)의 〈문창 스님이 북쪽으로 놀러감에 전송해드리다(送文暢師北遊)〉「3년 동안 거친 고개마루에 숨어 있다가, 고을 지키며 깊은 그늘에 앉아 있네.」(三年竄荒嶺, 守縣坐深樾) 송나라 황정견(黃庭堅)의 〈차경정(借景亭)〉「죽포 오릉의 버선 더럽히지 않고, 동서로 헌함 여니 나무 그늘 맑다네.」(竹鋪不涴吳綾襪, 東西開軒蔭清樾)

9 책기훈(策奇勳): 《좌전·환공(桓公) 2년》「돌아온 후에는 신하들을 불러 술을 마시며 술잔을 차리고 공훈을 기록하는 것이 합당한 예의이다.」(反行, 飮至、舍爵、策勳焉, 禮也) 송나라 진사도(陳師道)의 〈박주의 하낭중에게 부침(寄亳州何郎中)〉「임금의 성에 들어가려니 임금의 힘 필요하고, 또한 시사 찾으려니 시의 공 적어야 하네.」(欲入帝城須帝力, 且尋詩社著詩勲) 이 구절은 시가 신기하고 볼만한 것을 써냈다는 것이다.

10 연거이황분(聯裾已荒墳): 연거(聯裾)는 연메(聯袂)라고도 하며, 손을 잡고 함께 가는 것을 말한다. 《차의》「전날 함께 놀던 사람들이 많이 죽은 것을 말할 것이다.」(盖言前日同遊之人多死也)

11 경절(磬折): 《예기·곡례(曲禮) 하》「설 때는 경쇠 모양으로 몸을 구부리고 패옥을 드리운다.」(立則磬折垂佩) 주석「경쇠의 등 모양으로 구부리는 것이다.」(僂折如磬之背) 루(僂)는 고개를 숙인 모양이다.

12 사분(絲棼): 분(棼)은 어지럽다는 뜻. 《좌전·은공(隱公) 4년》「난리로 하는 것은 실을 풀려다가 얽히게 하는 것과 같습니다.」(以亂, 猶治絲而棼之也)

13 삼생유여훈(三生有餘薰): 삼생(三生)은 전세와 현세, 후세. 곧 사람이 과거·현재·미래의 세상에 태어나 사는 일. 권2 110번 시의 주 6)을 보라.

14 심인온(心氤氳): 음양의 두 기운이 서로 모여 뭉친 모양.

他年訪舊躅	훗날 옛 자취 찾더라도,
山靈莫移文[15]	산신령은 공문 돌리지 말게나.

15 산령막이문(山靈莫移文): 중국 남조(南朝)의 제(齊)나라에 살았던 주옹(周顒)이라는 가짜 은자(隱者)가 촉(蜀)의 초당사(草堂寺)의 숲을 그리워하여 강소성(江蘇省)의 북산(北山: 지금 남경시의 紫金山)에 학관(學館)과 절을 세우고 이름을 초당(草堂)이라고 부르며《장자(莊子)》에 나오는 은자 남곽자기(南廓子綦)와 같이 생황[竿]을 훔쳐 불고, 함부로 은자의 관을 쓰고 다녔다. 그러나 나중에 은자라는 명성을 이용하여 나아가 해염령(海鹽令)이라는 벼슬을 하다가 임기를 마치고 상경하는 길에 북산에 들르려고 하였다. 같은 나라의 문인인 공치규(孔稚圭)가 〈북산의 산신령이 해염 고을 원에게 띄우는 공문(北山移文)〉라는 글을 적어 산신령의 입을 빌어 그 소행을 혹독하게 비난하였다. 위에 보인다.

91~96. 百丈山六詠[1]

백장산을 여섯 수로 읊음

91 石磴[2]	석등
層崖俯深幽	층진 벼랑 깊고 그윽한 곳 굽어보는데,
微逕忽中斷[3]	좁은 길 홀연히 중간에 끊어졌다네.
努力一躋攀	힘써 한번 잡고 기어올랐더니,
前行有奇觀	앞길에 기이한 광경 있다네.

92 小澗[4]	소간
兩崖交翠陰	양쪽 벼랑 푸른 그늘 교차하는데,
一水自淸瀉	한 줄기 물 절로 맑게 쏟아지네.
俯仰契幽情	숙였다 쳐들었다 그윽한 정 딱 맞으니,
神襟頓飄洒	마음속 갑자기 시원해지네.

1 《주문공집》 권78 〈백장산기(百丈山記)〉 「내 유충보, 평보, 여경숙, 외사촌동생 서주빈과 함께 그 곳을 유람하였는데, 모두 부와 시를 지어 그 빼어난 경치를 읊었으며, 내가 다시 이와 같이 상세하게 차례대로 서술했다. 그 가운데 경치가 가장 아름다운 곳은 석등·소간·산문·석대·서각·폭포이다. 그래서 각기 따로 시를 지어 그 곳을 기록하고 함께 유람한 여러 사람들에게 주었으며, 또 가고자 하였으나 갈 수 없었던 사람들에게 알린다.」(余與劉充父, 平父, 呂叔敬, 表弟徐周賓游之, 旣皆賦詩以紀其勝, 余又敍次其詳如此. 而最其可觀者石磴·小澗·山門·石臺·西閣·瀑布也. 因各別爲小詩, 以識其處, 呈同游諸君, 又以告夫欲往而未能者)

2 〈백장산기〉 「백장산을 삼십 리쯤 오르면 오른쪽으로는 절벽 같은 골짜기가 내려다보이고 왼쪽으로는 절벽이 드리워져 있어, 돌을 첩첩이 쌓아 돌계단을 만들었는데 열 계단 정도 오르면 건넌다. 산의 아름다움은 여기서부터 시작된다.」(登百丈山三里許, 右俯絶壑, 左控垂崖, 疊石爲磴, 十餘級乃得度. 山之勝, 蓋自此始)

3 미경홀중단(微逕忽中斷): 송나라 구양수의 〈천문(天門)〉 「돌 오솔길 바야흐로 구비 도는데, 쌍봉 별안간 중간에 끊어졌다네.」(石徑方盤紆, 雙峯忽中斷)

4 〈백장산기〉 「돌계단을 따라 동쪽으로 가면 작은 시내가 있고, 그 위로 돌다리가 놓여 있다. 모두 푸른 등나무와 고목들이어서 아무리 무더운 여름 한낮이라도 더운 기운이 없다. 물은 모두 맑고 깨끗하며 높은 데서 아래로 흐르는데, 그 소리가 콸콸 울린다.」(循磴而東, 卽得小澗, 石梁跨於其上. 皆蒼藤古木, 雖盛夏亭午無暑氣. 水皆淸澈, 自高淙下, 其聲濺濺然)

93 山門[5]	산문
置屋兩山間[6]	두 산 사이에 집 두니,
巧當奇絶處	마침 기이하고 빼어난 곳 마주하고 있네.
峽束百泉傾	골짜기는 온갖 샘 기울 묶고,
澗激回風度	시내의 물결 바람 되돌려 보내네.

94 石臺[7]	석대
出谷轉石稜[8]	골짜기 나와 돌 모서리 돌아,
俯身窺木末[9]	몸 숙여 나무 끝 엿보네.
夕眺嵐翠分	저녁에 푸른 이내 나누어짐 바라보고,
朝隮雲海闊[10]	구름기운 올라가니 구름바다 넓다네.

95 西閣[11]	서각
借此雲窓眠[12]	이 구름 창 빌려 잠드니,

5 〈백장산기〉「돌다리를 건너 두 벼랑을 따라 구불구불 위로 올라가면 산문에 이른다. 작은 집 세 칸인데 열 사람 정도밖에 들어가지 못한다. 그러나 앞으로는 골짜기의 물이 보이고 뒤로는 돌 연못이 있으며, 두 협곡 사이로 바람이 불어와 종일 그치지 않는다.」(度石梁, 循兩崖曲折而上, 得山門. 小屋三間, 不能容十許人. 然前瞰澗水, 後臨石池, 風來兩峽間, 終日不絶)

6 치옥양산간(置屋兩山間): 《사고전서》에는 「치옥양삼간」(置屋兩三間)으로 되어 있다. 〈백장산기〉에서도 「작은 집 세 칸」(小屋三間)으로 되어 있다.

7 〈백장산기〉「산문을 나서 동쪽으로 열 걸음쯤 가면 석대가 나오는데, 아래로는 가파른 언덕을 굽어보고 있으며 깊고 어두운 험한 절벽이다.」(出山門而東十許步, 得石臺, 下臨峭岸, 深昧險絶)

8 출(出): 《고이》에서는 「메 산」(山)자로 된 판본도 있다고 하였다.

9 목말(木末): 《초사·구가·상군(九歌·湘君)》「벽려 캠이여 물속에 있고, 연꽃 뽑음이여 나무 끝이라네.」(采薜荔兮水中, 搴芙蓉兮木末)

10 조제(朝隮): 《시경·조풍·후인(曹風·候人)》「뭉게뭉게 구름 일더니, 남산에 구름기운 올라간다.」(薈兮蔚兮, 南山朝隮) 주희의 주석 「조제는 구름기운이 위로 올라가는 것이다.」(朝隮, 雲氣升騰也)

11 〈백장산기〉「문 안으로 들어서 연못을 건너면 다시 돌다리가 있는데, 다리를 건너 북쪽으로 난 돌계단을 몇 계단 올라가면 암자로 들어간다. 암자는 겨우 몇 칸짜리 오래된 집으로 낮고 좁아 별로 볼 것이 없는데, 서쪽 누각만이 빼어나다.」(門內跨池又爲石梁, 度而北, 躡石梯數級入菴. 菴纔老屋數間, 卑痺迫隘, 無足觀. 獨其西閣爲勝)

12 운창면(雲窓眠): 당나라 이백의 〈안륙의 백조산에 있는 도화암에서 시어이신 유관에게 부치다(安陸白兆山桃花巖寄劉侍御綰)〉「도화암으로 돌아와, 구름 창에서 쉬며 잠들었다네.」(歸來桃花巖, 得憩雲窓眠)

靜夜心獨苦[13]	조용한 밤 마음 특히 괴롭네.
安得枕下泉	어떡하면 아래의 샘 베고,
去作人間雨[14]	떠나서 인간세상의 비 될까?

96 瀑布[15] **폭포**

巓崖出飛泉[16]	벼랑 꼭대기에 나는 샘 나오는데,
百尺散風雨	백 자 비바람 흩뿌리네.
空質麗晴暉[17]	빈 바탕 개서 빛나니 아름다워,
龍鸞共掀舞	용과 난새 함께 뛰어올라 춤추네.

13 심독고(心獨苦): 당나라 두보(杜甫)의 〈이존사의 소나무 병풍에 적다(題李尊師松樹障子歌)〉「이미 알았네, 신선 나그네 뜻 이미 서로 친함을, 더욱이 깨달았네, 훌륭한 화공 마음 홀로 고달픔을.」(已知仙客意相親, 更覺良工心獨苦)

14 거작인간우(去作人間雨): 당나라 왕유(王維)의 〈망천집·문행관(輞川集·文杏館)〉「용마루 속 구름 알지 못하고, 떠나가 인간 세상의 비 되었다네.」(不知棟裏雲, 去作人間雨)

15 〈백장산기〉「숲의 나무들이 조금 드문드문한 사이로 동남쪽을 바라보면, 앞쪽의 바위동굴에서 솟구쳐 나오는 폭포가 보인다. 폭포는 허공을 가로질러 수 십 척 아래로 떨어지는데, 그 물방울이 마치 구슬이 흩어져 만들어진 안개와 같고, 거기에 햇빛이 비추면 아름답고 찬란하여 눈을 뜰 수 없고 정면으로 바라볼 수가 없다.」(於林薄間東南望, 見瀑布自前巖穴瀵湧而出. 投空下數十尺, 其沫乃如散珠噴霧, 日光燭之, 璀璨奪目, 不可正視)

16 출비천(出飛泉): 당나라 왕유의 〈오진사에서 놀다(遊悟眞寺)〉「산 던져 거대한 바위 옮기고, 산봉우리에 나는 샘 나오게 해 달라 빈다네.」(擲山移巨石, 呪嶺出飛泉)

17 공질(空質): 당나라 이백의 〈여산의 폭포를 바라다(望廬山瀑布)〉「바닷바람 끊임없이 부는데, 강의 달 비추어 도리어 비었다네.」(海風吹不斷, 江月照還空)

97. 游蘆峰分韻得盡字[1]

노봉에서 놀면서 운자를 나누어 시를 짓는데 「진」(盡)자를 얻다

蘆山一何高	노산 한번 얼마나 높은지,
上上不可盡[2]	오르고 또 올라도 다 오를 수 없다네.
我行獨忘疲	내 가는데 유독 피로 잊고,
泉石有招引[3]	샘물과 바위 손짓하여 끌어당긴다네.
須臾出蒙密[4]	잠깐 만에 빽빽한 수풀에서 뛰어나와,
矯首眺無畛[5]	머리 쳐들고 바라보니 경계 없다네.
已謂極崢嶸	이미 매우 가파르다 말하였는데,
仰視猶隱嶙[6]	우러러 보니 아직도 가파르다네.
新齋小休憩	새 서재에서 잠깐 쉬면서,
餘力更勉黽[7]	남은 힘으로 더욱 힘쓴다네.
東峰切霄漢[8]	동봉 은하수 자르고,
首夏正凄緊[9]	초여름 마침 바람 시원하고 빠르네.

1 《차의》「선생은 여산에 회암을 지었다.」(先生作晦庵於廬山)

2 노산~불가진(蘆山~不可盡): 위문제(魏文帝) 조비(曹丕)의 〈수양버들을 꺾으며(折楊柳行)〉「서산 한번 얼마나 높은지, 높고 높아 특히 끝이 없다네.」(西山一何髙, 髙髙殊無極)

3 초인(招引): 《차의》「내가 가는 길을 불러 당기는 것이다.」(謂招引我行也)

4 몽밀(蒙密): 초목이 빽빽이 우거진 모양.

5 교수(矯首): 한나라 장형(張衡)의 〈현묘함을 생각하다(思玄賦)〉「우러러 고개 들고 멀리 바라봄이여, 넋 떠돌아다니며 짝할 이 없다네.」(矯首以遥望兮, 魂懺惘而無儔)

진(畛): 《차의》「경계라는 뜻이다.」(畔也)

6 은린(隱嶙): 험준하고 울퉁불퉁한 모양. 《차의》「《운회》에서 산이 높은 모양이라고 하였다.」(韻會, 山峻貌)

7 민(黽): 《차의》「힘으로 감당하지 못하고 마음으로 하고 싶지 않은데 억지로 하는 것을 민(黽)이라 한다.」(力所不堪, 心所不欲, 而勉强爲之曰黽)

8 동봉(東峰): 여산의 최고봉으로 〈운곡기(雲谷記)〉에 보인다.

9 수하(首夏): 초하(初夏), 맹하(孟夏)와 같은 말로 음력 4월.

처긴(凄緊): 바람이 차고 빠른 것을 말한다. 《문선(文選)》 진(晉)나라 은중문(殷仲文)의 〈남주 환공의 구정산에서 짓다(南州桓公九井作)〉「풍경 거의 밝고 멀며, 경

杖策同攀躋	지팡이 짚고 함께 기어오르며,
極目散幽窘	눈길 다하여 깊은 번뇌 흩어버리네.
萬里俯連環[10]	만 리에 이어서 두름 굽어보고,
千重瞰孤隼[11]	천 겹 외로운 새매 내려다보네.
因知平生懷	이 때문에 평생 품은 뜻 알리니,
未與塵慮泯	속세의 근심 더불어 없어지지 않았다네.
歸塗采薇蕨	돌아오는 길에 고사리 캐어,
晚餉雜蔬筍[12]	저녁 때 푸성귀와 죽순 섞어 먹는다네.
笑謂同來人	웃으며 함께 온 사람들에게 말하노니,
此願天所允	이 바람 하늘이 허락한 것이라네.
獨往會淹留[13]	홀로 가 마침 오래 머무르니,
寒棲甘菌蠢[14]	가난하게 살면서 올망졸망 따름 달가이 여기네.

물 절로 차고 빠르네.」(景氣多明遠, 風物自淒緊) 당나라 여연제(呂延濟)의 주석 「처는 추운 것이고, 긴은 빠른 것이다.」(淒寒, 緊急也)

10 연환(連環): 《차의》「권7의 24판에 『푸르게 둘렀다』는 말이 있는데 그 뜻이 이것과 같다.」(七卷卄四板碧連環, 其義與此同)

11 감고준(瞰孤隼): 당나라 두보의 〈위장군을 노래하다(魏將軍歌)〉「위후 기골 장대하고 정신 왕성하며, 화산 봉우리처럼 뾰족하여 가을 새매 모습 보이네.」(魏侯骨聳精爽緊, 華嶽峰尖見秋隼)

12 소(蔬): 《차의》「《운회》에서 소(蔬)는 무릇 캐서 먹을 수 있는 풀이라고 하였으며, 《순자》에는 『踈』로 되어 있으며, 『매운 채소와 푸성귀』라고 하였다. ○ 이 소(蕻)자가 곧 소(蔬)로, 소(踈)자일 것이다.」(韻會, 蔬, 凡草菜可食者, 荀子作踈, 葷菜百踈○疑此蕻字卽蔬, 踈字也)

13 주희의 〈운곡기(雲谷記)〉「내 늘 생각하기를, 앞으로 10년 후면 아이들 혼사문제도 대충 마무리될 것이니, 즉 가정 일을 끊고 이 산에 은거하고자 했다. 이 때쯤이면 산의 수풀은 더욱 깊고 무성할 것이고, 수석은 더욱 유려하고 빼어날 것이며, 관사는 더욱 완전하고 아름다울 것이니, 산을 갈고 낚시하며 심성을 함양하고 독서하며, 거문고를 타고 장군을 치면서 선왕들의 풍류를 노래하면, 역시 즐거워 죽음조차도 잊어버릴 것이다.」(予常自念自今以往十年之外, 嫁娶亦當粗畢, 卽斷家事, 滅景此山. 是時山之林薄當益深茂, 水石當益幽勝, 館宇當益完美, 耕山釣水, 養性讀書, 彈琴鼓缶, 以詠先王之風, 亦足以樂而忘死矣)

14 균준(菌蠢): 버섯처럼 올망졸망 무더기로 남을 이르는 말. 당나라 한유의 〈석정에서 여러 구절씩 이어서 짓다(石鼎聯句)〉「용머리 올망졸망 움츠러들고, 돼지배 빵빵하게 부풀었다네.」(龍頭縮菌蠢, 豕腹漲彭亨) 주희는 균준을「물러나 움츠러든 모양」(退縮貌)이라고 하였고, 인용된 부분은 도사 헌원미명(軒轅彌明)이 지은 구절이다. 한나라 장형(張衡)의 〈남도부(南都賦)〉「지초 올망졸망하게 모서리에서 나고, 옥 같이 기름진 샘물 모퉁이에서 흘러나오네.」(芝房菌蠢生其隈, 玉膏滵溢流其隅)

山阿子慕予[15]	산모퉁이에서 그대 나 그리워하나,
無憂勒回軫[16]	수레 돌리라는 이문 새길 걱정 없다네.

15 산아자모여(山阿子慕予): 《초사·구가·산귀(九歌·山鬼)》「사람 산 언덕에 있는 것 같은데, 벽려 입고 여라 띠 매었다네. 이미 곁눈질하고 웃는 것 마땅하니, 나 그리워함 얌전함 이라네.」(若有人兮山之阿, 被薜荔兮帶女蘿. 旣含睇兮又宜笑子, 慕予兮善窈窕)

16 늑회진(勒回軫): 남조 제나라 공치규(孔稚圭)의 〈북산이문(北山移文)〉「산마루에 이문을 새겨 놓았다. …… 청컨대 속된 선비는 수레를 돌릴지어다.」(勒移山庭……願回俗士駕)

98. 同丘子服游蘆峰以嶺上多白雲分韻賦詩得白字[1]

구자복과 함께 노봉에서 놀면서 「영상다백운」으로 운자를 나누어 시를 짓는데 「흰 백」자를 얻다

登巖出囂塵[2]	바위 올라 시끄러운 속세 나서서,
入谷媚泉石	골짜기에 들어서니 천석 아름답다네.
悠然愜幽趣	한가로이 그윽한 홍취 마음에 맞으니,
不覺幾朝夕	몇 날 아침 저녁인지 깨닫지 못하겠네.
高尋倦冢頂[3]	높이 찾다보니 산꼭대기에서 지쳤는데,
舊賞歎陳迹	옛 감상 묵은 자취되어 탄식한다네.
仰慙仙人杖[4]	우러러 신선의 지팡이 부끄럽고,
俯愧謝公屐[5]	숙이어 사공의 나막신 부끄럽다네.
昨日吾弟來[6]	어제 내 아우 왔는데,

1 《차의》「자복의 이름은 응이다. 『영상다백운』은 도홍경의 시이며, 위에 보인다.」(子服名膺. 嶺上多白雲, 陶弘景詩, 見上) 위 34번 시의 주 3)에 보인다. 《차보》「구자복은 선생의 외사촌 동생이다.」(丘子服先生表弟)

2 출효진(出囂塵): 당나라 백거이의 〈상산의 최고봉에 오르다(登商山最高頂)〉「나 또한 이 사람의 무리니, 시끄러운 속세 벗어나자 못한다네.」(我亦斯人徒, 未能出囂塵)

3 총정(冢頂): 산정(山頂)과 같은 말. 《이아·석산(釋山)》에서 「산꼭대기를 총이라 한다.」(山頂, 冢)라 하였다.

4 선인장(仙人杖): 당나라 두보(杜甫)의 〈서악을 바라보며(望岳)〉「어찌하면 신선의 구절장 얻어, 옥녀의 머리 씻는 동이 괼 수 있을까?」(安得仙人九節杖, 拄到玉女洗頭盆) 《차의》「양의가 꿈을 꾸었는데 봉래산의 신선이 붉은 구절장을 괴고 흰 용을 보고 있었다. 또한 《본초》에서는 구기자를 선인장이라 하였다.」(楊義夢蓬萊仙翁拄赤九節杖而視白龍. 又本草拘杞名仙人杖) 양의의 이야기는 《광박물지(廣博物志)》와 《진고(眞誥)》 등에 보인다.

5 사공극(謝公屐): 《남사·사령운전(謝靈運傳)》「산을 찾고 고개를 오를 때면 반드시 깊고 험준한 곳까지 이르렀는데, 험한 바위 봉우리가 몇 십 겹으로 되어 있어도 끝까지 가보지 않은 곳이 없었다. 산을 올라갈 때는 항상 나무로 만든 나막신을 신었는데 산을 올라갈 때는 신발의 앞굽을 떼 내었으며, 산을 내려올 때는 뒷굽을 떼 내었다.」(尋山陟嶺, 必造幽峻, 巖嶂數十重, 莫不備盡. 登躡常着木屐, 上山則去其前齒, 下山去其後齒) 당나라 이백(李白)의 〈꿈에 천모산에 노닐다가 읊어서 남기고 떠남(夢遊天姥, 吟留別)〉「다리에는 사공의 나막신 신고, 몸은 푸른 구름 사다리 오른다네.」(脚着謝公屐, 身登靑雲梯)

6 오제(吾弟): 《차의》「구자복을 가리킨다.」(指丘子服)

勇往意無斁	용맹하게 나아가 뜻 싫증나지 않네.
今晨蓐食罷[7]	오늘 아침 배불리 먹고나니,
千仞一咫尺	천 길이 지척에 있는 듯.
心期未究竟	마음의 기약 아직 끝나지 않았는데,
眼界已開闢	안계 이미 활짝 열렸다네.
浮野衆麓青	뜬 듯한 들판 뭇 산기슭 푸르고,
縈雲兩川白[8]	얽힌 구름 두 내 희다네.
須臾互呑吐	잠깐만에 서로 삼켰다 뱉았다,
變化已今昔	변화 이미 어제 오늘 일이라네.
曠若塵慮空	밝기는 속세의 생각 빈 듯한데,
悲哉人境窄	슬프도다, 사람 사는 경계 좁음이.
平生有孤念[9]	평소에 고고한 생각 가지고 있어,
萬里思矯翮[10]	만 리에 깃촉 바로잡을 생각하네.

7 욕식(蓐食): 《차의》에서는 욕은 천(薦), 곧 풀 등을 짜서 만든 자리라는 뜻이라고 하였다. 《좌전·문공(文公) 7년》「군졸을 훈련시키고 병기를 날카롭게 갈고 말에게 꼴을 먹이고 두둑이 배부르게 먹고 가만히 일어선다.」(訓卒, 利兵, 秣馬, 蓐食, 潛師夜起) 양백준(楊伯峻)은「《방언(方言)》에서는『욕은 두텁다(厚)는 뜻이다.』라 하였다. 욕식은 후식(厚食)과 같은 말이다. 전쟁 전에는 반드시 군사들이 배불리 먹게 해야 한다. 《상군서·병수(兵守)》편에서는『기력이 왕성한 남자들의 군대는 풍성하게 먹이고 병기를 갈아 늘어서서 적을 기다린다. 기력이 왕성한 여자들의 군대는 풍성하게 먹이고 진채를 등지고 있다가 늘어서서 영을 기다린다.』라 하였다. 《사기·항우본기(項羽本紀)》에『항우가 크게 노하여 말하였다.「내일 아침에 사졸들을 잘 먹이고(饗士卒) 패공의 군대를 격파할 것이다.」』라는 말이 있다.」라 하였다. 또 욕(褥)과 통하게 써서, 잘 때 깔고 자는 요라는 뜻으로도 쓰인다. 《한서·한신전(韓信傳)》「한신이 하향현의 남창의 정장 집에서 오래도록 밥을 대어놓고 먹자 정장의 아내가 그것을 싫어하여 이에 새벽에 밥을 지어 잠자리에서 먹었다. 밥을 먹을 때 한신이 지나갔는데, 함께 밥을 먹자고 하지 않았다. 한신도 그 뜻을 알고서 스스로 그곳을 떠났다.」(信從下鄉南昌亭長食, 亭長妻苦之, 乃晨炊蓐食. 食時信往, 不爲具食. 信亦知其意, 自絶去) 장안(張晏)은 주석을 달고「일어나지 않고 침대의 이부자리에서 밥을 먹는 것이다.」(未起而牀蓐中食)라 하였다. 여기서는 정황상 노봉에 가야하기 때문에 아침 일찍 밥을 두둑이 먹는다는 뜻으로 쓰인 것 같다.

이상 두 구절은 시인이 신선처럼 초연히 세상을 초탈할 수 없을 뿐만 아니라 또한 사령운처럼 시원하게 이리저리 다닐 수도 없다는 것을 말한다.

8 양(兩): 《고이》에서는「찰 만」(滿)자로 된 판본도 있다고 하였다.

9 고념(孤念): 진나라 도연명의 〈무신년 6월에 화재를 당하다(戊申歲六月中遇火)〉「머리 묶고부터 고고한 절개 품었더니, 어느덧 40년이 넘었구나.」(總髮抱孤念, 奄出四十年)

10 사교핵(思矯翮): 진(晉)나라 손작(孫綽)의 〈천태산에서 놀다(遊天台山賦)〉「여름벌레 얼음 의심함 비웃으

感此復忡然[11]	이것 생각하니 다시 시름스러운데,
胡爲尙形役[12]	어이하여 아직도 육신의 노예로 남아 있는가?

며, 가벼운 깃촉 정돈하여 바로잡을 생각하네.」(哂夏蟲之疑冰, 整輕翮而思矯)

11 충(忡): 원래는 충(沖)으로 되어 있었으나 순희본(淳熙本)과 송민본(宋閩本), 절본(浙本)에 의거하여 고쳤다.

12 형역(形役): 진나라 도연명의 〈돌아가자꾸나(歸去來辭)〉「지금껏 마음은 육체의 노예였음이여, 어찌 상심하여 홀로 슬퍼할 것인가?」(旣自以心爲形役兮, 奚惆悵而獨悲)

99. 登蘆峰

노봉에 오르다

行到蘆峰最上頭	노봉 가장 높은 곳에 이르러,
幾回振策又還休[1]	몇 번이나 채찍 들었다가 또 돌아와 쉬었던가?
因君好句撩孤興	그대 좋은 싯귀 때문에 고고한 흥취 돋우는데,
却恨雲烟未肯收	오히려 유감스럽기는 구름 안개 기꺼이 거두지 않음이라네.

1 진책(振策): 채찍질을 하는 것을 말한다. 궈치(郭齊)는 이미 산꼭대기에 이르러 길이 이미 다하였으니 다시 말에 채찍질을 하여 하늘에 올라 신선이 되고자 한 것이다고 하였다.

100. 將游雲谷約同行者[1]

운곡에서 놀고자 하여 함께 갈 사람들과 약속하다

躋險擇幽棲[2]	험한 곳 올라 그윽이 깃들 곳 찾아,
搴蘿結茅屋[3]	여라 걷어내고 띠집 얽었다네.
疏泉下石濞[4]	샘물 틔워 바위 아래로 흘러보내고,
種樹滿煙谷[5]	나무 심어 안개 낀 골짜기 가득 채우네.
時登北原上[6]	이따금 북쪽 언덕 위에 올라,
一騁千里目[7]	한번 천리에 눈길 다하네.
雲物下逶迤[8]	구름 색은 아래에서 구불구불,

1 《차의》「선생에게는 〈운곡기〉가 있는데 권77에 보인다.」(先生有雲谷記, 見七十七卷)

2 제험택유서(躋險擇幽棲): 남조 송(宋)나라 사령운(謝靈運)의 〈석문에 새로 살 곳을 짓는데 사면이 높은 산이며 시내가 감돌고 바위가 여울을 이루며 숲이 우거지고 대나무가 높게 자랐다(石門新營所住, 四面高山, 迴溪石瀨, 茂林修竹)〉「험한 곳 올라 그윽한 집 지어, 구름 쓰고 석문에 누웠다네.」(躋險築幽居, 披雲臥石門)

3 건라결모옥(搴蘿結茅屋): 당나라 두보의 〈가인(佳人)〉「계집종 구슬팔고 돌아오고, 여라 끌어당겨 띠집 고치네.」(侍婢賣珠迴, 牽蘿補茅屋)

4 석비(石濞): 《차의》「비는 권3의 4판에 보인다.」(濞見三卷四板) 그곳에는 팽비(滂濞)라는 말이 보이는데 팽배(滂湃)와도 뜻이 통하며, 물소리라는 뜻과 비가 많이 내린다는 뜻이 있다고 하였다. 그곳에서는 후자의 뜻으로 쓰였으며, 여기서는 물소리라는 뜻으로 쓰인 것 같다.

5 종수만연곡(種樹滿煙谷): 송나라 구양수의 〈여공이 지어서 보내준 시에 답하다(答呂公著見贈)〉「나무 심어 그윽한 골짜기에 가득 채우고, 샘물 틔워 맑은 못에 흘리네.」(種樹滿幽谷, 疏泉瀉淸池)

6 북원(北原): 노산 꼭대기의 작은 평지를 가리키는 것 같다. 주희의 〈운곡기(雲谷記)〉「차밭에서 동북쪽으로 가다가 높고 커다란 바위를 올라 옆에 있는 지름길로 들어서 그 아래로 울창한 것이 수십 걸음인데, 동쪽 봉우리 고개로 가서 아래로 내려가다 다시 올라가면 마침내 꼭대기에 이른다. 평평한 곳은 겨우 한 길 남짓 된다.」(自茶陂東北行, 攀危石, 履側徑, 其下蓬蓬然者數十步, 行東峰之顚, 下而復上, 乃至絶頂. 平處劣丈餘)

7 일빙천리목(一騁千里目): 당나라 왕유(王維)의 〈겨울날 유람하다(冬日游覽)〉「성 동쪽 문으로 걸어 나가, 천리 끝닿는 곳까지 눈길 다해보네.」(步出城東門, 試騁千里目)

8 운물하위이(雲物下逶迤): 운물(雲物)은 구름의 색을 말한다. 《주례·춘관·보장씨(春官·保章氏)》「다섯 가지 구름의 색으로 길흉과 홍수 가뭄, 풍년과 흉년이 내릴 해무리의 형상을 판별한다.」(以五雲之物, 辨吉凶水旱豐荒之祲象) 한나라 정현(鄭玄)의 주석 『『물』은 색을 말한다. 해 곁에 있는 구름 기운의 색을 보는 것이다.」(物, 色也. 視日旁雲氣之色) 송나라 진여의(陳與義)의 〈산재(山齋)〉「구름 색 홀연히 흩어지고, 남은 푸른 빛 저녁에 구불구불하네.」(雲物忽分散, 餘碧暮逶迤)

岡巒遠重複　　언덕과 봉우리는 멀리서 겹쳐 있다네.
暫辭忽曠歲　　잠시 떠나니 홀연히 해 환해지고,
再往恨牽俗　　다시 가니 속세에 끌림 한스럽다네.
因悲昨游侶　　때문에 지난날 함께 놀던 짝 슬퍼하나니,
或已在鬼錄[9]　　어떤 이는 이미 귀신의 명부에 있다네.
前年元履同游[10]　지난해에 원리와 함께 놀았다
暄風悟新陽　　따뜻한 바람에 새 봄임 깨닫고,
一雨欣衆綠　　한번 비 오니 뭇 푸른 색 기뻐하네.
明發君莫遲[11]　　날 밝거든 그대 늦지 말게나,
幽期我當卜　　그윽한 기약 내 점 치리라.

9 재귀록(在鬼錄): 귀록은 죽은 사람의 명부를 가리킨다. 삼국시대 위(魏)나라 문제(文帝) 조비(曹丕)의 〈또 오질에게 보내는 편지(又與吳質書)〉「그 성명을 살펴보니 이미 귀신의 명부가 되었습니다.」(觀其姓名, 已為鬼録) 진나라 도연명의 〈만사를 본떠서 짓다(擬挽歌辭)〉「어제 아침에는 다 같이 사람이더니, 오늘 아침에는 귀신의 명부에 있다네.」(昨暮同為人, 今旦在鬼錄)

10 원리(元履): 위섬지(魏掞之)로 건도(乾道) 9년인 1173년에 죽었다. 위섬지에 대해서는 권2 42번 시의 주 1)을 보라.

11 명발(明發): 《시경·소아·소완(小宛)》「날이 새도록 잠 못 이루고, 두 분만 생각한다네.」(明發不寐, 有懷二人) 주석[疏]「밝을 때부터 밤이 되면 땅이 어두워지고, 아침이 되어 밝아지면 땅이 열리어 환해진다.」(從明而至夜則地闇, 至朝而明則地開發)

101. 七月六日, 早發潭溪, 夜登雲谷, 翌旦賦此[1]

7월 6일 새벽에 담계를 출발하여 밤에 운곡에 오르고 이튿날 아침 이 시를 짓다

懷山不能寐　　산이 그리워 잠 이룰 수 없어,
中宵命行軒[2]　　한밤중인데도 수레 가기를 명하였네.
亭午息畏景[3]　　한낮에는 뙤약볕 피하여 쉬고,
薄暮登危巒　　저녁 어스름에 아찔한 봉우리에 올랐네.
峻極踰百磴[4]　　아찔하게 높은 수많은 비탈길 오르니,
縈紆欲千盤[5]　　얼기설기 천 번은 굽어 도는 듯.
行行遂曛黑　　가고 가서 마침내 날 어두워지고,
月落天風寒　　달마저 지니 하늘의 바람 차다네.
羽人候中塗[6]　　신선 중도에서 기다리고,

1 칠(七)은 원래 구(九)로 되어 있었으나 순희본과 송민본 및 절본에 의하여 고쳤다. 〈운곡기〉는 순희 2년(1175)년 7월 16일[旣望]에 지었는데, 이 시와 다음의 일련시를 지은 후에 지은 것으로 보인다. 시에서 「열흘을 머물기로 기약하였다」(淹留十日期) 하였으니 이 시를 지은 6일로부터 열흘 후가 되어 시간상으로도 맞아떨어진다. 《익증》에서는 9월 9일이라 하였으며, 「아마 을미년(淳熙 2년, 1175) 새로 회암을 지은 해인 것 같다.」(恐是乙未新作晦庵之歲)라 하였다. 《차의》「담계는 선생이 숭안 오부리에 비로소 우거하였으며, 병산 아래에 담계가 있다.」(潭溪, 先生始寓崇安五夫里, 屛山下有潭溪)라 하였다.

2 행헌(行軒): 《차의》「헌은 수레이다.」(軒, 車也)

3 정오(亭午): 진나라 손작(孫綽)의 〈천태산에서 놀다(遊天台山賦)〉에 「(해를 보는 마부인) 희화가 한낮에 이르렀다」(羲和亭午)는 구절이 있는데, 《문선》에 주석을 단 당나라의 유량(劉良)은 「정은 이르는 것이다」(亭, 至也)라 하였고, 이선(李善)은 「오는 한낮이다」(午, 日中也)라 하였다.
외경(畏景): 당나라 유언사(劉言史)의 〈광주의 왕원사에서 복날 있던 일을 그대로 적어 북중의 친구들에게 부치다(廣州王園寺伏日即事, 寄北中親友)〉「굽은 못 찌니 햇볕 두렵고, 높은 누각에는 약한 바람 끊겼네.」(曲池煎畏景, 高閣絶微飇)

4 준극(峻極): 《시경·대아·높다람(崧高)》「높다랗게 오산(嶽山), 하늘에 치솟아 있네.」(崧高維嶽, 駿極于天) 준(駿)은 준(峻)과 뜻이 통한다.

5 천반(千盤): 송나라 소식의 〈범경인이 낙중을 유람함에 전송하다(送范景仁遊洛中)〉「지난 해 만리 길 떠났는데, 촉으로 가는 길 천 갈래 돌아가네.」(去年行萬里, 蜀路走千盤)

6 우인(羽人): 진나라 왕가(王嘉)의 《습유기(拾遺記)》「소왕이 즉위한 지 20년째 되던 해에 왕이 기명의 방에 앉았다가 낮에 선잠이 들었는데, 불현듯 꿈에 흰 구름

良朋集林端	좋은 친구들 숲 끝에서 만났다네.
問我何所迫	내게 묻기를 무엇이 그리 급박하여,
而嘗玆險艱	그대 이 험한 길 맛보는가 하네.
疲勞旣云極	피로 이미 극도에 달했다 하고,
飢渴不能言	배고프고 목말라 말도 할 수 없네.
投裝臥中丘	행장 풀고 언덕 가운데 누우니,
幸此一室寬	다행히도 이곳 방 하나 널찍하다네.
怒號竟永夕[7]	긴 밤 다하도록 성나 부르짖는 소리에,
客枕無時安	나그네 잠자리 편할 때가 없다네.
旦起闢幽戶	아침에 일어나 그윽한 문 열고 보니,
竹樹靑檀欒[8]	푸른 대는 빼어나게 아름답네.
驚喜非昔覩	놀랍고 기쁨 옛날 보던 것 아님이고,
披尋得新觀	새로운 구경거리 헤쳐서 찾았네.
淹留十日期	열흘을 머물기로 기약하니,
俯仰有餘歡	고개 드나 숙이나 즐거움 한이 없네.
寄語後來子	나중에 오는 이에게 한 말 부치노니,
勿辭行路難	가는 길 험난함 사양치 마시게.

이 뭉게뭉게 일고 어떤 사람들이 있었는데 모두 깃털이 있어서 우인이라고 이름 지었다.」(昭王即位二十年, 王坐祇明之室, 晝而假寐, 忽夢白雲蓊蔚而起, 有人衣服皆毛羽, 因名羽人)

7 노호(怒號): 《장자·제물론(齊物論)》「대저 천지가 숨쉬는 것을 바람이라고 한다. 이게 일지 않으면 그뿐이지만 일단 일었다 하면 온갖 구멍이 다 성난 듯 부르짖는다.」(夫大塊噫氣, 其名爲風. 是唯無作, 作則萬竅怒呺) 호(呺)는 호(號)와 뜻이 통하며 바람 소리라는 뜻이다. 당나라 두보의 〈초가집이 가을 바람에 부서지다(茅屋爲秋風所破歌)〉「팔월 가을 하늘 높은데 바람 성난 듯 울부짖더니, 우리 집 지붕 위의 세 겹 이엉 말아 올려 버렸네.」(八月秋高風怒號, 卷我屋上三重茅)

8 단란(檀欒): 빼어나게 아름다운 모양. 시문에서 주로 대나무를 형용할 때 쓴다. 한나라 매승(枚乘)의 〈토원(兔園賦)〉「긴 대나무 아리따운데 못물 끼고 토원 두르네.」(脩竹檀欒, 夾池水, 旋兔園) 남조 송나라 사조(謝朓)의 〈저작랑 공융(孔融)의 팔공산 시에 화답하다(和王著作八公山)〉「멀리 바라보니 갖은 나무 일어나 있고, 아름답게 긴 대나무 그늘 드리우네.」(仟眠起雜樹, 檀欒蔭脩竹) 《문선》에 주석을 단 당나라의 여연제(呂延濟)는「단란은 대나무가 아름다운 모양이다.」(檀欒竹美貌)라 하였다. 당나라 왕유(王維)의 〈심씨네 종형제 중 14번째 습유의 새 대나무가 난 경서를 읽는 곳에서 여러 공들과 함께 짓다(沈十四拾遺新竹生讀經處同諸公之作)〉「한가로이 거처하니 날마다 맑고 깨끗한데, 긴 대나무 절로 아름답다네.」(閒居日淸靜, 脩竹自檀欒)

102~127. 雲谷二十六詠[1]

운곡을 스물여섯 수로 읊음

102 雲谷[2]	운곡
寒雲無四時	차가운 구름 사철 없이,
散漫此山谷	이 산골짜기로 자욱이 흩어지네.
幸乏霖雨姿[3]	다행히 단비의 맵시 없으니,
何妨媚幽獨[4]	그윽하고 적막한 곳 좋아함 무엇 거리끼리오.

1 운곡은 복건성 건양현 서북쪽 70리 지점에 있는 노봉의 꼭대기로, 순희 2년(1175) 7월에 주희가 거기에 초당을 짓고 회암이라고 하였다. 이곳은 북으로 숭안과 80여 리, 남으로는 건양의 후산(後山)과 20여 리 떨어진 곳으로 산세가 높고 험하며 푸른 등성이가 둘러싸고 있어 풍경이 매우 아름다워 주희가 늘 친구들과 함께 와서 놀던 곳이다. 회암을 지은 후 주희는 일찍이 자녀들을 다 출가시킨 후에 이 산에서 여생을 다하고자 하였으나 실행하지 못하였다.

《차의》「〈운곡〉 이하의 제목은 모두 기문 속에 보이니 기문과 함께 참고하여 보아야 한다.」(雲谷以下題目, 幷見記中, 當與記文參看)

2 《차의》「이 시는 선생의 자서에서 이른바 〈희홍첩〉에 있는 것이므로 함께 기록하여둔다. 건양과 숭안 사이에는 큰 산이 가로 솟았으며 봉우리와 뫼가 특히 빼어났다. 내 일찍이 그 꼭대기의 자그마한 평평한 곳에 초가집을 지은 적이 있는데 매번 갠 날 낮이면 흰 구름이 창문 사이로 모여 들어와 문득 지척도 분간하지 못하였으며 일찍이 작은 시를 지어 말하기를『한가로운 구름 사철 없고……』라 하였다. 산을 내려온 지 여러 달이 되도록 가만히 이 시를 욀 때마다 슬피 자실하지 않은 적이 없었다. 지금 미공이 좌후를 위해 장난삼아 지은 횡권을 살펴보니 은은하게 옛 시를 지은 곳은 아마도 이미 제3, 4 봉우리 사이에 있었던 것 같다. 또 여러 명승지에 대해 옛날에 상상하여 지은 것을 두루 살펴보니 그 사람이 더욱 깊이 탄식한 것 같다. 순희 음력 5월 29일 신안의 주희 중회보가 강동도원에서 적다. ○ 이 서는 《대전》에는 빠져 있는데 그 까닭을 모르겠다.」(此詩先生自序所謂在戲鴻帖, 故幷錄之. 建陽崇安之間, 有大山橫出, 峰巒特秀. 予嘗結茅其巓小平處, 每當晴晝, 白雲坌入牕牖間, 輒咫尺不辨. 嘗題小詩云, 閑雲無四時云云. 下山累月, 每竊諷此詩, 未嘗不悵然自失. 今觀米公所爲左侯戲作橫卷. 隱隱舊題, 似已在第三四峰間也. 又得幷覽諸名勝舊題想像, 其人益深嘆息. 淳熙中夏二十九日新安朱熹仲晦父書于江東道院○此序逸于大全, 未知其故) 《익증》「이 글을 자세히 살펴보면 미원장의 산수화 발문인 것 같으며 시의 서문은 아니다. 강동 도원에서 썼다는 것은 남강에 있을 때 지은 것이며, 순희 아래에는 기해나 경술의 2자가 탈락된 것 같다.」(詳此文似是米元章山水畫跋, 非詩序也. 書于江東道院則在南康時所作, 而淳熙下似脫己亥或庚戌二字)

3 임우(霖雨): 《서경·열명(說命)》「큰 시내를 건넌다면 너를 배와 노로 삼을 것이고, 큰 가뭄이 든 해라면 너를 단비로 삼겠다.」(若濟巨川, 用汝作舟楫, 若歲大旱, 用汝作霖雨) 이로 인해 나중에는 임우를 세상을 구제하는 신하를 가리키게 되었다. 주희 자신은 제세(濟世)의 재주가 없다는 겸양적인 표현이다.

4 유독(幽獨): 그윽하고 적막한 곳을 말한다. 당나라 이

103 南澗[5] 남간

危石下崢嶸 아찔한 바위 아래로 삐죽삐죽 가파르고,
高林上蒼翠 높은 숲 위로 푸르게 우거졌네.
中有橫飛泉 그 가운데 가로 날리는 샘 있어,
崩奔雜奇麗[6] 솟구쳐 올라 섞이어 기이하고 아름답네.

104 瀑布[7] 폭포

峰回危逕轉 봉우리 아찔한 오솔길 돌아 꺾이는데,
垂練忽千尋[8] 드리운 깁 홀연 천 길은 되네.

백의 〈심양의 자극궁에서 가을이 느껴워서 짓다(尋陽紫極宮感秋作)〉「고요히 앉아 만물의 변화를 관찰하여 보니, 넓고 커 그윽하게 혼자서 반할 만하네.」(靜坐觀衆妙, 浩然媚幽獨)

5 〈운곡기〉「시내에는 커다란 돌들이 서로 기울어 있고, 시냇물은 그 사이로 세차게 부딪치며 흘러가는데 그 소리가 산골짜기를 진동한다. 외지에서 온 사람이 여기에 이르면 이미 정신이 맑고 상쾌해져서 보통 사람의 경지와 다름을 느끼기 때문에 『남간』이라는 방패를 써 붙여 유람이 시작되는 곳임을 기록했다. …… 서암과 남봉의 두 산에서 발원하는 물은 그 앞에서 합해지고 나아가 남간이 된다.」(兩原之水合於其前, 出爲南澗……澗中巨石相倚, 水行其間, 奔迫澎湃, 聲震山谷. 自外來者至此, 則已神觀蕭爽, 覺與人境隔異, 故牓之曰'南澗', 以識遊者之所始)

6 기려(奇麗): 〈운곡기〉「시내 서쪽으로는 아찔한 바위가 비스듬히 서 있는데, 이끼가 싸고 있고 덩굴이 얽혀 있으며 아름다운 나무와 기이한 풀들이 그 위를 뒤덮고, 물은 그 아래에서 흘러나와 활처럼 흩어지니 계곡의 시내에서 특히 그윽하고 아름답다.」(澗西危石側立, 蘚封蔓絡, 佳木異草, 上偃旁綴, 水出其下, 淙散激射, 於澗中特爲幽麗)

7 〈운곡기〉「이곳에서 북쪽으로 가면, 서너 곳의 폭포수를 만나는데, 높은 곳은 대여섯 길에 이른다. 그 모이고 흩어지며 넓고 좁음이 각기 자태를 지니고 있어 모두 정자를 지어 그 흥취를 감상할 만하다. 또 북쪽으로 계곡을 벗어나 산을 따라 가다 동쪽으로 꺾어 들어가면 다리 아래 풀과 나무들이 뒤엉켜 그 깊이를 알 수가 없다. 그 아래에서 들려오는 물소리는 우레와 같으니, 아마도 경치가 아름다운 곳이 있을 것이지만, 역시 찾아갈 겨를이 없다. 백 걸음쯤 가면 돌벽이 있는데, 높이와 넓이가 모두 백 여 척이다. 폭포는 한 중간에서 쏟아지는데, 멀리서 바라보면 마치 흰 명주를 드리운 듯하다. 계곡의 시내에서 본 여러 폭포 중 가장 길다.」(自此北去, 歷懸水三四處, 高者至五六丈, 聚散廣狹, 各有姿態, 皆可爲亭, 以賞其趣. 又北, 捨澗循山, 折而東行, 脚底草樹膠葛, 不可知其淺深. 其下水聲如雷, 計應猶有佳處, 而亦未暇尋也. 行數百步, 得石壁, 高廣皆百餘尺. 瀑布當中而下, 遠望如垂練, 視澗中諸懸水爲最長)

8 수련(垂練): 련(練)은 깨끗한 흰 색의 비단으로, 주로 강하(江河)를 형용할 때 쓰인다. 남조 송나라 사조(謝朓)의 〈저녁에 삼산에 올라 서울을 바라보다(晩登三山還望京邑)〉「남은 놀은 흩어져 비단이 되고, 맑은 강은 비단 같이 고요하네.」(餘霞散成綺, 澄江靜如練) 수련(垂練)은 폭포를 가리킨다. 당나라 두우(杜佑)의 〈두성 교외의 거처에서 왕처사가 산을 뚫어 샘물을 끌어낸 기문(杜城郊居王處士鑿山引泉記)〉「걸린 폭포에서는 깁 드리우고 흔들리며 갠 하늘을 당기고 있다.」(懸布垂練, 搖曳晴空) 위 60번 시의 주 6)도 참조하기 바람.

천심(千尋): 심은 옛날의 도량형 단위로 8척(尺)을 가리킨다.

不爲登山倦　　산에 오름 피곤하지 않아,
躊躇秋澗陰　　가을 시내의 그늘 서성이네.

105 雲關　　운관
白雲去復還　　흰 구름 가는 듯 돌아오고,
黃塵到難入　　누런 먼지는 들어오기 힘드네.
只有澗水聲　　다만 시내의 물소리만이,
出關流更急　　관문 나가 더욱 급히 흐르네.

106 蓮沼　　연소
亭亭玉芙蓉[9]　　꼿꼿한 옥 같은 연꽃,
逈立映澄碧　　멀리 맑고 푸름 비추며 서 있네.
只愁山月明　　다만 근심하노니 산의 달 밝아,
照作寒露滴　　비추어 차가운 이슬 방울 되네.

107 杉逕　　삼경
南起雲關口[10]　　남쪽에서 구름 관문 입구에서 일더니,
縈紆上草堂[11]　　초당 위에서 얽히었다네.
天風發淸籟[12]　　하늘의 바람은 맑은 피리 소리 내고,

9 정정(亭亭): 정정은 솟은 모양을 나타내는 의태어이다. 송나라 주돈이(周敦頤)의 〈연꽃을 사랑함에 대하여(愛蓮說)〉「꼿꼿하게 깨끗이 서 있어 멀리서 바라볼 수는 있어도 함부로 가지고 놀 수는 없다.」(亭亭淨植, 可遠觀而不可褻玩焉) 또는 예쁘고 아름다운 모양을 나타내기도 한다.
옥부용(玉芙蓉): 흰 연꽃을 말한다.

10 남(南): 《고이》에서는「새벽 신」(晨)자로 된 판본도 있다고 하였다.

11 영우(縈紆): 빙빙 돌아 구부러진 것을 말한다.

12 청뢰(淸籟): 《장자·제물론(齊物論)》「자유가 말했다. 『땅의 퉁소는 여러 구멍이고, 사람의 퉁소는 나란한 대나무피리일 따름이군요. 감히 묻건대 하늘의 퉁소는 무엇입니까?』 남곽자기(南郭子綦)가 말했다. 『대체로 온갖 것을 불어 그 소리가 달라도 각기 그 스스로 내게 하는 것이다. 모두가 그 스스로 취하고는 있다지만 사나운 것은 누구이겠는가?』」(子游曰, 地籟則衆竅是已, 人籟則比竹是已, 敢問天籟? 子綦曰, 夫吹萬不同, 而使其自己也, 咸其自取, 怒者其誰耶) 주석에서 뢰(籟)는 피리[簫]라고 하였다. 여기서는 산 사이의 맑은 소리를 말하였다.

山月度寒光 산의 달 차가운 빛 쏘아대네.

108 雲莊[13] 운장
小丘橫翠几 작은 언덕에 비취빛 안석 가로 놓여 있고,
層嶂復嵯峨[14] 겹겹이 포개진 높은 산 다시 울쑥불쑥하네.
釋耒閑來看 쟁기 놓고 한가로이 보니,
巖姿此處多[15] 바위 같은 자태 이곳에 많다네.

109 泉硤[16] 천협
入關但平田 관문 들어서니 다만 평평한 밭인데,
復此得清響 다시 이곳에서 맑은 울림 얻었다네.
何必問眞源 어찌 반드시 참된 근원 물어야 하리,
神襟一蕭爽 마음속 생각 한번 상쾌하다네.

110 石池 석지
南岸蒼峭石 남쪽 언덕의 푸르게 가파른 바위,
護此碧泓寒[17] 이 시퍼런 차가운 웅덩이 지키네.
秋月來窺影 가을 달 와서 그림자 엿보고,
驪珠吐玉盤[18] 여룡의 구슬 옥 쟁반에 뱉네.

13 운장(雲莊): 구름이 웅장하게 모여 있는 것을 말한다. 당나라 이옹(李邕)의 〈역하의 고성에 있는 원외의 새 정자에 오르다(登歷下古城員外新亭)〉「태산은 지리에 웅장하고, 거대한 골짝은 웅장한 구름에 아득하네.」(太山雄地理, 巨壑渺雲莊) 〈운곡기〉「서쪽으로 작은 산을 따라 올라가면 중턱의 언덕에 도달한다. 연못 위에 전답 몇 무가 있는데, 그 동편에 몇 칸짜리 전사를 짓고 『운장』이라 이름 하였다.」(西循小山而上, 以達于中阜. 沼上田數畝, 其東欲作田舍數間, 名以雲莊)

14 차아(嵯峨): 높고 험한 모양을 나타내는 의태어.

15 암자(巖姿): 기암괴석을 가리키는 말.

16 천협(泉硤): 《차의》「협(硤)은 〈운곡기〉에는 협(峽)으로 되어 있다.」(硤, 雲谷記作峽)

17 벽홍(碧泓): 《차의》「홍은 아래가 깊은 모양이다. 또 물이라는 뜻이다.」(泓, 下深貌. 又水也)

18 여주(驪珠): 검은 용의 턱밑에 있는 구슬. 흔히 아주 진귀한 물건 또는 아주 「진귀한 문구」라는 뜻으로 비유됨. 《장자·열어구(列禦寇)》「큰 강 곁에 가난하게 살면서 쑥을 엮어 팔아서 살아가는 사람이 있었는데, 그 아들이 못에 빠졌다가 천금이나 나가는 구슬을 하나 주워

111 山楹[19] 산영
山楹一悵望 산 기둥 한번 슬피 바라보니,
恨此雲迷谷 이것 구름 골짝에서 잃음 한스럽네.
仙人不可期 신선 기약할 수 없고,
縹渺雙髻綠[20] 까마득히 두 산봉우리만 푸르네.

112 藥圃 약포
長鑱斸靈根[21] 긴 보습으로 신령스런 뿌리 캐내어,
蒔此泉下圃[22] 이곳 샘 아래 채마밭에 옮겨 심네.
珍劑未須論 진기한 조제 논할 필요 없이,
丹荑已堪煮[23] 붉은 싹 이미 삶을 만하네.

113 井泉 정천
山高澤氣通[24] 산 높고 못에 기운 통하니,

가지고 왔다. 그 아버지가 아들에게 말하기를『돌을 가지고 그것을 깨어버려라! 천금이나 나가는 구슬은 반드시 깊은 못 검은 용의 턱밑에 있는 것인데, 네가 그 구슬을 주워 올 수 있었던 것은 반드시 그 놈이 잠자고 있는 틈을 만났기 때문이다. 만약 검은 용이 잠을 깼다면 네가 어찌 아직도 살아 있을 수 있겠느냐?』라 하였다.」(河上有家貧恃緯蕭而食者, 其子沒於淵, 得千金之珠. 其父謂其子曰, 取石來鍛之! 夫千金之珠, 必在九重之淵而驪龍頷下, 子能得珠者, 必遭其睡也, 使驪龍而寤, 子尙奚微之有哉?)

19 산영(山楹): 산의 암석을 뚫어 만든 석실을 말한다. 〈운곡기(雲谷記)〉「산 기둥 앞에는 두 봉우리가 곧게 솟았는데 가파르게 솟은 것이 특히 우뚝하다.」(山楹前直兩峯, 峭聳傑立)

20 쌍계(雙髻): 권1 149번 시의 주 1)을 보라.

21 장참(長鑱): 참(鑱)은 쟁기의 술바닥에 맞추는 쟁기날, 곧 보습을 말한다. 당나라 두보의 〈건원 연간에 동곡현에 우거하면서 짓다(乾元中寓居同谷縣作)〉 일곱 수 중 둘째 시「삽이여! 긴 삽이여! 흰 나무로 자루 만든, 나의 목숨 너에게 맡기고 살아가네.」(長鑱長鑱白木柄, 我生託子以爲命)
영근(靈根): 곧 선초(仙草)를 가리킨다.

22 시(蒔): 옮겨 심는 것을 말한다. 《차의》「《운회》에서는 바꾸어서 다시 심는 것이다라 하였고, 또한 심어서 세우는 것이다라고 하였다.」(韻會, 更別種也, 又植立也)

23 단이(丹荑): 《차의》「이는 갓 난 풀이다.」(荑, 初生草也) 여기서는 약초의 새싹을 가리킨다. 진(晉)나라 곽박(郭璞)의 〈신선세계에 놀다(遊仙詩)〉「샘에 다가가 맑은 물 뜨고, 언덕에서 붉은 싹 줍는다네.」(臨源挹淸波, 陵岡掇丹荑)

24 산고택기통(山高澤氣通): 《주역·설괘전(說卦傳)》「산과 못이 기운을 통한 다음이라야 변화할 수가 있어 만물을 다 이루어 놓는다.」(山澤通氣, 然後能變化, 旣成萬物也)

石竇飛靈液[25]	돌구멍에서 신령스런 진액 날리네.
黙料谷中雲	잠자코 골짜기의 구름 생각해보니,
多應從此出	거의 이곳에서 나오리라.

114 西寮[26]	서료
畬田種胡麻[27]	따비밭에 호마 심어,
結草寄林樾[28]	풀 엮어 숲 그늘에 부쳤네.
珍重無心人	진중하도다 무심한 사람이여,
寒棲弄明月	쓸쓸한 산골집에 살면서 밝은 달을 즐기네.

115 晦菴[29]	회암
憶昔屛山翁[30]	옛날 병산의 늙은이 생각하여보니,

25 영액(靈液): 당나라 이정봉(李正封)의 〈이슬을 읊음(詠露)〉「펄펄 신령한 액 무겁고, 구름 겉으로 떨어지는 소리 없다네.」(霏霏靈液重, 雲表無聲落)

26 서료(西寮): 진나라 좌사(左思)의 〈위나라의 도읍(魏都賦)〉「우레와 비 깊고 어둑하게 채 반도 못 미쳤는데, 밝은 해 비단 창에서 빛 싸고 있네.」(雷雨窈冥而未半, 皦日籠光於綺寮)《문선》당나라 여향(呂向)의 주석「료는 창이다.」(寮, 窓也)〈운곡기〉「서암에는 수 십 무의 땅이 있으며, 역시 도가류의 은자들이 띠를 엮어 살면서 경작을 하고 있는데,『서료』라 하였다.」(西崦有地數十畝, 亦有道流結茅以耕其間, 曰西寮)

27 사(畬): 화전(火田)을 말한다.《차의》에서는「3년간 일군 밭이다.」(三歲治田也)라고 하였다.

호마(胡麻): 참깨이다. 한나라 때 장건이 서역에서 들여왔다 하여 이렇게 부른다. 송나라 주승비(朱勝非)의《감주집(紺珠集)》권10「한나라 명제 때 유신과 완조 두 사람이 함께 천태산에 들어갔다가 길을 잃고 먹을 것이 떨어졌는데 시냇물에 잔이 하나 떠내려 오는 것이 보였으며 그 안에는 호마로 지은 밥이 들어 있어서 가져다 먹었다. 이에 물을 거슬러 올라 찾아가보았더니 두 여인이 서로 돌아보며 서방님이라고 부르는 것이 보였다.」(漢明帝時, 劉晨阮肇二人, 同入天台, 迷道乏食, 見澗流一杯, 中有胡麻飯, 取食之. 因泝水尋訪, 見二女相顧, 呼爲郎)《남사(南史)》권50〈유규전(劉虬傳)〉「유규의 자는 영예이다. …… 송나라 태시 연간에 출사하여 진평왕의 표기기실과 당양령이 되었다. 관직을 그만두고 집의 조용한 곳으로 돌아와 늘 사슴가죽 겹옷을 입고 곡기를 끊고 출(朮) 및 호마만 먹었다.」(劉虬字靈預……宋泰始中, 仕至晉平王驃騎記室、當陽令. 罷官歸家靜處, 常服鹿皮袷, 斷穀, 餌朮及胡麻)《익증》「호마는 일명 거승이라고도 한다.」(胡麻一名巨勝) 진나라 갈홍(葛洪)의《포박자·선약(仙藥)》「거승은 일명 호마라고 하는데 복용하면 늙지 않는다.」(巨勝一名胡麻, 餌服之不老)

28 임월(林樾): 길가의 숲이 그늘진 곳.

29〈운곡기〉「운곡은 건양현의 서북쪽 70리에 있는 노산의 진산으로, 지대가 가장 높아 여러 봉우리들 위에 웅크리고 있으며 중간의 언덕배기들은 아래로 웅크리고 있고 안은 넓고 밖은 빽빽하여 절로 한 구역이 된다. 비록 맑은 날 한낮이라도 흰 구름이 모여 들면 지척간도 분별할 수 없다. 문득 아찔하게 변화하면 또 확 트여 간 곳을 알지 못한다. 건도 경인년(1170)에 처음으로

示我一言教[31]　나에게 한 마디 가르침 보여주셨네.
自信久未能　오래도록 잘하지 못함 스스로 믿었거늘,
巖棲冀微效[32]　바위 틈에 거처하며 작은 효과 드러나기 바라네.

116 草廬　초려

青山繞蓬廬　푸른 산 쑥 오두막 두르고,
白雲障幽戶　흰 구름은 깊은 지게문 막고 있네.
卒歲聊自娛　해 다하도록 애오라지 스스로 즐길 것이니,
時人莫留顧[33]　세상 사람들 마음에 두고 돌아보지 말게나.

117 懷仙[34]　회선

西望多奇峰　서쪽 바라보니 기이한 봉우리 많은데,
北瞰獨仙府[35]　북쪽 보니 신선의 관부 뿐이네.
欲致武夷君[36]　무이군께 드리고자 하여,

…… 그 곳에 갔다가 거기에 초당을 짓고 『회암』이라 이름 하였다. …… 중턱의 언덕 아랫자락에서 곧장 북쪽의 천협(泉峽)으로 들어가 석지(石池)·산기둥(山楹)·약포와 정천·동료의 서쪽을 거쳐 남쪽으로 돌아 대숲으로 들어가면 세 칸짜리 초당이 나오는데, 바로 회암이다.」(雲谷在建陽縣西北七十里蘆山之顚, 處地最高, 而羣峰上蟠, 中阜下踞, 內寬外密, 自爲一區. 雖當晴晝, 白雲坌入, 則咫尺不可辨, 眩忽變化, 則又廓然莫知其所如往. 乾道庚寅, 予始得之, 因作草堂其間, 牓曰晦菴……徑緣中阜之足北入泉峽, 歷石池, 山楹, 藥圃, 井泉, 東寮之西, 折旋南入竹中, 得草堂三間, 所謂晦菴也)

30 병산옹(屛山翁): 주희의 스승인 유자휘(劉子翬)의 호.

31 일언교(一言教): 병산(屛山) 유자휘(劉子翬)는 주희의 자를 지어준 글[字詞]에서 「나무는 뿌리에 감추었다가 봄이 오면 아름답게 잎을 피우고, 사람은 몸 안에 깊이 감추었다가 신령스런 맘 안에다 살찌운다네.」(木晦於根, 春容曄敷, 人晦於身, 神明內腴)라 하였다.

32 암서(巖棲): 나무 둥지와 바위 구멍에 거처하는 것을 말한다. 남조 송나라 사령운(謝靈運)의 〈산거부의 서문(山居賦序)〉「옛날에 나무에서 살고 바위 구멍에서 처하는 것을 암서라고 하였다.」(古巢居穴處曰巖棲) 여기서는 은거하는 것을 가리킨다.

33 유고(留顧): 《차의》「고자는 삼고에서 왔다.」(顧字從三顧來)

34 회선(懷仙): 《차의》「석대의 이름이다.」(石臺名) 〈운곡기〉「집 뒤에는 풀을 엮은 오두막을 지었는데, 위로 조금 올라가 산 정상에서 북쪽을 바라보면 무이산의 여러 봉우리가 굽어보인다. 정자를 지어 조망하고 싶지만, 바람 때문에 오래 견딜 수 없을 것이므로 석대를 만들고 이름을 『회선』이라 했다.」(堂後結草爲廬, 稍上山頂北望, 俯見武夷諸峰. 欲作亭以望, 度風高不可久, 乃作石臺, 名以懷仙)

35 선부(仙府): 《익증》「신선의 관부이다.」(神仙之官府) 《차보》「무이산은 예로부터 신선들이 집으로 삼은 곳이라 하여 이렇게 말하였다.」(武夷山自古稱仙人所館故云)

36 무이군(武夷君): 권1 28번 시의 주 1)과 권2 159번 시의 주 7)에 보인다.

石壇羅桂醑[37] 돌 단에 계수나무 술 차려놓았다네.

118 揮手[38] 휘수

山臺一揮手[39] 산의 대에서 한번 손 휘저어,

從此斷將迎[40] 이로부터 보내고 맞는 일 끊었다네.

不見塵中事 속세의 일 보이지 않고,

惟聞打麥聲[41] 들리느니 보리 타작하는 소리 뿐.

119 雲社[42] 운사

自作山中人 스스로 산 속의 사람 되어,

---

37 계서(桂醑): 《차의》「계수나무로 빚어서 만든 술이다.」(以桂釀作酒) 여기서는 그냥 미주(美酒)를 가리키는 말로 쓰였다.

38 휘수(揮手): 《차의》「대의 이름이다.」(臺名) 한나라 유향(劉向)의 《열선전·왕자교(列仙傳·王子喬)》「(왕자교가 桓良에게)『우리 집에다 7월 7일에 나를 구지산의 입구에서 기다리라고 전해주게.』과연 흰 학을 타고 산 언덕에 머물렀는데 바라볼 수는 있어도 다다를 수는 없었다. 손을 들어 당시 사람들에게 작별을 하고 여러 날 만에 떠났다.」(告我家於七月七日待我於緱氏山頭. 果乘白鶴駐山, 望之不到. 擧手謝時人, 數日而去) 〈운곡기〉「작은 산의 동쪽으로 산허리를 감싸고 있는 작은 길이 있는데, 대나무 숲을 뚫고 남쪽으로 나와 다시 서쪽으로 내려가면 산 앞에 퇴락한 마을과 우물이 보이는데 한적하여 오히려 그 수를 셀 수 있을 정도이다. 그러나 집을 짓기에는 좁아 다시 대를 지어 이름을 『휘수』라 했다.」(小山之東, 徑繞山腹, 穿竹樹, 南出而西下, 視山前村墟井落, 隱隱猶可指數. 然亦不容置屋, 復作臺, 名以揮手)

39 휘수(揮手): 이별을 말한다.

40 장영(將迎): 보내고 맞는 일을 말한다. 《장자·지북유(知北游)》「안연이 공자에게 물었다. 『제가 일찍이 선생님께 듣기를 가는 것을 전송하지 않고 오는 것을 맞지 않는다 하였는데, 제가 감히 여쭙건대 어떡하면 그 경지에서 노닐 수 있겠습니까?』…… (공자가 말하였다)『다만 사람을 손상하지 않는 자라야만 세상 사람과 서로 맞고 보낼 수가 있는 것이다.』」(顔淵問乎仲尼曰, 回嘗聞諸夫子曰, 无有所將, 无有所迎. 回敢問其遊……唯无所傷者, 爲能與人相將迎)

41 타맥성(打麥聲): 송나라 증조(曾慥)의 《유설(類說)》 권3「왕로라는 사람은 시골에서 살면서 도를 흠모하였다. 어떤 늙은 도사가 그 집으로 가서 달포를 머물렀는데 온 몸이 종기 투성이었다. 왕로에게 말하기를 술 여러 휘를 얻어 담그기만 하면 나을 수 있다하여 마침내 독 가득 술을 채워주었다. 도사는 독 가운데 앉더니 사흘이 되어서야 바야흐로 나왔는데 수염과 머리가 모두 동자처럼 새까맸다. 왕로에게 말하기를『이 술을 마실 수 있으면 신선이 되어 떠날 수 있다.』고 하였다. 이때 바야흐로 보리를 타작하고 있었는데, 왕로의 온 집안사람이 그것을 마시자 순식간에 모두 취하였다. 별안간 바람이 불고 구름이 일더니 일시에 몸이 가벼워져서 들리었으며, 집의 닭과 개도 모두 공중으로 떠올랐는데 아직도 보리를 타작하는 소리가 들렸다.」(王老者, 村居慕道. 有老道士造之, 留月餘, 忽徧身瘡瘍. 謂王老曰, 得酒數斛浸之即愈, 遂為置酒滿瓮. 道士坐瓮中, 三日方出, 鬚髮皆黑顏如童子. 謂王老曰, 能飲此酒, 可以仙去. 時方打麥, 王老全家飲之, 須臾皆醉. 忽風動雲蒸, 一時輕擧, 舍屋雞犬, 皆去空中, 猶聞打麥聲) 당나라 심분(沈汾)의 《속선전(續仙傳)》 등에도 보인다.

卽與雲爲友	곧 구름과 벗 되었다네.
一嘯雨紛紛	한번 휘파람에 비 좍좍 내리니,
無勞三奠酒[43]	세 번씩 술 올릴 수고 않아도 되네.

120 桃蹊[44]	도혜
澗裏春泉響[45]	시내에서 봄 샘 소리 울리는데,
種桃泉上頭	샘 가에 복숭아나무 심었다네.
爛紅紛委地[46]	흐드러진 붉은 꽃잎 어지러이 땅에 맡겨,
未肯出山流[47]	산 밖으로 흘러나가려 하지 않는다네.

121 竹塢	죽오
悄蒨桃蹊北[48]	아름다운 복숭아 오솔길 북쪽에,
蕭槮竹塢深[49]	대나무 둑 빽빽하고 깊구나.
不堪秋夜永	가을 밤 긺 견디지 못하겠는데,
風雨助悲吟	비바람이 슬피 읊조림 돕는다네.

42 〈운곡기〉「산등성이를 따라 남쪽으로 내려오면 옆으로 가는 지름길을 만난다. 지름길 남쪽이 바로 계곡 입구의 작은 산이고, 그 위의 조금 평평한 곳은 밭을 일구는 농부들이 기우제를 지내던 곳이어서 이름을『운사』라 했다.」(南循岡脊下, 得橫徑. 徑南卽谷口小山, 其上小平, 田畯卽以祈年, 因命之曰雲社)

43 삼전주(三奠酒): 《차의》「비를 기원하여 신에게 예를 올리는 것을 이른다.」(謂祈雨而禮神也)

44 도혜(桃蹊): 《사기·이광전(李廣傳)》「복숭아와 자두나무는 말을 않지만 그 아래에는 절로 길이 생긴다.」(桃李不言而下自成蹊) 《기의(記疑)》에서는「시내 계」(溪)자가 되어야 할 것이라고 하였다.

45 리(裏): 《고이》에서는「동녘 동」(東)자로 된 판본도 있다고 하였다.

46 란(爛): 순희본(淳熙本)에는「어지러울 란」(亂)자로 되어 있다.

47 미긍출산류(未肯出山流): 《익증》「은연중에 무릉도원의 전고를 쓴 것이다.」(暗用武陵桃源事) 진나라 도연명의 〈도화원의 기문(桃花源記)〉「진나라 태원 연간에 무릉 사람으로 고기를 잡는 것을 업으로 삼는 사람이 시내를 따라 가다가 길의 원근을 잃어버렸다. 갑자기 복사꽃이 숲 양쪽 언덕을 끼고 있는 것을 만났는데 수백 보 내에 다른 나무라고는 없었으며 향기로운 꽃이 매우 아름다웠고 꽃잎이 떨어져 펄펄 날렸다. 어부는 매우 기이하게 생각하였다.」(晉太元 中, 武陵人捕魚爲業, 緣溪行, 忘路之遠近. 忽逢桃花林夾岸, 數百步中無雜樹, 芳華鮮美, 落英繽紛. 漁人甚異之)

48 초천(悄蒨): 「峭蒨」이라고도 하며, 초목이 무성하고 아름다운 모양, 또는 선명한 모양. 《문선》 진나라 좌사(左思)의 〈은자를 부름(招隱詩)〉「빽빽하고 아름다운 사이로, 대나무며 잣나무 그 참모습을 얻었네.」(悄蒨青葱間, 竹栢得其眞)

49 소삼(蕭槮): 「橚槮」이라고도 하며 나무가 긴 모양을 말하는데, 여기서는 초목이 무성하게 우거진 모양이라는 뜻으로 쓰였다. 권2 84번 시의 주 20)을 보라.

122 漆園[50] 칠원

舊聞南華仙[51] 옛날에 듣자하니 남화의 신선,
作吏漆園裏 옻나무 동산에서 관리 지냈다 하네.
應悟見割憂[52] 베이는 근심 응당 깨달아,
嗒然空隱几[53] 멍하게 공연히 책상에 기대어 있네.

123 茶坂 다판

携籯北嶺西[54] 광주리 들고 북령의 서쪽에서,
采擷供茗飮 마실 차 따서 이바지 하네.
一啜夜窓寒 한 모금 마시니 밤 창 차가운데,
跏趺謝衾枕[55] 책상다리 하고 앉아 이불과 베개 마다하네.

124 絶頂 절정

當年赫曦臺[56] 그 해의 혁희대,

50 칠원(漆園): 《사기·장주열전(莊周列傳)》「장자라는 사람은 몽이란 땅의 사람으로 이름은 주이다. 장주는 일찍이 몽의 국가의 옻나무 동산을 관리하는 관리가 되었던 적이 있으며 양혜왕 제선왕과 동시대에 살았다.」(莊子者, 蒙人也, 名周. 周嘗爲蒙漆園吏, 與梁惠王齊宣王同時)

51 남화선(南華仙): 《차의》「장자는 남화진인이며, 그 책을 《남화경》이라 한다.」(莊子爲南華眞人, 其書曰南華經)

52 견할(見割): 《장자·인간세(人間世)》「계수나무는 먹을 수 있기 때문에 베이고, 옻나무는 쓸모가 있어 쪼개어진다.」(桂可食, 故伐之, 漆可用, 故割之)

53 탑연공은궤(嗒然空隱几): 탑연은 정신이 나간 듯 멍한 모습을 말한다. 《장자·제물론(齊物論)》「남곽자기가 안석에 기대어 앉아 휴— 하고 길게 숨을 내쉬는데 멍하니 자기 몸을 잊은 것 같았다.」(南郭子綦隱几而坐, 仰天而噓, 荅焉似喪其耦)「荅焉」은「嗒然」과 같다.

54 영(籯): 《한서》 권73 〈위현전(韋賢傳)〉「옛 추나라와 노나라의 속담에『황금 만 광주리를 물려주는 것이 경서 한 권만 못하다』라 하였다.」(故鄒魯諺曰, 遺子黃金滿籯, 不如一經) 여순(如淳)은「영은 대나무를 짜서 만든 기물로 서너 되를 담는다.」(籯, 竹器, 受三四斗)라 하였다.

55 가부(跏趺): 대좌(大坐), 또는 족좌(足坐)라고도 하며 책상다리를 하고 똑바로 앉는 것을 말한다. 당나라 유종원의 〈강화의 장로께 드림(贈江華長老)〉「밥 한 그릇 남기기 바라지 않고, 책상다리하고 앉으니 저녁 내내 편안하네.」(一飯不願餘, 跏趺便終夕)

56 혁희(赫曦): 《차의》「햇빛이다. 희(曦)는 《문선》의 부에는 희(戲)로 되어 있다.」(日光. 曦, 選賦作戲) 한나라 장형(張衡)의 〈서경부(西京賦)〉에「햇빛 환히 빛나 휘황하네」(叛赫戲以煇煌)라는 구절이 있다. 권5 3번 시의 주 1)을 참조하라.

移治在玆嶺[57]　　이 고개 마루에 옮겨 지었네.
寥廓無四隣　　휑하니 넓어 사방 이웃이라곤 없어,
三光疑倒影　　세 줄기 빛 그림자 거꾸로 비치는 듯.

125 北澗　　북간
土斷川亦分　　땅 끊으니 시내 또한 나뉘어,
北下成陰澗　　북으로 흘러내려가 그늘진 시내 되었네.
秀石得佳名　　빼어난 돌 아름다운 이름 얻어,
服膺吾敢慢[58]　　가슴에 두었으니 내 감히 태만히 하겠는가?

澗有仁義石[59]　냇물에 인의석이 있다

126 中溪[60]　　중계
南下東嶺阿　　남으로 동쪽 고개마루 언덕 내려가니,
云是中溪道　　중계의 길이라 하네.
巖樹愛樛枝[61]　　바위의 나무 휜 가지 사랑스럽고,

---

57 이치재자령(移治在玆嶺): 순희본에는 「治在玆」가 「來名此」로 되어 있다. 《고이》에서 인용한 별본도 마찬가지이다. 이에 따르면 이 구절은 「옮겨와 이 고개에다 이름 붙였네」가 된다. 〈운곡기〉「나는 예전에 상서 지방의 악록산 정상을 『혁희대』라고 불렀고, 장백화 어르신이 그것을 큰 글씨로 써주었는데 매우 씩씩하고 아름다웠다. 그런데 지금 와서 그것만으로는 부족하다는 알게 되어, 옮겨와 새기고 그 빼어남을 크게 하였다.」(予嘗名湘西嶽麓之頂曰赫曦臺, 張伯和父爲大書, 甚壯偉. 至是而知彼爲不足以當之, 將移刻以侈其勝)

58 복응(服膺): 「안회의 사람됨이 중용을 가려 한 선을 얻으면 권권히 가슴속에 두어 잃지 않는다.」(回之爲人也, 擇乎中庸, 得一善則拳拳服膺而弗失之矣) 주희의 주석「복은 붙여두는 것과 같으며 응은 가슴이니, 받들어 잡아서 마음과 가슴 사이에 붙여 둠이니 능히 지킴을 말한다.」(服, 猶著也. 膺, 胸也. 奉持而著之心胸之間, 言能守也)

59 인의석(仁義石): 〈운곡기〉「다시 아래로 내려가 북쪽 시냇물이 되는데, 시내 옆에 커다란 바위 두 개가 마주보고 서 있다. 그 형세가 높고 험하고 장대하며, 고목이 뒤덮고 등나무와 풀이 잇달아 덮고 있으니 산의 북쪽에서는 가장 빼어난 곳이다. 마을 사람들은 왼쪽 것을 『인』, 오른쪽 것을 『의』라 부르고, 계절에 따라 예법을 갖추어 제사를 올린다.」(又下爲北澗, 有巨石二對立澗旁, 嶙峋峭崒, 古木彌覆, 藤卉蒙絡, 最爲山北奇處. 里人名其左曰仁, 右曰義, 歲時奉祠如法)

60 〈운곡기〉「동쪽의 높고 가파른 산에서 남쪽으로 나가 작은 고개 아래로 수 십 걸음쯤에 장대한 돌이 있는데, 여기에서 아래의 산골짜기를 내려다보면, 고목이 우거지고 이리저리 굽은 나뭇가지들이 보이는데, 이것이 중계이다.」(自東嶂南出小嶺下數十步, 有巨石贔屭, 下瞰絶壑, 古木叢生, 樛枝橫出, 是爲中溪)

61 규지(樛枝): 《차의》「규지는 (《시경》)〈주남〉의 『남쪽에 굽은 나무 있으니』라 한 구절의 뜻을 썼다. 대체로

石田悲蔓草　　　　돌밭의 덩굴풀 슬프네.

127 休菴[62]　　　　휴암

別嶺有精廬　　　　다른 고개에 정려 있는데,
林巒亦幽絶[63]　　　　숲과 뫼 또한 그윽하게 빼어나네.
無事一往來　　　　한번 오고 갈 일 없으니,
茶瓜不須設[64]　　　　차며 외 차릴 필요 없겠네.

〈이남〉의 교화가 멀어지고 〈왕풍〉이 덩굴풀에 시든 것을 슬퍼하는 것 같다.」(樛枝用周南南有樛木意. 盖傷二南之化遠而王風委於蔓草也)

62 〈운곡기〉「산영이 마주 보고 있는 쌍봉 아래에는 옛날에 방사 여옹이 살았었는데 죽어서도 썩지 않았다. 그 지역 역시 고절하고 매우 아름다우며, 본래는 산 북쪽의 민가에 속하는데, 이제 그 곳을 얻어 이름을『휴암』이라 하였다.」(山楹所面雙峰之下, 昔有方士呂翁居之, 死而不腐, 其地亦孤絶殊勝. 本屬山北民家, 今亦得之, 名曰休菴)

63 만(巒): 순희본에는「시내 간」(澗)자로 되어 있으며, 《고이》에서 인용한 별본도 마찬가지이다.

64 다과(茶瓜): 당나라 두보의 〈이 스님의 띠집(已上人茅齋)〉「대자리와 베개 들고 숲속 구석진 곳으로 들어가니, 차와 외 객 늦게까지 붙들어놓네.」(枕簟入林僻, 茶瓜留客遲)

128~139. 雲谷雜詩十二首

운곡에서 여러 수를 짓다. 12수

128 登山	산에 오르다
夕陽翳東峰	석양 동봉 덮고,
微月下西嶺[1]	희미한 달 서쪽 고개로 지네.
不辭青鞋穿[2]	짚신 신음 마다 않고,
陟此巖路永	이곳 긴 바윗길 오르네.
巖路永且躋[3]	바윗길 길고 또 험한데,
中情何耿耿[4]	속마음 얼마나 환한지.

129 値風	바람을 맞다
山下風吹衣	산 아래서는 바람 옷 나부끼고,
山上風拔木[5]	산 위에서는 바람 나무를 뽑네.
茅茨何足保[6]	띠 지붕 어찌 버틸 수 있으리오?

1 미월하서령(微月下西嶺): 권4 〈한가로이 거처하면서 느낌이 일어(齋居感興)〉 스무 수 중 아홉 번째 시에 「초승달 서쪽 고개로 떨어지니」(微月墮西嶺)라는 구절이 있다.

2 청혜(青鞋): 은자들이 신는 짚신을 말한다. 당나라 두보의 〈유랑포를 떠나다(發劉郎浦)〉 「흰 머리에는 어부짝하고 배 위에서 잠자며 방랑하는 것 싫어, 누런 모자에 푸른 짚신 신으러 고향으로 돌아가고 싶네.」(白頭厭伴漁人宿, 黃帽青鞋歸去來) 심씨(沈氏)의 주석 「짚신을 말한다.」(謂芒鞋)

3 영차제(永且躋): 순희(淳熙)본에는 「且躋攀」으로 되어 있다. 제(躋)는 높고 험한 것을 말한다. 《시경·진풍·억새(秦風·蒹葭)》 「거슬러 따르자니, 길 험하고 높네.」(遡洄從之, 道阻且躋)

4 경경(耿耿): 당나라 위응물(韋應物)의 〈교외의 동산에서 매미 소리를 듣고 여러 아우에게 부치다(郊園聞蟬寄諸弟)〉 「편지 봉하여 이때 답장 보내니, 이 마음 바야흐로 환히 빛나네.」(緘書報此時, 此心方耿耿)

5 상(上): 《고이》에서는 「가운데 중」(中)자로 된 판본도 있다고 하였다.

풍발목(風拔木): 당나라 두보의 〈하늘가(天邊行)〉 「큰 물결 하늘까지 넘치고 바람은 나무 뽑는데, 앞에는 무수리 날고 뒤에는 큰 기러기 나네.」(洪濤滔天風拔木, 前飛禿鶖後鴻鵠)

6 모자(茅茨): 《사기·이사열전(李斯列傳)》 「요임금이 천하를 다스렸을 때는 상수리나무 서까래를 다듬지 않았고, (지붕을 인) 띠를 자르지 않았다.」(堯之有天下也, 堂高三尺, 采椽不斲, 茅茨不翦)

瀛海慮翻覆[7] 신선 사는 바다까지도 뒤집어버릴까 걱정되네.
未念執鬯人[8] 창주 잡은 사람 생각나지 않아,
撫心還自恧[9] 마음 쓰지 않으니 또한 스스로 부끄러워지네.

見易傳震卦 《역전》〈진괘〉에 보인다

130 翫月 달을 즐기다

風起雲氣昏[10] 바람 이니 구름 기운 어둑해지고,
風定天宇肅[11] 바람 멎으니 하늘 추워지네.
遙遙萬里暉[12] 까마득한 만 리의 빛,
炯炯穿我屋[13] 환하게 나의 집을 꿰뚫네.
良友共徘徊[13] 좋은 벗과 함께 배회하리니,

7 영(瀛): 곧 영주(瀛洲)로 방호(方壺), 봉래(蓬萊)와 함께 신선이 산다는 삼신산(三神山) 중의 하나.

8 창(鬯): 창주(鬯酒)로, 곧 울 기장 술(검은 기장 술)을 말한다. 강신제(降神祭)에 쓰는 향주(香酒)이다.

9 무심환자뉵(無心還自恧): 무심(無心)은 순희본에는 「마음을 어루만지다」는 뜻의 「撫心」으로 되어 있다. 《주역·진괘(震卦)》「백 리를 진동시킬 큰 벼락이 쳐도 숟가락에 담긴 울창주는 한 방울도 떨어뜨리지 않는다.」(震驚百里, 不喪匕鬯) 송나라 정이(程頤)의 주석[傳]「그 정성과 공경의 마음을 다하면 비록 우레나 벼락의 두려움도 두려워 지키는 것을 잃도록 할 수 없다.」(盡其誠敬之心, 則雖雷震之威, 不能使之懼而失守) 또 송나라 축목(祝穆)의 《고금사문유취·전집(古今事文類聚·前集)》 권17 〈마음에 정성과 공경함이 있다(心存誠敬)〉「이천(곧 程頤)이 부주로 폄적되어 가면서 한강을 건너가게 되었는데, 물살이 센 한강의 중류에 이르렀을 때 배가 몇 번이나 뒤집어질 뻔 하여 배에 타고 있던 사람들이 모두 크게 고함치며 부르짖었다. 그런데 이천만은 홀로 옷깃을 단정히 하고 편안히 평소와 같이 앉아 있었다. 그런 후 배가 강가에 도착하자, 함께 배를 탄 늙은이가 묻기를 『배가 그렇게 위험할 때에도 그대는 홀로 두려워하는 기색이 없었으니 무엇 때문입니까?』라 하였다. 이천이 말하기를 『마음에 정성과 공경이 있기 때문입니다.』라 하였다. 그러자 늙은이는 『마음에 정성과 공경이 있는 것은 참으로 좋으나 무심함만은 못하지요.』라 하였다. 이천은 그 늙은이와 얘기를 하고 싶었으나, 늙은이는 길을 떠나며 돌아보지 않았다.」(伊川貶涪州渡漢江, 中流船幾覆, 舟中之人皆號哭. 伊川獨正襟安坐如常. 已而及岸同舟有父老問曰, 當船危時, 君獨無怖色何也? 伊川曰, 心存誠敬耳. 老父曰, 心存誠敬固善, 不若無心. 伊川欲與之言, 老父徑去不顧) 《차의》에서는 「아마 『오래도록 울창주 잡은 사람을 생각했다』는 것은 노부(老父)의 무심(無心)함에는 미치지 못했기 때문에 또한 스스로 부끄러워했다는 의미일 것이다.」라 하였다.

10 천우(天宇): 천공(天空)과도 같으며, 하늘이라는 뜻이다. 당나라 한유(韓愈)의 〈남산시(南山詩)〉「하늘에는 긴 눈썹 떠 있는데, 짙은 녹색 그림 새로 이룬 듯.」(天宇浮脩眉, 濃綠畫新就) 천우(天宇)는 천공(天空)으로 된 판본도 있다.

11 요요만리휘(遙遙萬里暉): 휘(暉)는 휘(輝)와 같다. 진나라 도연명의 〈잡시(雜詩)〉 제2수「까마득히 만 리에 빛나는, 넓고 넓은 공중의 경치.」(遥遥萬里輝, 蕩蕩空中景)

12 형형(炯炯): 밝은 모양을 나타내는 의태어.

13 양우공배회(良友共徘徊): 양우(良友)는 여기서 산에 걸린 달을 가리킨다. 당나라 이백의 〈달 아래서 홀로 따라 마시다(月下獨酌)〉「술잔 들어 밝은 달 맞으니, 그

山中詎幽獨[14] 산 속에 어찌 그윽이 홀로 있으리.

131 謝客[15] 손님을 사절하다

野人載酒來[16] 시골 사람 술 지고와,
農談日西夕[17] 농사 이야기에 해 서쪽으로 저물어 저녁 되었네.
此意良已勤 이 뜻 훌륭하여 이미 부지런하니,
感歎情何極[18] 감탄하네, 정 얼마나 지극한지.
歸去莫頻來[19] 돌아가거든 자주 오지 말게,
林深山路黑 숲 깊어 산길 어둑하니.

132 勞農 농사일에 힘쓰다

四體久不勤[20] 사지 오랫동안 부지런히 놀리지 않았더니,
筋力坐駑緩[21] 근력 갑자기 둔해지고 미련해졌네.

림자 마주하여 세 사람 되었네. …… 내 노래하니 달은 배회하고, 내 춤추니 그림자 어지럽네.」(擧杯邀明月, 對影成三人……我歌月徘徊, 我舞影凌亂)

14 산중거유독(山中詎幽獨): 굴원(屈原)의 《초사·구장·강을 건너다(九章·涉江)》「내 삶 즐거움 없음 슬퍼함이여, 그윽이 홀로 산 속에 처한다네.」(哀吾生之無樂兮, 幽獨處乎山中)

15 《차의》「《고문진보》의 주에 깊은 산에서 사람과 서로 마주칠까봐 이 때문에 손님을 사절하였다는 말이 있다.」(古文眞寶註, 深山恐人相過, 以此謝客)

16 야인(野人): 산야(山野)에서 사는 사람. 농부를 가리키는 말.

래(來): 《고이》에서는「이를 지」(至)자로 된 판본도 있다고 하였다.

17 농담일서석(農談日西夕): 당나라 유종원(柳宗元)의 〈전가(田家)〉 제2수「울타리 연기불과 떨어져 있는데, 농사 이야기 하느라 사방 저물었네.」(籬落隔烟火, 農談四鄰夕)

18 감탄정하극(感歎情何極): 당나라 장구령(張九齡)의 〈감우(感遇)〉 제10수「향기 해 지려하는데, 정 얼마나 지극한지 감탄하네.」(馨香歲欲晚, 感歎情何極)

19 빈(頻): 《고이》에서는「번거로울 번」(煩)자로 된 판본도 있다고 하였다.

20 사체구불근(四體久不勤): 《논어·미자(微子)》「자로가 따라가다 처졌는데 지팡이를 짚고 삼태기를 맨 어른을 만났다. 자로가 묻기를『그대는 우리 선생님을 보았습니까?』어른이 말하기를『사지를 부지런히 움직이지도 않고 오곡도 분간하지 못하면서 누가 선생이라는 거요?』라 하고는 짚고 있던 지팡이를 꽂아놓고 김을 맸다.」(子路從而後, 遇丈人, 以杖荷蓧. 子路問曰, 子見夫子乎? 丈人曰, 四體不勤, 五穀不分. 孰爲夫子? 植其杖而芸) 진나라 도연명의 〈부채 그림의 찬·삼태기 맨 어른(扇上畫贊·荷蓧丈人)〉「사지를 부지런히 움직이지도 않고 오곡을 분간도 못하였는데, 저 뛰어난 어른은 아침부터 저녁까지 김매었다네.」(四體不勤, 五穀不分, 超超丈人, 日夕在耘)

21 노완(駑緩): 당나라 한유(韓愈)의 〈악양루에서 두사직과 헤어지다(岳陽樓別竇司直)〉「아아! 둔하고 느려터짐 괴로운데, 다만 두렵기는 마땅함 잃는 것이라네.」(于嗟苦駑緩, 但懼失宜當)

何事兩山阿	무슨 까닭에 두 산의 언덕에서,
離離豆苗滿[22]	축축 늘어진 콩싹 가득하게 되었는가?
多謝植杖翁[23]	지팡이 짚은 농부에게 매우 감사하노니,
居然見長短[24]	편안히 쑥쑥 자란 모양 보네.

133 講道	도를 강론하다
高居遠塵雜[25]	높이 거처하니 먼지 섞인 곳 멀고,
崇論探杳冥[26]	의론 숭상하여 그윽하고 어두운 것 찾네.
亹亹玄運駛[27]	쌩쌩 하늘의 운행 빨리 달리듯 하고,
林林群動爭[28]	빽빽하구나! 사람들 움직임 다투어 나감이!

22 이리두묘만(離離豆苗滿): 이리(離離)는 아래로 드리운 모양, 또는 무성한 모양을 나타내는 의태어. 남조 진(晉)나라 좌사(左思)의 〈역사적 사실을 소재로 읊음(詠史)〉 제2수에 「시내 바닥에 있는 소나무는 빽빽한데, 산 위의 새싹은 축축 처져 있네.」(鬱鬱澗底松, 離離山上苗)

23 식장옹(植杖翁): 진나라 도연명의 〈계묘년에 초봄에 농가에서의 일을 생각함(癸卯歲始春懷古田舍)〉 「이로 인해 지팡이 짚은 늙은이, 느긋하게 다시 돌아가지 않은 것이라네.」(是以植杖翁, 悠然不復返)

24 거연거장단(居然見長短): 《차의》 「확실하지 않다. 아마 선생이 비록 사지를 놀려 부지런히 일을 하지 않았는데도 콩 싹이 가득 찬 것을 보고, 그 지팡이 짚은 늙은이는 스스로 자신의 근력을 부지런히 한 것을 보면서 그 (늙은이의) 잘한 것과 (선생 자신의) 잘못한 것을 드러낸 것을 말한 것 같다.」(未詳. 疑謂先生雖四體不勤, 而猶見豆苗之滿, 其視植杖翁之自勤其力, 則其長短可見矣) 《표보》 「《차의》의 뜻은 그렇지 않은 것 같다. 시의 뜻을 가만히 생각해보건대 사지를 부지런히 놀리지 않아 근력이 둔하고 느려터진 것은 선생이 스스로를 이르는 것이다. 『무슨 까닭에 두 산의 언덕에서, 축축 늘어진 콩싹 가득하게 되었는가?』라 한 것은 콩싹이 성한 것을 보고 탄식하여 축축 늘어졌다 한 것으로 무슨 일로 그렇게 다스린 것을 근력에서 말미암은 것으로 보느냐는 것이다. 『지팡이 짚은 농부에게 매우 감사하노니, 편안히 쑥쑥 자란 모양 보네.』라 한 것은 삼태기를 맨 어른을 끌어다 농부에게 비유한 것으로 스스로 저만 못함을 탄식한 것이다.」(箚訓未然. 窃詳詩意, 四體不勤筋力駑緩者, 先生自謂也. 何事兩山阿, 離離豆苗滿者, 見豆苗之盛, 歎之曰彼離者, 何事而治之以見其由於筋力也. 多謝植杖翁, 居然見長短者, 引荷篠丈人譬農者, 而自歎不如彼也)

25 고거(高居): 운곡(雲谷)에 거하므로 이렇게 말하였다.

진잡(塵雜): 인간 세상의 잡다하고 자질구레한 일.

26 묘명(杳冥): 원래는 아주 먼 곳을 가리키는 말인데 여기서는 높고 깊은 의론을 가리켜서 한 말이다.

27 미미(亹亹): 게으르지 않다는 뜻이다. 《주역·계사(繫辭) 상》 「천하의 길흉을 정하고, 천하의 사업을 부지런히 완성하는데 시초로 점치고 거북껍질로 점치는 작용보다 큰 것은 없다.」(以定天下之吉凶, 成天下之亹亹者, 莫大乎蓍龜)

현운(玄運): 신묘하여 헤아릴 수 없는 우주의 운행.

28 임림(林林): 빽빽하게 난 모양.

군동쟁(羣動爭): 당나라 이백의 〈옛 시체(古風)〉 제25수 「큰 운 부침 있고, 뭇 움직임 빨리 달림 다투네.」(大運有興没, 羣動爭飛奔)

天道固如此[29]	하늘의 도 실로 이러하니,
吾生安得寧[30]	내 생애 어찌 안녕을 얻으려나?

134 懷人	벗을 그리워하다
吾黨二三子[31]	우리 무리의 몇몇이,
欲來從我遊[32]	와서 나를 좇아 노닐고자 하네.
塵機諒擾擾	속세에 얽힌 생각 참으로 분분하여,
遐諾終悠悠[33]	멀리서 약속 끝내 아득히 되었네.
空山日復晩	빈 산에 해 또 저물어 가는데,
佇立悵夷猶[34]	우두커니 서서 슬퍼하며 망설이네.

子厚伯崇有約不至[35] 자후와 백숭은 약속을 하고 이르지 않았다

29 천도(天道): 자연의 규율.

30 《차의》「하늘의 운행은 무리지어 부지런히 움직여 모두 쉴 수가 없는데 내가 어찌 감히 도를 강론하여 은미한 것을 탐색하지 않고 편안함을 추구하겠느냐는 것을 말한다. 선생의 자강불식의 뜻을 여기에서 볼 수 있다.」(言天運羣勤皆不能休息, 吾安敢不講道探微而求其安寧乎? 先生不息自强之意, 於此可見) 송나라 황진(黃震)의 《황씨일초(黃氏日抄)》 권34「운곡에서 지은 여러 시는 선생이 유거하며 자득하는 즐거움을 써냈다. 그 중에서『하늘의 도 실로 이러하니, 내 생애 어찌 안녕을 얻으려나?』라 한 구절은 스스로 쉬지 않는 공이 이렇게 그윽하게 은거하는 것과 같다는 것을 말하는 것일 것이다.」(雲谷諸詩, 先生寫幽居自得之樂. 其云天道固如此, 吾生安得寧, 自言不息之功如此幽居云乎哉)

31 오당이삼자(吾黨二三子): 당나라 한유의 〈산의 바위(山石)〉「아아! 우리 무리 몇몇 사람, 어찌하여 늙도록 다시 돌아오지 않는가?」(嗟哉吾黨二三子, 安得至老不更歸)

32 종아유(從我遊): 진나라 도연명의 〈정시상에게 답함(酬丁柴桑)〉 제2수「한껏 기뻐져 한번 만나면, 흠뻑 취해서야 그만 둔다네. 사실은 마음속 기대 기뻐하여, 바야흐로 나 따라 노는 것이라네.」(放還一遇, 旣醉還休. 實欣心期, 方從我遊)

33 유유(悠悠): 아득히 멀리 있음을 말한다. 여기서는 황자후와 범백숭 두 사람이 약속을 하고도 오지 않음을 가지고 말하였다.

34 이유(夷猶): 머뭇거리며 나아가지 못하는 모양. 굴원의 《초사·구가·상군(九歌·湘君)》「상군 가지 않고 머뭇거리니, 아아! 누구를 물가에서 기다리게 하나?」(君不行兮夷猶, 蹇誰留兮中洲) 주희는「이유는 유예와 같다.」(夷猶猶豫)라 하였다.

35 순희본에서는 이 주를 제목 아래에 두고「황자후와 범백숭, 장원선은 약속을 하고 이르지 않았다.」(黃子厚､范伯崇､張元善有約不至)라 하였다. 원선은 첨체인(詹体仁)의 자로 외숙의 성(姓)인 장(張)을 쓰다가 나중에 원래의 성인 첨씨를 회복하였다.

자후(子厚): 곡성옹(穀城翁): 황수(黃銖: 1131~1199)의 자이다.

백숭(伯崇): 범염덕(范念德)의 자. 두 사람 모두 위에 보인다.

135 倦遊	벼슬살이에 지치다
故人千里別[36]	옛 친구 천리 길 이별하면서,
約我仍丹丘[37]	나에게 신선이 사는 단구로 가자고 기약하네.
云何一解散	이르노니 어떻게 헤어져 흩어질 것인가?
書到令人愁	편지 이르니 사람 근심스럽게 하네.
此山豈不幽	이 산 어찌 그윽하지 않으리오?
何必賦遠遊	어찌 반드시 멀리 노님을 읊겠는가?

時得伯恭書, 報罷天台之遊

이때 여조겸의 편지를 받았는데 천태산 유람을 그만둔다는 소식이었다

136 修書	책을 짓다
紬書厭塵累[38]	책 뽑으니 속세의 너저분한 일에 싫증이 나서,
執簡投雲關[39]	책 꾸러미 들고 구름 관문에 몸 내던지네.
靈鑰啓玄秘[40]	신령스런 열쇠는 현묘한 비밀 열고,
蕭斧鋤幽姦[41]	날카로운 도끼로 죽은 간신배들을 없애네.

36 고인천리별(故人千里別): 권4 〈짧은 구절로 삼가 형남 막부를 맞다(短句, 奉迎荊南幕府)〉 제2수에도 같은 구절이 있다.

37 약아잉단구(約我仍丹丘): 잉(仍)은 무슨 일이 계기가 되어 그리로 나아가는 것(因就)을 말한다. 단구는 천태산(天台山) 옆에 있으며, 갈홍이 단약을 달이던 곳이다. 상세한 것은 권1 154번 시의 주 11)을 보라. 《주문공집》 권33 〈여백공에게 답함(答呂伯恭)〉「아이의 말로는 당신의 마차가 회계에서 천태·안탕으로 가려고 한다는데, 이 유람을 미루어 두었다가 내년 봄을 기다렸다 함께 갈 수 있겠습니까?」(兒子說車馬自會稽遂如天台雁蕩, 不審亦可留此勝概, 以俟來春相與俱行否)

38 주서(紬書): 《사기·태사공자서(太史公自序)》「내가 태사령이 되어 역사책과 석실, 금궤의 책을 꺼내 보았다.」(遷爲太史令, 紬史記石室金匱之地書) 남조(南朝) 송(宋)나라 배인(裴駰)의 주석서인 《집해(集解)》「서광이 말했다. 『紬』의 음은 추이다.」(徐廣曰, 紬音抽) 당나라 사마정(司馬貞)의 《색은(索隱)》에서는 여순(如淳)의 말을 인용하여「옛 책의 고사를 뽑아 통찰하여 편차를 정하여 서술하였다.」(紬撤舊書故事而次述之)라 하였다.

39 운(雲): 《고이》에서는「신령 령」(靈)자로 된 판본도 있다고 하였다.

40 영약(靈鑰): 약(鑰)은 약(籥)과도 통하여 쓴다. 《예기·월령(月令)》「문빗장을 수리하고, 열쇠를 삼가 조심해야 한다.」(脩鍵閉, 愼管籥) 한나라 정현의 주석[注]「열쇠는 묶는 기물이다.」(管籥, 搏鍵器也)

41 소부서유간(蕭斧鋤幽姦): 소부(蕭斧)는 원래「숙부」(肅斧)로 되어 있었으나 순희본과 송나라 민(閩)본, 절(浙)본에 의하여 고쳤다. 《차의》「소부는 예리하게 간 도끼이다. 유간은 아마 이미 죽은 간사한 사람일 것이다.」(蕭斧, 芟艾之斧. 幽姦, 疑謂已死之姦) 송나라 사마광(司馬光)의 《자치통감(資治通鑑)》 권151 〈양기(梁紀)

書成莫示人	책 이루어지더라도 절대 남들에게 보이지 않고,
留置此山間[42]	이 산 사이에 남겨 두리.

137 宴坐	편안히 앉아 있다
登山思無窮	산에 오르니 생각 끝이 없고,
臨水心未厭	물 굽어보니 마음 싫증나지 않네.
沈痾何當平[43]	깊은 병 어떡하면 마땅히 평정할까?
膏肓今自砭[44]	고칠 수 없는 병 지금 스스로 돌침 놓네.
默坐秋堂空	묵묵히 앉았노라니 가을 대청 텅비었고,
遐觀靡餘念	먼 곳 바라보니 잡념 일지 않네.

138 下山	산을 내려오다
行隨流水聲	물 흐르는 소리 따라 가다가,
步出哀壑底[45]	발걸음 슬픈 골짜기 아래로 나섰네.

7·고조 무황제(高祖武皇帝) 7〉「북위의 우민랑인 양평 사람 노사령이 상소하여 이르기를 …… 만약 그들이 뉘우칠 것을 생각하지 않고, 곧바로 군대를 파견해서 토벌하며, 그렇게 반란한 역적을 제거하고 평정하는 것은 예리하게 도끼를 갈아 아침에 태어났다 저녁에 죽는 미물인 버섯 따위를 치고 큰 화로를 부채질해서 머리카락을 불에 그슬리는 것과 무엇이 다르겠습니까?」(魏右民郎陽平路思令上疏曰……如其不悛, 以順討逆, 如此, 則何異厲蕭斧而伐朝菌, 鼓洪爐而燎毛髮哉)《주문공집》권35 〈유자징에게 답함(答劉子澄)〉「《강목》역시 약 20권 정도 수정했는데 의미와 범례가 더욱 정밀해져서 상하 약 천여 년 사이의 난신적자들이 참으로 그들의 형적을 숨길 수 없게 되었습니다.」(綱目亦修得二十許卷, 義例益精密, 上下千有餘年, 亂臣賊子眞無所匿其形矣)

42 서성~차산간(書成~此山間): 《사기·태사공자서(太史公自序)》「서략(序略) 본문에서 빠진 것을 보충하여 일가의 말을 이루었다. …… 명산에 보관하였다.」(略以拾遺補蓺成, 一家之言……藏之名山)

43 침아(沈痾): 아(痾)는 순희본에는 고(痼)자로 되어 있다. 당나라 한유의 〈장적에게 보내는 답장(答張籍書)〉「이제 제가 원하는 가르침을 그렇게 많이 얻게 하심은 병을 벗어던진 듯 경쾌하여 마치 오래 앓던 병이 떠나는 듯 하고, 시원하고 상쾌함은 뜨거운 것을 잡고 있던 사람이 시원한 바람을 쏘이는 것 같습니다.」(今乃大得所圖, 脫然若沈痾去體, 灑然若執熱者之濯淸風也) 오백가 주(註)에서「아는 병이다.」(痾, 病也)라 하였다.

44 고황(膏肓): 황은 흉부(胸部)의 횡격막(橫隔膜)을 말하고, 고는 심장을 말한다. 불치의 병을 말한다. 상세한 것은 권1 13번 시의 주 18)을 보라. 위의 침아(沈痾)와 같은 뜻이다.

자폄(自砭): 자(自)는 순희본에는「날 일」(日)자로 되어 있다. 한나라 허신(許愼)의 《설문해자(說文解字)》「돌로 병에 침을 놓는 것이다.」(以石刺病也) 또 석침(石鍼)이라고도 한다.

45 보(步): 순희본에는「아래 하」(下)자로 되어 있다.

애학(哀壑): 당나라 두보(杜甫)의 〈씩씩한 유람(壯遊)〉

綠樹枝相樛[46]	푸른 나무는 가지 서로 늘어져 있고,
白澗石齒齒[47]	맑은 시내에는 돌 울퉁불퉁한데.
樹石無窮年	나무와 돌은 끝날 해 없고,
流水日千里[48]	흐르는 물은 하루에 천리나 가네.

139 還家	집으로 돌아오다
出去柴門掩	닫힌 사립문 열고 나갔다가,
歸來蕙草秋	혜초 향기로운 가을에 돌아왔네.
素荂林下吐[49]	흰 꽃 숲 아래서 나서,
淸芬衣上浮	맑은 향기 옷 위로 떠오르네.
欲寄山中友	산 속의 벗에게 기탁하고자 하나,
日暮悵離憂[50]	해 저물어 슬픔 만남 한탄하네.

「가을바람 슬픈 계곡 흔들어대니, 짙푸른 혜초 그윽한 향기 날려버리네.」(秋風動哀壑, 碧蕙捐微芳) 역시 두보의 〈철당협(鐵堂峽)〉「슬픈 골짜기 밑 걸어가자니, 나그네 참담하여 기쁘지 않네.」(威遲哀壑底, 徒旅慘不悅)

46 지상규(枝相樛): 권1 〈은사를 찾다(招隱操)〉에 「남산 그윽하고, 계수나무 빽빽한데, 가지 서로 얽혀 있네.」(南山之幽, 桂樹之稠, 枝相樛)라는 구절이 있다.

47 치치(齒齒): 당나라 한유의 〈유주에 있는 나지의 묘비(柳州羅池廟碑)〉「아산이며 유수에, 겹겹이 둘러싼 계수나무와 흰 돌들 쌓여있네.」(鵝之山兮柳之水, 桂樹團團兮白石齒齒) 오백가 주에서 주정왕(朱廷王)은 「백석치치는 돌이 위험한 것이다.」(白石齒齒, 石險也)라 하였다.

48 유수일천리(流水日千里): 송나라 소식의 〈이충(二蟲)〉「장강 동쪽으로 하루에 천리 흘러가는데, 이 벌레 펄쩍펄쩍 뛰면서 오래도록 여기에 있네.」(大江東流日千里, 此蟲趯趯長在此)

49 과(荂): 꽃. 《이아·석초(釋草)》「화는 과이다.」(華, 荂也) 진나라 곽박(郭璞)의 주석 「지금도 강동 사람들은 꽃을 과라고 부른다.」(今江東人呼華爲荂)

50 창이우(悵離憂): 이(離)는 곧 이(罹)자의 뜻으로 걸리는 것이다. 《초사·구가·산귀신(山鬼)》「바람 쏴쏴 나무는 우수수, 공자 생각함이여 한낱 슬픔만 만나네.」(風颯颯兮木蕭蕭, 思公子兮徒離憂) 주희의 주석 「이는 곧 걸린다는 뜻이다.」(離, 罹也) 당나라 왕유(王維)의 〈한 쌍 황곡의 노래를 지어 송별함(雙黃鵠歌送別)〉「안장 지운 말 돌아감이여 가인 흩어지고, 슬픔 만남 한탄함이여 홀로 정 머금는다네.」(鞍馬歸兮佳人散, 悵離憂兮獨含情)

140~142. 雲谷合記事目, 效俳體戲作三首寄季通[1]

운곡에서의 일들을 합하여 적고 배해체를 흉내 내어 장난삼아 세 수를 지어 계통에게 부친다

140

雲關須早築	구름 관문 일찍 쌓아야 하리니,
基趾要堅牢	터 견고하고 단단해야 하네.
栽竹行敎密	대나무 심어 길 단단하게 하고,
穿池岸欲高	못 파서 언덕 높이고자 하네.
乘春移菡萏	봄 틈타 연꽃 옮기고,
帶雪覓蕭槮[2]	눈 띠고 있는데 빽빽한 것 찾는다네.
謂杉徑也[3] 삼나무 오솔길을 말한다	
更向關門外	다시 관문 바깥에,
疏泉斬亂蒿[4]	샘 물길 틔우고 어지러운 쑥대 베어내네.

1 계통(季通)은 채원정(蔡元定)의 자이다. 《주문공집》 권78 〈운곡의 기문(雲谷記)〉「친구인 채계통 만이 집의 서북쪽에서 20여리밖에 되지 않아 그동안 자주 왕래했고, 집을 짓기 시작해서 지금 완성한 것은 모두가 그의 노력이다.」(友人蔡季通家山北二十除里, 得數往來其間. 自始營葺迄今有成, 皆其力也) 《차의》「배체는 우체를 말한다.」(俳體謂優體也) 《익증》「속어와 방언을 가지고 구절을 짓는 것을 배해체라고 한다.」(以俚語方言作句語, 謂之俳諧處)

2 소삼(蕭槮): 「橚槮」이라고도 하며, 상세한 것은 권2의 84번 시의 주 20)을 보라.

3 삼경(杉逕): 《차보》「곧 소나무 오솔길이다. 무릇 《대전》 중의 삼자는 모두 이것을 모방하였다.」(卽松徑. 凡大全中杉字, 皆倣此)

4 소천참란호(疏泉斬亂蒿): 잡초를 베어내고 공간을 넓게 틔우는 것을 말한다. 당나라 백거이(白居易)의 〈대나무를 기르며(養竹記)〉「이에 가리고 무성한 것을 자르고 썩은 흙을 없앴으며 그 사이를 틔우고 아래를 북돋아주었다.」(乃刪翳薈, 除糞壤, 疏其間, 封其下)

141

堂成今六載　집 이루어진 지 지금 여섯 해,
上雨復旁風[5]　위로 비 새는데다가 옆으로는 바람 드네.
逐急添茆蓋　급히 띠 지붕 더하고,
連忙畢土功[6]　바삐 토목 일 끝내네.

謂柱下貼塼　기둥 아래에 벽돌을 괸 것을 말한다

桂林何日秀　계수나무 숲 어느 날에나 우거질 것이며,
亂逕幾時通　어지러운 오솔길 어느 때나 통하겠는가?
幷築雙臺子　아울러 한 쌍 누대 쌓는데,
東山接水筒[7]　동산 대나무 수로와 이어졌다네.

142

莊舍宜先立　촌장 먼저 세워야 하고,
山楹却漸營[8]　산 기둥은 차츰 지어도 되리.
泉疏藥圃潤　샘 물길 틔우니 채마밭 윤택하고,
堰起石池清　방죽 세우니 돌 연못 맑다네.
早印荒田契[9]　일찌감치 거친 밭 계약 도장 찍는데,

5 상우방풍(上雨旁風): 당나라 한유의 〈남해의 신을 모신 사당의 비문(南海神廟碑)〉「위로는 비가 새고 옆으로는 바람이 드는데도 덮어주고 가려줄 것이 없었다.」(上雨旁風, 無所蓋障)

6 토공(土功): 치수(治水)나 축성(築城), 궁전(宮殿) 등의 공정(工程)을 말한다. 《여씨춘추·계하(呂氏春秋·季夏)》「토목공사를 일으킬 수 없고 제후들과 회합할 수 없으며 군사를 일으키고 백성을 동원할 수 없고 대사를 거행하지 않는다.」(不可以興土功, 不可以合諸侯, 不可以起兵動眾, 無舉大事) 한나라 고유(高誘)의 주석「토공은 대를 쌓거나 못을 파는 것이다.」(土功,　築臺穿池)

7 수통(水筒): 《차의》「《운회》에서는 통은 대나무 이름이라고 하였다.」(韻會, 筒, 竹名) 당나라 두보의 〈봄물(春水)〉「낚싯줄 이어 맛있는 미끼 드리우고, 대나무 통 이어 작은 동산에 물 대네.」(接縷垂芳餌, 連筒灌小園)

8 산영(山楹): 위 〈운곡 26영(雲谷二十六楹)〉에 〈산영(山楹)〉이란 시가 있다.

9 황전계(荒田契): 《차의》「《운회》에서 계(契)는 큰 것이라 하였다. 《주례·추관(秋官)》에서는『사약은 각 제후나라와 여러 백성들의 계약 사무를 관장한다. 무릇 제후나라간의 계약은 종묘의 제기에 주조해서 새긴다.』라 하였고, 주에서는『대약이란 것은 제후나라간의 계약이다. 제는 계약 문서이다,』라 하였다. ○ 이것은 〈운곡기〉에서『각기 돌밭 몇 무씩이 있는데, 마을 사람들은 멀고 비옥하지 않아 버려두고 경작을 하지 않았다. 그것들 모두는 돈을 주고 얻은 것이다.』라 한 것이다.」

仍標別戶名[10]　　아울러 다른 집 이름 표기하였네.
想應頻檢校　　생각건대 자주 조사해보고 생각해봐야 하지만,
祗恐欠方兄[11]　　다만 걱정되는 것 돈 없는 것이라네.

(韻會, 契大也. 周禮秋官司約掌萬民之約大約劑書於宗彝. 註, 大約邦國之約也, 劑, 契券也. ○ 此卽雲谷記所謂各有石田數畝, 村民以遠且瘠, 棄不耕. 皆以貲獲之) 《표보》「당시 전답의 계약은 모두 관인을 찍어 주었으므로『일찌감치 거친 밭 계약 도장 찍고』라 하였다.」(當時田契, 皆自官印給, 故曰早印荒田契)

10 잉표별호명(仍標別戶名): 《차의》「《운회》에서『標』는 음이 표이며, 드러내는 것이다. 또한 표는 적는 것이라고 하였다. 당시 선생은 계통에게 운곡에서 밭을 사도록 부탁하고, 다른 명의를 표기해서 일에 응하도록 하였기 때문에 이렇게 말한 것이다.」(韻會, 標, 卑遙切, 表也. 又標, 記也. 時先生托季通買田於雲谷, 因別標戶名以應役故云)

11 방형(方兄): 공방형(孔方兄)의 준말로 곧 돈을 말한다. 서진(西晉) 노포(魯褒)의 〈돈 귀신을 논함(錢神論)〉「안은 그 형상이 모나고, 바깥은 그 형상이 둥글다. 움직이고 머무르는데 때가 있고, 나다니고 숨는데 절도가 있어 세상의 신성한 보물이 되었다. 그것을 친근하게 여겨 형님과 같이 대하고, 애칭을『공방(네모진 구멍이 있다는 뜻)』이라 했다. 잃으면 가난하고 약해지게 되며, 얻으면 부유하고 번창하게 된다. 날개가 없는데도 날아다니며, 발이 없어도 걸어 다닌다. 금으로 된 대문을 밀치고 대궐문으로 들어간다. 위태로운 것을 안정되게 할 수 있고, 죽은 것을 살릴 수 있으며, 귀한 것을 천박하게 할 수도 있고, 산 것을 죽일 수도 있다. 속담에『돈에는 귀가 없지만, 귀신도 부릴 수 있다』라는 것이 있다.」(內則其方, 外則其圓. 動靜有時, 行藏有節, 爲世神寶. 親之如兄, 字曰孔方, 失之則貧弱, 得之則富昌. 無翼而飛, 無足而走. 排金門而入紫闥. 危可使安, 死加使活, 貧可使賤, 生加使殺. 諺曰, 錢無耳, 可使鬼) 〈돈귀신을 논함〉은 《진나라의 역사·노포의 전기》에 수록되어 전한다.

144~145. 送許順之南歸, 二首[1]

허순지가 남쪽으로 돌아감에 전송하다. 두 수

144

門前三逕長蒿萊[2]　　문 앞의 세 오솔길
　　쑥이며 명아주 길게 자라,
愧子殷勤千里來　　그대 은근히 천리에서
　　옴 부끄럽네.
校罷遺書却歸去[3]　　《유서》 교정 끝나고
　　다시 돌아가는데,
此心元自不曾灰[4]　　이 마음 원래부터
　　일찍이 재는 아니었다네.

1 허순지(許順之): 허승(許升: 1153~1185)의 자. 천주(泉州) 동안(同安) 사람으로 호는 존재(存齋)이다. 주희의 가장 이른 시기의 제자로, 동안 주부로 재직할 때 13세의 나이로 종유하였으며, 주희가 임지를 떠나자 건양(建陽)까지 따라와 배웠다. 주희가 자를 지어주면서 지은 〈자서(字序)〉가 《주문공집》 권75에 수록되어 있다. 이외에 〈존재기(存齋記)〉(권77)를 지어 주었으며, 그가 죽자 매우 애석히 여겨 제문(권87)을 지어주기까지 하였다.
이 시는 《별집》 권7에도 실려 있는데, 제목이 〈두 절구로 순지가 남쪽으로 돌아감에 전송하다(兩絶句送順之歸南)〉로 되어 있다.

2 삼경(三逕): 은자의 거처를 말한다. 상세한 것은 권2 47번 시의 주 4)를 보라.

3 유서(遺書): 무이산주희연구중심에서 나온 《주희시사선주》의 이 시 다음 시의 해설에 이 시가 언급되어 있는데, 유서(遺書)를 《정씨유서(程氏遺書)》라고 하였다.

4 차심~증회(此心~曾灰): 《장자·제물론(齊物論)》 「안성자유가 앞에 서서 시중을 들고 있다가 『어째서 그러고 계십니까? 몸은 본시부터 마른 나무처럼 만들 수가 있는 것입니까? 마음은 본시부터 불 꺼진 재처럼 만들 수가 있습니까? 지금 안석에 기대고 있는 것은 예전의 안석에 기대고 계시 던 모습과는 다릅니다.』라고 하였다.」(顏成子游立侍乎前, 曰, 何居乎? 形固可使如槁木, 而心固可使如死灰乎? 今之隱几者, 非昔之隱几者也) 당나라 두보의 〈정부마의 연못 누대에서 정광문을 만남을 기뻐하며 함께 마시다(鄭駙馬池臺喜遇鄭廣文同飮)〉 「흰 머리카락 천 줄기 눈과 같고, 붉은 마음 한 치 탄 재라네.」(白髮千莖雪, 丹心一寸灰)

145

幾年江海事幽尋	강과 바다에서 그윽함 찾음 일삼은 지 몇 해인가?
偏與雲僧話此心[5]	오로지 행각승과만 이 마음 이야기 하였다네.
今日肯來論舊學	오늘 기꺼이 와서 옛 학문 논하지만,
歲寒猶恐雪霜侵[6]	해 차가워져서 오히려 눈과 서리에 침습될까 걱정되네.

5 편여~차심(偏與~此心): 편(偏)은 송나라 민본(閩本)에는 「두루 편」(徧)자로 되어 있다. 《주문공집》 권42 〈석돈(石憞)에게 답함(答石子重)〉 「순지(順之)가 이곳에 왔었지만 한 번도 만나보지 못했습니다. 그의 수양이 더욱 순수해지고 익숙해졌으리라 생각합니다. 편지를 남겨 신중함을 보인 것이 매우 지극했지만 결국은 불교의 승려나 거사의 분위기가 있었습니다.」(順之此來不及一見, 所養想更純熟. 留書見儆甚至, 但終有桑門·伊蒲塞氣味) 《익증》 「아마 순지가 옛날에 불교를 배웠기 때문에 말하였을 것이다.」(盖頓之舊學佛故云)

6 유공설상침(猶恐雪霜侵): 《차의》 「허순지가 선종(禪宗)에 물들었기 때문에 말하였다.」(順之染禪故云) 《익증》 「아마 이단의 학문에 침해되어 물들었을 것이다.」(恐爲異學所侵染也)

146. 宿雲際寺. 許順之將別, 以詩求敎, 次韻[1]

운제사에 묵다. 허순지가 헤어질 즈음에 시를 지어 가르침을 구하므로 같은 각운자를 써서 짓다

薄暮投花縣[2]	땅거미 질 무렵 화현에 투숙하고,
聯車入翠微[3]	수레 나란히 하고 산기슭에 드네.
長林生缺月[4]	긴 숲에 이지러진 달 떠오르더니,
永夜照寒扉	긴 밤 차가운 문짝 비추네.
情話欣無斁[5]	정담 나누자니 기뻐 싫증나지 않고,
離懷悵有違	이별의 회포 슬퍼 어김 있다네.
勉哉彊毅力	힘쓰게나, 굳센 힘,
千里要同歸	천리 함께 돌아가리.

1 운제사(雲際寺)는 건양의 이름난 사찰로 남당(南唐) 보대(保大) 연간에 지어졌다.

2 화현(花縣): 원나라 부대용(富大用)의 《고금사문유취·외집(古今事文類聚·外集)》 권14 「반악은 하양현령이 되어 도리화를 심었는데 사람들이 하양일현화라 불렀다.」(潘岳爲河陽令, 植桃李花, 人號曰河陽一縣花) 당나라 왕유(王維)의 〈엄수재가 촉땅으로 돌아감에 전송하다(送嚴秀才還蜀)〉 「이별하는 길 화현 거치고, 고향으로 돌아가며 금성으로 든다네.」(別路經花縣, 還鄕入錦城) 이후로는 현의 미칭으로 쓰이게 되었다.

3 취미(翠微): 《이아·석산(爾雅·釋山)》 「(산이) 정상까지 미치지 못한 것을 『취미』라 한다.」(未及上, 翠微) 주석 [疏] 「풀이하여 말하기를 정상에 미치지 못한 것이라 하였다. 산비탈의 곁에 있는 곳을 취미라 한다. 일설에는 산기운이 푸른 옥색을 띠고 있기 때문에 취미라 한다고 하였다.」(釋曰, 未及頂上. 在陂陀之處, 名翠微. 一說山氣靑縹色, 故曰翠微) 당나라 두보의 〈정씨의 동쪽 정자에 거듭 적다(重題鄭氏東亭)〉 「화려한 정자는 산비탈로 들어가고, 가을날 맑은 빛 어지러이 비치네.」(華亭入翠微, 秋日亂淸暉)

4 장림(長林): 깊은 숲을 말한다.

5 무역(無斁): 역(斁)은 싫어한다는 뜻. 《시경·주남·갈담(周南·葛覃)》 「곱고 거친 베옷 만들어, 입어도 싫증나지 않는다네.」(爲絺爲綌, 服之無斁)

147~149. 挽汪端明, 三首[1]

왕단명을 애도하다. 세 수

147

聖主興炎運[2] 성스러운 임금 불의 덕 일으키셨고,

明公起妙年[3] 명공께선 묘년에 몸 일으키셨네.

材推漢庭右[4] 재주는 조정의 빼어난 자로 추대되었고,

學自北方傳[5] 학문은 북방에서 전해졌다네.

出入丹心壯[6] 나고 듦에 붉은 마음 씩씩하였고,

1 왕단명(汪端明): 왕응진(汪應辰: 1118~1176)을 말한다. 초명(初名)은 양(洋)이라 하였고 자는 성석(聖錫)이며, 신주(信州) 옥산(玉山) 사람이다. 여본중(呂本中)과 호안국(胡安國)에게 배웠으며, 18세 되던 해인 소흥(紹興) 5년에 진사시에 급제하였으며, 비서성정자가 되었다. 진회(秦檜)의 화의(和議)에 반대하여 건주(建州) 통판으로 나갔다. 진회가 죽은 후 조정으로 돌아와 이부상서에까지 이르렀다. 시호는 문정(文定)이고 학자들 사이에서는 옥산선생으로 불렸다. 여기서 단명이라 한 것은 단명전학사를 지낸 적이 있기 때문이다. 이 만사 외에도 주희가 지어준 〈제왕상서문(祭汪尙書文)〉이 《주문공집》 권87에 수록되어 있다.

2 성주흥염운(聖主興炎運): 《익증》「고종이 남쪽으로 건너와 건염으로 연호를 고쳤다.」(高宗南渡, 改元建炎) 고종인 조구(趙構)가 송나라를 재건하여 남송을 세운 것을 말한다. 송나라는 화덕(火德)으로 일어났기 때문에 이렇게 말하였다.

3 명공(明公): 상대방을 높여서 부르는 존칭.

기묘년(起妙年): 한창 때의 나이에 출사하여 중임을 맡은 것을 말한다.

4 한정우(漢庭右): 한정은 조정을 가리킨다. 우(右)는 중신의 위에 있는 사람으로, 한나라 때는 오른쪽을 더 높은 사람으로 쳤다. 《사기·전숙(田叔)열전》「조왕 오는 석방되어 나왔는데 폐위되어 선평후가 되어 이에 전숙 등 10여 명의 일을 말하였다. 천자가 다 불러 보고 그들과 얘기를 해보니 한나라 정신 가운데 그들보다 나은 이가 없었다.」(趙王敖得出, 廢爲宣平侯, 乃進言田叔等十餘人. 上盡召見, 與語, 漢廷臣毋能出其右者) 송나라 왕안석(王安石)의 〈오공서의 담주 태수로 나가다라는 시에 화답하다(和吳仲庶出守潭州)〉「오공 하남 잘 다스려, 이름 조정에 났다네.」(吳公治河南, 名出漢庭右)

5 북방전(北方傳): 《맹자·등문공(滕文公) 상》「나는 다만 화하(華夏)의 것으로 만이(蠻夷)를 변하게 한다는 말은 들었지만, 만이의 것으로 변화되었다는 말은 아직 들어본 적이 없습니다. 진량이란 사람은 본래 남방 초나라에서 태어났지만 주공과 공자의 도를 좋아하여 북방의 중국에 와서 공부하였습니다. 북방의 학자로서 그보다 앞선 사람이 아직 없으니, 그는 이른바 호걸다운 선비라 하겠습니다.」(吾聞用夏變夷者, 未聞變於夷者也. 陳良, 楚產也, 悅周公仲尼之道, 北學於中國. 北方之學者, 未能或之先也. 彼所謂豪傑之士也) 《차의》「이는 아마 염락의 학문을 가리킬 것이다.」(此蓋指濂洛之學) 염락은 염계(濂溪) 주돈이와 낙양의 정호(程顥)와 정이(程頤) 이정자를 말한다.

6 출입(出入): 출처(出處)와 같은 말로 쓰였다.

安危素髮鮮	편안하고 위급할 때 백발 선명하였다네.
空餘題劍在[7]	부질없이 이름 새긴 칼만 남아 있어,
光燭舊林泉	빛 옛 숲과 샘 비춘다네.

148

曠宇元無際[8]	드넓은 들판 원래 가 없는데,
孤標自不群[9]	외로운 우듬지 절로 무리 이루지 않네.
物情良有寄[10]	사물의 정리 실로 기탁할 수 있지만,
讒口詎堪聞[11]	헐뜯는 말 어찌 들을 만하리?

7 제검(題劍): 《후한서·한릉전(韓棱傳)》「한릉은 자가 백사로 영천 무양 사람이다. …… 다섯 번을 거듭 승진하여 상서령이 되었는데, 복야 질수·상서 진총과 함께 당시 모두 재능으로 일컬어졌다. 숙종이 일찍이 여러 상서에게 검을 내렸는데 이 세 사람에게만은 특히 보검을 내리고 손수 그 이름을 적고 말하기를『한릉은 초나라의 용연이고……』라 하였다.」(韓棱字伯師, 潁川舞陽人……五遷爲尙書令, 與僕射郅壽·尙書陳寵, 同時俱以才能稱. 肅宗嘗賜諸尙書劍, 唯此三人特以寶劍, 自手署其名曰, 韓棱楚龍淵……) 이로부터 군주의 신하에 대한 특별한 은총을 나타내는 말로 쓰이게 되었다. 당나라 유우석(劉禹錫)의 〈태랑가(泰娘歌)〉「번화한 날도 하루아침에 사그러져 없어지고, 이름 새긴 칼 빛 잃자 발걸음 소리 끊어지네.」(繁華一旦有消歇, 題劍無光履聲絶)

8 광우(曠宇): 《차의》「방통이 말하기를『집안의 명성을 알려면 먼저 기개와 풍채의 높낮이를 보아야 한다.』라 하였다. 광은 멀다는 뜻이며, 크다는 뜻이다.」(龐統云, 要識家聲, 先看器宇高卑. 廣, 遠也, 大也)

9 고표(孤標): 송나라 황정견(黃庭堅)의 〈자고의 스물두 운에 답하고 아울러 상보와 세필에게 부치다(招子高二十二韻兼簡常甫世弼)〉「우리 무리의 그대들, 사림 가운데서 외로이 불쑥 솟아 있네.」(吾黨二三子, 士林聳孤標)

10 물정(物情): 《익증》「뭇사람들의 명망이 귀의하는 것이라는 말이다.」(言爲衆望所歸)

11 참구(讒口): 곧 참언(讒言)과 같은 말. 《송사(宋史)》 권387 〈왕응진전(汪應辰傳)〉「강직하고 정직하여 감히 말함을 피하지 않았다. …… 왕응진이 조정에서 폐단을 많이 개혁하자 궁중의 귀인들은 모두 무서워 곁눈질만 할 뿐이었다. 덕수궁은 마침 벽돌로 석지를 만들고, 수은을 채워 금으로 만든 물오리와 물고기를 띄웠는데, 천자가 그곳을 지날 때 고종이 그곳을 가리키며『궁중의 수은이 마침 모자란 것은 왕상서의 집에서 사왔기 때문입니다.』라 하자, 천자가 크게 노하여『왕응진은 짐이 방랑을 설치해서 백성들과 이익을 다툰다고 극력 말하고선 본인이 도리어 수은을 판 것이 아닌가?』라고 하였다. 이에 앞서 건도 6년 여름 4월 15일 날 발운사 사정지에게 돈 200만 꾸러미를 주어 균수와 화적의 비용으로 삼도록 하였다. 이에 이부상서 왕응진은 세 차례나 소를 올려 발운사를 의론하였다. 왕응진은 그것을 알고 극력 사직을 청하였다. 마침 또 발운균수의 지령을 발포하자, 왕응진은『나는 남을 수가 없고, 다만 힘써 여러 가지 억울한 누명을 밝힐 따름이니, 조정을 보좌하는 외직은 담당할 것을 청할 따름이다.』라 하며 탄식하였다. 이에 그는 힘써 이 일이 해로움만 있고 이로움은 없음을 논하자 이에 마침내 단명전 학사의 직책으로 평강부 지부를 담당토록 하였다.」(剛方正直, 敢言不避……應辰在朝多革弊事, 中貴人皆側目. 德壽宮方甃石池, 以水銀浮金鳧魚于上, 上過之, 高宗指示曰, 水銀正乏, 此買之汪尙書家. 上怒曰, 汪應辰力言朕置房廊與民爭利, 乃自販水銀邪? 乙未, 賜發運使史正志緡錢二百萬爲均輸, 和糴之用. 吏部尙書汪應辰三上疏論發運司.

未許時明政[12]	당시의 밝은 정치에 참여함 허락지 않았지만,
猶堪史闕文[13]	오히려 역사 기록 빠짐 견딜 만하겠는가?
衣冠忽長夜[14]	의관 홀연히 밤 길어지니,
餘子謾紛紛[15]	나머지 사람들 기만함 분분하네.

149

先友當年盛[16]	선친의 벗 당시 명성 자자하여,
斯文元祐徒[17]	사문 원우의 무리에 들었다네.
艱虞共流落	어려움과 우려 함께하여 뜻 이루지 못하고,
存沒半嗚呼	삶과 죽음 오호라 반은 유명을 달리 했네.
顧我眞無賴[18]	나 돌아보니 실로 믿을 만한 구석 없었는데,

應辰知之, 力求去. 會復出發運均輸之旨, 歎曰, 吾不可留矣, 但力辨群枉, 則補外之請自得. 乃力論其事有害無利, 遂以端明殿學士知平江府)

12 시명정(時明政): 후한 왕찬(王粲)의 〈종군행(從軍行)〉「밖으로는 당시의 밝은 정치에 참여하고, 안으로는 집안의 사사로운 일 폐하지 않는다네.」(外參時明政, 內不廢家私) 이는 왕응진이 당시 조정에서 중용되지 못하였음을 완곡하게 표현한 것이다.

13 사궐문(史闕文): 《논어·위령공(衛靈公)》「공자께서 『나는 아직도 사서에 의문으로 남겨둔 점을 볼 수 있다. 말을 가진 사람이 먼저 다른 사람에게 빌려주어 사용하도록 하는, 이런 정신이 오늘날에는 없어졌구나!』라 하였다.」(子曰, 吾猶及史之闕文也. 有馬者借人乘之, 今亡矣夫) 이는 왕응진의 공업이 사책에 기록될 만하다는 것을 완곡하게 표현한 것이다.

14 이 구절은 왕응진이 세상을 오래도록 떠나 있었음을 가리킨다.

15 여자분분(餘子紛紛): 여자(餘子)는 기타 사람들이라는 뜻인데, 여기서는 조정의 간신배들을 가리킨다. 《후한서》 권110 하 〈문원전·예형(文苑傳·禰衡)〉「예형이 『순문약(荀文若)은 조문하는데 얼굴을 빌릴 수 있고, 조치장(趙稚長)은 주방을 감독하며 손님을 접대할 수가 있다.』고 하였다. 예형은 다만 노나라의 공융과 홍농군의 양수하고만 잘 지내었다. 그래서 그는 늘『공융은 내 큰 아들이고, 양수는 내 작은 아들이며, 다른 아들들은 평범하고 특별한 능력이 없어 치기에 부족하다.』고 하였다. 공융은 대단히 그의 재주와 학문을 좋아 하였다.」(衡曰, 文若可借面弔喪, 稚長可使監廚請客. 唯善魯國孔融及弘農楊修. 常稱曰, 大兒孔文擧, 小兒楊德祖. 餘子碌碌, 莫足數也. 融亦深愛其才)

16 선우(先友): 《차의》「(주희의 부친인) 위재의 벗이라는 말이다.」(謂韋齋友也)

17 사문(斯文): 유사(儒士)를 말한다. 당나라 두보의 〈씩씩한 유람(壯遊)〉「사문 최·위의 무리, 나를 반고와 양웅 비슷하게 보네.」(斯文崔魏徒, 以我似班揚)

원우도(元祐徒): 《차의》「송나라 때 원우 연간의 제현들을 군자의 무리로 여겼기 때문에 이렇게 말하였다.」(宋時, 以元祐諸賢爲君子之黨, 故云) 원우는 송나라 철종(哲宗)의 연호이다. 원우도는 사마광, 정이(程頤) 등을 가리킨다.

18 무뢰(無賴): 《한서·고제기(高帝紀) 하》「황상(皇上)께서 옥으로 만든 술잔을 들고 태상황의 장수를 축원하기 위해 술을 권하고『처음에 본인은 늘 스스로 무능력하고, 산업을 경영할 수도 없으며, 둘째 형님의 능력에

逢公幸不孤[19]	공 만나 다행히 외롭지 않았었네.
祇今還一慟	지금 또 한번 통곡함은,
卽此是窮途[20]	바로 이곳 막다른 길이기 때문이라네.

는 비교도 할 수 없다고 생각했었습니다. 지금 저의 산업이나 성취를 두 동생과 비교해서 누구의 것이 많습니까?』라고 하자, 미앙궁의 여러 신하들은 모두 황상을 칭송하고 크게 웃으며 즐거워하였다.」(上奉玉巵爲太上皇壽, 曰, 始大人常以臣亡賴, 不能治產業, 不如仲力. 今某之業所就孰與仲多? 殿上羣臣皆稱萬歲, 大笑爲樂) 응소(應劭)의 주석 「진작이 말하기를 허신은 『뇌는 이로운 것이다』라 하였는데, 이로운 것이 집에 들어가는 것이 없는 것이다.」(晉灼曰, 許愼云, 賴, 利也, 無利入於家也) 《사기·장석지열전(張釋之列傳)》「문제께서 『관리는 이렇게 하면 안 되느냐? 상림위는 안돼!』라고 하시고, 장석지에게 조서를 내려 색부가 상림령을 제수 받도록 하였다.」(文帝曰, 吏不當若是耶? 尉無賴! 乃詔釋之拜嗇夫爲上林令) 주석에서 「(상림)위는 궁지에 빠져 의지할 데가 없다.」고 했다.

19 불고(不孤): 《논어·이인(里仁)》「공자께서 말씀하셨다. 『덕이 있는 사람은 외로울 리가 없고, 반드시 이웃이 있다.』」(子曰, 德不孤, 必有隣)

20 궁도(窮途): 남조 송나라 유의경의 《세설신어·은거함(世說新語·棲逸)》 편의 주석에 인용되어 있는 《위씨춘추(魏氏春秋)》「완적은 늘 마음 내키는 대로 홀로 수레를 타고 다녔는데, 작은 길로는 가지 않았으며, 수레바퀴 자국이 다한 곳에 이르면 번번이 통곡을 하고 돌아왔다.」(阮籍常率意獨駕, 不由徑路, 車跡所窮, 輒慟哭而反)

150. 彦集奉檄歸省示及佳篇, 次韻奉酬呈諸兄友[1]

언집이 격문을 받들고 고향으로 돌아가면서 때마침 아름다운 시편을 보여주므로 같은 각운자를 써서 지어 삼가 여러 형과 벗에게 답하여 드리다

遊子思親久聚糧[2]	나그네 어버이 생각하여 오래도록 양식 모아,
不堪官裏簿書忙	관가에서 장부로 일 바쁨 견디지 못하네.
平生況少鷹鸇意[3]	평상시 하물며 사나운 뜻 적었거늘,
此日尤慙時世粧[4]	이날 더욱 세속 따라 꾸밈 부끄럽네.

1 언집(彦集)은 유자상(劉子翔)의 자. 유자상은 건안 사람으로 유온(劉韞)의 아들이며, 주희의 매서(妹婿)이다.

2 유자(遊子): 《사기·고조본기(高祖本紀)》「고조는 이에 일어나 춤을 추며 강개한 마음과 감상에 젖어 눈물을 여러 줄기 흘렸다. 패현의 부형들에게 말하기를『나그네는 고향을 그리워하기 마련이오. 내 비록 관중에 도읍을 정하였지만 만세 후에는 내 혼백조차 오히려 패 땅을 그리워할 것이오.』라 하였다.」(高祖乃起舞, 慷慨傷懷, 泣數行下. 謂沛父兄曰, 游子悲故鄕. 吾雖都關中, 萬歲後吾魂魄猶樂思沛)

취량(聚糧): 《장자·소요유(逍遙遊)》「백 리를 가는 자는 밤새 양식을 찧어 준비하고, 천 리를 가는 자는 석 달 동안 양식을 모은다.」(適百里者宿舂糧, 適千里者三月聚糧)

3 평생(平生): 평생은 시에서는 종종 평소, 평상시의 뜻으로 쓰인다.

응전의(鷹鸇意): 응전(鷹鸇)은 매와 새매로 둘 다 맹금류이며, 흉포하고 잔학한 사람을 비유한다. 여기서는 백성을 가렴주구하는 혹리를 가리킨다. 《후한서》 권196 〈순리열전·구람전(循吏列傳·仇覽傳)〉「당시 고성령인 하내의 왕환은 정치가 엄하고 사나운 것을 숭상하였지만 구람이 덕으로 사람들을 교화시킨다는 말을 듣고 주부로 발탁하였다. 구람에게 이르기를『주부는 진원의 과실을 듣고 죄를 다스리지 않고 교화하였으니 매나 새매 같은 뜻이 부족한 것 아니오?』라 하였다.」(時考城令河內王渙, 政尙嚴猛, 聞覽以德化人, 署爲主簿. 謂覽曰, 主簿聞陳元之過, 不罪而化之, 得無少鷹鸇之志邪)

4 시세장(時世粧): 세속의 유행에 따라 단장을 하는 것을 말한다. 당나라 조린(趙璘)의《인화록(因話錄)》「최추의 부인은 집안을 다스리는데 몸매를 가지런히 하고 엄숙하여, 귀천을 막론하고 시속에 따라 화장하는 것을 허락지 않았다.」(崔樞夫人治家整肅, 貴賤皆不許時世粧) 당나라 백거이(白居易)의 〈시속의 유행에 따라 화장함(時世粧)〉「시속의 유행에 따라 화장함이여, 시

臘雪未消歡奉檄[5]	선달 눈 아직 녹지 않았는데 　격문 받듦 기뻐하여,
春風初轉喜還鄕[6]	봄바람 바뀌자마자 　고향으로 돌아감 기뻐한다네.
上堂佳慶從容問	대청에 올라 아름다운 경사 　조용히 묻자니,
一嚼何妨累十觴[7]	한번 마심에 어찌 방해되리, 　수십 잔 마신들.

속의 유행에 따라 화장함이여, 성안에서 나와 사방으로 전하여지네.」(時世粧, 時世粧, 出自城中傳四方)

5 납설미소(臘雪未消): 납설은 동지에서 입춘 사이에 내리는 눈을 말한다. 송나라 소식의 〈구호(口號)〉「섣달 눈 아직 녹지도 않았는데 세 가지 일 일어나고, 간사한 사람 쓰지 않으니 다섯 무기 쓰는 군사 한가하네.」(臘雪未消三務起, 壬人不用五兵閒)

6 춘풍~환향(春風~還鄕): 당나라 두보(杜甫)의 〈관군이 하남과 하북을 수복하였다는 말을 듣다(聞官軍收河南河北)〉「한낮에 맘껏 노래 부르며 모름지기 술 멋대로 마시고, 봄날 짝자어 고향으로 돌아가기 좋다네.」(白日放歌須縱酒, 青春作伴好還鄕)

7 일작~누십상(一嚼~累十觴): 당나라 두보의 〈위팔 처사에게 드림(贈衛八處士)〉「만나기 어려울 거라 주인이 말하여, 단숨에 십여 잔을 거듭 하였네. 십여 잔을 마셔도 취하지 않으니, 그대 정 여전함에 감동했기 때문이네.」(主稱會面難, 一擧累十觴. 十觴亦不醉, 感子故意長)

151. 彦集兄再過臨汀, 惠顧蓬蓽, 賦詩留別, 眷予良勤. 次韻, 祖行言不盡意[1]

언집 형이 다시 임정에 들러 보잘 것 없는 집을 찾아주시어 시를 지어 남겨두고 떠나는데 나를 돌아봄이 실로 부지런하였다. 같은 각운자를 써서 지어 전송하는데 말로는 뜻을 다하지 못하였다

賸喜君才老更成[2]	더욱 기쁘네, 그대 재주 늙을수록 더욱 성숙해짐,
伊優叢裏見孤撐[3]	알랑거리는 무리 속에서 외로이 버팀 보이네.
官身未免心徒壯[4]	관직에서 몸 벗어나지 못하고 마음만 한갓 씩씩한데,
親膝頻違淚欲橫	어버이 곁 자주 어기어 눈물 가로 흐르려 하네.

1 《차의》「임정은 정주의 별칭이다.」(臨汀, 汀州別號)
봉필(蓬蓽): 쑥대를 엮어 만든 문과 대나무를 쪼개어 만든 문이란 뜻의 봉호필문(蓬戶蓽門)의 준말로, 가난한 사람의 집이란 뜻으로 쓰이며 보통 선비의 집을 형용할 때 쓰인다. 《예기·선비의 행실(儒行)》「선비는 1묘의 담장과 사방 1도가 되는 방이 있는데, 대를 쪼개어 만든 문을 달고 문 옆에는 작은 문을 내었으며, 쑥대로 엮은 지게문에 옹기구멍으로 낸 들창을 낸다.」(儒有一畝之宮, 環堵之室, 蓽門圭窬, 蓬戶甕牖)
언부진의(言不盡意): 《주역·계사전(繫辭傳) 상》「공자께서 말씀하셨다. 『글로는 말을 다 표현해내지 못하고, 말로는 뜻을 다 표현해내지 못한다.』」(子曰, 書不盡言, 言不盡意)

2 노갱성(老更成): 당나라 두보의 〈장난삼아 짓다(戲為)〉「유신 문장 늙을수록 더욱 성숙해져, 구름 뚫는 굳센 필치 뜻 종횡무진하네.」(庾信文章老更成, 凌雲健筆意縱橫)

3 이우~고탱(伊優~孤撐): 이우(伊優)는 이우아(伊優亞)의 준말로 알랑거리며 굽신거리는 모양이나 말을 배우는 소리라는 뜻인데, 여기서는 전자의 뜻으로 쓰였다. 《후한서·조일전(趙壹傳)》「알랑거리며 북당 위에 있는가하면, 꼿꼿하게 문가에 기대어 있네.」(伊優北堂上, 抗髒倚門邊) 당나라 이현(李賢)의 주 「이우는 굽신거리며 아첨하는 모양이다.」(伊優, 屈曲佞媚之貌)
고탱(孤撐): 당나라 한유(韓愈)의 〈남산시(南山詩)〉「외로이 솟은 봉우리 깎은 듯함은, 바다에서 헤엄치는 붕이 부리 드러낸 듯.」(孤撐有巉絶, 海浴褰鵬噣)

4 관신(官身): 《익증》「《능엄경》에 『문수가 현화하여 관신을 주관한다』는 말이 있다. 관리의 몸이라는 말이다.」(楞嚴經文殊現化宰官身. 言官人之身)

簿領不嫌春筍束[5] 관청의 장부는 봄 죽순
　묶은 듯함 꺼리지 않고,
廉聲要比玉壺淸[6] 청렴한 명성 옥 항아리보다
　깨끗하려 하네.
枉車投翰殷勤甚 수레 굽히어 편지 보냄
　매우 은근하니,
安得仁言與贈行[7] 어찌하면 어진 말
　가는 길에 드릴 수 있을까?

5 춘순속(春筍束): 《차의》「장부가 많음을 말한다. 황정견의 시에 『공문 얽힘 많아 봄에 죽순 난 듯하네.』라는 구절이 있다.」(言簿書之叢多. 山谷詩, 公移棖甚春生笋) 황징견의 시는 미상이다.

6 옥호청(玉壺淸): 당나라 두보의 〈상주하러 들어감. 서산검찰사이신 두시어께 드림(入奏行. 贈西山檢察使竇侍御)〉「빛나기는 한 줄기 맑은 얼음물 골짜기 나와, 영풍관과 한로관의 옥항아리에 놓아둔 듯하네.」(烔如一段淸冰出萬壑, 置在迎風寒露之玉壺)

7 인언여증행(仁言與贈行): 이별할 즈음에 훌륭한 말로 면려하는 것을 말한다. 《순자·비상(荀子·非相)》「그러므로 (헤어질 즈음에) 사람에게 말을 해주는 것은 금석이나 주옥보다 중하다.」(故贈人以言, 重於金石珠玉)

152. 圭父爲彥集置酒白蓮沼上, 彥集有詩, 因次其韻呈坐上諸友[1]

규보가 언집을 위하여 흰 연꽃이 핀 못 가에다 술자리를 마련하니 언집이 시를 지어 이에 그 각운자를 써서 지어 좌중의 여러 벗에게 드린다

大阮歸來客滿堂[2] 　　대완 돌아 오니
　　손님 대청에 가득 차,
更移芳席近回塘 　　다시 향기로운 자리
　　감도는 못 가까이 옮긴다네.
共憐的皪水花淨[3] 　　같이 또렷하게
　　물가에 핀 꽃 깨끗함 사랑하고,
幷倚離披風蓋凉[4] 　　함께 흔들흔들
　　바람 서늘함 덮음에 기대네.
銀筆看題靑玉案[5] 　　은 붓 푸른 옥 책상에
　　적는 것 보고,

1 규보(圭父)는 규보(圭甫)라고도 하며 유규(劉珪)의 자로, 주희의 매서인 유자상(劉子翔)의 조카이다.

2 대완(大阮): 《차의》「(당나라) 이가우의 〈왕목을 전송하며 그 사군 숙부를 찹아뵙다〉라는 시에서 『사군 소완을 어여삐 여기니, 응당 생각에 잠겨 문에 기대어 슬퍼하리라.』라 하였다. 지금 사람들은 조카를 소완이라 부른다. ○ 완적과 완함 숙질은 함께 죽림으로 들어갔기 때문에 대소완이라 부른다. 아마 규보가 언집의 조카이므로 언집을 대완으로 보았을 것이다.」(李嘉祐送王牧謁其使君叔詩, 使君憐小阮, 應念倚門愁. 今人呼侄爲小阮. ○ 阮籍阮咸叔姪俱入竹林, 故呼爲大小阮. 疑圭甫是彥集之姪, 故目彥集爲大阮) 객만당(客滿堂): 당나라 두보의 〈왕씨네 열 번째이신 장군 승준께 부쳐드림(寄贈王十將軍承俊)〉「손님들 대청 위에 가득한데, 누가 높은 뜻 같겠는가?」(賓客滿堂上, 何人高義同)

3 적력(的皪): 고운 모양, 선명한 모양을 나타내는 첩운 연면 의태어.

4 이피(離披): 흔들리는 모양을 나타내는 첩운 연면 의태어.

5 은필(銀筆): 붓대를 은으로 장식한 붓. 송나라 소이간(蘇易簡)의 《문방사보(文房四寶)》 권1 〈필보(筆譜) 상〉「양나라 원제가 상동왕이었을 때 문학과 책 짓기를 좋아하여 늘 충신 의사 및 문장 가운데 아름다운 것을 기

佳人悵望碧雲鄕[6]　　아름다운 이 슬피
　　짙은 구름 이는 고을 바라본다네.
此時此景眞愁絶　　이때 이 경치
　　실로 너무 슬프고,
病著無因爲擧觴[7]　　병 드러나 술잔 들어줄
　　까닭 없다네.

록해두었다. 붓에는 세 가지 품급이 있었는데 어떤 것은 금과 은으로 아로새기고 꾸몄으며, 어떤 것은 반죽으로 대롱을 만들었다. 충성과 효도가 온전한 사람은 금 대롱 붓으로 기록하였고, 덕행이 순수한 사람은 은 대롱 붓으로 기록하였으며, 문장이 넉넉하고 빼어난 자는 반죽 대롱 붓으로 기록하였다.」(梁元帝為湘東王時, 好文學著書, 常記錄忠臣義士及文章之美者. 筆有三品, 或金銀雕飾, 或用斑竹為管. 忠孝全者, 用金管書之. 德行精粹者, 用銀管書之. 文章贍逸者, 以斑竹管書之)
청옥안(靑玉案): 푸른빛을 띠고 있는 아름다운 옥으로 장식한 책상. 《문선》 한나라 장형(張衡)의 〈사수시(四愁詩)〉 제4수 「고운 님이 나에게 금수단을 주셨으니, 무엇으로 갚아야 할까? 청옥안이라네.」(美人贈我錦繡段, 何以報之靑玉案)

6 가인~운향(佳人~雲鄕): 남조 양(梁)나라 강엄(江淹)의 〈휴스님이 이별을 한하다(休上人怨別)〉 「날은 저물고 짙은 구름은 몰려오지만, 그리운 이는 도리어 오지 않는다네.」(日暮碧雲合, 佳人殊未來) 이 구절은 유자상에게 석별의 정을 부친 것이다.

7 병저(病著): 송나라 황정견(黃庭堅)의 〈병을 털고 일어나다. 형강정에서 있었던 일을 쓰다(病起. 荊江亭即事)〉 제2수 「듣건대, 그윽한 구석에 있는 이 쓸 용의 있다고 하나, 병 드러나 해 있는 쪽 바랄 수 없다네.」(傳聞有意用幽側, 病著不能朝日邊)

153~159. 寄題宜春使君定叟張兄隱齋[1] 此詩恐當合作一首[2]

의춘 사군 정수 장형의 은재에 지어부치다 이 시는 한 수로 합쳐야할 것 같다

153

大專槃萬生[3]	자연의 이치 만물 생성하는데,
異體實同氣[4]	몸은 다르지만 실은 같은 기운 받았다네.
云胡分彼己	어찌하여 저와 나 나누는가?
直以私自蔽	곧 사사로움으로 스스로 가리는 것이라네.

154

君家桂林伯[5]	그대 집 계림의 방백인데,

1 《차의》「의춘은 원주로 곧 옛 의춘현이다. 정수는 이름이 표로 이때 지원주였다. 은은 곧 측은하다라 할 때의 은이다.」(宜春, 袁州, 卽古宜春縣. 定叟名杓, 時知袁州. 隱卽惻隱之隱) 장표의 표(杓)는 진(杓)이라고도 한다. 장준(張浚)의 차자이자 남헌(南軒) 장식(張栻)의 아우로 단명전학사(端明殿學士), 지건강부(知建康府)에까지 이르렀다. 《표보》「정수가 원주에 있을 때 청사의 곁에다 사군의 서재를 열고 남헌에게 이름을 지어줄 것을 청하자 남헌이 은(隱)자를 크게 써서 부쳤다. 이에 그 설을 미루어 지었다. 기문은 본집에 보인다.」(定叟在袁州, 闢使齋於廳事之傍, 請名于南軒, 南軒大書隱字以寄. 因推其說爲之. 記見本集)

2 여기서는 저본에 따라 그대로 여섯 수로 분류하였다. 이 시 마지막 구절의 《차의》(주 24)에서도 여섯 수로 보았다.

3 대전반(大專槃): 대균(大鈞)과 같으며, 천지자연의 이치, 곧 조화와 같은 뜻. 《사기》에 인용된 한나라 가의(賈誼)의 〈복조부(鵩鳥賦)〉「자연이 만물을 기르는 것은 아득하여 끝이 없다.」(大專槃物兮, 瑛比無垠) 《사기》의 주석서인 사마정(司馬貞)의 《색은(索隱)》「이 전(專)은 균(鈞)자의 뜻으로 읽는다. 《우희지림(虞喜志林)》에서 대균(大鈞)은 조화의 신(神)으로 만물을 물레로 빚어내어 뭇 형태를 부여하는 것이다.」라 하였다.

4 이상 두 구절은 장재(張載)의 민포물여(民胞物與) 사상을 말한 것이다. 장재의 〈서명(西銘)〉「백성은 나의 동포이고 사물은 나와 함께 있는 것이다.」(民吾同胞, 物吾與也)

5 계림백(桂林伯): 당나라 한유(韓愈)의 〈원씨네 열여덟째 협률에게 주어 이별함(贈別元十八協律)〉 넷째 시「우뚝하니 높은 계림의 방백, 실로 문무 특출하다네.」(嶷嶷桂林伯, 實惟文武特) 《차의》「이때 남헌이 계림 군수였으므로 이렇게 말하였다.」(時南軒爲桂林郡守故云)

德學妙一世　　덕행과 학문 일세에 묘하다네.
閉戶不忘憂[6]　　문 닫아도 근심 잊지 못하거늘,
纓冠矧行義[7]　　갓 쓰고 하물며 의 행함이겠는가?

155
眷言介弟賢[8]　　큰 아우 현명함 돌아보며,
四益謹先畀[9]　　네 가지 도움 되는 말 삼가 먼저 주었다네.

《관보》「계림은 광주이다. 남헌은 이때 진정강부였으며, 부의 치소는 곧 광주라 한다.」(桂林廣州也. 南軒時鎭靜江府, 府治卽廣州云) 《첨(籤)》「광에는 동서로가 있다. 송나라는 광주를 동로로 삼고 계림을 서로로 삼았는데 또한 정강부라고도 하였다. 남헌은 지정강부로 광남서로안무를 겸하였다. 광주와는 치소가 다르다.」(廣有東西路. 宋以廣州爲東路, 桂林爲西路, 亦名靜江府. 南軒以知靜江府兼廣南西路安撫. 與廣州異治)

6 폐호(閉戶): 《맹자·이루(離婁) 하》「(지금) 이웃에 싸우는 자가 있으면 머리를 풀어 흩뜨리고 갓끈만 매고 가서 말린다면 미혹된 것이니 문을 닫는다 하더라도 옳은 것이다.」(鄕鄰有鬪者, 被髮纓冠而往救之, 則惑也, 雖閉戶可也)

7 영관신행의(纓冠矧行義): 《맹자·이루 하》「지금 같은 방을 쓰고 있는 사람 가운데 싸우는 자가 있다면 말리되 머리를 흩뜨리고 갓끈만 맨 채 말려도 괜찮을 것이다.」(今有同室之人鬪者, 救之, 雖被髮纓冠而救之, 可也) 《논어·미자(微子)》「자로가 말하였다. 『…… 군자께서 벼슬하시는 것은 그 의를 행하는 것이니, 도가 행하여지지 못할 것은 이미 알고 계시다.』」(子路曰……君子之仕也, 行其義也. 道之不行, 已知之矣) 《차의》「남헌이 문을 닫고 있을 때도 오히려 당세의 근심을 잊지 못하거늘 하물며 이렇게 갓끈을 매고 있을 날이겠는가라는 것을 말한다.」(謂南軒雖閉戶之時, 猶不忘當世之憂, 況此纓冠之日乎)

8 권언(眷言): 돌아보는 모양. 권(眷)은 권(睠)과 같으며, 언(言)은 접미어로 아무 뜻이 없다. 《시경·소아·대동(大東)》「뒤돌아보면서 줄줄 눈물 흘린다네.」(睠言顧之, 潸焉出涕)
개제(介弟): 개(介)는 크다는 뜻이다. 《좌전·양공(襄公) 26년》「백주리가 말하였다. 『부자는 왕자 위로 과군의 존귀한 아우이시다.』」(伯州犁曰, 夫子爲王子圍, 寡君之貴介弟也) 《차의》「정수가 남헌의 아우이므로 개제라고 하였다.」(定叟是南軒之弟, 故云介弟)

9 사익(四益): 《차의》「도가에는 사겸과 사익이라는 말이 있다. 대체로 〈겸괘〉(의 彖辭)에 천도는 가득 찬 것을 비워 겸손한 것을 보태주고, 지도는 가득 찬 것을 변화시켜 겸손한 데로 흐르게 하며, 귀신은 가득 찬 것을 방해하고 겸손한 것을 복되게 하며, 인도는 가득 찬 것을 싫어하고 겸손한 것을 좋아한다는 말이 있는데 네 가지 도움이 된다는 것은 아마 여기에서 나왔을 것이다.」(道家有四謙四益之言, 盖謙卦, 天道虧盈而益謙, 地道變盈而流謙, 鬼神害盈而福謙, 人道惡盈而好謙. 疑四益出於此) 《남헌집(南軒集)》 권36 〈사익잠(四益箴)〉「선군(魏公 張浚)께서 만년에 일찍이 네 마디 말을 크게 써서 아우인 진에게 알리어 말하기를 무익한 말은 듣지를 말고, 무익한 일은 하지를 말며, 무익한 글은 보지를 말고 무익한 벗은 친하게 지내지 말라 하셨는데 진은 이 말을 받아 간직하고서는 오로지 삼갔다. 선군께서 이미 돌아가시고 9년이 되었는데 내게 청하여 말하기를 『엎드려 가만히 생각건대 선군의 뜻을 이을 도리가 없음이 크게 두렵다』 하고는 사익(四益)을 가지고 당의 이름을 삼았다.」(先君晚歲, 嘗大書四言以詔杓弟曰, 無益之言勿聽, 無益之事勿為, 無益之文勿觀, 無益之友勿親, 杓受而藏之惟謹. 先君既没之九年, 則以請于某曰, 伏自惟念, 大懼無以承先君之意, 既以四益名堂)

10 분부(分符): 송나라 왕응린(王應麟) 《한제고(漢制攷)》 권4에서 인용한 《설문해자(說文解字)》「부는 신표

千里各分符[10] 천리 떨어진 곳에서 각기 부절 나누어,
一心同盡瘁[11] 한마음으로 함께 온갖 고생 다하네.

156

遠題齋戶册[12] 멀리서 은재의 문 편액 적으니,
來表棲息地 가져와 깃들어 쉬는 곳 나타낸다네.
系述寫心胸[13] 이어서 마음속 써서 말하시니,
俯仰資惕厲[14] 잠깐 동안 경계하고 격려하는 바탕 된다네.

157

陽嘉旣滌蕩[15] 밝게 드러난 아름다움 이미 요동치니,
陰慝失封閉[16] 숨은 사특함 봉하여 막지 못하네.
介然彼苛癢[17] 저 모진 가려움증 잠깐이지만,

이다. 한나라 제도에 대나무로 만들며 길이가 여섯 치로 쪼개었다가 서로 합친다고 하였다.」(符, 信也. 漢制, 以竹, 長六寸, 分而相合) 《한서·문제기(文帝記)》「9월에 처음으로 군수에게 동호부와 죽사부를 만들어주었다.」(九月, 初與郡守爲銅虎符、竹使符) 당나라 안사고(顔師古)의 주석「군수에게 부절을 만들어준 것으로 각기 그 반을 나누어 오른쪽은 경사에 남겨두고 왼쪽은 준다.」(與郡守爲符者, 謂各分其半, 右留京師, 左以與之)

11 진췌(盡瘁): 《시경·소아·북산(北山)》「어떤 사람은 편안히 거처하며 쉬거늘, 어떤 사람은 온갖 고생 다하며 나라 섬기네.」(或燕燕居息, 或盡瘁事國) 췌(瘁)는 췌(悴)와 마찬가지로, 주희는 췌(瘁)를「병든 것」(病)이라 하였다. 삼국 촉한 제갈량(諸葛亮)의 〈후출사표(後出師表)〉「몸을 굽히고 수고로움을 다하여 죽은 후라야 끝이 날 것입니다.」(鞠躬盡瘁, 死而後已)

12 재호책(齋戶册): 《차의》「책간이다. 은재의 편액을 가리키는 듯하다.」(策簡也. 似指隱齋扁額) 《설문해자》 편(扁)자의 풀이「호책에서 나왔다. 호책은 문에 적는 글이다.」(從戶册. 户册者, 署門戶之文也)

13 계술(系述): 문장을 이어 서술하여 말하는 것을 말한다.

14 부앙(俯仰): 고개를 한번 숙였다가 쳐드는 사이라는 뜻으로 짧은 시간을 나타낸다.

척려(惕厲): 《주역·건괘(乾卦)》 밑에서 세 번째 양효[九三]「군자가 종일토록 씩씩한 모습으로 저녁까지 근심하면 위태로우나 허물이 없을 것이다.」(君子終日乾乾, 夕惕若, 厲无咎)

15 양가기척탕(陽嘉旣滌蕩): 《주역·문언전(文言傳)》「형이라는 것은 아름다움이 모인 것이다.」(亨者, 嘉之會也) 《차의》「탕(蕩)은 탕(盪)과 통하여 쓴다. 척탕은 요동하는 모양이다.」(蕩, 通作盪. 滌蕩, 搖動貌)

16 음특실봉폐(陰慝失封閉): 《차의》「봉폐는 닫아서 막는 것이다. 밝게 드러난 아름다움이 이미 요동을 치므로 사특한 것을 숨기어 닫아서 막지 못하는 것이다.」(封閉, 閉塞也. 陽嘉旣滌蕩, 故隱慝失其封閉也)

17 개연(介然): 《차의》「획하는 사이이다. 《맹자》에서는 음이 알이라 하였고, 《대학혹문》에서는 음이 갑이라 하였다.」(倏然之頃也. 孟子音戛, 大學或問音甲)

가양(苛癢): 《차의》「백성들의 괴로움을 말한다.」(謂生民之疾痛也)

赫若我黥劓[18] 나의 형벌 빨리 드러나네.

158

拊摩極哀恫[19] 어루만짐 지극히 애통해하는데,
征取敢常蓺[20] 부세 감히 하던 대로 가혹하게 거두겠는가?
戰兢一日力[21] 하루의 공력에 전전긍긍하니,
洋溢四封被[22] 차고 넘쳐 사방의 경계 덮는다네.

159

君看物我間 그대 보게나, 사물과 나 사이에,
隱顯豈殊致 숨고 드러남 어찌 이치 다르겠는가?
願反振民功[23] 원컨대 다시 백성의 일 진작시켜,
更懋根本計[24] 근본 되는 계책 더욱 힘쓰게나.

18 혁약(赫若): 혁(赫)은 혁(嚇)으로 된 판본도 있다. 《차의》「《서경》(〈康誥〉)에서 이른바『아픔과 병이 그대의 몸에 있다』라 한 것과 같다. 혁은 《운회》에서 빠른 것이다고 하였다.」(猶書所謂恫瘝乃身也. 赫, 韻會迅也)
경의(黥劓): 경(黥)은 검(黔)으로 된 판본도 있으며, 묵형(墨刑)으로 이마에 먹실을 넣는 것이며, 의는 코를 베는 형벌이다. 여기서는 그냥 형벌이라는 뜻으로 쓰였다.
19 부마극애통(拊摩極哀恫): 《차의》「은자의 뜻을 미루어 말한 것이다.」(推說隱字之義)
20 정취(征取): 정(征)은 징(徵)과 같은 뜻으로 쓰였다. 《차의》「백성들에게 세금을 부과하는 것을 말한다.」(謂賦於民)
예(蓺): 극(極), 곧 끝이라는 뜻이다. 《좌전·소공(召公) 20년》「공포된 법령에는 준칙이 없고 징수하고 거두어들임에 법도가 없다.」(布常無蓺, 徵歛無度)
21 전긍(戰兢): 《시경·소아·높은 하늘(小旻)》「전전하고 긍긍하여 깊은 못을 내려다보듯 하고, 엷은 얼음을 밟는 듯이 하라.」(戰戰兢兢, 如臨深淵, 如履薄冰)
22 양일(洋溢): 《예기·중용(中庸)》「이 때문에 성명이 중국에 넘쳐 만맥과 같은 오랑캐에까지 뻗친다.」(是以聲名洋溢乎中國, 施及蠻貊)
사봉(四封): 봉은 봉강(封疆)을 말하며, 사봉은 사방의 경계를 말한다. 《좌전·양공(襄公) 21년》「계손이 말하였다.『우리나라에 사방의 경계가 있거늘 도둑을 다스리는 일을 무슨 까닭으로 못한다 하는가?』」(季孫曰, 我有四封, 而詰其盜, 何故不可?)
23 진민(振民): 《주역·고괘(蠱卦)》의 상사(象辭)「산 아래 바람이 있는 것이 고괘이다. 군자는 이것을 가지고 백성을 진작시키고 덕을 길러준다.」(山下有風, 蠱, 君子以振民育德)
24 군간~본계(君看~本計): 《차의》「이 시는 대체로 군자는 현달하였을 때 마땅히 백성들을 진작시키는 것을 공으로 여기겠지만 반드시 먼저 자기에게 절실히 힘쓰는 것을 백성을 진작시키는 근본으로 삼는다는 것을 말하였을 것이다. 이는 물아간에 사이가 없는 것이며 숨고 드러남이 일치하는 것이다. 이상 여섯 시는 모두 백성을 사랑하여 그것을 몸과 마음으로 돌리는 그 근본으로 삼음을 말하였다. 말이 간략할수록 뜻은 더욱 절실하다.」(此詩, 盖謂君子顯時, 當以振民爲功. 然必先切己用功以爲振民之本. 是物我無間也, 隱顯一致也. 以上六詩, 皆言愛民之事, 而歸之身心以爲之本. 言愈約而意愈切矣)
무(懋): 무(務)자와 같은 뜻이다.

160. 次韻題平父兄重建一枝堂[1]

평보형의 일지당을 중건하다라는 시의 각운자를 써서 짓다

畫戟朱門枕碧山[2]	화극 걸어놓은 붉은 문 짙푸른 산 베고,
貂蟬元自出儒冠[3]	담비꼬리 매미날개 원래 유관에서 나왔다네.
更餘此日林間樂	더욱이 이날 숲 사이 즐거움 넘쳐나니.

1 일지당은 병산에 있는 유씨의 장원으로 유평(劉玶)의 증조부인 유민선(劉民先)이 원풍(元豐) 3년(1080)에 처음 건립하였으며 여러 차례 부침을 겪었다.

2 화극주문(畫戟朱門): 화극은 곧 화극문으로, 당나라 때는 3품 이상의 관원이 대문에 화극을 세워 늘어놓은 일을 말한다. 나중에는 고관의 집을 이르는 말로 쓰이게 되었다. 《운부군옥(韻府羣玉)》 화극(畫戟) 조 「한휴가 아들에게 말하였다. 『양장군은 몇 년이 되지 않아 대문에 화극을 늘어놓았다. 너희들이 오로지 좀 슨 책을 지키고 수를 짜듯 대우를 배우면 양장군보다 훨씬 좋아질 것이다.』라 하였다. 양장군은 양소이다.」(韓休語子曰, 楊將軍不數年門列畫戟. 爾輩獨守蠹簡, 學組綉對偶, 比楊將軍遠矣. 楊素也) 당나라 두보의 〈서울에서 봉선현으로 가면서 마음속을 5백 자로 읊음(自京赴奉先縣詠懷五百字)〉 「붉은 문에는 술이며 고기 썩는 냄새 나는데, 길에는 얼어 죽은 사람의 뼈 뒹굴고 있다네.」(朱門酒肉臭, 路有凍死骨)

3 초선(貂蟬): 《후한서·여복지(輿服志) 하》 「무관은 일명 무변대관이라고도 하는데, 여러 무관이 그것을 썼다. 시중과 중상시는 황금 귀고리를 더하고 매미날개를 붙여 무늬를 내고 담비꼬리를 가지고 장식을 하는데 『조혜문관』이라고 하였다. 호광이 말하기를 『조무령왕이 호복을 흉내 내어 귀고리로 머리를 꾸미고 앞에는 담비꼬리를 꽂았는데 귀한 직책이었다. 진나라가 조나라를 멸하고 그 관을 근신에게 내렸다.』라 하였다.」(武冠, 一曰武弁大冠, 諸武官冠之. 侍中、中常侍加黃金璫, 附蟬爲文, 貂尾爲飾, 謂之趙惠文冠……胡廣說曰, 趙武靈王效胡服, 以金璫飾首, 前插貂尾, 爲貴職. 秦滅趙, 以其君冠賜近臣) 양나라 유소(劉昭)의 주석 「응소(應劭)의 《한관(漢官)》에서는 말하였다. 『담비꼬리는 안은 굳세고 바깥은 따뜻하고 윤기가 있다.』라 하였다. 논자들은 매미는 맑고 높으며, 이슬을 마시고 먹지 않음을 취하였다고 하였다.」(應劭漢官曰, 貂內勁捍而外溫潤. 說者蟬取其清高, 飮露而不食)
유관(儒冠): 《차의》 「병산을 가리킨다.」(指屛山) 《남사·주반룡전(南史·周盤龍傳)》 「산기상시와 광록대부가 되었다. (齊나라) 무제가 놀려서 말하였다. 『경이 담비꼬리와 매미날개 장식을 한 관모를 쓰니 투구를 쓴 것과는 어떤가?』 대답하여 말하였다. 『이 담비꼬리와 매미날개로 장식한 관모는 투구에서 생겨났을 따름입니다.』」(爲散騎常侍光祿大夫. 武帝戲之曰, 卿著貂蟬, 何如兜鍪? 對曰, 此蟬貂從兜鍪中生耳) 《표보》 「선생은 아마 이 말을 써서 유보학 부자를 가리킨 것 같다.」(先生盖用此語. 似指劉寶學父子)

遠繼當年膝下歡	멀리 그 해 슬하의 기쁨 잇네.
命駕賓朋千里近	멍에 지우라 하니 손과 벗 천리도 가깝고,
放懷琴酒百憂寬[4]	마음 훌훌 털고 거문고와 술 즐기니 갖은 근심 풀리네.
遺編却好傳孫子[5]	남긴 책 오히려 손자에게 잘 전하였으니,
莫遣因循學宴安[6]	옛 습속 좇아 편안함 배우지 마시게나.

4 임간~우관(林間~憂寬): 《주문공집》 권 92 〈종사랑감담주남옥묘 유군의 묘지명(從事郎監潭州南獄廟劉君墓誌銘)〉「선대의 거처인 병산(屛山) 아래는, 앞에는 담계(潭溪)가 둘러 있었는데, 집이 고요하고 깊었으며, 대나무가 빽빽이 둘러싸고 있어 둘러보고 좋아하여 차마 떠나지 못하였다.」(先廬屛山之下, 前帶潭溪, 館宇靚深, 竹樹蒙密, 顧而樂之, 不忍去也) 《차의》「길신양일에 거문고를 연주하고 술을 따라 손님들에게 시를 지을 것을 부탁한 것이다.」(良辰勝日, 絃琴觴酒, 屬客賦詩) 당나라 두보의 〈물을 끌어들이다(引水)〉「살아가는 이치 한 말의 물로는 어려우니, 어떻게 곧장 온갖 근심 느슨하게 할까?」(生理難斗水, 何直百憂寬)

5 유편(遺編): 《차의》「병산이 남긴 책이다.」(屛山遺編)

6 연안(宴安): 곧 연안짐독을 말한다. 《좌전·민공(閔公) 원년》「아무 일도 않고 안일함만 추구하는 것은 짐새의 독과 같사오니 그런 것을 속에 품어서는 안 됩니다.」(宴安鴆毒, 不可懷也) 진나라의 두예(杜預)의 주석「아무 일도 않고 안일함만 추구하는 것을 짐새의 독에 비유하였다.」(以宴安比之鴆毒) 《차의》「평보는 일찍이 이리저리 다니며 마음껏 노느라 학문에 종사하지 않았으므로 선생이 그것을 경계한 것이다.」(平甫嘗遊放逸豫, 不事學問, 故先生戒之)

161. 日用自警示平父[1]

날마다 하는 자경으로 평보에게 보이다

圓融無際大無餘[2]	원만하여 융화함 틈이 없고 무여 크게 한다면,
卽此身心是太虛[3]	곧 이 몸과 마음이 바로 태허라네.
不向用時勤猛省	쓸 때 맹렬히 성찰함 부지런히 않는다면,
却於何處味眞腴[4]	오히려 어느 곳에서 참된 맛 보겠는가?
尋常應對尤須謹	평상시에 응대함 더욱 모름지기 삼가고,

1 《차의》「이 시는 자경이라고 하기는 했지만 사실은 평보를 경계한 것이다.」(此詩雖云自警, 實以警平甫也)

2 원융~무여(圓融~無餘): 《차의》「이는 도체를 말한 것이다.」(此言道體)

원융(圓融): 불교어로 일체의 편집(偏執)을 타파하여 원만하고 융통하게 해서 혼연일체가 되도록 하는 것을 말한다. 《능엄경(楞嚴經)》 권17「여래께서 말씀하시길 지·수·화·풍의 근본 성품을 살펴보면 원만하게 융화하여 법계에 두루 퍼져 있으며 담연하게 상주한다고 하였다.」(如來觀地水火風, 本性圓融, 周徧法界, 湛然常住)

무여(無餘): 또한 불교 용어로 무여열반(無餘涅槃)의 준말. 무여열반은 생사의 인과가 소멸되어 육체적 존재의 제약에서 완전히 벗어난 상태로, 곧 마음의 미혹도 끊어지고 육체도 멸한 절대무의 경지와 생사의 괴로움을 모두 여읜 진여(眞如)의 상태를 이른다.

3 태허(太虛): 공적현오(空寂玄奧)한 경지를 말한다. 《장자·지북유(知北遊)》「무시가 말하였다. 『……높고 먼 경지에 이르지 못하며 현묘한 경지인 태허에 노닐지 못하오.』」(无始曰……不過乎崑崙, 不遊乎太虛) 《차의》「정명은 태허로부터 말미암아 하늘이라는 명칭이 있다.」(正名由太虛, 有天之名) 이상 두 구절은 원융무제할 수만 있다면 신심이 곧 공적현오한 경지에 들 수 있다는 것을 말한다.

4 진유(眞腴): 유(腴)는 배 아래의 기름진 곳으로 맛있는 음식을 말한다. 《문선》 한나라 양웅(揚雄)의 〈손님이 놀림에 답하다(答賓戲)〉「명에 맡겨 자신을 공손히 하고 아름다운 도를 음미하면 신께서 이를 들으시고 어찌 그 이름을 버리겠는가?」(委命供己, 味道之腴, 神之聽之, 神其舍諸)

造次施爲更莫疎[5] 조차간에 베풂에도
더욱 소홀히 하지 말지라.

一日洞然無別體[6] 하루라도 다른 본체
없음 환히 안다면,

方知不枉費功夫 바야흐로 알게 되리, 헛되이
공부하지 않았음을.

5 조차(造次): 아주 짧은 시간 또는 경황이 없어 허둥대는 모양을 나타내기도 한다. 《논어·이인(里仁)》「군자는 한번 밥을 먹는 시간에도 인을 어김이 없으니, 경황이 없는 중에도 이(仁)에 있으며, 위급한 상황에도 반드시 이에 있는 것이다.」(君子無終食之間違仁, 造次, 必於是, 顚沛, 必於是)

6 일일~별체(一日~別體): 《차의》「평상시에 응대하고 조차간에 베풂 외에는 더 이상 다른 도체가 없다는 것을 말한다.」(謂於尋常應對造次施爲之外, 更無他道體也)

162. 抄二南寄平父, 因題此詩[1]

〈이남〉을 베껴 평보에게 부치고 내친 김에 이 시를 짓는다

闕里言詩得賜商[2]　　궐리에서 《시》 말함
　　자공과 자하가 인정 받았으니,
　子貢子夏　자공과 자하이다
千秋誰復與相望　　천추에 누가 다시
　　더불어 서로 바라겠는가?
鄒汾斷簡光前載　　추나라와 분수의 끊어진 책
　　앞의 세월 빛냈고,
　孟子文中子[3]　맹자와 문중자이다

1 이남(二南)은 《시경》의 〈주남(周南)〉과 〈소남(召南)〉을 말한다. 유평(劉玶)은 소흥과 건도 연간에 주희를 따라 《시경》을 연구한 적이 있는데, 이 시는 곧 주희가 유평에게 말한 《시경》을 연구한 체험이다.

2 궐리(闕里): 궐리는 공자가 태어난 곳이다. 여기서는 공자의 문하라는 뜻으로 쓰였다.

언시득사상(言詩得賜商): 사는 단목사(端木賜)로 자공(子貢)의 이름이다. 상은 복상(卜商)으로 곧 자하의 이름이다. 《논어·학이(學而)》「자공이 말하였다. 『가난하면서도 아첨하지 않고 부유하면서도 교만하지 않으면 어떻습니까?』 공자가 말씀하셨다. 『괜찮지만 가난하면서도 즐거워하고 부유하면서도 예를 좋아하는 것만 못하다.』 자공이 말하였다. 『《시》에서 말하기를 「끊은 듯 간 듯, 쪼듯 닦는 듯」이라 하였는데 아마 이것을 말하는 것이겠지요?』 공자가 말씀하셨다. 『사야, 비로소 함께 《시》를 말할 수 있겠구나. 지난 것을 알려주었더니 올 것을 아는구나.』」(子貢曰, 貧而無諂, 富而無驕, 何如? 子曰, 可也, 未若貧而樂, 富而好禮者也. 子貢曰, 詩云, 如切如磋, 如琢如磨, 其斯之謂與? 子曰, 賜也, 始可與言詩已矣, 告諸往而知來者) 자공이 인용한 시는 〈위풍·기오(衛風·淇奧)〉에 나오는 구절이다. 같은 책 〈팔일(八佾)〉「자하가 물었다. 『「쌩긋 웃을 때의 어여쁜 입모습, 아름다운 눈은 맑기도 하네. 흰 바탕에 고운 수를 놓았구나.」라 한 것은 무엇을 이름입니까?』 공자가 말씀하셨다. 『그림을 그리는 일은 흰 바탕이 있은 후라는 말이다.』 자하가 말하였다. 『예가 나중에 온다는 것입니까?』 공자가 말하였다. 『나를 일깨워주는 사람은 상이로다! 비로소 함께 《시》를 말할 수 있겠도다.』」(子夏問曰, 巧笑倩兮, 美目盼兮, 素以爲絢兮. 何謂也? 子曰, 繪事後素. 曰, 禮後乎? 子曰, 起予者商也! 始可與言詩已矣) 자하가 인용한 시는 〈위풍·석인(衛風·碩人)〉에 나오는 구절이다.

3 문중자(文中子): 수나라 강주(絳州) 용문현(龍門縣) 사람 왕통(王通)이다. 〈등왕각서(滕王閣序)〉로 유명한 초당의 문인 왕발(王勃)의 조부이다.

關洛新書襲舊芳[4] 관중과 낙양의 새 책
옛 향기 이었다네.
張子程子 장재와 정자이다
析句分章功自少[5] 구절 쪼개고 장 나눔
공 본디 적으나,
吟風弄月興何長[6] 바람 읊조리고 달 희롱함
흥 얼마나 긴가?
從容咏嘆無今古 조용히 읊조리고 감탄함
예와 지금 없으리니,
此樂從玆樂未央 이 즐거움 이곳에서
즐거움 끝이 없으리라.

4 관락(關洛): 관중(關中)과 낙양(洛陽)을 가리킨다. 관중은 장재(張載)가 학문을 편 곳이고, 낙양은 정호(程顥)와 정이(程頤)가 학문을 편 곳으로 이들의 학문을 각각 관학과 낙학이라고 한다.

5 소(少): 「작을 소」(小)자로 된 판본도 있다.

6 음풍농월(吟風弄月): 《송명신언행록·외집(外集)》 권1 〈주돈이(周敦頤)〉「지취가 높고 원대하였다. 염계에는 옛날부터 소교정이 있었는데 선생(염계 주돈이를 말함)이 늘 그곳에서 낚시하고 노닐며 음풍농월하였다. 지금까지도 부로들은 그것을 말할 수 있다.」(志趣高遠. 濂溪舊有小橋亭, 先生常釣遊其上, 吟風弄月. 至今父老能言之) 《송사》 권427 〈도학 1·주돈이(道學一·周敦頤)〉「주돈이는 매번 공자와 안자가 즐긴 곳과 즐긴 것이 무슨 일이었는지 찾게 하였는데 이정의 학문 원류는 여기에서 흘러나왔다. 그러므로 정호의 말이 『거듭 주무숙을 뵙고 난 후에 음풍농월을 하고 돌아와 「나는 점을 인정한다」는 뜻이 있게 되었다.』라 하였다.」(敦頤每令尋孔顏樂處, 所樂何事, 二程之學源流乎此矣. 故顥之言曰, 自再見周茂叔後, 吟風弄月以歸, 有吾與點也之意) 이 말은 《근사록(近思錄)》(권3)에도 인용되어 있다.

163~167. 題劉平甫定菴五詠

유평보의 정암을 다섯 수로 지어 읊조리다

163 定菴	정암
風生長林悲	바람 생겨나니 긴 숲 슬프고,
雲起空谷瞑	구름 이니 빈 골짜기 어둑하네.
下有不死人[1]	그 아래 죽지 않는 사람 있어,
一室常在定	집 하나 늘 머물러 있네.

164 巢雲	소운
入山何所見[2]	산에 들면 무엇 보이는가?
雲樹春濛濛[3]	구름 낀 나무 봄에 흐릿하다네.
安知巢居子[4]	어찌 알겠는가, 둥지 짓고 머무는 사람,
避世於其中[5]	그 속에서 세상 피하고 있는 것을.

1 불사인(不死人): 《노자》 제6장 「골짜기의 신은 죽지 않으니 이것이 현묘한 암컷이다.」(谷神不死, 是爲玄牝)

2 입산하소견(入山何所見): 남조 양(梁)나라 도홍경(陶弘景)의 〈임금님[齊 高帝]이 산 속에 무엇이 있느냐고 물으시어 시를 지어 답하다(詔問山中何所有賦詩而答)〉 「산 속에 무엇이 있는가? 재 위에 흰 구름 많다네.」(山中何所有, 嶺上多白雲)

3 몽몽(濛濛): 비가 부슬부슬 내리는 모양이라는 뜻도 있고, 흐릿한 모양이라는 뜻도 있는데 여기서는 후자의 뜻으로 쓰인 것 같다.

4 소거자(巢居子): 나무에다 거처를 지어놓고 사는 사람. 옛날에 소보(巢父)가 사람들에게 짐승들을 피하여 나무 위에 집을 짓도록 가르쳤다고 한다. 진나라 왕강거(王康琚)의 〈은자를 부르다의 뜻을 반대로 써서 짓다(反招隱)〉 「옛날 태평한 시대에도, 또한 둥지 지어 사는 사람 있었다네. 지금 비록 태평성대이긴 하나, 숲 속의 선비 없을 수 있겠는가?」(昔在太平時, 亦有巢居子. 今雖盛名世, 能無中林士)

5 피세(避世): 《논어·헌문(憲問)》 「공자께서 말씀하셨다. 『현자는 세상을 피하고, 그 다음 사람은 땅을 피하며, 그 다음 사람은 여색을 피하고, 그 다음 사람은 말을 피한다.』」(子曰, 賢者辟世, 其次辟地, 其次辟色, 其次辟言)

165 山臺　　산대

林居厭棲迷[6]　　숲에 거처하며 처량하고 어두움 싫어하는데,
山頂幸淸曠　　산꼭대기 다행스레 맑고 환하다네.
無事一登臨　　한번 올라 굽어볼 일 없으니,
却愁心浩蕩　　오히려 마음 호탕함 근심스럽네.

166 井泉　　정천

開山昔何人　　산 연 이 옛날 누구인가?
鑿此寒泉井[7]　　이곳에 차가운 샘물 뚫어놓았다네.
獨夜漱瓊瑤[8]　　외로운 밤에 옥 같은 물로 입 헹구니,
泠然發深省[9]　　맑게 깊은 살핌 발하네.

167 壽穴[10]　　수혈

百年不可期　　백 년 기약할 수 없으니,
一壑當預卜[11]　　한 골짜기 마땅히 미리 정해야 하리.
自憐木偶人[12]　　스스로 가엽기는 나무 인형 같은 사람,

6 거(居)는 《고이》에서 「가운데 중」(中)자로 된 판본도 있다고 하였다.
서미(棲迷): 《차의》 「서(棲)자는 아마 처(悽)자의 잘못일 것이다.」(棲, 疑悽字之誤) 《익증》 「거처하는 곳이 깊고 어두워 올라 바라보는 상쾌함이 없는 것이다.」(所居深迷, 無登望之快)
7 한천정(寒泉井): 진나라 좌사(左思)의 〈은사를 부르다(招隱)〉 제2수 「앞에 차가운 샘물 있는데, 애오라지 심신 밝힐 수 있다네.」(前有寒泉井, 聊可瑩心神)
8 수경요(漱瓊瑤): 진(晉)나라 좌사(左思)의 〈은자를 부르다(招隱)〉 첫째 시 「바위 틈 샘에서 옥 같은 물로 입 헹구니, 작은 물고기들 떠오르기도 하고 가라앉기도 하네.」(石泉漱瓊瑤, 纖鱗或浮沈)
9 발심성(發深省): 당나라 두보(杜甫)의 〈용문의 봉선사에서 놀다(遊龍門奉先寺)〉 「깨어 새벽 종소리 들으려 하니, 사람으로 하여금 깊은 생각 발하게 하네.」(欲覺聞晨鐘, 令人發深省)
10 혈(穴)은 곧 광중(壙中)이다. 《주문공집》 권 92 〈종사랑감담주남옥묘 유군의 묘지명(從事郎監潭州南獄廟劉君墓誌銘)〉 「무이의 동남쪽 10리 여 되는 곳이 곧 미리 점찍어 놓은 묘혈이다.」(武夷東南十里許, 即預卜壽藏)
11 일학(一壑): 위 45번 시의 주 2)를 보라.
12 목우인(木偶人): 《사기·맹상군열전(孟嘗君列傳)》 「나무 인형과 흙 인형이 서로 이야기하였다. 『하늘에서 비가 내리면 그대는 허물어질 것이다.』 흙 인형이 말하였다. 『나는 흙에서 태어났으니 허물어지면 흙으로 돌아간다. 이제 하늘에서 비가 내리면 그대를 흘려보내

空羨王官谷[13]	헛되이 왕관곡만 부러워함이라네.

그 멈추어 설 곳을 모를 것이다.』」(木禺人與土禺人相與語. 木禺人曰, 天雨, 子將敗矣. 土禺人曰, 我生於土, 敗則歸土. 今天雨, 流子而行, 未知所止息也)《차의》「흙 인형은 근본으로 돌아가지만 나무 인형은 떠내려갈 것이므로 불쌍한 것이다.」(土偶人反本, 而木偶人漂去, 故可憐)

13 왕관곡(王官谷): 산서성(山西省) 영제현(永濟縣)에 있는 골짜기 이름. 《구당서·사공도전(司空圖傳)》「사공도는 선인의 별서를 가지고 있었는데 중조산의 왕관곡에 있었으며, 천석과 임정이 자못 깃들기에 그윽하다는 지취가 있었다. …… 사공도는 유찬의 화에서 벗어나자 산으로 돌아와 미리 묘혈을 지어 상례를 마치고 친구가 찾아오면 광중으로 이끌어 시를 짓고 대작하였다.」(圖有先人別墅在中條山之王官谷, 泉石林亭, 頗稱幽棲之趣……圖既脫柳璨之禍, 還山乃預為壽藏終制, 故人來者, 引之壙中, 賦詩對酌)

이상 두 구절은 자신은 늙지도 않았는데 병이 많아 먼저 쇠하여 유평이 왕관곡 같은 맑고 그윽한 은거지를 가진 것을 부러워함을 말하였다.

168~169. 劉平甫席上分韻得寫字

유평보의 석상에서 운자를 나누어 시를 짓는데 「쓸 사」 자를 얻다

168

歲暮風雨交[1]	세밑에 비바람 휘몰아치는데,
流雲暗平野	흐르는 구름 너른 들 어둡게 하네.
公子燕華姻[2]	공자 연회 친척들에게 알리고,
招呼及同社	초청하여 부름 같은 동네에 미치네.

169

高情寄壺觴[3]	고아한 정 술병과 잔에 맡긴 채,
晤語到風雅[4]	만나서 이야기하다보니 〈풍아〉에까지 이르렀네.
剪燭夜堂深[5]	심지 자르니 대청에 밤 깊어가는데,
幽懷共輸寫	그윽한 마음 함께 써서 주고받네.

此詩恐當作一首　이 시는 한 수로 보아야 할 것 같다

1 세모풍우교(歲暮風雨交): 풍우교는 비바람이 이리저리 마구 몰아치는 것을 말한다. 당나라 두보의 〈비가 오는데 소단에 잠시 들르다(雨過蘇端)〉「새벽 닭 우는데 비바람 휘몰아치니, 오랜 가뭄에 비 또한 좋다네.」(鷄鳴風雨交, 久旱雨亦好) 송나라 소식의 〈밤에 관솔불을 밝히다(夜燒松明火)〉「세밑에 비바람 몰아치는데, 객사 쓸쓸하니 차가워지네.」(歲暮風雨交, 客舍凄薄寒)

2 공자(公子): 유평을 높여서 말한 것이다.
화인(華姻): 《차의》「화(華)는 드러내는 것이고, 인(姻)은 친척이다.」(華, 顯之. 姻, 親也)

3 기호상(寄壺觴): 송나라의 중[釋] 도잠(道潛)의 〈주무숙 낭중의 염계(周茂叔郎中濂溪)〉「세상만사 빈 골짝에 맡기고, 스르르 술병과 술잔에 기탁하네.」(萬事委空洞, 頹然寄壺觴)

4 오어(晤語): 오(晤)는 만난다[見, 會]는 뜻. 오어는 만나서 이야기하는 것을 말한다. 《시경·진(陳)나라의 민요·동쪽 문 밖의 연못(東門之池)》「아름다운 좋은 아가씨와, 짝지어 얘기하고 싶네.」(彼美淑姬, 可與晤語)
풍아(風雅): 풍아(風雅)는 《시경》의 육의(六義) 중 국풍(國風)과 대·소아(大·小雅)를 말하며, 《시경》을 대신 일컬은 것이다.

5 야당심(夜堂深): 송나라 유자휘(劉子翬)의 〈장수가 지은 시의 각운자를 써서 짓다(次張守韻)〉 제3수 「가을 누대 갈라져 조용히 가라앉고, 사람 이야기에 밤 대청 깊어만 가네.」(柝沈秋壘靜, 人語夜堂深)

170~171. 劉平甫分惠水梔, 小詩爲謝. 二首[1]

유평보가 치자나무를 나누어 주어 작은 시를 지어 감사하다, 두 수

170

年來衰懶罷書淫[2]	근년 들어 여위고 게을러져 책에 빠짐 그만두고,
偶向盆山寄此心[3]	어쩌다가 분재 산에 이 마음 부쳐보네.
何事凉陰老居士[4]	무슨 일로 서늘한 그늘의 늙은 거사,
便分幽賞助請吟	곧 그윽한 감상 나누어 맑게 읊조림 돕는가?

1 수치(水梔): 곧 치자(梔子)이다.

2 서음(書淫): 책을 좋아하고 배우기를 게을리 하지 않는 것을 말한다. 《남사·유준전(劉俊傳)》「제나라 영명 연간에 (형과) 함께 강남으로 가서 이름을 준으로 자를 효표라 고쳤다. 스스로 젊었을 때는 깨치지를 못했는데 만년에 더욱 정밀해졌으며 명민하기가 남보다 뛰어났다고 생각하였다. 소견이 넓지 못함을 고뇌하여 기이한 책이 있다는 말을 들으면 반드시 가서 빌리기를 기구하였다. 청하의 최위조가 『서음』이라고 하였다. 이에 뭇 서적을 아주 널리 섭렵하였고 문채가 빼어났다.」(齊永明中, 俱奔江南, 更改名峻字孝標. 自以少時未開悟, 晚更厲精, 明慧過人. 苦所見不博, 聞有異書, 必往祈借. 清河崔慰祖謂之書淫. 於是博極羣書, 文藻秀出)

3 분산(盆山): 곧 동이에 물을 채우고 괴석을 배치한 분재나 수석을 말한다. 송나라 소식의 〈내 수석을 그림으로 바꾸려고 하였더니 진경이 난처해하고 목보는 둘을 아울러 취하고자 하였으며 영숙은 그림을 태우고 수석은 부수려고 하여 이에 다시 앞 시의 각운자를 써서 짓고 아울러 두 시의 뜻을 풀이한다(軾欲以石易畫, 晉卿難之, 穆父欲兼取二物, 穎叔欲焚畫碎石, 乃復次前韻, 幷解二詩之意)〉「수석은 숨길 수 없고, 그림 속의 말은 기를 방법이 없네.」(盆山不可隱, 畫馬無由牧)

4 양음(凉陰): 음(陰)은 음(蔭)과 같으며, 그늘을 이룬 나무, 시원한 그늘을 드리운 곳을 말한다.

171

何處飛來簷葡林[5] 어느 곳에서 이
치자 숲 날아왔는가?
老枝樛屈更蕭槮[6] 늙은 가지 휘고 굽어
더욱 빽빽하네.
凄涼杜老江頭句 처량도 하구나, 두보 늙은이
〈강두〉시의 구절,
坐對行吟得自箴[7] 마주 앉아 읊조려보고
스스로 경계 삼을 만하네.

少陵江頭五詠, 於梔子詩云, 於身色有用, 與道氣傷和[8]

두소릉의 〈강두오영〉의 〈치자〉 시에서 「몸에는 색은 쓸모가 있지만, 도에는 기 어울림 상하게 하네.」라 하였다.

5 첨복(簷葡): 《차의》 「첨복 또한 치자이다.」(簷葡又梔子) 당나라 육구몽(陸龜蒙)의 〈奉和初夏遊楞伽精舍次韻〉 「첨복 뭇 향기 가운데 으뜸이고, 유리 화악 대신한다네.」(簷葡冠諸香, 琉璃代華堊)

6 규(樛): 나뭇가지가 아래를 향하여 휜 것을 말함,
소삼(蕭槮): 수풀 따위가 빽빽함을 나타내는 쌍성 연면의태어.

7 자잠(自箴): 《익증》 「아마 서로 화답한 말로 스스로 경계한다는 것일 것이다.」(盖以相和之語自警也)

8 어신상화(於身~傷和): 《차의》 「『여도』의 『與』는 『참』과 같다. 아마 치자가 그 몸은 그 색이 비록 쓸모가 있다 하더라도 도에 들어가서는 또한 기를 어울리게 하는 것을 상하게 함을 말할 것이다. 대체로 치자는 그 맛이 쓰기 때문에 이른 것이다.」(與道之與, 猶參也. 盖謂梔子於其身則其色雖有可用處, 而參之道則亦傷和氣. 盖梔子其味苦故云)

172~173. 和喜雨, 二絶

비를 기뻐하다라는 시에 화답하다, 절구 두 수

172

雨師誰遣送餘春[1]	우사 누가 보내어 남은 봄 전송하였는가?
珍重天公惠我民[2]	진중하신 하느님 우리 백성에 은혜 베푸셨네.
且看歡顔垂白叟[3]	또한 기쁜 얼굴의 백발 드리운 늙은이 보니,
莫愁頩頰踏青人[4]	옥색 뺨의 답청하는 사람들 근심하지 말게나.

1 우사(雨師): 전설상 비를 관장하는 신. 《초사·멀리 노닐다(遠遊)》「왼쪽은 우사로 하여금 지름길에서 기다리게 함이여, 오른쪽은 뇌신이 호위한다네.」(左雨師使徑待兮, 右雷公而為衛) 《익증》「적송자는 신농씨 때 우사가 되었다.」(赤松子神農時爲雨師) 이 구절은 비가 내려 봄이 지나갔음을 말한다.

2 천공(天公): 당나라 한유(韓愈)의 〈두 마리 새(雙鳥)〉「뇌공 하느님께 알리니, 온갖 사물 모름지기 기름지다네.」(雷公告天公, 百物須膏油)

3 황안(歡顔): 당나라 두보의 〈초가집이 가을바람에 부서지다(茅屋爲秋風所破歌)〉「어이하면, 천 칸 만 칸 짜리 너른 집을 구하여, 크게 천하의 궁핍한 선비들 덮어 함께 웃는 낯 지을까.」(安得廣廈千萬間, 大庇天下寒士俱歡顔)

4 병협답청인(頩頰踏青人): 《초사·멀리 노닐다(遠遊)》「옥색으로 반지르르 윤이 나는 얼굴이여, 정기 순수하여 비로소 씩씩하네.」(玉色頩以脕顔兮, 精醇粹而始壯) 주희의 주석「병은 아름다운 모양이다. 또는 정색을 하는 모양이다.」(頩, 美貌. 一曰, 歛容貌) 송나라 소식의 〈홍매(紅梅)〉 제3수「단사 솥의 탈태 어느 것이 보배인가? 옥인 성낸 뺨 자태 더욱 아름답네.」(丹鼎奪胎那是寶, 玉人頩頰更多姿) 조차공(趙次公)의 주석「병은 노한 모양이다. 옥인이 노하면 뺨이 붉어지기 때문에 홍매에 비유한 것이다.」(頩, 怒色. 玉人怒則頰紅, 故以比紅梅也)
답청(踏青): 봄날 교외에 나가서 노는 날을 말하는데, 중국에서는 지역에 따라 정월 초 8일(蜀지방), 2월 2일, 3월 3일(長安)을 답청일로 잡기도 하고, 또 청명(淸明)날을 답청절로 쉬기도 한다. 당나라 두보의 〈길게 읊조리다(長吟)〉「강에는 다투어 해 건너며 날고, 풀에는 답청하는 마음 보이네.」(江飛競渡日, 草見踏青心)

173

黃昏一雨到天明　　황혼의 한 줄기 비
　하늘 밝을 때까지 내리니,
夢裏豊年有頌聲[5]　　꿈 속에 풍년 들어
　칭송하는 소리 들리네.
起望平疇烟草綠[6]　　일어나 평평한 밭두둑의
　안개 낀 초록빛 바라보며,
只今投筆事農耕[7]　　다만 지금 붓 내던지고
　농사짓고 밭가는 일 종사하리.

5 몽리풍년(夢裏豊年): 《시경·소아·양이 없으니(無羊)》「목인이 꿈을 꾸었는데, 물고기 많았다네. …… 대인이 점을 쳐보니 …… 풍년임에 틀림없네.」(牧人乃夢, 衆維魚矣……大人占之……實維豐年)

6 평주(平疇): 평탄한 전지(田地)를 말한다.

연초록(烟草綠): 당나라 이백의 〈봄날 원수와 상수 유역에 오래 머물면서 산 속을 그리워하다(春滯沅湘有懷山中)〉「원수와 상수에 봄빛 돌아오니, 바람 따뜻하고 안개 낀 풀빛 푸르다네.」(沅湘春色還, 風暖烟草綠)

7 투필(投筆): 《후한서·반초전(班超傳)》「집이 가난하여 항상 관리들에게 글을 써주고 품팔이하여 생계를 댔다. 오랫동안 고생을 하다가 일찍이 일을 그만두고 붓을 던지며 말하였다. 『대장부가 별다른 큰 포부가 없다하더라도 오히려 부개자와 장건을 본받아 이역에서 큰 공을 세워 제후에 봉해져야 하거늘 어찌 오래도록 문필에 종사하면서 한가함이나 추구하겠는가?』」(家貧, 常爲官傭書以供養. 久勞苦, 嘗輟業投筆歎曰, 大丈夫無它志略, 猶當效傅介子·張騫立功異域, 以取封侯, 安能久事筆硏閒乎?)

174~176. 和章國華祈雨, 呈平父諸兄, 三首[1]

장국화의 비를 기구하다라는 시에 화답하여 평보 등 여러 형에게 드리다, 세 수

174

極目平疇半欲枯[2]	평평한 밭두둑에 눈길 다하니 반은 시들려 하여,
遙知精禱意無餘	아득히 알겠네, 정성스런 기도 뜻 충분치 않았음을.
更憐不待豚蹄祝	더욱 갸륵한 것 돼지 다리로 축원함 기다리지 않아도,
便得汙邪暗滿車[3]	곧 낮은 땅에서도 몰래 수레 가득 채움이라네.

175

九重淸夜仰昭回[4]	구중궁궐 맑은 밤에 밝게 두른 것 우러르나,

1《차의》「선생이 지은 국화가 집주한 두보 시의 발문이 84권에 보인다.」(先生跋國華所集註杜詩見八十四卷)

2 극목(極目): 눈에 가득하다는 뜻도 있고, 시력을 다하여 한껏 멀리 바라본다는 뜻도 있는데 여기서는 복합적인 의미로 쓰인 것 같다.

3 돈제~만거(豚蹄~滿車):《사기·골계열전·순우곤(滑稽列傳·淳于髡)》「지금 신이 동쪽에서 오다가 길 곁에서 땅에 푸닥거리를 하는 자가 있는 것을 보았사온데 돼지 발굽 하나와 술 한 사발을 들고 기원하기를『높은 곳의 좁은 땅에서도 광주리에 가득 채워주시고, 낮은 곳의 습지에서도 한 수레 가득 채워주시며, 오곡이 많이 익어 우리 집을 넘쳐나게 해주소서.』라 하였습니다. 신은 그가 지닌 것은 적은데 바라는 것은 많은 것을 보았으므로 그것 때문에 웃었습니다.」(今者臣從東方來, 見道傍有穰田者, 操一豚蹄, 酒一盂, 祝曰, 甌窶滿篝, 汙邪滿車, 五穀蕃熟, 穰穰滿家. 臣見其所持者狹而所欲者奢, 故笑之)《사기》의 주석서인 배인(裴駰)의《집해(集解)》에서는 사마표(司馬彪)의 말을 인용하여「오사는 아래쪽 땅에 있는 밭이다.」(汙邪, 下地田也)라 하였다.

4 구중(九重): 초나라 송옥(宋玉)의《초사·구변(九辯)》

旱魃知從何處來[5] 가뭄 귀신 어느 곳에서
  왔는지 알겠는가?
不是幽人祈得雨 그윽한 은자 기우제 올려
  비 오게 한 것 아니라,
又煩丹詔走風雷[6] 또한 붉은 조서 번거로이
  바람과 우레 달리게 한 것이라네.

176

晴窓揮汗苦驕陽 맑은 창에서 땀 훔치며
  뽐내는 햇볕 괴로워하였더니,
雨檻披衣快晚涼[7] 비 내리는 헌함에서 옷 걸치고
  서늘한 저녁 상쾌해하네.
多謝龍公餘事業[8] 용공의 남은 일
  많이 감사함은,

「어찌 답답하고 섧게 임금 생각하지 않겠는가? 임금 계신 곳 궁문 아홉 겹으로 되어 있다네.」(豈不鬱陶而思君兮, 君之門以九重) 구중은 곧 천자가 있는 궁궐의 관문(關門)과 원교문(遠郊門)·근교문(近郊門)·성문(城門)·고문(皐門)·고문(庫門)·치문(雉門)·응문(應門)·노문(路門) 등 아홉 겹의 문을 말하는데, 보통 깊다는 뜻으로 많이 쓰인다.

소회(昭回): 운한(雲漢) 곧 은하수를 가리키는 말로 쓰였다. 《시경·대아·운한(雲漢)》「우뚝한 저 은하수, 하늘에 밝게 둘러 있네.」(倬彼雲漢, 昭回于天)

5 한발(旱魃): 위와 같은 시 「가뭄 귀신 날뛰어, 불붙어 타는 듯하네.」(旱魃爲虐) 주희의 주석 「발은 가뭄 귀신이다.」(魃, 旱神也) 《운부군옥(韻府羣玉)》의 발(魃) 조에 의하면 발(妭)이라고도 하며, 「여발은 대머리로 머리털이 없으며, 사는 곳에는 하늘에서 비가 내리지 않는다.」(女妭, 禿无髮, 所居處天不雨)라 하였다.

6 불시~풍뢰(不是~風雷): 《차의》「아마 비가 온 후에 훌륭한 손님이 있을 것이라는 조서를 얻은 것일 것이다. 주풍뢰는 붉은 조서가 내려옴이 급하였다는 것을 이른다.」(疑得雨後有嘉賓之詔也. 走風雷, 謂丹詔下來之急也)

7 쾌만량(快晚凉): 송나라 소식의 〈금산의 보각 원통 두 장로를 남겨두고 떠나다(留別金山寶覺圓通二長老)〉「머리 다 감으니 두건과 갓 저녁 서늘함에 상쾌하고, 졸다보니 이와 뺨에는 차 향기 띠고 있네.」(沐罷巾冠快晚凉, 睡餘齒頰帶茶香)

8 용공(龍公): 용공(龍公): 용신, 곧 용이나 용왕을 말한다. 당나라의 장노사(張路斯)가 만년에 용이 되어 날아가 이를 모시는 사당이 있었다고 한다. 송나라 소식의 〈소령후를 모신 사당의 비문(昭靈侯廟碑)〉「(당) 소령후 장공의 휘는 노사이다. …… 일찍이 초씨대 남쪽에서 낚시를 하는데 하루는 낚시를 하던 곳에 궁실 및 누대, 전각이 있는 것을 돌아보고 마침내 들어가 거처했다. 이로부터 밤이면 나가서 아침이면 돌아오는데 돌아

爲驅寒谷變炎方　　차가운 골짝 몰아
　　　　　　　　　더운 지방으로 바꿈이라네.

올 때면 으레 몸이 차갑고 젖어 있기가 일쑤였다. 부인이 놀라 물어보니 공이 말했다. 『나는 용이오!』(昭靈侯張公諱路斯.……嘗釣于焦氏臺陰, 一日, 顧見釣處有宮室樓殿, 遂入居之. 自是夜出旦歸, 歸輒體寒而濕. 夫人驚問之, 公曰, 我龍也) 같은 사람의 〈취성당에 눈이 내리다(聚星堂雪)〉「원우 6년 11월 1일, 용공 장노사에게 비를 빌었더니 눈이 조금 내렸으므로 객들과 취성당에 모여 술을 마셨다. …… 창 앞에 으스스 마른 잎 날리는 소리 울리더니, 용님께서 손으로 처음 눈 내려 주시네.」(元祐六年十一月一日, 禱雨張龍公, 得小雪, 與客會飮聚星堂. ……窓前音響鳴枯葉, 龍公試手初行雪)

177~178. 山館諸兄共賦驟雨鷺鷥, 二絶[1]

산의 집에서 여러 형들과 함께 소나기 속의 해오라기를 읊다, 절구 두 수

177

平疇焦渴不堪論[2]	평평한 밭두둑 타는 듯 말라 논할 것 없어,
簫鼓悲秋徹帝閽[3]	피리와 북 슬픈 가을에 상제의 문까지 통하였다네.
霹靂一聲雲自墨[4]	벼락 한바탕 치더니 구름 바로 먹 같은데,
山前山後雨翻盆[5]	산 앞과 산 뒤로 비 동이로 퍼붓듯 하네.

1 산관(山館)은 곧 오부리에 있는 유씨(劉氏)네 산관으로 병산 유씨의 장원 17경 중의 하나이다. 권4에도 〈유씨네 산관의 벽 사이에 있는 사철의 경물을 그린 그림을 보니 각기 깊은 흥취가 있어 육언 절구 한 수를 짓고 다시 그 구절을 제목으로 삼아 오언시 네 수를 짓는다(觀劉氏山館壁間所畵四時景物, 各有深趣, 因爲六言一絶, 復以其句爲題作五言四詠)〉라는 시가 수록되어 있으며, 주희는 늘 유씨네 여러 형제와 함께 이곳에 와 놀고 쉬면서 시를 주고받았다.
《차의》「노자는 해오라기이다. 가마우지라고 할 때의 노와는 같지 않다.」(鷺鷥, 鷺也. 與鸕鷀之鷀不同) 《익증》「《이아》(釋鳥)의 주에서 백로최는 속칭 노자라고 하며 머리 위의 털이 실 같다고 하였다. 《언해록》에서는 일명 대사라고 한다고 하였는데 후인들이 새 조자를 덧붙였다.」(爾雅註, 白鷺縗俗稱鷺鷥, 頭上毛似絲. 偃海録, 一名帶絲, 後人加鳥)

2 초갈(焦渴): 가뭄에 벼싹은 말라버리고 농지는 갈라진 것을 말한다.

3 소고~제혼(簫鼓~帝閽): 《차의》「피리와 북은 아마 비를 빌 때 쓰는 도구일 것이다. 제혼은 상제의 궁궐 문이다.」(簫鼓疑祈雨時所用之具. 帝閽上帝之閽) 소고는 곧 기우제를 지낼 때 쓰는 악기의 소리를 나타낸다. 한나라 양웅(揚雄)의 〈감천부(甘泉賦)〉「무함 가려뽑음이여 상제의 궁궐문에 부르짖고, 하늘의 궁정 엶이여 뭇 신들 이끈다네.」(選巫咸兮叫帝閽, 開天庭兮延羣神) 당나라 육구몽(陸龜蒙)의 〈이소(離騷)〉「(〈천문〉편을 지어) 하늘에 묻고 또 (〈초혼〉을 지어) 혼을 부르나, 천제의 궁문 통할 길 없었다네.」(天問復招魂無因徹帝閽)

4 운자묵(雲子墨): 당나라 유종원(柳宗元)의 〈사제인 종일과 헤어지다(別舍弟宗一)〉「계령에 습한 기운 몰려오니 구름 먹 같고, 동정에 봄 다하니 물 하늘 같네.」(桂嶺瘴來雲似墨, 洞庭春盡水如天)

178

雨罷微塘凜欲秋	비 작은 못에 그치니 차기가 가을인 듯한데,
飛來白鳥便夷猶[6]	날아온 흰 새만이 느긋하고 여유 있다네.
從今認得橫塘路[7]	지금부터는 횡당의 길 알게 되었으니,
水遠天長百不憂	물 멀리까지 있고 하늘 길어 만사 걱정 않는다네.

5 우번분(雨翻盆): 당나라 두보(杜甫)의 〈백제(白帝)〉 「백제성에서 구름 문 나서니, 백제성 아래 비 동이로 퍼붓는 듯.」(白帝城中雲出門, 白帝城下雨翻盆)

6 이유(夷猶): 느긋하고 자득한 모양.

7 횡당로(橫塘路): 《차의》 「민중의 포전현에는 못이 다섯 개가 있는데 그 중 하나가 횡당으로 관개하는 농토가 모두 천여 경에 이른다.」(閩中蒲田縣有五塘, 其一橫塘, 漑田總千餘頃)

179. 唐石雪中[1]

당석에서 눈 속에

春風欲動客辭家[2]	봄바람 움직이려 할 때 나그네 집 떠나는데,
霖潦縱橫路轉賒[3]	장맛비 웅덩이 이곳저곳에 있어 길 아득히 멀어지네.
行到溪山愁絶處[4]	시내와 산 근심 까마득한 곳에 이르니,
千林一夜玉成花	모든 숲 하룻밤 만에 옥 꽃이 되었다네.

1 《차의》「당석은 지명으로 건녕에 있다. 나중에 선생이 유령인을 이곳에 장사지냈다.」(唐石地名, 在建寧. 後先生葬劉令人于此) 지금의 복건성 건양현 황갱향(黃坑鄕)에 있으며, 이곳에 당석산이 있어서 이렇게 불리게 되었다.

2 춘풍욕동(春風欲動): 송나라 소식의 〈신로가 천경관을 지었는데 작은 동산에 북향의 정자가 있었으며 도사 산종이 이름과 시를 말하여 구하다(莘老葺天慶觀, 小園有亭北向, 道士山宗說乞名與詩)〉「봄바람 움직이려 하니 북풍 약한데, 귀안정 가에서 돌아가는 기러기 전송하네.」(春風欲動北風微, 歸鴈亭邊送鴈歸)

3 임료(霖潦): 장맛비가 이어져 길에 생긴 물웅덩이. 노전사(路轉賒): 사(賒)는 멀다는 뜻. 원래는 길이 멀지 않았으나 큰 비가 내린 후에 생긴 물웅덩이 때문에 의외로 멀어 보임을 비유한다.

4 수절(愁絶): 편벽되고 어려워 바라보면 근심이 생겨나는 곳을 말한다.

180. 秋日同廖子晦劉淳叟方伯休劉彦集登天湖, 下飮泉石軒, 以山水含淸暉分韻賦詩, 得淸字[1]

가을날 요자회와 유순수, 방백휴, 유언집과 함께 천호에까지 올랐다가 내려와 천석헌에서 술을 마시며 「산수함청휘」를 가지고 운자를 나누어 시를 짓는데 「맑을 청」자를 얻었다

閒居寡儔侶[2]	한가로이 거처하자니 벗 적어,
掩關抱孤淸[3]	문 닫아걸고 홀로 맑음 안고 있다네.
良友倏來止	훌륭한 벗들 갑자기 와서 머물러,
曠然舒我情	환하게 내 마음 편다네.
矧此凉秋初	하물며 이렇게 시원한 초가을에,
暑退裳衣輕	더위 물러나니 옷차림 가볍구나.
相與一携手[4]	서로 더불어 한번 손 잡고,

1 요자회(廖子晦): 요덕명(廖德明)의 자. 호는 사계(槎溪)로 남검주(南劍州) 순창(順昌) 사람이다. 주희의 제자로 건도 5년(1169)에 진사가 되었으며, 이부좌선낭관(吏部左選郎官)까지 승진하였다가 봉사(奉祠)로 있을 때 죽었다. 《사계집》 외에 《문공어록》을 남겼다.

유순수(劉淳叟): 유요부(劉堯夫)의 자. 호는 정총재(井叢齋)이며, 금계(金溪) 사람으로 17세 때 육구연(陸九淵) 형제를 사사하였다. 순희 2년(1175)에 진사가 되었으며, 융흥부(隆興府) 통판이 되었다. 나중에 주희의 문하에 들어 육구연의 학문을 비판하였다가 주희의 질책을 들었으며, 종국에는 선학(禪學)에 심취하여 중이 되었다.

방백휴(方伯休): 방사요(方士繇: 1148~1199)의 자. 달리 자를 백모(伯謨, 또는 謩)라 하기도 하였으며, 호는 원암(遠庵)이다. 주희의 문인으로 흥화군(興化軍) 보전(莆田) 사람이다.

유언집(劉彦集): 유자상(劉子翔)의 자. 유자상은 건안 사람으로 유온(劉韞)의 아들이며, 주희의 매서(妹婿)이다.

산수함청휘(山水含淸暉): 남조 송(宋)나라 사령운(謝靈運)의 〈석벽정사에서 호중으로 돌아오다(石壁精舍還湖中)〉라는 시의 두 번째 구절이다.

2 과주려(寡儔侶): 당나라 유우석(劉禹錫)의 〈이별할 즈음에 우군에게 지어주고 붓을 던지고 안서로 가다(贈別于羣, 投筆赴安西)〉「문 나서니 무리와 벗 적은데, 하물며 곧 동복 없음이겠는가?」(出門寡儔侶, 矧乃無僮僕)

3 고청(孤淸): 당나라 장구령(張九齡)의 〈감우(感遇)〉「그윽한 숲으로 돌아와 홀로 누우니, 묵은 생각 씻기어 홀로 맑다네.」(幽林歸獨臥, 滯慮洗孤淸)

4 상여(相與): 순희본에는 여자(與子)로 되어 있다.

東山眇遐征	동산에서 먼 길 지그시 보네.
前穿林嶺幽	앞으로 그윽한 숲과 재 뚫고서,
俯瞰川原平	평평한 시내 언덕 굽어 본다네.
降集崖寺古[5]	내려가 벼랑의 옛 절에 모여,
徘徊濁醪傾	왔다갔다 탁주잔 기울인다네.
長吟伐木篇[6]	〈벌목〉편 길게 읊조리니,
潛鱗亦相驚[7]	숨은 물고기 또한 서로 놀란다네.
願結沮溺耦[8]	원컨대 장저와 걸닉과 함께 교유 맺어,
窮年此巖耕[9]	죽을 때까지 이 바위 아래서 밭이나 갈았으면.

5 애사고(崖寺古): 당나라 두보(杜甫)의 〈법경사(法鏡寺)〉「산길 깊음에 정신 상하는데, 벼랑의 옛 절에서 근심 끝나네.」(神傷山行深, 愁破崖寺古)

6 벌목편(伐木篇): 《시경·소아》의 편명으로, 주희는「이는 붕우와 고구를 연향하는 악가이다.」(此燕朋友故舊之樂歌)라고 주석을 달았다. 권2 73번 시에 〈벌목(伐木)〉이 있다.

7 잠린(潛鱗): 잠어(潛魚)라고도 하며, 물속 깊이 숨은 물고기를 말한다. 일부를 가지고 전체를 지칭한 것으로 새를 우(羽)라고 하는 것과 마찬가지이다.

8 저닉우(沮溺耦): 《논어·미자(微子)》「장저와 걸닉이 함께 밭을 갈았다.」(長沮桀溺耦而耕) 주희의 주석「두 사람은 은자이다. 우는 함께 밭을 가는 것이다.」(二人, 隱者. 耦, 竝耕也) 당나라 위응물(韋應物)의 〈가을 교외에서 짓다(秋郊作)〉「바야흐로 원하는 것 장저 걸닉과 함께, 담박하게 농가 지키는 것이라네.」(方願沮溺耦, 淡泊守田廬)

9 암경(巖耕): 곡구(谷口)의 정자진(鄭子眞)의 고사를 말한다. 상세한 것은 권2 22번 시의 주 12)를 보라.

181. 淳熙戊戌七月二十九日, 與子晦純叟伯休同發屏山, 西登雲谷, 越夕乃至. 而季通德功亦自山北來會, 賦詩記事, 以雲臥衣裳冷分韻賦詩, 得冷字[1]

순희 무술년 7월 29일에 자회·순수·백휴와 함께 병산의 서쪽에서 출발하여 운곡에 올랐는데 저녁을 넘기고서야 이르렀다. 그리고 계통과 덕공 또한 산 북쪽에서 와서 모여 시를 지어 일을 기록하였는데, 「운와의상랭」을 가지고 운자를 나누어 시를 지었으며 나는 「찰 랭」자를 얻었다

端莢得幽貞[2]	시초 바르게 하여 은둔하는 괘 얻어,
考槃寄玆嶺[3]	고반 이 고개에 기탁한다네.
未成長往計[4]	멀리 가려는 계책 이루지 못하여,

1 순희(淳熙): 효종(孝宗)의 연호이다. 무술년은 순희 5년으로 1178년이다.
덕공(德功): 강묵(江默)의 자. 주희의 문인으로 숭안(崇安) 사람이다. 건도(乾道) 5년에 진사가 되었고 지건녕부(知建寧府)가 되었다.
운와의상랭(雲臥衣裳冷)은 두보의 〈용무의 봉선사에서 놀다(遊龍門奉先寺)〉의 여섯 번째 구절이다.

2 단협득유정(端莢得幽貞): 협(莢)은 협(筴)이 되어야 할 것 같다. 책(策)과 같다. 《초사·복거(卜居)》「첨윤이 이에 책을 단정히 하고 거북을 털면서 말하기를, 그대에게 장차 무엇을 가르쳐주랴 한다.」(詹尹乃端筴拂龜曰, 君將何以敎之) 주희의 주석 「단은 바르게 하는 것이다. 책은 시초의 줄기이다. 바르게 한다는 것은 장차 점을 치려는 것이다.」(端, 正也. 策, 蓍莖也. 正之, 将以筮也)
유정(幽貞): 《주역·천택리(天澤履)》「밟고 가는 길이 평탄하니, 그윽이 숨어사는 군자가 (마음을) 곧고 바르게 가지면 좋은 일이 있다.」(履道坦坦, 幽人貞吉) 당나라 한유(韓愈)의 〈원래의 뜻을 회복함(復志賦)〉「큰 거북 빌어 점쳐 봄이여, 그윽하고 곧은 은자 깃들 움막 구하네.」(假大龜以視兆兮, 求幽貞之所廬)「대구」는 한 자 두 치 되는 거북을 말하며, 그 등껍질은 점복(占卜) 때 사용되었다.

3 고반(考槃): 「반」은 나무로 된 두드려서 박자를 맞추는 악기의 이름이며, 「고」는 「두드린다」는 뜻의 동사이다. 《시경·위나라의 민요(衛風)》에 〈고반〉이란 시가 있는데, 은거의 즐거움을 읊은 시이다. 그 가운데 「악기를 두드리며 산 모퉁이에 있다」(考槃在阿)는 구절이 있다.

4 장왕(長往): 세상을 피해 은둔함을 말한다. 당나라 두보(杜甫)의 〈현도단가를 지어 원일인에게 부치다(玄都壇歌, 寄元逸人)〉「그대 이 계획 실로 멀리 떠남 알리니, 지초와 낭간 날마다 자라리라.」(知君此計誠長往, 芝草琅玕日應長) 왕수(王洙)의 주석 「《후한서·일민전》에서는 『멀리 떠나 은둔하는 법도는 다르지 않다.』라 하였다.」(後漢逸民傳, 長往之軌未殊)

抱恨中耿耿[5]	한스러워 마음속으로 근심스러워하네.
秋風吹庭樹[6]	가을 바람 뜰의 나무에 부니,
遙夜枕席冷[7]	아득한 밤 베개와 자리 차갑네.
感彼歲序移	저 세월 옮기어 감 느끼고,
慨此心事永	이 심사 깊을 슬퍼한다네.
明晨發孤興[8]	밝은 새벽 외로운 흥 발하여,
趣駕向絶境[9]	급히 멍에 지워 끊어진 경계 향하네.
躋攀力雖倦	붙잡고 기어오르니 힘 비록 부치지만,
想象意逾騁	상상할수록 뜻 더욱 치닫는다네.
雲山一以眺	구름 덮인 산에서 한번 바라보면서,
俯仰疑倒景	굽어보고 우러러보니 경치 뒤집힌 듯.
檢校石田收	돌밭에서 거둠 검사하여 따져보고,
眷戀茅屋靜[10]	띠집 조용함 그리워한다네.
淹留復未遂[11]	오래 머물러 돌아감 아직 이루지 못하여,
外物愧張邴[12]	사물에서 벗어남은 장량과 병만용 부끄럽다네.

5 경경(耿耿): 마음에 잊히지 않아 염려되는 모양, 또는 마음이 편안하지 않은 모양을 나타내는 의태어. 《시경·패풍·잣나무 배(邶風·柏舟)》「근심스레 잠 이루지 못하니, 마음 아픈 근심 있는 듯.」(耿耿不寐, 如有隱憂) 주희는「경경은 조금 밝은 것으로 근심하는 모양이다.」(耿耿, 小明, 憂之貌也)라 하였다.

6 추풍취정수(秋風吹庭樹): 당나라 유우석(劉禹錫)의 〈둥근 부채의 노래(團扇歌)〉「가을바람 뜰의 나무에 드니, 이제부턴 서로 만나지 못하리라.」(秋風入庭樹, 從此不相見)

7 요야침석랭(遙夜枕席冷): 진나라 도연명의 〈잡시(雜詩)〉「바람 방문으로 드니, 한밤중에 베개맡과 자리 차다네.」(風來入房户, 夜中枕席冷)

8 고흥(孤興): 혼자서 느끼는 기분이나 흥취. 진나라 육기(陸機)의 〈문부(文賦)〉「어쩌다 짧은 운에 말을 붙이기도 하는데, 다한 자취 대하니 흥 외롭네.」(或託言於短韻 對窮迹而孤興)

9 촉가(趣駕): 촉(趣)은 급(急)과 같은 뜻이며, 촉가는 수레와 말을 빨리 몰아 가는 것이다.

10 권련(眷戀): 못 잊어 간절히 생각함을 말한다.

11 엄류(淹留): 체류(滯留)와 같은 말로 한 곳에 오래 머무르는 것을 말한다. 《초사·구변(九辯)》「세월은 꾸역꾸역 흘러 한창때 지났는데, 한곳에 오래 머물러 이룬 것 없다네.」(時亹亹而過中兮, 蹇淹留而無成)

12 외물괴장병(外物愧張邴): 당나라 두보(杜甫)의 〈미피의 서남쪽 누대(渼陂西南臺)〉「삶 수고로워 엄릉과 정자진에게 부끄럽고, 사물 도외시함 장량과 병만용 그리워하네.」(勞生愧嚴鄭, 外物慕張邴) 몽필(夢弼)의 주석「장자방은 인간세상의 일을 버리기를 바랐고, 병만용은 벼슬을 버리고 뜻을 키우며 스스로 수양하였다.」(張子房願棄人間事, 邴曼容免官養志自修)

珍重同來人	진중하구나, 함께 온 이들이여,
妙語各淸整	절묘한 말 각기 맑고 엄정하네.
擊節三嘆餘[13]	박자 맞추며 세 번 감탄한 끝에,
超然得深省	초연히 깊은 성찰 하게 되네.

13 삼탄(三嘆): 세 번을 반복하여 읽고 감탄한 것을 말한다. 《논어·선진(先進)》「남용이 〈백규〉편을 세 번 반복해서 외자 공자가 형의 딸을 아내로 주었다.」(南容三復白圭, 孔子以其兄之子妻之)

182. 宿黃沙, 以山如翠浪湧分韻賦詩, 得如字[1]

황사에서 묵으며 「산여취랑용」에서 각운자를 따서 시를 쓰는데 「같을 여」자를 얻다

日中秣吾馬	한낮에는 말에 꼴 먹이고,
日暮膏吾車[2]	해가 지면 수레에 기름칠 하네.
崎嶇涉南嶺[3]	울퉁불퉁 남령 지나고,
浩蕩凌八區[4]	더없이 너른 팔방을 건너네.
夜雨薦峰前[5]	밤에는 천산 봉우리 앞에 비가 오고,
朝登碧琳璠[6]	아침에는 벽림의 옥 같은 바위에 오르네.
蒼茫永嘯罷	끝없이 아득하여 긴 휘파람 다 불고 나니,
翕忽淸景徂[7]	훽하니 맑은 경치 가고 없구나.
去此二三子	여기서 그대들을 떠나면,

1 《익증》「병산은 숭안의 동남쪽에 있고, 천산은 건양의 서쪽에 있으며, 운곡은 건양의 서북쪽에 있어서, 숭안의 조금 서북쪽과 건양의 조금 동남쪽 땅은 서로 연접해 있는데 황사는 아마 천봉 아래쪽의 마을 이름으로 병산에서 운곡으로 가는 길일 것이다.」(屛山在崇安東南, 薦山在建陽西, 雲谷在建陽西北, 而崇安稍西北, 建陽稍東南壤地相接, 黃沙恐是薦峰下村名, 爲自屛山之雲谷之路) 꿔치((郭齊)는 건양의 경계에 있다고 하였으며, 주희가 채원정(蔡元定)에게 답한 서신에 보인다.

산여취랑용(山如翠浪湧): 송나라 소식의 〈울고대(鬱孤臺)〉라는 시에 「산위취랑용」(山為翠浪涌)이라는 구절이 있는데 여기서 따온 것 같다.

2 말마고거(秣馬膏車): 말(秣)은 말먹이로 곧 꼴을 말한다. 당나라 한유의 〈이원이 반곡에 돌아감에 전송하는 글(送李愿歸盤谷序)〉「내 수레 기름 침이여, 내 말 꼴 먹인다네.」(膏吾車兮, 秣吾馬)

3 기구(崎嶇): 구(嶇)는 구(區)로 된 판본도 있다. 그러나 기구(崎嶇)는 높고 험한 모양을 나타내는 쌍성 연면 의태어이므로 모두 뜻이 통한다.

4 구(區): 구(嶇)로 된 판본도 있다.

5 천봉(薦峰): 건양현(建陽縣) 서쪽의 천산(薦山)을 말한다. 《차의》「건양현 서쪽에 천산이 있다. 천(薦)은 치(廌)자의 오자인 것 같으며, 치는 해치의 치(豸)와 같다.」(建陽縣西有薦山. 薦疑廌字之誤, 廌與獬豸之豸同)

6 벽림(碧琳): 《차의》「절을 가리킨다.」(指僧舍)

연(璠): 옥돌로 민(珉)과 같은 뜻이며, 허(墟)로 된 판본도 있다.

7 흡홀(翕忽): 빨리 달리는 모양을 나타내는 의태어. 진나라 좌사(左思)의 〈오나라의 서울(吳都賦)〉「신의 조화 번쩍하니, 빛이 달리는 것 같네.」(神化翕忽, 函幽育明)

我行將焉如	내 장차 어디로 가려나?
崔嵬正丘垤[8]	높은 산 꼭 언덕과 개미둑 같으니,
萬里思南圖[9]	만 리 남쪽 바다 도모해 볼까?

8 구질(丘垤):《맹자·공손추(公孫丑) 상》「달리는 짐승 중의 기린과 나는 새 중의 봉황, 언덕이나 개미둑 중의 태산, 길에 고인 물 가운데의 황하와 바다가 같은 것이다.」(麒麟之於走獸, 鳳凰之於飛鳥, 太山之於邱垤, 河海之於行潦, 類也)

9 남도(南圖):《장자·소요유(逍遙遊)》「북해에 고기가 한 마리 살고 있으니, 그 이름은 곤(鯤)이라고 하였다. 곤의 크기는 몇 천리나 되는지 알 수 없다. 변화하여 새가 되었는데 그 이름을 붕(鵬)이라고 하였다. 붕의 등도 몇 천리나 되는지 알 수 없다. 노하여 날면 그 날개가 하늘에 구름이 드리워져 있는 듯하였다. 이 새는 바다가 움직이면 장차 남해로 옮아가려 한다. 남해라는 것은 천지이다. …… 붕이 남해로 옮겨갈 때에는 물이 삼천리나 튀며, 회오리바람을 휘몰아서 올라가기를 9만 리나 한다. 그래서 6월의 큰 바람을 타고 날아가는 것이다. …… 바람이 쌓임이 두텁지 않으면 설령 큰 날개를 지고 있다 하더라도 아무 힘이 없다. 그렇기 때문에 9만 리나 높이 날아 올라간다고 하면 바람은 그 밑에 있을 것이다. 그 뒤에 이제 바람을 두텁게 해서 등으로 푸른 하늘을 지고서도 막힌 것이 없어진 뒤에야 장차 남쪽으로 날아가려고 기도하여 볼 것이다.」(北冥有魚, 其名爲鯤. 鯤之大, 不知其幾千里也. 化而爲鳥, 其名爲鵬. 鵬之背, 不知其幾千里也. 怒而飛, 其翼若垂天之雲. 是鳥也, 海運則將徙於南冥, 南冥者, 天池也.……鵬之徙於南冥也, 水擊三千里, 搏扶搖而上者九萬里. 去以六月息者也……風之積也不厚, 則其負大翼也無力. 故九萬里則風斯在下矣. 而後乃今培風, 背負靑天, 而莫之夭閼者, 而後乃今將圖南)

183. 雲谷次吳公濟韻[1]

운곡에서 오공제가 지은 시의 각운자를 가지고 짓다

昔營此幽棲[2]	지난날 이곳 그윽한 보금자리 만들었었는데,
邈與世相絶[3]	아득히 세상과는 떨어졌다네.
誓將百年身	맹세하기를 백 년 살 몸,
來守固窮節[4]	와서 본래부터 궁한 절개 지키리라 하였네.
心期苦未遂	마음속 기약 실로 채 이루지 못하였는데,
歲月一何闊	세월 한번 얼마나 아득한지!
終然匹夫志	끝내 필부의 뜻,
肯遽甘沒沒[5]	기꺼이 갑자기 흐리멍덩해짐 달가이 여기네.
玆晨復登瞰	이 새벽에 다시 올라 내려다보니,
目盡雲一抹	눈길 다하는 곳까지 구름 싹 걷혔네.
激烈永嘯餘[6]	격렬하게 긴 휘파람 분 끝에,

1 공제(公濟): 오즙(吳楫)의 자. 상세한 것은 위 74번 시의 주 1을 보라.

2 유서(幽棲): 당나라 위응물(韋應物)의 〈동산의 정자에서 사물을 보다(園亭覽物)〉「이 그윽이 깃들어 사는 곳 지키자니, 절로 잔꾀 품은 사람 잊는다네.」(守此幽棲地, 自是忘機人)

3 막여세상절(邈與世相絶): 진나라 도연명의 〈계묘년 12월에 지어 종제인 경원에게 주다(癸卯十二月中作, 與從弟敬遠)〉「지게문 밑으로 자취 감추니, 아득히 세상과는 떨어졌다네.」(寢迹衡門下, 邈與世相絶)

4 고궁절(固窮節): 《논어·위령공(衛靈公)》「자로가 노기를 품고 (공자를) 뵙고 『군자도 궁한 때가 있습니까?』라 하자, 공자께서 말씀하시기를 『군자는 원래부터 궁한 것이니 소인은 궁하게 되면 넘치게 된다』라 하셨다.」(子路慍見曰, 君子亦有窮乎. 子曰, 君子固窮, 小人, 窮斯濫矣) 주희의 주석「정자가 말하기를 고궁이라는 것은 굳게 그 곤궁함을 지키는 것이다.』라 하였다.」(程子曰, 固窮者, 固守其窮) 진나라 도연명(陶淵明)의 〈술을 마시며(飮酒)〉 제2수「군자 본래 궁하다는 절개를 취하지 않는다면, 오랜 세월 뒤에 장차 그 누가 전하려 하리.」(不賴固窮節, 百世當誰傳)

5 몰몰(沒沒): 《좌전·양공(襄公) 24년》「진나라가 두 마음을 가지면 그대의 집이 무너질 것이니 어찌 그리 밝지 못합니까?」(晉國貳, 則子之家壞, 何沒沒也) 양백준(楊伯峻)은「매매(昧昧)라는 말과 같으며, 명백하지 않다, 흐리멍덩하다는 뜻이다.」라 하였다.

6 소(嘯): 순희본에는 탄(嘆)으로 되어 있다.

朗寥高韻發[7]	밝고 환하게 높은 운치 발하였다네.
夫君內德備	부디 그대는 안으로 덕 갖추어,
不學王駘兀[8]	외발 왕태 배우지 않기를.
觀心見參倚[9]	마음 관조하여 들어오고 기댐 드러나,
出世自英傑[10]	세상 나가 절로 영웅호걸 되었다네.
朅來肯顧我	돌아와 기꺼이 나를 돌보아,
同去弄雲月	함께 가서 음풍농월한다네.
微言得深扣	하찮은 말 깊이 두드림 얻었고,
大句亦孤拔	큰 구절 또한 홀로 빼어나다네.
多謝警踈慵	성기고 게으름 경계함에 많이 감사드리니,

7 낭요(朗寥): 요랑(寥朗)과 같다. 텅 비어 환하고 밝음을 말한다.

8 왕태올(王駘兀): 올(兀)은 곧 올자(兀者)로 월형(刖刑)을 받은 사람이다.《장자·덕충부(德充符)》「노나라에 올자 왕태가 있었는데 그와 종유하는 자가 중니와 같아 상계가 중니에게 물어보았다.『왕태는 올자인데 그와 종유하는 자가 부자와 더불어 노나라를 반분하고 있습니다. 서서 가르치지도 않고 앉아서 논하지도 않는데 텅 빈 채로 가서 가득 차서 돌아옵니다. 실로 말하지 않는 가르침과 형체가 없이 마음을 이루어주는 것이 있는 자가 아니겠습니까? 이 사람은 어떤 사람인지요?』 중니가 말하였다.『이 분은 성인이다. 나는 다만 뒤처져서 아직 가보지 못했을 따름이다. 내 장차 스승으로 삼으려 하니 하물며 나만 같지 못한 자들이겠는가!』(魯有兀者王駘, 從之遊者, 與仲尼相若, 常季問於仲尼曰, 王駘, 兀者也, 從之遊者, 與夫子中分魯. 立不教, 坐不議, 虛而往, 實而歸. 固有不言之教, 無形而心成者邪? 是何人也? 仲尼曰, 夫子, 聖人也, 丘也直後而未往耳. 丘將以爲師, 而況不若丘者乎) 진나라 곽상(郭象)의 주석「다리에 월형을 받은 사람을 올이라 한다.」(刖足曰兀)

9 이 구절은《고이》에서는「마음 잡으니 아주 맑고 차네」(秉心極清淨)로 된 판본도 있다고 하였다.

관심(觀心):《주문공집》권67〈잡저(雜著)〉에〈관심설(觀心說)〉이 보인다. 당나라 원진(元稹)의〈마음을 관조하여보는 곳(關心處)〉「등불 앞이 곧 마음 관조하여 보는 곳이니, 마음 관조하여 보려는 사람 몇이나 될까?」(燈前便是觀心處, 要似觀心有幾人)

참의(參倚):《논어·위령공(衛靈公)》「자장이 행함에 대해서 물었다. 공자가 말씀하시기를『…… 일어서면 그것이 앞에 들어옴을 볼 수 있고, 수레를 타고 있으면 그것이 멍에에 기대어 있음을 보아야 하니, 대체로 그런 뒤라야 행할 수 있는 것이니라.』라 하였다.」(子張問行, 子曰, ……立則見其參於前也, 在輿則其倚於衡也, 夫然後行) 주희의 주석「참은『가서 끼어들지 말라』한 참자와 같은 뜻으로 읽으니 나와 서로 참여함을 말한다. 형은 멍에이다. 그 충신과 독경에 있어 생각하고 생각하여 잊지 않아 있는 곳에 따라 항상 보이는 듯하며 잠깐만 떠나려 한다해도 그렇게 할 수 없음을 말한다.」(參, 讀如毋往參焉之參, 言與我相參也. 衡, 軛也. 言其於忠信篤敬念念不忘, 隨其所在, 常若有見, 雖欲頃刻離之而不可得)

10 자(自):《고이》에서는「있을 유」(有)자로 된 판본도 있다고 하였다.

未敢嘆瞻忽[11]	감히 앞에 있는 듯 뒤에 있는 듯 탄식하지 못하네.
更問毫釐間[12]	다시 묻노니 터럭 같은 미세한 사이,
是同端是別[13]	같은 것인가 바로 다른 것인가?

11 첨홀(瞻忽): 《논어·자한(子罕)》「안연이 한숨을 내쉬면서 말했다. 『우러러 볼수록 높아지고 뚫으려 할수록 단단해지며 바라보니 앞에 있다가 별안간 또 뒤에 있도다.』」(顏淵喟然歎曰: 仰之彌高, 鑽之彌堅. 瞻之在前, 忽焉在後) 주희의 주석 「우러러 볼수록 높아진다는 것은 미칠 수 없는 것이다. 뚫으려할수록 단단해진다는 것은 들어갈 수 없다는 것이다. 앞에 있다가 뒤에 있다가 하는 것은 황홀하여 형상을 이룰 수 없다는 것이다. 이는 안연이 부자의 도가 무궁무진하고 또 방향과 형체가 없음을 깊이 알고 탄식한 것이다.」(仰彌高, 不可及. 鑽彌堅, 不可入. 在前在後, 恍惚不可爲象. 此顏淵深知夫子之道無窮盡·無方體, 而歎之也)

12 갱(更): 《고이》에서는 「또 차」(且)자로 된 판본도 있다고 하였다.

13 시동단시별(是同端是別): 《차의》「나의 도와 저것이 같은가 다른가 하는 말이다. 단은 바르다는 것이다. 공제는 곧 선을 배우는 사람이었으므로 이렇게 말하였다.」(謂吾道與彼, 是同耶, 是別耶. 端正也. 公濟乃是學禪者故云)

184. 宿休菴, 用德功壁間韻, 贈陳道人[1]

휴암에 묵으면서 덕공의 벽에 있는 시의 각운자를 따서 진도인에게 시를 써줌

暮入千峰裏[2]	저물어 천봉 안으로 들어가,
寒棲一草菴[3]	한 초가집 지어 가난하게 살리라.
室連丹竈煖[4]	방은 단약 굽는 따뜻한 부엌과 이어졌고,
廚引石泉甘	주방으론 달콤한 돌샘 끌어 들였네.
塵慮紛難到	세속의 근심 어지러워 이르기 어렵고,
神光暖內含[5]	신명 따뜻하게 안에 머금고 있네.
非君有道氣	그대 도기 가지고 있지 않다면,
孤絶詎能堪	이 고독함을 어찌 견디어내리!

1 진도인(陳道人)은 아마 주희가 휴암을 지키게끔 고용한 사람 같으며, 휴암은 〈운곡기(雲谷記)〉에 보인다.

2 모입천봉리(暮入千峰裏): 당나라 두목(杜牧)의 〈환속하는 노승(還俗老僧)〉「천 개의 봉우리 속으로 해는 지는데, 어느 곳으로 돌아갈지 모르네.」(日暮千峰裏, 不知何處歸)

3 한서(寒棲): 남조 양(梁)나라의 도홍경(陶弘景)의 《진고(眞誥)》「태허진인이 말했다. 『평범한 사람 백을 먹이는 것은 어진 이 한 사람을 먹이는 것만 못하며, 어진 이 천 사람을 먹이는 것도 도를 배우는 자 한 사람을 먹이는 것만 못하다. 산이나 숲에서 가난하게 사는 사람은 더욱 뜻이 있다고 여길 만하다.』」(太虛眞人曰, 飯凡人百, 不如飯一善人, 飯善人千, 不如飯一學道者. 寒棲山林者, 益當以爲意)

4 단조(丹竈): 남조 양(梁)나라 강엄(江淹)의 〈이별(別賦)〉「단약 만드는 부엌 지키며 세상도 돌아보지 않고, 금솥에서 연금하며 굳센 뜻 지켰다네.」(守丹竈而不顧, 鍊金鼎而方堅) 당나라 이선(李善)의 주석 「《남월지》에서 말하기를 장사군의 유양현 동쪽에 왕교산이 있는데, 산에는 합단조가 있다.」(南越志曰, 長沙郡劉陽縣東有王喬山, 山有合丹竈)

5 신광난내함(神光暖內含): 난(暖)은 《정와(正訛)》에서는 애(曖)로 고쳐놓았다. 《차의》「신광은 신명을 말한다. 도가에서는 늘 마음 속에 간직하여 사용하지 않으니 따뜻한 기운이 항상 뱃속에 있는 것이다.」(神光謂之神明也. 道家常存心不用, 則暖氣常在腹中也)

185~187. 挽劉樞密, 三首[1]

유추밀을 애도하다, 세 수

185

天界經綸業[2]	하늘은 경륜하는 사업 주었고,
家傳忠義心[3]	집안에는 충의의 마음 전하였다네.
謀謨經國遠[4]	책략 나라 경영함 원대하였고,
勳烈到人深	공훈 사람에 미침 깊었다네.
廊廟風雲斷[5]	낭묘에 풍운 끊어지고,
江湖歲月侵[6]	강호에서 세월만 흘러가네.
一朝成殄瘁[7]	하루아침에 병들어 죽게 되니,

1 유추밀은 유공(劉珙: 1122~1178)을 말한다. 주희가 그를 위하여 지어준 묘비명이 《주문공집》 권88에 보인다. 상세한 것은 권2 58번 시의 주 1)을 보라.

2 경륜(經綸): 원래의 의미는 고치에서 실을 뽑아 정리하고, 이 실로 끈을 꼰다는 뜻인데 나중에는 국가의 대사를 도모하고 다스린다는 뜻으로 인신되어 쓰이게 되었다. 《주역·둔괘(屯卦)》의 상사(象辭) 「구름과 우레는 어려운 것이다. 군자는 그것으로 경륜한다.」(雲雷, 屯, 君子以經綸) 《중용(中庸)》 「오직 천하에 지극히 성실한 사람이라야 천하의 대경을 경륜하고, 천하의 큰 근본을 세울 수 있다.」(唯天下至誠, 爲能經綸天下之大經, 立天下之大本)

3 가전충의심(家傳忠義心): 《익증》 「공의 조부인 유협은 절개를 지켜죽었고, 부친인 유자우는 공을 세웠다.」(珙祖韐死節, 父子羽有功也) 조부인 유협은 정강(靖康)의 난 때 죽었으며 충현공(忠顯公)이란 시호를 받았고, 부친인 유자우는 금(金)나라가 침입했을 때 혁혁한 공을 세워 충정(忠定)이란 시호를 받았다. 또한 유공 자신도 조부와 부친을 이어 나라에 충성하여 충숙(忠肅)이란 시호를 받았다.

4 경(經): 순희본에는 우(憂)자로 되어 있다.

5 낭묘(廊廟): 《후한서》 권59 〈신도강전(申屠剛傳)〉 「낭묘의 계책은 미리 단정하지 않는다.」(廊廟之計, 旣不豫定) 당나라 이현(李賢)의 주석 「낭은 궁전의 아래에 있는 집이다. 묘는 태묘이다. 나라의 일은 반드시 먼저 낭묘가 있는 곳에서 모의한다.」(廊, 殿下屋也. 廟, 太廟也. 國事必先謀於廊廟之所也) 여기서는 조정을 가리키는데 쓰였으며, 곧 북송의 도읍을 말한다.

풍운단(風雲斷): 《차의》 「군왕과의 만남이 끊어진 것을 이르는 것이다.」(謂君王際會之斷也) 송나라 왕백(王柏)의 〈대신 왕잠재를 애도하다(代挽王潛齋)〉라는 시에도 똑같은 구절이 있다.

6 강호세월침(江湖歲月侵): 침(侵)자에는 조금씩 차츰차츰 나아간다는 뜻이 있다. 송나라 왕십붕(王十朋)의 〈섭추밀의 이별을 말하다라는 시의 각운자를 써서 짓다(次韻葉樞密言別)〉에 「강호 이리저리 떠돌아다니다가 세월만 조금씩 흘러가네」(流落江湖歲月侵)라는 구절이 있다.

7 성진췌(成殄瘁): 진췌(殄瘁)는 병사하는 것을 말한다. 이 구절은 만사에서 쓰이는 상투적인 표현법인 것 같으

九牧共沾襟[8]	구주에서 함께 옷깃 적시네.

186

談笑平蠻策[9]	담소하는 사이에 오랑캐 평정할 계책 세우고,
焦勞振廩功[10]	창고 여는 일에 노심초사 하셨다네.
復讐乖宿志[11]	복수의 오랜 뜻 어그러졌고,
忍死罄餘忠[12]	남은 충성 기울이니 차마 죽겠는가?

며, 권10 〈주시랑을 애도하다(挽周侍郎)〉에도 똑같은 구절이 있다.

8 구목(九牧): 《차의》「구주라는 뜻이다.」(九州) 《문선》 공융(孔融)의 〈성효장[盛憲]을 논한 편지(論盛孝章書)〉「온 천하에서는 모두 그를 칭찬합니다.」(九牧之人, 所共稱歎) 당나라 이선(李善)의 주석「구목은 구주라는 말과 같다.」(九牧猶九州也) 옛날에 중국이 나라를 구주로 나누었으므로 이렇게 말한다.

9 담소평만책(談笑平蠻策): 순희본에는「오랑캐 평정할 책략에 강개해하셨네」(慷慨平蠻略)로 되어 있다. 당나라 이백(李白)의 〈달아나는 도중에(奔亡道中)〉 제3수「웃고 이야기하는 중에 삼군 물리치고, 교유는 일곱 귀인 멀리하였다네.」(談笑三軍却, 交游七貴疎) 청나라 왕기(王琦)는 진(晉)나라 좌사(左思)의 〈역사를 소재로 읊음(詠史詩)〉에 나오는「내 노중련 그리워하나니, 웃고 이야기하는 중에 진나라 군사 물리쳤다네.」(吾慕魯仲連, 談笑却秦軍)라는 구절을 인용하여 주석을 달았다. 주희의 〈소부 유공의 신도비(少傅劉公神道碑)〉(이하 〈신도비〉)「또 일찍이 주상을 위해『적을 대응함에 일정한 술책은 없으며, 나라를 부강케 함에 바꿀 수 없는 대책이란 없는 법입니다. 대저 강화니, 전쟁이니, 수비니 하는 것은 모두 이른바 적에게 대응하는 세 가지 계책이지만 미리 도모할 수는 없는 것입니다. 오직 정사를 닦아 국세를 부강케 함으로써 이 세 가지를 운용할 수 있는 권병이 나에게 있도록 하고 그리하여 그것을 운용함에 이롭지 않음이 없도록 하는 것이야말로 이에 바꿀 수 없는 대책일 뿐입니다.』라 하였다.」(又嘗爲上言, 應敵無一定之謀, 而彊國有不易之策. 夫曰和, 曰戰, 曰守, 皆所謂應敵之計, 不可預圖者. 惟修政事以彊國勢, 使三者之權在我而用無不利, 乃爲不易之策耳)

10 진름(振廩): 《좌전·문공(文公) 16년》「여부터는 곳간을 흩어 함께 먹었다.」(自廬以往, 振廩同食) 양백준(楊伯峻)의 주석「《서경·주서·무성(周書·武城)》편의『녹대의 재산을 흩었다.』(振鹿臺之財)라 할 때의『振』자와 같은 뜻이며, 흩는다는 뜻이다. 두예는『진은 여는 것이다.』(發也)라 하였는데 또한 뜻이 통한다.」〈신도비〉「참지정사를 겸하여 맡으라는 조서가 내렸다. …… 여러 로에서 수년 동안 밀려온 수억의 금, 은, 곡, 백 등의 포부를 깨끗이 면제해 주었다.」(詔兼參知政事……蠲諸路累年逋負金銀穀帛巨億計) 《표보》「평만은 그가 호남 안무가 되었을 때 침주와 계주의 적도 이와 금 등을 평정한 것을 가리킨다. 진름공은 그가 건강유수가 되었을 때 창고를 열어 진휼하고 구제한 일을 가리킨다.」(平蠻, 指其爲湖南按撫時平郴桂賊李金等事也. 振廩功, 指其爲建康留守時蠲閣賑濟事也)

11 지(志): 순희본에는 원(願)자로 되어 있다.

12 인사경여충(忍死罄餘忠): 인(忍)은 여기서 어찌 차마(豈忍)라는 뜻의 반문(反問)의 의미로 쓰였다. 〈신도비〉「가을 7월 갑자일에 문하생을 불러 천여 언을 구술하여 전하면서 이를 문장으로 갖추어 상주케 하였는데, 시폐의 근본을 극언하였으며 또 쓸 만한 여러 신하들을 천거하는 내용이었다. 글을 마치고 이를 봉하여 올리고 나서 얼마 있지 아니하여 공은 돌아가셨다.」(秋七月甲子, 公召門下生, 口授千餘言, 使具爲奏, 極言時弊根本, 且薦群臣之可用者, 畢封上之, 有頃而薨)

人嘆百身贖[13]　사람들 몸 백 번 속죄하려함에 탄식했고,
天悲一鑑空[14]　하늘은 한 거울 비었음 슬퍼하였다네.
九原終莫起[15]　구원에서 끝내 일어나지 않으니,
千載自英風　천년토록 절로 영웅의 풍모 있다네.

187

久矣身無用　몸 쓸모 없어진지 오래되어,
前恩嘆莫償[16]　전날의 은혜 갚지 못함 한탄스럽네.
豈期今老大　어찌 기약하겠는가, 지금 늙은 몸,
復此重悲傷　이 거듭 슬프고 상한 몸 회복할 줄을.
淚向遺書盡[17]　눈물 남기신 글 향하여 다하고,
心隨宿草荒[18]　마음 묵은 풀 따라 거칠어지네.

13 백신속(百身贖): 《시경·진풍·꾀꼬리(秦風·黃鳥)》「사서 바꿀 수만 있다면, 백 사람이라도 그 분을 되찾으련만.」(如可贖兮, 人百其身) 주희의 주석「만일 다른 사람으로 바꿀 수 있다면 사람들이 모두 그 몸을 백 번이라도 바꾸기를 원할 것이다.」(若可貿以他人則人, 皆願百其身以易之矣)

14 일감공(一鑑空): 송나라 원추(袁樞)의《통감기사본말(通鑑紀事本末)》권29「(貞觀) 17년 봄 정월에 정문정공 위징이 죽자 임금이 위징을 생각하기를 그치지 않고 시신들에게 이르기를『사람이 구리를 가지고 거울을 만들면 의관을 바르게 할 수 있고, 옛것을 가지고 거울을 삼으면 성쇠를 알 수 있고, 사람을 가지고 거울을 삼으면 득실을 알 수 있다. 위징이 죽었으니 짐은 거울 하나를 잃었다.」(十七年春正月, 鄭文貞公魏徵薨, 上思徵之不已, 謂侍臣曰, 人以銅為鏡可以正衣冠, 以古為鏡可以見興替, 以人為鏡可以知得失, 魏徵没, 朕亡一鏡矣)

15 구원(九原): 원래는 춘추시대 진(晉)나라 경대부들의 묘지를 말한다.《예기·단궁 하(檀弓下)》「조문자는 숙예와 더불어 구원의 무덤을 보았다.」(趙文子與叔譽觀乎九原) 나중에는 또한 일반 묘지를 두루 가리키는 말로도 쓰이게 되었다. 당나라 교연(皎然)의〈단가행(短歌行)〉「쓸쓸한 안개와 비 구천의 언덕을 덮고 있으니, 흰 버들이며 푸른 소나무 있는 곳에 묻힌 자 누구인가?」(蕭蕭煙雨九原上, 白楊青松葬者誰)

16 전은(前恩):〈신도비〉「나는 일찍이 아비를 잃었는데, 소부공께서 실로 나를 거두어 가르쳐 주셨다.」(吾蚤失吾父, 少傳公實收教之)

17 유서(遺書):《차의》「공은 죽을 즈음에 손수 편지를 써서 남헌 및 선생께 작별을 고하였다.」(公臨沒以手書告訣南軒及先生)

18 숙초(宿草): 무덤에 난 풀을 말한다. 송나라 소식의〈백부의「선인이 낙제하여 촉으로 돌아감에 전송하다」라는 시에서「들판의 객점에 사람 드물어 베개 편안히 하여 쉬고, 영관에 길 접어들자 편안하게 나귀 탄다네」라 하였다. 절도를 편히 여기며 떠나려던 참에 이 구절을 외어보고 내친김에 운자로 삼아 작은 시 14수를 지어 보내드린다(伯父送先人下第歸蜀詩云, 人稀野店休安枕, 路入靈關穩跨驢. 安節将去, 為誦此句, 因以為韻, 作小詩十四首送之)〉제8수「슬프도다 위성군, 묵은 풀 새 무덤에 거칠어졌네.」(哀哉魏城君, 宿草荒新墓)

諸君那不死[19]	나 같은 여러 사람들 어찌 죽지 않고,
慟絶鬢成霜[20]	통절함에 귀밑머리 서릿발 되었는가?

19 제군나불사(諸君那不死): 《세설신어·상서(傷逝)》「손자형(곧 孫楚)은 재능을 가지고 있어서 경복하는 사람이 적었지만 오직 왕무자만은 평소에 존경하였다. 무자가 죽자 당시의 명사들로 오지 않은 사람이 없었다. 자형이 나중에 와서 시신에 다가가 통곡을 하니 빈객들 가운데 눈물을 흘리지 않는 사람이 없었다. 곡이 끝나자 영구대를 향하여 말하기를『그대는 늘 내가 나귀 울음소리를 내는 것을 좋아했으니 지금 내 그대를 위해 내어보겠소.』라 하였는데, 그 모습이 꼭 진짜 소리 같았다. 빈객들이 모두 웃었다. 손자형이 고개를 들고 말하였다.『이 사람들은 살려두고 이 사람을 죽게 하다니.』」(孫子荊以有才, 少所推服, 唯雅敬王武子. 武子喪, 時名士無不至者. 子荊後來, 臨屍慟哭, 賓客莫不垂涕. 哭畢, 向靈牀曰, 卿常好我作驢鳴, 今我爲卿作. 體似眞聲, 賓客皆笑. 孫擧頭曰, 使君輩存, 令此人死)《차의》「생각건대 선생이 이 일을 쓴 것은 모두 스스로를 이르는 것 같다.」(按先生疑用此事, 皆自謂也)

20 빈성상(鬢成霜): 당나라 이백의〈원망하는 노래(怨歌)〉「깊은 근심 사람 상하게 하니, 까만 귀밑머리 서리와 쑥대처럼 되었다네.」(沉憂能傷人, 緑鬢成霜蓬)

188~194. 武夷七詠

무이산을 일곱 수로 읊다

188 天柱峰[1]	천주봉
屹然天一柱	우뚝 솟은 하늘의 기둥 하나,
雄鎭斡維東[2]	씩씩하게 동쪽 축을 진무하네.
祇說乾坤大[3]	다만 건곤의 큰 것만을 말하니,
誰知立極功[4]	누가 사극(四極) 세운 공 알리?

1 무이산 동쪽에 있는 주산(主山)으로, 구곡계의 일곡 북쪽에 높이 솟아 있다. 《차의》「곤륜산에 동주가 있는데 높아서 하늘까지 들기 때문에 천주라고 한다.」(崑崙有銅柱高入天, 故曰天柱) 《익증》「〈무이기〉에 의하면 대왕석은 일명 천주봉이라고도 하며 산의 동남쪽에 있다. 사방의 둘레가 10리이고 높이는 5천 장이며, 봉우리 남쪽에 길이 있어 올라갈 수 있는데 반드시 사다리를 엮어 끈의 마디를 잡고 올라가야 한다.」(武夷記, 大王石一名天柱峰, 在山之東南. 方圓一十里, 高五千丈, 峰南有道可升, 須編梯索節級而上) 〈무이기〉는 미상이다.

2 관유(斡維): 《초사·천문(天問)》「수레바퀴의 끈 어디에 묶고, 하늘의 양극은 어디에 더할까?」(斡維焉繫, 天極焉加) 주희의 주석 「『斡』은 『筦』으로 된 판본도 있는데 모두 음이 관(管)이다. 안사고는 『속음은 알이라고 하는데 틀렸다.』라 하였다. …… 관은 《설문》에서 『수레바퀴 끝의 서로 만나는 곳이다.』라 하였다. 곧 수레바퀴 안쪽의 쇠로 만든 관(管)으로 굴대를 받는 곳이다. 유는 사물을 매는 고삐이다. 천극은 남북극을 이른다. 하늘의 지도리는 항상 움직이지 않는 곳으로 비유하자면 수레의 축이다. 대체로 사물이 움직이는 것은 바퀴에 반드시 매는 곳이 있고난 다음에 축에 더하는 것이 있으므로 이 하늘의 관을 어느 곳에다 매며 하늘 남북극의 축을 어디에 더하느냐고 묻는 것이다」(斡, 一作筦, 並音管, 顔師古云, 俗音烏活反, 非也……斡, 說文曰, 轂端沓. 則是車轂之內, 以金爲筦而受軸者也. 維, 繫物之縻也. 天極, 謂南北極. 天之樞紐, 常不動處, 譬則車之軸也. 蓋凡物之運者, 其轂必有所繫, 然後軸有所加, 故問此天之斡, 維繫於何所, 而天極之軸何所加乎)

3 건곤대(乾坤大): 당나라 두보(杜甫)의 〈들판에서 바라보다(野望)〉「받고 받아도 하늘과 땅 크기만 하고, 가도 가도 나라는 아득하기만 하네.」(納納乾坤大, 行行郡國遥)

4 입극공(立極功): 옛날에는 사방의 끝에 하늘을 지탱하는 네 개의 기둥이 있다고 믿었는데 이를 사극(四極)이라고 한다. 나중에는 또한 고대 왕조의 기강(紀綱)이나 백성의 통치를 확립하는 준칙이라는 뜻으로 많이 쓰이게 되었다. 《서경·홍범(洪範)》「황극은 임금이 그 다스리는 법을 세우는 것이다.」(皇極, 皇建其有極) 《차의》「봉우리의 이름이 하늘의 기둥이므로 이렇게 말하였다.」(以峯名天柱言)

189 洞天[5]	동천
絶壁上千尋[6]	깎아지른 벽 위로 천 길인데,
隱約巖栖處[7]	깊이 숨어 암혈에서 지내네.
笙鶴去不還[8]	생황 불며 학 타고 떠나더니 돌아오지 않고,
人間自今古[9]	사람만 옛날 그대로라네.

190 畫鶴[10]	화학
誰寫青田質[11]	누가 청전의 바탕 그려내었나?

5 동천(洞天): 권1 28번 시의 주 1)을 보라. 무이산주희연구중심에서 나온《주희시사선주》에는 이 시의 제목이 승진관(升眞觀)으로 되어 있으며,「대왕봉의 산기슭에 있는 남송 때 세운 대도관(大道觀)이다」라 하였다.

6 천심(千尋): 심(尋)은 원래 도량형 단위로 8척을 말한다. 여기서 천심이라 한 것은 그 높음을 말한 것이다.

7 은약(隱約):《장자·산목(山木)》「시남자가 말하였다. 『임금께서 환난을 없애는 방법은 얕습니다. 대체로 살진 여우와 무늬가 훌륭한 표범이 산림에 깃들고 암혈에 엎드려 있는 것은 정입니다. 밤에 행동하고 낮에는 쉬는 것은 계입니다. 아무리 주리고 목이 말라도 몰래 숨어 있고 또한 강이나 호수 가로부터 멀리 떨어져 먹이를 구하는 것은 정입니다. 그래도 또한 그물이나 덫의 근심거리를 벗어나지는 못합니다.』」(市南子曰, 君之除患之術淺矣! 夫豐狐文豹, 棲於山林, 伏於巖穴, 靜也, 夜行晝居, 戒也, 雖飢渴隱約, 猶且胥疏於江湖之上而求食焉, 定也; 然且不免於罔羅機辟之患)

8 생학(笙鶴): 한나라 유향(劉向)의《여러 신선들의 전기·왕자교(列仙傳·王子喬)》「왕자 교라는 사람은 주나라 영왕의 태자이다. 생을 잘 불어〈봉황명〉이란 곡조를 지었다. 이수와 낙수 사이에서 노닐다가 도사인 부구공을 만나서 숭산에 올라 30여 년을 지냈다. 나중에 산에서 그를 찾으니 (그 집안사람인) 환량을 보고 말하기를『우리 집에다 칠월 칠석에 구지산 입구에서 나를 기다리라고 일러주게.』하였다. 과연 흰 학을 타고 산마루에 머물러 있었다. 과연 흰 학을 타고 산언덕에 머물렀는데 바라볼 수는 있어도 다다를 수는 없었다. 손을 들어 당시 사람들에게 작별을 하고 여러 날 만에 떠났다.」(王子喬者, 周靈王太子也. 好吹笙, 作鳳凰鳴. 遊伊洛之間, 道士浮邱公接以上嵩高山三十餘年後, 求之於山上, 見桓良曰, 告我家, 七月七日待我於緱氏山巓. 果乘白鶴, 駐山嶺. 望之不得到. 擧手謝時人, 數日而去)

9 생학~자고금(笙鶴~自古今): 당나라 최호(崔顥)의〈황학루(黃鶴樓)〉「누런 학 한번 가더니 다시 돌아오지 않고, 이곳에는 다만 황학루만 남아 있네.」(黃鶴一去不復返, 此地空餘黃鶴樓)

10《익증》「《무이기》에서 선학암은 서리 같이 하얀 깃털과 붉은 정수리가 완연히 그림과 같다고 하였다.」(武夷記, 仙鶴巖霜翎朱頂, 宛然如繪) 무이산주희연구중심에서 나온《주희시사선주》에는 이 시의 제목이〈선학암〉으로 되어 있으며, 대왕봉의 서쪽 벽에 있는데 암벽의 형태가 학과 같아서 얻은 명칭이라고 하였다.

11 청전(青田): 청전은 절강성(浙江省) 청천현 서북쪽에 있는 산 이름으로, 천석이 빼어나며 도가에서 말하는 36동천의 하나로 청전대학천(青田大鶴天)이라 불리며, 나중에는 청전으로 선학(仙鶴)을 비유하였다. 당나라 두보의〈통천현 관사 벽 뒤에 설소보가 학을 그리다(通泉縣署屋壁後薛少保畫鶴)〉「설공의 열 한 마리 학, 모두 청전의 참모습 그린 듯.」(薛公十一鶴, 皆寫青田真) 주석「《진영가군기》에 목계야가 있는데, 청전과는 9리 떨어져 있다. 거기에는 백학 한 쌍이 있는데 해마다 새끼를 낳아 품으며 (새끼들이) 다 자라면 훌쩍 떠나고 항상 부모 학만 남아 있을 따름이다. 전하기로는 신이 기르는 것이라고 한다.」(晉永嘉郡記有沐溪野, 去青田九里. 中有一雙白鶴, 年年生伏子, 長大便去, 常餘父母在耳. 相傳神所養也) 송나라 황정견(黃庭堅)의〈같은 각

高超鴈鶩群　　높이 세상 초탈함 기러기 오리와 무리하네.
長疑風月夜　　오래도록 바람 부는 달밤에,
淸唳九霄聞[12]　　맑은 울음 하늘 한가운데서 들릴 듯하네.

191 仰高堂[13]　　앙고당
面勢來空翠[14]　　형세 넓고 푸르러,
哦詩獨好仁　　시 읊조리니 유독 인 좋아한다네.
懷人今已矣[15]　　사람 그리워하나 지금 이미 죽었으니,
誰遣棟梁新　　누가 새로 들보 보내줄까?

此堂與迎綠亭, 皆劉建康所名.[16] 禮記引高山仰止景行行止之詩, 而曰詩之好仁如此[17]

이 당과 영록정은 모두 유건강이 명명한 것이다. 《예기》에서는「높은 산 우러르고 큰 길 간다」는《시》를 인용하고「《시》가 인을 좋아함이 이와 같다」고 하였다

192 趨眞亭[18]　　추진정
危亭久已傾[19]　　아찔한 정자 기울어진 지 이미 오래 되어,

운자로 지어서 청강주부 조언성[趙知命]에게 답하다(次韻答淸江主簿趙彦成)〉「그대 보게나 본래 청전의 바탕, 맑은 눈물 오히려 높은 하늘 꿰뚫음을.」(看君自是靑田質, 淸淚猶堪徹九皐)

12 청려구소문(淸唳九霄聞): 려(唳)는 높고 멀리까지 울려 퍼지는 새소리. 여기서는 학의 울음소리를 가리킨다.《시경·소아·학의 울음(鶴鳴)》「학이 깊은 구덩이에서 우니, 그 소리 하늘까지 퍼지네.」(鶴鳴于九皐, 聲聞于天)

13 오곡의 만대봉(晩對峯) 기슭에 있으며, 주희의 친구인 유공(劉珙)에 의해 건립되었다.

14 면세(面勢):《주례·고공기(考工記)》의 서문「혹자는 굽은 형세를 살핀다.」(或審曲面執) 나중에는 어떤 환경이나 건축물의 형세를 가리키는 말로 인신되었다.

15 회인(懷人): 유공을 그리워하는 것이다. 무이산주희연구중심에서 나온《주희시사선주》에서는 이 시의 제목이 원래〈앙고당에서 유공보를 그리워하다(仰高堂懷劉珙父)〉로 되어 있었다고 한다.

16 유건강(劉建康):《익증》「곧 공보이다.」(卽共父) 지건강부로 재임하던 중에 죽었으므로 이렇게 불렀다.

17 이 시의 출처는《시경·소아·거할(車舝)》이며,《예기·표기(表記)》에 인용되어 있다.

18 추진정은 1곡계의 북쪽 산으로 들어가는 길에 있으며, 무이산으로 드는 산문이다. 대대로 부침을 겪어 명나라 때 다시 세워졌을 때는 입가정(入佳亭), 청나라 때 중건되었을 대는 문진정(問津亭)이라 하였다.

19 위정(危亭): 아찔하게 높은 정자를 말한다.

祇有頹基在　　무너진 터만 남아 있다네.
何事往來人　　무슨 일로 오가는 사람들,
不知容鬢改　　용모 고칠 줄 모르는가?

193 大小藏巖[20]　　대소장암
藏室岌相望[21]　　장실 위태로이 있어 바라보니,
塵編何莽鹵[22]　　먼지 낀 책 얼마나 조잡한가?
欲問伯陽翁[23]　　백양의 늙은이에게 묻고자 하나,
風煙迷處所　　바람과 안개에 있는 곳 잃었다네.

194 丹竈[24]　　단조
仙人推卦節[25]　　신선 괘의 절기 미루어,

---

20 곧 대소장봉을 말한다. 대장봉은 4곡의 곁에 있으며 소장봉은 3곡의 곁에 있다. 시내를 굽어보고 높이 솟아 있으며 바위 동굴 안에는 홍교판(虹橋板)이 꽂혀 있는데, 판에는 가학선(架壑船)이 있어 신기하다고 일컬어진다. 《익증》「〈무이기〉. 대장암은 4곡의 아래 강심연의 바위틈 안에 있으며, 선골이 여러 상자 있다. 소장암은 3곡의 반 바위가 터져서 잘린 가운데 있으며 여러 개의 방이 열려 있는데, 안에는 말 같기도 하고 상자 같기도 한 것이 있다. 선관암 또한 3곡에 있는데 석실과 궤안이 있는데, 모두 선가의 한묵의 관에 있다.」(武夷記, 大藏巖在四曲下降深淵石罅中, 有仙骨數函. 小藏巖在三曲半巖谺斷中, 開數室, 內有如斛如笥. 仙館巖亦在三曲, 有石室几案, 俱在仙家翰墨之館)

21 장실(藏室): 《후한서·두융전(後漢書·竇融傳)》「이때에 학자들이 동관을 노씨의 장서실이니, 도가의 봉래산이니 하고 불렀다.」(是時學者稱東觀爲老氏藏室, 道家蓬萊山) 당나라 이현(李賢)의 주석「노자는 수장사가 되었으며 또 주하사가 되었는데, 사방에서 기록한 문서가 모두 주하로 들어왔으며 이 일은 《사기》에 보인다. 동관에 경적이 많음을 말하였다. 봉래는 바다에 있는 신산으로, 선부이며 유경과 비록이 모두 그곳에 있다.」(老子爲守臧史, 復爲柱下史, 四方所記文書皆歸柱下, 事見史記. 言東觀經籍多也. 蓬萊, 海中神山, 爲仙府, 幽經祕錄並皆在焉)

22 망로(莽鹵): 노망(鹵莽)이라고도 하는데 여기서는 운자를 고려하여 이렇게 썼다. 《장자·즉양(則陽)》「장오의 봉인이 자뢰에게 말하였다.『임금이 정치를 할 때는 거칠어서는 안 되고 백성을 다스를 때는 아무렇게나 해서도 안 된다.』」(長梧封人問子牢曰, 君爲政焉勿鹵莽, 治民焉勿滅裂) 진(晉)나라 곽상(郭象)의 주「노망은 거칠다는 뜻과 같다. 얕게 밭을 갈아서 싹이 드문 것이다.」(鹵莽, 猶麤粗也. 謂淺耕稀種也)
이 두 구절은 대소장암에 있는 아찔한 가학선을 바라보니 떨어질 듯 말듯 아찔한데, 옛 기록과 전설에 전해 내려오는 유래가 얼마나 황당한가 하는 것을 말한다.

23 백양(伯陽): 《차의》「노자의 자이다.」(老子之字) 《사기·노장신한열전(老莊申韓列傳)》「(노자는) 성은 이씨이고 이름은 이, 자는 백양, 시호는 담이다.」(姓李氏, 名耳, 字伯陽, 謚曰聃)

24 대왕봉 남쪽의 승진동(升眞洞) 안에 있는데, 선인(仙人)이 거처하며 단약을 달이던 곳이라고 전하여진다.

25 추괘절(推卦節): 《차의》「64괘에서 건곤감리를 제거

煉火守金丹	불 피워 계속 단사 달이네.
一上煙霄路[26]	한번 안개 낀 하늘 길 오르면,
千年亦不還	천년 또한 돌아오지 않으리라.

하여 노정수화로 삼고, 60괘를 한 달에 짝지우면 하루에 각기 2괘를 얻어 화후가 되며 2괘의 12효는 하루의 12시에 해당하는 것을 말한다. 곧 《참동계》의 법이다.」(謂以六十四卦除去乾坤坎离爲爐鼎水火, 以六十卦配一月, 則一日各得二卦爲火候, 而二卦十二爻, 値一日十二時也. 卽參同契法也)

26 연소(煙霄): 운소(雲宵), 곧 하늘과 같은 뜻이다.

195. 壬子三月二十七日聞迅雷有感[1]

임자년 3월 27일 급작스런 우레를 듣고 느낌이 있어

誰將神斧破頑陰[2]	누가 신의 도끼 가지고 완악한 음기 깨뜨렸는가?
地裂山開鬼失林	땅 갈라지고 산 열리니 귀신 숲 잃었다네.
我顧君王法天造[3]	내 생각건대 천왕 하늘의 운행 본받아,
早施雄斷答群心[4]	일찌감치 웅대한 결단 베풀어 뭇사람의 마음에 답하는 것이리.

1 송나라 황진(黃震)의 《황씨일초(黃氏日抄)》 권34에서는 이 시를 인용하고 「읽어보면 사람을 감동케 하니 어찌 용대연의 무리 따위가 펴낼 수 있겠는가?」(讀之, 令人感動, 豈爲龍大淵輩發耶)라 하였다.

2 신부(神斧): 전설상에 나오는 번개의 신이 번개를 일으킬 때 쓰는 도구를 말한다. 북송(北宋) 심괄(沈括)의 《몽계필담·신기(夢溪筆談·神奇)》 「세상 사람들 중에서 뇌부니 뇌설을 주웠다는 자들이 말하기를 『그것은 뇌신이 떨어뜨린 것인데, 흔히 천둥번개가 많이 친 아래에서 얻을 수 있다.』고 하였는데, 나는 한 번도 얻어 볼 수가 없었다. 원풍 연간에 내가 수주에 살고 있을 때, 여름날 번개가 크게 치더니 나무 한 그루가 벼락을 맞고 부러졌다. 그 밑에서 설 하나를 얻었으니, 정말 전하는 말과 같았다. 무릇 뇌부는 흔히 구리나 쇠로 만든 것이지만, 설(쐐기)은 돌로 만들었을 뿐인데, 부(도끼)와 비슷하나 구멍이 없다.」(世人有得雷斧雷楔者云. 雷神所墜, 多於震雷之下得之. 而未嘗得見. 元豊中, 予居隨州, 夏月大雷, 震一木折, 其下乃得一楔, 信如所傳. 凡雷斧多以銅鐵爲之, 楔乃石耳, 似斧而無孔)

3 천조(天造): 하늘의 운행(天運)과 같은 뜻. 상세한 것은 권5 2번 시의 주 19)를 보라.

4 웅단(雄斷): 영명하고 정확한 결단.
군심(群心): 백성들의 바람.

주석 항목 색인

ㄱ

ㄴ

ㄷ

ㅂ

ㅅ

ㅇ

ㅊ

ㅎ